二〇二二年度國家出版基金資助項目
國家社會科學基金重大項目『五代十國歷史文獻的整理與研究』（14ZDB032）

全五代十國文

一

杜文玉　編

五代十國文獻叢書　杜文玉　主編

鳳凰出版社

圖書在版編目（CIP）數據

全五代十國文 / 杜文玉編. -- 南京 : 鳳凰出版社, 2023.9
（五代十國文獻叢書 / 杜文玉主編）
ISBN 978-7-5506-3825-9

Ⅰ. ①全… Ⅱ. ①杜… Ⅲ. ①古籍－匯編－中國－五代十國時期 Ⅳ. ①Z424.3

中國版本圖書館CIP數據核字(2022)第224819號

書　　名	全五代十國文
編　　者	杜文玉
責任編輯	孫　州　張　沫　王淳航
特約編輯	莫　培
裝幀設計	徐　慧
責任監製	程明嬌
出版發行	鳳凰出版社(原江蘇古籍出版社) 發行部電話025-83223462
出版社地址	江蘇省南京市中央路165號,郵編:210009
照　　排	南京凱建文化發展有限公司
印　　刷	徐州緒權印刷有限公司 江蘇省徐州市高新技術產業開發區第三工業園經緯路16號
開　　本	880毫米×1230毫米　1/32
印　　張	85.375
字　　數	2456千字
版　　次	2023年9月第1版
印　　次	2023年9月第1次印刷
標準書號	ISBN 978-7-5506-3825-9
定　　價	1480.00圓(全四册) (本書凡印裝錯誤可向承印廠調换,電話:0516-83897699)

整理説明

本書爲國家社科基金重大項目“五代十國歷史文獻的整理與研究”的子課題之一,收集了五代十國時期(包括同時期的遼國與朝鮮半島)的詔敕、奏議、政論、碑文、墓志、鐘銘、塔銘、磚銘、經幢、題記、游記、法帖、佛典、道書、賦、醮詞、買地券、敦煌文書以及一些隻言片語等。引用的書籍有歷代正史、别史、雜史、政書、地理、方志、總集、别集、筆記、僧傳、道書、譜牒、書史、畫史、歷代金石彙編、今人所集碑志彙編、考古報告、敦煌文書以及公開發表的相關論文中所引的金石文字,共計280餘種。此外,還包括各地考古機構、文保部門、博物館以及私家收藏的一些碑志(拓片),均將其納入收録範圍之内。爲了表示對這些機構和朋友的感謝,同時也爲了保證每篇資料皆有來源,我們在每篇作品之後一一注明了出處。爲了貫徹應收盡收的原則,課題組成員分頭赴全國一些地區進行察訪,努力擴大搜尋的範圍,儘量避免挂一漏萬的情況出現。

一、收録原則

由於五代十國時期僅有短短的數十年時間,其人物多跨越數個王朝或國家,因此必須確立一個收録的原則,以保證所收録的作品時代準確,避免誤收、漏收,凡符合以下條件的文章均在收録範圍之内。

1. 生卒年均爲五代十國時期人物的作品。

2. 由唐入五代、由五代入宋人物的作品,能够考證清楚寫於五代十國時期的。

3. 由唐入五代人物的碑志,卒於五代十國時期的。

4. 凡卒於五代十國時期而葬於宋代的人物碑志;或者雖卒於宋初,但其主要活動在五代十國時期的,則酌情予以收録。

5. 跨越時代人物的作品，無法判定寫於唐末還是宋初，作者如主要活動於五代十國時期的，則予以收録，以免遺漏。

二、時間斷限

由於五代和十國建立與滅亡的時間差别很大，收録作品必須有一個時間區間，本書以下列標準作爲收録作品的時間斷限。

1. 五代從後梁開平元年(907)至後周顯德七年(960)。

2. 十國以學術界公認的起訖時間計算：

前蜀(891—925)

後蜀(925—965)

吴國(892—937)

南唐(937—975)

吴越(893—978)

楚國(896—951)

閩國(897—945)

南漢(905—971)

南平(907—963)

北漢(951—979)

3. 遼國與朝鮮半島的時間斷限，與中原王朝一致，即公元907—960年。

三、編排原則

由於五代十國處於分裂割據的歷史時期，因此以朝代和國别分别編排文章，而不按文章類别編排，敦煌文書以其成文時間分别編入各個王朝。編排順序按以下的原則處理：

1. 五代以梁、唐、晉、漢、周爲序；十國以前蜀、後蜀、吴、南唐、吴越、楚、閩、南漢、南平、北漢爲序。之後爲遼、朝鮮半島。

2. 各朝各國先排帝王、后妃、宗室，再以作者生卒年早晚排序。

3. 同一作者的作品集中編排，以其生活的最後一朝爲準，再將其所撰之文按成文時間的早晚編排。

4. 闕名的作品排在有著者名的作品之後，按照成文時間早晚排序，年份不明者則置於各朝各國最後。

5. 無具體成文時間的作品按照朝代先後排序。

四、其他事項

1. 凡收録的每篇作品均一一注明資料出處或收藏單位、收藏個人,敦煌文書則依照學界慣例注明編號。

2. 同一篇作品有多部典籍收録的,擇其文字可靠、錯訛較少且時代較早的收録。

3. 對於收録的作品中,漫漶不辨的字,以"□"號標明,不能確認所缺字數者,以"■"標識。

4. 從各石刻彙編中過録的碑志,原編者自擬的題名全部删去,題名有志蓋的以志蓋爲準,無志蓋的以首行題爲準。從各種史籍中摘録的文章,原文集中自擬的題名予以保留,如《文苑英華》《成都文類》《唐文粹》《全唐文》等;原書没有題名的,則由編者根據《文苑英華》《唐文粹》《全唐文》等書中的類似材料擬定題目,或根據文意自擬題目。

5. 對於明顯的錯字徑改,不另出校勘記;原文中采用夾注形式所做的説明、注釋文字全部保留,采用小一號的字體排版。

6. 關於異文,如果不影響文義,則不改動,因爲已注明了典籍版本,讀者自會處理;如果異文文義差别較大,則以最接近原文的版本爲準,文字較少的采用括注的方式予以説明。

7. 列有引書目録,供讀者查對。

杜文玉

引書目録

古籍

（唐）慧祥、（宋）延一、（宋）張商英：《古清凉傳 廣清凉傳 續清凉傳》，山西人民出版社，2013 年。

（五代）荆浩：《筆法記》，人民美術出版社，1963 年。

（五代）劉崇遠：《金華子》，《唐五代筆記小説大觀》，上海古籍出版社，2007 年。

（五代）劉昫：《舊唐書》，中華書局，1975 年。

（五代）羅隱：《羅隱集》，中華書局，1983 年。

（五代）釋貫休：《禪月集校注》，巴蜀書社，2006 年。

（五代）釋齊己：《白蓮集》，《四部叢刊初編》，上海書店出版社，1989 年。

（五代）韋縠：《才調集》，上海古籍出版社，1993 年。

（五代）延壽：《宗鏡録》，西北大學出版社，2015 年。

（五代）趙崇祚編、楊景龍校注：《花間集校注》，中華書局，2014 年。

（前蜀）杜光庭：《廣成集》，中華書局，2011 年。

（後蜀）何光遠撰、鄧星亮等校注：《鑒誡録校注》，巴蜀書社，2011 年。

（閩）黄滔：《黄御史集》，《文淵閣四庫全書》本，臺灣商務印書館，1983 年。

（閩）徐寅：《徐正字詩賦》，《文淵閣四庫全書》本，臺灣商務印書館，1983 年。

（宋）陳思：《書苑菁華》，《文淵閣四庫全書》本，臺灣商務印書館,1983 年。

(宋)鄧牧:《洞霄圖志》,《文淵閣四庫全書》本,臺灣商務印書館,1983 年。

(宋)勾延慶:《錦里耆舊傳》,《五代史書彙編》,杭州出版社,2004 年。

(宋)黄休復:《茅亭客話》,《宋元筆記小説大觀》,上海古籍出版社,2007 年。

(宋)黄休復《益州名畫録》,四川人民出版社,1982 年。

(宋)計有功撰、王仲鏞校箋:《唐詩紀事校箋》,巴蜀書社,1989 年。

(宋)李昉等:《文苑英華》,中華書局,1966 年。

(宋)龍衮:《江南野史》,《五代史書彙編》,杭州出版社,2001 年。

(宋)陸游:《南唐書》,《五代史書彙編》,杭州出版社,2004 年。

(宋)馬令:《南唐書》,《五代史書彙編》,杭州出版社,2004 年。

(宋)歐陽修:《新五代史》,中華書局,1974 年。

(宋)彭百川:《太平治迹統類》,廣陵古籍出版社,1981 年。

(宋)錢儼:《吴越備史》,《五代史書彙編》,杭州出版社,2004 年。

(宋)司馬光:《資治通鑒》,中華書局,1956 年。

(宋)陶穀:《清異録》,中華書局,1991 年。

(宋)王稱:《東都事略》,南宋紹熙間蜀刊本。

(宋)王溥:《五代會要》,中華書局,1998 年。

(宋)王欽若等編:《册府元龜》,鳳凰出版社,2006 年。

(宋)王銍:《默記》,中華書局,1981 年。

(宋)王銍:《四六話》,中華書局,1985 年。

(宋)徐鉉撰、李振中校注:《徐鉉集校注》,中華書局,2016 年。

(宋)薛居正:《舊五代史》,中華書局,1976 年。

(宋)姚鉉:《唐文粹》,浙江人民出版社,1986 年。

(宋)葉隆禮:《契丹國志》,上海古籍出版社,1985 年。

（宋）佚名:《釣磯立談》,《五代史書彙編》,杭州出版社,2004年。

（宋）佚名:《江南餘載》,《全宋筆記》第一編二,大象出版社,2003年。

（宋）袁褧:《楓窗小牘》,《宋元筆記小説大觀》,上海古籍出版社,2007年。

（宋）袁説友等:《成都文類》,中華書局,2011年。

（宋）岳珂:《寶真齋法書贊》,《文淵閣四庫全書》本,臺灣商務印書館,1983年。

（宋）曾慥:《類説》,文學古籍刊行社,1955年。

（宋）張君房:《雲笈七籤》,中華書局,2003年。

（宋）張唐英撰,王文才等校箋:《蜀檮杌校箋》,巴蜀書社,1999年。

（宋）鄭文寶:《江表志》,《全宋筆記》第一編二,大象出版社,2003年。

（宋）周羽翀:《三楚新録》,《全宋筆記》第一編二,大象出版社,2003年。

（宋）朱長文:《墨池編》,浙江人民美術出版社,2012年。

（宋）祝穆:《古今事文類聚》,《文淵閣四庫全書》本,臺灣商務印書館,1983年。

（元）馬端臨:《文獻通考》,中華書局,2011年。

（元）脱脱:《宋史》,中華書局,1985年。

（元）王惲:《玉堂嘉話》,中華書局,2006年。

（明）曹學佺:《蜀中廣記》,國家圖書館出版社,2014年。

（明）董斯張:《廣博物志》,上海古籍出版社,1992年。

（明）錢穀:《吴都文粹續集》,《文淵閣四庫全書》本,臺灣商務印書館,1983年。

（明）汪砢玉:《珊瑚網》,《文淵閣四庫全書》本,臺灣商務印書館,1983年。

（明）吴之鯨:《武林梵志》,杭州出版社,2006年。

（明）楊慎：《全蜀藝文志》，綫裝書局，2003 年。

（明）楊士奇：《歷代名臣奏議》，上海古籍出版社，2012 年。

（明）張國維：《吴中水利全書》，《文淵閣四庫全書》本，臺灣商務印書館，1983 年。

（明）朱謀垔：《畫史會要》，中國書店，2018 年。

（清）陳元龍：《御定歷代賦彙補遺》，《文淵閣四庫全書》本，臺灣商務印書館，1983 年。

（清）董誥等：《全唐文》，中華書局，1983 年。

（清）杜崐纂：《中國地方志集成・河南府縣志輯（13）　乾隆汲縣志　民國汲縣今志　道光河内縣志》，上海書店出版社，2013 年。

（清）方履籛：《中國地方志集成・河南府縣志輯（18）　道光武陟縣志　民國續武陟縣志》，上海書店出版社，2013 年。

（清）封祝唐等：《（光緒）容縣志》，清光緒二十三年刻本。

（清）高其倬等：《江西通志》，《文淵閣四庫全書》本，臺灣商務印書館，1983 年。

（清）嵇曾筠等：《浙江通志》，《文淵閣四庫全書》本，臺灣商務印書館，1983 年。

（清）梁紹獻等：《（同治）南海縣志》，清同治十一年刻本。

（清）陸心源：《唐文拾遺》，上海古籍出版社，1990 年。

（清）陸心源：《唐文續拾》，上海古籍出版社，1990 年。

（清）倪濤：《六藝之一録》，浙江人民美術出版社，2015 年。

（清）汪士侃：《雙流縣志》，清嘉慶十九年刻本。

（清）汪鋆：《十二硯齋金石過眼録》，清光緒元年刻本。

（清）王士禛：《池北偶談》，中華書局，1997 年。

（清）王士禛：《五代詩話》，人民文學出版社，1989 年。

（清）吴蘭修輯，陳鴻鈞、黄兆輝補徵：《南漢金石志補徵》，廣東人民出版社，2010 年。

（清）吴任臣：《十國春秋》，中華書局，1983 年。

（清）周斯億、董濤：《中國地方志集成・河北府縣志輯（39）民國祁州志 光緒祁州續志　光緒重修曲陽縣志》，上海書店出版社，

2006 年。

賈恩紱:《中國地方志集成·河北府縣志輯(35)　光緒蠡縣志　乾隆博野縣志　民國定縣志》,上海書店出版社,2006 年

劉蓮青等:《(民國)鞏縣志》,民國二十六年涇川圖書館刻本。

碑志

(清)畢沅、阮元:《山左金石志》,清嘉慶二年小琅嬛仙館刻本。

(清)武億等:《安陽縣金石録》,清嘉慶四年刻本。

(清)黄本驥:《古志石華》,道光二十七年《三長物齋叢書》本。

(清)劉喜海;《金石苑》,清道光二十六年刻本。

(清)段松苓:《益都金石記》,清光緒九年刻本。

(清)胡聘之:《山右石刻叢編》,清光緒二十七年刻本。

(清)端方:《匋齋臧石記》,清宣統元年石印本。

(清)嚴觀:《江寧金石記》,宣統二年刻本。

(清)熊象階:《濬縣金石録》,清刻本。

(清)黄瑞:《台州金石録》,嘉業堂刊本。

(清)楊世沅:《句容金石記》,民國鉛印本。

(清)劉喜海:《海東金石苑》,民國十四年吴興劉氏希古樓刻本。

(清)杜春生:《越中金石記》,清道光十年山陰杜氏詹波館自刻本。

(清)陳棨仁:《閩中金石略》,商務印書館,2019 年。

(清)王昶:《金石萃編》,上海古籍出版社,2020 年。

(清)陸耀遹:《金石續編》,民國十年掃葉山房上海石印本。

(清)阮元:《兩浙金石志》,浙江古籍出版社,2012 年。

(清)陸增祥:《八瓊室金石補正》,上海古籍出版社,2020 年。

(清)陸增祥:《八瓊室金石補正續編》,上海古籍出版社,2020 年。

羅振玉:《山右冢墓遺文》,民國上虞羅氏刻本。

羅振玉:《山左冢墓遺文》,民國上虞羅氏刻本。

羅振玉:《中州冢墓遺文》,民國上虞羅氏刻本。

林邦傑:《(民國)甘泉縣續志》,民國十年刻本。

繆荃孫等:《(民國)江蘇通志稿》,民國十六年影印本。

羅振玉:《芒洛冢墓遺文》,民國上虞羅氏刻本。

羅振玉:《芒洛冢墓遺文三編》,民國上虞羅氏刻本。

羅振玉:《芒洛冢墓遺文四編》,民國上虞羅氏刻本。

羅振玉:《東都冢墓遺文》,民國上虞羅氏刻本。

羅振玉:《京畿冢墓遺文》,民國上虞羅氏刻本。

沈瑜慶等:《福建通志·金石志》,民國二十七年刻本。

張維:《隴右金石録》,民國三十年甘肅省文獻徵集委員會校印本。

(韓)黄壽永:《韓國金石遺文》,一志社,1976年。

朝鮮總督府:《朝鮮金石總覽》,亞細亞文化社,1976年。

(韓)許興植:《韓國金石全文》,亞細亞文化社,1984年。

中國文物研究所、河南省文物考古研究所:《新中國出土墓志·河南(壹)》,文物出版社,1994年。

向南:《遼代石刻文編》,河北教育出版社,1995年。

喬棟:《洛陽新獲墓志》,文物出版社,1996年。

韓國歷史研究會:《譯注羅末麗初金石文》,慧眼出版社,1996年。

劉景龍、李玉昆主編:《龍門石窟碑刻題記彙録》,中國大百科全書出版社,1998年。

重慶市博物館:《中國西南地區歷代石刻彙編》,天津古籍出版社,1998年。

重慶大足石刻藝術博物館等:《大足石刻銘文録》,重慶出版社,1999年。

康蘭英:《榆林碑石》,三秦出版社,2003年。

中國文物研究所、河北省文物研究所:《新中國出土墓志·河北》,文物出版社,2004年。

《北京文物精粹大系》編委會等:《北京文物精粹大系·石刻卷》,北京出版社,2004年。

趙君平:《邙洛碑志三百種》,中華書局,2004 年。

吴文良原著,吴幼雄增訂:《泉州宗教石刻(增訂本)》,科學出版社,2005 年。

渠傳福:《太原五代墓志釋考》,《山西省考古學會論文集(四)》,山西人民出版社,2006 年。

常熟博物館、中國文物研究所:《新中國出土墓志·江蘇(壹)常熟》,文物出版社,2006 年。

趙君平、趙文成:《河洛墓刻拾零》,北京圖書館出版社,2007 年。

趙力光:《西安碑林博物館新藏墓志彙編》,綫裝書局,2007 年。

喬棟等:《洛陽新獲墓志續編》,科學出版社,2008 年。

陳長安等:《隋唐五代墓志彙編》,天津古籍出版社,2009 年。

劉澤民、李玉明:《三晉石刻大全·臨汾市洪洞縣卷》,山西古籍出版社,2009 年。

趙文成、趙君平:《新出唐墓志百種》,西泠印社出版社,2010 年。

向南等輯注:《遼代石刻文續編》,遼寧人民出版社,2010 年。

劉澤民、李玉明:《三晉石刻大全·晉中市壽陽縣卷》,三晉出版社,2010 年。

劉澤民、李玉明:《三晉石刻大全·臨汾市堯都區卷》,三晉出版社,2011 年。

劉澤民、李玉明:《三晉石刻大全·晉城市高平市卷》,三晉出版社,2011 年。

劉澤民、李玉明:《三晉石刻大全·晉城市陵川縣卷》,三晉出版社,2011 年。

西安市長安博物館:《長安新出墓志》,文物出版社,2011 年。

劉澤民、李玉明:《三晉石刻大全·晉城市澤州縣》,三晉出版社,2012 年。

劉澤民、李玉明:《三晉石刻大全·長治市黎城縣卷》,三晉出版社,2012 年。

劉澤民、李玉明:《三晉石刻大全·長治市長治縣卷》,三晉出版社,2012 年。

胡戟等:《大唐西市博物館藏墓志》,北京大學出版社,2012 年。
趙君平:《秦晉豫新出墓志搜佚》,國家圖書館出版社,2012 年。
殷憲:《大同新出唐遼金元志石新解》,三晉出版社,2012 年。
蘇州博物館編:《蘇州博物館藏歷代碑志》,文物出版社,2012 年。
章國慶編:《寧波歷代碑碣墓志彙編》,上海古籍出版社,2012 年。
北京遼金城垣博物館編:《北京遼金元拓片集》,北京燕山出版社,2012 年。
周阿根:《五代墓志彙考》,黄山書社,2012 年。
厲祖浩:《越窑瓷墓志》,上海古籍出版社,2013 年。
劉澤民、李玉明:《三晉石刻大全·長治市平順縣卷》,三晉出版社,2013 年。
《山東石刻分類全集》編輯委員會:《山東石刻分類全集》,青島出版社,2013 年。
曹永斌:《藥王山碑刻》,三秦出版社,2013 年。
太原市三晉文化研究會等:《晉陽古刻選》,文物出版社,2013 年。
杜海軍:《桂林石刻總集輯校》,中華書局,2013 年。
故宫博物院、南京市博物館:《新中國出土墓志·江蘇(貳)南京》,文物出版社,2014 年。
宋英、吴敏霞等:《長安碑刻》,陝西人民出版社,2014 年。
趙力光:《西安碑林博物館新藏墓志續編》,陝西師範大學出版社,2014 年。
景茂禮等:《靈石碑刻全集》,河北大學出版社,2014 年。
杜海軍:《廣西石刻總集輯校》,社會科學文獻出版社,2014 年。
郭宏淘、周劍曙編著:《偃師碑志選粹》,中州古籍出版社,2014 年。
李玉明、王雅安:《三晉石刻大全·運城市絳縣卷》,三晉出版社,2014 年。

李玉明、王雅安:《三晉石刻大全·臨汾市大寧縣卷》,三晉出版社,2014 年。

趙文成、趙君平:《秦晉豫新出墓志搜佚續編》,國家圖書館出版社,2015 年。

西安碑林博物館編:《西安碑林墓志百種》,三秦出版社,2015 年。

李玉明:《三晉石刻大全·長治市襄垣縣卷》,三晉出版社,2015 年。

故宫博物院、陝西省古籍整理辦公室:《新中國出土墓志·陝西(叁)》,文物出版社,2015 年。

中原金石文化研究會:《全國金石名家傳拓邀請展集粹》,中原金石文化研究會,2015 年。

杜建録:《党項西夏碑石整理研究》,上海古籍出版社,2015 年。

孫明:《菏澤市古石刻調查與研究》,科學出版社,2015 年。

丁明夷:《佛教新出碑志集萃》,東方出版社,2016 年。

李玉明:《三晉石刻大全·晉城市臨猗縣卷》,三晉出版社,2016 年。

西安市文物稽查隊編:《西安新獲墓志集萃》,文物出版社,2016 年。

齊運通等:《洛陽新獲墓志》二〇一五,中華書局,2017 年。

中國國家博物館編:《中國國家博物館館藏文物研究叢書·墓志卷》,上海古籍出版社,2017 年。

章紅梅:《五代石刻校注》,鳳凰出版社,2017 年。

李玉明、文紅武:《三晉石刻大全·吕梁市興縣卷》,三晉出版社,2017 年。

劉連通:《洛陽新獲七朝墓志》,中華書局,2012 年。

武登雲:《三晉石刻大全·吕梁市汾陽市卷》,三晉出版社,2017 年。

馮吉平:《三晉石刻大全·臨汾市吉縣卷》,三晉出版社,2017 年。

劉曉標:《遼河碑林碑刻選》,文物出版社,2017年。

慈溪市文物管理委員會辦公室等:《慈溪碑碣墓志彙編》(唐至明代卷),浙江古籍出版社,2017年。

毛陽光:《洛陽流散唐代墓志彙編續集》,國家圖書館出版社,2018年。

楊新華:《金陵碑刻精華》,西泠印社出版社,2019年。

王玉富、李玉明:《三晉石刻大全·臨汾市汾西縣卷》,三晉出版社,2019年。

張永華等:《秦晉豫新出墓志搜佚三編》,國家圖書館出版社,2020年。

齊運通:《洛陽新獲墓志百品》,國家圖書館出版社,2020年。

李文才:《隋唐五代揚州地區石刻文獻集成》,鳳凰出版社,2021年。

其他

南京博物院:《南唐二陵發掘報告》,文物出版社,1957年。

唐耕耦、陸宏基編:《敦煌社會經濟文獻真迹釋録》,書目文獻出版社,1986年。

上海古籍出版社、上海博物館:《上海博物館藏敦煌吐魯番文獻》,上海古籍出版社,1993年。簡稱"上博"。

彭武文:《溪州銅柱及其銘文考辨》,岳麓書社,1994年。

吴鋼:《全唐文補遺》第一輯,三秦出版社,1994年。

中國社會科學院歷史研究所、英國圖書館編:《英藏敦煌文獻(漢文佛教以外部分)》,四川人民出版社,1995年。皆以S字爲頭編號。

北京大學圖書館、上海古籍出版社編:《北京大學藏敦煌文獻》,上海古籍出版社,1995年。

張海瀛等:《中華族譜集成》,巴蜀書社,1995年。

劉秉楨等:《起霞劉氏宗譜》,巴蜀書社,1995年。

王應斗:《新安琅琊王氏統宗世譜》,巴蜀書社,1995年。

吴鋼:《全唐文補遺》第三輯,三秦出版社,1996年。

吴鋼:《全唐文補遺》第四輯,三秦出版社,1997年。

天津市藝術博物館:《天津市藝術博物館藏敦煌文獻》,上海古籍出版社,1997年。

吴鋼:《全唐文補遺》第五輯,三秦出版社,1998年。

吴鋼:《全唐文補遺》第六輯,三秦出版社,1999年。

周紹良主編:《全唐文新編》,吉林文史出版社,1999年。

吴鋼:《全唐文補遺》第七輯,三秦出版社,2000年。

馮漢驥:《前蜀王建墓發掘報告》,文物出版社,2002年。

俄羅斯科學院東方研究所聖彼得堡分所、俄羅斯科學出版社東方文學部編:《俄藏敦煌文獻》,上海古籍出版社,2002年。

陳尚君:《全唐文補編》,中華書局,2005年。

吴鋼:《全唐文補遺》第八輯,三秦出版社,2005年。

吴鋼:《全唐文補遺·千唐志齋新藏專輯》,三秦出版社,2006年。

任繼愈:《中國國家圖書館藏敦煌遺書》,北京圖書館出版社,2007年。簡稱"國圖"。

寶鷄市考古研究所:《五代李茂貞夫婦墓》,科學出版社,2008年。

法國國家圖書館:《法藏敦煌西域文獻》,上海古籍出版社,2011年。皆以P字爲頭編號。

賈振林:《文化安豐》,大象出版社,2011年。

杜文玉:《唐史論叢(第十四輯)》,三秦出版社,2012年。

劉成文、孟繁峰:《一組五代井陘窑陶瓷器的釋讀——盤龍冶押官妻李氏墓的瓷器、三彩器及墓志》,《中國考古學第十五次年會論文集(2012)》,文物出版社,2013年。

教育部人文社會科學重點研究基地吉林大學邊疆考古研究中心編:《邊疆考古研究(第十六輯)》,科學出版社,2014年。

(朝鮮)鄭麟趾:《高麗史》,西南師範大學出版社,2014年。

任愛君:《契丹學論集(第二輯)》,内蒙古人民出版社,2015年。

李五魁、賈城會主編:《内丘歷史文化精粹》,河北美術出版社,

2015 年。

杜文玉:《唐史論叢(第二十五輯)》,三秦出版社,2017 年。

杜文玉:《唐史論叢(第二十九輯)》,三秦出版社,2019 年。

杜文玉:《唐史論叢(第三十四輯)》,三秦出版社,2022 年。

論文

彭家勝:《四川安嶽臥佛院調查》,《文物》1988 年第 8 期。

劉曉祥:《九江縣五代南唐周一娘墓》,《江西文物》1991 年第 3 期。

成都市博物館考古隊:《成都無縫鋼管廠發現五代後蜀墓》,《四川文物》1991 年第 3 期。

毛求學、劉平:《五代後蜀孫漢韶墓》,《文物》1991 年第 5 期。

鄭國珍:《唐末五代閩王王審知夫婦墓清理簡報》,《文物》1991 年第 5 期。

程存潔:《新發現的後梁吴存鍔墓志考釋》,《文物》1994 年第 8 期。

吴煒:《揚州近年發現的兩方五代墓志》,《文物》1995 年第 7 期。

張馳:《甘肅寧縣發現後周買地券》,《文物》1998 年第 6 期。

曹岳森:《四川出土買地券的初步研究》,《四川文物》1999 年第 6 期。

周裕興:《南京市西善橋發現五代閩國王氏族人墓志》,《考古》1999 年第 7 期。

高橋繼男:《對〈南京市西善橋發現五代閩國王氏族人墓志〉一文的補充》,《考古》2000 年第 9 期。

邢心田:《河南孟縣出土後周太原夫人王氏墓志》,《文物世界》2002 年第 5 期。

馬文彬:《五代前蜀李氏墓志銘考釋》,《四川文物》2003 年第 3 期。

趙振華:《五代宋廷浩墓志考》,《華夏考古》2003 年第 4 期。

都興智、田立坤:《後晉石重貴石延煦墓志銘考》,《文物》2004 年第 11 期。

汪煒、趙生泉、史瑞英:《安徽合肥出土的買地券述略》,《文物春秋》2005 年第 3 期。

廣州市文物考古所:《廣州南漢德陵、康陵發掘簡報》,《文物》2006 年第 7 期。

邵磊:《五代馬楚史料的一則重要發現——馬光贊墓志考釋》,《南方文物》2007 年第 3 期。

王麗敏、高曉静、吕興娟:《曲陽北嶽廟唐李克用題名碑淺析》,《文物春秋》2007 年第 4 期。

方愛龍:《後周·西方三聖造像題記》,《杭州師範大學學報》(社會科學版)2009 年第 3 期。

陳鴻鈞:《福建出土〈唐故燕國明惠夫人彭城劉氏墓志〉考釋》,《寧波大學學報》(人文科學版)2010 年第 5 期。

成都文物考古研究所、龍泉驛區文物保護管理所:《成都市龍泉驛五代前蜀王宗侃夫婦墓》,《考古》2011 年第 6 期。

高東海、陳彦堂:《關於五代後漢〈隴西公奉宣祭瀆記〉碑的幾個問題》,《華夏考古》2013 年第 3 期。

李洪冰:《五代韓氏墓志考》,《華夏考古》2013 年第 3 期。

洛陽市文物考古研究院:《河南洛陽市苗北村五代、宋金墓葬發掘簡報》,《考古》2013 年第 4 期。

郭永淇:《新出土郭子儀五代孫郭在岩墓志考》,《文博》2014 年第 6 期。

杜建録等:《後唐定難軍節度押衙白全周墓志考釋》,《寧夏社會科學》2015 年第 2 期。

柳金福:《後唐宰相〈李愚墓志〉考釋》,《乾陵文化研究》第九輯,2015 年。

劉剛、池軍、薛炳宏:《江蘇揚州楊吴李娀墓的考古發掘及出土墓志研究——兼及徐鉉撰〈唐故泰州刺史陶公墓志銘〉》,《東南文化》2016 年第 3 期。

大同市考古研究所:《山西大同西北郊五代墓發掘簡報》,《文物》2016 年第 4 期。

張志雲:《五代渤海高公夫人王氏墓志考辨》,《北方文物》2016 年第 4 期。

河南省文物考古研究院、三門峽市文物考古研究所:《河南三門峽市唐代張爽夫婦墓發掘簡報》,《華夏考古》2017 年第 4 期。

揚州市文物考古研究所、南京大學歷史學院文物考古系:《江蘇揚州市秋實路五代至宋代墓葬的發掘》,《考古》2017 年第 4 期。

周建等:《山西太原晉祠後晉墓發掘簡報》,《文物》2018 年第 2 期。

厲祖浩:《新見吴越墓志四種簡釋》,《中古史研究資訊》2020 年第 4 期。

王承文、羅亮:《廣州新出南漢〈李紓墓志銘〉考釋》,《學術研究》2021 年第 6 期。

葉伯瑜:《南京新發現五代楊吴國〈郭氏夫人墓志銘〉簡析》,《金石研究》第三輯,陝西電子音像出版社,2021 年。

楊小霞、周晶純:《南唐烈祖李昪投龍玉璧相關史實考據及銘文釋讀》,《中國道教》2019 年第 3 期。

宋黎藜:《宣城發現的墓志罐與多角瓶》,《東方博物》第 81 輯,2021 年。

楊會賓:《新出〈李玄竟墓志〉考釋》,杜文玉主編:《唐史論叢》第三十四輯,2022 年 2 月。

收藏單位

山東青州博物館

深圳望野博物館

山西太原天龍山文物保管所

江西吉安文信國公祠

河北曲陽北嶽廟

日本京都大學人文科學研究所藏五代碑刻文字拓本

浙江會稽金石博物館

西安市文物保護與考古研究院
陝西省考古研究院
西安碑林博物館
洛陽師範學院
陝西歷史博物館
西安博物院
西安市長安區博物館
河南洛陽市千唐志齋博物館
西安市高陵區文化館
江蘇蘇州市博物館
汾陽市博物館

目　録

第一册

後　梁

後　唐

後唐太祖

後唐莊宗

後唐明宗

後唐閔帝

後唐末帝

第二册

後　晉

晉高祖

後　漢

漢高祖

漢隱帝

第三册

後　周

周太祖

周世宗

前　蜀

鄭藝

杜光庭

後　蜀

第四册

吴

南　唐

吴　越

吴越武肅王錢鏐

楚

閩

南　漢

南　平

北　漢

遼

朝鮮半島

後　梁

梁太祖

五代後梁開國皇帝(852—912),宋州碭山(今安徽碭山)人。姓朱,名温。少貧,隨母寄居蕭縣劉崇家。唐乾符四年(877),參加黄巢起義軍,從士兵逐漸升爲大將。黄巢義軍攻下長安後,任其爲同州防禦使。中和二年(882),降唐,任河中行營招討副使,賜名全忠。次年,任宣武節度使,駐防於汴州(今河南開封)。李克用途經汴州時,假意款待,却乘夜謀殺之,從此兩家結仇,長期攻戰不息。天復元年(901),進封梁王。天祐元年(904),强迫唐昭宗遷都洛陽,不久弑之。另立年僅十三歲的李柷爲哀帝,殺唐朝公卿三十餘人於白馬驛。天祐四年(907),廢唐哀帝,自立爲皇帝,國號梁,改元開平,改名晃。都城在汴梁,史稱後梁。後梁乾化二年(912),爲其子朱友珪所殺。

褒裴迪榜文　光化初

謬膺重委,總授三藩,軍機雖整於拙謀,民政全繫於右席。節度裴判官,詳明吏理,首冠賓筵,冰蘗不渝,始終如一,自此應諸州錢穀刑獄等事,并請指揮。

原載《册府元龜》卷716

取華州後下令　天復元年十一月

吾被詔及得宰相書令入朝,既至,皆僞也。逆臣全誨震驚天子,脅乘輿出遷,暴露草莽,吾當入對言狀。

原載《新唐書》卷 208

請車駕還京表 天復元年十一月

臣獨兼四鎮,迨事兩朝,分數千里之封疆,受二十年之恩渥,微同物類,猶解感知。忝齒人倫,寧忘報效。臣昨將兵士奔赴闕庭,尋過京畿,遠迎車駕。初因幕吏,面奉德音;尋有宰臣,頻飛密札。或以京都紛擾,委制置於中朝;或以鑾輅播遷,俾奉迎於近甸。臣是以遠離藩鎮,不憚疲勞。昨奉詔書,兼宣口敕,令臣速抽兵士,且歸本藩,仍遣百官,俾赴行在。睹綸言於鳳紙,若面丹墀;認御札於龍衣,如親翠蓋。然知從來書詔,出自宰臣,每降宣傳,皆非聖旨,致臣誤將師旅,遽入關畿,此令迎駕之行,翻挂脅君之過。臣今見與茂貞要約,釋兩地猜嫌,早致萬乘歸京,以副八紘懇望。其宰臣百官已下,非臣輒有阻留。伏乞詔赴行朝,以備還駕。

原載《舊唐書》卷 177

受禪改名令 開平元年四月

王者創業興邦,立名傳世,必難知而示訓,從易避以便人。□□□□□,或稽其符命,應彼開基之義,垂諸象德之言。爰考簡書,求於往代,周王昌、發之號,漢帝詢、衎之文,或從一德以徽稱,或爲二名而更易。先王令典,布在縑緗。寡人本名,兼于二字,且異帝王之號,仍兼避易之難,郡職縣官,多須改换。况宗廟不遷之業,憲章百世之規。事叶典儀,豈憚革易。寡人今改名晃,是以天意雅符於明德,日光顯契於瑞文,昭融萬邦,理斯在是。庶順玄穹之意,永臻康濟之期。宜令有司分告天地宗廟。其舊名,中外章疏不得更有迴避。

原載《舊五代史》卷 3

受禪改元制 開平元年四月

王者受命於天,光宅四海,祇事上帝,寵綏下民。革故鼎新,諒曆數而先定;創業垂統,知圖籙以無差。神器所歸,祥符合應。是以三正互用，五運相生，前朝道消，中原政散，瞻烏莫定，失鹿難追。朕經緯風雷，沐浴霜露，四征七伐，垂三十年，糾合齊盟，翼戴唐室。隨山刊木，罔憚胼胝；投袂揮戈，不遑寢處。洎玄穹之所贊，知唐運之不興，莫諧輔漢之謀，徒罄事殷之禮。唐主知英華已竭，算祀有終，釋龜鼎以如遺，推劍紱而相授。朕懼德弗嗣，執謙允恭，避駿命於南河，眷清風於潁水。而乃列嶽群后，盈廷庶官。東西南北之人，斑白緇黄之衆，謂朕功蓋上下，澤被幽深。宜應天以順時，俾化家而爲國。拒彼億兆，至於再三。且曰七政已齊，萬幾難曠。勉遵令典，爰正鴻名，告天地神祇，建宗廟社稷。

顧惟涼德，曷副樂推，慄若履冰，懔如馭朽。金行啓祚，玉曆建元。方弘經始之規，宜布惟新之令。可改唐天祐四年爲開平元年，國號大梁。《書》載虞賓，斯爲令範；《詩》稱周客，蓋有明文。是用先封，以禮後嗣，宜以曹州濟陰之邑奉唐主，封爲濟陰王。凡曰軌儀，並遵故實。姬庭多士，比是殷臣；楚國群材，終爲晉用。歷觀前載，自有通規。但遵故事之文，勿替在公之效。應是唐朝中外文武舊臣，見任前資官爵，一切仍舊。凡百有位，無易厥章，陳力濟時，盡瘁事我。古者興王之地，受命之邦，集大勛有異庶方，霑慶澤所宜加等。故豐沛著啓祚之美，穰鄧有建都之榮，用壯鴻基，且旌故里，爰遵令典，先示殊恩。宜升汴州爲開封府，建名東都。其東都改爲西都，仍廢京兆府爲雍州佑國軍節度使。

原載《舊五代史》卷 3

改宫殿門名制　開平元年四月

制宫殿門及都門名額：正殿爲崇元殿，東殿爲玄德殿，内殿爲金祥殿，萬歲堂爲萬歲殿，門如殿名。帝自謂以金德王，又以福建上獻鸚鵡，諸州相繼上白烏、白兔洎白蓮之合蒂者，以爲金行應運之兆，故名殿曰金祥。以大内正門爲元化門，皇墻南門爲建國門，滴漏門爲啓運門，下馬門爲升龍門，玄德殿前門爲崇明門，正殿東門爲金烏門，西門爲玉兔門，正衙東門爲崇禮門，東偏門爲銀臺門，宴堂門爲德陽門，天王門爲賓天門，皇墻東門爲寬仁門，浚儀門爲厚載門，皇墻西門爲神獸門,望京門爲金鳳門,宋門爲觀化門,尉氏門爲高明門,鄭門爲開明門,梁門爲乾象門,酸棗門爲興和門,封丘門爲含耀門,曹門爲建陽門。升開封、浚儀爲赤縣,尉氏、封丘、雍丘、陳留爲畿縣。

原載《舊五代史》卷3

加恩前朝官僚詔 開平元年六月

前朝官僚,譴逐南荒,積年未經昭雪。其間有懷抱材器爲時所嫉者,深負冤抑。仍令録其名姓,盡復官資,兼告諭諸道令津致赴闕。如已亡没,並許歸葬,以明恩蕩。

原載《舊五代史》卷3

以潼關仍隸陝州敕 開平元年七月

梁開平元年七月敕:建國稱都,俾新其制,况山河之險,表裏爲防。今二京俱在,關東爲内,仍以潼關隸陝州。

原載《五代會要》卷26

止絶舉人拔解敕 開平元年七月

近年舉人,當秋薦之時,不親試者,號爲拔解,今後宜止絶。

原載《五代會要》卷22

定封册禮詔 開平元年八月

朝廷之儀,封册爲重。用報勛烈,以隆恩榮。固合親臨,式光典禮。舊章久缺,自我復行。今後每封册大臣,宜令有司備臨軒之禮,稱朕意焉。

原載《舊五代史》卷3

禁使臣逗留敕 開平元年九月

近年文武官諸道奉使,皆於所在分外停住,逾年涉歲,未聞歸闕。非唯勞費州郡,抑且侮慢國經。臣節既虧,憲章安在? 自今後,兩浙、福建、廣州、安南、邕、容等道使到發許住一月,湖南、洪、鄂、黔、桂許住二十日,荆、襄、同、雍、鎮、定、青、滄許住十日,其餘側近不過三五日。凡往來道路,據遠近里數,日行兩驛。如遇疾患及江河阻隔,委所在長吏具事由奏聞。如或有違,當行朝典,命御史點檢糾察,以儆慢官。

原載《舊五代史》卷3

答錢鏐奏敕 開平元年九月

敕:鎮東軍墻隍神龐玉,前朝名將,劇郡良材,頃因剖竹之辰,實有披榛之績,創修府署,綏輯吏民,豈獨遺愛在人,抑亦垂名終古。况錢鏐任隆三鎮,功顯十臣,能求福而不回,致效靈而必應,願加懿號,以表冥符,宜旌岌業之功,用顯優隆之澤,宜賜號崇福侯,仍付所司,牒至準敕者。

原載《全唐文》卷101

放宫人敕 開平元年九月

西宫所有前朝宫人,宜放出宫,任從所適。

原載《五代會要》卷1

恤征役詔 開平元年十二月

潞寇未平,王師在野。攻戰之勢,難緩於寇圍;飛挽之勤,實勞於人力。永言輟耒,深用軫懷。宜令長吏,丁寧布告。期以兵罷之日,給復賦租。

原載《舊五代史》卷3

與契丹阿保機書 開平元年

朕今天下皆平,唯有太原未服,卿能長驅精甲,徑至新莊,爲我翦彼寇讎,與爾便行封册。

原載《舊五代史》卷137

給行營陣歿家屬糧賜敕 開平二年三月

以去年六月後,昭義行營陣歿都將吏卒,死于王事,追念忠赤,乃録其名氏,各下本軍,令給養妻孥,三年内官給糧賜。

原載《舊五代史》卷 4

令諸州撲蝗詔　開平二年五月

去年有蝗蟲下子處,蓋前冬無雪,至今春亢陽,致爲灾沴,實傷隴畝。必慮今秋重困稼穡,自知多在荒陂榛蕪之内,所在長吏各須分配地界,精加翦撲,以絶根本。

原載《舊五代史》卷 4

亢陽修政詔　開平二年六月

邇者下民喪禮,法吏舞文,銓衡既失於選求,州鎮又無其舉刺,風俗未厚,獄訟實繁,職此之由,上遭天譴。

原載《舊五代史》卷 4

崇節儉詔　開平二年六月

敦尚儉素,抑有前聞,斥去浮華,期臻至理。如聞近日貢奉,競務奢淫,或奇巧蕩心,或雕鎸溢目,徒殫資用,有費工庸。此後應諸道進獻,不得以金寶裝飾戈甲劍戟,至於鞍勒,不用塗金及雕刻龍鳳。如有此色,所司不得引進。

原載《舊五代史》卷 4

定鞍飾等級詔　開平二年七月

車服以庸,古之制也;貴賤無别,罪莫大焉。應内外將相,許以銀飾鞍勒。其刺史、都將、内諸司使以降,秖許用銅,冀定尊卑,永爲條制。仍令執法官糾察之。

原載《舊五代史》卷 4

修祀典詔　開平二年七月

祀典之禮,有國之大事也。如聞官吏慢於展敬,禮容牲饌有異精虔,宜令御史疏其條件,以聞定詳。

原載《册府元龜》卷193

許開坊市燃燈敕 開平三年正月

近年以來,風俗未泰,兵革且繁,正月燃燈,廢停已久。今屬創開鴻業,初建洛陽,方在上春,務達陽氣,宜以正月十四、十五、十六日夜,開坊市門,一任公私燃燈祈福。

原載《舊五代史》卷4

給百官俸料詔 開平三年正月

秩俸所以養賢而勵奉公也。兵車未戢,貢賦莫充。朝謁甚勤,禄廪蓋寡。朕今肇建都市,已畢郊禋。職釆至多,費用差少。其百官逐月俸料,委左藏庫依前例全給。

原載《册府元龜》卷508

差官祭嶽瀆山川詔 開平三年正月

初宅洛都,將行郊祀。應嶽瀆名山大川及諸州有靈迹封崇神祠,各宜差官吏精虔祭告。

原載《册府元龜》卷193

改酸棗等九縣屬開封府敕 開平三年二月

自昇州作府,建邑爲都,未廣邦畿,頗虧國體。其以滑州酸棗縣、長垣縣,鄭州中牟縣、陽武縣,宋州襄邑縣,曹州戴邑縣,許州扶溝縣、鄢陵縣,陳州太康縣等九縣,宜並割屬開封府,仍昇爲畿縣。

原載《舊五代史》卷4

升碭山爲赤縣敕 開平三年二月

豐沛之基,寢園所在,凄愴動關於情理,充奉自繫於國章,宜設陵臺,兼升縣望。其輝州碭山縣宜爲赤縣,仍以本縣令兼四陵臺令。

原載《舊五代史》卷4

幸蒲陝詔　開平三年三月

同州邊隅，繼有士衆歸化，暫思巡撫，兼要指揮。今幸蒲、陝，取九日進發。

原載《舊五代史》卷 4

封諸異姓王制　開平三年四月

易定節度使王處直進封北平王，福建節度使王審知封閩王，廣州節度使劉隱封南平王，同州節度使劉知俊封大彭郡王，山南東道節度使楊師厚封弘農郡王。

原載《舊五代史》卷 4

落薛鈞進士敕　開平三年五月

禮部所放進士薛鈞，是左司侍郎薛廷珪男。方持省轄，固合避嫌，其薛鈞宜令所司落下。

原載《册府元龜》卷 651

討劉知俊懸爵賞詔　開平三年六月

削奪劉知俊在身官爵，仍徵發諸軍，速令進討。如有軍前將士，懷忠烈以知機，賊内朋徒，憤脅從而識變，便能梟夷逆竪，擒獲凶渠，務立殊功，當行厚賞。活捉得劉知俊者，賞錢一萬貫文，便授忠武軍節度使，並賜莊宅各一所。如活捉得劉知浣者，賞錢一千貫文，便與除刺史，有官者超轉三階，無官者特授兵部尚書。如活捉得劉知俊骨肉及近上都將並梟送闕廷者，賞賜有差。

原載《舊五代史》卷 4

賞張温等敕　開平三年六月

劉知浣，逆黨之中最爲頭角；龍虎軍，親兵之内實冠爪牙。昨者攻取潼關，率先用命；尋則擒獲知浣，最上立功。頗壯軍威，將除國難。所懸賞格，便可支分；許賜官階，固須除授。但昨捉獲劉知浣是張温等二十二人，一時向前，共立功效，其賞錢一千貫文數内，一百貫文與最先打倒劉知浣衙官李稠,四十三貫文與十將張温,二十人各與錢四十二貫八百五十文。立功敕命便授郡府,亦緣同時立功人數不少,所除刺史,難議偏頗。宜令逐月共支給正刺史料錢二百貫文數内,十將張温一人每月與十貫文,餘二十一人每月每人各分九貫文,仍起七月一日以後支給。人與轉官職,仍勘名銜,分析申奏,當與施行。

原載《舊五代史》卷4

授錢鏐吴越國王册文　開平三年六月

迺者有唐告終,王政日紊,婦寺亂常於内,蠻貊犯順於邊,列鎮張膽而相攻,大臣捫心而無措。惟思家族,遑恤朝廷。朕起自兵戎,歷階節度,憂皇天之不吊,閔黎庶之倒懸,誓衆興師,爲民請命。東征西怨,共徯我后來蘇;簞食壺漿,咸若厥角墜地。竟以數州之力,大剪諸國之鋒。歷試諸艱,遂叨九錫,稽舜禹之禪,法隋唐之敕。天步多艱,人情習亂。因商民之思紂,嗾桀犬以吠堯,職具不共,何所不至。咨爾上柱國、吴越王錢鏐,山川毓秀,二五儲精,以不世出之才,行大有爲之主。納交伯府,翼戴中朝。靖淮甸之邪氛,不得紊我王氣;斬羅平之妖鳥,不得鳴我王郊。迨乎受禪之初,首遣宣諭之使,頗知天命,不效狂謀。匪兼二國之封,曷獎尊王之義。今遣使金紫光禄大夫、尚書、上柱國姚垍、使副尚書禮部主客員外羅衮,持節備禮,胙土分茅,册爾爲吴越國王。嗚呼!車徒萬乘,何戎狄之不可膺;節制三方,何强梁之不可伏。矧百粤夏后駐蹕之地,三吴泰伯肇封之疆,勾踐用之以親周,夫差因之而駕晉。方賴率三軍而梃荆楚,糾列國以平淮戎,允爲東海屏藩,永保中原重鎮。毋姑息以敗事,毋誇大以墮功。欽哉!其聽朕命。

原載《十國春秋》卷78

恤陣殁將士敕　開平三年七月

行營將士陣殁者,咸令所在給棤櫝,津置歸鄉里。

原載《舊五代史》卷4

定門禁敕 開平三年七月

大内皇墻使諸門,素來未得嚴謹,將令整肅,須示條章。宜令控鶴指揮,應於諸門各添差控鶴官兩人,守帖把門。其諸司使并諸司諸色人等,並勒於左、右銀臺門外下馬,不得將領行官一人輒入門裏。其逐日諸道奉進,客省使於千秋門外排當訖,勒控鶴官舁擡至内門前,準例令黄門殿直以下舁進,輒不得令諸色一人到千秋門内。其興善門仍令長官關鎖,不用逐日開閉。

原載《舊五代史》卷 4

申明門禁敕 開平三年七月

皇墻大内,本尚深嚴,宫禁諸門,豈宜輕易。未當條制,交下因循。苟出入之無常,且公私之不便。須加鈐轄,用戒門閭。宜令宣徽院使等切准此處分。

原載《舊五代史》卷 4

申謝南郊詔 開平三年七月

朕自膺眷佑,勉副樂推,三載于兹。多難未弭,但蒙靈貺,每竊休徵。致稼穡之有年,乃陰陽之克叙。昨者以灾興右地,叛結左馮,連邠、鳳之凶狂,據關河之險固。王師纔進,逆黨生擒,寸刃未施,重門盡啓。以致元凶自遁,道壘皆降。賊除不出於浹旬,兵罷匪逾於一月。而况時當炎暑,路涉惡山,風迎馬以納凉,雲隨車而不雨。功因捷速,而免滯留。非眇質之敢當,賴上玄之垂祐。合申告謝,用表精虔。宜令所司擇日,親拜郊祀。

原載《册府元龜》卷 193

祭告東嶽詔 開平三年八月

封嶽告功,前王重事;祭天肆覲,有國恒規。朕自以眇身,恭臨大寶,既功德未敷於天下,而灾祥互降於域中。慮於告謝之儀,有缺齋虔之禮,爰修昭報,用契幽通。宜令中書侍郎、平章事于兢往東嶽,祭拜禱祀訖聞奏。

原載《舊五代史》卷 4

便殿聽政敕　開平三年八月

朕以干戈尚熾,華夏未寧,宜循卑菲之言,用致雍熙之化。起八月一日,常朝不御金鑾、崇勛兩殿,只於便殿聽政。

原載《舊五代史》卷 4

安存陣歿將士家屬敕　開平三年八月

諸都如有陣歿將士,仰逐都安存家屬。如有弟兄兒侄,便給與衣糧充役。

原載《舊五代史》卷 4

禁滯留軍奏敕　開平三年八月

建國之初,用兵未罷,諸道章表,皆繫軍機,不欲滯留,用防緩急。其諸道所有軍事申奏,宜令至右銀臺門委客省畫時引進。諸道公事,即依前四方館准例收接。

原載《舊五代史》卷 4

禁科配州縣敕　開平三年八月

所在長吏放雜差役,兩税外不得妄有科配。自今後州縣府鎮,凡使命經過,若不執敕文券,並不得妄差人驢及取索一物已上。又,今歲秋田,皆期大稔,仰所在切如條流本分納税及加耗外,勿令更有科索。切戒所繇人吏不得於鄉村乞托擾人。

原載《舊五代史》卷 4

授錢鏐太尉制　開平三年閏八月

集非常之事,必有挺非常之才;建第一之功,必有居第一之位。朕膺圖受命,負扆開階,未嘗以真太尉之官輕於擬議,大司馬之職易於簡求。蓋由其爵尊,其任重。不有英佐,孰當異恩。啓聖匡運同德功臣、淮南鎮海鎮東等軍節度使、淮南浙江東西等道管内觀察處置、充淮南四面都統營田安撫、兼兩浙鹽鐵制置發運等使、開府儀同三司、檢校太師、兼中書令、杭越等州大都督府長史、上柱國、吴越王、食邑一萬五千户、實封一千户錢鏐,海岳騰英,星雲誕秀。契君臣咸一之德,有文武兼備之才。宣慈惠和,忠正廉毅。敦詩説禮,樹百行於藩維;去暴除奸,敵萬人於帷幄。弼予興運,明乃嘉謨。頃屬淮彝不賓,王化自爾,益封吴會,兼鎮廣陵。追擒每盡於隻輪,覆溺連收其巨艦。復聞奸宄,屢擾巡封。謂天蓋高,若水可恃。爾又横戈憤悱,獨力支吾。妙運神機,大殲戎醜。玄雲陣起,雄風驅下瀨之師;白露圍開,沴氣散常州之化。再安生聚,重復土疆。薛公之三策咸明,漢主之一奇斯在。况早攀鱗翼,備見肺腸。同德同心,二紀密參於締構;惟忠惟孝,四方咸則於儀刑。苟非劇恩,何以加賞。是用鏤於彝鼎,册以輅車。擬吕望之尊崇,正列侯之貴重。仍加真食,復寵兼官。式是獎酬,且旌忠烈。於戲! 進以正,大《易》所以經邦;慎厥終,格言用之居位。勉思遵守,克荷寵靈。服予訓辭,錫爾繁祉。可守太尉,加實封二百户,餘並如故。

原載《吴越備史》卷 1,《五代史書彙編》

令同華雍等州招諭制 開平三年閏八月

左憑背叛,元惡遁逃。如聞相濟之徒,多是脅從之輩。若能迴心向國,轉禍全身,當與加恩,必不問罪。仍令同、華、雍等州切加招諭,如能梟斬温韜,或以鎮寨歸化,必加厚賞,仍獎官班,兼委本界招復人户,切加安存。

原載《册府元龜》卷 215

黜罰使臣制 開平三年九月

朝廷命使,臣下奉行,唯於辭見之儀,合守敬恭之道。近者凡差出使,往復皆越常規。或已辭而尚在本家,或未見而先歸私第。但從己便,莫稟王程。在禮敬而殊乖,置典章而私舉。宜令御史臺别具條流事件具黜罰等奏聞。

原載《舊五代史》卷 5

改拜郊日期詔 開平三年九月

秋冬之際,陰雨相仍,所司擇日拜郊,或慮臨時妨事。宜令別更擇日聞奏。

原載《册府元龜》卷 193

令宰臣專判司門出給敕 開平三年十月

敕司門過所先是司門郎中、員外郎出給,今以寇盜未平,恐漏奸詐,令宰臣趙光逢專判。凡諸給過所,先具狀,經中書點檢。判下,即本判郎官據狀出給。

原載《册府元龜》卷 191

南郊恩制 開平三年十一月

夫嚴親報本,所以通神明;流澤覃休,所以惠黎庶。斯蓋邦家不易之道,皇王自昔之規,敢斁大猷,玆唯古義。粵朕受命,于今三年。何曾不寅畏晨興,焦勞夕惕。師唐、虞之典,上則於乾功;挹殷、夏之源,下涵於民極。欲使萬方有裕,六辨無愆。然而志有所未孚,理有所未達,致奸宄作釁,旱霪爲災。驕將守邊,擁牙旗而背義;積陰馭氣,陵玉燭以干和。載考休徵,式昭至警。朕是以仰高俯厚,靡惜於責躬;履薄臨淵,冀昭于玄覽。兢兢慄慄,夙夜匪寧。及夫動干戈而必契靈誅,陳犧齋而克章善應,苟非天垂丕佑,神贊殊休,則安可致夷凶渠,就不戰之功,變沴戾氣,作有年之慶。况靈旗北指,喪犬羊于亂轍之間;飛騎西臨,下鄜、翟若走丸之易。息一隅之烟燧,復千里之封疆。而又掃蕩左馮,討除峴首。故得外戎内夏,益知天命之攸歸;喙息蚑行,共識皇基之永固。仰懷昭應,欲報無階。爰因南至之辰,親展圜丘之禮。玆惟大慶,必及下民,乃弘渙汗之私,以錫疲羸之幸。所冀漸臻蘇息,亟致和平。噫！朕自臨御以來,歲時尚邇,氛昏未殄,討伐猶頻。甲兵須議於餽糧,飛挽頻勞於編户,事非獲已,慮若納隍。宜所在長吏,倍切撫綏,明加勉諭。每官中抽差徭役,禁猾吏廣斂貪求。免至流散靡依,凋弊不濟。宜令河南府、開封府及諸道觀察使切加鈐轄,刺史、縣令不得因緣賦斂,分外擾人。凡關庶獄,每望輕刑。

只候纔罷用軍,必當便議優給。德音節文内有未該者,宜令所司類例條件奏聞。

原載《舊五代史》卷 5

委宰臣專判祭祀制　開平三年

國之大事,唯祀與戎。祭法所標,禮經猶重。其齋心必至,備物精臻。方感召於神祇,乃降通於福祐。近者所司祠祭,或聞官吏因循,虛破支供,動多虧闕。致陰陽之失序,仍水旱以爲灾。每一念思,實多凛若。宜加提舉,用復敬恭;須委元臣,以專重事。自今後,應在京四時大小祀及諸色祭祀,并委宰臣貽矩專判,躬親點檢。無令怠墮,有失典常。

原載《冊府元龜》卷 193

求賢制　開平三年

自開創已來,凡有赦書德音,節文内皆委諸道搜訪賢良,尚慮所在長吏未切薦揚,其有卓犖不羈,沉潜用晦,負王霸之業,藴經濟之謀,究古今刑政之源,達禮樂質文之奥,機籌可以制變,經術可以辨疑,一事軼群,一才拔俗,並令招聘,旋具奏聞,然後試其所長,待其不次。所貴牢籠俊傑,采摭英翹。

原載《冊府元龜》卷 213

令當直官於中書側近宿止敕　開平四年正月

公事難於稽遲,居處悉皆遥遠,其逐日當直中書舍人及吏部司封知印郎官、少府監及篆印文兼書寫告身人吏等,並宜輪次于中書側近宿止。

原載《舊五代史》卷 5

追贈張策等官詔　開平四年四月

追養以禄,王者推歸厚之恩;欲静而風,人子抱終身之感。其以刑部尚書致仕張策及三品、四品常參官二十二人先世,各追贈一等。

原載《舊五代史》卷 5

禁僞造犀玉詔　開平四年五月

奇邪亂正,假僞奪真。既刑典之不容,宜犯違而勿赦。應東、西兩京及諸道州府,制造假犀玉真珠腰帶、璧珥并諸色售用等,一切禁斷,不得輒更造作。如公私人家先已有者,所在送納長吏,對面毁棄。如行敕後有人故違,必當極法。仍委所在州府差人檢察收捕,明行處斷。

原載《舊五代史》卷 5

求賢詔　開平四年九月

朕聞歷代帝王,首推堯、舜;爲人父母,孰比禹、湯。睿謀高出於古先,聖德普聞於天下,尚或卑躬待士,屈己求賢。俯仰星雲,慮一民之遺逸;網羅巖穴,恐片善之韜藏。延爵禄以徵求,設丹青而訪召。使其爲政,樂在進賢。蓋繇國有萬幾,朝稱百揆,非才不治,得士則昌。自朕光宅中區,迄今三載,宵分輟寐,日旰忘餐,思共力於廟謀,庶永清於王道。而乃朝廷之内,或未盡於昌言;軍旅之間,亦罕聞於奇策。眷言方岳,下及山林,豈無英奇,副我延佇。諸道都督、觀察防禦使等,或勛高翊世,或才號知人,必於塗巷之賢,備察芻蕘之士。詔到,可精搜郡邑,博訪賢良,喻之以千載一時,約之以高官美秩。諒無求備,唯在得人。如有卓犖不羈,沉潛自負,通霸王之上略,達文武之大綱,究古今刑政之源,識禮樂質文之變,朕則待之不次,委以非常,用佐經綸,豈勞階級。如或一言拔俗,一事出群,亦當舍短從長,隨才授任。大小方圓之器,寧限九流;温良恭儉之人,難誣十室。勉思薦舉,勿至因循。俟爾發揚,慰予翹渴。仍從别敕處分。

原載《舊五代史》卷 5

令刺史專達敕　開平四年九月

魏博管内刺史,比來州務,並委督郵,遂使曹官擅其威權,州牧同于閑冗。俾循通制，宜塞異端，並宜依河南諸州例，刺史得以專達。

原載《舊五代史》卷 5

討劉知俊懸爵賞詔 開平四年九月

劉知俊貴爲方伯，尊極郡王。而乃背誕朝恩，竄投賊壘。固神人之共怒，諒天地所不容。雖命討除，尚稽擒戮。宜懸爵賞，以大功名。必有忠貞，咸思憤發。有生擒劉知俊者，賞錢千萬，授節度使，首級次之。得孟審登者，錢百萬，除刺史。得都將孫坑、卓瓌、劉儒、張鄰等，賞有差。

原載《舊五代史》卷 5

遣官分祀風神詔 開平四年十一月

自朔至今，暴風未息。諒惟不德，致此咎徵。皇天動威，罔敢不懼。宜遍命祈禱，副朕意焉。

原載《舊五代史》卷 6

嚴關防詔 開平四年十一月

關防者，所以譏異服、察異言也。況天下未息，兵民多奸，改形易衣，覘我戎事。比者有諜，皆以詐敗，而未嘗罪所過地；叛將逃卒，竊其妻孥而影附使者，亦未嘗詰其所經。今海内未同，而緩法弛禁，非所以息奸詐、止奔亡也。應在京諸司，不得擅給公驗。如有出外須執憑繇者，其司門過所，先須經中書門下點檢。宜委宰臣趙光逢專判出給，俾繇顯重，冀絶奸源。仍下兩京河陽及六軍諸衛、御史臺，各加鈐轄。公私行李，復不得帶挾家口向西。其襄、鄧、鄜、延等道，並同處分。

原載《舊五代史》卷 6

賑貸滑宋等州詔 開平四年十二月

滑、宋、輝、亳等州，水潦敗傷，人户愁嘆。朕爲民父母，良用痛心。其令本州分等級賑貸，所在長吏監臨周給，務令存濟。

原載《舊五代史》卷 6

與蜀王建書　開平四年

夫唐、虞致治，遵禪讓之明文；湯、武開基，允神人之至願。必有神器，是膺皇圖。况古今迭代之期，英豪興隆之數，莫不上關天命，下順人心。啓王霸之宏機，爲子孫之大計。咸遵軌轍，竝載簡編。且念與皇帝八兄，頃在前朝，各封異姓。土茅分裂，皆超將相之尊；魚雁往來，久約弟兄之契。歡盟甚固，功業相推，俄隔絶於音塵，止因緣於間諜。以至時衰土德，運應金行，雖手足胼胝，粗平多難；而星辰符瑞，謬付厥躬。當百辟之群情，極四方之積患。爰都河洛，用答乾坤。尋聞皇帝八兄奄有西陲，盡朝三蜀，别尊位號，復統高深，一時皆賀於推崇，兩國願通於情好。徵曹劉之往制，各有君臣；追楚漢之前踪，嘗分疆宇。所冀同清夷夏，俱活生靈，載籍具存，恢張無爽。去歲密聞風旨，遐慰寤思，憤岐隴之猖狂，逼褒斜之封徼，欲資牽制，用速掃除。遂委永平軍節度使劉鄩，特遣行人，先導深意。旋已徑差精甲，將擊妖巢。念數鎮之驍雄，鼓六師之威勢，尋聞退遁，殆至滅亡。允懷掎角之謀，尤得輔車之利。近併覽同、華奏報，皆進呈褒祥書題，具悉事機，良多啓沃。今專馳卿列，備達衷懷，重論金石之交，别卜塤篪之分。山河共永，日月長懸，瞻佇好音，言不盡意。今遣光禄卿盧玭、閤門副使少府少監李元聊馳書幣，專戒道途，兼有微禮，具在别幅，謹白。

馬一十匹，紅纓子鞍幞各一事，紅耳叱騣馬一匹，金玉鬧裝四垂鞍轡一副；紫叱騣馬一匹，白玉裝鞍轡一副；白驄馬一匹，金鍍鬧裝鞍轡一副；烏叱騣馬一匹，金鍍龍鳳五垂銀鞍轡一副；烏叱騣馬一匹，金鍍銀鬧裝鞍轡一副；白驄馬一匹，金鍍銀鬧裝鞍轡一副；青叱騣馬一匹，裹花五垂銀鞍轡一副；青叱騣馬一匹，陷金玉五垂鞍轡一副；騮叱騣馬一匹，金鍍鬧裝五垂銀鞍轡一副；紅耳叱騣馬一匹，金鍍五垂鬧裝銀鞍轡一副。玉犀腰帶二條並雜物等，黄排方珮琳腰帶一條，頭尾順鉠十二事，通牡丹犀排方腰帶一條，頭尾順鉠十二事，金香一十斤，麝香五十劑，犀一十株，琥珀二十斤，玳瑁二百斤，金稜琉璃碗十隻，銀稜秘色鈔鑼二面，金花銀裝厨子一對，金花渾銀裹龍鳳儀注槍四條，並鞘子犛牛紅拂子全。金花銀裹龍鳳儀注槍四十條，綾袋盛。金銅甲二副,並副膊兜鍪全。藥物一十三位,茯苓一十斤,茯神一十斤,酸棗仁五十斤,玉鹽五斤,新羅人參一十斤,牛膝一十斤,枳殼一十斤,五味子五斤,赤箭一十斤,鹿茸一十對,顆棗一千枚,羚羊角五對,牛黄一百銖。右件藥物等,或來從燕市,或貢自炎方,或馨香能助於薰爐,或華妙可資於寶玩,至於劍涵星斗,藥有君臣。願伸兩國之情,重固千年之約。愧非縟禮,粗達深衷,特希檢留,幸甚。謹白。

原載《錦里耆舊傳》卷2

日食求言制 開平五年正月

兩漢已來,日蝕地震,百官各上封事,指陳得失。蓋欲周知時病,盡達物情。用緝國章,以奉天誡。朕每思逆耳,罔忌觸鱗。將洽政經,庶開言路。况兹謫見,當有咎徵。其在列辟群臣,危言正諫。極萬邦之利害,致六合之殷昌。毗予一人,永建皇極。

原載《舊五代史》卷6

禁用軍焚掠制 開平五年正月

扈氏不恭,固難去戰;鬼方未服,尚或勞師。其蟻聚餘妖,狐鳴醜類。棄天常而拒命,據地險以偷生。言事討除,將期戡定。問罪止誅於元惡,挺灾可憫於遺黎。每念傷痍,良深愧嘆。應天兵所至之地,宜令將帥節級嚴戒軍伍,不得焚燒廬舍,開發丘壠,毀廢農桑,驅掠士女。使其背叛之俗,知予吊伐之心。

原載《舊五代史》卷6

禁軍吏誅求制 開平五年正月

戎機方切,國用未殷。養兵須藉於賦租,税粟尚煩於力役。所在長吏,不得因緣徵發,自務貪求。苟有故違,必行重典。立法垂制,詳刑定科。傳之無窮,守而勿失。中書門下所奏新定格式律令,已頒下中外,各委所在長吏,切務遵行。盡革煩苛,皆除枉濫。用副哀矜之旨,無違欽恤之言。

原載《舊五代史》卷6

巡幸東京詔 開平五年二月

東京舊邦,久不巡幸,宜以今月九日幸東都。扈從文武官委中書門下量閑劇處分。

原載《舊五代史》卷 6

給宰臣餐錢敕 開平五年二月

食人之食者,憂人之事,況丞相尊位,參決大政,而堂封未給,且無餐錢,朕甚愧之。宜令日食萬錢之半。

原載《五代會要》卷 13

令冀王友謙將兵詔 開平五年四月

邠、岐未滅,關、隴多虞,宜擇親賢,總茲戎任。應關西同、雍、華、鄜、延、夏等六道兵馬,并委冀王收管指揮。凡有抽差,先申西面都招討使,仍別奏聞,庶合機權,以寧邊鄙。

原載《舊五代史》卷 6

褒韓建敕 乾化元年正月

許昌雄鎮,太保韓建,朕用之布政,民耕盜止,久居其位,庶可勝殘矣。宜令中書門下,不計年月,勿議替移。

原載《五代會要》卷 11

賜諸道節度使一子官制 乾化元年五月

諸道節度使錢鏐、張宗奭、馬殷、王審知、劉隱各賜一子六品正員官,高季昌賜一子八品正員官,賀德倫賜一子九品正員官。

原載《舊五代史》卷 6

禁朝參官從人不得闌入銀台門敕 乾化元年五月

左、右銀臺門,朝參諸司使、庫使已下,不得帶從人出入,親王許一二人執條床手簡,餘悉止門外。闌入者抵律,閽守不禁,與所犯同。

原載《册府元龜》卷 191

闈以時開閉詔　乾化元年五月

闈是正門也，宜以時開閉，用達陽氣。委皇城使準例檢校啓閉，車駕出則闔扉。

原載《五代會要》卷 24

令行營招諭歸降詔　乾化元年六月

常山背義，易水效尤，誘其蕃戎，動我邊鄙，南侵相魏，東出邢洺，是用遣將徂征，爲人除害，但初頒赦令，不欲食言，宥而伐之，諒非獲已。況聞謀始，不自帥臣，致此厲階，並由奸佞。密通人使，潛結沙陁，既懼罪誅，乃生離叛。今雖行討伐，已舉師徒，亦開詔諭之門，不阻歸降之路。矧又王鎔、處直，未曾削爵除名，若翻然改圖，不遠而復，必仍舊貫，當保前功。如有率衆向明，拔州效順，亦行殊賞；冀狗來情，免令受弊於疲民，用示惟新於污俗。宜令行營都招討使及陳暉軍前，准此敕文，散加招諭，將安衆懼，特舉明恩。鎮州只罪李弘規一人。其餘一切不問。

原載《舊五代史》卷 6

貶相州刺史李思安制　乾化元年十二月

懷州刺史段明遠，少年治郡，庶事惟公。兩度祗奉行鑾，數程宿食本界。動無遺闕，舉必周豐。蓋能罄竭於家財，務在顯酬夫明獎。觀明遠之忠勤若此，見思安之悖慢何如。

原載《舊五代史》卷 73

處置北面招討使胡規擾民詔　乾化初

胡規比緣微效，遂委劇權，不能禁戢諸軍，而敢侵凌百姓，輒生狂計，欲起亂階，備見包藏，何堪委用？從來凶逆，已露鋒鋩，此際侮輕，足量肝膽，苟無極斷，慮掇後艱。胡規并男義方，委宗奭準軍令處置，其婦女任從所適。都指揮使韓勍已下一十二人，罰俸有差。

原載《册府元龜》卷 445

求言詔 乾化二年正月

謗木求規,集囊貢事,將裨理道,豈限側言。應内外文武百官及草澤,並許上封事,極言得失。

原載《舊五代史》卷 7

備雨潦敕 乾化二年二月

今載春寒頗甚,雨澤仍愆。司天監占以夏秋必多霖潦。宜令所在郡縣告喻百姓,備淫雨之患。

原載《舊五代史》卷 7

令魏州差官禱雨詔 乾化二年三月

淑律將遷,亢陽頗甚,宜令魏州差官祈禱龍潭。

原載《舊五代史》卷 7

令宰臣祈雨詔 乾化二年三月

雨澤愆期,祈禱未應,宜令宰臣各于魏州靈祠精加祈禱。

原載《舊五代史》卷 7

嚴懲注擬蠹弊詔 乾化二年三月

夫興隆邦國,必本於人民;惠養疲羸,允資於令長。苟選求之逾濫,固撫理之乖違。如聞吏部擬官,中書除授,或緣親舊處約,或爲勢要力干,姑徇私情,靡求才實,念兹蠹弊,宜舉條章。自今已後,應中書用人及吏部注擬,並宜省藩身之才業,驗爲政之否臧,必有可觀,方可任用。如或尚行請托,猶假貨財,其所司人吏等,必當推窮,重加懲斷,有司官長,别有處分。

原載《册府元龜》卷 632

修禳星灾敕 乾化二年四月

近者星辰違度,式在修禳。宜令兩京及宋州、魏州取此月至五月,禁斷屠宰。仍各於佛寺開建道場,以迎福應。

原載《舊五代史》卷 7

暑月施恩詔 乾化二年五月

生育之人,爰當暑月,乳哺之愛,方及薰風。儻肆意於刲屠,豈推恩於長養,俾無殄暴,以助發生。宜令兩京及諸州府,夏季内禁斷屠宰及采捕,天民之窮,諒由賦分,國章所在,亦務興仁。所在鰥寡孤獨、廢疾不濟者,委長吏量加賑恤。史載葬枯,用彰軫恤,《禮》稱掩骼,將致和平。應兵戈之地,有暴露骸骨,委所在長吏差人專功收瘞,國癘之文,尚標七祀,良藥之市,亦載三醫。用憐無告之人,宜徵有喜之術。凡有疫之處,委長吏檢尋醫方,於要路曉示。如有家無骨肉兼困窮不濟者,即仰長吏差醫給藥救療之。

原載《舊五代史》卷 7

遣官祈雨詔 乾化二年五月

亢陽滋甚,農事已傷。宜令宰臣于兢赴中嶽,杜曉赴西嶽,精切祈禱。其近京靈廟,宜委河南尹。五帝壇、風師雨師、九宫貴神,委中書各差官祈之。

原載《舊五代史》卷 7

禁長吏誅求詔 乾化二年五月

共理庶民,是資牧宰。克勤厥職,必選端良。儻徇私以滅公,則興灾而斂怨。豈遵條教,實蠹風猷。其所在長吏,不得因緣差役,分外誅求。律令所施,典刑具在,寧容殘忍,合務哀矜。宜令所在長吏,不得淫刑酷法,須臻有道,免致無辜。

原載《册府元龜》卷 196

梁郢王

梁太祖次子(? —913),姓朱,名友珪,小字遥喜,封郢王。乾化二年(912),太祖久病,召博王朱友文托付後事。朱友珪自知繼位無望,索性聯合禁軍攻入宫中,殺死太祖。六月,朱友珪矫詔自立爲皇帝。次年二月,均王朱友貞聯合左龍虎統軍袁象先,率軍攻入宫中,殺朱友珪。

矯梁太祖遺詔 乾化二年六月

博王友文謀逆,遣兵突入殿中,賴郢王友珪忠孝,將兵誅之,保全朕躬。然疾因震驚,彌致危殆,宜令友珪權主軍國之務。

原載《舊五代史》卷 7

勒停御史鄭觀現任敕 乾化二年十二月

國之重典,祀事爲先。御史監臨,本虞不恪。今則衆官晨興已到,御史日晏方來。既紊國章,難虧朝典。其鄭觀宜停見任。

原載《册府元龜》卷 522

梁末帝

梁太祖第三子(888—923),姓朱,名友貞,封均王。乾化三年(913)即位,改名鍠,貞明中改名瑱。末帝統治期間,朱氏諸子互相猜忌,陰謀攘奪,内部分崩離析。在軍事上節節敗退,龍德三年(923),後唐在重創梁軍之後,以輕騎奇襲汴梁,末帝走投無路,遂命親將皇甫麟殺死自己。後梁亡,歷時十七年。

報典軍趙巖書 乾化三年二月

夷門,太祖創業之地,居天下之衝,北拒并、汾,東至淮海,國家藩鎮,多在厥東,命將出師,利於便近。若都洛下,非良圖也。公等如堅推戴,册禮宜在東京,賊平之日,即謁洛陽陵廟。

原載《全唐文》卷 102

追復博王友文官爵詔 乾化三年二月

我國家賞功罰罪,必叶朝章;報德伸冤,敢欺天道。苟顯違于法制,雖暫滯於歲時,終振大綱,須歸至理。重念太祖皇帝,嘗開霸府,有事四方。洎建皇朝,載遷都邑,每以主留重務,居守難才,慎擇親賢,方膺寄任。故博王友文,才兼文武,識達古今,俾分憂於在浚之郊,亦共理於興王之地,一心無易,二紀於兹,嘗施惠於士民,實有勞於家國。去歲郢王友珪,常懷逆節,已露凶鋒,將不利於君親,欲竊窺於神器。此際值先皇寢疾,大漸日臻。博王乃密上封章,請嚴宫禁,因以萊州刺史授於郢王友珪,纔睹宣頭,俄行大逆。豈有自縱兵於内殿,却翻事於東都,又矯詔書,枉加刑戮,仍奪博王封爵,又改姓名,冤耻兩深,欺誑何極!伏賴上玄垂祐,宗社降靈,俾中外以叶謀,致遐邇之共怒,尋平内難,獲剿元凶,既雪耻於同天,且免譏於共國。朕方期遁世,敢竊臨人,遽迫推崇,爰膺纘嗣。冤憤既伸於幽顯,霈澤宜及於下泉。博王宜復官爵,仍令有司擇日歸葬云。

原載《舊五代史》卷 8

即位改名制　乾化三年三月

朕仰膺天睠,近雪家讎,旋聞將相之謀,請紹祖宗之業。群情見迫,三讓莫從,祇受推崇,懼不負荷。方欲烝嘗寢廟,禋類郊丘,合徵文體之辭,用表事神之敬。其或於文尚淺,在理未周,亦冀隨時,别圖制義。雖臣子行孝,重更名於已孤;而君父稱尊,貴難知而易避。今則虔遵古典,詳考前聞,允諧龜筮之占,庶合帝王之道。載惟涼德,尤愧嘉名,中外群僚,當體朕意,宜改名鍠。

原載《舊五代史》卷 8

授錢鏐第三子傳瑛駙馬都尉敕　乾化三年

敕吴越國王:朕念尊敬元老,禮無出於父師;崇樹華姻,事莫先於婚媾。故金章貴族,方膺下嫁之榮;齊家大邦,始稱和鳴之兆。恭惟先帝,與卿素同盟約,誓掃寇讎,遠裨締構之功,終集興隆之運。雖崇資厚禄,酬勛已極於當時;而懿戚周親,結分思聯於奕世。尋期愛女,欲配高門。三邊未息於戎機,百兩遂稽於宿諾。今朕祗膺天眷,獲嗣皇圖,欲三年無改之規,思二姓好逑之重。願遵先旨,特舉令儀。況傳瑛驪頷奇光,鳳毛異彩,不俟折笄之訓,已當壓鈕之祥。嬀汭名門,雅稱太姬之匹;張敖顯族,宜承元女之姻。是用先降徽章,特加異數,擅齋壇之斧鉞,兼台室之鈞衡,既明必復之徵,且展維私之分。料卿精識,體朕至懷。今授傳瑛大同軍節度使、檢校太傅、同中書門下平章事、駙馬都尉,兼加食邑八百户。

原載《十國春秋》卷 83

國忌輟朝詔　乾化三年五月

太祖皇帝六月二日大忌。朕聞姬周已還,並用通喪之禮;炎漢之後,方行易月之儀。歷代相沿,萬幾斯重,遂爲故實,難遽改更。朕頃遘家冤,近平内難,倏臨祥制,俯迫忌辰,音容永遠而莫追,號感彌深而難抑。將欲表宅憂於中禁,是宜輟聽政於外朝,雖異常儀,願申罔極。宜輟五月二十二日至六月二十九日朝參。軍機急切公事,即不得留滯,並仰畫時聞奏施行。

原載《舊五代史》卷 8

輟朝答宰臣詔　乾化三年五月

朕聞禮非天降,固可酌於人情;事繫孝思,諒無妨於國體。今以甫臨忌日,暫輟視朝,冀全哀感之情,用表始終之節。宰臣等累陳章表,備述古今,慮以萬幾之繁,議以五月之請。雖兹懇切,難盡允俞。況保身方荷於洪基,敢言過毀;而權制獲申於至性,必在得中。宜自今月二十九日輟至六月七日,無煩抑請,深體朕懷。

原載《舊五代史》卷 8

分相魏爲兩鎮詔　乾化五年三月

分疆裂土,雖賞勛勞;建節屯師,亦從機便。比者魏博一鎮,巡屬六州,爲河朔之大藩,實國家之巨鎮。所分憂寄,允謂重難;將叶事機,須期通濟。但緣鎮、定賊境,最爲魏博親鄰;其次相、衛兩州,皆控澤、潞山口。兩道並連於晉土,分頭常寇於魏封。既須日有戰争,未若俱分節制。免勞兵力,因奔命於兩途;稍泰人心,俾安居於終日。

其相州宜建節度爲昭德軍，以澶、衛兩州爲屬郡，以張筠爲相州節度使。

原載《舊五代史》卷 8

以壽春公主選駙馬賜錢鏐敕　貞明元年二月

敕：給事中韋彖等到鎮選尚，今陳讓恩命事具悉。卿六朝元老，一代純臣。挺金石之心，功參締構；識風雲之會，力贊邦家。歌鐘不足以宣猷，簡册尋盈於編紀。所以先帝頃在潛龍之際，欲敦鳴鳳之文，擇彼芝蘭，聘於骨肉。及開張運祚，巡狩寰區。雖嬀汭降嬪，未行嘉禮；而晉原埋土，不享修齡。朕去歲特輟近班，俾道遺訓，冀諧良匹，別付至親。卿又過執謙冲，遠形辭避。且知子莫若父，知臣莫若君。將相聯榮，公王疊慶。豈無令器，可奉明恩。勿堅撝抑之儀，速副選求之旨。佇行制命，勉沃朕懷。欽重之餘，延矚無已。

原載《十國春秋》卷 78

答賀德倫詔　貞明元年四月

魏、博寇敵接連，封疆懸遠，凡於應赴，須在師徒。是以別建節旄，各令捍禦。并、鎮則委魏、博控制，澤、潞則遣相、衛枝梧。咸逐便安，貴均勞逸，已定不移之制，宜從畫一之規。至於征伐事權，亦無定例。且臨清王領鎮之日，羅紹威守藩以來，所領事銜，本無招討。祇自楊師厚先除陝、滑二帥，皆以招討兼權，因兹帶過鄴中，原本不曾落下，苟循事體，寧吝施行？况今劉鄩指鎮、定出征，康懷英往邠、岐進討，祇令統帥師旅，亦無招討使銜。切宜遍諭群情，勿興浮議，倚注之意，卿宜體之。

原載《舊五代史》卷 8

賜鎮南軍節度使劉鄩詔　貞明元年八月

閫外之事，全付將軍。河朔諸州，一旦淪没，勞師弊旅，患難日滋，退保河壖，久無鬭志。昨東面諸侯，奏章來上，皆言倉儲已竭，飛挽不充，于役之人，每遭擒擄。夙宵軫念，惕懼盈懷。將軍與國同休，當思良畫。如聞寇敵兵數不多,宜設機權,以時剪撲,則予之負荷,無累先人。

原載《舊五代史》卷 23

太康等縣夏税據見苗輸納敕 貞明三年七月

開封府太康、襄邑、雍丘三縣,遭陳州賊軍奔衝,其夏税只據見苗輸納。

原載《舊五代史》卷 10

誡李戩詔 貞明三年十月

太子太傅李戩,多因釋教,誑惑群情,此後不得出入無恒。

原載《舊五代史》卷 9

貸華温琪贓罪詔 貞明三年

朕若不與鞫窮,謂予不念赤子;若或遂行典憲,謂余不念功臣。爲爾君者,不亦難乎? 其華温琪所受贓,宜官給代還所訟之家。

原載《舊五代史》卷 67

以曹州刺史朱珪檢校太傅充平盧軍節度使詔 貞明四年十二月

行營諸軍馬步都虞候、匡國軍節度觀察留後朱珪,昨以寇戎未滅,兵革方嚴,所期朝夕之間,克弭烟塵之患,每於將帥,別注憂勞。而謝彦章、孟審澄、侯温裕忽構異圖,將萌逆節,賴朱珪挺施貞節,密運沈機,果致梟擒,免資讎敵。特加異殊之命,用旌忠孝之謀,便委雄藩,俾荷隆渥。可檢校太傅,充平盧軍節度、淄青登萊等州觀察處置、押新羅渤海兩番等使兼行營諸軍馬步軍副都指揮使,仍進封沛國郡開國侯。

原載《舊五代史》卷 9

命錢鏐進取海南劉巖敕 貞明五年九月

敕曰:朕聞越紀亂常,前王無赦,懲惡勸善,有國不私,苟罪惡以顯彰，在刑名而何逭，其有身當殊寵，既受國恩，敢行不軌之心，具驗速辜之迹，頒行典憲，仍令詰諸。靖海建武等軍節度使上柱國平南王劉巖，頃因乃父，發迹本藩，尋賴其兄，致身賓席，受先朝之拔擢，極上將之寵權，念其尊奬之誠，許繼藩宣之任，乃自行軍之職，繼膺推轂之恩，秩進三司，位同四輔。自朕獲承大寶，累進崇資，一門無比其超榮，百世豈疇其寵耀。而敢飛章不紀，希寵無厭，始求都統四鄰，後請封王南越，貪饕斯甚，逾僭無階。朕每含容，再伸優渥，授之東鎮，加以南平。比罔思止足，益恣凶狂，妄稱漢室遺宗，欲繼尉佗醜迹，結連淮海，阻塞梯航，徒惑遠方，僭稱大號。在人情而共棄，豈天道以能容。宜命討除，用清逆亂。爾天下兵馬都元帥錢鏐，志扶社稷，任總兵師，每興憤激之辭，願舉誅夷之令。是用俾爾元老，討彼叛臣，先行奪爵之文，爰舉摧凶之典。劉巖在身官爵，并宜削奪。於戲！將相重任，子孫殊榮，不能常守於藩修，而乃自干於國典，指凶殘而必取，念染污以將新，非我無終始之恩，實彼有滿盈之罪。凡百珍重，悉體朕懷。

原載《全唐文》卷 102

給復宋亳等三十二州制　貞明六年四月

王者愛育萬方，慈養百姓，恨不驅之仁壽，撫以淳和。而炎、黄有戰伐之師，堯、舜有干戈之用，諒不獲已，其猶病諸。然則去害除妖，興兵動衆，殺黑龍而濟中土，刑白馬而誓諸侯，終能永逸暫勞，以至同文共軌，古今無異，方册具存。朕以眇末之身，托億兆之上，四海未乂，八年于兹，業業兢兢，日慎一日。雖逾山越海，肅慎方來；而召雨徵風，蚩尤尚在。顧兹殘孽，勞我大邦，將士久於戰征，黎庶疲於力役。木牛暫息，則師人有乏爨之憂；流馬盡行，則丁壯有無聊之苦。况青春告謝，朱夏已臨，妨我農時，迫我戎事，永言大計，思致小康。宜覃在宥之恩，稍示殷憂之旨。用兵之地，賦役實煩，不有蠲除，何使存濟。除兩京已放免外，應宋、亳、輝、潁、鄆、齊、魏、滑、鄭、濮、沂、密、青、登、萊、淄、陳、許、均、房、襄、鄧、沁、隨、陝、華、雍、晉、絳、懷、汝、商等三十二州，應欠貞明四年已前夏秋兩税，并鄆、齊、滑、濮、襄、晉、輝等七州，兼欠貞明四年已前營田課利物色等，並委租庸使逐州據其名額數目矜放。所在官吏，不得淹停制命，徵督下民，致恩澤不及於鄉閭，租税虚捐於帳籍。其有私放遠年債負，生利過倍，自違格條，所在州縣，不在更與徵理之限。兖州城内，自張守進違背朝廷，結連蕃寇，久勞攻討，頗困生靈，言念傷殘，尋加給復。應天下見禁罪人。犯大辟合抵極刑者，宜示好生，特令減死。除準格律常赦不原外，徒流已下，遞減一等。左降官未經量移者與量移，已量移者更與復資。

原載《舊五代史》卷 10

舉廢官詔　貞明六年五月

應文武朝官，或有替罷多年，漂流在外者，宜令中書門下量才除授，勿使栖遲。或有進士策名，累年未釋褐者，與初任一官已釋褐者，依前資叙用。

原載《舊五代史》卷 10

令御史臺點檢諸道入奏官詔　龍德元年正月

諸道入奏判官，宜令御史臺點檢，合從正衙退後，便於中書門下公參辭謝。如有違越，具名銜聞奏。應面賜章服，仍令閤門使取本官狀申中書門下，受敕牒後，方可結入新銜。

原載《舊五代史》卷 10

禁私度僧尼詔　龍德元年三月

兩都左右街賜紫衣及師號僧，委功德使具名聞奏。今後有闕，方得奏薦，仍須道行精至，夏臘高深，方得補填。每遇明聖節，兩街各許官壇度七人。諸道如要度僧，亦仰就京官壇，仍令祠部給牒。今後只兩街置僧録，道録僧正並廢。

原載《舊五代史》卷 10

改元德音　龍德元年五月

朕聞惟辟動天，惟聖時憲，故君爲善則天降之以福，爲不善則降之以灾。朕以眇末之身,托於王公之上,不能荷先帝艱難之運,所以致蒼生塗炭之危。兵革薦興,灾害仍集,内省厥咎,蓋由朕躬。故北有犬戎猾夏之師,西有蒲、同亂常之旅。連年戰伐,積歲轉輸,虔劉我士民,侵據我郡邑。師無宿飽之饋,家無擔石之儲。而又水潦爲灾,蟲蝗作沴,戒譴作於上,怨咨聞於下,而况骨肉之内,竊弄干戈;畿甸之中,輒爲陵暴。但責躬而罪己,敢怨天以尤人。蓋朕無德以事上玄,無功以及兆庶,不便於時者未能去,有益於民者未能行,處事昧於酌中,發令乖於至當,招致灾患,引翼禍殃。罪在朕躬,不敢自赦。夙夜是懼,寢食靡寧。將勵己以息灾,爰布澤而從欲。今以薰風方扇,旭日初昇,朔既視於正陽,歷宜更於嘉號。庶惟新之令,敷華夏以同歡;期克念之心,與皇王而合道。其貞明七年,宜改爲龍德元年。應天下見禁罪人,除大辟罪外,遞減一等。德音到後,三日内疏理訖奏。應欠貞明三年、四年諸色殘欠,五年、六年夏税殘税,並放。侍衛親軍及諸道行營將士等第頒賜優賞,已從别敕處分。左降官與量移,已經量移者與復資。長流人各移近地,已經移者許歸鄉里。前資朝官,寄寓遠方,仰長吏津置赴闕。内外文武常參官、節度使、留後、刺史,父母亡歿者並與封贈。公私債負,納利及一倍已上者,不得利上生利。先經陣歿將校,各與追贈。

原載《舊五代史》卷 10

賞賜諸軍詔 龍德元年五月

郊禋大禮,舊有渥恩;御殿改元,比無賞給。今則不循舊例,别示特恩。其行營將士賞賚已給付本家,宜令招討使霍彦威、副招討使王彦章、陳州行營都指揮使張漢傑曉示諸軍知委。

原載《舊五代史》卷 10

降封惠王友能爲房陵侯詔 龍德元年七月

朕君臨四海,子育兆民,唯持不黨之心,庶叶無私之運。其有齒予戚屬,雖深敦叙之情;干我國經,難固含弘之旨。須遵常憲,以示至公。特進、檢校太傅、使持節陳州刺史、兼御史大夫、上柱國、食邑三千户惠王友能,列爵爲王,頒條治郡,受元戎之寄任,處千里之封疆,就進官資,已登崇貴,時加錫賚,以表優隆。宜切知恩,合思盡節,撫俗當申於仁政,佐時期效於忠規。而狎彼小人,納其邪説,忽稱兵而向闕,敢越境以殘民,侵犯郊畿,驚撓輦轂,遠邇咸嫉,謀畫交陳。及興問罪之師,旋驗知非之狀,瀝懇繼陳於章表,束身願赴於闕庭,備述艱危,覬加寬恕。朕得不自爲屈己,姑務安仁,特施貸法之恩,蓋舉議親之律。詢於事體,抑有朝章,止行退責之文,用塞衆多之論。可降封房陵侯。於戲!君臣之體,彼有不恭;伯仲之恩,予垂立愛。顧兹輕典,豈稱群情,凡在臣僚,當體朕意。

原載《舊五代史》卷 10

敬　翔

後梁大臣(？—923),同州馮翊(今陝西大荔)人。舉進士不第,唐末客居汴州,與朱温相識,爲其重要謀士。歷任檢校水部郎中、光禄少卿、檢校右僕射、太府卿等職。後梁建立後,任知崇政院事、兵部尚書、金鑾殿大學士等官。後唐攻入汴梁後,不願事唐,自縊而死。

上軍事疏

國家連年遣將出征,封疆日削,不獨兵驕將怯,亦制置未得其術。陛下處深宫之中,與之計事者,皆左右近習,豈能量敵之勝負哉?先皇帝時,河朔半在親御,虎臣驍將,猶不得志於敵人。今寇馬已至鄆州,陛下不留聖念,臣所未諭一也。臣聞李亞子自墨縗統衆,於今二年,每攻城臨陣,無不親當矢石。昨聞攻楊劉,率先負薪渡水,一鼓登城。陛下儒雅守文,未嘗如此。俾賀瓌輩與之較力,而望攘逐寇戎,臣所未諭二也。陛下所宜詢於黧老,别運沉謀,不然則憂未艾也。臣雖駑怯,受國恩深,陛下必若乏材,乞於邊陲效試。

原載《册府元龜》卷 315

薛昌序

五代官員。生卒年不詳,約生活在唐昭宗及後梁、後唐時期。

大唐秦王重修法門寺塔廟記

朝請大夫守尚書禮部郎中柱國賜紫金魚袋薛昌序撰

承旨王仁恭書

夫大聖示其不滅,證以無生。燃慧炬以燭幽,泛慈航而拯溺。在三千界,分八萬門。誘捨愛河,勸離苦海。香山月殿,長侍晬容。鷲嶺龍宮,時開半偈。與消塵劫,令出昏衢。按後魏《志》,阿育王役使鬼神於閻浮提造八萬四千塔,華夏之中有五,秦國岐山得其一焉。又按《神州三寶通録》,華夏有塔一十九所,岐陽聖迹復載其中。朝覩光相,夕觀聖燈。究異草之西來,驗靈踪之所止。供盈香積,爐馥旃檀。面太白而千疊雲屏,枕清渭而一條翠帶。而又文皇遷寢殿而修花塔,冀拔群迷;天后開明堂而俟真身,庶康萬彙。編於史册,傳以古今。粵自有周,洎乎大漢,至於晉魏,□及齊梁。隋文則誓志焚修,我唐則累朝迴向。莫不歸依聖教,恭敬真宗。募善行於阿育王,結慈緣於金龍子。嘉徵迭變,靈應無窮。或元鶴飛翔,不離於紺宇;或卿雲摇曳,靡捨於金繩。分舍利於五十三州,增福田於千萬億祀。間生芝草,頻現雨花。真形試火而火不焚,因其吴主;寶塔居水而水不近,彰自薊門。禮懺者沈痾自痊,瞻虔者宿殃皆滅。金仙入夢,白馬戒塗。傳經既□於西天,演法俄流於中土。今則王天潢稟異,帝裔承榮。立鴻猷於多難之秋,彰盛烈於阽危之際。遍數歷代,曾無兩人。增美儲闈,傳芳玉牒。將中興於十九葉,纂大業於三百年。竭力邦家,推誠君父。身先萬旅,屢掃欃槍。血戰中原,兩收宫闕。故得諸侯景仰,八表風隨。當□踞於山河,即龍騰於區宇。朝萬國而無慚伯禹,叶五星而不讓高皇。惡殺好生,泣辜罪已。然而早欽大□,風尚□門。捨□□□□□□□□□□禪林之嚴飭。天復元年,施相輪塔心樑柱方一條。天復十二年,以舊寺主寶真大師賜紫沙門筠□□□□□□□□□□□

□□□□□爰命大師繞塔修覆階舍二十八間。至十三年,迄契至誠,果諧元感。迅雷驟起,大雨□□□□□□□□□□□□□□□□□□□吹沙涌出寶階,化成金像。移山拔海,未足稱奇。聖力神功,咸驚不測。天復十四年,□□□□□□□□□□□□十八間及兩天王兩鋪,及塑四十二尊賢聖菩薩,及畫西天二十□祖,兼題傳法記及諸功德,皆彩繪畢。天復十七年,□□□□□□□并□造八面銅爐,塔内外塑畫功德八龍王。天復十九年至二十年,蓋造護藍墻舍四百餘間,及甃塔庭兩廊講□□□及□□□□階。天復十九年、二十年四月八日,遣功德使特進守左衛上將軍上柱國隴西縣開國伯食邑七百户李繼潜、僧録明□大師賜紫沙門彦文、首座普勝大師賜紫沙門寡辭,宣奉絲言,敷傳聖愳兩件,施梵夾《金剛經》一萬卷。蓋自王晝夜精勤,躬親繕葺,不墜祇園之教,普傳貝葉之文。塔前俵施,十方僧衆受持,兼香油蠟燭,相繼路歧。至天復二十年庚辰至壬午歲,修塔上層緑琉璃磚瓦,窮華極麗,盡妙罄能。斧斤不輟於斯須,繩墨無虧於分寸。法雲廣布,佛日高懸。不殊兜率天中,靡異菩提樹下。悟其實相,了彼真空。金□巍峨,福護於鳳鳴之境。神光煜爚,照臨於鶉首之郊。必使玉歷長新,瑶圖永焕。紹高祖太宗之丕構,邁三皇五帝之□猷。王子天孫,光承運祚。大君聖后,罔墜花香。□修寺主安遠大師賜紫沙門紹恩,戒行圓明,精持堅慤。禀先師之遺訓,成大國之良因。放鶴掌中,降龍□下。護珠内潔,世垢莫侵。虔奉宸嚴,遐裨勝果。希傳永永,爰刻磷磷。昌序藝愧彩毫,詞非黄絹。謬承睿旨,俾抒斯文。殊匪研精,難逃荒鄙。天祐十九年歲次壬午二月壬子朔二十六日丁丑記。

承旨王仁恭書,玉册官孫福鎸字

原載王昶《金石萃編》卷 119

薛廷珪

唐末五代官員(? —925),祖籍河東(今山西永濟)。唐僖宗中和時進士及第,歷任司勛員外郎、知制誥、中書舍人、刑部侍郎、吏部侍郎等職。後梁時,歷任御史司憲、禮部尚書。後唐同光二年(924)正月,以太子太師致仕。次年卒。薛廷珪以文學著稱,尤長於辭賦制誥。著有《鳳閣書詞》10 卷、《克家志》5 卷,已佚。

□梁故開府儀同三司守司□□□□門下平章事弘文館大學士充諸道鹽鐵轉運等使判建昌宫事河東郡開國公□邑一千五百户食實封一百户贈侍中薛公墓志銘并序

從叔正議大夫尚書左司侍郎上柱國賜紫金魚袋廷珪撰

外兄銀青光禄大夫禮部尚書上柱國曲阜縣開國男食邑三百户孔續書并篆蓋

薛之源流,濬發于黄帝氏,長子昌意生顓頊,孫倕爲□□□□生奚仲,封於薛。十三代孫仲虺,相湯,玄孫扈,相太甲,七世孫祖已又相武丁,大任爲文王之母,伯禽乃周□□□□□□□□出也,三代已降,六十四侯國滅,至楚懷王賜田于沛,復命爲薛氏。八世孫廣德,在漢爲御史大夫□□□□□□□□永嘉之亂,各以重名分統所部,是爲三祖。後魏秦州刺史謹,生五子,雅範清規,標映當世□□□□□□□□□□府君則薛氏之第三房也。公諱貽矩,字澱用,虢州府君之子也,曾祖勝,皇任大理□□□□□□西李氏,祖□誠,皇任給事中,累贈禮部侍郎。妣,京兆韋氏,蘭陵蕭氏,追封越國夫人。父廷望,皇任虢州刺□□□□師。妣,河東裴氏,追封晉國夫人。若夫七相五公,朱輪暢轂,靈源慶緒,玉映蘭薰,照耀人倫,鏗洋肉譜,自佩□□□□嶷不群。就傅之年,神鋒傑出。謝安石驗履舄之度,許立功名;温太真聞啼笑之聲,知爲英特。及九苞得鳳,一□□□,居然國華,僉曰人瑞。道千仞之絶迹,志一飛而冲天,矯首龍津,來儀鳳穴,孤標清峙,妙味洪規。裴□玉山,中涵萬象,江淹彩筆,傍若無人,烟霄盡在於彀中,富貴何逃於術内。一舉狀首,擢進士第,釋褐秘省校書,轉鄠縣□、集賢校理。尋□□拾遺殿中侍御史、起居舍人、司勛員外職史館。旋以本官入翰林,出入再任中書舍人。平津發軔,書□影纓,□□神□,□□圭表,直聲折檻,峻彩乘驄,司言動於赤墀,應星辰於粉署。俄而鶴歸崑閬,鳳得椅梧,超翔金碧之□,遐舉方壺之□。□□稱職,視草推工,綸閣兼榮,卿曹序進。洞簫詞賦諷咏於六宫,綿竹頌聲沉吟於萬乘。人間行□□□□□□□□□□羽儀覺劉□□□慢。濟川有日,去國無辜,鼓柮狎鷗,含毫問鵬,人雖玷白,道實益丹。兩從左遷,再□□署,□□掌絲綸之重,周旋冠□□之榮,造膝沃心,捫霄捧日,恢張理本,佐佑皇猷,康濟之謀,洽聞中外。自長沙徵□□□□□旋遷吏部尚書,未至,特拜御史大夫,任重銓衡,位崇冢宰,仄席以待,獨坐急徵,和羹固在於鹽梅,制動必□□□□。□天亡土德,運啓金行。崇挹讓之規模,構隆平之基業。入參帷幄,首奉經綸,魚水叶符,雲龍際會。□□之人心允矣,王佐之事業焕然。乃陟勛庸,爰登廊廟,郊天祀地,簡賢任能。當風雲草昧之秋,酌範圍天地之道。事無違禮,動必合經,訏謨盡愜於帝心,輔弼式弘於王道。闊步於黄扉紫闥之上,游刃於銅鹽邦計之間。不廢討論,無妨譚笑。推一心而許國,悉萬慮以愛君。霖雨之滋均沾於動植,丹青之化畢被於搢紳。秉謙抑於廟,叙敦睦於中外。不欺暗室,弘恕下人。集衆美而代天工,履春冰而約吾道。方將砥平區夏,電掃欃槍,盡其醫國之方,竭彼致君之力。恒以戎車□駕,天步猶艱,未寬旰食之憂,每負素餐之戚。拱宸嚴於縣道,扈清蹕於行宫。蚤暮忘疲,驅馳遘疾。杜預沉碑之志,徒炳腴肝;馬卿封禪之書,空藏巾笥。即以乾化二年五月一日薨變于東都表節里之官舍,享年六十有三。聖上臨軒震悼,撫機凄凉。且曰:天不憖遺,吾將安仰。殲瘁之嘆,遺直之聲,著於芻輿,動彼軍旅。即日優詔,追贈侍中,仍加賻贈。推恩示寵,崇德報功,事冠一時,禮優常等。大丈夫之致身粲然於圖史矣,士君子之營道焕乎於家諜矣。噫。宣孟無後,伯道無兒,皇天不仁,從古所惑,淑人君子兹所以恐懼也。虢國夫人,范陽盧氏,今河南令躅之次女,滎陽鄭氏之出□。中外官婚,清華閥閲,著於當代,略而不書。别一子曰映,先公而亡。映二女,方在髫年,尤鍾慈愛。公之二□適河間劉準,次適河東裴礪,並早抱移天之釁,苟存未亡之身,茹毒銜哀,煢煢在疚。惟公禀生人之秀,蹈中庸之□,□君經國之徽猷,開物弘務之事業,九流推美,四海咏仁。而又深味道腴,旁探禪悦,植潔静精微之操,粹温良恭儉之□。雖一日萬機,無忘香火之願,而夙興夜寐,不絶磬梵之音。厭離樊籠,每形永嘆,嘗謂虢國夫人曰:尋橦忌末,作事戒終,□之遭時,所謂過分,難期偕老,良願殪先,果因微疾,奄謝明世。又每謂門館之人曰:吾嘗慕阮嗣宗閉口不言人之過,惡鮑叔牙終身不忘人之非。萋菲之言,勿及吾耳。性之褊狷,不能含容,當讓其人,而陳所自。由是尊居黄閤,静執洪鈞,人無間言,務亦平簡,孰不曰真宰相之才具也。遘疾之前,屢有玄告,子不語,焉可輒書。可紀者:以丁卯年五月一日登庸,以壬申歲五月一日捐館。前知之者唯潭僧思遠爾。即以其年六月廿一日,歸窆于絳州稷山縣甘祚鄉仁義里,從先塋,禮也。公之外兄禮部尚書孔公續,以廷珪族本同源,義深兩巷,謂爲癡叔,可揚德音,三讓不從,乃爲銘曰:

猗歟我宗,肇自黄帝。顓頊工倕,克昌厥裔。相殷相湯,熙載命世。其一

綿綿苽瓞,莫莫葛藟。鳳舉霞銷,或隆或墜。代不乏賢,世濟其美。其二

誕生司空,寔時之雄。麟在天上,龍出人中。挐月攀桂,凌雲夢松。其三

仙殿讎書,王畿結綬。折檻乘驄,觸邪及霤。右史持鉛,南宫卧綉。其四

迺屬時選,怒飛禁林。玉堂綸閣,東箭南金。文昌顯貫,宣室華簪。其五

消長有時,凄凉去國。載止載飛,栖梧栖棘。自審亨衢,曾無愠色。其六

乃拜冢卿,乃執大憲。土德告終,金行肇建。天人合應,神明幽贊。其七

爰罄腹心,來咨挹讓。功德昭宣,華夏協暢。秉鈞調元,良輔賢相。其八

方俾生人,同躋壽域。如何白駒,忽焉過隙。五緯失行,萬乘沾臆。其九

生留大功,殁有餘德。故絳之陽,中條之側。光昭祖宗,禮賁窀穸。其十

禴祀無主，室家惟賢。達觀齊物，□筏忘筌。公之往矣，出世生天。其十一

原載《西安碑林博物館新藏墓志續編》

贈太尉葛從周神道碑

梁故昭義軍節度、澤潞等州觀察處置等使、開府儀同三司、檢校太師兼侍中、守潞州大都督府長史、□□□□□□□□□□□□□□□□□葛公神道碑銘并序。

銀青光禄大夫、禮部尚書權知貢舉、上柱國臣薛廷珪奉敕撰。

翰林待詔、中大夫、檢校刑部尚書、□左□□衛大將軍、□□□□□□□□□□□□□□□臣張璉奉敕書。

朝議郎、守殿中侍御史、兼御□□□□□□□□□□□□□□微奉敕篆額。

□□包犧設教畫卦□□□□□□□□□弧矢於焉利用□□二□□□□□。蓋殷周之前，將相共柄。洎秦漢之後，文武殊途。至若綱紀彝倫，範圍庶品，闡揚至理，崇樹鴻猷，則用武之□□□獨濟。若夫撥亂反正，□□□□□衛□□勛濟王□則□□□□□□□□諸至於大義，至公開物□務，盛召和氣，庇育群生，其揆一也。夫物窮則變，否極則通。時雖類於循環，事□□□合□□雕□□□□□□□□□□□而□□□□□理□□□□□□□□□方勘定，遂生翦起，□彭扶丕□以凌霄，翼真人而御極。風雲之會，影響無殊。□□□□□□□之期，□□□□□帝應□□□□□□□□□□□□□□□□。□豕於大田，斷修蛇於廣陌，則有故昭義軍節度、澤潞等州觀察處置等使、開府儀同三司、檢校太師、兼侍中、守潞州大都府長史、□□□□□□□□□□□□□□□□□□□□□□□□□□。葛公諱從周，字通美，其先濮州鄄縣秦丘里人也。禮也。曾祖既祖，邁賢。父簡，贈先兵部尚書。惟公世方管晏，緒接神仙，負山□□□□□□□□□□□□□□□□□□□□□□□□□□□□□□□□勵越石著鞭之志。生知韜略，時合孫吴。韋弦淡爾而酌中，文武居然而兼備。素業唯觀於大略，壯圖潛□□□□□□□□□□□□□□□□□□□□□□□□□□□□□□□□□□□□□□□以騰□，鵬鶚在

天而□□。自家刑國,鵲文兆忠孝之名;原始要終,血字表公侯之分。寔唯天縱□□□□□□□,自太祖□□□□□□□□□□□□□□□□□□□□□□□之鋒,於是附鳳攀龍,崇名委質。伐蔡之役戰酣,太祖皇帝□□□之變,時□□□□,公奮□□□□□□□□□□□□□□□□□□□□□□□□□□谷之隻輪不返,而又青兖三察,鯨鯢薦人,剿戮無遺。輜重皆棄,鞏約面縛而授首,□唐魄□□□□□□□赤□□□□□濮□□□□□□□□□□□□□□□□□□□□□□□□齊山僵尸蔽野。以功□檢校□部尚書。時溥復統全師,碭山下寨康村接戰,全軍□□□□□□□□□□返。又轉檢校刑部尚書,□□□□□□□□□□□□□□□□□□□□□□□遏上黨蕃戎,喪□□□□□□改授懷州刺史。屢立殊勛,繼膺賞典。又假吏部尚書。□累遷□□□州刺史□□□□□□使□□□□□□□□□□□□□□□□□□□□□□□落落領二千騎□□□□□□馬步二千,殺戮殆盡。生擒落落,奪馬三千。又殺蕃□□汚□□□□□□自□□□□□□□□□□□□□□□□□□□□□□□□□□□□□□□□□□□□□□□。後尋授節旄,□□□□□□□昭義兩使,留務蕃軍,周揚五之衆,結寨連營,去□□□□□□□□□□□□□□俄而□□□□□□□□□□□□□□□□□□□□□□□□□而身先幽滄克□□□□□□乃授宣義軍行軍司馬。俄代丁會入潞州俘戮□□□下凡經八日,納□□□□□□加檢校司徒。又入井陘,攻討并部,降李洪範。已□□□□□□□兼加徐州□□□氏□□□□□□□□□□□□□□□□□□□□□□□□□□□□□□致力□□□□□□□□□□□中遘沉痾於邊上。明年,青齊之衆復陷兖州。□□□戎,捐軀濟難。太□□加太子太師,食邑二千户。□□之念勛勞,乃眷疾恙。爰降優禮,□□□□□□□□□□□□□□□□□□□□□旌頌之□□□□□□別墅□□□出恩異□□□□□□□□,代未之有也。俄而美疹滋染,醫和弗療。天不憖遺,人之云亡。恨狼□之□尚存,指馬□□□□□□□□□□□□□□□□□□江淹之筆,□□□□□□□□□□□□勒□□□□□即以□□□□

十月三日,歸葬於偃師縣亳邑鄉林南里之别墅。賵賻贈唅,君恩□□□□□□□□□□□□□□□。太尉有子五人,長曰彦□,□□□□□夫、檢校□部尚書,□□□□將軍同正,不仕。次曰彦勛,金紫光禄大夫、檢校兵部尚書,前守洪州别駕,不仕。次曰□□□□□□□□□□□□尚書、刑部員外郎、□□□□□□□□□□□□□□□□□□□尚書,守左驍衛將軍。次曰彦浦,殿前承旨、銀青光禄大夫、檢校太子賓客、散□□□□□□□□□□□□□□□□□克□□□□□□□□□□□□□□□□□□□□□□□□□□□□英飛龍使、充西京都監、銀青光禄大夫、檢校尚書左僕射、守左武衛將軍、□□□□□□□□□□□□□□□□□□□□□□□□□□□□□孔循□□□□□□□□□□□□□□司徒、左威衛上將軍。連榮貴戚,迭照閨門。玉鏡臺前,匪獨推於□□□□□□□□□□□□□□□□□□□□□□□□□□□□□□□□兼□□□□□□□□□□□□□□□□□□□□□禮以竭情,臨哀事而銜恤。始終部分董灼一時,斯又見夫□昭答之重沓也。皇帝臨軒軫悼,撤□廢朝□□□□□□□□□□□□□□□□□□。

伊昔皇唐,還終百六。兵革□□□□□□□□□□□□□□□□□□□□□□□□□□。其一

□□我梁,受天明命。間生材傑,克濟灾眚。武德孔昭,和□□□□□□□□□□□□□□□。其二

□□□□□□□□□□□□□□□□□戰酣馬逸,士失銜勒。下車策之,傷面克敵。其三

青兖三寨,鯨鯢□□□□□□□□□□□□□□□□□□□□□□□□□□□□□。其四

凡兹大勛,傑出十亂。炳若丹青,著於史傳。□外□□,□□□□。□□□□,□□□□。其五

□□□□□□□□□□□□□□增□□□。飛蝗越境,猛獸遁去。軍食初服,盈美厢庾。其六

統衆出師,寬猛相濟。□□□□,□□□□。□□□□,□□□□。□□□□,□□□□。其七

悠悠丹旐,軋軋輀車。萬人之敵,六尺之軀。皆如石火,去似隟

駒。□□□□,誰其同諸。其八

□□□□□□□□。秋露如珍,濯君□□。平生氣豪,命世功夫。金瘡猶在,脞肉亟枯。其九

邙山之隅,□□之裔。許國壯心,磨天逸勢。威聲□□,昏衢迢遊。長辭魏闕,永謝明世。其十

貞明二年歲次丙子十一月壬子朔十二日丁卯。鎸字沈□

原載《五代石刻校注》

竇夢徵

唐末五代官員(?—931),同州(今陝西大荔)人,一作棣州(今山東惠民東南)人。唐天祐二年(905)進士及第,任校書郎。後梁時,任翰林學士。後唐同光元年(923),貶沂州司馬,量移宿州。天成初,遷中書舍人,復爲翰林學士。長興元年(930),遷工部侍郎,次年卒。有文名,尤長於箋啓。撰《東堂集》10卷,已佚。

大梁故積善先生(黄曉)墓志銘并序

扶風竇夢徵撰

先生姓黄,諱曉,字象初,江表人也。文士進思之嗣孫。少負才華,聿修祖德,從先人入洛,與公卿子弟結紵衣之交,英髦之倫也。已孤,東游廣陵,遇妖亂,扶姊携稚,去危就安,孝慈之行也。北來營丘,會藩后禮儒,貢士求薦,有不敏於公試者,一曰詩,二曰賦,先生兼濟之,仁義之府也。道不行,乘桴浮於海。屬東牟太守,接高陽酒徒,縱飲三百杯,平交二千石。登山臨水,枕麴藉糟,陶陶然,不知老之將至。晚歲徵爲東郡從事,尋移職歷山,遂謀家焉。昔紵衣之交者登廊廟,台星坼而張華殁;不敏於公試者出瀛洲,宣室召而賈誼還。姊既孀,終養之以孝;稚乃長,竟訓之以慈。乞墅羊曇,登樓王粲,先生冥目無恨矣。平生著詩數千首,身後几硯樽俎之外無長物。附於身必誠,遺於家者積善,故以爲謚,不亦宜乎?昔蔡中郎誄郭有道,余無愧焉。先生享年六十有九。大梁龍德二年歲次壬午朔三日甲申,壽終

於齊州歷山縣奉高鄉黄臺里私第。七月己卯朔二十五日癸卯,孤子彦文遵治命,卜葬於歷山縣奉高鄉黄臺里,禮也。銘曰:

先生没世,其道肥家。寡妻執喪,衾不至斜。先生終身,其名激俗。執友來吊,芻有之束。千日却醒兮,頹乎淥醽。噫!酒徒醉魄,長夜冥冥。百夫莫表兮,哀哉黄鳥。吁!詩客吟魂,芳辰悄悄。時惟青陽,歲二日兮猶持壽觴;節應白藏,秋一葉兮已落朝霜。濟水之濱,歷山之下,誰氏遺塵,黄君新墓。

原載《五代墓志彙考》

祭故君文

嗚呼!四海九州,天迴眷命。一女二夫,人之不幸。當革故以鼎新,若金銷而火盛。必然之理,夫何足競。

原載《全唐文》卷 844

司空頲

五代官員(?—915),貝州清陽(今河北清河)人。唐僖宗時,舉進士不第。在魏博節度使羅紹威手下任掌書記,後入梁任太府少卿。楊師厚鎮天雄時,司空頲往依之,任判官。賀德倫任節度使時,投歸晉王李存勖,司空頲亦隨之歸晉,頗受重用。其有侄在梁,司空頲寫信招之,被人誣告通敵,處死。

代張彦請却復相衛奏　乾化五年四月

臣累拜封章,上聞天聽,在軍衆無非共切,何朝廷皆以爲閑。半月三軍切切,而戈矛未息;一城生聚皇皇,而控告無門。惟希俯鑒丹衷,苟從衆欲,須垂聖允,斷在不疑。如或四向取謀,但慮六州俱失。言非意外,事在目前。

原載《舊五代史》卷 8

崔 沂

唐末五代官員，博州（今山東聊城）人。唐宰相崔鉉之子。進士及第，歷任監察御史、知制誥等職。入梁後任御史司憲，剛正不阿，執法嚴明。後升任左司侍郎、太常卿、禮部尚書。後唐時，歷任尚書左丞、判吏部尚書銓選。唐明宗時，以太子少保致仕，七十餘歲，卒。

請覆勘寇彦卿致死梁觀奏

彦卿位是人臣，無專殺之理。况天津橋御路之要，正對端門。當車駕出入之途，非街使振怒之所。况梁現不時迴避，其過止於鞭笞，捽首投軀，深乖朝憲，請論之以法。

原載《册府元龜》卷520下

請鑄尚書省分司印奏

西京都省，凡有公事奏聞，常須借印施行，伏請鑄尚書省分司印一面。

原載《舊五代史》卷10

封舜卿

唐末五代官員，渤海蓨縣（今河北景縣）人。唐昭宗時，任中書舍人。在後梁歷任禮部侍郎、知貢舉、翰林學士。後唐莊宗時，歷任清顯之官。

進越王錢鏐爲吴王竹册文

維天祐三年歲次丙寅九月辛亥朔十五日乙丑，皇帝若曰：惟后法天以降命，式協無私。惟臣體國以垂功，迺興厥后。周裂宗盟之土，漢封子弟之邦。非劉或論於諸儒，同姓亦譏於太史。疇庸懋賞，是曰能君。顧兹渺躬，實屬艱運。允賴元勛，廓清寰宇。勤勞夙著，憫予怠荒。開創箕裘,保我丕嗣。舉同心協力者無虚日,推秘略宏謀者無間時。俾列疏封,以昭馭貴。况江山右地,吴越名區。百雉則前朝舊都,會稽乃夏后遺趾。宜旌社土,以統藩維。咨爾定亂安國功臣鎮海鎮東等軍節度使浙江東西等道觀察處置營田招討淮南四面行營安撫兩浙鹽鐵制置發運等使開府儀同三司檢校太師守侍中兼中書令持節都督杭越等州諸軍事守杭越等州刺史上柱國越王食邑一萬户食實封六千户錢鏐,大昴流精,維嵩孕祉。萃東南秀異之氣,鍾文武英略之姿,褎然不群,卓爾斯在。自總戎三紀,作奠兩藩,崇名輝於廟堂,茂績册於盟府。處受脤執膰之寄,服貂璫犀首之榮。行既超人,勛無任己。勝殘務理,經遠詢謀。不恃貴以專刑,不務功而驕志。深厚廓公侯之度,剛明執忠孝之規。威加敵國而愈謙,化被鄰封而垂訓。以一當千之鋭卒,勇且知方。育幼養老之編氓,恭而好禮。負戡亂濟時之術,蘊天資神授之機。設燎延賢,築壇禮士。詩盈篋笈,傳癖横經。比飯均羹,席上盡雕龍之客;投醪散庫,營中皆搏虎之人。勁節貫於雪霜,至誠格於天地。頃者浙人,蟻市稱霸,蚊雷振妖。爾則統仗順之師,整争先之旅。飆馳勇敢,冰泮渠魁。書於鼎彝,焕若縑素。近則淮夷作孽,傖儈無君,拒抗王師,邀截貢賦。竊據州邑,斷絶梯航。先皇上賓之時,不展號弓之慕。群后咸秩之禮,莫申執幣之儀。神人共憤其侵陵,華夏争誅其干犯。爾則率義兵以疾討,統王師而急征。期粉巨盗之骨,必揕元凶之顱。是用金璽昭德,彤弓報功。明國法之是彰,示王澤之非濫。委麟符而出征,戴鷩冠而登祭。慎爾修之,克有終也。今遣使臣中散大夫右散騎常侍上柱國賜金紫魚袋王矩副使朝議郎守尚書司勛郎中上柱國賜緋魚袋裴筠持節册爾爲吴王。於戲！加王爵之極號,授封建之殊名,天鑒孔昭,則俾予永契魚水。盟踐如日,則俾爾益繁子孫。往盡乃心,服我徽命。

原載《全唐文》卷 842

于 兢

後梁大臣。梁太祖時,歷任吏部侍郎、同平章事、兼延資庫使、判建昌宫事等職。梁末帝時,因事被貶爲萊州司馬。

瑯琊忠懿王德政碑

粤自範金合土之制,雲師火紀之名。禹别九州,堯咨四岳。莫不簡求良輔,宏濟兆人。彰克勤克儉之能,垂可久可大之業。嗣太叔寬猛之政,循仲尼富庶之言。既茂勛勞,宜標篆刻。公名審知,姓王氏,瑯琊人也。其胙土命氏,疏源演派,代濟其美,史不絶書。後以太祖就禄光州,因家於是郡焉。曾祖友,贈光禄卿。王父藴玉,贈秘書少監。父恁,贈光州刺史,繼贈太尉。公即太尉之季子也。初公兄潮,志尚謙恭,譽藹鄉曲。善於和衆,士多歸之。福建節度使陳巖,既嚮其名,又以所屬泉州求牧,乃遣禮而請之。及到任,頗著家聲。後巖在軍病甚,不能視事,軍士等懼無統馭,皆願有所依從。泉牧遂以郡委於仲弟審邽,而與公偕赴。至則積惡者屏去,爲善者獲安。因詔授節度使,累加檢校右僕射。於是剗其訛弊,整其章條。三軍無譁,萬姓有奉。乾寧三年,僕射遘疾,且付公以戎旅。仍具表奏,尋加刑部尚書威武軍留後,俄授金紫光禄大夫右僕射本軍節度使。公器局端雅,識理融明。禀崧嶠之真精,得圯橋之妙略。及膺帝命,寵陟齊壇。細柳連營,旌旗動色。蒲盧莅政,草樹逢春。一年而足食足兵,再歲而知禮知義。方隅之内,仰止攸同。曩以運屬艱虞,人罹昏墊。農夫釋耒,工女下機。公既統藩垣,勵精爲理。强者抑而弱者扶,老者安而少者懷。使之以時,齊之以禮。故得污萊盡闢,鷄犬相聞。時和年豐,家給人足。版圖既倍,井賦孔殷。處以由庚,取之盍徹。夫述職之道,底貢爲先。九丘爰序於厥包,五霸是徵於縮酒。雖甸服之近,江漢之中,或遇阻艱,亦絶輸賦。惟公益堅尊奬,慎守規程。松柏後凋,風雲如晦。地征旁午,天庫充盈。共仰勤劬,咸知匡戴。嘗以學校之設,是爲教化之原。乃令誘掖童蒙,興行敬讓,幼已佩於師訓,長皆置於國庠。俊造相望,廉秀特盛。閩川以南,地雖設險,人尚争雄。或因饑饉薦臻,或以刻剥爲苦。萑苻易聚,巢穴難探。公感之以恩,綏之以德。且曰:"吏實爲虐,爾復何辜!"示以寬仁,俾之柔服。遂使數十年之氛祲,遽致廓清。一千里之封疆,旋覩昭泰。張綱以單車入壘,虞詡用絳縷擒奸。以古况今,彼猶懷愧。爰自天寶艱難之後,經費日繁。聚斂之臣,名額茲廣。即山鳩利,任土庀材。峻設防隄,頗聞賙贍。洎經烽燧,仍患崎嶇。三司之職務空存,四海之輪蹄鮮至。公桉其程課,命以權衡。盡叶舊規,猶彰宏業。而又奉大雄之教,崇上善之因。象法重興,導師如在。虹梁雕栱,重新忉利之宫。鈿軸牙籤,更演毗尼之象。而又盛興寶塔,争捨净財。日麗飛甍,霞攢彩檻。顔艷迴向,遠邇歸依。用俾群緣,皆同妙果。佛齊諸國,雖同照臨,靡襲冠裳,舟車罕通,琛賮罔至,亦逾滄海,來集鴻臚。此乃公示以中孚,致其内附。宛土龍媒,寧獨稱於往史。條支雀卵,諒可繼以前聞。自燎熾西秦,烟飛東觀。魯壁之遺編莫采,周陵之墜簡寧存。亟命訪尋,精於繕寫。遠貢劉歆之閣,不假陳農之求。次第籤題,森羅卷軸。夫四鄰共守,蓋當偃革之期。七德方修,必假禦衝之備。是以恢張制度,固護基局。程功而莫匪子來,作事而適當農隙。立崇墉之百雉,表巨屏於一方。巖邑湯池,曾何足數。折筋縈帶,固不可憑。未若暫勞,致茲永逸。兵戈洊起,帑庾多虚。凡列土疆,悉重征税。商旅以之而壅滯,工賈以之而殫貧。公則盡去煩苛,縱其交易。關譏廛市,匪絶往來。衡麓舟鮫,皆除守禦。故得填郊溢郭,擊轂摩肩。竟敦廉讓之風,驟睹樂康之俗。閩越之境,江海通津,帆檣蕩漾以隨波,篙檝崩騰而激水。途經巨浸,山號黄崎,怪石驚濤,覆舟害物。公乃具馨香黍稷,薦祀神祇,有感必通,其應如響。祭罷一夕,雷震暴雨,若有冥助。達旦則移其堅險,别注平流。雖畫鷁争馳,而長鯨弭浪,遠近聞而異之。優詔獎飾,乃以公之德化所及。賜名其水爲甘棠港,神曰顯靈侯。與夫召神人以鞭石,驅力士以鑿山,不同年而語矣。於戲!辨真金於大冶,認勁草於疾風。不有良臣,誰康澤國。尋就加平章事,檢校右僕射如故。腰懸相印,手握兵符。益壯軍聲,彌新殊渥。又改光禄大夫檢校司空轉特進檢校司徒。然而物議輿詞,功厚賞薄。以爲爵禄,未稱疇庸。於是異姓分封,仍加井邑,轉檢校太保瑯琊王,食邑四千户,食實封一百户。公之仲兄審邽,自守泉郡,一紀於兹。黠馬皆調,疲人盡泰。公性惟雍睦,氣禀中和。韻契塤篪,政侔魯衛。可謂高明輝映,超絶一時者也。公以天下兵馬元帥太尉中書令梁王勛格穹昊,德服華夷,奉大國之歡盟,爲列藩之表率。令節度都押衙程贇及軍州將吏耆老等,久懷化育,願紀功庸。列狀上聞,請議刊勒。元帥梁王以公如河誓著,匪石情堅,累貢表章,顯陳保證。朝廷冀宏誘勸,特示褒揚,將建龜趺,合徵鴻藻。兢謬居清列,曾乏雄文,頃歲嘗咏皇華,往宣宸旨。已於視聽,親飫徽猷。今之執簡濡毫,得以研精覃思,備陳懿績,實無愧詞。乃作銘曰:

日月麗天,舟檝濟川。内外克乂,股肱惟賢。淮水長清,緱嶺方寧。慶隨祚遠,材爲時生。伯氏雄特,泉人仰德。求瘼斯勤,頒條有則。冠車被疾,付以師律。政教翕張,士庶寧謐。懿彼閩越,帥實英傑。地列周封,心馳魏闕。聖澤汪洋,元戎啓行。有典有則,爲龍爲光。高懸秦鏡,理道自静。比屋懷仁,連營稟令。航海梯山,貢奉循環。務其輸季,毋憚險艱。周征之術,公田什一。約以有程,守而勿失。輕徭薄賦,謳歌載路。高掩龔黄,遐追召杜。鄉校皆游,童蒙來求。雅道靡靡,儒風優優。惟虺吹毒,久依山谷。罔恣陸梁,竟忻柔服。法宫梵宇,勝因所主。崇構斯精,福慶攸聚。佛齊諸國,綏之以德。架浪自東,驟山拱北。墜簡遺編,繕寫精研。麟臺矗爾,虎觀森然。畚鍤其勤,雉堞連雲。永制爾敵,用壯我軍。關譏不税,水陸無滯。遐邇懷來,商旅相繼。黄崎之勞,神改驚濤。役靈祇力,保千萬艘。劉驥荀龍,塤篪雍雍。維邦維翰,以侯以公。元帥梁王,虎步龍驤。挺彼七德,削平四方。公能事大,推心斯在。風雨無渝,歲寒不改。殊勛茂績,盡瘁宣力。國之丹青,邦之柱石。位冠台鼎,任隆兵柄。重以徽章,寵分異姓。優詔銘功,萬古英風。貞珉是勒,垂之無窮。

原載《全唐文》卷 841

羅　衮

唐末五代官員,臨邛(今四川邛崍)人。唐昭宗大順二年(891)登進士第,任左拾遺、起居郎。唐亡,仕後梁,任主客、禮部員外郎。文學優贍,操守甚高。與詩人黄滔、羅隱等交好,有詩唱和。有《羅衮集》2 卷,已佚。

請置官買書疏

臣衮聞竊謂堯舜所以成其聖者,稽古之力也。故《書》曰:“若稽古帝堯。”又曰:“若稽古帝舜。”是則爲國之要,在乎順考古道而已。古事之效,布在群籍。玆歷代所以盛藏書之府,不可一日而闕也。臣伏念秘閣四部,三館圖書,亂離已來,散失都盡。一爲墜闕,二十餘年。陛下追踪往聖,勞神故實,歲下明詔,旁求四海。或遣使搜訪,或購以官爵,亦已久矣。然而一編一簡,未聞奏御。加以時玩武事,不急文化。若非别降聖謨,無因可致。臣今伏請陛下出内庫財,於都下置官買書,不限經史子集,列聖實録,古今傳記,公私著述,凡可取者,一皆市之。部帙具全,則價有差等。至於零落雜小,每卷不過百錢,率不費千緡,可獲萬卷。儻或稍優其直,則遠近趨利之人,必當捨難得之貨,載天下之書,聚于京師矣。不唯充足書林,以備宣索,今三朝實録未修,無所依約,便期因此遂有所得。斯又朝廷至切之務也。

原載《文苑英華》卷 694

謝史館裴相公啓

某啓,伏以洪鈞播物,已在生成。朗鑒通幽,寧期照燭。伏以相公三十五丈熙朝德茂,軌世才高。發言爲褒貶之經,迴顧是寒暄之律。自叨洪獎,愈切寵驚。近又見户部王侍郎,伏知造化工夫,不遺纖草。丹青潤色,偏及偶人。輝華而賤質增榮,感激而雄眸有淚。實以衮家殊弁冕,業繼詩書。卷懷於盛壯之時,浮泛於衰遲之日。詞科入仕,尋周一紀之星。諫署升朝,亦改四年之火。雖復毛慚腹背,角困藩籬。何嘗不砥礪公方,琢磨文術。竟以長沙地窄,難呈宛轉之姿;南郡鬼逢,每受揶揄之耻。俄消剥道,顯自明恩。霖施而窮澤生流,瑞降而枯條更肄。得不乘風奮力,搦朽申勞。依魯相之門墻,永隨車竪。仰殷宗之左右,長奉鼎梅。卑情無任日夕兢惶生死銜戴之至。

原載《文苑英華》卷 653

謝監修相公啓

某啓。某鄉品慚卑,朝班愧近。久托運籌之化,元無載筆之能。今伏奉恩制,伏蒙相公特賜奏授前件官充職者。寵靈重疊,敢幸於時來。塵忝過多,但驚於望外,下情無任戴恩感激量伎兢惶之至。伏以相公道壯龍圖,情專鳳策。兩掖之内,以讜辭爲先。三館之中,以信史爲急。必銓名實,乃授清華。固以時屬叡文,事當修舉。列聖之青編再輯,盛朝之鴻藻將鋪。是宜對季札以歌唐,求孟堅而述漢。然後可以昭彰一代,烏奕千齡。如袞之才,非此之任,誠欲奉身而退,瀝懇以辭。無傷棫樸之風,自適輪轅之用。竊念早依門闌,昨侍台階。聞善誘而遽已捧承,沾謬恩而莫遑辭讓。主文譎諫,顧拙納以何裨。廣記備言,審荒蕪而豈措。徒思竭力,寧逭靦顔。唯當禀奉公忠,執持愚直。分職於仲山之下,庶展其能。受經於尼父之前,冀成其傳。效酬之志,灰没爲期。卑情無任銜荷惕勵憂懼怔營之至。

原載《文苑英華》卷 653

第二啓

某啓。幸以弱才,托於宏造。遂拾寒鄉之士,爰升近署之班。雖與道翺翔,似無邪行。而隨波上下,安有直詞。是以久列編修,常孤事任。一家之言莫就,空慕馬遷;三國之志未聞,實慚陳壽。深宜免罷,稍獲遑寧。不謂相公尚貸簡書,且敦方册。才授改官之寵,仍還帖職之榮。乍簪筆於宸軒,復和鉛於細閤。中書肄入,寧同著作之郎;相府依栖,乃類司徒之掾。分誠已過,恩亦太隆。既辭讓以難諧,但憂兢而罔寘。穀梁清婉,休校力於短長。王隱混淆,預甘心於譏誚。營職爲務,投生以酬。下情無任感激省循光忝愧懼之至。

原載《文苑英華》卷 653

謝宰相啓

某啓。伏以居有熊左右之司,每聞沮誦。著周穆存亡之□但記戎夫。規動止於九天,法春秋於百代。某雖愚懵,知此重難,况復皇朝廢置之初,便搜才實。近日選求之慎,必在英華。峻等級於螭階,盛風流於鳳闕。某則寒陋，分無希望。伏以相公協兆爲師，奮庸熙載。將行大道，上繼於宣尼；誘進單門，下同於王儉。不以某誎垣空食，史閤曠官，特興久次之嗟，俾授殊遷之命。暄臨黍谷，方知律吕之聲調；境入蓬山，孰謂風飈之道阻。徒成踊躍，莫獲逡巡。副燕臺尊隗之心，奉孔里鑄顔之化。巍巍聖德，雖期有舉必書；赫赫台光，定是無階上報。榮懼感激，不任下情。

原載《文苑英華》卷 653

謝諸知己啓

某啓。伏奉恩制，除授前件官者。事匪心期，恩將敵至。榮懼憂惕，不任下情。伏以某用乏適時，言非悟主。雖困泥塗之辱，敢希朝序之榮。伏蒙某官念以吾道依栖，斯文宗仰。懇動吹嘘之力，終諧憐奬之心。遂使縣吏塵銜，擺脱忽同於蟬蜕。誎臣清級，超昇遽遂於鸞翔。叨忝何多，提携至此。竊復念孤單事契，愚魯性靈。苟非示以修塗，安得縻兹好爵。獻可替否，諒無補於皇明。徇義忘身，庶粗酬於恩德。卑情無任感戴激切之至。

原載《文苑英華》卷 653

第二啓

某啓。某操行無奇，文章匪贍。拾遺左右，三年未望於轉遷。約史春秋，五夜寧通於夢想。斯亦孤單雅分，頑魯自宜。忽踐履於清華，諒因依於賢達。伏以某官優容下位，奬進微才。荀君之日月在躬，王氏之風塵外物，輒忘孤陋，榮遂品題。故得譽徹中台，名聞東觀。遽篮彌縫之地，仍參著作之庭。祇奉寵光，若臨泉谷。静循叨竊，實自門墻。敢不永抱兢銘，深虞負累。以當官而瀆忝，用舉職以酬知。求女媧鍊石之方，潛裨碧落。就太史藏山之事，試學青編。尚覬宗師，更傳規矩。下情無任攀戴覥汗之至。

原載《文苑英華》卷 653

第三啓

某啓。伏以記事之官，顯司存於戴禮；侍臣之職，正號位於隋朝。自古不輕，方今爲重。豈期幽介，遽獲忝塵。此乃某官道著訏謨，情敦片善。偃彼小人之草，列諸君子之林。遂令補袞掖垣，仍叨筆削。珥貂仙室，更踐清華。得不上報鴻恩，旁酬重德。日月簡編之效，敢怠於季終。雪霜松柏之心，佇彰於歲晚。榮懼感奮，不任下情。

原載《文苑英華》卷 653

謝江陵借宅啓

某啓。伏以袞荒扉夙掩，蓽路今飄。雖曳裾果在於朱門，而握髮何妨於白屋。伏蒙令公獎以來能擇地，去俟朝天。恐馬援之灾氛，寧逃漏濕。念揚雄之風雨，須托帡幪。特借華居，俾安滯迹。況復床分上下，器備圓方。障錦飄紅，則土皆被綉。幕雲浮翠，則木鮮呈材。愛忽異於吾廬，誤將同於君室。遂得彌寬徯后，更盡依劉。宛如夫子之墻，不在隸人之館。揣循涯分，抃戴恩光。家雖喪而狗已如婦，關欲度而鷄不難學。館開碣石，略爲鄒衍之身。臺認章華，永荷楚王之德。下情無任感遇激切之至，伏惟俯賜鑒察。謹啓。

原載《文苑英華》卷 655

謝江陵津致赴闕啓

袞啓。伏蒙令公念以赴闕奔馳，臨途窘罄，特頒厚賜，用備促裝。捧命循涯，無任荷戴惶灼之至。伏以袞拙艱成性，窮約處身。寧殊枕祉之郎，謬列伏蒲之地。昨以西京無象，南國迷方。蒼黄於河華之間，流落於漢地之外。荆州劉表，幸獲栖。南郡馬融，叨陪訓説。爰從殺節，以及熙春。恩知將日月兼深，惠恤與丘陵比峻。今則周傾再定，禹會重修。既憑桓后之功，且懼防風之戮。輒將行計，上軫沖襟。伏惟令公韜世量宏，濟人心侈。組駢縉襁，委彼貨泉。七百里以趨程，兹辰頓贍。二十萬之爲贈，今代所稀。得不泣類鮫人，慚同劍客。歸赤墀而有賴，顧玄幙以難忘。突劍觸鋒，始稱效酬之分。抽毫命牘，終餘感慨之誠。竟乏雄詞，徒揚懦氣。銘誓激切，不任下情。伏惟俯賜鑒察。

原載《文苑英華》卷 655

答魏博羅太尉啓

衮啓。都衙侯司徒到京,伏奉寵誨,卑情無任欣躍兢戴之至。伏以太尉二十二叔國步縈心,藩條繫慮,籌算方殷於大者,緘封宜略於小哉。况衮再從宗盟,至爲卑末。庶僚品秩,仍是瑣微。乃蒙掛在風襟,形於賜問。獎飾用光其曖昧,慰安將勵其辛勤。蓬島音書,異術靡勞於方士。蕺山翰墨,真踪遽睹於羲之。捧且不勝,喜難自定。亦復載窺隆旨,深省賤軀。豈叔父私恩,偏存睦族。豈王侯公道,廣及懷才。蓋以太尉二十二叔學擅鴻儒,詞摛麗藻。臨戎按節,全忘掌武之尊。握牘含毫,但記爲文之客。得不終身永佩,拭目頻觀。秘之若三皇内文,寶之如歷代傳璽。言慚善對,謝宗哲以何因。義貴能酬,銘已知而莫極。榮荷惶灼,不任下情。

原載《全唐文》卷 828

至襄州寄江陵啓

衮啓。伏念昨將蓬蒂,久寓棠陰。德隆於雲夢之山,惠浸於瞿塘之水。已於荆聶,備講恩讎。豈向春陵,徒陳主客。伏以令公雄才不世,茂績無倫。威揚戎閫之先,仁洽士林之表。頃以竿麾暴國,漂流幸許其栖檐。今則羽衛還宫,資遣又令其赴闕。斯可謂事關舒慘,恩極始終。其往也,異彈鋏以求車。其去也,免吹篪而乞食。遂使仲宣遭亂,休假日以登樓。明遠還都,得侵星而赴路。力非可報,感豈勝言。倏爾辭違,漸成遐阻。出荆門而迴首,詎見麾幢。渡漢水以盟心,惟懷金石。以今月十九日發襄州,邐迤北去。攀涕結戀,不任下情。謹附狀啓陳,伏惟俯賜鑒察。

原載《全唐文》卷 828

秦論上

亡秦者,不在胡亥、趙高、子嬰,亦不在始皇,亡秦者李斯也。胡亥固亡國器也，以秦授之者過也。趙高不幸秦狗之瘈，左右者不圖，則固噬其主矣。子嬰立於已亂，四十餘日而亡。考其行事，不無庸王之材。其猶坐四屋之間，環火已熾，雖有殺火之術，欲設何由哉？始皇雖不以仁義，死之日，天下無事，民爲擇君，但其遺詔不行於斯耳。李故有名天下，臣主相得。六國既平，不能於此時推廣，使秦修帝王之道，固亦失矣。及始皇外崩，奸臣謀亂，又不能於此時制變，爲存秦之計。卒使趙高得行其謀，胡亥極其惡，子嬰孤死於蒼黄之地，始皇失賢嗣，遂暴惡於後世。嬴氏之鬼以不食者，李斯之故也。然則趙高之際，爲李斯者，義宜奈何？奔蒙恬，立扶蘇，爲國討賊，以固其社稷可也。當是時，蒙恬與扶蘇將三十萬之師屯上郡。蒙恬之威，外震匈奴，内信秦國。三世積功，兄弟忠信，尊用於世，扶蘇長子，直諫而出。雖然，始皇故知之，所以無詔封諸子，而獨書與扶蘇，欲以爲嗣。雖天下之人，皆知其賢，而以爲當立。故陳勝吴廣作亂，乃詐托公子扶蘇，以從民望。向使李斯以蒙恬之威舉其兵，以扶蘇之望令天下，而誅一趙高，豈難哉？賊臣既誅，恬斯乃復相與盡其材，輔賢明之主，以寬静天下，秦不亡矣。不唯不亡，且將興。斯不務出此，耽禄畏害，怵惕於傾危之際，使秦有殺適立庶，淫刑虐法，殺君亡國之惡。窮天地而不振者，李斯之故也。悲夫！

原載《文苑英華》卷 653

秦論下

或謂衮曰："子言秦亡與存秦之計明矣。吾聞國之興亡，乃有天命，設使李不失其計，秦果不亡乎？"衮曰："吾雖不言天，其實天之道。子雖稱天以問我，而未識天之説。夫所謂天者，平無私也。"故曰："皇天無親，唯德是輔。"君人者有德，天則贊而興之；無德，則革而亡之。興亡之命在乎天，而所以興亡在乎人也。《商書》曰："夏王弗克庸德，慢神虐民，皇天不保，監於萬方。啓迪有命，眷求一德，俾作神主。"此言桀不能常有德，不敬神明，不恤下民。天下不安桀之所爲，乃廣視萬邦有堪天命者，則開而導之。以湯有純一之德，求使代桀爲天地神祇之主也。故曰："非天私我有商，惟天祐於一德。"二世無德，爲所以亡之道,天是以革而亡之。使扶蘇果立,則固有德,爲所以興之道,天必贊而興之矣。不當奪嬴與劉,代夏以商也。或曰:“李斯之失,當責其不任職。雖曰不忠不智也,子加以亡秦之謚,不亦重乎?”衮曰:“吾豈欲加諸斯也?蓋聖人之道,不得易焉。昔鄭公子殺靈公也,謀於子家,子家權不足以禦亂,懼贊而從之,春秋以首惡。故《書》曰‘鄭公子歸生殺其君夷’,斯其類也,子欲易聖人之道乎哉?”

原載《文苑英華》卷 653

二銘并序

黄帝作巾几之法,孔甲有盤盂之誡,太公陳觴鏡之銘,所以昭成敗而防遺闕也。衮不敢追迹聖賢,輒取枕杖二物,而爲之銘,亦古之賤士不忘君臣之分也。

原載《文苑英華》卷 789

枕銘

或枕或欹,有安有危,勿邪其思。

原載《文苑英華》卷 789

杖銘

身之疲,杖以扶之;國之危,賢以圖之。

原載《文苑英華》卷 789

後二銘并序

前惟王者之義,無所不正。或得賢以反國,既作枕杖二銘以風,復念時人歉於自修,卒違善反禍。或侈滿不能長嗣,因亦銘諸櫛,銘諸門,以勸并序。

原載《文苑英華》卷 789

櫛銘

(人之)而有髪,旦旦思理,有心焉,有身焉,胡不如是。

原載《文苑英華》卷 789

門銘

金樞玉鍵何足牢,止盈修德後必高。

原載《文苑英華》卷 789

田説

一夫田,甲氏乙氏判而農之。乙氏糞其田,田善收。甲氏以爲不善。守天地之和,風雨之絜,而不善收。噫!造化之功,不如糞土乎?

原載《全唐文》卷 828

張廷範

唐末官員(? —905)。優伶出身,爲朱温所寵愛。唐昭宗遷洛時,其爲御營使。後升任金吾衛將軍、河南尹、太常卿。朱温急於篡唐,張廷範與蔣玄暉、柳璨商議先賜九錫,然後禪位。朱温疑其延唐祚,殺蔣玄暉、柳璨,貶張廷範爲萊州司户參軍,於天祐二年(905)十二月,車裂於洛陽市。

昭宗謚號議

昭宗初實彰於聖德,後漸減於休明。致季述幽辱於前,茂貞劫幸於後。雖數拘厄運,亦道失始終。違陵寢於西京,徙兆民於東洛。軔輦輅未逾於寒暑,行大事俄起於宫闈。謹聞執事堅固之謂恭,亂而不損之謂靈,武而不遂之謂莊,在國逢難之謂閔,因事有功之謂襄。今請改謚曰恭靈莊閔皇帝,廟號襄宗。

原載《全唐文》卷 839

姚　洎

唐五代大臣。唐末歷任荆南節度幕職、拾遺、翰林學士,昭宗天復三年(903)貶爲景王府咨議。唐哀帝時,升任中書舍人、户部侍郎,充元帥府判官。後梁時,歷任户部、兵部侍郎、兵部尚書、知貢舉。末帝時拜相。

請令公卿子弟准赴貢舉奏

近代設詞科,選冑子,蓋所以綱維名教,崇樹邦本者也。曩時進士,不下千人。嶺徼海隅,偃風嚮化。近歲觀光之士,人數不多。加以在位臣僚,罕有子弟。就其寡少,復避嫌疑。實恐因循,漸爲廢墜。今在朝公卿親屬,將相子孫,有文行可取者,請許所在州府薦送,以廣毓才之義。

原載《全唐文》卷 841

蘇 楷

唐五代官員,唐禮部侍郎蘇循之子。乾寧二年(895)舉進士及第,復試後被除名,故懷恨唐廷。昭宗被殺,始爲起居郎。梁太祖即位,因其聲譽不佳被勒歸田里。又依附河中節度使朱友謙,歸降晉王李存勖。後唐建立後,任員外郎、諸鎮幕職。後唐明宗天成中,病卒。

駁昭宗謚號議

帝王御宇,察理亂以審汚隆;祀享配天,資謚號以定升降。故臣下君上,皆不得而私也。先帝睿哲居尊,恭儉垂化,其於善美,孰敢蔽虧。然而否運莫興,至理猶鬱,遂致四方多事,萬乘播遷。始則宦豎凶狂,受幽辱於東内;終則嬪嬙悖亂,罹夭閼於中闈。其於易名,宜循考行。有司先定尊謚曰聖穆景文孝皇帝,廟號昭宗,敢言溢美,似異直書。今郊禋有日,祫祭惟時,將期允愜列聖之心,更在詳議新廟之稱,庶使叶先朝罪己之德,表聖上無私之明。

原載《舊五代史》卷 60

薛貽矩

唐末五代大臣(850—912),河東聞喜(今山西聞喜)人。唐乾符中,登進士第,歷度支巡官、集賢校理、殿中侍御史、起居舍人、翰林學士、知制誥、司勛郎中、吏部侍郎、御史大夫等官。後梁建立後,拜相。乾化二年(912)卒。

上大梁新定格律奏

太常卿李燕等重刊定到《令》三十卷、《式》二十卷、《格》一十卷、《律》并目録一十三卷、《律疏》三十卷,凡五部一十帙,共一百三卷,勒中書舍人李仁儉詣閤門奉進。伏請目爲《大梁新定格式律令》,仍頒天下施行。

原載《册府元龜》卷 613

杜　曉

唐末五代大臣(？—913),京兆杜陵(今陝西西安)人。父杜讓能,唐末宰相、太尉。昭宗末年,任殿中丞、左拾遺、翰林學士。後梁建立後,歷任中書舍人、工部侍郎。開平四年(910)拜相。鳳曆元年(913),袁象先討朱友珪,禁軍縱暴,杜曉傷重而卒。

匡國節度使馮行襲德政碑

■九五山川□□□之□□□□□風水■聖□神武雪五老□星□□負鼎之■懿□□□□□耿賈政邁黄韓。□若匡國□□度陳許汝□□州■食菜□□□□□□氏雖系出長樂,□家遷□當世緒分綸□□□飛□相■而平□□正色以威嚴光郎□應於□□□媛□□□猛獸□□□□□□□□□□□□□□□□石羽林■江漢氣貫斗牛。騰凌追千里之踪,嘯傲負四方之心。□□□□□□□□□□□□□□□翁知功名■吐□□□□有孫喜者,聚徒數千人,□□莫遏將□□□□□□□□□□□大驚怖,無可奈何。公乃白■于南□□□□軍吏迎謁,公在側擊之□□□□□□□□□□□□□□□□□□之盡□□□兵□□□□□□臣■咸秦□□□□峥嶸繚□□□臨□□□□□□□□□□□□□□□難前孝子迎□而□進■郡以□□□□□□□□□□□□□□□□□□□□列□□者■

閑閑歲收租□□□□□□□□□□□□倍兵强食□□□□□□□□□□□□□□□□□□□□□□□□□□□才誓■皷旗之令南山霧□□觀豹□之文西陸□清始見鷹揚之■洛邑古稱四戰之地。今□□□□□□粤自艱難,久罹瘡痏。□□無□□□□□□□□□□□□□寇儉□去■者雖大必去。便于□者雖□□作嘗□□□□□□政□要□□□□□□□□□□□□□□□□□□□□不□□□□□其律■觀焉先是□猾□張□□□虐□□□□□□□□□□□□二萬衆■叛郡邑常虞其蹂躪。□□□□□□□□密連□□□□□□□□□□□□□□□□□□□大兵誡其壃■盡伏其神明。□□□□其情僞□□□□□□□□□□□□□□□□□□□□□□□□量罔欺于圭□□薪芻■韓浩屯□之□矧□腴盡在梗概□□□□未□□□匪遠□□□□□□□□□□□□□□□□□□□□王乃□□而■而□許□□□獨□若遐僻之地□乃□□□課民□□□□□□□□□□□□□□□□□□□□之■夜以□馳□館□□□宿□□□□□□□□□□□□□□□□□□□□□□□□界内曾■母疾病割股奉養□□□痛願□□□□□□□□□□□□□□□□□□□□□□□□□□□□載揚孝治之■之問俗觀風,阜財述職,焉可得稱□□□□□□□□□□□□□□□□□□□□□□□□□蘭智■臬絳侯之□處不■從■介遂鎮華陽■杭稻莫□桑■之容□武下■上□□許名區昜祊粤□景□□何□□□襟帶□郊輔車■之來時不有更張,何期俾乂。□□賢□□□□□□□□公□□□節度□□□□□□□□□□□□□□□□□□□□□□□□□□□□□本尋源提綱振領害於■食者民之命也。不可以不勤其□穡,兵者□□器也□□以□肅其號令□□□□□□□□□□□□□□□□□□□□□□□□□□刑□□吾□之矣爾第■懦者歡悦□□穎悟剛斷□□□者又□□□素□□命□□□□□冬聚舊□□□□□□□□□□□□□□□□□□□□□□□□□□□□□□□□□□來而復■艱□□□□□□之威龔遂去□□之患□□罔倦蕩析咸歸□□民寬□□□□□□□□□□□□□□夜□□□□□□□□□□□□□□□□□卹惟刑■麻奓之宜治彼□□□□□□□推□□隄之□□慚功自□□□□□□□□□□□□□□仰稽前□□瞰遺踪□□衹□□之謀味■果應於牧之滯穗□□□□□□□寡婦□年内□□□四千三百□□□□□□□□□□□□□□□□□□□□□□□奏□連□□□□□□□地而■咸知

□物之方向者公□□□軍衙□□□□再□□□□□□□規模廳□□□門□□□□□□□□□□□□□□雄廣厦翬□□□□□□□色路■類忽有烏鵲,群萃啄食。無□□□□□□□□□□□東□□□孤勤瘁南□□□□□呑螟□□□□□□□□□□□□□□却□□□□□□□□縣百■年□縣麥秀兩歧□□□□□□□睹□□□長社縣□□一莖四穗□□□□□不□□□□□□□□□□□□□□之□蹈□□仁□□不足含■鈎距運籌史□□□□□□□□平仗鉞稜威謝□□□□方□□□□□□□□□□□□□□□□□□□□藝軍□講學馬上注書揮□□立睹飛■飯帳下之犀渠□□皆感吮癰樓中之□首蛾眉□□□□閨□□□□□組□譚董□□□□□烟□□之□□常□□□□□□偃草功著分■高飛將□□洞■姝幹□□章刃□□□□韃入仕勇敵萬□□□□□□□□當路□□風生桓桓虎□智□□强■送昏豩劍斬頑嚚帝念馮公忠□□□朝稱□□左提右□□□□□□□□瑞節望塵肯悦公至若何■類赤眉□同白額。乃芟乃夷,乃梟乃磔。外户不□下民□□□□□□□□食爲天□鼓□□□□□田耒耜接肘■保豐穰取之盍徹。巨害既去,纖惡皆除。頒宣□□慎恤刑書,□□□□囹圄常虚。□傜薄□政叶□盧老□□懷■交映,朱扉洞開。□優□□□燕臺惠洽□里□飛九陔□□□□和氣充塞,麥秀兩歧。禽呑□螣□□□□□□人頌德

(缺)八月甲午朔十八日辛亥建

朝議大夫前光禄卿上柱國李弘懿

將仕郎守(缺)

原載《金石萃編》卷119

劉守光

唐末五代割據者(？—914),深州樂壽(今河北獻縣)人。幽州節度使劉仁恭之子。天祐四年(907),利用汴將李思安進攻幽州的機會,率軍擊退汴軍,自立爲節度使,囚禁其父。接着又擒殺其兄滄州節度使劉守文。自此,劉守光更加驕横,於乾化元年(911)自立爲皇帝,國號燕。乾化三年,晉王李存勖滅燕。次年,劉仁恭、劉守光父子

被送到太原,誅殺之。

上梁祖狀

臣守光謬叨戎寄,向受國恩。既有血誠,合宜披訴。伏自陛下初登寶位,纔建皇基,四方尚擾於干戈,諸道未賓於聲教。唯臣不勞兵刃,不俟詔書,便貢表章,率先歸款,致令河北一面晏然無虞。其後又以河東結構,邠岐朋附,淮蜀久稽天討,屢軫宸襟,臣又密設機謀,指揮夏侯敬受已下,令翻賊寨,遣向朝廷。鑾輿纔至於陝郊,兵騎悉歸於行在。使凶渠北遁,致翠輦東歸,獲立微勞,稍寬聖慮,其於向國,粗竭丹誠。昨者,兄守文遽於明時,擅興兵革,堅貯吞并之志,全無友愛之情,誑惑宸聰,即言迎侍,勾牽戎虜,元逞他圖。兄之行藏,臣實所諳悉,當於此際,備見狡謀。必知要當道之土疆,爲朝廷之患害。累曾申奏,莫不丁寧。今者既破賊軍,足以細驗前事。昨於陣上所殺契丹兵馬絶多,及寨内收得契丹與往來文字不少。今又捉得自來與臣兄謀事人道士褚玄嗣、學院使鄭緒等,皆言兄本計謀極大,妄動絶深,不唯窺取其一方,實亦將圖於大事。苟非臣親當戰陣,手執干戈,大掃群凶,生擒戎首,則滄州得志,蕃衆轉狂。合勢連衡,爲患非細。固不是臣自矜小捷,妄有飾詞,其褚方嗣等分析文狀,謹同封進。其褚玄嗣文狀,多述守文結構、説誘幽州將士,及會契丹窺算幽州城池,皆是自相魚肉。又言如守文得志,必謀亂中原,以迎侍爲名,實欲并吞燕薊。又滄州鼓角門東有誓衆碑一所,其辭“願破梁國,却興唐朝”。及見幽州歸向朝廷,遂拆却碑樓,其碑坑於樓下,文字見在。又守文所遣男延祚人質不是親兒。又守文令褚玄嗣將琉璃水精金銀等器、錦彩與契丹將領,約取幽州後别圖富貴。其契丹少君遂差使還書,願與守文敕命。守文乃言得契丹下大夫所贊也。

原載《册府元龜》卷 943

賀德倫

五代節度使(？—915),河西(今甘肅河西走廊一帶)人。唐末,在朱温手下歷任牙將、刺史、節度使。後代替楊師厚任魏博節度使。貞明元年(915),魏博軍亂,脅迫賀德倫歸於晉王李存勖。李存勖任其爲大同軍節度使,途經太原時,監軍張承業留之不遣。貞明二年,汴軍攻太原,承業憂其作亂,遂斬之。

請賜招討之權奏 乾化五年四月

臣當道兵甲素精,貔貅極鋭,下視并、汾之敵,平吞鎮、定之人。特乞委臣招討之權,試臣湯火之節,苟無顯效,任賜明誅。

原載《舊五代史》卷 8

裴殷裕

後梁官員。撰此志署時朝議郎、監察御史裏行。

故衛尉卿僕射滎陽鄭府君(璩)墓志并銘

門吏前湖桂□宣諭判官朝議郎監察御史裏行裴殷裕撰

夫以圃田□□,□德名家,往諜具存,斯文不載。

公諱璩,字右玉,誕膺天錫,允屬清門,來祚吾家,克生凋緒,■以詞入仕,帶組乘軒,縞翼長空,揚髡巨浪,副天子之任用兮大國之憂勤,曾無滯淹,遂□□□□公之懿美,可見皆全。曾祖諱俊,終湖州安吉縣令。祖諱詮,任湖南觀察判官、侍御史、内供奉,贈祠部員外郎。皇考諱播,儒囿□身,公途入仕,繼榮秩,疊領郡符,終於丹州防禦使,累贈太子少師。先妣夫人沛國縣君朱氏。公始以定州主師仰其才業,請充館驛巡官,仍奏本州安喜尉,後吏部注授丹州録事參軍,本州請兼軍事判官,後都統李公辟充招討判官。及移鎮振武,又請充節度推官。洎元戎遷於鄜畤,依前奏請授殿中侍御史、内供奉,賜緋,充節度掌書記,又轉充觀判官,就加司封員外郎,賜紫。元戎以大破群娼,使請公入奏朝廷,鑒以才用,便除丹州防禦使。既光舊履,别是恩榮。尋以奏入,改授沂州刺史,仍加御史中丞。公既及本部,撫以凋傷,郭邑再新,生靈盡泰。此際以路多朝客,公迴加延接,因得各到行朝,無不大誇感公之氣義。邇後考□既滿，郡民惜留，不放即途。朝廷就加烏部郎中、御史大夫。尋以計司辟，充推官，兼諸道催勘使，轉左散騎常侍，及催勘回。又蒙朝奬，再授沂州，轉工部尚書。此際以徐州佔據沂郡，使司方事攻圍，收復墻池，便請公赴任，彼人知寇恂復至，黄霸再來，闔郡歡呼，如得父母。公既獲上任，大復流庸，後使司奬以能官，具表申奏，乃加户部尚書，量留一年。邇後以考限既深，又加兵部尚書，授磁州刺史。公加潞府，將拒朝命，却歸故林。尋除光禄卿，追赴天闕，既及輦轂，又除大理卿。三湘烟塵，五嶺隔絶。尋奉宣諭，以至毗和，復命還朝，除忠州刺史，以巫峽阻兵，不去上任。又除劍州刺史，到任一年，生靈大洽，其立功立事，宏贍才業之如此也。方期永延壽算，共贊昇平，不謂燥濕爲灾，寒暄結厲，隨春華而忽謝，逐朝露而俄晞，六藥無徵，三醫不效。以開平三年五月十七日薨於洛陽之私第，享年六十八。嗚呼！天付才能，爲時生世，位雖登於九棘，壽不及於百年。皇家柱石俄傾，大厦棟梁忽折，舉朝共痛，九族增悲。

嗣子廷規，前河南府伊闕縣令、檢校祠部郎中、賜緋，婚吴興沈氏。次子廷範，前太原少尹、檢校工部郎中、賜緋，婚河東符氏。次子廷憲，未有官序，夫人姑臧郡李氏，素彰五德，保奉三從。長女適河東裴知裕，前延資出使巡官、殿中侍御史、賜緋。次女適進士狄福謙，應舉不第，繼歲俱亡。親妹適沈氏，終解縣令。親兄罕，終虢州弘農縣尉。有子廷休，見履宦途。次兄琯，終鄜州觀察巡官、侍御史。有子廷傑，亦有官序。嗣孫胤哥，次孫□哥。女孫胡子，今以開平三年八月四日權厝於河南府河南縣龍門鄉南王里，禮也。嗚呼，以先□秦雍且隔干戈，未祔松楸，權窆阡陌。廷規清標令器，中外所推，濟物匡君，親朋共慶，今號天泣血，負土成墳，孝道載彰，德門斯驗。廷範操尚無貳，規畫有程，克紹家聲，不違庭訓。廷憲幼而穎悟，俟以□□，必保雍和，以供甘脆。嗚呼！雖以家以國，猶所鬱於器能，而令子令孫，亦何偕於□□。嗚呼！□域千里，夜泉九重，辭昭代之不回，叙單祠之永訣。因刊不朽，用紀無窮。殷裕獲依■親兮將紀誦，粗答重恩，但愧荒虚，莫盡稱贊，乃爲銘曰：

管鮑藝能，□□□□。公之超絶，烟霄自致。隋珠照乘，荆□□

□。公之重器,孰可居前。占星認劍,映□□露。公之瑞彩,生林莫如。明神若欺,皇天不慭。灾流善道,殲我賢俊。荒阡啓兮情不勝,玄關閉兮悲難盡。公之懿烈兮有餘光,福其家兮昌其胤。

外甥將仕郎前守大理評事沈廷威書。

原載《五代墓志彙考》

盛延丕

後梁官員。撰此志時署朝議郎、前太子舍人、柱國、賜緋魚袋。

有梁故教坊銀青光禄大夫檢校工部尚書前守右衛將軍兼御史大夫上柱國高府君(繼蟾)墓志銘并序

朝議郎前太子舍人柱國賜緋魚袋盛延丕撰

嗚呼！死也者君子曰終。有梁開平三年八月十七日,故教坊使八座高公終於洛京。國喪英臣,家亡令子,家國爰萃,痛貫所知。

公諱繼蟾,字紹輝。其先雍人,始實姜姓,神農之裔,今爲渤海郡。繼將總戎,史册鬱稱。曾祖諱弁。祖諱立。父諱章,皇任左金吾衛長史。公則長史之長子。積善弈世,忠貞之慶,得金方羲和之氣。天骨山峻,神姿玉耀。有孝有悌,閨門以和;有禮有義,鄉井以附。文武韜器,風雲馳聲,秦中美少年。其人也,妙用機識,奇奉敏達,擁旄杖節者待以果斷。通聲律,尚辭藻,執樂屬文者服以精能。佐雄謀大略,不有暫寧。方將張翼翔雲,揚鬐游溟,大命不永,大病遄及。享年五十一。吁！秦氏醫遲,賈君禍促。哀哉！然善始令終,可謂全矣！

夫人東平吕氏,德門之慶娰耳。男二人:長曰虔禹,次曰李八。永思之戚,至性過人。主喪者令弟,宣義軍元從、衙前兵馬使、銀青光禄大夫、檢校右散騎常侍、前榮王府司馬兼御史大夫、上柱國繼嚴。貞恪有聞,仁睦遂性。則友于之志,合敬恭之規,丞家之良,無以加也。侄男李七,女侄阿蘇,幼且惠悟。孀姊在堂,哀泣繼夕。以其年九月廿二日大通葬於河南府河南縣平樂鄉朱楊村,禮也。延丕夙叨奬眷,克熟馨香,喻以綴文,難周其善。天長地久川堙阜,於何不有銘

德,以志墓云:

金城奇姿,玉杓大用。令子所嘉,英臣之重。鑒洞商律,志廣義方。儉必中禮,久而彌芳。位陟天班,職揚國雅。光譽里閭,昌名華夏。浮搖南亘,逝浪東傾。蓄今古恨,凄别離情。卜遠此崗,窆於斯宅。松楸滋舒,子孫光赫。

從外甥尚虔煦書并篆蓋。

玉册院李廷珪鐫字。

原載《全唐文補遺》第五輯

裴 皥

五代官員。撰此志署將仕郎、前守秘書省校書郎,爲後梁時所任官。後唐天成中,升任吏部侍郎。

梁故朝散大夫權知給事中柱國河東裴公(筠)墓志銘并序

堂叔將仕郎前守秘書省校書郎皥撰

公諱筠,字東美,河東絳郡人。其簪組派族,備載譜諜,今則缺而不書。祖夷直,皇任唐朝左散騎常侍,累贈左僕射。父虔餘,皇任唐朝兵部侍郎,贈禮部尚書。公即戎曹嫡長也。唐室廣明年擢進士第,釋褐京兆參軍、集賢校理,結授藍田尉,依前集職。是時唐僖帝巡狩坤維,徐公彦若爲獨坐,首狀監察。中州喪亂,游衍江湖。洎襄帝即位,除曲臺,未至闕下,拜中諫,尋遷侍御史。彈奏得儀,時以爲稱職。改左司員外,得轉庫員,兼加朱紱。尋遇遷都雒陽,拜司勛郎中。恭事二帝,顯履三署。儒素之道,亦或庶幾。復銜命爲兩浙册禮使副,泛越滄溟,往復二載。及返君命,則唐室亡圖,梁朝運啓。歷數有在,革鼎從新。大梁開平二年,拜給事中。聖澤既酣,將副時用。俄聞懸蛇作眚,門蟻興灾,秦緩無徵,殷楹入夢。開平四年二月二十五日,薨於東周,享壽五十有六。

一子小奴,年方幼學。一女醜牢,始在齠齔。嗚呼!以爾之恭恪仁孝,操執不愆。將期大吾門祚,慶耀來昆。纔過中年,忽兹夭奪。

皇天不祐,降罰何多。痛割肝心,彼蒼莫訴。克以其年三月十二日合祔於蘭陵蕭氏之塋,禮也。嗚呼!亳邑丘封,北邙松櫝,我家利卜,逮於千年。今則龜筮叶從,時良曰吉,用置窀穸,永閉松扃。二十一叔皞,躬奉襄事,親爲志銘。忍毒銜哀,抆淚而紀。銘曰:

吾門積德,期爾爲特。必謂必然,肥家肥國。名宦已彰,福禄宜長。不將不相,胡爲不臧。茫茫天道,奪之何早。不付功勛,不增壽考。今則已矣,復何言哉。泉扃一閉,萬痛千哀。

原載《全唐文補遺》第八輯

胡裳吉

後梁官員。撰此志時署爲朝請大夫、司封郎中、柱國。

梁故静難功臣金紫光禄大夫檢校司空前守右金吾衛大將軍充街使兼御史大夫上柱國武威縣開國男食邑三百户石府君(彦辭)墓志銘并序

從侄朝議郎尚書駕部員外郎判度支案賜緋魚袋戩篆蓋

朝請大夫尚書司封郎中柱國胡裳吉撰

孔目官前左驍衛長史李昭遠書

噫夫!躔緯不能免流逸,日月不能無晦明。天之垂象,猶復虧奪,而其况於紛綸世故,衆萬相糾。是以大厦壞木,物有依憑之失;夜壑藏舟,時感超乎之異。環迴輻湊,無得而逾;古往今來,咸壹其嘆。

公諱彦辭,字匡臣。按石氏其先,出五帝之初。洪源巨派,昭實天壤。夢符慶諜,雲龍有必感之徵;璧契祥經,神靈無虚應之瑞。《春秋左氏傳》云:"因生以賜姓,胙之土以命之氏。"其是之謂乎?曾祖饒,唐左神策軍司隸兼右威衛中郎將。纘戎前裔,起家之道忽興;啓迪後人,嗣世之光間出。祖貞,襲曾大父之職,累遷兼御史司憲。榮能疊振,建邦將萬石君同;謀有必諧,殖貨與千户侯等。皇考盛,雄略沉毅,首冠麾下。列土外薦,名級内昇。累遷檢校左散騎常侍越州别駕,贈刑部尚書。兼命掖垣,既處珥貂之貴;題輿浙水,俄終署劍之榮。先是,尚書公以才勇過人,機晝邁衆。耿秉之列陣立就,亞夫之堅卧不驚。官渡餽糧，分十道而方入；齊師去旆，違七里而不知。軍志有聞，武功克備。皇妣宋氏，追封廣平縣太君。訓擅擇鄰，戒思勝己。事吴未畢，劇焕於屏帷；相莒却還，猶堅於紡績。嬪則壼範，綽有餘裕。公乃先尚書長子也。星辰降耀，紫髯之質早彰；旗鼓相參，黑矟之威自峻。材巨則楩枏合抱，量遠則江海通流。張飛萬人，劇孟一國。唐中和辛丑歲，公之嫡妹以懿淑出人。今聖上奇表積於芒碭，佳氣集於豐沛。方臻令耦，竟奉天姻，則豈比夫張玄友于，空見敵於道韞；徐吾鍾愛，止獲配於子南而已哉！公妹即聖上第二夫人，封武威郡君，年三十四，早亡。公中和乙巳，職宣武軍，同節度副使兼御史司憲。霸府右校，法秩兼銜。垂櫜自肅於戎容，執簡且光於烏集。其年遷首列，授宋州長史兼御史大夫。寵分崇級，位邇中權。况參半剌之榮，復就亞台之選。光啓丙午年，轉右千牛衛將軍、檢校右散騎常侍、亳州别駕。繼事軍旅，益動風雲。樹藝無傷，晉欒鍼則嘗聞楚子；矯激不作，魏無忌則徒扼秦軍。龍紀己酉歲，加檢校工部尚書、右威衛將軍，遷節院使。乾寧甲寅，加金紫光禄大夫、檢校户部尚書。丁巳，轉天平軍左都押衙。景福癸亥，加檢校司空、守台州刺史。拱衛秩高，階序勢極。兩遷八座，鄭崇則嘯傲會府；一舉六條，寇恂則周旋河内。時以事殷雄鎮，行駐隼旟。雖指路莫陳，未睹麾旌之列；而藴化將布，已興襦袴之咏。天復甲子，授右羽林軍大將軍，轉左金吾將軍，加爵邑，充飛龍監牧使。陳師鞠旅，既邁於威德；錫壤疏封，且隆其班爵。公望適高於環尹，司垧復振於馬官。道契新朝，事符往制。我梁開平二年，建國之初，庶務修明，群倫思舉，有便於時教者，莫不來之。於是擢公爲右金吾大將軍、充街使。禁籞肅清，壯晨趨之列；輦轂按堵，無夜吠之音。蓂階深秘於九重，蘭錡横臻於兩仗。可謂濟時雄度，當代英姿，鑒奪未然，智周無際。先是，公以許國之暇，官守之餘，率以浮屠氏及玄元太一之法，志於心腑間。每清朝朗夕，佛諦道念。恒河指喻，儼究於空王；真誥取徵，頗齊於羽客。而且常精藥訣，每集靈方。天外星辰，必通香火；鼎中龍虎，實變丹砂。惠周應病之仁，情極恤貧之愛。方且更期福祐，益保延長。淮陰之設齋壇，大漢之重推轂，將申報國，適用殿邦。無何，六氣相攻，五邪競構，齊大夫纔憂齲齒,陽虚侯止慮覆杯。無何,效寢針砭,力摧寒暑。一日,將甚困,因顧謂夫人曰:“凡生居禄秩,不謂不貴矣;殁有班白,不謂不壽矣。但雨露之恩既厚,君父之德未報,生平之恨,唯此而已矣。吾厩有良馬而帑有兼金。罄進玉階,粗達臣節。”言訖,奄然而息。即以開平四年七月四日寢疾薨於延福里之第,享年五十八。

夫人昌黎韓氏,義深齊體,痛極所天。感漢庭遺肉之儀,痛必越禮;許晉代拜公之日,哀實過制。殆闔堂共惋,舉室同悲。舂相無聞,巷歌不奏。翌日,盡以付托,委從表侄虢州司馬楊觀昌,捉筆奉遺表,具以騏驥金璧之類,列於王庭,敬前命也。夫人之裔,其世族出自姬周之際。前誥所謂邘晉應韓武之穆也,於斯可見。宣子適魯,厥實御戎,其宗派由來遠矣。又風德清舉,懿淑昭焕。奉家道而無所不理,當庶務而皆出有餘。訓緝之方,殆若神功。執喪禮之至,舉葬備之大,雖百緒而迄無違者。且命斲他山之石,寫作志狀;演摩訶之偈,礱爲寶幢。告龜筮以求通,問牛眠而演慶。松楸可待,東武之胤遥連;塋闕至高,柳季之樵不入。輀車結軫,羈鞅所以追踪;墻翣塞衢,蒿薤由其疊響。自近代已來,士大夫之家,葬禮庀事之備,稀有及此者。即以其年九月四日葬於河南府洛陽縣平樂鄉朱楊村,禮也。

長子昌業,年十八,守左千牛衛備身。次子昌能,年十六,以齋郎調補,方在格限。昆弟皆神姿秀爽,生知孝愛。穀也那也,保家之道迭興;伯兮叔兮,吐哺之仁早著。鄙無後也,真有子哉。幼有醜漢,方邇髫齔,而啼快之音,固近天性。長女大寶,次女小寶,皆未及笄年,而訓誡有聞。令弟朗,皇檢校工部尚書,友愛所鍾,叶於棣萼;爵禄之貴,均在急難。吁!今則已矣。裳吉,同里巷也。類於他宅,居爲切鄰,早奉班行,實探平昔。今辱哀旨,俾當勒銘。愧其學昧該詳,才非著叙。伯喈甚遠,難追絶妙之文;希逸誰加,空羨美終之誄。銘曰:

肅穆宗周,英特全晉。大河千尋,靈嶽萬仞。祥雲若鋪,旭日如印。光前絶後,永永不泯。其一。邈矣偉度,瑩若澄懷。高欺底柱,煦小春臺。蹈海巨檝,創厦宏材。匡時命世,固無所偕。其二。戎機無前,軍法無隱。不資探簡,期必授賑。斥候靡差,刁斗潛振。墨子九攻,武侯八陣。其三。雄姿獨高,秀氣相簇。孟仲之間,公侯之禄。六尺身軀，十圍腰腹。時懼季梁，人欽郄縠。其四。義則無前，才實具美。祭遵文學，養由弓矢。疾足誰遏，怒飛難已。雕鶚重霄，騊駼千里。其五。天資全德，允文允武。祇畏國經，周旋王度。環衛有儀，神州有序。師之耳目，在吾旗鼓。其六。松桂奇姿，風雲間氣。功業出人，烟霄得意。醉袖夜歸，朝纓曉起。雨露之恩，無所不至。其七。束帶餘閑，玄門是勉。煎金煮石，晝夜忘倦。俾生且延，俾病莫變。周窮濟乏，不仁者遠。其八。功德甚廣，基構甚繁。以是餘慶，當福後昆。三子克荷，二女稱賢。主祊奉祀，不絶綿綿。其九。清洛之表，素野之前。豪家貴邸，瀰迆相連。卜葬既就，屬詞既全。刻於堅珉，以永千年。其十。

鐫玉册官李延輝刻字。

原載《全唐文補編》卷 93

張　峭

後梁官員。撰此志時署爲監察御史、前涿州范陽縣丞。

大梁洛州河南郡穆徵君（君弘）改葬合祔墓志銘并序

監察御史前涿州范陽縣丞張峭撰

夫玄穹之大德日生，生之者無不欣其遂性；大道之休息以死，死之者罔不懼於長霄。若非絶迹於多門，游心於罔象，以身世爲行客，視泉壤爲歸途。即曷能棄榮利而若浮雲，觀變化而如脱蜕，其誰得之，即徵君乎！

君諱君弘，字仁壽。禀道而生，儲靈以降。作大儒之詩書滿腹，調正氣而陽秋在膚。禮以檢身，儉能率下。其曾高之爵諱，祖考之風猷，别具豐碑，略而不叙。徵君佩觿之歲，諸族稱奇。有客指梅，獨擅聰明之對；前庭跨竹，不游戲弄之場。洎弱冠之年，交游不雜，在鄉里則出言成式，於動静則非禮不行。每昆弟同游，兒童在列，談論必開於至道，承迎對其嚴君。至於聚彼群書，該乎百氏，忘其貧而樂其道，經其口而綜於心。此外，或命一二故人，生平親舊，以烹羊炮羔爲伏臘之費,以弋林釣渚爲朝夕之娱。琴酒相歡,歌咏自適。常嘆曰:“鶴蓋盈門,權豪影附之聚,非吾之所望;馬革裹尸,丈夫報國之事,非吾之所能也;秉纊操衡,賈豎趨勢之動,非吾之所擬也;一擲千萬,博徒淫縱之歡,非吾之所好也。惟彼四事,我無一焉。保巢林一枝,飲河滿腹,茂陵稱少游之善,慎陽得黄憲之交,優游暮年,聊以卒歲而足矣。”

嗚呼!處士没兮星落,秋風勁兮蘭摧。絳幃遂掩於芳塵,丹旐載揚其啓路。以唐咸通十二年十月二日寢疾捐背於私第,享年七十三。以是月十七日葬於幽都縣禮賢鄉别駕村之原,禮也。

夫人清河張氏,綽有慈儉,著於家聲。徵君没後二十六年而終,享年七十三。有子二人:長曰玄嵩;次曰玄恪。惟玄恪,夫人殁三年而終,享年卌三。惟長子玄嵩在焉,娶瑯琊王氏,有室家之宜。有子二人:長曰奴子,幼喪其朋,有聰敏之志;次曰霸孫,歧嶷異焉。有女四人:長曰二十六娘子,次曰悟娘子,次曰憫娘子,次曰霸娘子。玄嵩天與孝思,時推博洽。常曰:“惟故鄉之涿鹿,實先君之舊廬。豈松楸未列於我阡,墳壠尚遥於他縣。誠恐幽魂不昧,遐思温序之歸;高樹有情,猶鬱東平之靡。”是以重申襚斂,再具塗芻。乃啓殯於舊塋,將返柩於新壤。庶乎存者没者,顯晦咸終;先亡後亡,形魂畢萃。大革從權之制,用申永固之扃。且曰:“或得其宜,神雖幽而必察;苟失其利,木雖栱而可移。”青鳥之卜決既從,白馬之故人復至。以新朝開平四年十月十七日合葬於涿州東三里孝義鄉河村之原,禮也。

嗚呼!徵君與皇祖自先賢而歸孝義,信宿而來矣;自咸通而開平,三紀而餘矣。可以畢嗣子終身之慘,慰徵君久客之思。惟徵君之賢,宜有良胤;惟玄嵩之孝,宜獲殊祥。余早器穆生,與之交友,自始識面,未曾革心。謂余曰:“僕少遭憫凶,孤苦成立。瞻彼天而難申罔極,求他山而以慰服勤。如或不叙德馨,空扃永宅,則小人得没於地,若見徵君,何辭以對?”知余曾攻柔翰,薄竊時名,敢告終天,請以爲志。銘曰:

皇天無親,常與善鄰。載誕徵君,燦若星辰。味彼墳素,狎於隱倫。既文且質,道或彬彬。惟鄉與黨,無殆恂恂。天鑒斯昧,殲厥良人。惟薊之□,一紀窮塵。惟涿之東,千載荆榛。膴膴平原,馬鬣攸遵。風悲月吊,永矣徵君。

原載《匋齋臧石記》卷 38

董 鵬

後梁官員。撰此志時署爲攝鎮府參軍。

□故武順軍討擊副使夾馬將銀青光禄大夫檢校太子賓客兼殿中侍御史□陽紀公(豐)夫人隴西牛氏合祔墓志銘并序

攝鎮府參軍董鵬撰

夫代有奇人,世襲榮爵,史册詳備,美焕古今者,唯紀氏之有焉。

公諱豐字,家世鎮府房山人也。昔魯春秋紀侯,以國讓弟,携入於齊,子孫因以爲氏焉。信立節於漢初,靈振名於漢末。忠烈之道,千古一人。紀氏之先,其來盛矣!曾祖諱奏,皇唐鎮州討擊副使兼冀州司馬虞候。祖諱晏,皇深州饒陽鎮遏都將、銀青光禄大夫、檢校太子賓客兼殿中侍御史。考諱審,皇步軍左建武將。並忠孝傳家,謙恭著譽。歲寒之操,時論卓然。公即侍御之令子也。光承家範,頗焕門風。才略絶倫,名華出衆。元戎聞之,擢授夾馬副將。公恭勤奉上,節操彌高。又加散將知將事。公益弘嚴謹,慎保初終。又加正將兼討擊副使,奏銀青光禄大夫、檢校太子賓客兼殿中侍御史。公榮高三命,職重偏裨。遄加奏緒之榮,顯列將寮之右,方全壯節,以贊盛時。豈謂吉人,奄斯短壽。以乾符二年二月十八日,遘疾終于鎮府真定縣親事營之官舍,享年三十有八,時曰惜哉。

夫人隴西牛氏。四德兼備,三從儼然。内外叶和,遠邇咸敬。於戲!青松既折,芳□□萎。北堂之愛雖深,大夜之期俄迫。不幸以天祐三年二月十四日,遘疾□□鎮府北馬軍營之官舍,享年六十有二。有子二人:長曰爽,承家以孝,奉上以忠。韜鈐之數在心,謀勇之奇指掌。上台嘉之,署衙前兵馬使、左親騎指揮使、銀青光禄大夫、檢校右散騎常侍、左武衛上將軍兼御史大夫、上柱國,試其能也。次曰瓊,謙和保道，游藝依仁。光稟家聲，不逾懿範。嗣子等孝資天縱，禮過常情。奉先纔免於廬居，哀毁僅招於滅性。以開平四年十一月四日，啓先君之玄寢而合祔焉，禮也。恐□□代易，陵變谷遷，故刊貞珉，用期不朽。銘曰：

紀公之先，受氏以國。代有英賢，世高勛德。□至於公，克承□則。既領親軍，榮膺顯職。劍鏡斯沉，□□難測。令子承家，忠孝爲式。年代綿邈，陵谷遷易。□□垂文，風猷不忒。

公之弟昌，同日葬於甲穴。侄文建、新婦天水趙氏，同日合葬於祔甲之穴。故于公之側，立文云耳。

原載《京畿冢墓遺文》卷下

盧文渙

後梁官員。撰此志時署爲將仕郎、守洛陽縣令、賜緋魚袋。

梁故將仕郎檢校尚書工部員外郎守河南府鞏縣令盧府君(真啓)權塋墓志

從兄將仕郎守洛陽縣令賜緋魚袋文渙撰

君諱真啓，字子光，范陽人。吾宗自後魏分南北祖，君即北祖濟州牧尚之十二世孫也。代緒綿延，纓委無隔。曾祖諱瑗，皇河南府士曹參軍。曾祖妣太原王氏。皇祖考諱晝，皇齊州長史。祖妣姑臧李氏。皇考諱得一，皇懷州河内縣令。皇妣隴西李氏。父諱自然，皇滑州别駕。君即李夫人嫡長，少以兩經隨鄉薦不第，從宦授懷州修武縣尉。次内作使判官，守少府監主簿。次滄州□□參軍，次許州録事參軍，次河南府鞏縣令，就加尚書工部員外郎。所至咸以政稱，尤著於紘宰之任。秉仁履義，造次不渝，處家尊官司之嚴，奉師友之敬尤篤。乾化元年五月八日，遘疾終於故林石窟寺之别墅，享年五十有二。

君娶滎陽鄭氏，父諱孺約，皇瓊王府咨議參軍。鄭夫人早亡，無子。姬人陳氏奉箕帚凡三十年，二子：長曰三備，次曰科，謹以自立，居喪有聞。二女：長十一女，適前大安府醴泉縣主簿李賓。次十二女,適鄉貢進士滎陽鄭崇龜。以娶以適,咸山東之華胄也。先君權卜,先在懷州河内縣輔仁鄉敬賢里。二□以年月非良,復從宜於先長官權塋之右隧,終以禮□儀之無虧。二子以權窆之期,徵予爲志。俟其遷卜,固兹未銘。

乾化二年三月五日志。

後唐天成二年三月廿一日遷於武德縣期至鄉馮封里大塋之右。

原載《五代墓志彙考》

任　業

後梁官員。撰此志時署爲朝議郎、前行左武長史。

梁故隴西縣君李氏墓志銘并序

朝議郎前行左武長史任業述

昔顓頊之後至皋陶,子孫歷虞夏商,代爲理人官,遂以理命氏。至殷末,有微者直道不容,避紂之酷,逃于伊侯之墟,其子利貞食李實得全,因改理爲李氏。宗源之大,有十二望焉。縣君之先,隴西狄道人也,事著譜牒,略而不載。曾祖諱知至,因尹縣于華陰,遂寄家焉。祖諱理,父諱元温。栖隱衡門,以唐季多故,有先見之明,退而不仕。縣君風絶衆,進止多儀。未總角,嘗謂其女徒曰:“夫人好飾其容,未若飾其性也。”先人異之。及笄,歸于今滄州馬步都指麾使、金紫光禄大夫、檢校司徒、前絳州刺史、昌黎郡開國子,食邑五百户韓公恭。公氣俠五陵,才侔三傑。識砋碭之異氣,結豐沛之英雄。自渭北起家,梁園筮仕。展玉鈐之妙,持鐵楯之能。當太祖戡難之初,多提虎旅,莫不折衝萬里,所向無前。自唐天復初,即拜鄭州刺史、檢校左僕射。尋以功又拜金州。未數月而除輝郡,加司空,以龍躍之地而旌貴焉。三年,牧鉅鹿,復又刺廣平,理有異政,民多去思。及太祖受禪,即參預神謀,佐命鴻業。開平三年,遂拜宿州牧。四年,又除絳州刺史,加司徒,疏封爵。于時元凶竊位,内難未平,并潞之戎乘機侵犯。公沉謨不撓,鏖虜深切。今上徵還,召對便殿。寵侍頒錫,用激臣心。俄屬浮易帥而兵士别委公之指踪,蓋玆雄勇也。於戲! 夫榮妻貴,美冠當時。縣君愛滿六姻,行兼四德。愔婉而思不逾閾,柔明而道克肥家。垂譽母儀,流芳中饋。忽嬰微疹,未其彌流。不效三醫,遽捐百福。以乾化三年六月十八日終於私第,享年五十。

令子二人:長曰仲宣,職列禁庭,官崇八座。娶徐氏,有孫女曰胡女。次曰仲舉,前攝洺州司馬,娶王氏。皆節制之息也。哀子等文才著稱,武備多奇。丁是愍凶,毁瘠居制。已而,日月遷次,對樹俄營。命揲靈蓍,以寧玄寢。即以其年十月二日自彰善里之殯階遷窆于洛陽河南縣平洛鄉之原,禮也。業名非文士,空仰芳猷。且以脂輜啓行,建旐云往。命紀歲月,以表松阡。其銘曰:

尚矣令族,顓頊其先。代有將相,列于柬編。聲寔勛績,萬古而傳。生是柔賢,推其懿德。道作女師,言爲婦則。婉靖貞和,訓慈罔忒。國有忠臣,挺生材傑。天授兵符,神傳將訣。不拔龍泉,平探虎穴。歸是良人,貴爲内子。肅穆如賓,劬勞主祀。慶播閨闈,香棻蘭茝。倏忽人生,吉凶糺纆。聞之前□,究之莫得。與善無徵,玄道之惑。寒蒸不節,調育所違。俄捐百福,不愈三醫。珠沉玉碎,形氣分離。蕙風寂爾,秋暉慘然。九原新冢,數樹寒烟。紀諸貞石,永閟玄泉。

朝請郎前守陳州南頓縣令顔子逢書。

原載《邙洛碑志三百種》

顔子逢

後梁官員。撰此志時署朝請郎、前陳州南頓縣令。

梁故昌黎韓(仲舉)夫人王氏墓志銘并序

夫人姓王氏,本太原晉陽人。其先出於周靈王太子晉之後也。豳岐聖德,不復形文。枝幹扶疏,代爲名族。其迺淮流絶衆,東晉清名。邈陸離於寰區,灝編襞於史册。

祖黯,早以磊落氣岸,奇許鄉國。父重師,少負雄節,震拔群倫。

稍起家,領戎職。樂孫武之兵書,預期必克;學李廣之弓矢,不的不飛。遘太祖隱龍之際,特賞精通之才。身經百戰,貴達一時。受唐崇秩,幾以軍功。及太祖撫運中原,亟遷潁州防禦使。尋又除拜青州節度使。旋遷雍州佑國軍節度使、加平章事。太祖以岐隴未平,公罄招討之計,遂以忠赤遇難。尋復官昭雪。母陳氏,早封國邑。

夫人髫歲令淑,姿質端明。年纔十四,歸於今洺州司馬韓君仲舉。君朗俊琳琅,才氣聰逸。所謂鳳凰和鳴,雅符配合者也。夫人無何遘疾,殆經四稔。萬晝求醫,竟不瘳間。以乾化三年九月三日,奄忽長夜。嗚呼哀哉!以其年十月二日,卜葬於河南府河南縣平洛村之高原,禮也。夫人婦道克修,舅姑稱義。何則福善□徵,天隳何速。蕣英倏謝,芝菌俄消。古云:"人之浮世,若禽飛之過目。"兹其甚乎?昔柔内之芬芳,真斑[班]女之懿範;今齊眉短折,極潘岳之悼亡。龜□有期,迺爲銘曰:

淮瀆大族,佩韓德門。歸於嘉哲,和鳴懿婚。倏嬰疾瘵,天道寧論。對巹之後,六稔剛柔。粧臺錦帳,烟盡花愁。砌遺行迹,耳留婉音。夫人何處,蓮質沉沉。寒原兆開,斯須言閉。瓊碎珠埋,銷蘭歇蕙。昔聰簫樂,今看松苦。傷哉葬心,一掩千古。

朝請郎前陳州南頓縣令顔子逢。

原載《全唐文補遺》第一輯

張 準

後梁官員。撰此志時署將仕郎、前守秘書省校書郎。

大梁故尚書司門郎中南陽張府君(荷)墓志銘并序

堂兄將仕郎前守秘書省校書郎準撰

公諱荷,字克之,南陽西鄂人也。曾祖液,在唐皇任宣武軍節度副使兼御史中丞。祖韡,皇任韶州刺史,累贈右散騎常侍。考權,皇任光禄卿,累贈工部尚書。公即尚書第九子也。少而聰悟,有一覽數千言之稱;長乃純明,抱七步咏五字之作。洎隨計入貢,凡六上,登第于故致仕司空河東裴相國之門。旋調授京兆府文學。今左僕射楊公相國卿太常日,奏修撰兼洛陽縣尉。内丈河南獨孤相國秉政大朝,以公授之司憲京兆杜公□林,始通籍爲監察御史。入梁,除右補闕,俄遷祠部員外郎。周歷三署,復命爲尚書司門郎中。莅事條貫,人無間言。不幸遘疾,亟嬰痞痗。綿聯數月,終於洛之私第,乾化三年九月廿四日也。龔生之夭,夭年何其速也;子夏之言,富貴豈不聞乎?公之妣姑臧縣君,今太府卿李保殷是其仲舅之表。

公娶武功蘇氏,即右散騎常侍、租庸副使藴之嫡長女。早彰有德,終嘆無兒。有兄八人,皆歷官路。唯兵部郎中、鹽鐵判官儁,早昇高第,歷任清途。同就朝班,邇十周歲。何期積釁,去歲云亡。喪紀未終,延及厥緒。季第價,名震甲科,位方讎校。寓寄幾邑,聞問馳來。哀痛克申,乃營於殯。以來年正月十八日,葬於河南府洛陽縣平陰鄉陶村,祔于蘇氏之塋,禮也。嗚呼!人世可嘆,薤露堪悲。若匪申詞,寧紀其事。堂兄秘書省校書郎準,備詳其實,因直書之。哽塞援毫,乃爲銘曰:

茂緒可嗟,私門不幸。雖曰逢時,亦曰厥命。桂香柏茂,諫署蘭臺。揚聲肆美,倏往忽來。既符名實,興悲霜露。軒裳曷墜,陵谷何固。軒裳未泯,陵谷慮遷。寘于貞石,冀千萬年。

原載《洛陽新獲墓志續編》

鄭山甫

後梁官員。任秘書省校書郎、渤海郡長史等官。

大梁故宋州觀察支使將仕郎檢校祠部員外郎兼侍御史賜緋魚袋賈府君(邠)墓志

妻弟秘書省校書郎鄭山甫撰

維貞明元年夏五月五日,攝河清縣令賈公遘疾,終於縣宅,享年五十三。其年五月十二日,窆於河清縣述仙鄉楊寺村,從權也。賈氏自周叔虞之後,春秋時有賈伯,又有華他,二人顯於秦晉。秦末漢初,回生誼。誼之文學官爵,至今稱之。誼玄孫迪,漢河東守。始自洛陽,遷於襄陵。故賈氏復歸也。高祖惠元,前朝嵐州刺史。曾祖嶸,秘書。祖位,金州司馬。父洮,朝議郎、河南府户曹、上柱國。公諱邠,文美。太原温氏夫人,前朝國子祭酒瑄之女也,出伯仲三人,公其次也。幼有節操,累任宰字,兼爲宋州郎官。百姓攀留,人皆欽仰。娶滎陽鄭氏夫人,濟陰福之女也。夫人蓬首素食,方計克歸於大塋,山甫搦管爲志,哀而不銘。

原載《全唐文補遺》第一輯

鄭延卿

後梁官員。撰此志時署前萊州軍事衙推。

唐故天水郡趙府君(洪)墓志銘

前萊州軍事衙推鄭延卿撰

公諱洪,字浩川。其先以建國爲家,舉祥演姓,德標愛日,智刊榮山,繼世傳勞,不可具載。曾罕、祖、父,并不仕,皆抽簪遁世,積學韜光。孝悌承家,謙和處衆。公即□之子也。幼而俊悟,早在戎行,以天祐五年加開封府同節度副使,充左羽林軍左制勝第二都頭、銀青光禄大夫、檢校左散騎常侍,兼御史大夫、上柱國。乃勤心竭節,累獲功名,以天祐九年九月加平盧軍節度押衙,充左崇順步軍指揮使、銀青光禄大夫、檢校刑部尚書、兼御史大夫。有和衆治軍之法,無臨戎怯敵之機。以天祐十年加檢校户部尚書、右僕射,蓋以尤精豹略,善業龍韜,革一聲而三陌全超,金兩發而五營總静。其那修短有數,禍福無常,一侯既失於乖,踏和四代,俄鍾其減折,雖秦醫妙藥難迴,三竪之灾然晉卜,良占未免三尸之苦。以貞明元年六月十一日遘疾,没於相州,享年五十有二。

夫人武昌郡程氏,亦名郡令族之後也。有子一人思謙,前攝懷州長史,乃温奇秀美,卓爾神儀,雲間早有其龍名,門上果無於鳳字,每以悲催感咽,思結寒泉,疾□恒切於窀穸,瘠體常憂於嗣典,以龜筮累不叶吉。洎同光二年甲申九月十日葬於青州益都縣孝行鄉諸王村堯神里也。是日素車輅輅,紅旒翩翩,親姻感慟其悲風,兒女攀號而灑血。延卿言無辯,頰文有愧心,奉請難違,直書銘曰:

趙公之德,其譽彌彰。劍精伏虎,箭妙穿楊。

威而不猛,柔而能剛。修短有數,歿於異鄉。

筮時叶吉,葬歲同光。孤遺追慕,仰訴旻蒼。

蕭蕭樹遠,壘壘墳長。刊石成字,以紀無央。

原載《山東石刻分類全集》

任光嗣

後梁官員。撰此志時署朝議郎、前行左武衛長史。

梁故金紫光禄大夫檢校尚書右僕射前守柳州刺史兼御史大夫上柱國張府君(濛)墓志銘并序

朝議郎前行左武衛長史任光嗣撰

粵自軒后子各以所理事爲氏,有造弦弧張網羅,世掌其職,因命氏焉。其後學縱横之術於鬼谷,遂相强秦;授韜略之書於圯橋,因匡大漢。繼有賢傑,簡不絶編,自漢以降,宗族之盛,史諜詳矣。

府君諱濛,字子潤,其先清河人也。曾諱懿,朝議郎、前陝州夏縣令。祖諱瑶,將仕郎、試右武衛倉曹参軍。考諱頵,前鹽鐵巡覆官、試太常寺協律郎。妣皇甫氏夫人。府君美姿儀,魁軀幹,少勤儒學,將修鄉舉。及冠,長於公理而祖仁本義,率禮蹈和,負濟物之材,多不羈之論。今居守魏王,昔在懷覃,將建勛業而切於求士,乃早知其名,即召居麾下,乃授以右職,掌其要司。及保釐洛邑,得詢其舊貫,或創以新規,咸合廟謀,待遇日厚。魏王握六軍兵符,移八鎮旄鉞,不離尹正大任,嘗兼國計劇司。餘三十載間,軍書要妙,民籍殷繁,皆悉委之,無不通濟。洎太祖奄有寰區,魏王首爲推戴,創宫闈以蕭制,備法駕於漢儀,咸自魏王獨濟其事。既支用益廣而案牘尤繁,仗其勾稽,甚省浮費,遂録其勞上奏,以開平四年九月十三日,自檢校兵部尚書轉右僕射,授柳州刺史。太祖因召對便殿,頒賜奬諭,至於再三。府君始以盡節許王,不貪其榮,固請不之所任。嗚呼!天不與善,遘疾彌留,貞明二年正月十二日終於私第,享年六十有一。府君極事主之道,著立身之名,潔己遜言,師善疾惡,爲世所重,可謂殁而不朽者也。

夫人汝南宇文氏,柔淑慈愛,表則閨門。子二人:長曰恪,列河陽軍同節度副使職;次曰緯。皆孝敬友悌,禀於天性。女一人,適太原王氏,亦和門令子也。以龜筮不便,未得附於洛陽縣清風鄉之先塋。即以其年二月十七日葬於河南縣梓澤鄉宣武原,禮也。光嗣沐其族分,因熟徽猷,既嗣子堅其請,且不獨免於辭。而爲銘云:

偉歟華族,肇自軒黄。望崇宗大,弧造羅張。其一。術師鬼谷,書授圯橋。相顯秦國,傑稱漢朝。其二。世濟其美,是生英才。名揚行著,容睟形魁。其三。筮仕相府,職總要司。民賦兵籍,咸能理之。其四。榮列彤襜,隆恩丹陛。功佐朝堂,孝忠兼備。其五。逝水波長,隙駒塵速。嗚呼哲人,爰啓手足。其六。九思不無,百行齊有。可比前修,殁而不朽。其七。忽忽浮生,茫茫厚夜,于嗟府君,空遺聲價。其八。烟雲慘淡,原野蒼茫。前引丹旐,言歸壽堂。其九。高岸匪定,深谷慮遷。爰刊貞石,餘芳用傳。其十。

孤子緯書。

李仁瑋鐫字。

原載《全唐文補遺》第五輯

崔希舉

後梁官員。撰此志時署將仕郎、前守孟州濟源縣令。

梁故天水郡夫人姜氏墓志銘

門吏將仕郎前守孟州濟源縣令崔希舉撰

孫銀青光禄大夫檢校左散騎常侍右武衛將軍同正兼御史大夫上柱國季澄書

門吏朝散大夫檢校尚書工部員外郎前河南府壽安縣令柱國王鬱篆蓋

郡夫人姓姜氏,其先臨濮人也,襲吕望之昌胤焉。曾大父至于祖考皆不仕。有鄉曲之譽,而宗族稱仁。孝悌承家,世嗣鍾美。郡夫人少稟異相,長適同邑今洛京留守、太尉、魏王。德契和鳴,果生貴子。閨門相慶,親戚咸和。事上克勤,居中惟敬。執謙有體,守節無違。知命之餘,奉道尤至。時多□□,日啓□□。澄寂銘心,沉晦止足。殆乎四紀,睦于九族。虔稟蒸嘗,靡憚寒暑。以開平三年十二月膺祖帝絲綸之恩,授本邦湯沐之命。早嬰宿疹,每訪良醫。或懸念爲勞,即寤寐軫意。疾茶斯久,針砭莫攻。於貞明二年歲丙子七月五日告終于洛陽縣永泰里别第。壽六十八。有子一人昌業,弱冠入仕,歷職兩朝。官大執金,列上環衛。出刺鄭圃沂水,主留宣武天平。檢校三師,階位二品。雍容雅正,肅穆威儀。冲粹在躬,高潔貞志。守法直道,承訓義方。質表鳳毛,首冠雁序。純孝至性,泣血銜哀。禮云:顔丁善居喪,曾申能問孝。而各得其旨,今不讓焉。龜筮從長,擇用叶吉。即以其月二十三日葬于河南縣徐婁村,明其封樹,紀以歲時。夫銘者自名也,既美其所稱,又美其所爲。知而不明,君子耻之。是則仰問嘉命,俾贊休聲。其銘曰:

赫弈姜宗,綿邈太公。源派逾遠,枝葉興隆。生稟奇相,長適豪族。既誕龜龍,是符岳瀆。每勖令子,克徵良臣。稟訓正道,爲理安人。享福以榮,終壽而貴。刻於金石,□之深秘。

刻字人賈玘

原載《秦晋豫新出墓志搜佚續編》

盧文度

五代官員(? —924),范陽(今河北涿州)人。後梁時任翰林學士,後唐同光中任吏部侍郎、史館修撰、判館事、兵部侍郎、充翰林學士等官。有《盧文度集》2 卷,已佚。

梁故天平軍節度使鄆曹齊棣等州觀察處置等使檢校太尉同中書門下平章事贈太師牛公(存節)墓志

公以梁太祖帝乾化五年夏六月十九日,薨于鄆,輟朝三日,命兵部侍郎崔昭願、都官員外郎柳瑗簡册鹵簿,贈太師,謚曰威。貞明二年七月二十四日,葬于鄭州滎澤縣廣武原,鄭國夫人薛氏祔焉。詔命翰林學士盧文度撰碑詞,以旌其墓。後以奸暴凌犯,毁其泉堂,裔孫彰武軍戎副宗德,以尊靈所居遭是圮拆,夙宵怵懼,拜章上聞。既得所請,遂卜其地,瀍水之陽,邙山之面,里曰杜翟,鄉曰平樂,蓋西都河南縣形勝之地也。大啓松阡,如滎澤之舊制焉。以大宋開寶三年十月五日,襄事於此。嗚呼!太師之功業,焕乎簡策,彰於碑頌,此不盡書。但紀其■敭歷,舉其大網(綱),則勛業功德,於斯可見矣。公諱存節,字贊臣。王父諱崇,不仕。考諱孝恭,累贈右僕射。妣李氏,追封越國太夫人。僕射寓家青丘,多歷年所。公當唐季,始依故人諸葛爽,爽殂而歸。僕射常曰:“吾觀朱公氣宇,雖不能大致和平,真定亂主也。爾盍依之,以取富貴。”公曰:“大人年尊,我不忍去。”未幾而僕射終。服闋,遂歸于梁祖。一見器之,署宣武小將。文德元年,改滑州左右牢墻使,復轉右都押衙,兼右厢馬步指揮使,加左散騎常侍。二年,遷宋州都教練使,仍充都〔虞〕候。景福元年,改遏後都指揮使。乾寧元年,加檢校工部尚書。三年,又加右僕射。五年,授亳州刺史,尋總領宣武左衙步軍,仍改宿州刺史。光化二年,復爲左衙都將,兼馬步教練使。天復元年,授潞州都指揮使,轉階金紫,加秩司空,知邢州事。天祐元年,授邢州團練使,加司徒。太祖爲元帥,署元帥府左都押衙。太祖受唐禪,以公爲右千牛衛上將軍。其年秋,舉全師上黨,以公爲排陣使。開平二年春,改右龍虎統軍;夏四月,遷左龍虎統軍、六軍馬步都指揮使,仍加爵邑;冬,授絳州刺史。明年夏,除鄜州留後,改同州留後,俄拜特進、太保、忠武軍節度,進封開國侯。乾化二年,加太傅,進國公,邑千户。明年春,加同平章事;十一月,加開府儀同三司,增邑二千户,充天平軍帥。四年,加淮南西北面招討使。五年春,進秩太尉,又增邑千户。公始遘微恙,屬河外舉兵,詔統車徒屯陽留渡。公聞命而行,左右勤請,乃上表述羸茶之狀。不數日,許歸舊鎮。方還府署,遂至彌留,是夜大星墜于正寢之後,而公已薨矣,享年六十有三。公有子四人。長曰□業,梁寧州刺史。次曰知讓,晉吏部郎中。次曰知謙,次曰知訓。長女度爲尼,次女適清河張漢貂。嗚□!公之大功通於神明者,則有:解太尉宗奭孟津之圍,歲荒糧絶,以金帛易乾葚以餉軍,遂破李罕之衆。略地河北,以千三百人,盡殺魏萬二千之卒。擊朱宣於汶陽,獨率步兵破其西門,奪守其濠,遂拔其城。青口之敗也,收督殘卒,下馬血戰,力捍追兵,翼安太祖。救高平郡之危也,禀命馳往,馬不暇秣,比及郡郊,叛卒舉火應寇,將陷孤壘,公詰旦而入,敵勢漸熾,彼急攻,我則强弩以敗之;彼穴地,我則開隧以拒之,是以并人焚廩而竄。邠隴之兵圍公於馮翊也,彼以郡中水鹹困我,公曰:"神道助順,必有其應。"鑿井八十,鹵泉變甘,符契神速,何如是哉!謹爲之銘曰:

古人有言,不有危亂,安識忠臣!忘軀報主,實難其人。人之所難,公之所易。奮不顧身,逮終如始。而今而後,孰嗣厥美?

原載《大唐西市博物館藏墓志》

蔡　曙

後梁官員。貞明三年(917),撰此記時任同禧觀察判官、朝議郎、檢校兵部郎中、兼御史中丞、柱國、賜紫金魚袋。

新修南溪池亭記

忠武軍節度同禧等州觀察處置等使光禄大夫檢校太傅使持節同州諸軍事守同州刺史兼御史大夫上柱國武昌郡開國公食邑二千户程暉

同禧觀察判官朝議郎檢校尚書兵部郎中兼御史中丞柱國賜紫金魚袋蔡曙撰

沙海之北,漆沮之陰,有地外阜而中坳,對山百近郭,廣狹所□□頃有餘,囊括百物之容,崛起形勝之質,藏奇隱怪,實天設焉。按梁載言《十道志》云:"馮翊縣東南八里有泉,九穴同流。"即此處也。唐咸通中,太守王公齇爲理之暇,以其遥瞰蓮嶽,葺亭而名之。庚子年,大寇犯關,遂至燼滅。

乾寧歲,連帥李公瑭再營斯構,兼立龍祠,塑貌不嚴,榱桷草創,雩祀止容於舉爵,牲牢莫展於加籩,棟宇雖存,纔庇像設而已。邇來亭沼堙毁,舊迹微留,敷政事多,無力及此,鞠爲蓁葦,二紀有餘。我太傅武昌程公佐命於經綸之始,竭節於草昧之初,許國即漢礪盟勛,過庭乃萊衣承慶,一門之内,四世同榮,位高而愈見謙和,功顯而略無矜伐。昔韓侯拜將,家不待於問安;紀騭養親,官不聞於列戟。古今倫擬,未有如我公之盛美矣。加以禮賢而曾彰比節,寬仁而不怒翻羹,爰自璧田主留,仗鉞斯鎮,下車而鄰無不睦,攀轅而人尚去思。時屬兵火初銷,里無完室,戎馬所及,野有閒田,先條薄賦之科,次諭恤刑之典,簡静而每容小過,廉平而唯舉大綱。先以惠養復逋逃,次以繕修嚴雉堞,廪食足而武備斯壯,民瘼除而閭里自康,湯湛濬溝,雲矗金壘,孜孜四稔,急務皆周。

一□,謂都監尚書及副車司空諸從事曰:“此民闕者,宴賞之境矣。”遂親選勝概,爰及斯地。乃命都指揮使劉敬德、左静安指揮使丁約已下,及元隨都押衙員建,付以營建之謀,示以製置之略。繇是剪蕪穢,築基址,疏三池,敞八亭,制度悉有乎等差,岸滸名分其涯涘,或延薫風而滌煩熱,或面大野以豁襟靈。玉柄罷摇,九曲静□其洶涌;雕甍未曉,三峰已顯於嶙峋。然後再廣龍祠,殿添鴟尾,重關創設,環堵遍修,厢分拏攫之形,離立鬼神之將,並新彩繪,表裏杇墁,造匼匝之長廊,引前後之檐廡,室分胙傳杯之地,廣三爵萬舞之庭。兼以群川輻凑,衆泒同流,若暑雨暴飛,狂波突至,不先有備,必貽後憂,别開斗門,俾其通注,式咸連山之勢,免興捧土之譏。諸將盡禀規繩,一無漏略,而又遠移蘩芰,多放修鱗,蛇盤而磴道緣崗,蜺鬥而雙橋夾砌,列植五千餘樹,爲圃三百餘畦,若榴與桃李分行,椅梧共杉松間色。喬柯藉雪,方灑落于嵇康;翠帶挼烟,學雍容之張緒。莫不衆盆共擁,一溉無停,紫牙暗换於陳根,緑幄别添其新蓋。蓼辛蘭馥,各自任於天和;夏實春榮,都不知其移致。

大興畚锸,纔浹三旬,敻然殊勝之功,化出神仙之境,有秀皆納,無奇不呈，愜目暢心，不可譚悉。緩季鷹之歸思，堪釣鱸魚；資山間之勝游，何須習沼。樂就而衆皆稱善，悦使而人不告勞。至於犒賞所須，材石之費，悉自清俸圓融，一無擾於州縣。若夫花光月燭之時，促席泛舟之興，駕肩疊迹，舉白飛觴，岸幘酡顔，游人相顧而言曰："此是壺中天地，洞府春光，又不知白蘋罨畫溪，復何如焉！"噫！王公始作而未究其妙，李公繼踵而罔盡其工，豈非天留盛事，要顯我公之心匠乎。

陳留蔡曙獲預賓席，奉命而實録其事，□□入咏，夢未驗於神傳；篆貝廋辭，妙有慚於祖德。

貞明三年丁丑歲春三月二十七日記。

西頭供奉官、充忠武軍兵馬都監、金紫光禄大夫、檢校吏部尚書、兼御史大夫、上柱國鮑長新。

節度副使、銀青光禄大夫、檢校司空、兼御史大夫、上柱國劉守衡。

節度判官、通議大夫、檢校兵部尚書、兼御史大夫、上柱國、譙縣開國子、食邑五百户、賜紫金魚袋曹鈞。

同禧觀察支使、將仕郎、檢校尚書工部員外郎、兼侍御史、賜紫金魚袋王傳範。

節度推官、將仕郎、監察御史裏行夏侯龜符。

攝同禧觀察推官、將仕郎、前守陳州西華縣令朱蔚。

碑陰：

都部署、押衙、充馬步都指揮使兼左衙步軍指揮使管第一都、銀青光禄大夫、檢校工部尚書、兼御史大夫、上柱國劉敬德。

押衙、充左静安步軍指揮使管第一都、銀青光禄大夫、檢校國子祭酒、兼御史大夫、上柱國丁約。

監修、元從押衙、充都押衙兼親事都頭、銀青光禄大夫、檢校工部尚書、兼御史大夫、上柱國員建。

同押衙、充左静安步軍第三都頭、銀青光禄大夫、檢校兵部尚書、兼御史大夫、上柱國鄭環。

同押衙、充右静安步軍第三都頭、銀青光禄大夫、檢校太子[賓]客、兼御史中丞、上柱國柳環。

同節度副使、充左衙步軍第四都頭、銀青光禄大夫、檢校太子[賓]客、兼御史中丞、上柱國吴温。

散兵馬使、充右衙步軍第四都頭、銀青光禄大夫、檢校太子賓客、兼侍御史、上柱國周萬崇。

散兵馬使、充右静安步軍第四都頭、銀青光禄大夫、檢校太子賓客、兼侍御史、上柱國張君祐。

散兵馬使、充左静安步軍第五都頭乙章。

押衙、充通引官董遷。

子將、充客司虞候劉延祚。

同正副將、充都料蕭立、張遇、党韶。

刻字焦行滿。

押衙、充表狀孔目官趙秦書并篆額。

原載《八瓊室金石補正》卷 79

夏侯龜符

後梁官員。鳳曆元年(913),任節度推官、將仕郎、監察御史裹行。

九龍廟述

節度推官、將仕郎、監察御史裹行夏侯龜符撰。

梁癸酉,命公于許,受鉞于同。同即潼之西北,實國之樞鍵與奥區也。非申威恤,下未之得。守□□□吏與暴,靡留其居,明不仁者遠矣。迨至問安凉枕,養兵撫俗。暇日嘗搜景訪奇,得九龍泉,廟即儀形頹圮,池乃草穢泥昏。繇是度木揆功,衆工畢至。其始也:樹烟柳以藏鷺,植修梧而待鳳。緑竹覆漣漪,青松夾崖岸。果乃沉水之□,凌霜之桃,池則魚鳥游泳。亭臺掩映,磴道回旋,景物萬狀,前文具美,不復舉書。一日,斤斧休,畚鍤已,公請監使與副車已下,泛彩艦順流而下,釋棹登車,不二□□豁然,乃閬菀瀛洲也。即昔人誤桃源,不知漢代。斯語非誣,蓋夾岸花拆,蓮塘水平然也。泉之次,廊廡屹立,廟森然,三龍附其神。其六乃蟠屈蜿蜒,穿石若門,拏壁□飛,電光閃爍。如□其中,雷聲劃裂,若殷其側,厥狀駭目也如此,其神盼響也如是。其春也:綉轂香車,玳簪珠履,駢羅綺陌,匝𠥓芳蹊。俯而視之,乃澄潭不流,湛然如□。虚其中,涵其色,萬慮不生,衆煩如洗。即武陵蘭亭,未足矜也。其夏也:披襟避煩,清風□起,熇氣頓銷,伏暑攸釋。屏輕箑,揖清觴。筵飛白玉杯,池躍黄金鯉。鱗羽遂性,笙歌蕩情,即毗陵芙蓉,吴苑虎丘,未可侔也。其秋也:鷹隼擊高風,池塘斂輕翠。疏紅墜葉,遠樹收烟。得以命□友,泛霜英。鵾弦遞奏,鳳管徐吹。松影當軒,山光入坐,即高□□家,未爲致也。其冬也:芰荷香老,松桂風生,雪擁階而詞客吟,酒滿卮而公子醉。四時之景備矣。

我公□假之智,神沃其心,不然何以立奇趣與嘉境如是耶?龜符叨□幕席,提筆求知,因爲雜言,覽景直書,不事繁飾。詞曰:左馮東南七八里,九龍斡出三池□,涵虚萬狀蔟其中,修鱗拔刺澄潭裏。此來不與已前同,致人襟袖□□□,□□□臺如化出,若非天設即神功。面前斗削三峰立,池中掩映山光濕。山與池兮兩相借,神與龍兮争變化。雲溶溶,雨瀾漫,尺□如膏三月半。老人言是龍□□。□□我且取憑石,高廟爐烟有所因,分明感我元戎力。

原載《八瓊室金石補正》卷79

何　松

後梁時人,撰此志時署鄉貢進士。

梁故嶺南東道清海軍隨使元從都押衙金紫光禄大夫檢校司空前使持節瀧州諸軍事守瀧州刺史御史大夫上柱國吴公(存鍔)志墓銘并序

鄉貢進士何松撰

夫道著三才,人居中氣,遂有稟岳瀆英靈之粹,叶熊羆卜夢之祥,而乃符契一千,間挺五百。負乎才器,匡正國邦。緬考史書,世濟貞懿。今於公而見之矣。公諱存鍔,字利樞,本出于秦雍,世□於軒裳。或龍闕以昇班,或鳳翔而授職。洎乎蔦昌嗣胤,不絶簪裾。遂辭北京,適兹南海。高祖諱敬,皇前守左武衛長史。曾祖諱巨璘,皇前鳳翔節度左押衙、右威衛將軍。考諱太楚,皇嶺南東道鹽鐵院都巡覆官、并南道十州巡檢務、試左武衛兵曹參軍。寬雅洽衆,禮禳出群。綽藴機籌,洞該玄奥。博鑒典實,以矜時人。有默識者曰:"此乃非凡人,其後裔必能盛哉。"遂娶扶風馬氏。公則參軍之長子也。幼服先訓,克習令德。惟忠惟孝,能武能文。年未弱冠,常言曰:"我備閲家譜,屢詳祖先。俱列官資,予獨何脱?"於是時也,乃唐朝中和之三載,遂入職。其年節度使鄭尚書值聖駕幸于西蜀,因遣公入奏,亟□□階。洎達行闕,却回府庭。以公勤勞,復進數級,授秩殿中侍御史。逮龍紀之元載也,留後唐尚書統府事,亦進數資,加御史中丞。景福、光啓、文德、大順之歲,公進奉相繼,節效殊尤。一載之間,不啻四五階也。于時景福三載,是節度使陳相公鎮臨是府。賀江鎮劉太師聞公强幹,屢發箋簡,請公屬賀江,持委奏報之任,不虧前勞,益申精至。逮乾寧、光化、天復際,公由賀江從節度使南海王就府秉節制。凡厥貢奉,皆仗於公,遂陟隨使押衙,仍上都邸務,押詣綱進奉到闕。恩旨加御史大夫、守勤州司馬。洎梁朝新革,時開平元年,又加康州司馬,守勤州刺史。其年加兵部尚書、守瀧州刺史。公詳明政事,招葺閭里。所治之郡,民俗舊一歲而得膏雨也。於是南海王重公有妙術,以雷州獷悍之俗,雖累仗刺舉而罕歸化倏。又委公臨之,由是纔及郡齋,宛然率服,至於虬化。兹年也,又賫進奉入京,復加金紫光禄大夫、尚書右僕射、守瀧州刺史,赴任。乾化五年,本府節度使南越王統軍府,思公舊勛,乃署元從都押衙,委賫進奉并邸務。至貞明三年丁丑歲,梁朝以公爲主竭忠,無不情切,乃加檢校司空。公位望愈高,撝執彌固,未嘗頃刻而踞傲也。奈何修短之□理,□□□明。以其年四月廿日遘疾,廿六日終於梁朝闕下,春秋六十九。閏十月十五日,靈櫬自京歸于廣府故里。公娶于黄氏,封江夏縣君。長子延魯,充客省軍將。次子蟲子。延魯娶雷氏,有二女,長名胡娘,次名小胡。唯一女名娘珠,早嫁於陸氏。公即以其年十一月一日改號乾亨元年丁丑歲九日,葬於南海縣地名大水崗。嗚呼!生則立功立勛,懷才歸義。内睦閨闈,外揚名□。□終壽之日,凡預知己及其親戚,無不哀慟也。松謬以非才,□當叙事。搜揚不盡,愧赧何言。銘曰:

□□□□,英哲立□。家□□俗,匡國輔君。其一

禍福罔測,幽顯□明。歸於原地,□□□□。其二

原載《新發現的後梁吴存鍔墓志考釋》

盧藩

後梁官員。撰此志時署將仕郎、前弘文館校書郎。

梁故將仕郎前大理評事賜緋魚袋隴西李府君(光嗣)墓志銘并序

將仕郎前弘文館校書郎盧藩撰

貞明三年歲在丁丑十二月九日,隴西李君終於青州益都縣汴和坊私第,享年四十五。抱器未用,戢翼未伸。在下風者,爲之慘怛。以戊寅歲四月二十八日,葬於永固鄉殷鄧里,從先大夫寓殯之次。嗣子黑廝兒,號於旻天,欲報罔極。彰□遺懿,刻諸方礎。庶乎深谷爲陵,而徽烈彌勁者也。府君諱光嗣,字子□,隴西人也。導洪河者知發源之淺深,瞻峻嶽者識盤根之遠邇,豈在乎繁文飾詞。李方可以焜耀視聽,故絶筆於是。高祖諱晟,皇任唐守太尉、兼中書令、西平王,贈太師。曾祖諱愬,皇任唐魏博節度使、右僕射、同平章事、凉國公,贈太尉。顯祖諱玭,皇任唐鳳翔節度使、右僕射,贈太傅。烈考諱審,皇任唐淄州刺史、檢校工部尚書。或間傑之才,濟世夷難;或英邁之智,摧凶翦逆,或杖鉞重鎮,有恢拓土宇之效;或分符劇郡,有丕變風俗之名。故鏤鐵爲契,覃□延也。設邑圖形,揭旌表也。分茅祚土,綿地千里,彰貴盛也。鳴珂曳組,駕肩累朝,示蕃昌也。彼皆明若日月,焕如丹青,邁德儲休,鐘美後嗣。府君即淄川太守第五子。在齠齔中,有識環辨李之異。及從師授業,則五行俱下。常志于左氏春秋,伏應窗牖,不捨晝夜。揣摩抉擿,盡得指歸。凡爲學者,推其精

奥。起家以太廟齋郎,調補滑州匡縣丞。捿枳之卑,鴻漸其羽,遷太子通事舍人。次任大理評事,加朱紱銀印。其後唐季多難,仕進者或以退藏爲樂。故府君匿迹潛潁,垂二十年。連帥聞其幹能,屬假屬邑,以均惠養,夜涣之化,所至必恰。不幸短命,賢哲一揆。夫人清河祁氏,有子二人。長曰黑厮兒,次曰小駝。皆端厚之性,卓然不群。有美必復,□□遠大。女四人,幼而未適。銘曰:

大勛貴仕綿四世,積善垂芳及後裔,□生賢士若符契。挺拔深沉杳無際,鵬翼未開忽長逝。有識聞之多屑涕,萬家葬地今迢遰。他鄉寓殯壽堂閟,琢石刻詞鋪族系,古往今來名不贇,嗚呼哀□。

表任將仕郎前守光禄寺主簿謝貽謀書

原石爲洛陽私家收藏

藏 之

撰此志時僅署天水郡藏之,生卒年與任職情况不詳。

梁故宋府君(鐸)墓志銘并序

夫立天地者,古聖開闢;四時八節者,陰陽運動。立國興邦,皆由良臣之輔佐。君間氣罕測,禀性温和,録用官□司空,位列崇班。守護封疆,臣即盡力忠赤,於彭門墻下爲國捐軀,不幸身亡,今立銘石,已顯後代子孫。君貫屬懷州河内縣輔仁鄉,廣平郡前宋氏之苗胤。祖諜如後,祖諱榮,皇蔡氏;曾諱□,皇田氏;世諱武,妣陳氏。君立身轅門,藝超六奇,武非七德,懷金石之堅,匡輔皇闈,何圖累載征蕃,連□平寇。豈謂彭門逆亂,忽有抽徵,偏蒙聖澤迴撫,綏加珠紫之珍,倚注如掌之寶。嗟兮!禍從天降,灾若風來,一旦浮沉,生歸逝水,略述斯石,俟之後矣。安居大壙,洛州河南縣平樂鄉朱陽村北原上有莊,其莊并塋地,并是準敕恩賜。時貞明元年乙亥歲身殞,諸軍差左長劍都兵士舁靈櫬至滑州南權殯,於貞明四年歲次戊寅七月廿一日就大塋重遷厝。孤子長男裴五,名繼光;次男小丘;次男吴七,妻李氏。

故宋府君歷任記：

君自乾寧元年六月廿日，在梁王充馬隨身廳子左一都。至光化三年十一月内，煞蕃戎獲功，轉充右控弦第二都散將；當年十二月，又加同十將。至天復二年四月内，煞鳳翔軍得功，加衙前虞候；當年七月，加討擊副使；當年十一月内加充親從右突陣軍將押直。至天祐元年閏四月内，加六軍討擊使、充右神武馬軍都頭。至天祐四年二月内，捉到人馬，加散兵馬使、工部尚書。至開平元年五月内，充開封府散兵馬使、右耀德軍將都頭；當年六月内，加衙前兵馬使。至開平二年八月内，抽充護國軍衙前兵馬使；當年十一月内，加吏部尚書。至開平三年十月内，補充□州左肋馬軍指揮使。至四年九月内，轉充左先登馬軍指揮使，當年十一月内，抽充天雄軍押衙、充右雄勇軍將指揮使。開平三年三月内，魏府墻南連夜斫起蕃軍寨；四月内，加□□指揮使、户部尚書。至乾化元年十月内，抽管右匡衛第二指揮使。至二年七月内，轉充第□□指揮使；八月内，補充六軍押衙，管左匡衛第二指揮使，加兵部尚書。至乾化三年五月襲趁逆臣劉重遇，至淮口捉得，加左僕射；當年十二月内轉充左匡衛第一指揮使。至乾化四年十二月内抽充滑州左先鋒馬軍都指揮使、兼左開化軍將指揮使、銀青光禄大夫、檢校司空兼御史大夫、上柱國宋鐸。乃爲銘曰：

卓犖英雄將，冥冥何所依。當年纔不惑，忽爾落沉泥。文武超今古，於衆嘆罕希。妻男中路别，哭君知不知。

天水郡藏之撰。

原載《全唐文補遺》第五輯

崔棁

五代大臣(875—943)，博陵安平(今河北安平)人。後梁貞明三年(917)，進士及第，任開封府從事、秘書省校書郎。後唐時歷任都官郎中、翰林學士。後晉時任户部侍郎、翰林學士承旨、尚書左丞、太常卿等官。天福七年(942)改任太子賓客，分司西京，次年卒。

唐故右諫議大夫博陵崔公夫人滎陽邑君鄭氏(琪)墓銘并序

再從侄開封府巡官將仕郎試秘書省校書郎崔棁撰

夫人諱琪,字□秀,滎陽開封人也。其源出於姬姓,□周厲王母弟鄭桓公之□胤也。□□璽曳,派别枝分。歷代已來,推爲茂族,冠冕之盛,史牒備存。固□□□□以具舉。曾祖慈,皇任左散騎常侍。祖羽客,皇任通州刺史。父泌,皇任河南府河南邑尉,娶于清河崔氏,寔生夫人。夫人粤在幼齡,即有淑德。金玉其質,蕙蘭其芳。宗族之中,推爲女士。既□而歸於崔氏。叶乎鳳兆,應彼鳩居。若乃榛栗棘修之儀,蘋蘩藴藻之事,靡不詳明。典故律,度姻親。奉伉儷之道,敦娣姒之情。以睦嚴肅恭懿,宣明惠和主。夫人有林下之風顧,家婦亦閨中之秀。公始自筮仕,迄于登朝,中外迭居,聲迹光著。雖自操修之德,抑由輔佐之功。厥後以從夫之榮,領封邑之寵。魚軒焕赫,翟服輝華。人謂顯光,我益謙損。洎晝哭之後,與其女妹俱嫠居於洛南之龍門别墅。雖衡茅之下,内則彌彰。班白之年,婦道無曠。曹姬見稱於漢日,嚴憲獲重於晉朝。校是而言,胡足多讓。天不祐善,遘疾彌年。藥石備嘗,日月增甚。以梁貞明四年七月二十三日啓手足於所居,享年六十有五,卜其年九月十四日葬于西都之河南邑伊汭鄉尹樊村祔諫議之塋,禮也。噫,夫人體《關雎》之德,抱《碩人》之啱。有嫡女一人,即分陝典午李君歸之室也。夫人之叔曰沂,以德望之重,居禮樂之司。奉丘嫂以敬恭,實右人之執守。藥囊起疾,應驗偶乖。步障解圍,追思曷已。窀穸之事,悉力經營。遐徵簡編,僅寡倫擬。以棁備熟令則,爰命斯文。矧奉三公之規,敢揚世母之範。銜悲執簡,乃作銘云:

惟彼七姓,推乎二宗。厥生淑媛,作配明公。一立貞猷,蘭芳令德。閨門軌範,中外表則。石人既賦,黄鵠仍歌。天乎不吊,命也奈何。伊水之南,萬安之下,高岸有變,貞珉永固。

朝散大夫前陝州大都督府左司馬柱國李歸書

原載《洛陽新獲七朝墓志》

請貢舉人復詣國子監謁先師奏

臣伏見開元五年敕,每年貢舉人見訖,宜令引就國子監謁先聖先師。學官爲之開講質疑,所司設食。其監内得舉人,亦准此例。其日清資官五品以上并朝集使並往觀禮,永爲常式。自經多故,其禮寖停,請舉舊典。

原載《全唐文》卷 851

請落第舉人得自陳訴奏

臣謬蒙眷渥,叨掌文衡。實憂庸懦之材,不副搜羅之旨。敢不揣摩頑鈍,絶杜阿私。上則顯陛下求賢,次則使平人得路。但以今年就舉,比常歲倍多。科目之中,凶豪甚衆。每駁榜出後,則時有宣張。不自省循,但言屈塞。互相朋扇,各出言詞。或云主司不公,或云試官受賂。實慮上達聖聰,微臣無以自明。晝省夜思,臨深履薄。今臣欲請令舉人落第之後,或不甘心,任自投狀披陳。却請所試與疏義對證,兼令其日一甲,同共較量。若獨委試官,恐未息詞理。倘是實負抑屈,則所司固難逭憲章。如其妄有陳論,則舉人乞痛加懲斷。冀此際免虚遭謗議,亦將來可遠久施行。倘蒙聖造允俞,伏乞降敕處分。

原載《全唐文》卷 851

朝會樂章制度奏

案《禮》云:"天子以德爲車,以樂爲御。大樂與天地同和,大禮與天地同節。"又曰:"安上治民,莫善於禮。移風易俗,莫善於樂。"故《樂書·議舞》云:"夫樂在耳曰聲,在目曰容。聲應乎耳,可以聽知。容藏於心,難以貌睹。故聖人假干戚羽旄,以表其容。發揚蹈厲,以見其意。聲容和合,大樂備矣。"又案《義鏡》問:"鼓吹十二案,合於何所?"答云:"周禮鼓人掌六鼓四金,漢朝乃有黄門鼓吹"崔豹《古今注》云:"因張騫使西域,得摩訶兜勒一曲,李延年增之,分爲二十八曲。梁置鼓吹清商令二人,唐又有棡鼓金鉦大鼓長鳴歌簫笳笛,合爲鼓吹十二案,大享會則設於懸外。此乃是設二舞及鼓吹十二案之由也。"今議一從令式,排列教習。文舞郎六十四人,分爲八佾。每佾八人,左手執籥,《禮》云:"葦籥,伊耆氏之樂也。"周禮有籥師,掌教國子。《爾雅》曰:"籥如笛,三孔而短。大者七孔,謂之篞。"歷代以來,文舞所用,凡用籥六十有四,右手執翟,周禮所謂"羽舞"也。《書》云"舞干羽於兩階",翟山雉也。以雉羽分析連攢而爲之,二人執纛前引,數於舞人之外。舞人冠進賢冠,服黄紗中單,皂領褾,白練襜襠,白布大口袴,革帶,烏皮履,白皮襪。武舞郎六十四人,分爲八佾,左手執干。干楯今之旁牌,所以翳身也。其色赤,中畫獸形,故謂之朱干。周禮所謂"兵舞",取武象,用楯六十有四,右手執戚,斧也,上飾以玉,故謂之玉戚。二人執旌前引。旌似旗而小,絳色,畫升龍。二人執鼗鼓,二人執鐸。周禮有四金之奏,其三曰金鐸以通鼓,形如大鈴,仰而振之。金錞二。每錞二人舉之,一人奏之。周禮四金之奏,一曰金錞以和鼓,銅鑄爲之。其色黑,其形圓若椎,上大下小,高三尺六寸有六分,圍二尺四寸,上有伏虎之狀,旁有耳,獸形銜鐶。二人執鐃以次之。周禮四金之奏,二曰金鐃以止鼓,如鈴無舌,摇柄以鳴之。二人掌相在左。《禮》云:"治亂以相。"制如小鼓,用皮爲表,實之以糠,撫之以節樂。二人掌雅在右。《禮》云:"訊疾以雅"。以木爲之,狀如漆筩而弇口,大二尺,圍長五尺六寸,以羖皮鞔之,旁有二紐髹畫。賓醉而出,以器築地,明行不失節。武舞人服弁,平巾幘,金支緋絲,大袖緋絲,布裲襠,甲金飾,白練襜襠,錦騰蛇起梁帶,豹文,大口布袴,烏皮靴。工人二十,數於舞人之外。武弁朱褠革帶,烏皮履,白練襜襠,白皮襪。殿庭仍加鼓吹十二案。《義鏡》云:"帝設氈案,以氈爲床也。"今請置大床十二,床容九人,振作歌樂。其床爲熊羆貙豹騰倚之狀以承之,象百獸率舞之意,分置於建鼓之外,各三案。每案羽葆鼓一,大鼓一,金錞一,歌二人,簫二人,笳二人。十二案,樂工百有八人,舞郎一百三十有二人,取年十五已上弱冠已下容止端正者。其歌曲名號,樂章詞句,中書條奏,差官修撰。

原載《全唐文》卷 851

請立王府師友疏

臣歷觀往代,下及近朝,既立磐維,必擇師友。或取其德行彰著,或取其學術精通。待以優崇,俾之規益。斯亦前王之急務也。伏見陛下頒宣典册,封立親賢,盛禮既成,普天咸慶。諒鴻基之永固,豈麟趾以能歌。伏願陛下特詔有司,遵行舊制,慎求端士,博訪碩儒。命以王官,使同游豫。雖聰明天縱,固不俟於切磋。而孝敬日躋,亦良由於輔導。臣謬塵近侍,無補盛時,輒以芻蕘,上塵旒扆。

原載《全唐文》卷 851

請獎勵刺史縣令疏

昔漢宣帝纘紹皇圖,勤恤民隱,慎擇循良之吏,分居牧守之權。其有政合廉平,惠敷疲瘵,小則降璽書而勞問,大則錫侯爵以甄酬,欲教化之久行,故遷移之不遽。伏惟陛下粃糠大漢,回復皇唐。整百王隳紊之綱,削四紀傷夷之弊。永言致治,實在審官。刺史縣令,有能撫綏,不必循拘考限,明加獎激,就進階資。如有課最漸高,始終不易,量其器業,擢在朝廷,自然有位之人,咸思職分。無爲而治,坐致時雍。

原載《全唐文》卷 851

請修史疏

臣聞高祖神堯皇帝初定天下,起居舍人令狐德棻上言,以近代已來,多無正史,恐十數年後,事迹蔑聞。因命儒學大臣,分撰南北諸史。且言異代,猶恐棄遺。况在本朝,豈以湮滅。臣嘗聞宣宗纘承大業,思致時雍,旰食宵衣,憂勤庶務。十餘年之內,可謂治平。於時史官,雖有注記,尋屬多故,輦輅省方,未暇刊修,皆至淪墜。統臨之盛,寂寞無聞。伏思年代未遥,耳目相接,豈無野史,散在人間。伏乞特命購求,十獲五六,亦可備編修。冀成一代之信書,永祚千年之盛觀。

原載《全唐文》卷 851

金沙王廟記

棁嘗泛覽史編,徵得大朝故事。昔者肇自天寶,延及建中,二紀纏兵,四郊多壘。始之以巨猾乘間,繼之以餘孽挺灾。猛虎召風,長鯨鼓浪。翠華避狄,去巡濯錦之江。博望承祧,遠駐鳴沙之地。二京失守,四海倒懸。苟非命世之偉人,孰拯横流之大患。時則有若尚父汾陽王,誠貫天地,謀叶鬼神。奮臂一呼,投袂而起。摧凶黨而稍清趙代,總全師而徑覲靈源。國步有依,皇威乃震。自是東征西伐,左披右攘,以戡定爲心期,以扶持爲己任。不然,則安得田承嗣畏威而屈膝,魚朝恩聞義以息心,哲后禮之以不名,黠虜懷之而號父者歟?若其盛德崇庸,嘉謀妙算,既備存於正史,固莫罄於斯文。先是洛邑之南,有佛寺曰廣化,究其經始,實我公之奏置焉。厥後遂以貞珉,刻成遺狀,寘之廊廡,多歷歲時。雖越國良金,固無銷鑠,而殷巖肖像,稍闕瞻虔。今皇帝嗣位之三載也,日新睿德,風布皇猷。庶績其凝,九功維叙。百蠻款附,豈辭重譯而來。五稼順成,何啻三年之積。雖元首之盡善盡美,亦股肱之同德同心。惟太師侍中魯國公,手握機衡,身爲柱石,紀氏有藩屏之慶,召公兼方伯之權。杜元凱之立事立言,别先懿戚。羊叔子之登山臨水,不負勝游。睹是儀形,仰其勛德。遂首合良輔,同率俸金。選隱地於山阿,取瓌材於澗底。别營邃宇,以代迴廊。操繩墨者曲盡規模,運斤斧者巧呈剞劂。高惟巘巘,深乃耽耽。分雁塔之煇煌,助龍門之秀麗。厥構云就,遷以處焉。望之者凛凛如生,遇之者肅肅加敬。不獨旌顯前烈,亦將激勸後來。非賢而孰肯慕賢,惟善而乃能嘉善。豈比夫過隆中之故宅,但想風猷,經厭次之荒祠,空留贊頌而已哉?既訖事,公命棁抽毫以志之。棁詞非玉海,迹忝琳宫,刻於不朽之文,尤寡當仁之譽。辭之莫獲,退而直書。清泰三年八月九日記。

原載《全唐文》卷 851

顔　銖

後梁官員。撰此志時署朝議郎、前守陳州南頓縣令。

故銀青光禄大夫檢校國子祭酒兼御史中丞清河張(珍)君墓志銘并序

朝議郎前守陳州南頓縣令顔銖述并書。

夫其抱仁與義,藴智兼材,實五行之秀氣,群嶽之至靈。道在其中,豈須居禄位之顯也!張氏裔出遼古清河人也,近爲鄄城臨濮人。

祖寛,修謹不倦,任嘉州司馬。父籍,著行鄉黨。君諱珍,字希玉。葉茂枝蕡,仕韓相漢,族望彰灼。史筆陸離,道明克自於光源,挺德必棻於修己。今魏王中令當唐代節制河南時,入事旌戟,綿寝星紀,累歷職掌。推公惟勤奉上,略無瑕玷。以迎駕幹濟集事,尋奏聞兼御史中丞。旋辭公禄,遂退閑居。氣直性端,鄉黨之所貴重。憂爾愍物,風雨靡爽心原。悲夫!忽嬰瘵,於貞明三季九月廿九日終于家,春秋七十有二。以貞明五季三月四日,葬于河南縣梓澤鄉宣武陵村里,禮也。夫人李氏先終,迺因祔焉。有子二人。長曰震,早通經書,儒業甚至,累授密縣主簿。次曰漸之,在髫歲時,利性勤道,日誦數千言。應童子唐代登科,深爲相國楊公器重,因亟擢之。尋調授新蔡主簿。竝孝悌稱著,奔喪號慟過禮。鄰舂不相,靈鶴徘徊。力辦喪事,日繼血泣。有女,適京兆段廷隱。君史傳多所博通,節操形於顔色,覽《漢書》,奇汲黯公耿之明,駭卜式耕牧之志。矧言前信顧後行,濟濟衆多,亦莫我繼。中壽言福,雖著鴻書,器未伸之,極愍今古。銖知聞歲久,行藏備熟其道,敢因泣請,略紀高風。於戲哀哉!廼銘云:

軒氏令族,前史洪流。嗣乎君子,塵世難儔。防慎無失,行義全優。詳明神識,學古身修,不可多得,人倫之尤。令始令終,道又何求。有子紹續,卜宅原丘。青烏傳吉,寧億千秋。歲在己卯。

第二子晏先亡,今便祔於墳東。

原載《五代石刻校注》

杜太初

五代敦煌人,生活在金山國及曹議金時期,歷任都頭、知上司孔目官,兼任御史中丞、上柱國。

梁故管内釋門僧政臨壇供奉大德兼闡揚三教大法師賜紫沙門張和尚(喜首)寫真贊并序

都頭知上司孔目官兼御史中丞上柱國杜太初撰

和尚俗姓張氏,香號喜首,即先首廳宰相檢校吏部尚書張公之中子也。師自幼出家,業懮顔曾。澄清皎潔,戒珠曉朗於冰霜;洞達幽微,闡揚名端而别衆。文則親持越髓,儒鋒傑辯,鴻深法門,數播當時,便是優波的子。十載都司管内,訓俗處下方圓。累歲勾當五尼,約身鋼柔兩用。故知心明水鏡,理物上下匀停;賢奬幽暗能詮,姑務例同平直。遂遇尚書譙公,秉政光曜,大扇玄風,舉郡以薦賢良。師乃最稱弟一。請棄逐要之司,轉遷釋門僧政。和尚寵加紫綬之袟,業超日日漸新;兼奬供奉大德之榮,奇才月月盛茂。贊嘆一場法事,靈烏下聽翔飛。宣白釋門要闢,徒衆千僧自悚。四分心臺了了,八索趨驟以來迎;十誦意府明明,九丘波濤而涌出。筆動則鵲駭雲際,沿紙錦綉而盈箱。指硯則鸞翥碧霄,珠玉豐榮於案側。百法該通,本地有緣,化度開迷,瑜珈大論。千門隨類,勸除昏路。資持一鉢,悟貯積而虚空;房實三衣,睹雨庭而聚沫。捨危就安之政,地水火風不調。疾既集於膏肓,命逐隨於秋葉。祥花蔫萎,難以再榮;芳樹霜凋,叢林變色。日掩西山將暮,門人粉骨荼毗。日流東海之昏,親枝慟傷雲雁。初以甈瓶之器,悵戀意下顔低。一歲以喪二賢,天不恤於愚昧。奉簡枉題,聊爲頌曰:

奇哉法奬(將),江淮比量。處衆不群,具足人相。舌動花飛,言行中讜。儒林袖領,釋門師長。父哲前賢,子接後響。問一知十,辯端明朗。威儀侃侃,神容蕩蕩。筆述難窮,繪真綿帳。四時奠謁,千秋瞻仰。

己卯歲九月二日題記

原載敦煌文書 P. 3718

陳和尚邈真贊

和尚俗姓陳氏,香號法嚴,即先大唐三藏世代之雲孫矣。福生有胎,燉煌人也。髫齓落髮,處世不侔衆凡;龍像英姿,如烏曇鉢花稀遇;體隆二六,引臂有覆膝之奇;異相端然,鶉首傑天聽之瑞。星塵永罷,了别薰莘。比金地琳琅,等祇園梓杞。三冬豹變,業就儒宗。一命成資,摧邪頓政。清貞守節,衣鉢外而無餘;聚散浮雲,悟世榮而水沫。蘭芳馨馥,遍布人倫,如秤之平,表均釋俗,冰壺皎潔,信義終身。

采葵之道昭然,顧貧之交朗著。交宣百行,孔氏再誕今時;義富寶山,法蘭降臨紫塞。尋經海闞,德高龍樹之名;帝釋談藪,行越志公之美。温良恭儉,盡匡大國之權;六和弘柔,霄暢梵天之術。應緣化度,説盡瑜珈,隨類開迷,勸導萬法。洎金山白帝國舉賢良,念和尚雅望超群,寵錫恩榮之袟,爰至吏部尚書。秉政蓮府,大扇玄風。封賜内外都僧統之班,兼加河西佛法主之號。遂邀和尚,請就花臺。四部畏威,倍敬國師之禮;虔迎頂送,出入鐘鼓而交鳴;信受奉□,往來樂音而合韻。師子座上,廣濟群生。閻浮案前,牢籠末代。承恩任位,近經十有餘年,忽乃鶴變林間,花殘寶樹。化周已畢,示滅同凡。魂游净城之宫,魄逐龍花之會。辭親别侄,千萬向國輸忠;遺囑門徒,只願送師而捨泣。哀傷行路,嘆之無窮。悲悼傾城,念之不息。太初久蒙見奬,無以答懷,枉簡數行,聊爲贊曰:■

原載敦煌文書 P. 3556

張崇吉

後梁官員。撰此志時署前泌州軍事判官。

梁故匡國軍節度陳許蔡等州管内觀察處置等使守許州刺史充北面行營副招討使金紫光禄大夫檢校太保兼御史大夫陳留郡開國侯食邑一千户謝公(彦璋)墓志銘并序

前泌州軍事判官張崇吉撰

公諱彦璋,字光遠,許州舞陽縣人耶。以土貴山靈,誕乎英粹,劍藏澧水,玉隱荆山,自古賢良多出於草澤者耳。按謝氏即晉謝安石之胤緒耶。炳靈高潔,立德恢弘,價擅當時,流光後葉。曾門、大父,俱不仕。家傳素社,咸推讓畔之風;遐邇物情,盡播嘲流之譽。父鐸,累從軍職,終淹絆驥之名;訓洽時機,鬱有啼猿之妙。累遷至工部尚書。尊夫人崔氏,立性端明,宛多嚴肅,擇鄰垂訓,賢淑昭彰。公即先尚書之長子也。岳瀆降祥,風雲感會,抱拔山之氣概,振坐樹之威名。膽志大於姜維,鬚眉麗于馬援。神戈却日,早輪勘定之勛;勇氣凌空,久著扶摇之力。薛孤延鞍横一槊,力制鳴雷;長孫晟箭落雙雕,編于前史。對玆雄傑,須有慚顔。而又德義深弘,襟情坦正。公早蒙故昭義葛太尉齠年養育,丱歲趨依,侍從征行三十餘載。繇是口傳兵法,躬授機鈐。爰自太祖皇帝創業之初,經綸寶位,方求英彦,廣布搜羅。葛太尉重以器能,深形薦擢。公始當朝見,大叶天心,雲龍符感契之徵,君臣顯際會之兆。當太祖皇帝一匡九合,纂嗣瑶圖,寵降渥恩,委權師旅。被犀挺劍,每出先登,涉血屢腸,恒賈餘勇。尋轉右僕射,充西京内直馬軍都指揮使。屬四方未寧,正多征伐,公統臨驍勇,出討不廷,奮摧枯拉朽之心,奉雷電鷹揚之主,以身許國,視死如歸,累效軍功,偏承睿獎,尋加金紫光禄大夫、檢校司空。偶太祖皇帝晏駕之後,今聖紹位之初,大布皇恩,褒崇勛舊。公累權騎卒,出掃氛霾,動必墻功,舉無不利。就加檢校司徒,除鄭州刺史。褰帷布政,露冕行春,方合人謡,復降宣命,領軍征討,繼慶捷音。遂至聖澤汪洋,宸恩注委,特加檢校太保,除河陽節度使。到鎮未及期年,復降敕書,充東面行營、兩京馬軍都軍使。丹醪播譽,三令宣威,益壯軍聲,大洽師仵。貞明四年移鎮許州,飛蝗越境,猛虎渡河況當衣錦之鄉,鬱有化風之政。其如三軍引頸,衆口傾心。聖上以副軍情,復降綸旨,除授北面行營副招討使。再委董提之柄,益資貔武之雄。豈期命偶灾宫,天降其禍,春秋四十有五。吁!自古英傑多無令終,然雖犯典章而冀俟昭雪。吾皇以泣辜道,至顯降德音,凡罹國憲之臣,例許近親埋瘞,叨聯眷分,深愴鄙懷,合罄情儀,力修塋事。即於貞明六年庚辰歲十一月十五日殯于洛陽河南縣梓澤鄉宣武里北邙原之别墅也。先尚書及尊夫人、公娶大彭劉氏、長子舜卿、次子舜恭、次子慶哥、次子高高,並同時附于塋域。竊慮陵谷遷變,歲月遐長,用刊翠珉,紀于不朽。銘曰:

龍頷奇姿,虎頭高相。代産雄材,天生神將。擁旄仗鉞,衣錦榮鄉。民興歌咏,虎越封疆。擘衆多勇,扶鼇立功。物理難辯,有始無終。寒雁夕飛,愁雲暮起。隴色蒼蒼,人生已矣。

原載《芒洛冢墓遺文》卷下

伏琛

後梁官員。撰此志時署朝散大夫、河南府司録參軍、兼殿中侍御史、柱國。

梁故檢校刑部尚書兼御史大夫魯國儲府君(德充)墓志銘并序

朝散大夫河南府司録參軍兼殿中侍御史柱國伏琛撰

將仕郎前守河南府福昌縣主簿吴仲舉書并篆

蓋聞丹可磨而不可奪其色,蘭可焚而不可奪其馨。寒松有根,甘井有派。枝葉既秀,源流自清。儲氏之姓,百代本宗,其來遠矣。始於夏后氏。王室微弱,七子争立。太子仁孝,潛身投魯,以儲宫一族,自曰儲氏,以正其本,子孫後爲氏焉。後漢有儲太伯及衛將軍融、齊相子爲。皆志操清白,貞廉深厚。公卿大夫,史不絶書。

府君諱德充,字繼美,本輝州碭山人也。族本高强,家唯純粹,爰承堂構,夙藉徽猷,克紹前踪,世濟其美。故知仁者百行之宗,不隕其名,是以孔子之門三虚,唯顔回不去。君子不器,府君之謂歟?曾祖諱亮,曾祖母許氏。祖諱弘,皇贈太子舍人,祖母石氏,武威郡太君。烈考諱賞,皇檢校工部尚書、孟州司馬兼御史大夫,先妣黄氏,江夏郡太君。先考友于同氣,手足連枝,卜嗣求婚,繼親祭祀。府君即先考長子也。仙鶴高標,喦樫勁節。勝衣惠晤,轉舌能言。對日聰明,弱而不好弄。圯橋學劍,指百鍊而每憤不平;庠舍誦書,覽六經而唯思展禮。智足以秤象,仁足以放龜,義足以衛身,聽足以守約。加以勤儉節用,温恭守柔,厚貞深情,卑以自牧。論交契分,不獨比於金蘭;潔白清澄,豈止同乎冰鏡。洎廣明初,中原板蕩,戎馬生郊,祓巢犯闕,四海俶擾。于時,翠華南幸,生聚流離。先考謂府君曰:“吾血屬既多,汝方齠齔,尤須習武,兼保姻親,兼固寶玉。”府君有力如虎,劍可剸犀。跬步不離,晨昏定省。適會姑魏國莊惠夫人從夫撫寧京洛,徙家郟鄏。旋綰驍雄,累沐渥澤。尋遷檢校刑部尚書兼御史大夫。嗚呼哀哉!痼疹不救,以貞明六年十月二十日午寅,奄然即世,春秋四十有七。彌留之際,遺語丁寧,謂:“令弟曰:‘聖人達於性,遂於命。’汝等恭近於禮,夙夜匪懈,無墜素風。”即以其年十二月十三日庚午,葬於壽安縣甘泉鄉木連村,禮也。有弟二人:仲曰德源,内園使、光禄大夫、檢校司徒、守貴州郟史。季曰德雍,六軍諸衛左親事都將、檢校工部尚書兼御史大夫。並氣和貞聳,視履考祥。浴德澡身,綽有餘裕。夫人胡氏,箴訓有儀,言容以德。嗣子二人:長曰仁顒,次曰小猪。女二人:長曰柳柳,適楊氏。小曰女女,未偶良匹。並居喪盡禮,哀毁過人。擗踊絶漿,感于巷陌。嗚呼哀哉!乃爲銘曰:

塈土本基,前星本魯。族號儲宫,氏因始祖。德合源流,孫謨踵武。派散當今,枝傳夐古。其一。仁慈洽衆,孝悌承家。允恭允讓,如棣如華。謹身節用,昭儉無涯。慓慓危懼,兢兢去奢。其二。誦書杏壇,學劍燕市。鄉閭省憂,朋友潛喜。善唯讓人,過亦稱己。氣如卜商,志同吴起。其三。篋有忠傳,庭流孝泉。謹於君子,慎出昔賢。彼蒼不吊,福善差先。將扃蒿里,永閉新阡。其四。凄愴姻親,悲傷行旅。慘慘疏蕪,恓恓節序。白兔晝驚,慈烏夜翥。丹旐歸來,青松换去。□陵谷暗移兮地久天長,此聲猷不泯兮萬年寒暑。其五。

原載《東都冢墓遺文》

裴 郴

後梁官員。撰此志時署爲將仕郎、前守慶州樂蟠縣令。

故大梁長沙郡忠義軍左厢都押衙兼馬步使金紫光禄大夫檢校尚書左僕射使持節宜州諸軍事守宜州刺史兼御史大夫上柱國秦使君志銘

夫悟幻而生者,象風雷以迅變;達明知理者,固福壽以短長。塵夢難寤,浮華倏换。公德禀剛正,行貫堅貞。義切持危,恩惟及物。親戚稱其柔順,交友慕其金蘭,文擅英通,武經妙奥,功業□□,忠孝居先。洎精虔效用,躬事臺幢,飲冰蘗以滋身,遠贈財而離己。州墻美洽,軍府欽承,處繁難不亂規條,論機事盡合籌計。陶鑄偏垂雨露,衙班益仰馨香。而又近降絲綸,榮分符竹,爵禄已超於身世,聲華尚著於人寰。豈料寒暑侵乖,風霜變異,醫方無驗,藥力虧功,悦水不流,逝川俄及。嗚呼!悲風颯砌,慘月臨軒,家慟冤哀,人深憤嘆。今以律移新歲,静選良辰,特啓靈車,奉歸塋室,隨丹旐以泣路,聽薤歌以傷神,永隔泉臺,無期會聚。凶儀告畢,曠掩辭終,承後嗣以吉昌,護家門而善慶。鐫銘紀録,永保千秋。

時大梁貞明七年歲次辛巳正月二十二日己酉立記。

將仕郎前守慶州樂蟠縣令裴郴撰。

男崇安指揮第六都頭光郝。

子婿忠義軍隨使押衙充内副知客周延英書。

山崗頌:

崗山王氣,卜之良位。永鎮丘陵,常標福利。姻眷安康,子孫榮貴。墓塋一所,東西一十三步,南北一十五步。

原載《五代墓志彙考》

李　樞

後梁官員。龍德元年(921),任祠部員外郎。

請禁天下私度僧尼奏

請禁天下私度僧尼,及不許妄求師號紫衣。如願出家受戒者,皆須赴闕比試藝業施行,願歸俗者一聽自便。

原載《舊五代史》卷10

吴　澄

後梁官員。龍德元年(921),任朝議郎、前吉州司馬、柱國。

梁贈太傅馮翊雷公(景從)墓志銘并序

朝議郎前吉州司馬柱國吴澄撰並書兼篆蓋

洎乎軒轅,錫姓分派,雷氏之族,遍於六國。魏朝上台掌武誂爲元祖，後嗣延及六代孫，爲唐初武德六十二功臣中封建國功臣球，爲上祖。自誅皆封馮翊郡公，同州宗黨至今不絶。球祖因襲逐番部，出静塞垣，於彼創永安鎮，任之主首，留禦邊侯，官任監門衛大將軍。球有的子鍠，紹父勛績，官任峽州牧，兼亞相，遷至潁上薨。胤及五世孫，皆榮門棨戟，位列朝班，□因世祖驅戎，公乃生於振武，公即誅相太尉真苗裔焉。

公諱景從，字歸禮。曾祖韜，皇不仕。祖勍，皇不仕。父文，素列職官在振武列位之中，衆禀規儀，久欽英彦。時有昌黎韓公常所向重，願娉愛女，叙結姻交，叶契懇心，縻延東榻，故韓氏太夫人乃公之慈母也。内顯三遵之美，外彰四德之風，温克柔和，敏明慈惠，高堂並雅，玉潤冰清。公因隔越鄉□，不通音問，抱憂國致忘孝敬，兼忠赤而忘棄因心。故太夫□而生六子：長曰敬安，□居。第二、第三、第四子敬存、敬崇，皆云亡歿。第五子敬暉，官兼八座，覲公侍側。第六子敬全，與長兄同處玄塞。今者□遵嚴誡，獲奉英□，搦管叙公令名，濡毫述公勛業，寔□荒拙，容易究尋。公發迹起自塞垣，重望光揚中夏，來向不祈於筮仕，求己惟輒以尤人，持冰蘗以居懷，執堅剛而趨進，北離朔漠，南詣河橋，依投諸葛。大王一見，喜同神助，登榮受寵，委重付權，諸葛云薨，果陳盡葬。正值蔡賊充斥，方當逼繞墻池。公獨戮力□攔，横身固護，諸葛舉家長少，志免□□，凶任復録。唐主禧宗省方巡狩，命秩官參八座，忠節聞達九霄，使之董衆□□，自此威聲遠布。太祖收復汶上，戈革所在，亂其墻壘，既已□更，公且向詣無所，權宜取便，奔過維陽，□或隱迹淮南，玄穹示其歸計。遇龐司徒屯軍清户，聞葛太師駐騎安豐，必知兩失隄防，的恐中於奸計。公乃私心惻慮，握腕思謀，輕騎過淮，潜告首師。葛太師然始抽退，已被粘逼奔逐，兵將伴門伴行，大軍方得解免。公因决意一志，歸投主上，潜龍迥加采録，念兹順化，委用不疑，繼綰外軍，累權親騎，隨征旆岐隴。迎駕抽回，赴夏鄂解圍，陸路則趁煞淮軍，乘舟則扣江血戰。戈甲把截阻塞，兵士不通運糧。公與將領平章，收族勇義三千餘衆，迤邐前進。得及巴陵，求請舟船，並不供應。還梁無使，遂詣湖南。初破縻留，猶貴通音之界，長沙師□，情旨殷切，將遺優恩，兵遭分配，署公爲柳州刺史，錫公以妻妾第宅。公即向主之志不回,勤王之懇彌□,獻送□□駿□,歸納妻妾,須沾抽罷柳州,責配桂府。凄凄旅舍,悶悶遐□,弑是仰告昊蒼,禱祝願通靈鑒,思契忠烈,克應祈求。主上一舉戈矛,□哀雨皆順化,長沙聞之惻隱,豈敢更有縻留。公之慈管甲兵,晝時幾令交割,登州攝陸,旋遂□還,拜彤庭而始忍生全,睹君親而淚盈兩目。主上解腰間金帶,脱著體銘衣,□諭三軍,迥加遷獎,臨軒撫背,轉功荷恩。最初授任洺州相,次付之七郡,皆留惠愛,悉著清通。亦赴平陽,主留大□,嘉聲美譽。纔施善政,又奉急徵。明君叙霸主興王,聖上念輸忠竭節,舉其往效,重賞前功,委之以翊衛皇居,囑之以鎬京警察。拘心昏曉,益在防微。無何,左厢捉生,忽恣群狂勃亂,□火贊藝坊市,叫衛突□門,敬動宸嚴,□□士庶。公於是夜,不待宣文,□部領左右天武兩軍,一指揮龍驤鐵騎,煞戮凶叛,隙絶頑□,未盡三更,令聲五鼓,得不觸突宫禁,實因公布良籌。次日躬領甲兵,掃蕩夜來餘孽,静亂之功名永固,康邦之勛業逾隆。朝庭擬仗越藩宣,公□望汝州防禦,葺綏凋瘵,就使求安,在任三年,人歡俗阜。主聖又念洛京繁聰,頗思共理之臣,命公充左龍虎統軍,兼西京内外馬步都指揮使。赴任未逾於星律,留守元帥令公專討不庭。西去東來,驍勇往回,無時暫歇;水南水北,巡警直是,忘寐忘飡。刑政令嚴,萬户如一,施勤展效,□歷四年。驅砣朝晡,不覺沾恙,瘖瘂爲患,猶强扶持。日漸困危,名公治而不差,筋□力悲,身勢必榭於明時。猶懷□懇,瞻天遺疏,尚陳戀主,表達聖聽,進止輟朝,中外聞言,無不悲嘆。公即以龍德元年七月十五日□薨於洛都河南府河南縣永泰里之私第,疾卧而善終焉,享年六十有五。

禍罹哀迫,摧咽號冤,禮庭而遽變凶庭,華室而俄爲苦室。□五敬暉,恭弟問安,化作奔□,痛苦難勝,聲凄氣咽,情無所賴,但叫何依。有子守節郎君,□踊時或□卜。夫人武功郡蘇氏,堅持節義,情實賢和,有敬有恭,藴慈藴惠。鍾斯哀悼,禮禍終傷,追薦齊庭,規儀罔失。公有長子名公留,久蹈維陽,莫知所止。公於歿世,寵澤仍頒,先宣賻贈布帛,追褒,贈官太傅,銜命馹騎,繼在道途,遺貢謝恩,次第進發。公雖薨變,臣節不虧,顯自郡君夫人,廣布始終之道。公之生前留旨巨細，郡君遵依，唯願冥靈，盡垂鑒宥，卜用其年十一月二十一日興諸典制，併合式儀，備禮葬於洛都北邙山金谷鄉尹村，用金錢買百姓楊環地拾畝，修建公塋域焉。嗚呼！天殞將星，禍鍾美彦，生榮而至尊至貴，殁世而思德思仁，遷奉之禮既豐，刊石志文宜備。銘曰：

軒轅錫姓，圖譜明傳。六國魏朝，詵相一源。唐初武德，建國功宣。追於有梁，氏不厥焉。公自幼歲，智性迥然。舉止進修，皆□其先。尊翼王室，忠力居前。行古人行，譚君子言。生無二過，怒不再遷。八郡爲政，無黨無偏。忘家爲國，不飲不眠。六十有五，危恙所牽。不起沉痼，神歸逝川。君父義重，□□臨軒。追崇褒贈，禮典周旋。焚黄告弟，顯布靈廷。紹子胤孫，保固千年。哀歌向動，轜車登阡。□□北邙，金谷扃泉。刊於貞石，毫翰紀編。來静梁朝之禍亂，去爲方外之游仙。

原載《五代墓志彙考》

李專美

五代官員（885—946），京兆萬年（今陝西西安）人。後梁時經河南尹張全義推薦，授縣尉之職，遷舞陽縣令。後唐時任鳳翔記室參軍、庫部郎中、樞密直學士、兵部侍郎、端明殿學士、宣徽北院使等職。後晉時，歷任衛尉少卿、鴻臚卿、大理卿等官。後晉開運三年（946）卒。

梁故清河崔府君（崇素）墓銘并序

外兄將仕郎前守許州舞陽縣令李專美撰

府君諱崇素，字遵禮，即今工部尚書、西都留守副使、清河公之别子也。曾祖從，唐淮南節度使、檢校尚書右僕射，謚曰貞。祖安潛，太子太師、贈太尉，謚曰貞孝。若夫高門華胄，世德家聲，凛然清風，有自來矣。尚書娶諸舅唐故弘文館校書郎蕡之女，累封隴西郡君，亦以鼎甲傳芳，居四族之盛。府君幼彰岐嶷，長實端貞，麗冠玉之姿，挺得毛之秀，俊邁明敏，衆謂奇童。洎弱冠則教稟義方，性弘孝悌。雖時處因約,好問之道逾堅;或迹履艱危,視膳之勤彌篤。李夫人鍾愛之念,若己生之子。立身事親之行備矣,覯國榮家之譽振矣。何戩穀之不驗,尋丁先夫人之憂,以是懷均養之恩,逾毁傷之制。俄纏微恙,遂構沉痾。即以大梁歲在庚辰二月十日卒於東京利仁里之官舍,春秋二十有一。凡搢紳粗親戚,聞者莫不悲痛焉。時以年月未良,尚在權窆。府君彌留之際,謂所親楊氏曰:"唯恨履戴有虧,天不我壽,固此夭折,今不得爲尚書子矣。他後若先夫人遷奉,願歸骨於大塋。"方寸悶絶,言終而逝。復以龍德二年十一月二十日侍先夫人之喪,歸祔于河南府壽安縣連理村先域,禮也。

於戲!生恨短折,不得盡人子之忠,孝之大也;殁願歸骨,不敢忘祖宗松楸,禮之至也。向非吉人君子,孰能臻此?專美與府君情敦内外,分契平生,切感甯家育孤之恩,深慕羊氏讓封之義。願言匪報,存亡遽乖,既嘆逝以思人,欲效愚而頌美。將旌懿德,俾勒貞珉,執筆銜酸,乃爲銘曰:

惟我外族,昭宣搢紳。積善垂慶,實生令人。博聞强記,温故知新。肅肅令儀,蓁蓁孝友。無禄早終,彼蒼寡祐。居喪過制,寢疾彌留。恨戀人子,願歸松楸。有孝□禮,賢哲所優。自古之人,其誰不死。傷我舅氏,情鍾令子。珠碎纏悲,蘭凋殞思。有生之苦,孰甚於此。玄扃掩恨,翠琰流芳。嗚呼永訣,難問穹蒼。

原載《東都冢墓遺文》

蕭　蘧

唐五代官員(?—938),蘭陵(江蘇丹陽東北)人。唐末歷任永樂縣令、主客郎中。後梁任散騎常侍,後唐任太子賓客、户部尚書。後晉天福三年(938)卒。

梁故左藏庫使右威衛大將軍金紫光禄大夫檢校尚書右僕射蕭府君(符)墓紀銘

從叔朝請大夫守左散騎常侍柱國賜紫金魚袋蘧撰

府君諱符,字瑞文,蘭陵人也。後徙居咸秦。籍梁代之遐宗,寔聖朝之右族。華軒貴仕,弈葉重□。曾祖沔,皇任御史中丞、彭州刺史。祖濬,皇任饒州刺史。父元,皇任蘇州别駕。府君即蘇臺之長子也。弱不好玩,長實多才。洎總角從師,摳衣就業。儒術優柔之學,戎韜秘妙之方,咸若生知,悉由天授。庚子歲,雄傑輔會,賢俊遭逢,認白水之真人,識紫雲之異狀。尋從太祖皇帝赴鎮浚郊,特荷獎期,而繼奉委遇,遂奏授銀青光禄大夫、檢校國子祭酒兼御史大夫,充馬射兩軍判官。其後,每從征營,聯下壁壘。太祖以府君器度詳敏,經度無差,奏加右散騎常侍,充滑州都糧料使,纔逾星歲,俄却召歸。奏轉左常侍,充諸軍都指揮判官兼行營都糧料及賞設等使。因出征河朔,攻下鎮,定幽滄,奏加檢校工部尚書,依前充職。蓋疇庸之殊特也。後進討并汾,收克澤潞,奏加刑部尚書、充昭義都糧料使,檢轄帑藏,綿歷星灰,俄授宿衛判官,蓋唐襄帝内難之後也。旋則迎扈輦輅,巡幸伊瀍,因授洛京都糧料使。三歷歲序,備顯恪勤。後以宋亳諸倉積年敗事,軍儲所切,委用良難,因授都糧料使。於是校覆整理約貳拾餘萬,既著厥效,奏加兵部尚書。在宋五年,職任彌著,爰遇太祖皇帝受禪,西幸洛陽,禁衛六師,千乘萬騎,隨駕勘給,尤難其人。既及神京,即授在京都糧料使。星紀六换,績效明彰,乃授以河北都招討判官兼行營都糧料使,寒暑四載,奉詔追還。鳳曆歲,欲制置解縣池場,委以使務,招商納榷,將及期年。今上龍飛,獎用勛舊,降徵詔除授右衛將軍。既陟通班,俄逾再歲。後以國朝實録,初議纂修,下詔百司,各令編紀。府君以壯歲效用,迄於耆年,征伐事機,無不目睹。矧以贍敏之性,叙述罔遺,吮筆修詞,既精且備。乃紀述三軸,應命進呈。聖旨稱獎,宣付史館。旋降優詔,授右威衛大將軍、檢校右僕射。尋又除左藏庫使。且乎武經既達,文筆仍修,可謂全才,雅資其昌運也。晉大夫以壺餐從徑,尚得論功;漢丞相以漕挽應期,孰能比德。若兹懿績,宜奉殊恩。杖鉞登壇,當在宸旨。俄以疾恙,枕席七年,藥餌無徵,迨於危惙。然而憂國之旨,報主之心,言發涕流,神遷業著。俄以龍德二年歲在壬午年七月十八日,啓手足於延福里之私第,享年六十有四,識與不識,痛惜咸同。以癸未年八月一日窆於河南縣金谷鄉燋穀村之源,禮也。

夫人王氏,封瑯琊縣君。宜家之譽,焕於九族。有子四人:伯曰處謙,前任青州博昌縣令,字人之政,聞於衆多;承家之規,播在遐邇。仲曰處珪,鳳曆軍變之際,殁於京師。叔曰處鈞,前貝州長史。季曰處仁,前國子四門博士。皆義方禀訓,孝友立身。各抱器能,用諧寵禄。可謂芝蘭騏驥也。女四人,皆以賢淑之稱播於姻親。勛貴之家,來委羔雁。長女適故鄆州牛太師長子知業。第二女適故龍驤軍使梁司空長子昭演。第三女適故景州刺史衛司空長子崇遠。第四女適魏王外侄孫孟仁浦。皆高門之嘉婿也。府君自入仕迄于季年,四十四載矣,備歷繁重,咸著勤勞。忠孝之規,慶祚當在。迭享貴仕,其惟後昆,令嗣三人,繼榮斯在。洎聞自經家禍,尤迫孝思,將顯前修,願刊貞石。乃號泣相訴曰:"奉事有日矣,希述遺芳焉。"蘧以宗派無疏,情眷有異,敢違來請,聊杼斐詞,乃爲銘曰:

忠孝懿範,文武全才。君臣相遇,委任難偕。甄奬之命,寵禄斯來。其一。贊畫任重,飛挽功高。從於征伐,著此勤勞。履曆崇秩,踐揚大朝。其二。賢妻處内,令嗣承家。孝慈有裕,慶祚無涯。百福鍾集,千載輝華。其三。洛汭神都,邙□峻峙。卜用於兹,哀禮俱備。不朽之勞,載於斯記。其四。

原載《全唐文補編》卷 94

李明啓

五代後梁龍德時人,任節度推官、祠部員外郎、兼侍御史,生卒年不詳。

寧州刺史金紫光禄大夫檢校司空兼御史大夫上柱國牛公(知業)板築新子州墻建諸公署及新衙記

前劍南東川節度推官朝議郎檢校尚書祠部員外兼侍御史柱國賜緋魚袋李明啓撰。

敘曰:昔秦始皇蠶食諸侯,夷滅六國,乃命將軍蒙恬開拓泥陽北地,以縣陽周,是爲寧郡理所,三十六郡之一也。粤以南屬新平,北連安化。密邇藩落,咫尺塞垣。復以襟帶乎神州,保障其疆宇,故以底寧而命州之名焉。自歷代莫不慎選英奇文武兼資之才,牧守兹郡。今也隴西司空牛公,名知業,字子英,秀稟岳靈,氣涵天表。先朝一舊,奕葉承光。申勤劬於昧爽之間,竭匡輔於紹開之際。博文經武,寇河内復可見于漢年。尚德代謀,平荆州不獨稱於晉世。孝弟性符於天爵,忠貞道冠於人臣。固已敦詩書,説禮樂,親仁樂善,好古慕今,虚席待賢,輕財重義。公之先太師威公,佐命元勛,宣力王室,表儀雄傑,駕馭忠良。靖難扶傾,决勝於百餘戰内。變家爲國,推功於四十年間。凡統制劇郡雄鎮,精師鋭旅,積勛累業,不可具陳,蓋已載於青史列傳矣。我司空公素稟父風,早師家範。挺耿介不群之志,有匡扶盡瘁之勞。朝廷紀宣孟之勛,裕兹垂後。初授司空公房州刺史,尋之郡所,布六條之政,治千乘之賦。草上之風自偃,車後之雨旋隨。而是州多有淫祠,土風祀以徼福。咸費産殫用,亟具酒食。娑抃相聚,奔走若狂。廢彼農功,求於鬼道。公患之,悉命焚之。惟列於祀典者,廟貌如故。自爾方易其妖弊之俗,其編户亦頗多譽公之明鑒遠識矣。故使其愛之如父母,畏之如雷霆。方歡來暮之歌,遽有去思之戀。公以河朔之烟塵未靖,征鎮之金鼓方殷,乃自表上聞,請從軍展效。將選行日,欲赴河壖。於是耆艾鯢鮐,率其父子兄弟,詣襄陽本府,請奏舉留公。陳乞往來,繞路旁午。比離郡之日,諸里寓髦雋及官吏僧道耆老至百姓攀卧擁軾,匍匐相與,殆千百人。使蕃於前,僅六十里,或呼或立,且止且行。公敦論慰勉之數四,將暝方散。其士民懷之,留惜有如是矣。於是經皇闕,躬面天顔。聖上俯贊至公,嘉乎丕績,錫之珍玩奇品,不可紀載。爾喻以魚水之道,委諸心膂之師。尋授右羽林統軍,躬擐甲胄,身先士卒,莫不名高八校,義冠六師。去歲以寧州前政江司空爲岐涇,乘間伺隙,犒軍内寇,烽爟交舉,斥堠馳奔。境鄙虔劉,民斯俶擾。俄而失其守禦,旋至淪胥。此州既爲攻陷,上以疇咨可康,僉諧亮采。乃命公帥本軍分總柄戍,西征收復。至則戎憝專據,凶悍方熾,反爲深壁,欲老我師。公所統禁衛之精驍,皆中堅之良族。丹兕文馴,鶴列魚麗。燧象爇鷄,跳貙擲貘。久養勇於投石拔拒,自迎前於破竹拉枯。得莒斄度紡之程,有堇父斷布之徇。於是殷輪親鼓,摩壘凌墻,拔燕幟於瞬息之間,復齊壁於誰何之際。比及克下,而居人蕩空。遺堵窽墟,巋然在目。公於是自右羽林統軍金紫光禄大夫檢校司空授寧州牧守。視事之日,止水在庭。問俗之辰,露冕按部。布德行慶,授方任能。去奢即儉,自邇柔遠。義以懷之,忠以告之。令以濟之,威以董之。綏之斯來,動之斯和。分條共貫,革故鼎新。事曷僶俛,理務振提。求之而必究短長,盡瘁而匪懈夙夜。惸嫠覃惠,貧窶復蘇。勵廉隅而不讓還珠,殖生聚而相敩佩犢。循善胥勸,奸宄屏迹。無鞠之元,慷慨而欣戴二天。相郭之人,倚賴而勞門五日。附如羶蟻,漸以相勼。咸連臂而興歌,喜息肩以有所。此州之公署廨宇郵亭,自建州之始迄今,載祀遠矣。本悉在交墻之西,中阜之上。比年以來,飛爇縱燎,煨燼之末,繼加毁折,至是略盡,殄□無遺者矣。心匠神贊,宏規間起。濬發奇制,見惟獨明。於是爰度隙地,薙彼荒榛。畫斯子墻,方必中矩。負艮山之八,次坎水之一。遂乃備板幹,具畚鍤,定之方中,火亦未見。興役於三農之隙,賦徒無二事之讟。悦以使之,寬以濟之。恩惠洽而士乃同心,力役均而民無倦色。量功命日,不愆於素。浹月之間,崇墉俄就。嶷如斷壑,亘若長雲。闉堞矗聯,睥睨相屬。干櫓重沓,楯槊森羅。百雉既周,九拒可掎。平岡起迤,固即之而固護金湯。斷樗延緣,豈假之於依憑郢漢。新子州之南埤,建門臺之高觀,爲鳴鼙吹角之所,鬱然特起。以面修衢,丹雘赫奕,粉素皎晶。是謂山有木,工則度之。次下馬門,次中衙戟門。大廳小廳,内廳寢堂,中堂煖堂,皆棟梁宏麗,柱礎丁當。廊廡四周,階圯重複。户牖檐霤掩映,亦不在乎山節藻棁,刻桷丹楹。矧乃棼楣副密,軒檻縈迴。窮思於解飛,取謀於梓慶。鉑棿孕妙,歌□呈能。曲直從繩,袤丈必中,美哉焕焉。自餘廄庫曹署,軍事院州院,牙將孔目諸院,馬將鞠場,教旗講武,馳驛之傳舍,兵食之儲廩,皆新所創置焉。然後疏彼康莊,高其閎閈。右列鄽闤,賈區貿貨於日中。平分井居,堵□周環於宇下。四民各敬其本,百工用肄其業。既富既庶矣,苟完苟美矣。衛文公之治本國,孰可比方;皇甫嵩之莅并州,正應如此。今公之創修是州也,本無廡下之金,悉解槖中之素。計是用家財之費,盈於巨萬金矣。今不復列其緡鏹之數,具在别計□。《詩》云:"樂只君子,邦家之基。"又曰:"顯允君子,宜民宜人。"子曰:"善人爲邦,可以勝殘去殺矣。"是知名邦大國,無其人,則曷能序三才,崇五教,奉六氣,制七情,移風易俗,阜財解愠與?然則君子居之,何陋之有。斯郡比以厥俗淳質,厥民樸略,寡桑柘爇之,惟麡枲紡綜以資衣裳。若夫允濟九功,皆可歌乎厚生利用。光全七德,遂溥洽乎和衆安民。加以雨順風調,年豐道泰,此即我司空憂民及物之所應矣。百姓皆曰:"愷悌君子,民之父母。"明啓奄中鄙士,闕里諸生,謬沭奬知,退慚菲薄。遽承指命,便輒搜研。詎能敷盛美之形容,適足致攝揄之□誚。務歸摭實,情鄙虚華。聊備刊記,用垂永久。

龍德二年壬午歲二月壬子三日甲寅立。京右街内殿講經大德夢莊書。上官武鎸字。元從軍將輔彦釗勾當。

原載《隴右金石録》

李 珽

唐末五代官員(? —913),隴西敦煌(今甘肅敦煌)人。進士出身,在唐歷任校書郎、監察御史、荆南掌書記等官。後梁時任兵部郎中、崇政院學士、匡國軍留後、左諫議大夫、右散騎常侍等。

對祭侯判

得甲祭侯辭曰:"强飲食,御史糾,非息宴之禮,不伏。"

澤宫舊典,相圃遺法。實備多儀,亦彰異數。至若一日之澤,息物休農。四牡既朝,勞勤式宴。於是取像貍步,設廣庭之禮物。載張獸侯,量下綱於地武。射之義也,豈直主皮。神則憑焉,必俟工祝。羞醽醢之嘉薦,陳儆戒之順辭。或中鵠而昇,則實爵以獻。終乃示其慈惠,庶將强其飲食。正依經理,寧畏簡書。爰詢柏署之言,未達梓人之職。甲之不伏,可謂守官。

原載《全唐文》卷 841

李 翥

五代官員。曾任魏博鎮判官。

對舉似已者判

丙充使舉似已者,御史糾按,丙稱但成三物,唯善能之。

父教子忠,爲臣不易。知人則哲,惟帝稱難。任官惟良,底禄以德。莫不進方正之士,獻賢能之書。詩咏綉裳,禮設庭燎。衣冠濟濟,鳴玉佩而來朝。文雅鏘鏘,望金門而待詔。祁大夫之請老,内選其親。范文子之讓能,豈遺其舊。皆舉不失職,義不在私。晉國建其一官,魯史成其三物。士遇知己,惟其似之。睹星使之來儀,長歌棫樸。覽霜臺之糾謬,反示疑狐裘。寧假有辭,自然無咎。

原載《全唐文》卷 842

對毁濯龍泉判

輿人毁濯龍泉,或失其利。楊氏因形勝興廢業,邑人訴勞役不伏事。

秦起曲江之沼,漢興濯龍之泉。或因山壅流,或平地出水。皆導達溝瀆,修利隄防。竭役費財,窮侈極麗。今國家罷苑囿燕游之所,爲農桑禾黍之場。浸彼稻粱,實我箱庾。事失業廢,其何可知。楊氏用因其資,大興其利。非直務盡地利,蓋亦誘人歸本。我疆我理,既叶農夫之慶。載勞載役,徒使邑人有言。

原載《全唐文》卷 842

劉 鷺

五代官員。梁貞明中,官衡州長史,撰《地理手鏡》10 卷,已佚。

善歌如貫珠賦以"聲氣圓直,有如貫珠"爲韻

妙爲曲者暢於情,樂爲心者和於聲。微至儀之難象,因貫珠而强名。豈不以符雅正,契虛盈。聆纍纍之音,無遺曲折,體纍纍之狀,取象圓明。方其咀宫商,激志氣,雖直已而成善,亦導和而爲貴。當發德咏功之際,侔照乘之聯輝。在一唱三嘆之時,若呈祥而聚緯。其聲既全,其質彌元。發皓齒而潛融熠熠,隨雅調而暗轉連連。間赤水兮虛瑩,異滄海兮孤圓。動白雪之聲,初疑剖蚌。度元雲之曲,終類投泉。是知善臻其極,喜可以飾。不煩不體,乃端乃直。赴於節,意的爍以交光。盛於文,想瑩煌而化色。懿夫歌以心而虛受,珠以元而可久。表於直而不表於邪,貫於心而不貫於手。其奏也乃生於自然,其闋也復歸於無有。掩抑虛徐,温如皦如。誠激揚而導志,諒璀璨而澄虛。所以表和平,所以類輝焕。陽春爲罔象之得,緑水乃驪龍之玩。知音者誠審其無象無形,而不知音者徒謂其有條有貫。且道以物而相符,事有類而形殊。擇其善者,騰光於瞬息。去不善者,匿曜於斯須。吾將激流徵,習綿駒,精於曲,喻於珠。庶賞善而不昧,比至寶以無渝。

原載《文苑英華》卷78

劉 鄩

後梁大將(858—921),密州安丘(今山東安丘)人。唐末在青州節度使王敬武部下爲小校,逐漸升任將軍。好兵略,有智謀,故作戰勝多敗少。後降朱温,受到重用,歷任諸鎮節度使、平章事,尤其在與晉王李存勖的戰爭中,出力甚大。龍德元年(921),被奸臣誣陷,末帝下令酖死。

陳軍中事宜疏

臣受國深恩,忝兹閫政,敢不枕戈假寐,罄節輸忠。昨者比欲西取太原,斷其歸路。然後東收鎮冀,解彼連維。止於旬時,再清河朔。豈期天方稔亂,國難未平。纔出師徒,積旬霖潦。資糧殫竭,軍士札

瘥。切慮蒼黄,乖於統攝。乃詢部伍,皆欲旋歸。凡次舍經行,每張掎角。又欲絶其餉道,且據臨清。纔及宋城,周陽五奄至。騎軍馳突,變化如神。臣遂領大軍,保於莘縣。深溝高壘,享士訓兵。日夜戒嚴,伺其進取。偵視營壘,兵數極多。樓煩之人,皆能騎射。最爲勍敵,未可輕謀。臣若苟得機宜,焉敢坐滋患難。臣心體國,天鑒具明。

原載《全唐文》卷 842

周　翰

後梁時人,生卒年及任職情況不詳。

顔無繇贊

顯允君子,德充慶延。叔世家魯,陋巷生淵。同師將聖,俱謂能賢。千載之下,清風凜然。

原載《全唐文》卷 842

王仲父

後梁乾化中人。生卒年不詳,似爲道士。

小蓬萊題名

壬申秋社日,主簿顔志道、尉楊子章,同觀主張義之到是峪,水聲寒玉,山色迷靄,深得仁智之趣,觀夕陽忘歸。是日濟北王仲父題。

原載《唐文續拾》卷 7

孫　璨

後梁貞明時人。魏郡武水(今山東聊城西南沙鎮)人。

唐丞相梁司空致仕贈司徒樂安孫公(偓)墓志銘并序

鳳翔四面行營都統、金紫光禄大夫、門下侍郎、兼禮部尚書、同中書門下平章事、兼修國史、判度支鹽鐵諸道轉運等使、上柱國、樂安郡開國侯、食邑一千户、諱偓,字龍光,魏郡武水人也。故屬樂安,蓋齊大夫書之後。至晉,長秋卿道恭,有子曰顗,避地河朔,後世居焉。顗五世孫、魏光禄大夫惠蔚,爲本朝大儒。自時厥後,不隕其業。光禄玄孫之孫嘉之,開元年宋州司馬致仕,有子四人:逖、遹、遘、造。府君即遘之曾孫也。皇任右補闕、贈工部侍郎。祖起,皇任滑州白馬縣令、贈右僕射。父景商,皇任天平軍節度使,謚曰康。府君乃第五之嫡子也。統冠擢第,釋褐丞相府。僖宗幸□,孔公辟户部巡官,首狀監察,太常博士,朱紱。自工部員外出牧集郡,曆比、勛二員外,刑、户、司封三正郎。太師崔公節鎮許滑兼領租庸,署爲判官,奏御史中丞。時博野、奉天,久積嫌釁,密邇行在,動系安危。僖宗召以諫議大夫,將命和解,振儒服而冒白刃,同列皆相爲戰慄。曾未浹旬,竟排其難。又以初平襄邸,將還舊都。兩蜀交鋒,貢輸不入。始命大臣張濬自左綿告疾而迴。中外僉論,非府君不可。皇帝臨軒慰勉,面錫金紫。奔一車之命,踐不測之地,夙駕載燧,復安二境。濟大行山陵之用,昭宗郊天之費,皆府君之力也。後爲同人所贊,左遷黔巫。居二年,拜秘少、太常少卿,再授大諫,宣撫南方數鎮。時劉建鋒宛陵敗衄之後,因陷長沙。府君自衡永奔程,躬往慰勞,建鋒遵命,遂絶他圖。通五嶺之貢輸,安一軍之危駭。厥後,以群情所屬,付之於列校。楚王馬殷,尊奬之道,朝廷至今賴焉。覆命拜給事中,每一上疏,□引國朝故事。及黄寇犯闕,蔡人躍扈,十五年亂之根本。繇是宸衷注意,竟用爲相。明年,自户部侍郎轉中書侍郎兼判户部。府君大拜之後,自□□春,京畿微旱,每對揚便殿,多軫聖慮。府君引周文掩枯骨之義,請雪故宰臣李磎,及歸葬之日,其夕大雪,是歲豐稔。當右輔拒命,大駕東巡。一夕初,幸渭橋,蒼卒莫知。所詣及决駐蹕之地,乃自府君首謀。旋即三貢封章,陳乞請罪,批答不允。曰:“街亭之敗,罪由馬謖。丞相引過,朕乃愧焉。”尋又獨諫親征,請爲統帥。乃署夏州節使李思諫爲副,領蕃漢步騎十數萬衆,已壓敵境,幾成大功。時有朱朴者，自《毛詩》博士狀委重任。近年以李丞相之大用，劉紫微之抱麻，貶黜屢行，雷霆未息。三署雖極側目，逾歲不敢措詞。得以結構宦閹，密連磐石，既侵正道，將固深根。府君率首座徐公，同署論奏，議不比肩。上旨未迴，徐公一狀而退。府君堅執三表，終罷劇權。凡所力定中外，再安兆人。不顧一時危亡，以全社稷大計。復爲邪佞所嫉，竟竄遐荒。皇帝明年謁廟霈澤，移歸州刺史。東遷之歲，復資大儀，其秋，轉太常卿。

梁朝禪位，七詔急征。初以御史大夫遷刑部尚書，轉右僕射，堅卧不行，卒全素志。府君忠孝之道，兩不虧焉。咸通以都尉叔舅秉權，府君首率諸弟兄，扶侍板輿，東避洛汭。及于公南遷，瓜葛無有免者，獨府君昆仲，不掛纖毫。時論喧然，莫不稱譽。親兄儲，咸通十五年及第，七任丞郎尚書，三移重鎮。是以季仲，同時將相，朱紫相映，登朝籍者七人，鮮矣。自國初盛詞科之後，手足迭昇五榜者，又鮮矣。繇是棣萼之盛，友愛之分，首出士族。府君爰立之日，仲兄方任禮部尚書，三表推讓，恩詔不許。府君初丁先夫人之憂，居喪刺血寫佛經，苫廬前乃産芝草，悉秘其事。府君自丁巳之後，二十年間，栖心雲水，約錢朗少卿，爲詩酒之友；約王屋僧遁凞，爲琴松之友。或衣短褐，或泛扁舟，自匡廬遠抵羅浮，出桂嶺再之衡岳，五老峰下，創無礙之居。仙洞禪庵，無不游歷，皆有題紀。丞相登絶頂者，自元和中李泌先生，府君繼焉。府君亦稱方廣居士，方廣寺者，羅漢舊居，車轍原至今存焉。府君頃受道籙於杜先生，尤精釋氏，少探玄理。有詩集一千餘首，故丞相僕射崔公爲序。每一言一咏，未嘗不歌頌唐德。超悟了達，多與南方善知識語話，或形於問答，深盡性宗。丁丑歲，自南岳拜司空致仕。明年，沿漢北歸，遇蒲華之難，退于鄧州西界。寢疾，逾月，貞明五年歲在己卯三月七日薨於淅川院避地，春秋七十有六。家人出其遺書，乃去年六月十二日真迹。曰："久住勞人，吾欲他去。"府君自筮仕至懸車，揚曆三十九任，而乃葆光用晦，體道安貞，直以全誠，未嘗忤物。勇於爲善，不好立名。天祐之後，大臣全名節壽終者，一人而已。前娶姑臧李氏，再鄭氏，薨于長沙，漢衡護喪先歸。長子溥，進士及第。次漢衡，娶鄭氏，長孫璨，次孫珝，娶老舅女。漢衡其月十六日與璨扶護東歸。四月廿四日，合祔燕國夫人，禮也。文公撰五代祖墓志云："北據崗阜，南瞻城闕。"今卜真宅，永從先塋。小子虢奉遺命，泣血而書：

臨難致君，慷慨忠烈；避貴養親，昭彰孝節。辭榮樂道，冲□英哲；銷磨奸邪，見事明澈。遠害全身，始終無缺；谷變陵遷，令問不滅。

璨書

原載《洛陽流散唐代墓志彙編續集》

僧行堅

後梁時洛陽僧人。

惠光舍利塔銘

大梁故墻西麗景門外北壁上，乾化三年春三月，長老惠光和尚建置禪院，至五年歲次乙亥三月庚辰朔十二日壬申遷化，十四日焚燒，德感應舍利，京都人衆皆頂謁。其年十月八日禮葬於洛都當院内，故記於舍利銘記。院主僧行堅、弟子師德、都維那頭、劉景廿六人。王憲璋、雷師因、緱景、任師進、劉璋、王温、李璋、張武、李嵒、楊師逡、韓迢、馬建、王昌、張厚、邊真、張立、王球、李虔、孟裕、劉宗、卓鮁、李勍、王洪、張師朗、崔惠通、念金剛經。

社女弟子維那、梁師智、師因、師汶、師文、師惠、尼師全、師思、師道、師順、師堅、師太。女弟子師智廿五人。師會、師定、師賢、師厚、師佺、師户、師連、師進、師明、師言、師受、師信、師來、師迅、胡氏、周氏、卓氏、田氏、張氏、潘氏、丁氏、李氏、翟氏、姚氏、闞氏、張氏、程氏、雷彦稠、薛章。

冬三月王温書，吴興沈璠鎸。

原載《八瓊室金石補正》卷 79

嵺　琳

後梁官員。撰此志署名前沙州法曹參軍。

沙州報恩寺故大德禪和尚金霞遷神志銘并序

前沙州法曹參軍嵺琳撰

夫報應有量,三身由示,涅槃生滅不恒,四類豈無遷變。蓋幻化之促速,非覆載之不仁。厥有桑門穎秀金上人,俗姓劉,其先洛陽人也。或因官避地,届三苗之鄉。其母初孕,不食葷羶。及生此男,與衆殊異。三年頗合,戲則聚沙。八歲齔齒,不樂長髮。僅十歲,從師受業,纔十七,捨俗披緇。讀則目覽五行,閲乃心通九部。弱冠進具戒,於凝闍梨下,聽南山鈔;壯年厭文字,依汜和尚處,悟栖神業,捨彼魚筌,取其心印。千池水月,蓋是隻輪;萬象參羅,皆從方寸。心既不趍,境上偷生。障雲豁開,邪山自坼。返求赤水,乃得玄珠。一契于懷,三十餘載。秉律則龍堆獨步,修空乃雁塔星條。慕義如雲趨風,若事聲高,率可名亞澄蘭。一自傳燈,萬炬孔熾。陟壇講授,弟子盈門。將謂化浹長年,寧期壽命短折。青春遘疾,朱夏匆瘳。腸非至席,頭靡就枕。盥嗽之後,酌飲不通。策勤自强,節操彌固。囑付既畢,端然坐亡。時辛巳歲龍集大荒駱四月廿八日,終于報恩精舍,春秋五十有七。於戲!至人晦迹,杳然何之。于時雲物徘徊,皆帶愁色;哀聲動地,酸感塵心。於五月一日葬于南沙陽開渠南原之禮也。於是弟子像照等淚盡心血,哭音不衰。追想芳猷,願刊他石。蒙雖不佞,式昭厥休。銘曰:

達士與物兮,不爲凝滯。遷神净方兮,有若蟬蜕。彼美吾師兮,塵網莫拘。化俗未盡兮,今也則無。丘壟寂寂兮,晨鐘不發。原野青青兮,曉露晞珠。蕃中辛巳歲五月一日葬于南沙陽開渠北原某乙,禮也。吊守墓弟子承恩,諸孝子擗踊下頭巾,荒迷不顧身。茹荼何足苦,銜蓼未爲辛。兩目恒流涕,雙眉鎮作嚬。唯餘林裏鳥,朝夕助啼人。

原載敦煌文書 P. 3677

闕 名

後梁丁卯年(九〇七)張氏博换舍契

1. 丁卯九月十■德於巷西壁張家舍内
2. ■其舍兩口,並屋木全,併
3. ■有廡舍子草迋(匡)子,併與
4. ■再住地,教叁伍尺剩。幸德
5. ■博换後,永世更不休悔。如
6. ■充納入官。博换爲定,
7. ■後憑。舍主叔張懷義
8. ■舍主張■
9. 舍主
10. 釋門法師廣紹廣
11. 都頭梁幸德

(後缺)

原載敦煌文書 P. 2161p3

請追封皇兄皇侄奏　開平元年

東漢受命,伯昇豫其始謀;西周尚親,叔虞荷其封邑。故皇兄存,凋零霜露,綿歷歲時。恩莫逮於陟岡,禮方宏於事日。皇侄故邕州節度使友寧、故容州節度使友倫,頃因締構,俱習韜鈐,并以戰功,殁於王事。永言帶礪,合議封崇。

原載《全唐文》卷 969

中書門下請立三廟奏　開平二年四月

萊國公李嵸,合於西都選地,建立三廟,以備四仲祠祭,每祭仍令度支供給祭料。

原載《五代會要》卷 5

長壽寺宏哲尊勝幢記

□子歲九月上旬九日，有故内殿講論普明大師賜紫宏哲，俗姓李，壽年七十二，僧臘五十二，遷化於洛京長壽寺。大師名傳海内，講導諸方，誘勸百千萬人，懇説三乘五性。因緣將畢，掩質禪栖，雖佛性無去無來，奈色身有去有住。門人内講論大德德□，四年募道，丱角從師，空思法乳之恩，不睹□悲之相，遂收舍利於灰中，建幢壘於山寺。同學師弟内講論大德匡符，從行江浙，被歷辛勤，及歸帝都，鶺鴒義繼，建幢刻石，用爲不朽。開平二年七月十四日記。

原載《八瓊室金石補正》卷 79

山可球造像記

佛弟子山可球，臨壇律大德充功德主昭悟大師，賜紫沙門景氲。頃有顯□三劫星宿莊嚴賢劫三千軀佛，今並裝造殿記。

敬仰金剛經三千卷，散施與人，受持希聞，名啓卷之人，獲脱苦出塵之願。見營辦次，敬預修彌勒佛一坐。時願設龍花三會，供養十方諸佛、菩薩、羅漢、聖賢。今發願施供物與賓頭盧尚座訖，願曰：

生萬倍至佛出世時，廣無邊際，筭數校量不及。如是供價，將充供養。一切諸佛賢聖崇勝利，共願力而堅牢，劫不能壞。普願法界有情，同發菩提心，證無漏巨，離苦解脱，速當作佛。佛殿僧潔般。

大梁開平二年，歲次戊辰，九月十五日建。

原載《五代石刻校注》

重瘗鐵卧牛刻記

開平二年九月一日，番賊六萬餘騎入界。至五日，齊到晉州西□□□家莊下，大□□□□下□□□□□角。至廿五□□□□廿八日□□諸軍興工修□□□□□□。□廿八日於墻東北□□□□□□□坐，尋起道場，使□□□□□□□置石函貯□□□□□□□□□□□戊辰，檢校□□□□□□□□□□□□故記耳。

監□西頭供奉官王律

原載《三晉石刻大全・臨汾市堯都區卷》

後梁天復八年(九〇八)十月吴安君分家書

天復八年戊辰歲十月十五日,叔吴安君、侄吴通子同爲一户。自通子小失慈父,遂便安君收索通子母爲妻,同爲一活,共成家業。後亦有男一人、女二人。今安君昨得重疾,日日漸重。五十年作活小,收養侄男長大。安君自苦活,前公後母,恐耽不了事名行。聞吾星訴(醒蘇)在日,分訢(析)侄通子、男善集部分,各自識忍(認)分懷,故立違(遺)書然後:

侄男通子:東房一口,厨舍一口,是先阿耶分懷,一任通子收管爲主;南邊廳一口,西邊大房一口,巷東壁上撫(廡)舍一半,院落、門道,合;砂底(沙地)新開地,四亭均分;新買地各拾畝。杜榆穀(轂)車脚一隻,折舊破釧與小頭釧一隻,售(受)三斗破鍋一口,售(受)七昇鐺子一口,小主鏉子一面,樻一口,大床一張,白綿紬衫一領,乾盛大甕兩口。又售(受)五昇鐺子一口,在文詮邊,任通子收管;售(受)六斗古(故)破釜一口,通子二分,善集一分;钁(鑁)一具;鏵大小二孔,合;舊耬金一副,合。應有鐮刀、隴(籠)具,兄弟存心轉具。若不勾當,各自手失落後,便任當割却。又古鍬忍(刃)一、小钁(鑁)頭子一,兄弟合。

男善集:檐下西房一口,南邊東房一口,厨舍一口,巷東壁上撫(廡)舍一半,院落、門道,合;砂底(沙底)新開生,四亭均分;新買地各拾畝。杜榆穀(轂)車脚一隻,車盤一,比通子打車之日,兄弟合使,不許善集隔勒。若後打車盤日,仰善集貼通子車盤木,三分内一分,即任善集爲主。售(受)貳斗銅鍋一口,不忓通子之事;售(受)六斗破釜一口,善集一分、通子二分;钁(鑁)一具;售(受)一斗五昇破鐺一口;鏵大小兩孔,合;舊耬金一副,合。應有鐮刀、隴(籠)具,兄弟存心轉具,各自手失却後,便任當分割却。又古鍬忍(刃)一,小钁(鑁)頭子一,兄弟合。

叔安君:北邊堂一口,准合通子四分,内有一分,緣通子小失慈父,阿叔待(侍)養恩義,進與阿叔。又西邊小房一口,通子分内,恩義進與阿叔。新買地拾畝、銀盞一隻,與阿師。

右件家咨(資)什物,緣叔君患疾纏眠(綿),日日漸重,前世因果不備,前公後母。伏恐無常之後,男女諍論。聞吾在日,留念違(遺)

囑，一一分析爲定。今對阿舊（舅）索僕僕、大阿耶，一一向患人付囑口辭，故立違（遺）囑文書。後若兄弟分别，於（依）此爲定。後若不於（依）此格，亦諍論，罰白銀五，决仗（杖）十五下，並不在論官之限。恐後無憑，故立文書爲驗。

慈父吴安君（畫押）指節，年五十二。

大阿耶吴章仔（畫押）

阿舅索僕僕（畫押）

見人兼書守（手）兵馬使陰安（畫押）

侄男吴通子（畫押）

男善集（畫押）

侄清光

侄男善通

原載敦煌文書羽·53

立二王三恪狀 開平二年十二月南郊禮儀使

伏以《詩》稱有客，《書》載虞賓，實因禪代之初，必行興繼之命。俾之助祭，式表推恩，兼垂恪敬之文，别示優崇之典。徵於歷代，襲用舊章。謹案唐朝以後魏元氏子孫韓國公爲三恪，以周宇文氏子孫爲介國公，隋朝楊氏子孫爲酅國公，爲二王後。今伏以國家受禪，封唐朝子孫李嵷爲萊國公。今參詳，合以介國公爲三恪，酅國公、萊國公爲二王後。

原載《册府元龜》卷211

唐天祐陸年（九〇九）二月洪池鄉殘契

于（時天祐）陸年己巳歲二□□（立）契。洪池鄉□端男福乫父子□□（家）内債負深□□（遂）無轉□（换）□今將□□

（後缺）

原載俄藏敦煌文書5299

後梁天復玖年(九〇九)閏八月神沙鄉百姓董加盈兄弟分家契

天復玖年己巳歲潤(闰)八月十二日,神沙鄉百姓,賽田渠地,加和出買(賣)以(與)人,懷子、加和三人不關;佛堂門亭支。董加盈、弟懷子、懷盈兄弟三人,伏緣小失父母,無主作活,家受貧寒,諸道客作。兄弟三人,久久不益。今對親姻行巷,所有些些貧資、田水家業,各自别居,分割如後。

兄加盈:兼分進例,與堂壹口,椽(椽)梁具全,並門。城外地,取索底渠地叁畦,共陸畝半。園舍三人亭支。葱(葱)同渠地,取景家園邊地壹畦,共肆畝。又玖歲欄牸壹頭,共弟懷子合。又葱同上口渠地貳畝半,加盈、加和出買(賣)與集集,斷作直麥粟拾碩、布一疋、羊一口。領物人董加、董加盈、白留子。

弟懷子:取索底渠地大地壹半,肆畝半;葱同渠地中心長地兩畦,伍畝。城内舍:堂南邊舍壹口,並院落地壹條,共弟懷盈二亭分。除却兄加盈門道,園舍三人亭支。又玖歲欄牸牛一頭,共兄加盈合。白羊(楊)樹一,季(李)子樹一,懷子、懷盈二人爲主,不關加盈、加和之助。

弟懷盈:取索底渠大地一半,肆畝半;葱同渠地東頭方地兼下頭,共兩畦伍畝。園舍三人亭支。城内舍:堂南邊舍壹口,並院落壹條,除却兄門道,共兄懷子二人亭分。又叁歲黄草捌(牛)壹頭。

右件家業,苦無什物。今對諸親,一一具實分割,更不許争論。如若無大没小,决杖十五下。罰黄金壹兩,充官入用。便要後檢。

潤(閏)八月十二日立分書。

兄董加盈(畫押)　　見人阿舅石神神(畫押)
弟董懷子(畫押)　　見人耆壽康常清(畫押)
弟董懷盈　　　　　見人兵馬使石福順

原載敦煌文書 S. 2174

天復九年(九〇九)十月洪潤鄉百姓安力子賣地契

階和渠地壹段兩畦共五畝,東至唐榮德,西至道、氾温子,南至唐榮德及道,北至子渠兼及道。又地壹段兩畦共貳畝,東至吴通通,西至安力子,南至子渠及道,北至吴通通。

已上計地肆畦共柒畝。自天復九年己巳歲十月七日,洪闰鄉百姓安力子及男擖揰等,爲緣闕少用度,遂將本户口分地出賣與同鄉百姓令狐進通。斷作價直生絹一匹,長肆仗(丈)。其地及價,當日交相分付訖,一無玄(懸)欠。自賣已後,其地永任進通男、子孫、息侄,世世爲主記。中間或有迴换户狀之次,任進通抽入户内。地内所着差税、河作,隨地祇當。中間若親姻兄弟及别人諍論上件地者,一仰口承人男擖橦兄弟祇當,不忓買人之事。或有恩敕流行,亦不在論理之限。兩共對面平章,准法不許休悔。如先悔者,罰上耕牛一頭,充入不悔人。恐人無信,故立私契,用爲後驗。(畫押)

地主安力子

原載敦煌文書 S. 3877 背

冬至日帝座澄明奏 開平三年十一月

司天臺奏:冬至日,自夜半後,祥風微扇,帝座澄明。至曉,黄雲捧日。

原載《舊五代史》卷 5

南郊服色奏 開平三年十一月

今檢詳禮文,皇帝赴南郊,服通天冠、絳紗袍,登玉輅,法駕鹵簿。自清游隊已下,諸衛將軍平巾幘、緋兩襠、大口袴,錦滕蛇銀隱起,金帶刀、弓箭似飛,執旗人引駕,三衛并武弁緋兩襠、大口袴。供奉官并武弁服色,各一人步從,餘文武官及導駕士絳衣、平巾幘,餘并戎服。准式,近侍導駕官自三引車從,本縣令州府御史大夫即朝服,各乘輅車前導。其引駕官員,不總備車輅。自中書令、侍中已下則公服。内諸司使并常服。内人服色,禮文不載。

原載《五代會要》卷 2

後梁天復九年(九〇九)十二月杜通信便粟契

天復九年歲次己巳十二月二日,杜通信今緣家内闕少年糧,依

張安六面上,便奇(寄)粟兩[碩],至于秋肆碩。又奇(寄)麥兩碩四斗,至秋

(後缺)

原載北圖藏敦煌文書 1943 背、北圖藏敦煌文書 16563

克官俸修文宣王廟 開平三年十二月

創造文宣王廟,仍請率在朝及天下現任官僚俸錢,每貫每月克留一十五文,充土木之值。

原載《舊五代史》卷 5

義武軍討擊副使造幢

真言不録

□□□勝陀羅尼記

□□□□□□□至靈□□乎人心□則□稟二儀,順陰陽,以□□聖,則佛通三界,垂汲引□□□□□□□勝因□□□悟□□□由佛化假摧□以歸真,洎佛□□□林顯濁世死生□□□□□□□□□聾□□□□□□□□□□葉傳經流震旦,魚箋譯偈□□銷除七返摧破□□□□□□□高幢□□□塵霑□□□覆滅諸罪於無量無邊,目睹耳聞,益多福於有□,□□□□□□尊勝陀羅尼之謂歟。爰有義武軍衙前討擊副使、雲麾將軍、試左武衛□□□□□,内持孝悌,外著謙和,每懷曾閔之心,以奉晨昏之禮。其本生有數,限□□□□□□□怙恃之無依,痛骨髓之[寧]忍禄,不訓於撫養恩,豈報於劬勞。追想平生,將何齋謝。是以因豐減膳從儉,抽衣大構良緣,冀資前路,雖茹荼泣血,空懷曩昔,□□刊石旌功,用雪沉淪之苦,詞慚藻飾,事愧直書,略叙遺芳,以垂永代。

時梁開平四年五月□□□□□□慕峰記。■□□□妻清河張氏、男審柔、孫女禪師、新婦徐氏。

原載《八瓊室金石補正續編》卷 39

李派滕墓志

梁故鄉貢進士李府君諱派滕，隴西人也。姑臧第三房，爲世甲門。祖□□度，皇任杭州臨安縣令，祖妣范陽盧氏。父諱亢直，皇太子左贊善大夫，妣范陽盧氏。父諱□，皇蘇州華亭縣令。府君讀先聖書，蹈昔賢行，閨門孝道，親族推美。應進士舉，四上無成。屬時艱危，謀安就禄，□師知賢，署攝鄒城縣主簿。逾歲，狂盜奔襲，遇害於縣，年四十三歲。親朋嘆憤，其如命何？以開平三年□月□日權窆於鄒□鄉，禮也。壽逾知命，無息未婚。嗚呼哀哉！用志於石。

親姊夫、通識大夫、守尚書吏部侍郎、賜紫金魚袋柳遜書。

開平四年十月□日。

原載《五代墓志彙考》

司天臺月蝕不宜用兵奏　開平四年十二月十四日

是日月蝕，不宜用兵。

原載《舊五代史》卷 139

國子監監生出給光學文鈔并納光學錢奏　開平五年正月五日

當監舊例，初補監生有束脩錢二千，及第後光學錢一千。竊緣當監諸色舉人及第後，多不於監司出給光學文抄，及不納光學錢，衹守選限年滿，便赴南曹參選。南曹近年磨勘選人，并不收竪監司光學文抄爲憑。請今後欲准往例，應諸色舉人及第後，并先于監司出給光學文抄，并納光學錢等，各有所業等第，以備當監逐年公使。

原載《五代會要》卷 16

辛未年（九一一）正月六日沙州净土寺沙彌善勝領得曆

辛未年正月六日，沙彌善勝於前都師慈恩手上，現領得亟櫃鐺鏊碗楪氈褥門户鏁鑰，一一詣實，抄録如後：

拾碩櫃壹口，像鼻屈鉞並全，在李上座。柒碩櫃壹口並像鼻全。针綫櫃壹口，像鼻屈鉞並全在李老宿房。又拾伍碩新櫃壹口，像鼻屈鉞并全。叁拾碩陸脚櫃壹口。貳拾碩櫃一口。貳拾碩盛麪櫃壹口屈鉞。

兩碩櫃子一口。索闍梨兩碩故櫃子壹口。大經藏壹。次經藏壹在中院堂。小經藏子壹在氾闍梨房。卧像幄帳子壹。大伯文經案壹。小伯文經案壹。故經案壹。無脣經案壹在李上座。經架壹。曲仗壹。如意仗壹。漆香匳壹。方香印壹。團香印壹,木香寶子壹。金油木師子壹。石師子叁對,内壹雙石銀油。骨崙坐小經架子壹。浴佛槐子壹。盛幡傘大長亟壹。盛佛衣櫃子壹。盛頭冠亟子壹。盛帳亟子壹。盛文書亟肆在李上座。踏隔子肆片,内叁個在南院,壹片在中院。嚴師子大隔子在衆堂。家部隔子壹。高脚隔子壹片,亦在南院。新隔子壹在保護。方隔子貳在中院。魚肚子隔子壹,在紹戒。牙脚大新火爐壹。故小火爐壹。安架壹。大床新舊計捌張。索闍梨施大床壹張。新六脚大床壹張。方食床壹張。新牙床壹,新踏床壹。故踏床壹。又故踏床壹,無當頭。肆尺小踏床壹。畫油行像床子柒箇。新方床子壹,納官。捌尺牙盤壹。陸尺牙盤壹。朱神德新牙盤子壹。又故牙盤壹。無脣牙盤壹。小方牙盤壹。高脚佛盤壹。八角聖僧盤壹。新競盤壹,在李上座。故競盤壹。團盤壹。石欸律鉢競盤壹。李君君競盤壹。兩碩赤盤壹。兩碩破盤壹,在梁。叁斗列盤壹。肆斗新盆壹。大案板壹。故桉板壹。立食模壹,在紹戒。斗壹具並概。勝方壹。半勝壹。抄子壹。接子壹。士心枰壹量,並石錐鐵鈎。破石槐子壹。木鉢壹。青剛鞍兀壹副。筭箸壹。簸箕壹。又簸箕壹在寶嚴。車壹乘並釧鍊並全。大木杓壹。小杓子壹。梧桐觳壹雙。鍾壹口。大鑊壹口。柒斗鑊子壹,欠壹耳。捌斗釜壹口,在梁。伍斗新釜壹口。破釜群壹。又破釜群壹。叁斗煮油鐺壹口,欠壹耳。貳斗煮油鐺壹口,欠壹耳。貳尺面傲壹,有列。叁斗新銅鍋壹口。伍斗銅盆壹雙。捌勝銅灌壹。李君君柒勝鐺子壹,石興興伍勝鐺子壹,在李上座。鐵鉢壹。熟銅盞壹。鏁叁具並鑰匙壹具,全。小鏁子壹並鑰匙全。破鐺鏊弱鐵壹拾肆斤。銅君遲壹在吴判官。銅香爐兩柄。大銅鈴壹。小銅鈴子壹在信因。金銅蓮花兩枝並台座。好生鐵壹拾肆斤。幡杆龍頭壹。鐵葉伍個。勒爐子壹並釧鍊。磁茶瓶貳。琉璃瓶子壹。鑾頭壹在史陰。鏁腔壹在氾吴。切刀壹具。銅爪濾壹。銅注瓶壹。盛油甕肆口,内壹無唇量油灌頭。乾盛甕貳。檉圌子大小肆。索闍梨施瓷甕大小拾叁。氍毹毯大小叁。新裏胸衣氍毹壹。小食氍毹壹。新漆碗壹在神會。銅佛印壹。大緋花氈壹領。故緋花氊壹領。大青花氈兩領。緋綉氈壹領。土褐花氈壹領。白氈兩碩。桃花氈壹領。新大桃氈壹領。陜(狹)桃花氈壹領。白氈條壹。五色褥壹條。袂納氈條玖個。新漢擀白氈兩領。又新漢擀白氈兩領,内壹領緩與住住,壹領緩花氈。陰家五色花氈壹領。史家新白氈壹領。住住氈體白氈壹領。又新白氈壹領在孫寺主。細毛持氈壹領。地衣壹。聖僧褥子貳,内壹個細緤裏。大捌碩褐袋壹口,在神會。朱神德陸碩褐袋壹口。古黄布柒條壹。見得花樏子廿五個,欠一個。黑樏子壹拾捌個。花盤子伍個。黑盤子伍個。楪子捌個。又得黑樏子壹。赤裏碗子柒個。

見領得麥貳拾碩肆斗。見領得粟叁拾柒碩壹斗伍勝。見得黄麻壹拾貳碩陸斗。見得豆拾玖碩伍斗。黑豆壹碩叁斗伍勝。麪柒碩捌斗。見得油玖斗伍勝。見得查貳拾貳餅。見布貳伯捌拾捌尺。麻壹伯肆拾肆束。門户内外好弱大小粗細新舊都計陸個。

原載敦煌文書 P. 3638

銀青光禄大夫檢校國子祭酒兼御史大夫上柱國軍事押衙充東北面巡檢都指撝諸寨兼充吴澤鎮遏使何宗壽釋迦牟尼佛贊并序

原夫大雲廣布,籠九天而爲蓋;慧日騰暉,鑒十地而含鏡。豈若神光發曜,恒沙之金刹俱明;聖教流傳,微塵之石劫常住。法身香氣,氛氳於六合之中;妙色尊容,昭晰於八荒之外。名山鼓動,鳳嶽之震嶺巉岩;德水騰波,烏江之驚濤浩汗。故能覺悟群品,道引含虚。異域注經,競風馳於衛國;諸方請法,争霧集于王□。四衆傾心,五魔稽首。東海龍女,變質爲男;西山鶴駕,飛來獻供。精信賢士,乃知佛性無能測量者哉! 有信士維那隴西李堅等,累世此土人也。高懷四勇,壯志烈於秋霜;義感三荆,連枝泫於春露。可謂青松獨秀,翠竹孤標矣。阻逢紊世,廿載戈鋋,不暇狼烟,三十餘歲。悟身而如電如露,若泡若漚,引化群情,共崇因果。乃有陸真嵕之古寺,寺號延昌精舍,毁除空存□記。上爲皇帝、文武百僚、過去先亡、見存眷屬,各啓宏願,抽减静資,再立殿臺,構崇祥室。深嵕選石,遠召良工,造釋迦像壹尊,莊嚴具足。右邇山陽之境,傍奔白鹿之峰。黄津一帶,長川回視,羊腸之嶺,瓊宫岌峇。上拂雲端,禪室慶層,傍連甲第,祥風朝引,徐牽梵響之音,瑞氣時生,香珍馥鬱。上願皇王萬歲,寶祚無窮,下及法界衆生,同登正覺。時開平伍年歲次辛未二月乙酉朔八日壬辰畢工。

原載《唐文續拾》卷 12

請勿幸東都奏 開平五年二月

龍興天府,久望法駕,但陛下始康愈,未宜涉寒,顧少留清蹕。

原載《册府元龜》卷 205

辛未年(九一一)梁保德買斜褐契

辛未年四月二日,押牙梁保德往於甘州去,欠少匹帛,遂於洪潤鄉穆盈通面上,取斜褐壹拾肆段,斷生絹壹匹,長叁丈玖尺,福(幅)貳尺壹甲。其絹不限時曰,甘州使來日還絹。若使命來者限不來年正月,在次覓絹填還。於限不買者,絹利着梁都頭還。兩共對坐,商宜(議)已定,恐人無憑,用爲後驗。□■

買絹人梁押牙(押)

原載敦煌文書 S. 4884

辛未年(九一一)四月燉煌鄉百姓米再昇契

辛未年四月十五日立契。燉煌鄉百姓米再昇爲緣家中(底卷書寫止此)

原載敦煌文書 P. 3503 背

辛未年(九一一)四月赤心鄉百姓米全兒契

辛未年四月十五日立契。赤心鄉百姓米全兒,庚午年(底卷書寫止此)

原載敦煌文書 P. 3503 背

辛未年(九一一)七月沙州耆壽百姓等一萬人狀上回鶻可汗

■等一萬人獻狀上回鶻大聖天可汗金帳。

伏以沙州本是大唐州郡。去天寶年中,安禄山作亂,河西一道,因兹陷没。一百餘年,名管蕃中。至大中三年,本使太保起敦煌甲兵,趁却吐蕃,再有收復。爾來七十餘年,朝貢不斷。太保功成事遂,仗節歸唐,累拜高官,出入殿庭,承恩至重。後遘深疾,帝里身薨。子孫便鎮西門,已至今日。中間遇天可汗居住張掖,事同一家,更無貳心,東路開通,天使不絶,此則可汗威力所置。百姓□甚感荷不是不知。近三五年來,兩地被人鬥合,彼此各起讎心。遂令百姓不安,多被煞傷;沿路州鎮,邐迤破散。死者,骨埋□□;生者,分離異土。號哭之聲不絶,怨恨之氣衝天。耆壽百姓等,披訴無地。伏維大聖回鶻天可汗,爲北方之人主,是蒼生之□□□□察知百姓何辜,遭此殘害。今■□和,兩件使迴,未蒙決■□兵戈抄劫,相續不斷。□月廿六日,狄銀領兵又到管内。兩刃交鋒,各自傷損。口云索和,此亦切要。遂令宰相大德僧人兼將頓遞迎接跪拜,言語却總□□狄銀令天子出拜,即與言約。城隍耆壽百姓再三商量,可汗是父,天子是子。和斷若定,此即差大宰相、僧中大德、敦煌貴族耆壽,賫持國信、設盟文狀,便到甘州。函書發日,天子面東拜跪。固是本事,不敢虚誑。豈有未拜□耶,先拜其子,恰似不順公格。羅通達所入南蕃,只爲方便打疊吐蕃。甘州今已和了,請不□來,各守疆界,亦是百姓實情。且太保棄蕃歸化,當爾之時,見有吐蕃節兒鎮守沙州,太保見南蕃離亂,乘勢共沙州百姓同心同意,穴白趁却節兒,却着漢家衣冠,永抛蕃醜。太保與百姓重立咒誓,不看吐番。百姓等感荷太保,今爲神主。日别求賽立廟,見在城東。吐蕃不論今生,萬歲千秋,莫聞莫見。天子所勾南蕃,只爲被人欺屈。大丈夫之心,寧無怨恨。天子一時間懆懆發心百姓都來未肯。况食是人天,沙州百姓,亦是天生人民。不省曾與天可汗有煞父害母之讎,何故頻行劫煞。百姓告天,兩眼滴血。况沙州本是善國神鄉,福德之地。天寶之年,河西五州盡陷,唯有敦煌一郡,不曾破散。直爲本朝多事,相救不得,陷没吐蕃。四時八節,些些供進,亦不曾輒有移動。經今一百五十年,沙州社稷,宛然如舊。東有三危大聖,西有金鞍毒龍。嘗時衛護一分處所。伏望天可汗信敬神佛,更得延年,具足百歲,莫煞無辜百姓。上天見知,耆壽百姓等誓願依憑大聖可汗,不看吐蕃爲定。兩地既爲子父,更莫信讒,今且先將百姓情實,更無虚議。乞天可汗速與迴報,便遣大臣僧俗,一時齊到。已後使次,伏乞發遣好人。若似前迴長官,乞不發遣。百姓東望指揮,如渴思漿,如子憶母。伏乞天可汗,速賜詳斷,謹録狀上。

辛未年七月日沙州百姓一萬人狀上。

原載敦煌文書 P. 3633

大梁故會稽郡鍾公墓志銘

夫鍾公者,越國滁州人也,名□。祖諱□,守本州郡押衙。父諱□,亦守本州都押衙。咸通八載,年□十。奄至蒼卒,終於本郡金華里,葬於北李山。當亡之日,公年廿有三。後因大國□亂,遂抛□也。亦遂軍於他地,亦效力於干戈。初投梁主之日,仰沐□留,特補節度押衙兼充後博使。主務一十三年。至龍紀元年,質舊務同前□令□□□□并主馬務,加銀青光禄大夫、檢校國子祭酒、□御史大夫、上柱國。至□□□□□□□其重課,未常敢□□□之心。後以□憂□□□□□王□□心之懇。□望進其遐算,欲報帝恩。何□□□□□□□□甚,請名醫而無徵,豈神祇之不祐。雖服五色之□,其□□不十全枕夕。雖□服□,忽謝於風燭。當□之□□□辛未□□月□生明,享年六十九,終於偃師縣洛□鄉□□□□□□莊。至四月十九日,葬於□東北邙山之下。縣□洛陽。□名□部。公有弟一人,名景玄,先公而殁。有妹一人,適□氏。公□□□高氏之女,生育四子;女子□人,適程氏。長男知□,□今□□□東北安塋之東南地□□□。次曰知進,□□之日□□土主□兵馬使。公逝之後,□□□□□□□。次曰知仁,公□□□□□□□□□□歷其出身□□□□其入□之門。略叙志銘,而爲□□:

□□□□,□泉□氏。惟公□□,有□時佐□□主人年爲所■然大夜忽□□■事君,長存忠孝,體□□□大,■德令後嗣子孫恕■男

四人■孫女一人，名小哥■太原■

原載《八瓊室金石補正》卷 79

金山國時期修文坊巷再緝上祖蘭若標畫兩廊大聖功德贊并序

蓋聞渡生定死，須要法船；火宅之車，唯憑惠智。大不過於陽名陰兔之精，聖不過於佛長。尊修十善之名，永絶五濁之惡。累世廣劫，乃可生於彼方。巍巍光相，三十二分；蕩蕩金容，八十種好。化成金地，檖品便生；樹景樓臺，聞鍾應現。厥有修文坊巷社燉煌耆壽王忠信、都勾當伎術院學郎李文進、知社衆等計卌捌人，抽減各已之財，造斯功德。專心念善，精持不二之言；探賾桑門，每嘆苦空之義。牙相諫謂，都無適寐之憩。今綴緝上祖蘭若，敬繪兩廊大聖，兼以鎢鏝惣畢，奉我爲拓西金山王，永作西垂之主。大霸稷興，降壽彭祖之載，同堯舜之年。八難迴生佛因，五濁翻成寶池。仙人駕鶴，降瑞氣於階庭。風不鳴條，雨不破塊。順三農以潔汚，表稼穡以禎祥。長□日不昧，一同皇王。次願社内先亡考妣，勿落三塗，往生安樂之國。次爲見存合邑義合家等共陟仙階，高（下闕）

原載敦煌文書 P. 4044 背

壬申年（九一二）正月十七日某人便麥契

壬申年正月拾柒日，龍勒▨（鄉）☐陰建慶面上便麥壹碩，至☐

原載北藏敦煌文書 16111

故護國軍節度押衙檢校兵部尚書張公（爽）墓志銘并序

公諱爽，字居明，清河密郡人也。厥先不仕，靡可稱焉。公早因旨甘，致干名位，雖托身官路，談諧有闕於趨庭，而投迹和門，勞逸無疑於汗馬。既懷堅志，果遇良知。備審韜鈐，益加寵顧。而又征伐未順，尋俾麾兵，曁領師徒，拊同挾纊。況久披鎧甲，常掛彎弧，功勞既高，心常輕於樂毅；智謀兼遠，榮未許於田單。以至勛業聲雄名能譽廣，有類鼓鐘之響，無同擊柝之鳴。公遂天複三年十一月廿五日，遷拜節度押衙之職。開平四年二月十五日,奏授兵部尚書。丈夫修身,不是不達身,公奄知止足,遽薄浮榮,未能退藏,且希清散。尋亦蒲主太師,遺綰舊地别業,即甘棠第一之勝境。非殊金谷,罔異武陵。既豁沖襟,深怡蕭洒。奈何五味失節,六疾兼生,神道不仁,藥石無驗,以乾化元年十月十一日卒於陝府城之私第,春秋百齡之半。公先娶夫人弘農楊氏,遘疾早終。再娶隴西李氏夫人,俱其禮也。有三女三兒,女賢齊德耀二妃,兒孝等田荆陸橘。嗚呼!今則發楊氏夫人與公合祔,乾化二年正月卅日葬于陝府東北趙莊之薨里。塋域創構,窀穸備全。道衢感傷,親族垂涕。生榮殁盛,難細述哉。聊刻貞瑁,式光幽隧。其銘曰:

凋金呈姿,斵玉顯質。寶既成器,公堪儔匹。武有七德,能入能出。文有五車,何須何必。功勛既就,名宦兼律。盡自箭頭,非因刀筆。奈何纖壽,俄變枯骨。靈柩哀哀,佳城鬱鬱。永訣此際,重觀無日。抉懇代情,萬不盡一。

原載《河南三門峽市唐代張爽夫婦墓發掘簡報》

熒惑犯心大星奏　乾化二年五月

大星爲帝王之星,宜修省以答天譴。

原載《舊五代史》卷 7

謝朱梁祖大硯瓦狀

業恩賜臣前件硯者。伏以記室濡毫於楯鼻刀佩非多。史臣染翰於螭頭,筒形甚小。尚或文章煥發,言動必書,爲號令之詞,非典謨之訓。如臣者,坐憂才短,行怯思遲。自叨金馬之近班,常愧玉蟾之舊物。豈意又頒文器,周及禁林。製作泓渟,規模廣滑。閉宫苔而色古,連沼石以光凝。敢不致在坐隅,酣茹筆陣。餘波浸潤,便同五老之壺。終日拂磨,豈但一丸之墨。如承重寶,倍感深恩。

原載《全唐文》卷 847

梁故樂安孫府君(公瞻)墓志銘并序

孫氏之先,本樂安人也。曆祀繼世,以武以文。濟濟鏘鏘,從宦居職。垂於令範,藹有厥聲。或霸業於金陵,或立朝於盛晉。咸爲茂族,于今顯焉,即君之胤緒也。其爲昌遠赫奇,不可備書,是以綿邈古今矣。祖諱繼昌,祖妣侯氏。皇考諱莒,皇妣劉氏。

府君諱公瞻,字□□,即先君長子也。自丱髗之立,以庭訓檢身,家法修德。温恭是負,節操不渝。每持孝悌之名,夙蘊潔廉之行。爲鄉里瞻敬,知友欽依。所謂儉素,亦古人君子矣。由是早逢昌運,果契平生。樂道適時,雍容而處。放逸情抱,無污襟靈。既豐家徒,寧拘名利。則開罇風月,設席林亭。摛思浩歌,作晝作夜。但克逍遥之福,罔滋繫滯之心。一紹向來,當言達士。噫乎! 能弘於物,必貽其美;能寬於量,須保其真。何子玉之銘,用爲鑒戒;故織荏祐祚以在兹焉。咸公之志度也。豈意穹旻不富眉壽,俄臻疾恙;迺致問命求醫,竟非徵效。奄從游岱,莫返幽泉。落落之材一摧,冥冥之魂永謝。九族哀慟,四鄰悲傷。豈知形影之難留,遽指桑榆之可惜。以乾化元年四月十三日,殁於齊州歷山縣南招賢坊之私舍,享年六十有五。

夫人魏氏,鄰有子三人:長男知密,新婦王氏。次男防禦同押衙、充副知客延祚,新婦許氏;次延福。女二人:出適王全武,次出適弭彦卿。孫男一人,招哥。女三人:媧娘子、二姐、三姐。夫人自公殁世之後,以主祭肥家,無違禮制,能垂誨,用保家嗣。使在仕者恪勤守職,謙和約己。既多德義,須立昌榮。而況敏俊之才,爲時推仰。佇期寵遇,必高千門。所謂積善之家,固臻餘慶矣。公自棄命,久在堂儀。今以歲道云通,日月斯吉,敬卜宅兆,特創松楸。則玄堂一扃,幽泉永閟。指山河於舊國,得崗阜於新塋。可謂龍蟠,乃封馬鬣。即以乾化二年壬申歲冬十一月四日,啓葬於齊州歷山縣奉高鄉去州西南五里平原,禮也。悲夫! 古之不封不樹,今則墳焉。慮年祀綿遠,陵谷遷變,故刊貞石,而作銘曰:

樂安府君,行義有聞。能修禮樂,不雜不□。出處動静,無撓無紛。固謂享壽,豈意遣魂。厥迹永斷,其名空存。南山北河,千古崇墳。

原載《五代石刻校注》

癸酉年(九一三)正月沙州梁户史氾三沿寺諸處使用油曆

癸酉年正月十一日,梁户史氾三沿寺諸處使用油歷。寺内折麻油壹升,付與張法律女。十五日,寺内燃燈油壹升,付阿雉阿師子。廿二日早上,阿雉阿師手上行城局席油捌升。二月八日,油貳升,付陰師子。十九日,造寒食油伍升,付氾法律、張法律。三月廿四日,報恩寺李僧政身故納贈油叁升,付氾法律、張法律。四月十三日,送水子道場油肆升,付張法律、張師子。十五日,寺内造佛食油叁升,付張師子。廿日,造佛[食]油伍升,付張師子、阿雉阿師子。廿六日,東窟上看大王,油肆升,付阿雉阿師子、張師子二人。五月四日,還羅闍梨油貳升,付張師子、羅師子二人。六月十二日支賀師子誦戒局席,油壹㪷陸升,氾法律、張法律。七月十二日羅闍梨康闍梨二人手上,就庫納油貳㪷壹升。廿七日,張師子手上油壹升,盤輞用。八月五日,徒衆教化油二升付與氾法律、張法律。九月五日秋磑面,油壹升,付氾法律、張法律。十六日,泥行廊墙點鐺用,油叁升,付氾法律、張法律。了頭造局席,油叁升,付氾法律、張法律。十月一日,於二法律手下納油肆升。已前計用得玖(捌)㪷捌(玖)升,又得油一升。

原載敦煌文書 P. 3587

癸酉年(九一三)楊將頭分配遺物憑據

癸酉年十月五日申時,楊將頭遺留與小妻富子,伯師一口,又鏡架匱子又舍一院。妻仙子,大鍋壹口。定千與驢一頭,白疊襖子一,玉腰帶兩條。定女一斗,鍋子壹口。定勝鏊子一,又匱一口。

(後缺)

原載敦煌文書 S. 4577

大梁故隴西郡李府君(望)墓銘并序

從前鄧州軍事判官試太常寺奉禮郎撰

府君上望隴西郡,周朝大道老君之遺愛,唐祚帝王之胤緒,皆爲品族,悉是公卿。逐官遷任,所居而化,移榮枝於别地,分流浪於異流。須乃募道清閑,園林遁迹,今爲大魏人也。皇曾諱、皇祖諱。府君顔皃怈怡清性，温克修仁而藴德行，布義而懷謙恭，於家慈孝，每敬愛尊卑，在里欽□，行周旋而遠近，言議剛直，交道寬弘，親典籍於儒風，精通□□；持經誥於釋教，了達維摩。熏僫非沾，血味天琖，侍養勤孝，晨暮而無失，問安施禮，敬人晦朔，而不虧参省，本□榮家顯族，立志存忠，何期壽不延仁，禍唯及善，因縈心力，頓失神情，從發語以爲往棄精魂，而是疾何勞志□□，豈效名醫庸，義霜墜熒，枝風摧盛燭。去乾化三年三月十四日寢疾，終於家園之私弟，盛年四十有三。

公之慈尊，年侵八十，失子可哀，二目既刺一睛，雙肩空留獨臂。公之慈母梁氏，心傷刃劍，淚隨血凝。公之兄失弟，情苦哀慟心摧。公之嗣子蘇哥，年未若冠，長無□父，業墳典二史五經，習文才七言八韻，既失天蔭，不墜榮身。公之夫人太原王氏，號天叩地，痛切心神，懇志□霜，堅情守子。公之孝女妙娘，從牛氏之門子之聟牛昭，永别撫念之深恩，長存祭奠之半嗣。公之侄男小哥，失叔幼童哀，以可仞悲號。長幼傷慟，親族忽因哀息，骨肉議焉。兵寇未寧，深宜安葬，釋得乾化三年歲次癸酉十二月戊辰朔廿九日丙申日吉時，哀於上代之先塋，備禮而葬。其塋園林舊闕不具疆封，伏恐年代深遠，桑田變移，故乃刊石標題，以彰今古。詞曰：

隴西德公，容皃悒悒。思義鄉德，慈孝家風。釋經了達，儒典精通。

無高無下，有始有終；命惜不識，存殁俱互。良時吉日，禮葬中宫。千年萬歲，銘記無窮。

原載《山東石刻分類全集》

賈府君志

燕故河東道横野軍副使賈府君墓志并序

（原志以下未刻文字）

原載《山西大同西北郊五代墓發掘簡報》

甲戌年（九一四）竇跛蹄雇工契

甲戌年正月一日立契。慈惠鄉百姓竇跛蹄，伏緣家中欠少人力，龍勒鄉鄧納兒鉢面上雇男延受,造作一周年。從正月至九月末,斷作雇價,每月壹馱,春衣壹對,汗衫壹領,𧞣襠壹腰,皮鞋壹兩。自雇如後,便須兢兢造作,不得抛功壹月(日)。忙時抛功壹日,克物貳斗,閑時抛功壹日,克物一斗。若作兒手上使用籠具鐮刀鏵鍬鍪钁袋器什等,畔上抛扶打損,裴在作兒身□,不關主人之事。若收到家中,不關作兒之事。若作兒偷他瓜困菜如羊牛等,忽如足得者,仰在作兒身上。若作兒病者,算日勒價。作兒賊打將去壹看大例。兩共對面平章準格不許番(翻)悔者已已;若先悔者,罰青麥拾馱,充入不悔人。恐人無信,故立私契,用爲憑。

押字爲定延受□

(後缺)

原載敦煌文書北圖生字25

甲戌年(九一四)西漢燉煌國聖文神武王准鄧傳嗣女出家敕

西漢燉煌國聖文神武王敕。

押衙知隨軍參謀鄧傳嗣女自意敕:隨軍參謀鄧傳嗣女自意,姿容順麗,窈窕柔儀,思慕空門,如蜂念蜜。今因大會齋次,准奏,宜許出家,可依前件。　甲戌年五月十四日。

原載敦煌文書S.1563

梁故東海徐氏夫人墓志銘并序

夫人即節度右押衙、鎮東軍副知客、銀青光禄大夫、檢校國子祭酒、右千牛衛將軍、兼御史大夫樂君之冢婦也。夫人曾祖諱□,祖諱佑嚴,父暭,見充鎮東軍觀察孔目官、檢校工部尚書。夫人以乾化四年七月六日遘疾奄逝,享年四十,以其年八月三日歸葬於鄞縣靈巖鄉金泉里,禮也。噫乎!夫人禀嫣然之姿態,實仙苑之桃李,自和鳴鸞鳳,益顯令德。而又柔順孝敬,以奉姑嫜,爲六親庭閏之則,所謂神垂其祜,天憗其善。孰知一旦遽罹凶舋,歸于窀穸。夫人育一男光途,年猶幼冲,悲乎偏露,所不忍睹。嗚呼!生也幻世,没兮歸人,聊紀馨香,用標年紀。銘曰:

君之容止,悉皆推先。君之行義,不辱移天。蘭既摧而玉折,日將遠兮時遷。永刊貞石,千年萬年。

原載《古志石華》卷25

甲戌年(九一四)鄧弘嗣改補充第五將將頭牒

敕歸義軍節度兵馬留後使牒。

前正兵馬使銀青光禄大夫檢校太子賓客鄧弘嗣。右改補充左厢弟五將將頭。牒奉處分,前件官,弱冠從戎,久隨旌旆,夙勤王事,雅有殊才,臨戈無後顧之心,寢鐵更增雄毅。兼懷武略,善會孤虚。主將管兵,最爲重務。塵飛草動,領步卒雖到毬場。烈陣排軍,更宜盡終而效節。上直三日,校習點檢而無虧。弓箭修全,不得臨時而敗闕。立功必償,别加遷轉而提携,有罪難逃,兢心守公。依已件補如前。牒舉者,故牒。

甲戌年十月十八日牒。使檢校吏部尚書兼御史大夫曹仁貴。

原載敦煌文書 P. 3239

後梁乙亥年(九一五)二月敦煌鄉百姓索黑奴程悦子二人租地契

乙亥年二月十六日,燉煌鄉百姓索黑奴、程悦子二人,伏緣欠闕田地,遂於侄男索□護面上,於城東憂渠中界地柒畝,遂粗(租)種苽。其地斷作價直,每畝壹碩二斗,不諫(揀)諸雜色目,並總收納。兩共面對平章,立契已後,更不許休悔。如若先悔者,罰麥四馱,充入不悔人,恐人無信,故立此契。

粗(租)地人程悦子

粗(租)地人索黑奴(押)

見人氾海保

原載敦煌文書 S. 6063

移建尊勝幢題記

大梁乾化五年歲次乙亥四月辛卯朔四日甲午(□□),留守□□□□□□□□□□□□□□□□僧小師懷詠□當□維那邑衆,於龕澗上原有倒塌《尊勝》幢一軀不知年代，僧遂□維那信士共部領車牛□□□重般載到□建立。功德主懷詠、維那五（王）邵、陳景文（□之）。

以下人名不録

原載《八瓊室金石補正》卷46

獲嘉李琮造像記

李琮，懷州獲嘉續村人也。奉爲亡過父母造觀世音菩薩，願領此功德，往生净土，見佛聞法。

大梁乾化五年乙亥歲六月三日記。

原載《八瓊室金石補正》卷79

大梁故佑國軍節度押衙銀青光禄大夫檢校國子祭酒兼御史大夫上柱國徐州下邳郡國礵志銘

竊以礵貫居孟州温縣殖貨坊敦化里。祖文通。父莒，有弟二人：長弟瑭，次弟積。先塋并在縣北三里東郭村南。礵遭逢罹亂，繫累京都。時河南府創建佑國軍節，礵因兹縻職，後以寢疾身亡。有弟三人：長弟礮，職守河南府押衙。次弟磷，官授福州長史。次弟磻。侄男四人：長侄仁裕，次侄仁顯，次醜多，小侄禿哥。礵有男三人：長男贍，次男岳，小男留住。孫四人：長孫六人，盧十，鄭奴，甜兒。礵夫人始平郡馮氏。乾化五年歲次乙亥七月庚申朔廿五日甲申，遷葬於河南縣宣武店東北。因遭兵革，移住洛都。尚緣鄉里未寧，遂此創修塋所。刊石留記，將傳不朽之名；鎸録緣由，播在子孫之口。自兹松柏，永保千秋。積善傳芳，長存後祀。

河南縣紫□鄉宣武村地主楊札。兼造尊勝陀羅尼幢一所建立塋内。

原載《全唐文補編》卷156

乙亥年九月十六日社司轉帖

社司轉帖，右緣秋坐局席，次至張社官家。帖至，限今月十七日辰時，於報恩寺門前取齊。捉二人後到，罰酒壹角。全不來者，罰酒半瓮。其帖速遞相分付,不得亭滯。如滯貼者,準條科罰。帖周却付本司,用憑告罰。乙亥年九月十六日録事張貼。社官張闍梨、周闍梨,孫闍梨,社長□再晟,李□(下闕)陰(下闕)王醜奴,令孤員清,(下闕)□□席人張録事。

原載敦煌文書 P. 3764 背

乙亥年(九一五)金銀匠翟信子等三人狀

金銀匠翟信子、曹灰灰、吴神奴等三人狀。右信子等三人,去甲戌年緣無年糧種子,遂於都頭高康子面上寄取麥叁碩,到當年秋斷作陸碩。其陸碩内填還壹碩貳斗,亥年斷作玖碩陸斗,更餘殘兩碩。今年阿起大慈大悲,放其大赦,矜割舊年宿債,其他家乘兩碩,不肯矜放。今信子依理有屈,伏望阿郎仁慈,特賜公憑,裁下處分。其翟信子等三人,若是宿債,其兩碩矜放者。

原載敦煌文書上圖 98

張景等造經幢記

■津梁嶮道,破蕩昏衢,難説難稱,無方無及者,其唯大佛頂尊勝隨永無上王之心印也。今有清河郡張景,爲都維那□化□□共崇■形勢■泉表佛之心印刻布回鸞法王頂尊鎸□鳳迹,所冀瞻旋者之除三毒之呑;燒影覆塵□□五通之俗□□途開□□佛要津■張景等□爲當今■齊日月,臣僚惠改,疚念疲羸,鷄犬無諠,昭蘇有泰,建此勝緣,同申禱賀。自此别申所爲,稽敬丹心,奉爲天水郡□□□大德安厝之所也。大德俗姓趙氏,■清□□□情深久施,善誨志學,■載戒授千人,□□息念之觀門,堅處冰霜之意地,德播時欽,人歸門望,厭兹聲利,志樂山林,□爾□錫■山寺□坐■存□□之■語吾今□耄不返,故□言訖而終,□然似息■十三門人紹■法維哀盈岩穀,携持灰骨,乃安厝於兹大幢之下,奉展法恩之禮也。入室僧弟子□律■洪本行■乃研窮律法,靡所不通,■都維那張景等,亦□親瞻道■師受佛頂於香階,■既以身沾法訓,悟此金文,將酬携接之恩,須罄建修之懇。是以與門徒僧俗,造立斯幢,伏恐□周易□□□□知音□有紀之

□□咏□。時乾化伍年歲次乙亥。■

原載《唐文續拾》卷11

張筠葬舍利記

陽面

宣徽院使、權知昭德軍節度觀察留後、光禄大夫、檢校司徒、守左武□上將軍、兼御史大夫、上柱國、清河郡開國侯、食邑壹阡户張筠。貞明二年正月一日葬舍利記。

陰面

相州净空院主尼惠梧,兼知功德主勾當僧法超,造塔□料雷神佐,石匠□遇知俊,寫字王嗣。

原載《安陽縣金石録》卷4,清嘉慶四年刻本

後梁丙子年(九一六)正月赤心鄉百姓王再盈妻阿吴賣兒契

赤心鄉百姓王再盈妻阿吴,爲緣夫主早亡,男女碎小,無人求(救)濟,供急依(給衣)食,債負深壙(廣)。今將福(腹)生兒慶德柒歲,時丙子年正月廿五日立契,出賣與洪潤鄉百姓令狐信(進)通,斷作時價乾濕共叁拾石。當日交相分付訖,一無玄(懸)欠。其兒慶德自出賣與(已)後,永世一任令狐進通家,充當家僕,不許别人論理。其物所買兒斛斗,亦須生利。或有恩敕流行,亦不在論理之限。官有政法,人從私契。恐後無憑,故立此契,用爲後驗。

原載敦煌文書 S. 3877 背

丙子年(九一六)沈都和賣宅舍契

慈惠鄉百姓沈都和,斷作舍物,每尺兩碩貳斗五升,准地皮尺數,算著舍櫝折貳拾玖碩伍斗陸昇九合五圭乾濕谷米。其舍及米,當日交相分付訖,並無升合玄(懸)欠。自賣已後,一任丑撻男女收餘居主,世代爲主。若右(有)親因(姻)論治此舍來者,一仰丑撻竝鄰覓上好舍充替一院。或遇恩敕大赦流行,亦不在論理之限。兩共對面平章爲定,准格不許休悔。如若先悔者,罰樓機綾一匹,充入不悔人。

恐人無信,故立私契,用爲後憑。

丙子年三月一日立契僧智進自手題之耳記也。

(後缺)

原載敦煌文書北圖生字25

梁故清河張府君(儒)墓志銘并序

□□大□同果不同名,光火中吁嗟莫及。府君諱儒,清河人也,曾祖彦,祖岌,父最之第二子也。□□□文秀不仕,府君傳習承家,爰自童蒙,使謹靡性,常行施惠,不□資財。吴門之士庶依投,四海之明賢向慕。謂期積善有慶,皇天匪視,倏下小廖,便至膏肓。以禎明二年三月九日終於私第,享年六十有三。以其年三月廿三日窆於長洲縣武丘鄉大來里,買□□□□。府君三娶:初丁氏□□,維失所□,女二人,因曰朱娘,女曰高婆,聘朱氏;次娶□氏,一女野苟□,聘朱氏;今羊氏,廿載矣。二女嬰幼,抱泣靈前,遺腹未明,倍增號慟,恨琴瑟之禮,舉目傷嗟。慮陵谷改移,乃爲銘曰:

懿哉府君,樂道安貧。知足常足,志也何因。温温君子,誰可比倫?言滿天下,謂保松筠。□□之西,有賢有愚。千秋萬古,誰不□□。

原載《蘇州博物館藏歷代碑志》

後梁丙子年(九一六)沙州赤心鄉百姓安富通雇工契

丙子年六月五日立契。赤心鄉百姓安富通,伏緣家内欠少人力,遂雇同鄉百姓宋通子造作一周年,從正月至九月末,斷作(底卷書寫止此)

原載敦煌文書S.1478背

丁丑年(九一七)正月十一日北梁户張賢君二年油課應見納及沿梁破餘抄録

丁丑年正月十一日,就庫算會,北梁户張賢君,乙亥年丙子貳年課,應見納及沿梁破餘,謹具抄録如後。

准契見納油數:先乙亥年八月與後,於都師文進年内納油壹斗肆勝。從丙子年正月一日與後至丁丑年正月,與前諸處雜領及庫見納,都師願惠於賢君手下領亥年秋季油伍斗,又從丙子年正月一日與後至年末秋季於庫門見納油貳斗陸勝,内壹斗與石丑通充亥年烟火價用,又貳斗充子年烟火價用,貳斗肆勝子年雇釜價用,又壹斗亥年秋季雇釜價用,貳斗局席日矜放賢君用,伍勝買甑用,壹勝和尚窟上來日迎頓用,壹斗算會日矜賢君用,貳勝兩件迎磑車頓用,伍勝沿修梁破用,張賢君亥子貳年欠油五斗三昇,中間准契欠油壹碩叁勝。丙子年欠油五斗。

僧政

僧政

都僧録

原載敦煌文書 S. 6781

丁丑年(九一七)十月沙州赤心鄉百姓郭安定雇驢契

丁丑年十月廿七日,赤心鄉百姓郭安定,遂雇百姓高興達伍歲駁驢壹頭。斷作雇價,共驢主高知。若身不平善來者,仰口承妻立驢。兩共對面平章,不許休悔。如若先悔者,罰羊一口,充入不悔人。恐人無信,故勒此契,用爲後憑。

十月廿七日雇驢人郭安定(畫押)

口承人阿妻張氏(畫押)

見人孔員通(畫押)

見人郭保安(畫押)

原載敦煌文書上圖 174(6)

龍興寺鄭義尊勝經幢記

佛頂尊勝陀羅尼真言

千手千眼觀世音菩薩廣大圓滿無障礙大悲心陀羅尼神妙章,■施龍興寺新羅堂,永爲供養。許州游郭保■。竊聞慈尊住世,教演西天示現去來法,傳東夏摩騰,遠降□漢,明具瞻睹善五嶽以招呼■憂劣於當。初顯霊通於聖日，鴻臚驛伴，遂置三壇，白馬寺前俱焚二教。是以慈雲高張於■□之無盡。今有滎陽施主武甯軍、□□□親王元從鄭義家、瑕丘□，當許下夙懷。鄭重建■，鎸大悲心靈文佛頂，而同時慶贊，功圓而刻就。願心既滿，今已答酬佛，有慈悲納斯上善。妻王氏、男■，福祐於家門，保□榮於永世。貞明三年歲次丁丑十一月壬子二十六日辛丑，敬佛弟子鄭義■。

原載《八瓊室金石補正》卷 79

丁丑年(九一七)前後陽王三欠油憑

(前缺)

紫捌窠欺政綾兩鳥全長叁拾貳尺，准折欠油兩碩伍斗壹勝半。更殘欠油叁碩，用爲後憑。

僧政霓　欠油人陽王三(押)

僧政　口承男惟子(押)

都僧録龍辯

原載敦煌文書 S. 6781

戊寅年(九一八)僧紹進貸糧契

戊寅年三月十三日，都僧統法律徒衆龍中豌算會。趙老宿、孟老宿二人行像司丁百斛斗本利，准先例丁聲數如後：

見合得麥伍四(拾)碩柒斗、粟貳拾碩陸斗貳[升]半、豆肆碩陸斗柒勝(升)，又麥捌碩壹斗貳勝(升)半，又粟壹拾玖碩捌斗伍勝(升)，豆肆碩貳斗柒勝(升)半。兩司都計借麥壹拾叁碩捌斗貳勝(升)半、粟肆拾碩肆斗柒勝(升)半、豆捌碩玖斗肆勝(升)半。其上件斛斗，分付二老宿、紹建、願會、紹净等五人執帳，逐年於先例加柒生利。年支算會，不得欠折；若有欠折，一仰伍人還納者。

法律紹進

法律洪忍

管内都僧統謹嚴

原載敦煌文書 S. 0474

宰相親情固不妨事奏 貞明四年四月

宰相親情,不居清顯。避嫌之道,雖著舊規,若蒙特恩,亦有近例。固不妨事。

原載《舊五代史》卷9

唐汝南郡周公故夫人隴西郡李氏墓志銘并序

夫人太上之後裔,玉葉金枝,李氏興焉。公祖諱潭崾,父諱君亮,棫社先營之(內),身任盤龍冶務爐前押官,周公,名承遂之謂也。故夫人隴西郡李氏則第五女也。夫人令淑有聞,母儀夙著,心仁愛於諸子,性柔奉於齊天,寔可謂軌範宗親,光榮女史,富壽斯短,懿德往馨/周公達理,仍假道顯。夫人爰因微瘵,救療無方,鸞鳳只飛,慘然失伴,去天祐十四年十月十六日終於大夜。夫人春秋六十有四。祇有子一人,名神旺,亦當務爐前押官,並仁孝成身,允文允武,穿楊之美,七步詩章,禮娶郭氏。有女二人,長適西河郡任氏,次適蘭氏。有一人孫,名觀音留。神旺等皆以哀纏五内,痛貫六情,欲報深恩,號天網極。今取天祐十五年十月十四日葬於井陘縣陰泉鄉盤龍冶北一十裹,買得陘里村東李行同地。周家將充葬地。卜墳,千秋永固。噫!德不延乎?籌算良可,恐後桑田改變,隨谷遷移,故勒一方之。□□爲銘記。詞曰:

汝南周公,文王之□。家傳勝美,八代門風。

夫人先謝,玉池□。孤墳悄悄,異徑神通。

悲風慘□。月照長空。

原載《一組五代井陘窑陶瓷器的釋讀——盤龍冶押官妻李氏墓的瓷器、三彩器及墓志》

唐故于(元□)府君墓志銘并序

府君于姓,其□代江夏郡人也。軒皇之祚胤,錫姓封侯,受宦此地。先祖諱□,□□□高,書在先塋碑碣。曾祖諱君德,才高行遠,名播四方,信義謙恭,馨香海内。府君諱元□,藝通寰宇,志略超人,□□雅揚,共談美德。不幸天祐七年五月十六日謝世,春秋六十有三。

夫人趙氏,思往年琴瑟,痛苦纏眠;念昔日同衾,情如刀割。孤霜七載,撫育女男。謝氏之風,女儀有則。去天祐十三年九月一日,得疾終於私第,春秋六十有八。嗣子二人,長曰敬德,次曰敬武。若雙珠並鷃,兩驥齊馳。善修彤盧之六均,巧製烏號之初月。今乃考妣俱喪,孝行無雙,泣竹卧冰,古之虛唱。女一人,適王公。新婦王氏,並承嚴訓,侍養無虧,暮省晨參,□□姑之禮。孫男三人,長曰彦威,仲曰盛兒,次曰翁兒。爰□中之寶愛,似衣内明珠。既失翁婆之恩怜,空增想望。□天祐十五年丙子歲十月十五日,葬於汾城西南五里。或恐年深代隔,故立兹文,乃爲銘曰:

君之德也,今古無□,文武雙美,禮樂全修。嗣子忠孝,大□□□,栽松植柏,永保千秋。

原載《三晋石刻大全》(吕梁市汾陽市卷)

權知歸義軍節度兵馬留後使曹元德致張希崇狀稿

[時]候,伏惟相公尊體動止萬福。即日某乙蒙恩,限守遐方,[未由拜]謁。謹奉狀不宣,謹狀。

七月九日權知歸義軍節度兵馬留後使

某乙狀上相公閣下謹空。不審近日尊體何似,伏願精嘉(加)藥膳,以安社稷生靈。伏惟恩察。謹狀。

權知歸義軍節度兵馬留後使,某乙狀[上]。

又賀别紙

[專]使西回,伏奉榮示,詞旨稠疊,愧悚實深。某乙忝權留[後],暫總軍戎,未奉奏聞天顔,豈憶(意)聖造澤漏天西,詔[宣]遐外;此皆相公恩威,非次顧録,被受寵榮,悚[惕]兢惶,不任感懼。磧漠紆迴,未由拜謁,謹差節度押衙張進誠[奉]狀陳謝。伏惟照察,謹狀。

權知歸義軍節度兵馬留後使,某乙狀[上]。

又别紙

伏以相公嵩華至精,河汾上瑞,冰壺潔己,台衮承家。窮皇王教化之源,叶卜徵私之兆;鬱兹重器,傑立明時。發身[於]問望之間,高官於搢紳之内。出同威鳳,勢極博鵬,分皇主之憂勤,龍旍秉節;副蒼生之禱祝，鶵樹重栖。况天遐(假)英□，權謀涌峻，横戈而朔漠雲收，卷旗而邯鄲易幟。繼决囊之妙算，殄秦隴之妖星。使國家再宗廟之安，□大河而番戎自慴。某乙遠居磧外，指禦非輕；旋賴高明，扶持卑弱。今者使臣迴轍，兼差賀恩使人，伏望相公鴻恩垂造，矜育邊甿。般次儻遂前程，住(往)迴無患，莫代於此。何敢忘焉。伏乞台慈哀念舊日芊風，憑造神機，安恤今時帝業。使人來往，全企朗察。謹狀。相公原顔，關津不滯行程，實則□以荷負，瞻禮望日，專恃指撝庻基(幾)孤孽，全有濟托。更有情懷審細，并在使人口申。親馳面拜之間，伏垂一一具問。

又別紙

伏以邊荒古戍，元本以(與)朔北通烟。十五年來，路鯁難危阻絶。昨者深恩仁重，遣邊吏於雄藩，貴達方音，申陽關之寧謐。恃賴相公恩照，兼蒙澤漏西天，詔宣荒裔。竊聆使臣經過貴府，深沐恩私，邀宴賞於紅樓，動經宵夜；拽鸎武(鵡)之金杯，重添玉燭，仰羡不及，空勞夢魂。伏惟鑒察，謹狀。

權知歸義軍某乙敬上。

又別紙

伏蒙相公顧録，特降專人；紆遠龍沙，有勞跋涉，非時至此，累月淹留。蓋緣使臣未行，所以稽遲迴轍。龍沙古戍，寂寞蕭條，接待之間，倍多疏失。進退兢悚，不違所裁。伏惟鑒察，謹狀。

又別紙

伏以孤軍絶漠，最是遐外，磧西四冠，居川不墜。漠境風化，賴蒙相公雄鋭威臨，遠被於戎方；某乙感激之懷，晨昏倍增攀切。昨蒙瓊緘爰至，頂戴捧(讀)而歡忻；披覽再三，雨露沾衣而欲濕。丁寧示諭，敢禀於台慈；眷念過深，兼錫不垂形外。某乙邊軍乍守，近管戎蕃，遥沾(瞻?)畫戟雄教，久嚮台衡威德。况以龍沙孤戍，以其河朔陸疆，精囨(?)使人往來，願矜一家之好，既許義同膠滕(漆)，荷負上山，千載而一朝。紹續恩深，望拍(?)私百生而榮昇萬固。嵩山雖峻，尚無簡於纖埃；滄海弘深，猶猥容於勺水。又蒙殊懿，感通流深，□當憐念，優同眷屬，恤以恩親。非獨悲情暢豁，傾城百姓共荷納恩。披謝未由,伏增傾祝。切以東西路遥,雲霄有隔蓬宫,昆兄季弟等倫。望企相公神旨,瞻風向日,專牒指撝,孤軍全有倚托。更有情懷審細,并在使人口申。親馳面拜之間,伏垂一一具問。伏惟照察,謹狀。

涼州書

專使西上,捧受榮緘,戴悚周旋,誠難荷負。蒙恩星使降臨,不任感懼。伏惟僕射文武全材,業優三略;智深韓白,七縱在懷。撫鎮而羌龍畏威,權謀而戎夷自廓;使夙(烽)燧不經(驚)於朔野,狼烟泯滅於蘭山。拜師長之榮,即睹秉台之貴。今者使臣迴轍,當軍兼差使人,路次經過大藩,豈敢輒無匪(非)違。前載得可汗旨教,始差朝貢專人,不蒙僕射恩隆,中路被温未(末)剎劫。今乃共使臣共往,望僕射以作周旋,得達前程,往迴平善,此之恩得(德),何敢忘焉。

原載敦煌文書 P. 2945

己卯年(九一九)海宜貸絹契

1. 乙卯年五月九日,馬軍■
2. ■欠闕匹帛,遂於張■
3. 參文肆尺又柒寸,■
4. □領好立機,■
5. ■於尺數填還,如若
6. ■張闍梨於鄉城例
7. ■海宜身東西不平
8. ■弟法律祥定面上取
9. ■無信,用爲後憑。
10. ■絹人馬海宜(畫押)

原載敦煌文書 Дx6708

大唐故宋府君墓志銘并序

天以清氣得名,地以濁成刑人,以玄氣靈爲四蛇,二麗遷變不常。先西河郡人,承亞父翁之叙因官品焉。簪纓遠近,葉居高低,今散爲靈名縣人矣。

曾諱勖,祖諱儒,考諱憲,妣王氏。昆季五人,長弁新,婦李氏;次政新,婦任氏;次晟新,婦弓氏;次義新,婦楊氏。先□宋府君,因官立名儔,以謙禀志,平直居懷,公葉相傳,名彰寰宇。行以兩行之信,坐應十鄉之團,儀貌簽鏘,言辭悄悄,今者未達,奈何春秋八十有一,天禄已終。

去天祐九年,自願造文柏細椁一口,身□門□□□□閻氏,四德無虧,三從有志,采葉南陌,中饋北堂,誨示勤心,生繼玆益。罕得良年身邁,昊天難報,思其葬禮,順天之道,爲身年耄,爲孝竭力也。嗣子二人,手足長在後世,孟者行謹,仲者行段;新婦二人,孫氏何氏,成家有禮,恭孝齊心,佳存參問之期,後有畢姑之德。府君有二女,長曰適寧,中曰適王,宗皆高門貴族,乃武乃文。孫男二人,長字癩子,次曰乘兒,李五□大□;孫女九人,長曰適□,中曰適侯,次日適楊、住師、清姑、小姑、大昭、師師、小毦。長幼和睦,上順下從,以天祐九年壬申歲正月遂造生椁一口,即在目前,後或天命不達,遷葬于靈石縣介休鄉西宋村。住宅西南一百步以來,其地南眺介袖,北望龍泉,西觀秦廟,東睹白牛之泉。其水一戴,或沉或流,此乃伏恐桑田變改,水陸更移,午代况乃不同,陵谷即多遷異,琢石泉門,幽記於右。後去天祐十六年十月十五日遷葬。其文自書,其頌曰:

來何因,去何緣,玉菟西移逝九泉。
寂寞不知何處去,無形無影不回還。
男女號逃何時見,空想生存在目前。
千秋萬歲永長别,孤墳壟土伴霞烟。

原載《靈石碑刻全集》

庚辰年(九二〇)正月報恩寺寺主延會諸色入破曆算會牒殘卷

報恩寺主延會狀

右合從丁丑年正月一日如後,至庚辰年正月一日如前,中間三年,所執常住什物、諸渠厨田、麥、粟、黄麻、豆、油、麵等,總貳伯壹拾碩肆斗捌升五合：

壹伯壹拾陸碩玖斗麥，

叁拾玖碩粟，

壹拾貳碩貳斗豆，

伍合油，

捌碩捌斗黄麻，

叁拾叁碩陸斗叁升白麵。

肆拾肆碩陸斗叁升伍合麥粟黄麻豆油麵等，承前帳迴殘舊：

貳拾壹碩陸斗麥，

伍碩肆斗粟，

叁碩柒斗豆，

伍合油，

玖碩陸斗叁升白麵，

肆碩叁斗黄麻。

壹伯陸拾伍碩玖斗伍升麥粟豆黄麻白麵等，三年間間新附領入：

玖拾伍（碩）拾叁斗麥，

叁拾叁碩陸斗伍升粟，

（後缺）

原載敦煌文書 P. 2821

庚辰年（九二〇）正月二日僧金剛手下斛斗具數曆

庚辰年正月二日，僧金剛手下斛斗具數如後：安慶子便麥叁碩，至秋陸碩。（押）。金剛惠便麥叁碩柒斗，至秋柒碩肆斗。

原載敦煌文書 S. 1781

庚辰年（九二〇）三月浪歌保雇工契

庚辰年三月十四日，浪歌保下手造作。（底卷書寫止此）

原載敦煌文書 S. 5465

後梁庚辰年(九二〇)三月沙州洪池鄉百姓唐醜醜等雇工契

庚辰年三月十七日,洪池鄉百姓唐醜醜、慈惠鄉百姓氾子通,欠少急用,遂雇某乙。入作已後,事須兢兢,不得勉(拋)敵公(工)[夫],克物一斗。若勉敵入作主人已後,事須後付(底卷書寫止此)

原載敦煌文書 S. 6614 背

庚辰年(九二〇)客將張幸端貸絹契

庚辰年六月十三日,客將張幸端遂於氾僧政面上貸生絹兩匹,各長肆拾尺,其兩匹充渠地三畦□□如所貸絹比從政來日,並不生利,如從政于闐回□還有者,所典地須任從政佃種,本絹亦在。恐人無■私契,用爲後驗。

貸絹[客]將張幸端
貸絹□□行(畫押)
■義(畫押)

原載敦煌文書 P. 2161p1

故左街威儀九華大師洞玄先生賜紫程公(紫霄)玄宫記

南華真人曰:駢於辯者,壘瓦結繩竄句,游心於堅白同異之間,而蹩跬譽無用之言非乎,而楊墨是已。譆!失知白守黑,弱志强骨之道,洞玄先生之謂歟。先生諱紫霄,字體元,程伯休之裔。祖禰,本將家子。烈考詷,右神策軍管征焉。都將齠年,嚴父授以老子經。到愛民治國,悟繟然之理。歸依玄真觀左街講論大德、賜紫伍尊師又玄。咸通九年七月七日披度祖師玄濟先生曹尊師用之。先於茅山指何君傳授正一盟威籙,次授中法。蒙恩賜號九華大師。以至詣天台葉君門下,授三洞畢法。先生曉三洞經誥,講四子玄言。問無不知,博通史傳。辯如河涌,詞若山横。聖帝賢臣勛閥,文士咸所鄭重。蒙魏王令公表薦,賜號洞玄先生。先生嘗謂尊達間日若非,遇大丹至藥,仙家重無疾物化。聖人不病,以其病病,是以不病。貞明六年七月十日己亥初夜焚修朝拜,蓋二時常儀,命沐浴,竟儼然羽化。嗚呼哀哉!

春秋六十有六,以其月二十三日壬子葬於邙山三清觀東北隅,禮也。先生自秦入洛,受壽春太傅清河公恩煦。生前生後,送終次第。事無巨細,一一出清河公。先生聰晤,寧不感知。上足董道甄、董道鄰、卞道化、杜道紀、竇道符等銜粥絶口,哀毀過禮。人神棘心,聽四子弟。子前河南府司録參軍伏琛謹記

原載《秦晋豫新出墓志搜佚續編》

後梁庚辰年(九二〇)舊把倉麥人惠善等算會憑

庚辰年十一月,就殿上算會。舊把倉僧李校(教)授應會四人等,麥除破外,合管迴殘麥陸拾壹碩肆斗柒升,現分付新把麥人倉司惠善、達子四人等,一一爲憑。

把麥人達子(畫押)

把麥人法達(畫押)

把麥人法云(畫押)

把麥人惠善(畫押)

原載敦煌文書 S. 5806

後梁貞明六年(九二〇)十一月辛胡兒典身契

貞明陸年歲在庚辰拾壹月貳拾肆□家中闕少極多,無處方始,今將(腹)□押衙康富子面上,典生絹□充還債主。比至奴子力辦還胡兒衣,不笇(算)雇價,但辦得(絹)□歸家。其胡兒自典已後□,不令東西南北,同主人意傭力□具、畜乘、籠具不得,倍(陪)劈□故(恐)後無憑,用爲後記。

典人辛□

領☐(絹)□

見人衹□

見(人)□

原載俄藏敦煌文書 1409

辛巳年(九二一)慈惠鄉百姓康不子貸生絹契(習字)

辛巳年二月十三立契。慈惠鄉百性(姓)康不子爲緣家内欠少匹帛,遂於莫鄉百姓索骨子面上貸黄絲生絹壹[匹],長三仗(丈)柒尺五寸,福(幅)闕(闊)貳

(後缺)

原載敦煌文書 P. 2633 背

史館請修唐史奏　貞明七年二月

伏見北齊文士魏收著《後魏書》於時自魏太武之初至於北齊,書不獲就,乃大徵百官家傳,刊總斟酌,隨條甄舉,搜訪遺亡。數年之間,勒爲一代典籍,編在《北史》固非虚言。臣今請明下制敕,内外百官,及前資士子,帝戚勛家,并各納家傳,具述父祖事行源流,及才術德業,灼然可考者,并纂述送史館。如記得前朝會昌已後公私,亦任抄録送官,皆須直書,不用文藻。兼以兵火之後,簡牘罕存。應内外臣僚,曾有奏行公事,關涉制置,或討論沿革,或章疏文詞,有可采者,并許編録送納。候史館修撰之日,考其所上公事,與中書門下文案事相符會。或格言正辭,詢訪不謬者,并與編載。所冀忠臣名士,共流家國之耿光;孝子順孫,獲記祖先之丕烈。而且周德見乎殷紀,舜典存乎禹功,非惟十世可知,庶成一朝大典。臣叨庸委任,獲領監修。將曠素餐,輒干元覽。

《舊五代史》卷 10

辛巳年(九二一)燉煌鄉百姓郝獵丹貸生絹契(習字)

辛巳年四月廿日,燉煌鄉百姓郝獵丹家中欠少匹帛,遂於張丑奴面上太(貸)生絹一匹,長叁仗(丈)捌尺,福(幅)闊貳尺。其絹利頭須還麥粟肆碩。次(此)絹限至來年田(填)還,若於限不還者,便著鄉原生利。

原載敦煌文書 P. 2817 背

後梁辛巳年(九二一)五月洪池鄉百姓何通子典男契(習字)

辛巳年五月八日立契。洪池鄉百姓何通子,伏緣家中常虧物用,經求無地,擭設謀機,遂將腹生男善宗只(質)典與押牙(底卷書寫止此)

原載敦煌文書北圖餘字 81 背

辛巳年(九二一)六月十六日社人拾人於燈司倉貸粟曆

辛巳年六月十六日社人拾人於燈司倉貸粟曆。法會貸粟柒斗□,索都頭粟七斗,順僧正貸粟柒斗,吴法律貸粟柒斗水,宋法律貸粟柒斗悉,保弘貸粟柒斗悉,保祥家貸粟柒斗,李入粟伍斗,大阿耶粟柒斗,王進粟柒斗□,繩歌粟柒斗大,索萬全粟柒斗□。

右件社人須得同心同意,不得道東説西,諠亂罰酒壹瓮,後到罰酒壹角,全不來罰酒半瓮,的無容免者。

原載敦煌文書·羅振玉舊藏

後梁貞明六年(九二一)押衙康富子雇工契

貞明陸年歲在庚辰拾壹月貳拾肆■

(中間十一行未録)

見人□

原載敦煌文書俄藏敦 1409

後梁壬午年(九二二)正月慈惠鄉百姓康保住雇工契

壬午年正月一日立契。慈惠鄉百姓康保住,爲緣家中欠少人力,遂於莫高鄉百性(姓)趙緊匠面上,雇男造作壹周年。從正月之(至)九月末,斷作每月壹馱,春[衣]壹對,汗衫壹領,縵襠壹腰,皮韈壹兩。入内欠闕,佳(任)自排榫(比)。自雇如後,便須造作,不得拋工壹日。若亡示(忙時)拋工[一]日,拋(底卷書寫止此)

原載敦煌文書 P. 2249 背

壬午年(九二二)正月蘇永進雇駁駝契

壬午年正月廿六日立契。押衙蘇永進,伏緣家于闐充使,欠少畜剩(乘),遂於都頭鄧栽連面上,雇陸歲馭駝壹頭,斷作雇價大紫帛綾一匹,爲定。

立契押衙蘇永進

原載敦煌文書津藝 61FV

壬午年(九二二)郭定成典身契

壬午年二月十九日記,壬午年二月廿日立契。惠■。壬午年二月廿日立契。惠立契慈惠鄉百姓郭定成,伏緣家内欠,今租自身於押衙王永繼家内質典,斷作典價壹丈捌尺,福(幅)貳尺,土布壹匹。自典餘後,王永押得驅使瀆不許王家把勒。人無雇價,物無利頭。若不得拋工數行□坐,鐮刀器械,牛羊畜生。合宅若畔上,非理失却杍(打)破,裴(賠)在定成身上活。若牛羊畜生非命杍煞(殺),不關主人之事。若其病痛,偷他人羊牛畜生,園中菜茹瓜果,裴在定成身上,不關主成身,東西不平善者,一仰阿兄郭定昌面上取本物。不許捌馱,充入不悔人。恐後無信,故立此契,用爲後憑。

(後缺)

原載敦煌文書 S. 1398

貞明八年(九二二)社司轉帖

(前缺)

■幸請諸公等帖至限■於主人流安家并物及身取齊。捉■(二人)後到者,各罰酒一角,全不來者,罰酒□瓮。其帖速遞相分付,不得亭(停)滯。如滯□(帖)者,准[條]科罰,帖周却付本司。

貞明八年歲次壬午九月廿七日録事帖。

社官石□□□謙　康賢　者　黄昌潤　董德德　□■　曹像友　曹兒子■(後缺)

原載敦煌文書 P. 4720

癸未年(九二三)樊再昇雇工契

癸未年正月一日立契。龍勒鄉百姓賢者樊再昇,伏緣家中欠少人力,遂於效谷鄉百姓氾再員造作營種。從正月至九月末爲期,每月算價壹馱,春衣壹對,衫汗壹領,襪襠壹腰,皮鞋壹兩。自雇已後,便須驅驅,不得抛敲功夫。如若忙時抛功壹日,克物貳斗。

(後缺)

原載敦煌文書 S. 6452

癸未年(九二三)張幸德賒買斜褐契

癸未年正月二十二日,張幸德於郭法律家賣(買)出斜褐肆段,至秋斷麥粟陸碩爲定。

賣(買)褐人張幸德

口承弟僧文會

(後殘)

原載敦煌文書 P. 4803

癸未年(九二三)慈惠鄉契(二件)

癸未年三月五康員遂

癸未年三月一日立契。慈惠百(底卷書寫止此)

原載敦煌文書 S. 3711 背

癸未年(九二三)三月沙州龍勒鄉價(賈)文德雇工契

癸未年三月廿八日立契。龍勒鄉百姓價(賈)文德欠闕人力,遂於赤心鄉賀康三雇取造昨(作),不得抛工一日,每月合受麥馱,春衣汗衫(袖?)、慢當(縵襠)、皮鞋一兩。春衣爲□,限至十月十一日,勒物一斗。或若車牛、籠具、鎌(鐮)刀爲却,牛畜喫池(他)人田種,一仰作兒之(衹)當。牛畜病死,主人字(自)在,便是作兒無裴(賠)。恐⧄(後)無凴(憑),立此⧄(爲?)契,不許先悔。先悔者□□,罰麥□石,充入不悔。(底卷書寫止此)

原載敦煌文書北圖殷字 41

癸未年(九二三)王㺃敦貸絹契(稿)

癸未年三月廿八日立契。王㺃敦欠闕□□,遂於押衙沈弘禮面上貸生絹一匹,長四十尺,幅闊一尺八甬二分。伊舟(州)到來之日,限十五日便須田(填)還,不許推延。絹利白氈一令(領),長八尺,横五尺。入了便須還納,更無容面。悉㺃敦身故,東西不在,一仰口承人文白面上,取爲本絹,無里(利)。立此文書,故勒司(私)契,用爲後驗。要要。

原載敦煌文書北殷 41

梁故金紫光禄大夫檢校司空使持節寧州諸軍事寧州刺史兼御史大夫上柱國漢贈右衛上將軍牛公(知業)墓志

公諱知業,字子英。曾祖諱崇,力行不仕。祖諱孝,梁贈右僕射。烈考諱存節,字贊臣,梁天平軍帥,贈太師。公即太師之長子也。公始以父,任爲都頭,以從太師征戰,有功。時初立馬前都,充馬前第三都頭。稍轉控鶴都虞候。太師授同州節度使,太祖吕公謂曰:"朕聞孝於家則忠於國。爾常在我左右,備諳爾忠勤,以爾人子久别,想多欝戀。朕欲成孝敬而厚人倫,俾爾奉温清而居職位。今授爾同州馬步軍都指揮使。"公於是舞蹈稱謝,感恩泣下,太祖撫背而遣。之太師移鎮汶陽,轉補鄆州衙内都指揮使。太師招討東南,詔公留統州事。無何,屯兵陽留。復命太師爲招討,忽以疽發於背,數日而終。時衙兵有青衫子都,竊啚不軌,欲陷府城。公脱衰裳,披金革,號令而攻逆黨。盡戮。飛奏上聞,優詔褒飾。起復雲麾將軍、使持節房州諸軍事、房州刺史。越二年,授右羽林統軍。俄充關西行營步軍都指揮使。獨領衙隊千人,首下寧州。幕府上功,授寧州刺史。當賊兵勢挫,城將不守,逆魁命其徒縱火焚爇衙署略盡。公之始至,出家財而構焉。未幾,以脚瘡請退詔許歸,□肩輿即路,至於灞橋漸覺羸頓,以其日終於公館。時龍德三年四月六日也。享年四十四。

初娶孟氏,早逝。生子曰宗嗣,東頭供奉官。後娶蕭氏,封蘭陵縣君。生子曰宗德,累官至閤門使,出爲永興軍節度副使,今爲彰武軍節度副使。次曰宗諫,累爲令長。

公以戎副在内職日贈右衛上將軍。始葬於鄭州滎澤縣廣武原。今以先墳爲盗所發,戎副敬卜告地遷而厝之,故公之墳亦雖而移,二夫人并用袝焉。地則爲西都河南縣平樂鄉杜翟村。時大宋開寶三年十月五日也。銘曰:

太師之地,在次之域。寧州府君,歸全之宅。馥馥令名,綿綿殊績。陵谷有變,斯文不易。

原載《洛陽新獲墓志》

癸未年(九二三)平康鄉百姓沈延慶貸布契(稿)

癸未年四月十五日立契。平康鄉百姓沈延慶欠缺絲布,遂於張修造面上貸緤一匹,長二丈七,黑頭限還羊皮壹章(張)。其緤限八月末還於本絲。於月還不得者,每月於鄉元生利。共對到面平章,更不許先悔。□□者罰麥伍斗,充入不諱人。恐人無信,故□□契,用唯(爲)後驗,書紙爲憑。

原載敦煌文書北圖殷 41

癸未年(九二三)四月張修造雇王通通駝契

癸未年四月十五日立契。張修造遂於西州充使,欠闕駝乘,遂於押衙價王通通面上雇五歲父駝壹頭,斷作駝價官布十六匹,長柒捌。到日還納。駝若路上賊打病死,一仰要同行見。若若非里(理)押損走却,不駝主知(之)事,一仰修造。(底卷書寫止此)

原載敦煌文書北圖殷字 41

重修法門寺塔廟記并碑側

時聞半偈,寶塔傳經,既自於西天,立鴻勛於多難之秋。夙尚□門,俄□天龍,□□□吹沙,并鑄造八面降龍座下。碑側天祐二十年歲次癸未四月乙巳二十有九日癸酉建立。

都維那内大德惠勤

上座講經大德賜□暉、寺主内講論大德賜紫詮琦

左□□軍□軍使、充□□軍候、金紫光禄大夫、上柱國李彦錭

■使、特進、守左威衛上將軍、□城縣開國□、食邑五百户、上柱國劉源

原載《八瓊室金石補正》卷79

後梁貞明九年(九二三)閏四月索留住賣奴僕契

貞明九年癸未閏四月十［　　］鄉見□□□一人,年拾歲,字三奴,出□□賣與慈惠鄉百姓段善□,斷作人價,生絹壹匹半,一匹長叁丈八尺,幅闊壹尺九寸,堪暑(煮)大練;貳齒羊一□;麥粟□□,准折絹半匹。其人及價當日交相分付,并無玄(懸)欠。中間或有別人飾(識)認稱爲主記者,仰留住覓於年歲人充替。買了,世世代代永爲段家奴僕。兩共面對平章,■法不悔。如若先悔者,罰麥拾馱充入不悔人。恐人無信,故勒此契,用爲後憑。(畫押)

出賣人索留住

(後缺)

原載敦煌文書 P. 3573P1

癸未年(九二三)平康鄉百姓彭順子便麥粟契(稿)

癸未年五月十六日,平康鄉百姓彭順子乏少糧用,遂於高通子便麥兩碩,至秋肆碩。便粟兩碩,至秋肆碩。只(質)典紫羅郡(裙)一要(腰)。若身東西不在,一仰口承人妻張三娘子面取勿(物)(物)□交納。恐爲無憑,立此文書。

(後缺)

原載敦煌文書北圖殷字41背

後梁河西管内釋門都僧政會恩閻和尚邈真贊并序

大梁故河西管内釋門都僧政、兼毗尼藏主、京城内外臨壇供奉大德、闡揚三教大法師、賜紫沙門香號會恩俗性閻氏和尚邈真贊并序。

釋門三教大法師沙門紹宗述。

故和尚乃太原鼎足,應質降誕於龍沙;西裔高枝,寔敦煌之大蔭。驅烏俊乂,智亞童兒。悟佛教,頓捨煩暄;煉一心,而投師慕道。自從

進具,威儀不失於三千;得受戒香,駐想匪亡於八萬。開遮七衆,定意懸合於聖心;潔懇五篇,禁約不非於草繫;精閑秘典,包含總覽於三乘;演暢毗尼,八藏每談於海口。姿神挺特,歸趣渴仰而恒時;黔轄僧尼,四部趨馳而有望。崇修古迹,立新改古於洪基。繼紹緇倫,終始寬宏而覆衆。資財蓄積,年嘗只守於三衣。分寸有餘,賑給溥均而一概慈悲。作室不願我緣,方申論鼓之聲,未超蓮花之會,意願同延初劫,保闡空門。何期早棄凡間,速生極樂;苦辭四衆,一别衆親。徒侶(弟)侶(弟)而傾心,合郡結然而泣淚。宗且釋中下眄,自揣不才,奉命題褒,難贊奇德。而爲頌曰:

□本豪族,五郡崇枝。靈童厭俗,志樂無爲。
幼年落髪,弱冠從師。遍尋經綸,探頤幽微。
自從進具,一覽無遺。冰冰戒月,皎皎鵝珠。
間生龍象,清衆白眉。深通妙理,悦意禪池。
慈雲溥潤,法雨恒施。開遮七衆,調伏凶非。
職高領袖,銆轄僧尼。公名肅肅,道行巍巍。
精神爽朗,滿境英奇。辯如海口,五郡咸知。
紹隆爲務,葺建洪基。方保榮禄,流演釋儀。
佳聲未響,現疾今時。頂辭二部,委付無依。
宗親告别,晷刻難移。門徒號叫,俗侶興悲。
冰壺缺角,法寶頓虧。黄雲暗慘,蟾影無輝。
驗然端坐,現迹達池。奉旨書咏,用記靈威。
于時大梁貞明九年歲次癸未五月乙巳朔■

原載敦煌文書 P. 3630

癸未年(九二三)七月張修造雇駝契

癸未年七月十五日,張修造王(往)於西州充使,欠闕駝乘,遂於押衙價(賈)延德面上,雇六歲父駝壹頭,斷作駝價官布拾個,長二丈六桼。使入了,限三日便須田(填)還,更不許推言(延)。或若路上賊打,看爲大禮(例)。或若病死,舌(捨)却雇價,立爲本駝。若是駝高(畜)走煞(散),不[關駝]主,諸事一仰修造之(祇)當。兩共對面平章，更[不]許先悔。又（有）人悔者，罰麥壹碩，充入不悔人。恐人無憑，故立司（斯）契，用唯（爲）後驗。

原載敦煌文書北圖殷字41

王小小造佛記

京兆府華原縣□相鄉大樹里弟子吏部常選王小小，敬造阿彌陀像一鋪。石作匠等，奉使檢尋神座此聖□記。（以上在龕左）龍德三年八月末旬刻訖。監修仕碑。元從軍將李彥。

原載《藥王山碑刻》

范陽令造觀音像記殘石

刻金言
若官發於
□通虚以實歸隨
修敬問知來趣便以經歸
處若不見聖何以喻凡踐玻莓
觀音像於寺中法會知林洪爐將
神人致銅畚在廡下明發而視悉
散法雨以灑客塵操慧刀而□
曰夫速朽者身不可以久恃
縞者盈門是月辛巳
瞻仰范陽令欒安
□自近代□
□□□

原載《八瓊室金石補正續編》卷39

開元寺律師神秀補充攝法師牒

開元寺律師釋門神秀補充攝法師，牒奉處分。前件僧釋中英傑，衆内超群。行業傳於流浪，聲跛傳佈沙門。戒如金寶，法護神融。乃雖束身，更擬遷昇提奬，牒帖所由，故牒知者。節度判官張承奉（下闕)十月廿日牒。

使檢校工部尚書兼御史大夫張。

原載敦煌文書 S. 515　1－2V

轉經文

蓋聞大雄寥廓,浩汗無邊;量等虛空,體同無極。納須彌於芥子,坼大地於微塵;吸巨海於腹中,綴山河於毛孔;摧天魔於舍衛,伏外道於迦維;擊法鼓於大千,振鴻鍾(鐘)於百億;演金言於靈鷲,敷寶座於菴蘿;發毫相於東方,布慈雲於西域。敬述如來功德,寂默難側(測)者哉! 厥今敷月殿,竪敞(敞)金容;幡花匼匝於盈場,鍾(鐘)鐸扣鳴於滿會。是時也,緇流虔念,暢大教之金言;玉藏重開,演如來之秘蜜(密)。如斯弘闡,誰知(之)作焉? 時則我府主某公先奉爲國安人泰,無聞征戰之名;五稼豐登,保遇堯年之樂。次爲我使主己躬福慶,延壽遐齡,合宅宫人願甯清吉之所建也。伏惟我府主乃莫不撫運龍飛,乘乾禦宇;上膺青光赤符之瑞,下披流虹繞電之禎。按圖而廣運睿謨,理化而殊方款塞。故能虔恭像教,法苑留心;建福讓(禳)灾,宣傳海藏。遂使經開《般若》,句句談不二之章;咒贊秘方,聲聲唱無爲之理。十方賢聖,隱迹凑會於虛空;八部龍神,證鑒齊臻於四迴。總斯多善,莫限良缘,先用莊嚴梵釋四王、龍天八部,伏願擁護境域,殄滅消灾;濟惠生靈,豐饒五穀。十方大士,遍弘願以護疆場;三世如來,傳慈悲以安萬姓。故得風調雨順,歲熟時康;道奏清平,歌謡滿路。又將勝福,復用莊嚴我府主貴位,伏願永垂闡化,四海一家;廣扇人(仁)風,三邊鎮静。然後天下定,海内清;天地盡而福不窮,江海傾而禄不竭。摩訶般若。

原載敦煌文書 S. 5957(甲卷)、P. 2538(乙卷)、P. 3084(丙卷)、P. 3765(丁卷)

後梁龍德四年(九二四)二月燉煌鄉百姓張某甲雇工契(樣文)

龍德肆年甲申歲二月一日,燉煌鄉百姓張某甲,爲家内闕少人力,遂雇同鄉百姓陰某甲,斷作雇價,從二月至九月末造作,逐月壹馱。見分付多少已訖,更殘到秋物[出]之時收領。春衣一對,裓(長)袖并褌(褲),皮鞋一量(兩)。餘[外]欠闕,仰自棑枇(排比)。入作之後,比至月滿,便須兢心,勿[存]二意,時向不離。城内城外,一般獲(劃)時造作,不得抛滌(敵)工夫。忽忙時不就田畔,蹭蹬閑行,左南直北,抛工一日,克物貳斗。應有沿身使用農具,兼及畜乘,非理失脱傷損者,陪(賠)在某甲身上。忽若偷盗他人麥粟、牛羊、鞍馬,逃走,一仰某甲親眷[祇]當。或若澆溉之時,不慎睡卧,水落在[他]處,官中書(施)罰,仰自祇當。亦不得侵損他[人]田苗針草,須守本分。大例賊打輪身却者,無親表論説之分。兩共對面平章爲定,准法不許翻悔。如先悔者,罰上羊壹口,充入不悔人。恐人無[信],故立明文,用爲後驗。

見人某甲,雇身某甲

見人某甲,口丞(承)人某甲

原載敦煌文書 S. 1897

印度普化大師游五臺山日記和回鶻上後梁表等

(前缺)

舅生之好,昔有鎸碑,新頒鏤金之文,寒暑無變。伏願皇帝壽齊海岳,福等江河。奸宄屏除,萬方安泰。稍或指策,願展微誠,千萬戎心,難寫天造。頓首、頓首。謹言。

起居。

聖躬,臣伏限守鎮,不獲親赴闕庭,臣無任瞻天望日,屏營之至。謹奉表起居以聞。臣頓首。

僧牒

牒,法師者,中印度之人也,利名如來賢,歷代爲官,霸化氏國,乃釋種之苗矣。自幼出家,會五朋,解八般書,諸國宗師,推爲法器。游方志切,利物情殷。爰别梵遐,登雪嶺,萬里冰山,曉夜豈詞於凉山;列千重沙漠,春秋不憚於寒暑之苦。曾達朕封,淹停歲月。今則言旋震城,誓謁清凉。經行恐濫於時流,解學全高於往哲。華區英彦,京府王臣。請閲梵文,便知懲昧。願爲壇越,勿見悀遲。共成有學之心，必獲無疆之福。

夫周昭王代，佛出西天。漢明帝朝時，法傳東夏。自後累有三藏、携瓶來至峰。玄狀不遇於德宗，波利逢於大聖。前無垢藏，幸遇莊皇，此吉祥天，喜逢今聖。師乃長生在摩竭陁國内，出家於那爛陁寺中，唐標三藏普化大師，梵號囉麽室利禰嚩。早者，别中天之鷲嶺，趨上國之清涼。曆十萬里之危途，豈辭艱阻；登百千重之峻嶺，寧憚劬勞。昨四月十九日平達華嚴寺，尋禮真容，果詣夙願。瞻虔至夜，宿在殿中。持念更深，聖燈忽現。舉衆皆睹，無不忻然。廿日，再啓虔誠，重趨聖殿。夜覩真相，忽視毫光。晃輝尊顔，如懸朗月。睹期聖瑞，轉切懇勤。廿一日，登善住閣，禮肉羅睺，嘆文殊而化現真身，嗟柏氏而生聖質。廿二日游王子寺，上羅漢堂，禮降龍大師真，看新羅王子塔。廿三日，入金剛聖窟，訪波利前踪。玩水尋山，迴歸寺内。廿四日，上中臺，登嶮道。遇玉華之故寺，曆菩提之新菴。齋畢，銜雲，詣西臺頂。尋維摩對談法座，睹文殊師子靈踪。巡禮未周，五色雲現。攀緑岫，踏青沙，恣意巡游，迴歸宿舍。廿五日，往北臺，穿碧霧，過駱駝嶼，度龍泉水，啓告再三，至上米鋪，却往華嚴，駐泊一宵。次游竹林金閣，過南臺，宿。靈鏡看神鍾，禮聖金剛。拂旦登途，至法花寺。齋羞而别，奔赴佛光寺。音樂喧天，幡花覆地。禮彌勒之大像，游涅槃之巨藍，焚香解脱師前，虔祈於賢聖樓上，宿於常住。發騎來晨，齋於聖壽寺中，宿在佛聖寺内。禮佛之次，忽有祥雲。雲中化菩薩三尊，舉衆皆禮敬。次至文殊尼寺，兼游香谷梵宫，宿在清涼。登峻層道，謁清峰道者，開萬菩薩堂，游玩侵霄，來朝過嶺，兼諸寺院蘭若。并已周游，却到華殿，設齋告别，臨途之際，四衆攀留，既逞速已再三，伏惟千萬。

書本。

久響微猷，未詣趨蹵，恒抱吕安之懇，每增尋戴之言，積企徒多，魚箋罔敢。佇瞻匪少，蝶夢唯憑。近知某迴承恩隆，别受奬眷。指山岳而報德，望江海以酬恩。又書。一間恩重，幾變歲寒。想渴仁隆，倍勞蝶夢。閑於窗下，尋舊勾以恓心；悶向庭前，披新箋而豁意。疊蒙恩念，累賜瓊華。捧承丘岳之言，益認滄波之眷。

正月賀

伏以玉燭調亢,青陽應候。睹堯蓂之初坼,頒舜曆之重新。伏惟尚書德冠標時,功名間代。履此三春之慶,更資百福之榮。虔祝之情,倚積微懇。伏惟俯賜照察,謹狀。

二月

伏以淑景初臨。和風漸扇;柳含青翠,花坼芳新。伏惟某官望美官常,德光聖世。乘兹令序,用納休徵。伏惟照察。

三月

伏以玉律私音,銅壺繼刻。花散園林之色,萍生池沼之新。伏惟某官德比冰霜,材同梓漆。屬此妍韶之美,以期授爵之榮。

四月

伏以三月既謝,九夏方臨。令叶玉燭之調,序順清和之美。伏惟某官瑞玉含輝,祥金振韻。屬此節宣之美,加以朝命之榮。伏惟照察。

五月

伏以月當五位,景曆南躔。方及悔(梅)雨之期,已盛彤雲之狀。伏惟某官氣清松雪,價重珠璣。逢畏日而用納清休,遇昌時而更資洪福。未獲祗候門仞。

六月

伏以玉燭順時,火雲應序。已扇鬱蒸之氣,方當處暑之風。伏惟某官道契明時,德叶聖世。乘兹節戒,用副寵徵。

七月

伏以律移南吕(夷則),節屬白藏。爲虐暑以潛銷,屬高風而漸扇。伏惟某官早崇德望,夙播清名。遇此高秋,將迎大拜。

八月

伏以節契中秋,律當南吕。木帶金風之韻,草沾玉路之鮮。伏惟某官德洽時情,才推衆望。爰因令序,更納貞祥。

九月

伏以節戒踐秋,律遷無射。樹凋殷葉,菊秀黄花。伏惟某官德並松筠,才侔梓漆。乘此節宣之旦,用當寵拜之期。

十月

伏以黑帝司辰,玄冥戒序。初逢愛景,已認寒雲。伏惟某官時望素崇,公才風瞻。曆此三冬之始,用資百福之新。

十一月

伏以月當子位,律膺黄鍾。正逢愛日之中,屬嚴凝之數。伏惟某官芝蘭並秀,金玉同資。遇此中冬,以期大拜。

十二月

伏以律當大吕,節膺小寒。四季調玉燭之殘,三冬順玄陰之正。伏惟某官早推碩德,夙振嘉猷。遇愛景而承昌期,履節宣而長資寵禄。别賀。伏惟尚書令德素崇,勛庸久著。望顯潘(藩)垣之上,名光武庫之中。相府求賢,果膺慎擇。纔分寵寄,已慰疲民。

謝馬書

右伏蒙恩私,特此寵賜。遠路既難於辭讓,逸踶莫匪於權奇。收受之時,兢銘倍切。謹專條狀陳謝,伏惟照察。謹狀。

伏以某乙朔野名王,天朝貴戚。威聲振於絶域,鋭氣讋於諸蕃。某遥響風猷,常傾欽矚。猥蒙知眷,遠叙歡盟。逾沙漠而專枉榮緘,隨貢奉而别頒厚禮,仰認勤隆之旨,倍深欣愧之誠。

某送謝物

右件物等,才非麗密,色異鮮華。單微雖愧於輕塵,報復粗申於薄禮。幸希仁念,希賜檢留。

每逢人便,皆捧台函,承鈞念以逾涯,沐褒揚之何稱。蓋阻雲烟波路遠,鱗羽少因。披誠難罄於魚箋,攀倚徒勞於蝶夢。豈謂令公慈憐顯降,特辱瓊瑶。仰披數幅之憂隆,疊認八行之顧念。銘肌篆骨,啓導難窮。伏以某乙天資簡器,神授奇材。量寬而滄海非深,德望而嵩衡豈重。恩威振處,羌戎之稽首歸心;撫若凌强,外國之願追盟耗。果以皇州播美,紫塞嘉聲。遥瞻而恨面無由,述懇而筆舌寧既。因使迴,謹修狀起居陳謝,伏惟俯賜

某送物

右伏以某乙叨奉皇華,遠賫紫詔,幸將庸末,獲拜王庭。既知遭遇之榮,合貢獻芹之禮。前件物,雖量輕寡,輒取浼瀆尊襟,下[情]無

任惶懼。謹録狀上。當道與某官。國唯世舊,唇齒相依;人使交馳,往來不滯。伏自近日,途路艱難,杳絶音耗,動經年序,莫知真的,可想事機。邇後勿吝好音,時希翰墨。冀明出入,俾遂相於,故合具細咨聞。伏惟照察。謹狀。山川綿邈,音信難通。每於人使之聞,是闕奔馳之禮;遐窺風裁,常牽魂夢之懷;忽奉芳音,兼辱緘封之貺。仍蒙厚眷,特惠駿蹄。感荷所深,箋毫匪喻。

某賀端午别紙

檢校國子祭酒兼御史大夫上柱國　上。

伏以采艾芳辰,結蘆令節。冀啓交歡之日,將臻納祐之祥。伏惟某弧矢藝高,智謀名著。威望既傳於絶域,聲華益振於諸蕃。爰因午日之期。更納千齡之慶。况聯疆場,尤切禱祈。

别紙

聞青雲干吕,漢通聚窟之民;白雉呈祥,周貢越裳之俗。即知明君御宇,重譯賓王。諒夷夏之相須,歷古今而無别。方今聖上,心同白水,德輔皇天。會塗山而萬國俱來,師牧野而諸侯自至。一昨既寧中土,乃眷朔方。爰命矩才,遠臨當道。知金石之誠永固,爲蠻貊之邦可行。切諭絲綸,俾安玉塞。蓋欲北和冒頓,西接大宛,盡有歸心,咸來稽顙。然則旅獒入貢,天馬興歌。國家稍藉其聲光,部族不妨於貨易。而又防送,須差兵甲,往來皆備資糧,所貴懷柔,詎論經費,而况某官從來向

(此處有缺頁)

闕,最長諸蕃,誠青海之舟航,乃玉關之鏁鑰。饒雄之外,忠孝唯多。且某與某官同風叶義,道路雖遥於千里,恩知豈異於一家。彼有所求,此無愛惜;如此奉托,彼堅依從。則勢合輔車,情執魯自。今後,或是經過,請祛讎隙。貴道儻聞留滯,弊藩不免效尤。願弘招誘之仁,共贊雍熙之化。伏以某乙名重西陲,譽流上國。而自嗣興堂構,奄有狄鞮。每慕華風,常修職貢。竭丹誠而内附。作皇唐之外臣。不惟播美於一時,抑亦書勳於千載。某叨持將鉞,獲接仁封,但欽馨香,倍深景仰。豈謂某睦鄰道廣,繼好情專。特降使人,仍頒異物。兼認雅旨,許在孔懷。况已受獎知,固分同魚水。

某别紙

專人忽至,華翰俄臨。捧閲再三,備認來旨。伏惟某官名光大漠,續業已標於信史。加以輸誠向闕,任土充庭。萬里展[赤]子之心,千載睦舅甥之道。而又每執鄰好,迴卜歲寒。每捧華緘,皆蒙獎譽。

别紙。

某官德義兼修,英威共著。控山河之遐境,臨玉塞之殊封。秉禮行,惟志於歲寒;持節操,每資於遠邇。但某叨於戎列,謬處藩維;忝恩契於箋函,沐殊私於寵賫。感抃兢灼,交積下情。

别紙

伏惟某官鎮護一方,名高四遠,遐邇欽囑,朔漠緊倚。某早受恩光,素叨曩昔,承兹歲序,永固保嘉祥,拜荷未期,空增結戀。謹專修狀啓聞。伏惟照察。謹狀。

别紙

伏惟某官位尊繼統,威冠殊方,不移聽誓之盟,常保歡愉之好,遠頒寵賫,深荷恩私。但以弊封素無奇産,雖粗陳於往復,實懷愧於單微。諸具别狀咨聞,伏惟照察。謹狀。

别紙

伏惟某官威德冠時,法令嚴肅;鎮烟塵於西北,修職貢於東南;言念忠超於今古。洪河一曲,永無烽燧之憂;雁塞四封,但荷撫循之德。早通音好,深沐周勤;遠有寄及,不在佩戴。謹專修狀咨聞。伏惟照察。謹狀。

别紙

玉關路敻,沙漠程遥;既無會睹之因,但有傾瞻之懇。伏以某官天資武略,神授奇謀。耀瑞德於一方,夙懷忠敬;禀雄姿於玄朔,寧改雪霜;自然事繼前修,慶隆後嗣;將保存於信義,宜承奉於聖朝。今附箋毫,式達攀念。

賀端午

右伏以午日良辰,千秋令節;羞靈龜以順德,烹彩鶩以膺時。伏惟某官位冠星辰,道扶日月;聲傳瀚海,名播燕山;固當迎啓佳辰,永臻景福。前件物等,實慚輕鮮。粗表涗塵。伏冀檢納。謹狀。

僧牒。

高超像秀,迴達真宗。五乘馳驟於心田,三藏波飛於口海。携囊鷲嶺,早聞吼石之能。振錫金河,每聽鞭尸之力。悲心普化,志存游方。遂乃遠别中天,來經上國,翻傳妙典,譯布靈筌,爲梵宇之筌簣,作淄徒之龜鏡。今則誓游震旦,願睹文殊,繼往哲之遺踪,踵前賢之令迹。所經郡國,要在逢迎,共助良緣,同修上善。

表本

臣聞開元聖帝,統有萬邦。薊門賊臣安禄山叛逆,傾陷中國,殄滅賢臣,社稷烟灰,鑾(鑾)與(興)西幸。某曾祖聖明某官,點率部下鐵騎萬八,親往征討,未及旬月,盡底剗除,上皇及肅宗皇帝却復宫闈。朝庭念以粗有巨功,特降公主,其於盟好,具載史書。自後回鶻與唐朝代爲親眷,貢輸不絶,恩命交馳。一從多事已來,道途榛梗。去光化年初,先帝遠頒册禮及恩賜無限信幣,兼許續降公主,又替懿親。初聞鑾駕東遷,後知已無宗派,瞻天望日,空切憤懷。今者陛下,統御寰瀛,恩沾遠邇。去冬剖陳志懇,亦已聞天,依賴陛下,便同唐朝天子。用結千秋之願,將連萬代之榮。重重血誠,輒具披寫,污瀆天聽,伏切慚惶。

表本

伏惟皇帝陛下,始隆寶位,創業鴻基,四遠來賓,八蠻歸化。闡竈□蕖之勝境,大扇堯風;豁社宇之關防,高明舜日。旋聞龜龍膺聖,樹榦標玉。不唯朽枿芳榮,仰以昆蟲遂性。加之金戈百郡,瞿溏之驚浪安流;鐵騎千營,甘亭之風烟自息。明君臣哲,國富人饒,邊古已來,未之有也。某地居戴斗,積世蕃王。去光化年初,先皇特降王臣,顯頒册禮,雨露之恩尚濕,綵綸之詔猶新。自後大駕播遷,莫知所止,兵灾内地,往返尤離(難)。去載伏聞陛下龍驤梁國,子育黔黎,蕃漢之境邑殊,唯臣子之恩情不隔。是專差小將遠貢芹心。伏蒙陛下俯啓鴻私,特聞玄造,頻令朝對,累赴設筵,兼賜優償,負荷聖慈,謬忝周行。

别紙

伏惟某官智匪通方,材唯散朴,謬忝周行之列,敢忘鄰國之知。

伏以某官奉職皇朝,來王丹闕;克顯尊周之至,罔渝朝禹之期。而又俯念卑寮,遠頒尊翰。寫昌言於葵幅,捧持而若自天來;布異旨於江毫。跪讀而勿疑夢得。感激之至,惟切下情。

別紙

孕瑞星辰,禀靈山岳。布惠和而招甦萬類,流信義而底定一方。遂得遠邇畏威,咸望風而内附;昆蟲慕化,皆樂善以如歸。是宜永鎮金郊,常居玉帳。延子孫於萬億,增壽禄於千秋。克保我唐權盟之好。

別紙

久響清姿,已聆冰碧。叨銜守職,每有事多。固合早附狀儀,用申丹素。切以難逢魚雁,闕貢緘封。今則將赴道途,即獲祇候,欣抃之懇,預積肺懷。

天福肆年己亥歲某某。

賀官

伏審光奉睿澤,榮膺册禮,伏惟慶慰。伏以某官日絶英奇,神資俊異。克紹戴天之節,宜高裂地之封。今者,光奉渥恩,顯膺册命。凡在寰宇,無不懽忻。某叨列朝庭,恭行大禮。慶抃之至,無任下情。

別紙

某族盛天山,望雄玉塞。戴斗盡歸於部伍,海隅悉屬於指麾。因率梯航,遠陳土賫。路由幣府,猥恤名駒。仰認周旋,彌增感激。謹再修狀陳賀,兼伸披謝。伏惟照察,謹狀。

天福叁年戊戌歲七月日記。

別紙

久欽慈奬,風(夙)慕高風。未伸趨奉之由,徒積攀顒之素。豈謂恩私曲布,先貶華緘。感激之誠,恒集卑懇。况大師不憚勞苦,諸國巡游,導引迷途,滂籠有識拜。

(此處有脱頁)

德雖期於在近,薄祐難叙於雲姿。近已體氣違和,某以此莫申面話,謹修狀陳謝,兼伸起居,伏惟照察,謹狀。

累日不睹冰姿,倍深攀戀。瞻思之際,芳翰忽臨。褒奬逾海岳之恩,曲詞過丘山之重。永言佩戴,豈易書伸,感謝未期,徒增銘鏤之至。謹修狀陳謝,兼伸起居,伏惟照察。右某乙,伏審肅州人使至,伏唯

(此有脱頁)

右謹專送上,伏以佳節將臨,合陳贄獻。慚無異物,用效芹心。前件油麵等,輙申節料之儀,以表丹誠之禮。希垂不誚輕塵,府賜留納。幸甚,謹狀。

俯垂泉臺　　匪才通材

(後缺)

原載敦煌文書 P.3931

後　唐

後唐太祖

唐河東節度使(856—908),姓李,名克用,本姓朱耶氏,沙陀族人。唐末鎮壓黄巢義軍有功,被唐廷任命爲河東節度使。中和四年(884),李克用大破黄巢,班師經過汴州時,宣武節度使朱温將其迎入上源驛,假意熱情款待,却乘夜伏兵欲害李克用,未克。從此兩家結仇,相互攻戰不息。由於李克用勢大,唐廷先封隴西郡王,繼封晉王。李克用與朱温遂成爲唐末最强大的兩大軍事集團。天祐五年(908),李克用病死於太原,終年53歲。其後,其子李存勖繼任晉王,並攻滅後梁,建立後唐政權,追尊其爲太祖武皇帝。

北嶽廟題名　中和五年三月

河東節度使、檢校太保、同中書門下平章事、隴西郡王李克用,以幽鎮侵擾中山,領蕃漢步騎五十萬衆,親來救援。與易定司空同申祈禱。翌日,過常山問罪。時中和五年二月廿一日,克用記。易定節度使、檢校司空王處存看題。

至三月十七日,以幽州請就和斷,遂却班師,再謁睟容,兼申賽謝。便取飛狐路歸河東。廿一日,克用重記。

原載《曲陽北嶽廟唐李克用題名碑淺析》

諭諸鎮檄文　光啓二年五月

今月二十日,得襄王僞詔及朱玫文字,云:“田令孜脅遷鑾駕,播越梁、洋,行至半塗,六軍變擾,遂至蒼黄而晏駕,不知弒逆者何人。永念丕基不可無主,昨四鎮藩后推朕纂承,已於正殿受册畢,改元大赦者。”李煴出自贅疣,名污藩邸,智昏菽麥,識昧機權。李符擄之以塞辭,朱玫賣之以爲利。吕不韋之奇貨,可見奸邪;蕭世誠之土囊,期於匪夕。近者,當道徑差健步,奉表起居,行朝現住巴、梁,宿衛比無騷動。而朱玫脅其孤騃,自號台衡,敢首亂階,明言晏駕,熒惑藩鎮,凌弱廟朝。

原載《舊五代史》卷55

上昭宗自訴表 大順元年十月

晉州長寧關使張承暉於當道録到張濬榜并詔曰,張濬充招討制置使,令率師討臣,兼削臣屬籍官爵者。臣誠冤誠憤,頓首頓首。伏以宰臣張濬欺天蔽日,廊廟不容。讒臣於君,奪臣之位。憑燕帥妄奏,與汴賊結恩,矯托皇威,擅宣王命,徵集師旅,撓亂乾坤。誤陛下中興之謀,資黔黎重傷之困。臣實何罪,而陛下伐之?此則宰臣持權,面欺陛下。

况臣父子二代,受恩四朝,破徐方,救荆楚,收鳳闕,碎梟巢,致陛下今日冠通天之冠,佩白玉之璽。臣之屬籍,懿皇所賜;臣之師律,先帝所命。臣無逆節,濬討何名?陛下若厭逐功臣,欲用文吏,自可遷臣封邑,以俟就第。奈何加諸其罪,孰肯無詞?若以臣雲中之伐,獲罪於時,則拓拔思恭取鄜、延,朱全忠侵徐、鄆,陛下何不討之?假令李孝德不忠於主,伐之爲是,則朱瑄、時溥有何罪耶?此乃同坐而異名,賞彼而誅此,使天下藩服,强者扼腕,弱者自動,流言竊議,爲臣怨嗟,固非中興之術也。

且陛下阽危之秋,則奬臣爲韓、彭、伊、霍;既安之後,罵臣曰戎、羯、蕃、夷。海内握兵立事如臣者衆矣,寧不懼陛下他時之罵哉!臣昨遇燕軍,以禮退舍。匡威淺昧,厚自矜誇,乃言臣中矢石,覆士卒。致内外吠聲一發,短謀競陳,誤陛下君臣之分。况命官選將,自有典刑,不必幸臣之弱而後取之。倘臣延期挺命,尚固一方,彼實何顔以見陛下。此則奸邪朋黨,輕弄邦典,陛下凝旒端扆,何由知之?今張濬既以出軍,微臣固難束手。臣便欲叫閽,輕騎面叩玉階,訴邪佞於陛下之彤墀,納詔命於先皇之宗廟,然後束身司敗,甘處憲章。

原載《舊唐書》卷 179

報西川王建書　天祐四年

竊念本朝屯否,巨業淪胥,攀鼎駕以長違,撫彤弓而自咎。默默終古,悠悠彼蒼,生此厲階,永爲痛毒,視横流而莫救,徒誓檝以興言。别奉函題,過垂獎諭,省覽周既,駭愓異常。淚下沾衿,倍鬱申胥之素;汗流浹背,如聞蔣濟之言。

僕經事兩朝,受恩三代,位叨將相,籍係宗枝,賜鈇鉞以專征,徵包茅而問罪。鏖兵校戰,二十餘年,竟未能斬新莽之頭顱,斷蚩尤之肩髀,以至廟朝顛覆,豺虎縱横。且授任分憂,叨榮昌寵,龜玉毁櫝,誰之咎歟!俯閲指陳,不勝慚恧。然則君臣無常位,陵谷有變遷,或箠塞長河,泥封函谷,時移事改,理有萬殊。即如周末虎争,魏初鼎據。孫權父子,不顯授於漢恩;劉備君臣,自微興於涿郡。得之不謝於家世,失之無損於功名,適當逐鹿之秋,何惜華蟲之服。唯僕累朝席寵,奕世輸忠,忝佩訓詞,粗存家法。善博奕者惟先守道,治蹊田者不可奪牛。誓於此生,靡敢失節,仰憑廟勝,早殄寇讎。如其事與願違,則共臧洪游於地下,亦無恨矣。

唯公社稷元勛,嵩、衡降祉,鎮九州之上地,負一代之弘才,合於此時,自求多福。所承良訊,非僕深心,天下其謂我何,有國非吾節也。慺慺孤懇,此不盡陳。

原載《舊五代史》卷 26

後唐莊宗

後唐開國皇帝(885—926),姓李,名存勖,李克用長子,沙陀族人。李克用死後,李存勖繼任晉王,繼續對梁作戰。同光元年(923),李存勖稱帝於魏州,國號唐,史稱後唐。同年滅後梁。在五代諸朝中,後唐國土最大,勢力强盛,但莊宗却志驕意满,猜忌功臣宿將,窮奢極欲,廣建宫殿,馳獵取樂,寵信宦官伶人以爲腹心,授予軍政要職,導致將帥離心。同光四年(926),鄴都兵變,莊宗命大將李嗣源率軍鎮壓,軍隊嘩變,擁李嗣源爲主,並進軍汴州。莊宗亦率軍向汴州進軍,在得知李嗣源已搶先入城後,退回洛陽。禁軍指揮使郭從謙率衆嘩變,莊宗中流矢而亡,明宗入洛陽後,葬之於雍陵。

親決疑獄令　天祐五年四月

議獄恤刑,比求冤濫,頑民下輩,輕侮憲章。苟非五聽之通明,何辨二門之邪正?自今後法司如有疑獄,予自據格令以決之。此法既行,雖親無赦。

原載《册府元龜》卷 151

嚴科市井凶豪令　天祐五年四月

兵亂以來,生靈凋耗,豈止賦租煩重,加之寇盗侵漁。又聞市井之中,多有凶豪之輩,晝則聚徒蒲博,夜則結黨穿窬。若不示以嚴科,何以懲其巨蠹?仰法司顯行條令,峻設堤防。

原載《册府元龜》卷 65

曉諭梁將王檀書　天祐八年正月

天維助順,神亦害盈,有道即興,無道即滅。昔漢朝中否,俄成王莽之妖;晉祚中微,復起桓玄之禍。莫不因緣多難,構合異圖。謂天地可以心欺,謂帝王可以力取,殊不知雪霜之後,寒松驗貞翠之姿;喪亂之期,義士見忠勤之節。是故南陽宗室、京口英雄皆懷仗順之謀,悉建平勛之策。逆温萑蒲餘孽,畎畝微民,因黄巢將敗之秋,於白水喪師之後,自知勢蹙,遂乃向明,聖朝以方切招懷,顯行恩渥,使從賊將委以齊壇,錫全忠之嘉名,居夷門之重地。爾後連侵四鎮,壘擁雙旌,非聖朝恩澤不深,非聖朝有負此賊,而乃結連奸逆,攻逼河岐,謀害近臣,劫遷鑾輅,終成大逆,遂弑昭皇,殺戮宗枝,逼辱妃后,萬民相顧而抆淚,百辟飲恨以吞聲。以致神堯萬代之基,陷入碭山豎子之手,人祇痛憤,天地慘傷。況復自僭逆以來,猜狂愈甚,忌勛舊則殺傷已盡,貪財貨則溪壑難盈。氏叔琮、朱友恭之徒,蔣玄暉、張廷範之輩,罪無毫髮,皆被誅夷。王仲師覆族於前,劉知俊脱身於後,如斯統馭,何以扶持?稍成瓜李之嫌,便中讒邪之口。且鎮、定兩地,聖唐重藩,皆世嗣山河,代分旄鉞,各以生靈是念,封壤求安,既拜表以稱臣,又竭財而入貢。而逆温不察忠痒,潛肆窺圖,詐稱應援之師,盗取深、冀兩郡,見利忘義,一至於斯!欲令天下歸心,乃至舟中敵國。昨鎮定大王特差人使,徑告弊藩,予遂統師徒躬來應援。逆温已令其將王景仁等七八萬衆屯據柏鄉。日令步騎攻圍,其賊終不出門,遂令引退,即便前來。既落彀中,須施毒手,東西掩擊,勢若山摧,擒戰將二百餘員,奪鐵騎五千餘匹,横尸滿野,皆龍驤神捷之徒;棄甲如山,悉長劍銀鎗之類。程思權縷陳表本,張濤亦備述事機。燃董卓之臍,何煩再舉;斬桓玄之首,正在此時。近又岐下淮南皆通間使,咸期春首同起義師。計柏鄉之勝捷遠聞,在兩地之戈鋋轉急,天時人事,昭然可知。伏以公緱嶺名家,聖唐勛族,因逢國難,偶在賊庭,當華夷無事之時,滿朝朱紫;儻社稷中興之後,足顯勛名。予曾高自憲宗朝赴闕以來,世荷恩寵,敢因此際,誓復聖唐,必不與碭山田夫同戴天而履地。予幕賓王緘僕射九月中鳳翔使迴,劉知俊令公因遺書示,兼傳密意,具述足下相與之分最異他人,兼憑附達絹書,尋令通送,又累得潞州相公家兄文字及招得魏博子將。聞得逆温於公君臣之分,已有猜嫌,曾於故鎮着人密欲窺算,皆言紀綱不少,謀害稍難,頗得事機,極不虚謬。且公彭門侍中之後,鴻勛茂業,播在史書,豈忍屈節賊庭,點污盛族!轉禍爲福,去就奚安?箕子去殷,項伯歸漢,棄骨肉猶稱先智,全富貴固是良圖。今三鎮嚴師已及城下,敢傾丹抱,仰達英聰,儻蒙俯賜忠言,見機知變,叶同討逆,興復聖唐,則身與金石齊堅,名與天地同固。蓋以久欽重德,是敢先貢直言,如明鑒未迴,丹誠尚阻,則長濠巨塹,築室返耕,使飛走以無門,固展覿而有日。

原載《册府元龜》卷 166

徇邢洺魏博衛滑諸郡縣令 天祐八年正月

王室構屯,七廟被凌夷之酷;昊天不吊,萬民罹塗炭之灾。必有英主奮庸,忠臣仗順,斬長鯨而清四海,廓妖祲以泰三靈。予位忝維城,任當分閫,念兹顛覆,詎可晏安?故仗桓文節制之規,問羿浞凶狂之罪。逆溫碭山傭隸,巢孽餘凶,當僖宗奔播之初,我太祖掃平之際,束身泥首,請命牙門,包藏奸詐之心,惟示婦人之態。我太祖俯憐窮鳥,曲爲開懷,特發表章,請帥梁汴。纔出萑蒲之澤,便居茅社之尊,殊不感恩,遽行猜忍。我國家祚隆周漢,迹盛伊唐,二十聖之鎡基,三百年之文物,外則五侯九伯,内則百辟千官,或代襲簪纓,或門傳忠孝,皆遭陷害,永抱沉冤。且鎮定兩藩,國家巨鎮,冀安民而保族,咸屈節以稱藩。逆溫唯仗陰謀,專行不義,欲全吞噬,先據屬州。趙王特發使車,來求援助,予情惟蕩寇,義切親仁,躬率賦輿,赴兹盟約。賊將王景仁將兵十萬,屯據柏鄉。遂驅三鎮之師,授以七擒之略,鸛鵝纔列,梟獍大奔,易如走坂之丸,勢若燎原之火,僵尸僕地,流血成川。組甲雕戈,皆投草莽;謀夫猛將,盡作俘囚。群凶既快於天誅,大憝須懸於鬼録。今則選蒐兵甲,簡練車徒,乘勝長驅,翦除元惡。凡爾魏、博、邢、洺之衆,感恩懷義之人,乃祖乃孫爲聖唐赤子,豈徇梟狼之黨,遂忘覆載之恩?蓋以封豕長蛇,憑陵薦食,無方逃難,遂被脅從,空嘗膽以銜冤,竟無門而雪憤。既聞告捷,想所慰懷。今義旅徂征,止於招撫。昔耿純焚廬而向順,蕭何舉族以從軍,皆審料興亡,能圖富貴。殊勛茂業,翼子貽孫,轉禍見機,决在今日。如能詣轅門而效順,開城堡以迎降,長吏則斷補官資,百姓則優加賞賜,所經詿誤,更不推窮。三鎮諸軍已申嚴令,不得焚燒廬舍,剽掠馬牛,但仰所在生靈,各安耕織。予恭行天伐,罪止元凶已外,居民一切不問。凡爾士衆,咸諒予懷。

原載《册府元龜》卷 65

禡牙文 天祐八年

南望柏人,當漢祖擒奸之地;北臨鄗邑,有蕭王告類之亭。一則成創業之功,一則纂中興之緒。予遠提師旅,將蕩妖氛,假二帝之威靈,救萬邦之塗炭,俯詳形勝,用視郊原,陣雲不散於長空,殺氣正衝於殘孽。逆溫背惠,奸我同盟,非厚載之所容,在典刑而無赦,將期剿戮，以慰蒸人，諒我忠勤，幸資神助。

原載《册府元龜》卷 34

平魏博令　天祐十二年六月

我國家列爵疏封，皆循舊制。建藩維而命宗子，錫茅社以報功臣。惟兹魏邦，纘乃舊服。自逆温肇亂，天下分離，謀害忠良，窺覦藩翰，遂使公侯之國，鞠爲蛇虺之場。朱友貞蕞陋餘妖，人神共棄，不量其力，謂秦無人，尚爲貽厥之謀，巧設兼并之計，改張節制，分割山河，連甍皆弊於誅求，編户不安於閭井。且人爲邦本，君乃民天，既興虐我之謀，須起徯予之嘆。遂至桓桓列校，擾擾齊甿，奮白挺以捐生，潔壺漿而望主。予叨居閫政，誓復聖唐，永念生靈，常生軫惻，睹兹殘弊，尤切疚懷。昨百姓三軍請予兼領，奸凶在近，鎮撫尤難，賴爾衆多，共宣忠力。切以軍府變更之後，人情易動難安，將務輯寧，須嚴法令。凡訛言謗議，殘物害人，結黨連朋，抵刑犯禁，如當糾告，法固難容。凡爾蒸人，勉其自勵，布告中外，咸使聞知。

原載《册府元龜》卷 65

讓契丹阿保機書　天祐十四年二月

畫野離疆，雖有華戎之别，惟忠與信，不違蠻貊之邦。契丹王氣禀貞剛，心懷仁義，爲天山之貴族，據玉塞之雄藩，恩加辮髮之鄉，威讋控弦之俗。往者降情修好，款塞通盟，各守封疆，交陳贄幣。錦車使者，常馳問遺之書，牙帳賢王，頗識會同之禮。關山無事，風馬有歸，青冢路邊，罕有射雕之騎；受降城北，更無遺鏃之憂，永保初終，不渝信誓。近者盧文進潛圖凶逆，苟避誅夷，苞奸藴惡之情，何方可保，有父有君之國，皆所不容。契丹王未始苞藏，專聽誑惑，黨一夫之罪惡，絶兩國之歡盟，縱彼犬羊，窺吾亭障。徒封牛耳，難保獸心，輒將左衽之徒，幸我中原之利。見蒐兵甲，决戰西樓。暫勞車騎之師。佇見藁街之首。

原載《册府元龜》卷 996

諭兖鄆群盜書　天祐十四年二月

夫相時達變，爲智士之良圖；擇福知機，蓋丈夫之能事。故有竄身山谷，不處危邦，今古攸同，豪傑共貫。近聞鄆州山塞聚徒實繁，并是汴、洛舊人，兖、鄆奇士，見河南之失險，知僞數之必亡，厭血刃於連年，避淫刑於虐主，必想元元失所，恟恟無依，莫知投足之方，未有息肩之地。予自去冬親提虎旅，徑取楊劉，既獲通津，已諧大計，視逆豎而便同機上，算梁園而已在彀中。謝彦章營葺梟巢，嘯聚河上，撩虎頭而難逃碎首，伸螗臂而何暇争鋒。今則虐使生民，决開天塹，築隄壅水，自固軍營，偷生取笑於庸夫，作事頗同於兒戲，公私塗炭，内外分離，既板蕩以不扳，固永消而在即。予俯詳人事，仰察天時，既晝成謀，已圖大舉，控新羈之鐵馬，礪却日之霜戈，屈指定期，長驅决戰，誓平國耻，須復家仇，廓妖祲於西郊，奉中興於萬葉。諸君等或中州義士，或大國遺民，困兵革而不保田園，避殘酷而深藏溪洞。聞余義舉，計各歡然。今既屯聚衆多，已相統屬，須自謀晝，自立功名。或則攻取城池，便可跨據州縣。因滋事勢，以决遠圖。梁寇既西有多虞，固不暇分其東去，青、兖則無人之境，齊、鄆則喪亂之州，彼若圖之，必定成事，斯爲上策，不可後時。凡有兵機，予能應接，當俟寰區一統，海内爲家，可於所得封疆，遂其富貴之願。蒼穹白水，予所不欺。若守險偷生，潛身匿迹，終爲亡命，自棄何多？時不再來，機須速决，長謀遠算，自可擇焉！

原載《册府元龜》卷 166

諭曹濮百姓教　天祐十六年

干紀亂常，人神共怒；殺君盜國，天地何容？激忠良仗順之心，拯黎庶倒懸之急。予援從近歲，親舉義師，每惟戡難之謀，所切吊民之患。而賊黨不分逆順，憑附妖凶，唯偷晷漏之生，不慮覆亡之禍。去秋予暫歸寧覲，留侍并都，賊將王瓚輒渡洪河，偷營巢穴，不敢前來决戰，遠出交兵，壁閉偷安，可知羸懦。予親臨賊壘，率士登城，賊遂出營門與吾合戰。纔交鋒刃，便委干戈，戮甲士二萬餘人，奪鐵騎三千餘匹。敬千、李立之輩，已釁鼓於軍前；拱宸侍衛之徒，盡横尸於大野。所殘無幾，不日翦除。料彼友貞，難逃鈇鉞，豈能保完生聚，禦捍疆陲？予昨徑出偏師，徇地曹濮，閔其蒸庶罹此百殃，空多轉餉之勞，殊失保全之望。予示其禍福，各擇安危，勿附賊以亡家，須决機而保族。若能自携老幼，歸我封巡，亦議撫綏，俾令蘇息。如懷鄉戀土，苟免待時，則須遠避兵鋒，慎於去就，佇平凶醜，冀復鄉園。其諸軍兵士、州縣長吏等自解圍上黨，對陣柏鄉，華縣交兵，楊劉接戰，亦合諳吾機略，可料興衰，何必阿附元凶，自貽伊戚！不如嚮義，自卜永圖。旦旦之懷，元元共悉。

原載《册府元龜》卷 166

改元同光赦文 同光元年四月

法天取象，令王以降衷下民；秉籙承乾，哲后以膺圖受命。莫不運推曆數，道濟艱難，經綸於草昧之中，式遏於亂略之始。君臨兆庶，子惠萬邦，壽域將登，眚灾是宥。朕顧慚凉德，誠愧前修，祗荷鴻休，恭修清問，將布維新之政，是覃革故之思，遐按彝章，溥頒成憲。爰自夙承丕構，世奉本朝，誓雪耻於君親，欲再安於廟社。所以躬提義旅，力殄凶徒，漸致小康，永清中夏。俄屬列藩群后，不謀同辭，咸稱僞逆於天；宗祧乏享，眷命所屬，主鬯攸歸以朕。籍係鄭王，志存唐室，合中興於景祚，須再造於洪基，推戴既堅，讓辭靡獲。既難違衆，遂命有司，乃擇元辰，率尊前典。尋升壇而奠玉，仍即位以建元，欽若舊章，敬敷霈澤。宜改天祐二十年爲同光二年，可大赦天下。自四月二十五日昧爽已前，除大辟罪已下，罪無輕重，已發覺未發覺、已結正未結正，咸赦除之，唯犯十惡五逆、光火行劫，持刃殺人、官典犯贓、屠牛鑄錢、合造毒藥不在原赦之限。鎮州自收復已來，累行告諭，或因緣危艱，爲保家族，久在山中寨栅，懼罪遲疑，或被張文禮脅從事不獲已者，昧爽已前，一切不問，咸從赦宥，宜體予懷。應六軍及行營馬步蕃漢諸道將校兵士等，皆以身先冒刃，志切勤王，或竭節於忠勞，或連年而征戍，須加恩獎，倍撫苦辛。其將校尉並賜功臣名號，未有官者即起一子與檢校官，已有官者亦超一資，如官資已高者與加爵邑，如曾封爵者即給一子六品已上正員官。其長行兵士並賜功臣多，應將士等并勒逐處各定等第優賞。應有大勛上將,元老重臣,或盤維每賴於急難,或邦國早資於經濟。即安義令公,實昆仲之長;護軍特進,同骨肉之恩。不可以名氏標文,不可以臣下同等,嘉庸如在,崇德未申。其次有戰没陣場,身終王事,須顯忠彝之美,咸隆贈謚之榮。周德威、蓋寓、李存璋、李思恩、李嗣本、李存進、伊廣等兼應該敕文者,並委中書門下各令所司一一具録聞奏,各加追贈,仍定謚號,貴流王澤,永飾泉扃。應諸道管内有高年逾百歲者,便與給優,永俾除名。自八十至九十者,與免一子免役,州縣不得差役。鄉里有孝子順孫義夫節婦,委所在長吏録其節行,具以聞奏,盡據典章,必行旌表。内外文武官及諸色人任封事。兼有賢良方正抱器懷能,或利害可陳無所隱諱直言極諫,將一一行之,亦委諸道長吏具姓名申奏。或所在有義行頗高爲鄉里所推者,并仰準例舉選,所司量才任使。澤潞封疆,兄弟之國,進思舊績,言念疲民,惠在綏懷,恩加招撫,各仰沿邊鎮戍布命宣陳,咸令樂業營生,使無侵疆爲患。應有奉使危邦,罹殃殊域,既遭陷害,深可憫傷。如伊鐸、蓋寓、戴漢超、李承勛之徒,並仰所司具名録奏,朝廷必議褒贈。其貢舉之道,誘導爲先,切要便行,貴申獎士,委中書門下速商量聞奏。其雲應邊陲北山八軍易定幽燕邊陲諸縣,自鮮卑入寇,仍歲纏灾,眷彼流人,良堪興嘆,或乍來復業,纔擬營農,尚怯侵擾,須加慰恤,其税率仍委長吏量與矜減。凡有逋毒孤貧惸嫠鰥寡,歷代皆聞於教化,自古共切於軫傷,勉致喚咻,遍加惠養。應有欠負,不繫公私,若曾重出利累經徵理填還不迨者,並皆釋放。夫掩骼著在前經,敬神垂於古典,告布諸道州縣,所在應有暴露骸骨,並勒逐處埋瘞。及山林川澤祀典神祇,各隨處差官崇修祭享。教之爲本,禮儀是先,德之所崇,昭報在上。其民間有曾經三世已上不分居者,並與蠲免諸雜差徭。倘兵銷患息,何須有丹鳳白麟;若歲稔人和,何必有紫芝赤雁?起今後諸道應有祥瑞,並不要奏聞。其赦文中有未該詳事節者,即仰所司條件録奏。如敢以赦前事相告者,以其罪罪之。

原載《册府元龜》卷 92

幸洛京詔　同光元年閏四月

自古聖帝明王，創業垂統，九州共貫，五運相承，未有不始於憂勤，終於逸樂。故苗人不作，不能成舜伐之功；葛伯不生，無以立湯征之事。理亂有常數，文質爲大綱，秦不道而漢室興，隋無德而皇朝王，連二十葉，垂三百年。自釁起河南，灾纏海内，朕自提戎律，切爲國讎，每親統師徒，欲早寧乎寰宇。近者諸方侯伯，疊貢箋章，勸即位以皆堅，讓體元而不獲，爰新鳳曆，尋揭鷄竿，顯造丕圖，倍慚凉德。蓋自文班武列，抱義懷忠，共傾忻戴之心，遂應紹開之運，以正君臣之位，以安宗社之基，未偃武以修文，倍宵衣而旰食，不以萬乘自尊爲樂，以八紘未静爲憂。更賴上下一心，内外同力，誡嚴朕軍旅，撫恤朕黎甿，務裨贊以爲常，期清平而可待，注屬緊倚，不捨斯須。

原載《册府元龜》卷 65

賜降龍大師法號紫衣敕　同光元年七月

誠惠。鷲嶺名流，鷄園上哲，精守護鵝之戒，弘宣住雁之談。潛括三乘，深明四諦，忍草長新於性苑，意花不染於情田。自隱迹靈峰，栖心勝地，泛慈舟而拯溺，持慧炬以引迷。五百龍神，皆降懿德，一萬聖衆，盡繼玄踪。爲法宇之棟梁，作空門之標表。朕方興景運，大闡真風，宜旌積行之名，以奉無爲之教。今賜號“廣法大師”，仍賜紫衣。

原載《廣清凉傳》卷下

答降龍大師讓法號紫衣敕　同光元年七月

爰遣内臣，遠班(頒)成命。師號既旌，於戒行，紫衣無爽；於受持，久屬當仁。匪宜多讓。

原載《廣清凉傳》卷下

黜鄭珏等詔　同光元年十月

懲惡勸善，務振紀綱；激濁揚清，須明真僞。蓋前王之令典，爲歷代之通規，必按舊章，以令多士。而有志萌僭竊，位忝崇高，累世官而皆受唐恩，貪爵禄而但從僞命，或居台鉉，或處權衡，或列近職而預機謀,或當峻秩而掌刑憲,事分逆順,理合去留。僞宰相鄭珏等一十一人,皆本朝簪組,儒苑品流。雖博識多聞,備明今古;而修身慎行,頗負祖先。昧忠貞而不度安危,專利禄而全虧名節,合當大辟,無恕近親。朕以纘嗣丕基,初平巨憝,方務好生之道,在行含垢之恩。湯網垂仁,既矜全族;舜刑投裔,兼貸一身。爾宜自新,我全大體,其爲顯列,不並庶僚。餘外應在周行,悉仍舊貫,凡居中外,咸體朕懷。

原載《舊五代史》卷 30

入汴州誅亂臣詔　同光元年十月

朕既殄僞庭,顯平國患。好生之令,含弘雖切於予懷;懲惡之規,决斷難違於衆請。况趙巖、趙鵠等,自朕收城數日,布惠四方,尚匿迹以潜形,罔悛心而革面,須行赤族,以謝衆心。其張漢傑昨於中都與王彦章同時俘獲,此際未詳行止,偶示哀矜。今既上將陳詞,群情激怒,往日既彰於僭濫,此時難漏於網羅。宜置國刑,以塞群論。除妻兒骨肉外,其他疏屬僕使,並從釋放。敬翔、李振,首佐朱温,共傾唐祚,屠害宗屬,殺戮朝臣,既寰宇以皆知,在人神而共怒。敬翔雖聞自盡,未豁幽冤,宜與李振並族於市。疏屬僕使,並從原宥。朱珪素聞狡蠹,唯務讒邪,鬥惑人情,枉害良善,將清内外,須切去除,况衆狀指陳,亦宜誅戮。契丹阿撥剌撒,既棄其母,又背其兄,朕比重懷來,厚加恩渥,看同骨肉,錫以姓名,兼分符竹之榮,疊被頒宣之渥。而乃輒辜重惠,復背明廷,罔顧欺違,竄歸僞室,既同梟獍,難貸刑章,可并妻子同戮於市。其朱氏近親,趙鵠正身,趙巖家屬,仰嚴加擒捕。其餘文武職員將校,一切不問。

原載《舊五代史》卷 30

平汴州大赦德音　同光元年十月

伏順討逆,少康所以誅有窮;纘業承基,光武所以滅新莽。咸以中興景命,再造皇猷,經論於草昧之中,式遏於亂略之際。朕以欽承大寶,顯荷鴻休,雖繼前修,固慚凉德。此以誓平元惡,期服本朝,屬四海之阽危,允萬邦之推戴。近自親提組練,徑掃氛妖,振已墜之皇綱,殄偷安之寇孽。國讎方雪,帝道爰開,拯編甿覆溺之艱,救率土倒懸之苦。粤自朱温構逆,友貞嗣凶,篡殺二君,隳殘九命,虺毒久傷於宇宙,狼貪肆噬於華夷。剥喪元良,凌辱神主,帝里動黍離之嘆,朝廷多棟橈之危。棄德崇奸,窮兵黷武,戰士疲勞於力役,蒸民既竭其膏腴。言念於斯,軫傷彌切。今則已梟逆豎,大豁群情,睹曆數之有歸,顯神靈之匪昧,得不臨深表志,馭朽爲懷,將弘濟於艱難,宜特行於眚宥。應僞命流貶責授官等,已經量移,並可復資。徒流人放歸鄉里。京畿及諸道見禁囚徒,大辟罪降從流,流已下並赦除之。其鄭珏等一十一人未在移復之限。懋德賞功,百王明訓;疏封列爵,國有通規。應扈從征討將校及諸官員職掌軍將、節級馬步兵士及河北諸處屯駐守戍兵士等,皆情堅破敵,業茂平讎,副予戡定之謀,顯爾忠勤之節,並據等第,績議獎酬。其有交鋒戰陣没於王事未經追贈,各與贈官。如有子孫成立堪任使者,並量才甄録。叛之則懲,服之則捨,蓋前經之奥旨,爲當代之通規,既屬纂承,是務遵守。應舊僞庭位居藩翰任處專城,或掌握兵權,或捍防邊鄙,各爲其主,以全其名。既解甲以歸明,或飛章而送款,變通斯睹,忠節可嘉。其逐處節度、觀察、防禦、團練等使及諸州刺史、監押及僞庭先差出行營將校都監等,並頒恩詔,不議改更,仍許且稱舊銜,當候别加新命。理國之道,莫若安民;勸課之規,宜從薄賦,庶遂息肩之願,冀諧鼓腹之謡。應諸道户口宜並罷其差役,各務營農。新係殘欠税賦及諸務懸欠積年課利及公私債負等,其汴州城内自收復日已前,並不在徵理之限,應天下諸道自壬午年十二月已前並放。其兵戈蹂躪之地,水旱灾沴之鄉,苗稼不登,徵賦既減,應今年經霜旱所損田苗處,檢覆不虚,便據畝隴蠲免。兼北京及河北先爲妖祲未平,配買征馬,如有未請却官本錢及買馬不迨者,可並放免。往哲弘仁,有興滅斷絶之道;前王惻隱,垂矜孤恤寡之文。應有本朝宗屬及内外文武臣僚被朱温無辜屠害者,並可追贈之。如有子孫及本身逃難於諸處漂寓者,並所在尋訪,津送闕庭,當行升陟。其有義夫節婦、孝子順孫,並宜旌表門閭,量加賑給。或鰥寡孤獨無所告仰者,所在各議拯救。或有身過八十者,免一子從征。殷王以恩推解網,並務好生;帝堯以引過責躬,乃思含垢。應有先投過僞庭將校官吏等,一切不問事由,無令輒有恐動。側席求賢,將臻至理;懸旌進善,或贊鴻猷。應名德有稱才藝可取,或隱居朝市,或遁迹林泉,並逐處長吏遍加搜訪,津致赴闕,朕當量才任使。兼僞庭僭逆以來,凡有冤抑沈滯之人,宜並特與申雪,仍加遷陟。封遺冢而葬枯骨,義出周王;祀名山而祭大川,禮傳虞帝。既立規於前古,足垂訓於後昆。應所在賢士丘墳,并仰聞奏,當議封樹。或有暴露骸骨,亦委逐處葬埋。或有百神祠宇,不得有虧時祭。應德音内有節文不該者,并仰所司重具起請,分折聞奏,當議施行。於戲!患難以平,咸自忠良之力;瘡痍未息,宜施撫育之恩。更在文武元臣,中外耆德,睹覆亡而立戒,竭忠蓋以爲謀,無縱驕矜,須知廉慎,同致昇平之道,永全開創之功。布告遐邇,當體朕懷。

原載《册府元龜》卷 92

許求外職敕 同光元年十月

邇聞京百官俸錢至薄,骨肉數多,支贍不充,朝夕難遣。僞庭時,刻削嚴急,不敢披陳。今既混同,是行優恤。下御史臺,在班行有欲求外職,或要分司,各許中書門下投狀奏聞。

原載《册府元龜》卷 48

入洛招撫敕 同光元年十月

朕親驅義旅,徑下僞庭,凶讎雖已翦除,内外或聞搔擾,貴行招諭,以示綏懷。應諸色官員并宜仍舊勾當;當軍百姓各自安居,永無勞弊之虞,共睹昇平之代。如無量之輩扇動人情,便仰密加追捕,嚴行處斷,貴從寧謐,當體朕懷。

原載《册府元龜》卷 166

幸洛京祀南郊敕 同光元年十一月

朕猥以寡德,謬荷丕基,順天行誅,因衆除亂,刷宗祧之大耻,快億兆之歡心,車書將致於混同,寰海漸從於開泰。所宜欒虔清廟,禮答圜丘,已定良辰,率遵舊典。朕取今月二十四日幸洛京,十二月二十三日朝獻太微宫,二十四日朝獻太廟,二十五日有事於南郊。經過州縣,隨事供備,不得妄有侵擾百姓。應諸處節度、防禦、刺史等不得遠赴京都,擅離治所,務從簡儉,以稱朕心。

原載《册府元龜》卷 65

止進獻敕 同光元年十一月

朕太平國患,顯紹帝圖,廓天地之妖氛,救生靈之塗炭。方懷至理,永保鴻休,敦去華務實之規,成革故從新之化,足可塞僥倖之路,絶繁費之源。協我無私,告爾有位。應隨處官吏、務局員僚、諸軍將校等,如聞前例各有進獻,直貢奏章,不唯褻瀆於朝廷,實且傍滋於誅斂。速宜止絶,以肅風化。

原載《册府元龜》卷 168

許劉岳終喪敕 同光元年十一月

左降官均州司馬劉岳有母年逾八十,近聞身故,既鮮兄弟,别無骨肉,孤魂旅寄,誰爲蓋棺? 準本朝故事,許歸終三年喪,服闋如未量移,即赴貶所。

原載《册府元龜》卷 147

斷除宰殺馬牛敕 同光元年十二月

凡軍人、百姓將牛、驢及馬宰殺貨賣,今後切要斷除。如敢故違,便仰擒捉,不問職分高低,所在處斬訖奏。其本軍指揮使,若不切鈐轄,致軍内有人違犯,别處捉獲,亦當取斷。

原載《五代會要》卷 9

答李德休請詳定本朝法書敕 同光元年十二月

李德休譽洽朝端,任隆臺憲,將舉行於舊典,請删定其法書,載閲申陳,備見公切。

原載《册府元龜》卷 517

簡收德勝寨等處軍士骸骨敕 同光元年十二月

自十數年來,累經戰陣,殺傷暴露,有足憫嗟。其德勝寨、莘縣、楊劉鎮、通津鎮、胡柳陂戰陣之所,宜令逐處差人檢收骸骨埋瘞,取係省錢,備酒紙招祭,以慰亡魂。

原載《册府元龜》卷 135

玄元廟枯檜再生敕 同光元年十二月

當聖祖舊殿生枯檜新枝,應皇家再造之期,顯大國中興之運。同上林僕柳,祥既協於漢宣;比南頓嘉禾,瑞更超於光武。宜標史册,以示寰瀛。宜委本州太清宫副使常加檢察,兼令功德使差道士一人往彼告謝,仍付史館編録。

原載《册府元龜》卷 25

報齊州刺史孟璆書 同光初

爾當吾急時,引我七百騎投賊,何過之有。但予推心御物,不欲坐汝,我不阻爾,來將何面相視耶!

原載《册府元龜》卷 149

親至懷州奉迎太后敕 同光二年正月

頃以未平國耻,須運戎機,十年親統於驍雄,千里久違於定省。寧辭櫛沐,常切晨昏。今已翦蕩元凶,宅居中土,仰禀庭闈之訓,獲寧宇宙之心。恨不得躬詣汾川,攀迎法駕。况皇太后遠涉山阻,將及近畿,朕何以端坐闕庭爲？拘常禮,雖云舊制,未叶斯懷,朕今親至懷州奉迎。

原載《册府元龜》卷 27

南郊赦文 同光二年二月

體元立極,樹司牧者大君;創業開基,定禍亂者貞主。是以肇分正氣,斷鰲足而定四維;眇覿玄風,抗龍首而朝萬國。兆人歸往,率土駿奔,同興牧野之師,共赴塗山之會,恭行吊伐,廣示驅除,纔應順於人心，俄恢張於戎略。未逾半歲，悉集大功，剪窮后於夏郊，擒漸臺於新室。配天纂祀，冤耻咸申，向闕來庭，華夷率服。再移星律，得事郊禋，獲申報本之義，已展告虔之禮。顧惟寡薄，愧畏尤深，久屬僞室凶狂，彝倫失序，照臨之内，愁疾略同。爰當改物之辰，乃布惟新之慶，與人更始，以答天休。可大赦天下。應同光二年二月一日昧爽已前，大辟罪已下所犯罪無輕重，已發覺未發覺、已結正未結正見禁囚徒常赦不原者，咸赦除之，十惡五逆、屠牛鑄錢、故意殺人、合造毒藥、持杖行劫、官典犯贓不在此限。賞不失勞，百王令典；人惟求舊，有國通規。當宜廣示優恩，務酬嘉績。應自來立功將校兵士等，皆久經戎陣，備睹辛勤，并宜各轉官資，仍加賞給。應僞朝流人并左降官，未經量移者即與量移，已量移者即與復資。尚慮道路遐遥，未盡知悉，中書門下再舉敕文。應内外文武常參官、節度、觀察、防禦、刺史、主軍都指揮使等，夙夜在公，冰泉斯戒，既著顯親之道，宜嘉事主之誠，父母亡殁并與追贈追封，在者各與加爵增封四品已上。扈從翊衛，整肅威儀，展我國容，俾成大禮。應南郊掌儀仗隨駕官員，各有勞獎，其扈駕樓下立仗將士及河南將校兵士等，亦各賜等第優賞。眷惟盡瘁，言念輸忠，率玉帛以來庭，贊郊廟而貳事。既崇丕烈，特顯殊恩，凡關竭力之元勛，宜舉報功之茂典。應藩鎮使臣各賜一子出身，仍加功臣名號。諸道留後刺史，官高者加爵階一級，官卑者加官一資。宗子維城，本支百代，禮既行於配祖，情敢怠於睦親？應本朝皇親近屬因緣僞梁，竄遁遐遠，并仰所在搜訪，如非謬妄，即與奏聞，到京委宗正寺檢勘不虚，并與量才叙録。網羅之中，無由自奮；蜂蠆之内，竟至無辜。既淪没於濫刑，宜申明於真節。凡本朝内外臣僚枉被朱温殺害者，並仰所司具銜申奏，特與追贈，仍搜訪子孫，量加叙録。事主之道，以立節爲先；致理之方，以賞善爲本。其懷才抱器，不事僞朝，衆所聞知，顯有節行，仰所在官吏將所著事狀具姓名聞奏，當加甄奬，兼授官秩。皇王御宇，禮三恪而爲賓；士庶敦風，賴五常而濟世。當宜封崇後嗣，欽若前修，應前代二王三恪及文宣王之後，並可各令繼襲，仍加恩命。所有祖宗廟宇，亦宜各與增修。其隨處合得俸户并子孫户下差税征徭，仍委中（書）門下較本朝格律施行。堯鼓明懸，貴聞進諫;舜旌旁建,比爲來賢。是宜廣納話言,庶箴闕政。洎僞梁人滋澆薄,朝掩忠良,蔑聞投水之規,莫識從繩之路。此後應内省文武常參官并前資草澤之士,有謀分利害事既機宜,並許上表敷陳,朕當選長旌録;如有性多毀譽,私貯愛憎,承寬偶恃於得言,縱志惟專於罔善,朕亦潛令伺察,親要審詳,狡蠹有彰,罪刑無捨。錢者古之泉布,蓋取其流行天下,布散人間,無積滯則交易通,多貯藏則士農困。故西漢興改弊之志,立告緡之條,所以權畜賈而防大奸也。宜令所司散下州府,常須檢校,不得令富室分外貯見錢。又工人銷鑄而爲銅器,兼治邊州鎮設法鈐轄,勿令商人般載出境。被服錦綉,貴賤有倫,裁製衣裝,短長有度,苟無彝則,必害女工。近年已來,婦女服飾異常寬博,倍費縑帛,有力之家不計卑賤,悉衣錦綉。念蠶織之匪易,顧法制之不行,須示條流,冀漸遵守。委所司散下文榜曉諭,御史臺及諸道觀察糾舉違敕。水旱之鄉,而饑寒宜恤;兵戈之地,勞弊堪傷。鄴城及河東久興師旅,頗困生靈;其近裹州縣又輦運徭役,無時暫息。應北京以北諸州川界及至新州、幽州、鎮定管界,契丹侵掠,并邑凋殘,兼遼州、沁州南界及安義北界、澤州諸縣、河陽向下至鄆、濮、齊、棣已來邊河州縣,數年兵革,至甚凋殘,自此并宜倍加撫安,召令復業。應人户所輸租税特與蠲減,已從别敕處分。兼諸道州縣有經霜水旱之災,所損田苗,納税不迨,懸欠處仰子細檢詳,如不虚妄,特與蠲免。頃以未殄寇讎,常勞戰伐,况於邊鄙,足見凋傷,既歲月之滋深,在逋逃而可念。或主持錢穀,管係牛羊,既已罄空,須憂徵督,將叶來蘇之咏,宜施在宥之恩。應近邊界州縣人户有舊主持官錢斛斗牛羊諸雜課利送納不迨者,並令蠲放。自兵屯郊境,事迫機宜,互有侵漁,交相虜掠,既變良而爲賊,實威脅以勢驅,人或銜冤,朕寧無慮?可各下諸處,有百姓婦女俘虜他處爲婢妾者願歸,即並不得占留,一任骨肉識認。其丈夫曾被刺面者,仰勘所在村保,如委不係食糧人數,便勒本州府各與憑據,放逐營生。鄉村糴貨斗斛及賣薪炭等物,多被牙人於城外接賤糴,買到房店增價邀求,遂使貧困之家常買貴物,稱量之際又罔平人。宜令府縣及御史臺於諸門嚴切條流,不得更令違犯。應天下見使斗斛,並是僞朝所定,宜令所司别造新朝斗秤,頒下諸道,其見使者納官毁廢。三館蘭臺,藏書之府,動盈萬卷,許列九流。爰自亂離,悉多遺逸,須行搜訪,以備討尋。應天下有人能以經史及百家之言進納者,所司立等第酬奬。喪葬之典,合式具言,使貧者足以備其儀,富者不得逾其制。頃自淳風漸散,薄俗相承,不守等威,競爲僭侈,生則不能盡其養,没則廣費飾其終。自今後仰所司舉明條制,勿令逾越。若故違犯,嚴加責罰。歷代以來,除桑田正税外,只有茶鹽銅鐵,出山澤之利,有商税之名,其餘諸司並無税額。僞朝已來,通言雜税,有形之類,無税不加,爲弊頗深,興怨無已。今則軍需尚重,國力未充,猶且權宜,未能全去。且檢天下桑田正税,除三司上供既能無漏,則四方雜税必可盡除,仰所司速檢勘天下州府户口正額、墾田實數,待憑條理,以息繁苛。國以人爲本,人困則國何所依?人以食爲天,食艱則人何以濟?聞僞朝已來,恣爲掊歛,至於雜色斛斗柴草受納倉場,邀頡人户,分外誅求,納一斗則二斗未充,納一束則三束不了,互相蒙蔽,上下均分,疲敝生靈,莫斯爲甚。自今後仰長吏選清强官吏充主納,仍須嚴立條制,以防奸欺,兼具逐色所納加耗申奏。當官者宜守於朝章,力田者宜遵於王制,苟容僥倖,必亂規繩。訪聞富户田疇,多投權勢影占,州縣不敢科役,貧下者更代征徭,轉致凋殘,最爲蠹弊。將安疲瘵,須擇循良。應僞庭内班朝僚及諸色主掌職員等遭無辜殺害者,并許昭雪歸葬。共理者太守之官,親人者縣宰之任,戈鋋稍弭,政術爲先。刺史、縣令有勸課農桑、招復户甲、增加税額,檢勘不虚,委本道觀察使條件奏聞,當加進陟。如貪墮不理害及於人者,速便停替,務於葺養,稱朕意焉。况親人之官,無先於令録;致理之道,必擇於才能。苟選任不自於朝廷,則恩澤全歸於侯伯。今日諸道奏請授官人數轉多闕員全占,交隳體例,須正條綱,委中書門下舉舊例條理聞奏。刺史總一州之政,縣令專百里之權,至於糾督之司,並謂親人之任。僞朝取士,多不擇才,蓋自藩方奏論,及因權勢屬托,公行賄賂,蔑顧典章,到官唯務於追求,在任莫思於葺理。或聚蓄更希後任,或掊歛以報前恩。上下相蒙,遠邇爲害,生靈因敝,職此之由。自此牧守令録之官,委中書門下精加選擇,至於三銓注擬,亦在審詳吏能,如貪猥有聞,不得更授令録。及到官後,委本道觀察使切加鈐轄,仍勒本州判官專爲訪察。如掩贓罪不具聞奏,豈唯獨罪本官,兼亦累及長吏。至於義夫節婦孝子順孫,並合搜揚,以行旌表。德音之所未至,赦文之所不該,凡百有司,各宜申舉。於戲! 圓蓋方輿,布陰陽而貿萬物;賢臣聖主,守紀綱而馭四方。所寶者黎元,所重者神器,久落奸凶之手,每傷忠義之心。朕以訓練五兵,憂勤三紀,收復而親經百戰,輯寧而敢忽萬機? 得不居安慮危,慎終如始。内則委樞衡於元輔,庶顯彌綸,外則分符印於列侯,務觀製緝,股肱惟肅,宗社是依。朕有過而須言,臣有善而無掩,使百姓時序,萬國咸寧,共全可大之功,式表中興之道。

原載《册府元龜》卷 92

建長壽宮詔　同光二年二月

皇太后母儀天下,子視群生,當别建宮闈,顯標名號。冀因稱謂,益表尊嚴。宜以長壽宮爲名。

原載《舊五代史》卷 31

答郭崇韜陳情表手詔　同光二年二月

卿名高釣渭,才大築巖,夙符封壯於周王,早契夢魂於殷主。顧君臣之際會,實社稷之威靈。所以翊贊冲人,纘承丕祚。頃歲,以梁城構逆,唐室罹灾,群凶競起於萑滿,九廟皆生於禾黍。忍耻而徒思常膽,平居而未見沃心。爾能竭迺沉謀,資予大計,遂訓齊虎旅,平殄梟巢,文軌混同,梯航盡入,延景運於綴旒之後,建殊庸於誓帶之前。今況纔告類於郊壇,方卜年於洛宅,始欲與卿平章理道,講貫化源,長遵馭朽之規,每聽從繩之諫。雖遷廊廟,尚委樞機,縱領藩垣,不離都輦。而又别頒金篆,求佐瑶圖。今則忽睹表章,遽辭繁總,進退徒聞於知足,始終寧稱於注懷,是宜勵力扶持,勉思翼戴,既叶雲從之義,更申日益之功。將致君而須歷重權,方爲主而難持謙柄。覽卿陳乞,俾我焦勞,宜體朕懷,即斷來表。

原載《册府元龜》卷 331

答郭崇韜再上陳情表詔　同光二年二月

卿忠孝有稱,古今無比,竭智術而扶持景運,蹈讓謙和而統冠群英。鬱有勛庸,刊於簡册。昨以剪平元惡,開拓丕基,權謀雖出於朕懷,叶贊全資於爾力。是乃委司鈞軸,任總兵符,樞機兼掌於金藏,盟約備頒於鐵券,實諧倚注,雅稱褒隆,豈其忽覽封章,堅辭密務。在卿幽明監德,内外推仁,可保於千載一時,何軫於前思後慮。况朕綏寧寰海,纔欲半年,告類圓丘,未逾一月,耆德便歸退静,群情莫測其緣。方賴嘉謀,永俾闕政。卿宜勉持幹恪,永惓繁難,更圖遠大之功,共保初終之道。

原載《册府元龜》卷 331

幸東京敕　同光二年二月

大名重地,全魏奥區,成予定霸之基,致我興王之業。蓋以土田沃衍,庶士忠勤,載想龕緣,得無眷矚。近者頻令按察,頗樂和平,既堅望幸之誠,宜舉省方之典。取來年正月七日,朕當巡幸東京。

原載《册府元龜》卷 114

令李繼麟制置榷鹽敕　同光二年二月

會計之重,鹹鹺居先,矧彼兩池,實有豐利。頃自兵戈擾攘,民庶流離,既場務以隳殘,致程課之虧失。重玆葺理,須仗規模。將立事以成功,在從長而就便。宜令河中節度使冀王李繼麟兼充制置度支安邑、解縣兩池榷鹽使,便可制一一條貫。

原載《舊五代史》卷 146

李文矩等復舊官敕　同光二年三月

其先減省員官,除已别授官外,左散騎常侍李文矩等三十人宜却復舊官;太子詹事石戩等五人宜以本官致仕;將作少監岑保嗣等一十四人候續敕處分。

原載《五代會要》卷 20

禁鉛錫錢詔　同光二年三月

泉布之弊,雜以鉛錫,惟是江湖之外,盜鑄尤多,市肆之間,公行無畏。因是綱商夾帶,舟載往來,换易好錢,藏貯富室,實爲蠹弊,須有條流。宜令京城及諸道行市行使錢内,點檢雜惡鉛錫,並宜禁斷。沿江州縣,每有舟船到岸,嚴加覺察,若私載往來,並宜收納。

原載《五代會要》卷 27

賜功臣名號詔　同光二年三月

隨駕收復汴州,及扈從到洛,及南郊立仗都將已下至節級長行軍將等,朕自削平中夏,掃蕩群凶,被介胄以征行,歷星霜而扈從,凡經百戰,盡立殊功,永念丹心,真同赤子,若無旌賞,豈表恩榮?其都將官員自司空已下者,宜並賜協謀定亂佐國功臣。自僕射、尚書、常侍至大夫、中丞,宜並賜忠勇拱衛功臣。其初帶憲銜,宜并賜忠烈功臣。已有功臣名者,不在此限。其節級長行軍將,並宜賜扈蹕功臣。

原載《册府元龜》卷 81

封命婦邑號詔　同光二年三月

昨皇太后爰自北京,歸於大内,旋膺典册,正位宫闈。載詳邦國舊規,合有命婦貢表,宜稽邃古,以示新恩。應内外文武官妻,可據品秩高卑,各封邑號。

原載《册府元龜》卷 81

定内外官僚職事敕　同光二年三月

朕自雀臺創業,兔苑平凶,救生聚之倒懸,俾衆區之反正,凡云機密,深繫憂勤,每事多委密司,權令決遣,貴無停滯,要速施行。今則四海一家,萬邦同德,中土之寰居顯定,圜丘之祀禮方終,既整皇綱,合依舊制,使百官各舉其職,庶事不失其宜,貴合通規,以成永例。此後應有公事,何色件合歸樞密院,何色件合付京百司,至於軍幕之中,並在精詳分擘,内外免侵。其職分高低,貴叶其規程。其或百姓軍人,事關争訟,先經州縣都將,須依次第披論;或致淹停,可詣臺省。

至若懷冤抑,要達禁庭,即許投狀匭函,别議申雪此情。或非的確,理涉僭逾,推詰有聞,必行朝典。兼有衣冠士族,參選官寮,或獻所業文章,或述從前行止,因依駕幸,抵冒乘輿,希望恩榮,隨張物體。更有軍人百姓,亦敢將狀衝突。須各示條章,絶其容易。宜令御史各下諸司、河南府及諸道分明曉示訖奏。其本朝百官有司所行公事,仍令御史臺各取狀申中書門下。

原載《册府元龜》卷 65

南郊減選敕 同光二年三月

朕禋祀天地,朝享祖宗,百司各具其威儀,群吏遂蒙其置攝,希因霈澤,以録微勞。然而躁妄之徒,經求競進,參雜之道,真濫莫分,勘職名則半是冗員,語人數則又盈千計。若無檢舉,便是寵榮,不惟開僥倖之門,兼恐撓銓衡之務,須明條例,方别等差。應諸司行事官,並付三銓,各遣取告赤考牒,解由入仕曆子等磨勘。如文書盡備,只欠一選者,便與依資注官;欠兩選者,與注同類官;欠三選四選者,與減一選;欠五選至七選者,與減兩選;欠八選至十一選者,與減三選。一奏一除,未合入選門者,許自同光二年,數本官選數滿日赴集。其太常寺,先以白身差攝本寺官,應奏祠祭勞考稍深者,追取元額補牒,檢勘不虚,即與正授。如因大禮差補行事有前任官及出身者,即須準諸司例,追告赤磨勘。其諸色黄衣欠兩選者,與減一選。應官資已高,不合銓司注擬者,亦委子細檢勘,送名中書門下。如全無文書,稱失墜,官告,敕檢敕甲,又無證據,只有格式公驗,並諸司諸州府公憑及試授官文牒,兼文書過格、年月深遠者,並宜落下。所冀官無濫受,恩不虚行。

原載《册府元龜》卷 632

禁請托敕 同光二年三月

選舉二門,仕進根本,當掄擇於多士,全委仗於有司。苟請托是從,則逾濫斯極。况方行公事,已集群材,須行戒勵之文,俾絶倖求之路。宜令吏部、禮部掄材考藝,必盡於精詳;滅私徇公,無從於請托。

仍委三銓貢院榜示省門,曉告中外。

原載《册府元龜》卷 158

褒回鶻權知可汗仁美制　同光二年四月

回鶻可汗仁美,代襲驍雄,生知義烈,乘北方忠順之氣,爲南面沙漠之君。自列聖有國之初,便申盟誓,及肅宗中興之運,繼立勛庸。爾來貢奉不違,戎馬無警,一心常保於甥舅,萬里或結於姻親。今則興服之初,琛盡俄至,仍聞撫寧七部,兼且控制諸蕃。終姓之道無渝,信言必復;嗣緒之文斯在,典册宜行。俾紹前修,且明久要,宜封爲英義可汗,仍令所司擇日備禮册命。

原載《册府元龜》卷 965

授獻書人官敕　同光二年四月

史館提舉赦書節文,購求經史,頗爲允當,宜許施行。今宜添進納四百卷已下、叁百卷已上,皆成部帙,不是重疊及紙墨書寫精細,已在選門未合格人,一百卷與減一選;無選減數者,注官日優與處分;無官者,納書及三百卷,持授試官。

原載《册府元龜》卷 50

搜訪被害臣僚敕　同光二年四月

朕祇膺大寶,虔奉鴻名,勉承夷夏之心,以副天人之望。雖德音尋降,赦宥近行,猶恐恩有所未孚,德有所未洽。則自朱温劫遷昭宗至洛京已來,内外臣僚有無名妄遭刑戮者。更宜廣令搜訪,各與次第贈官,如有子孫,並委叙録。

原載《册府元龜》卷 65

諸陵臺令不得影占人户敕　同光二年五月

宗正寺嚴切指揮諸陵臺令、丞,不得輒令影占人户。其諸陵舊例合破巡人,仍令酌量額定數目,自本州縣於中等人户内差遣,交付陵所。切不得自招影占人户,攪擾鄉村,致妨縣司差遣色役使。仰密具本官姓名申奏,當行朝典,仍具條約,曉示諸陵臺及本州縣訖,聞奏。

原載《五代會要》卷 4

放免四京秋税敕 同光二年五月

治國之由,安民是本。如聞今歲麥田雖繁,而結實不廣。其四京諸道百姓,於麥察地内種得秋苗并不徵税。

原載《册府元龜》卷 491

限决禁囚敕 同光二年六月

應御史臺河南府行臺馬步司左右軍巡院,見禁囚徒,據罪輕重,限十日内並須决遣申奏。仍委四京、諸道州府,見禁囚徒,速宜疏决,不得淹停,兼恐内外形勢官員私事寄禁,切要止絶,俾無冤滯。

原載《舊五代史》卷 147

貶張繼孫敕 同光二年六月

有善必賞,所以勸忠孝之方;有惡必誅,所以絶奸邪之迹。其或罪狀騰於衆口,醜行布於近親,須舉朝章,冀明國法。汝州防禦使張繼孫,本非張氏子孫,自小丐養,以至成立,備極顯榮,而不能酬撫育之恩,履謙恭之道,擅行威福,常恣奸凶,侵奪父權,惑亂家事,從鳥獸之行,畜梟獍之心,有識者所不忍言,無賴者實爲其黨。而又横征暴斂,虐法峻刑,藏兵器於私家,殺平人於廣陌。罔思悛改,難議矜容。宜竄逐於遐方,仍歸還於姓氏,俾我勛賢之族,永除污穢之風。凡百臣僚,宜體朕命。可貶房州司户參軍同正,兼勤復本姓。

原載《册府元龜》卷 934

在京空地任人請射敕 同光二年八月

在京應有空閒地,任諸色人請射蓋造。藩方侯伯、内外臣僚,於京邑之中,無安居之所,亦可請射,各自修營。其空閒有主之地,仍限半年,本主須自修蓋,如過限不見屋宇,亦許他人占射。

原載《五代會要》卷 26

葺修宫殿敕　同光二年八月

三川奥壤,四海名區,爲帝王光宅之都,乃符瑞薦臻之地。周朝始建,卜年遂啓於延洪;漢室中興,即土是圖於遠大。咸兹建極,至我本朝,壯麗可觀,浩穰爲最。千門萬户,實爲富庶之鄉;接廡連甍,宛有升平之俗。而自僞梁僭逆,諸夏憑陵,尋干戈而虐用蒸黎,恣塗炭而毒流草木。依憑兔苑,嘯聚梟巢,遂令輦轂之間,鞠興蕪没之嘆。朕自削平大憝,纂嗣丕圖,重興卜洛之都,永啓朝宗之會,將資久遠,須議葺修。務令壯觀於九重,實在駢羅於萬户。京城應有空閒地,任諸色人請射蓋造;藩方侯伯,内外臣寮,於京邑之中,無安居之所,亦可請射,各自修營。其空閒有主之地,仍限半年,本主須自修,蓋如過限不見屋宇,亦許他人占射。貴在成功,不得虚占。

原載《册府元龜》卷 14

奏狀斜封明題公事敕　同光二年八月

四京并諸道州府及京百司應申奏諸色公事奏狀等,先曾指揮,並須實封斜角。其常呈奏狀,於斜封上,明題所爲公事,或干軍機言不題事,直至御前開封進呈事宜。指揮四京及諸道,令散下管内諸州,依元宣旨處分。其在京百司,仍令御史臺各録敕文曉告。

原載《五代會要》卷 4

令諸道節度使等洛京修宅詔　同光二年八月

朕刷蕩妖氛,收復京輦。三靈胥悦,萬國駿犇。凡在炤臨,畢同欣戴,或出司土宅,入覲朝廷。若無列第於神州,何表愛君之誠節,諸道節度、觀察、防禦、團練、刺史等并宜令洛京修宅一區,既表皇居之壯麗,復佳清洛之浩穰,因我后之化家,睹群居之戀闕。

原載《册府元龜》卷 14

覺察藩方私買衣甲敕　同光二年九月

如聞藩方入奏之人,多於京内私買衣甲,宜令總管司密加覺察。

原載《五代會要》卷 12

不準權停選舉敕　同光二年十月

舉、選二門，國朝之重事，但要精確，難議權停，宜準常例處分。

原載《五代會要》卷23

允張全義請萬壽節於嵩山琉璃戒壇度僧敕　同光二年十一月

張全義首冠王臣，心明佛性，資善弘於净衆，增福聚於皇基，將欲壇啓琉璃，人銓鴛鷺，實彰忠節，宜示允俞。

原載《册府元龜》卷52

賜青州符習奏即墨縣李夢徵室内柱上生芝敕　同光二年十一月

符習累居藩翰，屢顯政能，静以臨人，寬而得衆，撫裕已彰於惠愛，輔時又致於休徵。固得和氣潛蒸，靈芝遽産，同九莖而表瑞，比三秀以呈祥。載閲奏陳，良深嘉嘆。

原載《册府元龜》卷25

禁徵納禮錢敕　同光三年正月

兵、吏部以臺省禮錢爲名，所司妄有留滯，在京者遽難應付，外來者固是淹延，須至條流，冀絶訛弊。自此後，特恩授官、侍衛軍功、改轉内廷、諸司帶職、外來進奉，闕廷綾紙，並宜官給，無令收買。舊例朱膠，一切停廢，禮錢亦不徵取。又慮所司困闕人吏，不辦食直糧課，逐月兩司各支與錢四十貫文。至於臺省禮錢，宜特蠲减，比舊數五分許徵一分，其特恩已下并不得徵納禮錢。仍令中書門下條流敕畫，經過諸司，無至停滯其官告。如是宣旨除授及品秩合進呈者，準例送回，餘並送納中書門下點簡，給付敕書。到本司十通已上官，限三月内印署了；三十通已上，限五日；五十通已上，中書門下與催促。如臨時緩急，宜賜不拘此限。少府監鑄造印文，元屬禮部，兩司無有推注停滯。諸道使臣廣徵銅炭價錢，納後别須邀索。自此凡鑄印，宜令本司限敕到五日内進呈。不計諸道在京，並不得徵納銅炭價錢，所破料物並計數於租庸院請領，仍預嘗給付價錢，使盡計帳於租庸院更請，或有故違，必行典憲。

原載《册府元龜》卷61

遷昭帝陵敕 同光三年正月

朕顧惟寡德,獲嗣丕圖,奉先之道常勤,送往之誠靡怠。爰自重興廟社,載展郊禋,旋蕩滌於瑕疵,復涵濡於慶澤。蓋憂勞靜國,曠墜承祧,御朽若驚,涉川爲懼。由是推移歲月,鬱滯情懷。恭念昭宗晏駕之辰,少帝登遐之日,咸罹虺毒,遽殞龍髯,委冠劍於仇讎,托山陵於梟獍。靜惟規制,豈叶度程,存愴結以彌深,固寢興而增惕,虔思改卜,式慰允懷。宜令所司别選園陵,備禮遷葬。貴雪幽明之故,以申追慕之心。凡百臣寮,體朕哀感。

原載《册府元龜》卷 31

觀察支使俸料准掌書記敕 同光三年二月

宜令諸道節鎮,依舊更置觀察支使一員,其俸料春冬衣賜,仍準掌書記例支遣,餘依租庸院所奏。

原載《五代會要》卷 27

减東京賦税詔 同光三年二月

間者以皇綱中墜,國步多艱,率兵甲于兩河,漲烟塵於千里。憂勤二紀,勞役萬端。矧乃東京,國號大名,雄稱全魏,昔惟廣晉,今實興唐。自朕南北舉軍,高低叶力,總六州之疆土,供萬乘之征租。有飛芻挽粟之勞,有浚壘深溝之役,賦重而民無嗟怨,務繁而士竭忠勤。致於掃蕩氛霾,平除僞逆,九廟復蒸嘗之薦,兆人息塗炭之灾,靜想寅緣,深所嘉嘆。昨者因追曩素,載洽歌謡,俱懸望幸之誠,遂舉省方之典。爰臨管界,洎至都城,對父老之歡呼,眷懷斯契;睹井田之凋廢,臨馭增慚。得不特降優恩,俾蘇舊地。冀表寵綏之道,免渝敦激之風。應東京隨絲鹽錢,每兩俱减放五十文。逐年俵賣蠶、鹽、大鹽、甜次、冷鹽,每斗與减五十文。欒鹽與减三十文。其小緑豆税,每畝長與减放三升。都城内店宅、園圃,比來無税,頃因僞命,遂有配徵。後來原將所徵物色,添助軍人衣賜,將令通濟,宜示矜蠲。今據緊慢去處,於見輸税絲上,每兩作三等酌量納錢,貴與充本,回圖收市。軍人衣賜,其絲永與除放。所有六街内空閑田地,并許新歸業人户,逐便蓋舍居止，與免差徭。如是本主未來，一任坊鄰收佃。庶令康泰，俾表優恩。

原載《册府元龜》卷491

駕還洛京詔 同光三年三月

朕以削平僭亂，底定寰區，爰宅洛都，再逾星歲，乃眷興王之地，頗聆望幸之辭。暫議省巡以慰群品，因兹駐蹕。俄已經春，優恩既洽於大名，車駕宜還於中土。俾宣遐邇，咸暢昇平。可定此月十七日發程，取河陽舊路歸洛。

原載《册府元龜》卷114

更定符蒙正等及第敕 同光三年三月

禮部所放進士符蒙正等四人，既慊群情，實干浮議，詩賦果有疵瑕。若便去留，慮乖激勸，儻無升降，即昧甄明。況王徹體物可嘉，屬詞甚妙；桑維翰差無紕繆，稍有詞華。其王徹升爲第一，桑維翰第二，符蒙正第三，成僚第四。禮部侍郎裴皞放。今後應禮部每年所試舉人雜文策等，候過堂日，委中書門下子細詳覆奏聞。

原載《五代會要》卷22

宣示朱守殷進古錢敕 同光三年三月

凡窺奇異，盡繫休明，所獲錢文，式昭玄貺。得一者，伫歸於一統；順天者，式契于天心。道焕一時，事光千載，殊休繼出，信史必書。宜付史館。

原載《册府元龜》卷25

祈雨敕 同光三年四月

時雨少愆，恐妨農事，須命祈禱，冀遂豐登。宜令差官分道祈禱百神。

原載《册府元龜》卷145

祈雨敕　同光三年四月

亢陽稍甚，祈禱未徵，將致感通，難避勞擾。宜令河南府於府門造五方龍，集巫禱祭，徙市。

原載《册府元龜》卷145

祈雨敕　同光三年五月

時雨尚未沾足，宜令河南府徙市閉坊門，依法畫龍，置水祈請，令宰臣於諸寺燒香。

原載《册府元龜》卷145

定考試例詔　同光三年五月

起今後宜準開成三年敕文，凡有官者，並詣吏曹；未仕者，皆歸禮部。其童子則委本州府依諸色舉人例考試給解送省。任稱鄉貢童子，長吏不得表薦。若無本處解送，本司不在考試之限。

原載《册府元龜》卷641

敕河西歸義軍節度使牒

前子弟、銀青光禄大夫、檢校太子賓客、上柱國宋員進。右改補充節度使押衙，牒奉處分。前件官儒門勝族，晚輩英靈，每事卓然，無幽不察。故得三端備體，懷蘊七德之深機；指矢彎弧，遂驗猿悲而雁泣。致使東朝入貢，不辭涉歷艱危，親睹龍顔。公事就成，歸西土軍前。早年納效，先鋒不顧苦莘；匹馬單槍，塵飛處全身直入。念汝多彰雄勇，獎擢榮班。更宜抱節輸忠，别乃轉遷班次。件補如前，牒舉者，故牒。同光叁年六月壹日牒。使檢校司空兼太保曹議金。

原載敦煌文書P.3805

慮囚詔　同光三年六月

刑以秋冬，雖關惻隱，事多連累，翻慮淹延。若或十人之中，止於一夫抵罪，豈可以輕附重，禁錮逾時？言念哀矜，又難全廢。其諸司囚徒，罪無輕重，並宜各委本司據罪詳斷。輕者即時疏理，重者候過立春，至秋分然後行法。如係軍機，須行嚴令。或謀爲逆惡，或蘊蓄奸邪，或行劫殺人，難於留滯，並不在此限。

原載《五代會要》卷 10

量置陵户敕 同光三年六月

關内諸陵，頃因喪亂，例遭穿穴，多未掩修。其下宫殿宇法物等，各令奉陵州府據所管陵園修製，仍四時各依舊例薦饗。每陵仰差近陵百姓二十户充陵户，以備灑掃。其壽陵等一十陵，亦一例修掩，量置陵户。

原載《舊五代史》卷 32

責授李鏻李瓊敕 同光三年七月

罰罪賞功，大朝常憲；掩瑕宥過，前聖格言。工部侍郎李鏻、宗正少卿李瓊等，早在公途，忝居班列，靡思畏懼，各犯刑章。因補置官吏之秋，見詐僞依違之迹，自招罪狀，合置嚴科。但以嘗預臣僚，始當興復，特示哀矜之旨，俾寬流遣之文，降秩趨朝，殊爲輕典，推恩念舊，所宜慎思。鏻可責授朝散大夫、司農少卿。瓊可責授朝議郎，守太子中舍。

原載《册府元龜》卷 481

諸司人吏非考滿不許奏薦敕 同光三年八月

諸司人吏授官，從來只繫勞考，年滿赴選，方許離司。近日已來，頗隳條制，到司曾無考課，公事尚未諳詳，便求薦論，深爲僥倖，遂使故事都失。蓋由舊人不存，豈唯勞逸之罔均，兼致司局之曠敗。自今年，除勞考滿，三銓注官，即許赴任，非時不得奏薦。如有注掌難重，勞績可稱，許本司奏聞，當與減選。或是顯然事迹，在司年深，齒髪衹役不任，即許解職赴任。餘切依格條處分。

原載《册府元龜》卷 632

以天津橋未通放朝參敕 同光三年八月

聞天津橋未通，往來百官以舟船濟渡，因兹傾覆，兼踣泥塗。自今文武百官可三日一趨朝,宰臣即每日中書視事。

原載《五代會要》卷11

賜錢鏐吴越國王册文 同光三年八月

維同光三年歲次乙酉八月辛酉朔二十七日丁亥,皇帝若曰:王者惠濟黎元,輯寧方夏,重名器,任股肱。忠而能力則禮崇,賞不失勞則人勸,所以啓周公之土宇,裂漢祖之膏腴者。録彼茂勛,寘之異數,登進賢哲,焜燿事功也。惟爾天下兵馬都元帥、尚父尚書令吴越國王,朝海靈源,承天峻嶽。以英風彰德望,以勇氣贊忠貞。往因義舉之徒,盛推韜略;遂著龔行之績,高步藩維。挺魚鯤鳥鳳之姿,擁岸虎水龍之衆,居方面任將五十年。宣導休聲,攘除凶醜。摧堅奪鋭,鄙許東固圉之謀;阜俗頒條,廣冀北安居之頌。環塹浙江之要,雲屯星紀之墟。説禮敦詩,位崇元帥;前旄後節,名重中權。守畫一之規,奉在三之節。信立靡移於風雨,義行曷倦於津塗。效珍則不顧險難,薦幣則常歸宰府。振英謀而端右弼,鍾懿號而異列藩,可謂職貢不乏,梯航時至,翼戴天子,加之以恭也。載念尊獎,爰示徽章。今遣正議大夫、守尚書吏部侍郎、上柱國、贊皇縣開國男、食邑三百户、賜紫金魚袋李德休使副朝議郎、守起居郎、充史館修撰、賜緋衣魚袋聶璵持節備禮,胙土苴茅,册爾爲吴越國王。於戲!地奄數圻,賦過千乘,藩守闔閭之境,軌圍句踐之封。子弟量才序進,多分於棨戟,土疆漸海方輸,豈限於魚鹽。貴盛富强,雖古之封建諸侯,禮優夾輔,不加於此。慎厥始,圖厥終。無以位期驕,無以欲敗度。欽承賜履,翼予一人。汝嘉。

原載《吴越備史》卷1,《五代史書彙編》

伐蜀制 同光三年九月

朕夙荷丕基,乍平僞室,非不欲寵綏四海,協和萬邦,庶正朔以遐同,俾人倫之有序,其或地居陬裔,位極驕奢,殊乖事大之規,但蘊偷安之計,則必徵諸典訓,振以皇威,爰興伐罪之師,冀遏亂常之黨。蠢兹蜀主,世負唐恩,間者父總藩宣,任居統制,屬朱温東離汴水,致昭皇西幸岐陽，不務扶持，反懷顧望，盜據劍南之土宇，全虧閫外之忱誠。先皇帝早在并門，將興霸業，彼既曾馳書幣，此亦復展謝儀。後又特發使人，專持聘禮，彼則更不迴一介之使，答咫尺之書。星歲俄移，歡盟頓阻。朕頃遵崇遺訓，嗣統列藩，追昔日之來誠，繼先皇之舊好，累馳信幣，皆絶酬還。背惠食言，棄同即異。今觀孽竪，紹據山河，委閹宦以持權，憑阻修而僭號。早者，曾上秦王緘札，張皇蜀地聲塵，形侮黷之言辭，謗親賢之勛德。昨朕風驅鋭旅，電掃凶渠，復已墜之宗祧，纘中興之曆數。捷音旋報，復命仍稽。使來而尚抗書題，情動而先誇險固。加以宋光葆輒陳狂計，别啓奸謀，將欲北顧秦州，東窺荆渚。人而無禮，罪莫大焉。

昨客省使李嚴奉使銅梁，近歸金闕，凡於奏對，備述端由。其宋光嗣相見之時，於坐上便有言説，先問契丹强弱，次數秦王是非，度此苞藏，可見情狀。加以疏遠忠直，朋比奸雄。内則縱恣輕華，競貪寵位；外則滋彰法令，蠹耗生靈。既德力以不量，在神祇之共憤。今命興聖宫使、魏王繼岌充西川四面行營都統，命侍中、樞密使郭崇韜充西川東北面行營都招討制置等使，荆南節度使高季興充西川東南面行營都招討使，鳳翔節度使李曮充供軍轉運應接等使，同州節度使李令德充行營招討副使，陝府節度使李紹琛充行營蕃漢馬步軍都排陣斬斫使，西京留守張筠充西川管内安撫應接使，華州節度使毛璋充行營左厢馬步都虞候，邠州節度使董璋充行營右厢馬步都虞候，客省使李嚴充西川管内招撫使，總領闕下諸軍，兼四面諸道馬步兵事，取九月十八日進發。凡爾中外，宜體朕懷。

原載《舊五代史》卷 33

祈晴敕 同光三年九月

霖雨未止，恐傷苗稼，及妨收穫，宜令差官於諸寺觀神祠虔心祈禱。仍令河南府差官應有靈迹處精虔祈止。

原載《册府元龜》卷 145

諭蜀敕　同光三年十一月

朕以蜀部封疆,本是我唐境土,爰從兵革,遠阻江山。當僞梁篡弑之時,致宗廟凌夷之難,遂滋割據,蓋逐便安。雖行建號之謀,乃是從權之道。況復蜀主先父,素是本朝舊臣,常懷忠孝之心,每俟興隆之運。唯期恢復,却效傾輸。朕以初殄寇讎,重興社稷,撫諭之恩既廣,憂勤之意常深,須務綏和,貴諧混一。遂令元子,兼命宰臣,遠安徯后之心,既叶來王之願。遐想王師行李,已及彼地城池,遠降詔書,明行示諭,料其素志,必契夙心。當符魚水之歡,永保山河之誓。僞蜀文武官僚等,或本朝舊族,或當代英賢,或抱節於軍戎,或著名於鄉曲,久從睽隔,常軫情懷。宜知乃眷之恩,各勵歸誠之款。今已降敕命,誡約諸道兵帥,如西川果决歸降,到城不得驚擾。但思效順,勿致懷疑。

原載《錦里耆舊傳》卷 6

令京西諸道收糴不得徵納税錢敕　同光三年閏十二月

今歲自京已東,水潦爲患,物價騰涌,人户多於西京收糴斛斗。近聞京西諸道州府,逐道皆有税錢,遂不通行,乃同閉糴。宜令宣下京西諸道州府,凡閉糴斛斗,不得輒有税錢,及經過水陸關防鎮縣,妄有邀難。

原載《五代會要》卷 27

僞蜀降官次第任使敕　同光三年閏十二月

初平僞蜀,應僞署官員等,官至太師、太傅及三少并太尉、司徒、司空、侍中、中書令、左右僕射已上,并宜降至六尚書,臨時更約高卑,爲六行次第。階至開府、特進、金紫者,文班降至朝議大夫,武班降至銀青。爵如是舊僞署將相已上,與開國男三百户,餘並不許有封爵。其有功臣名號,並宜削去。如檢校官,至郎中、員外郎、兼侍御史已下。如是僞署節鎮,率先向化,及立功效者,委行營都統緣事迹獎任。如刺史除停罷外,有見任政績可稱者,但許稱使君,不得更有檢校及兼官。其僞署班行正官四品已上,依此降黜。五品已下,如不曾經本朝授官，又無族望可稱者，材智有聞，即許於府縣官中量材任使；如無材智可録者，並宜收歸田里。若西班有稱統軍、上將軍者，若本是功臣子孫及將相之後，並據人材高下，與諸衛小將軍、率府副率、中郎將，次第授任。如是小將軍已下堪任使者，委西川節度使補衙前押衙已下職。所有歸降官，除軍前任使並稱前銜，續據材行任使。

原載《五代會要》卷 17

答李琪轉倉贍軍條陳敕 同光三年閏十二月

李琪所論，召募轉倉斛斗與官行賞，委租庸司下諸州府。有應募者，聞奏施行。

原載《册府元龜》卷 509

求言詔 同光三年閏十二月

朕聞古先哲王，臨御天下，上則以無偏無黨爲政治，次則以足食足兵爲遠謀。緬惟前修，誠可師範。朕纂承鳳曆，嗣守鴻圖，三載於兹，萬機是摠。非不知五兵未弭，兆庶多難，蓋賴卿等寅亮居懷，康濟爲務，冀盡賦輿之理，洞詢盍徹之規。今則潛按方區，備聆謡俗，或力役罕均其勞逸，或賦租莫辨於後先，但以督促爲名，煩苛不已。被甲胄者何嘗充給，趨朝省者專困支持；州閭之貨殖全疏，天地之灾祥屢應。以至星辰越度，旱澇不時，農桑失業於丘園，饑饉相望於郊野。生靈及此，寢食寧遑？豈非朕聖政未孚，焦勞自掇者耶？朕昨親援毫翰，軫念瘡痍，一則詢而謀猷，一則表予宵旰。未披來奏，轉撓於懷，敢不翼翼罪躬，乾乾軫慮？咨爾四岳，弼予一人。何不舉爾賢才，輔予寡昧？百辟之内，群后之間，莫有盡忠者被掩其能，抱器者難陳其力。或草澤有遺逸之士，山林多屈滯之人，爾所不知，吾將何助？卿等位尊調鼎，名顯代天，既逢不諱之朝，何吝由中之説？當宜歷告中外，急訪英髦。應在任及前資文武官，下至草澤之士，有濟國治民除奸革敝者，并宜各獻封章，朕選擇施行。其近宣御札，亦可告諭内外，體朕意焉。

原載《册府元龜》卷 103

停折納等税敕　同光三年閏十二月

本朝徵科，唯配有兩税，至於折納，當不施爲。宜依李琪所論，應逐税合納錢物斛斗鹽錢等，宜令租庸司指揮，並准元徵本色輸納，不得改更，若合有移改，即須具事由奏聞。

原載《舊五代史》卷146

答諫官請不幸汴州批　同光三年閏十二月

朕以四海雖寧，五兵不可不訓，聚之王室，務壯神京。其如人賴餱糧，馬資藁秸，飛挽動勞於四達，經謀全繫於有司。近以水潦爲灾，賦租失額，欲巡方岳，貴便兵民。卿等細察輿情，備陳忠懇，慮沸騰於物議，俾鎮静於宸居。載覽封章，深諴嘉畫。

原載《册府元龜》卷101

答兩省諫官請不幸汴州批　同光三年閏十二月

忽披諫疏，深沃朕心。非因讜直以上聞，豈致焦勞之外達？卿以饋運不繼，軍食有虧，在京則廪食闕如，支計則供頓莫備。卿等若别陳意見，動叶機宜，儻得稍濟軍儲，不移警蹕，即當傍詢。衆懇盡述，良籌佇聞，敷揚浣予宵旰。

原載《册府元龜》卷101

允郭崇韜再讓節鎮優詔　同光三年

朕以卿久司樞要，常處重難。或遲疑未決之機，詢諸先見；或憂撓不定之事，訪自必成。至於贊朕丕基，登兹大寳，衆興異論，卿獨堅言，天命不可違，唐祚必須復，請納家族，明設誓文。及其密取汶陽，興師入不測之地；潛通河口，貢謀占必濟之津。人所不知，卿唯合意。迨中都嘯聚，群黨窺凌，朕决議平妖，兼收浚水，雖云先定，更審前籌，果盡贊成，悉諧沈算，斯即何須冒刃，始顯殊庸。況常山陸梁，正虞未復，卿能撫衆，共定群心，惟朕知卿，他人寧表？所以賞卿之寵，實異等倫；沃朕之心，非虚渥澤。今卿再三謙遜，重疊退辭，始納常陽，請歸上將，又稱梁苑，不可兼權。如此周身，貴全名節，古人操守，未可比方。既覽堅辭,難阻來表。其再讓汴州,所宜依允。

原載《册府元龜》卷 409

水潦放免兩税敕　同光四年正月

自京以東,幅員千里,水潦爲沴,流汴漸多。宜自今月三日後,避正殿,減膳、徹樂、省費,以答天譴。應去年經水决處,鄉村有不逮及逃移,人户差科,夏秋兩税及諸折料,委逐處長吏切加檢點,並與放免,仍一年内不得雜差遣。應在京及諸縣府,停住斛斗,並令減價出糶,以濟公私。如在遵行,仰具奏聞。

原載《五代會要》卷 11

減膳宥罪德音　同光四年正月

蓋聞兵者凶器,戰者危事,故聖王不得已而任之。是以大兵之後,必有凶年。朕自收復汴州,戡定蜀郡,雖當時秋毫無犯,而已前乃十載勞師,每歲傷夷,寧無灾殃? 言功於已,曾莫繼於百王;語德於人,况未洽於兆庶。遂至去歲,水潦爲灾,自京以東,幅員千里,田疇悉多荒廢,人户未免流亡,賦租既輸納不允,軍食又轉運未及,物價騰踊,人心煎熬。既視人以如傷,每敬天而忘戒。朕近欲親幸梁宋,遍恤生靈,又恐大駕省方,百司云從,道途寧免勞擾,州縣復備供承,轉慮凋殘,莫知攸濟。朕自今月三日已後避正殿,減常膳,徹樂省費,以答天譴。應同光三年經水灾處有不迨及逃移人户差科夏秋兩税及諸拆配色,委長吏切加點檢,並與放免;仍一年内不得雜差遣見在者,加意撫恤。流徙者設法招携其田宅,無信有力人户占射,及鄰近毁拆,務令歸復,以惠傷殘。且念給養兵戎,撫綏疲瘵,冀連營而粗濟,思比屋以乂安。危困生靈,倍懷憂切。近者爰頒御札,務切濟時,有所便宜,朕無不聽。近歲賦税,尚恐懸闕,遠年逋欠,豈可督征? 不惟虚係於簿書,兼亦轉困於生聚,致其流散,職此之繇。應壬午年已前百姓所欠秋夏殘税及諸色課利錢物,先有敕文,悉已放免。近聞或不遵守,依前却有徵收,仰下租庸司及諸道州府切準前敕處分。如或更有違越,任百姓詣闕論訴,當議勘窮以定贓罪。其同光元年當戰伐之後,是平蕩之初,人户流離,多未復業,固於租賦,須議矜蠲。其諸色殘欠差税及不迨係官課利並與放免,分明曉告,各遣聞知。又輦轂之中,郊甸之内,時物踊貴,人户饑窮。訪聞自陜以西迺及邠鳳,積年時熟,百穀價和,縱未能别備於貢輸,亦宜廣通於糶糴。近聞輒有税率,已曾降敕指揮,尚慮闕鎮,阻滯行人,增長物價,仰所在長吏切加檢勘,以濟往來,推救灾恤患之心,明奉國憂人之道。又京圻之内,自全義制置已數十年,每聞開懇荒蕪,勸課稼穡,曾無歉歲,甚有餘糧,公私貯蓄極多,收藏未肯出糶,欲俟厚價,頗失衆情。宜令中書門下條流。應在京及諸縣有停貯斛斗,並宜減價出糶,以濟公私。如不遵行,即仰聞奏,别具檢括,仍委河南府切詳敕命處分。伐罪吊人,既叶前王之令;推恩布澤,敢忘當代之憂?應三川管内王衍父子僞署將相文武官及諸色職吏等,除罪名顯著已從刑憲外,脅從者固是無辜,同惡者亦以歸命,一切釋放,更不勘尋,仍不得將今日已前事干有告論,貴宣曠蕩之澤,以安反側之心。我國家奄有四海垂三百年,西之日入,罔不來賓,凡有迺方,皆我赤子,久陷僭僞,寧無憫嗟?應三蜀管内百姓除秋夏兩税及三司舊額錢物斛斗并繼岌、崇韜申奏減落徵收外,所有無名配率急徵横斂毒害生靈者,更委本道新除節度使上後於館内一一撿勘,細具聞奏,當與放免,俾惠傷殘。應在京及天下州府凡有繫囚,除十惡五逆、官典犯贓、屠牛鑄錢、光火劫舍、持刃殺人準律常赦不原外,合抵極刑者遞減一等,并貸餘生;其次罪等悉與減降疏理釋放,不得久有禁繫。自同光元年後,或有犯罪流人情非巨蠹者,並許歸還。應行營及在京諸軍皆役管健,偶因過犯,便至奔逃,懷憂懼以離家,忍饑寒而在外,事非在已,情亦可矜,委所在如有此色人,切加招撫,或要却歸都幕,或願遂便營生,盡捨愆尤,悉皆聽許。春以生而秋以殺,天之道也;德以教而刑以威,君之政也。朕惟寡薄,敢忘憂勤,唯將德惠,以臨人庶,免灾害之及物。既垂天戒,未致時雍,爰施布澤之文,是表責躬之道。中外臣庶,迺邇生靈,宜體朕懷,罔有不敬。

原載《册府元龜》卷 92

量停三川、涇、鳳、秦、隴等州佐雜敕 同光四年三月

三川、涇、鳳、秦、隴等州縣官置數目絶多。其上佐官自少尹以下,依本朝舊制,各具在任員闕申奏。其州準近敕置録事、參軍、司户參軍各一員。縣置縣令、主簿各一員外,録事官並停。其除替選任,一準三銓常式。

原載《五代會要》卷 20

後唐明宗

後唐皇帝(867—933),姓李,名嗣源,沙陀族人,本名邈佶烈。李克用養子,莊宗死後即皇帝位,並改名亶。早年隨李克用、李存勖四處征戰,屢立戰功。即位後,革除弊政,罷逐伶官,誅戮閹宦,翦除佞幸,汰除冗濫,減輕賦税。其統治時期,爲五代的"小康"時期。長興四年(933),李嗣源死,葬於徽陵,廟號明宗。

即位赦文 天成元年四月

天生蒸民,樹之司牧,立君臣之位,定治亂之機,撫之則爲后王,虐之則爲讎敵,以今況古,何代不然?先皇帝親總干戈,而奄宅區夏,功既成而稍忘戒懼,道未濟而不慎驕矜,遂致貪吏藏奸,群小多辟,勛舊無名而被禍,忠良飲憤而見危,比屋由是怨咨,連營以之愁嘆,俄成否運,遂至横流。朕昔奉武皇,而幼承明訓,早承締構,備歷艱難,敢忘作礪之規,以奉維城之固。一昨趙在禮遽從其群,徑入鄴都,一則迫於饑寒,從其糧穀,一則痛於離折,就彼妻孥。朕既事於專征,亦冀成於靖亂,豈意群情見迫,衆意相推,雖於擾攘之中,彌勵扶持之節。無奈軍中散卒,亂若棼絲;闕下禁兵,勢如烈火。繇是指河流而南渡,誓軍旅以西馳,志欲救於顛危,情冀申於忠赤。豈謂兵摇畿甸,釁結蕭墻,慚赴難以無功,徒撫心而掩泣。深誠未達,群議同詞,以爲奉廟社之蒸常,紹宗祖之基業,軍民所繫,神器難虚。辭避雖至於再三,推戴尤形於迫切,竟將寡昧,獲奉宗祧。御朽索而敢載馳,涉大川而莫知往,夙夜戒懼,罔敢底寧。所賴中外藎臣,弼予冲眇。援今引古,爾

既以大寳尊予;濟國安民,予亦以忠貞賴爾。庶將此道,共致治平。宜推更始之恩,以布維新之化。今以改同光四年爲天成元年。鄴都赴難之際定策功臣,宜特恩以彰豐報。其扈從將士及六軍諸衛諸道行營將校等,委中書門下次第酬奬。夫人不能自理,立君以理之,豈可殫天下之賦租爲宫中之玩好?後宫内職量留一百人,其餘任歸骨肉。臣守閽掌扇量留三十人;教坊音聲量留一百人;鷹犬之事,以備蒐狩,量留二十人;御厨膳夫量留五十人,其餘任從所適。内諸司使務有名無實者,並從停廢。先皇運關外之量資,供洛中之戎馬,遂致百姓困弊者不勝餽挽之勞。今則須爲制置,令度支與總管使會定在京兵數,據所供饋,積貯京師。其近畿糧儲,可令諸軍就食諸道,營田租庸司先專差務無益勸農,起今後並委州使管係,所納農具斛斗據數申省。應納夏秋税糧,先有省耗一升,起今後只納正數,不得别量省耗。其輸芻藁,亦不得别徵加耗。徵賦上供,國之常典;别申進獻,慴削生靈。今後節度、防禦等使除正、至、端午、降誕四節量事達情,自於州府圓融,不得輒科百姓,其四節刺史不在貢奉。諸州使造麴,如聞省數之外,長吏私更加造,價錢多入於私門,滯麴常存於省數;省司及諸府置税茶場院,自湖南至京六七處納税,以致商旅不通,及州使置雜税務交下煩碎,宜定合税物色名目,商旅即許收税,不得邀難百姓。諸道監務破脚價極多,獲租課極少,須有條流,以成規制。租庸司先將係省錢與人回圖,所供課利,或爛茶弊物,積年之後,和本乾没,爲弊最深,宜令盡底收納,以塞倖門。已上五件委三司使條理聞奏。力學登第,承蔭出身,或欠文書,侵成逾濫,先遭没毁,幾至調選無人。州縣多是攝官,爲弊滋甚,宜令銓别爲起請,止除僞濫,餘復舊規。昨自魏汴至京大將所歷戎馬,騰踐麥苗,下本州使檢量,據所傷殘與蠲地税,自今年四月一日已前並與放免;如已徵入州縣者,即據數納省;若取宫中回圖錢立契取私債未曾納本利者,不在限,其餘并不徵理。先緣漕運,京師租庸司應借私船,今既分兵就食,停於漕運,其諸河渡私船並仰却付本主,如有滯留,許本主論告。先朝屢降德音,所司不與宣行,遲留奏改,利在虐人。赦書所至,仰三司諸道丁寧宣布,限一月内便須施行,不得遺漏;條件仍於要路榜壁,貴示衆多。

嗚呼！除舊布新，雖更於法制；承祧繼世，敢怠於纂修？惟上天之匪忱，則下民之康定。水能利物，有載舟覆舟之文；言可立身，有興邦喪邦之喻。敢不日慎一日，業業兢兢？庶乃三事大夫，百辟卿士，共修正道，以啓遠圖，復先皇帝已墜之基，副億兆人相推之意。冀上天之悔禍，迴下土之沉憂。雖唐堯之茅茨土階，夏禹之惡衣菲食，納隍御朽，不憚於憂勤；履薄臨深，無忘於夙夜。必能自勵，以慰人情。惟爾尊獎之誠，興復之志，有始有卒，是所望於群公；無怠無荒，冀不移於薄德。凡百有司，宜體朕懷。

原載《册府元龜》卷 92

量力進奉不得傷耗生靈敕　同光四年四月

應中外臣僚及三京、諸道州府，如是謝賀并節序，並可據有無，量力進奉，不得因兹掊斂，傷耗生靈。至於奇巧珍玩、飛放搏噬之物，並不得轉將進奉。

原載《五代會要》卷 5

令河南府諸道津送諸王眷屬敕　同光四年四月

寡人允副群情，方監國事，外安黎庶，内睦宗親，庶諧敦叙之規，永保隆平之運。昨京師變起，禍難薦臻，至於戚屬之間，不測驚奔之所，慮因藏竄，濫被傷痍，言念於兹，自然流涕。宜令河南府及諸道，應諸王眷屬等，昨因驚擾出奔，所至之處，即時津送赴闕，如不幸物故者，量事收瘞以聞。

原載《舊五代史》卷 35

令人户供田數敕　同光四年四月

今年夏苗，委人户自供通頃畝，五家爲保，本州具帳送省，州縣不得差人檢括。如人户隱欺，許人陳告，其田倍徵。其百姓合散蠶鹽，每年抵二月内，一度俵散。依夏税限納錢，夏、秋苗畝税子，除元徵石斗及地頭錢，餘外不得紐。

原載《册府元龜》卷 488

恤刑詔 同光四年四月

朕臨御寰區,當明賞罰。刑既加於有罪,道貴洽於無私。況據親疏,宜分皂白,特行寬宥,俾釋憂疑。罪人元行欽、孔謙及應犯法人,田宅已從籍没。其門人使下任從穩便,不詰罪尤。灼然有才能者,仍許所司録任。

原載《册府元龜》卷 150

却貢鷹犬敕 即位初

八表來王,蓋率朝宗之義;四方述職,咸遵任土之宜。苟獻奉之過常,固煩費而滋甚;將隆景運,以俟雍熙。但思於碎枕焚裘,豈悦於珍禽異寶?德宜從儉,法在鼎新。起今後中外臣僚、藩部牧伯時節獻賀,量事達情,不得掊斂生靈,致令愁嘆。鷹犬之類,勿有進獻。

原載《册府元龜》卷 168

廢租庸院敕 天成元年四月

停廢租庸院名額,依舊爲鹽鐵、户部、度支三司,委宰臣一人專判。仍廢租庸院大程官,及放猪羊柴炭户。其括田竿尺,一依僞梁制度,仍委節度使通申,三司不得更差使檢括。州使公廨錢,先被租庸管係者,一切却還州府。

原載《五代會要》卷 24

贈張繼祚敕

張繼祚,朕以故齊王早推德望,備著勛庸,久綏河洛之人,再造瀾瀍之地。遍兼近鎮,咸播休聲,存既誓於山河,没宜刊於金石。今差翰林待詔張璉宣賜神道碑銘,便令書石,故兹示諭,想宜知悉,春暄汝□□否。

原載《金石萃編》卷 119

京城許蓋屋宇敕 天成元年四月

京都之内,古無郡城,本朝多事已來,諸侯握兵自保,張全義土功斯設,李罕之砦地猶存,時已擴清,固宜除剗。若特差夫役,又恐擾人,宜令河南府先分劈出舊日街巷,其城壕許占射平填,便任蓋屋宇。其城基内舊有巷道處,便爲巷道,不得因循,妄有侵射。仍請射後,限一月,如無力平剗,許有力人户占射平填。

原載《五代會要》卷 26

百官五日一起居敕 天成元年五月

今後宰臣文武百官除常朝外,每五日一度入内起居。其中書非時有急切公事,請開延英,不在此限。

原載《五代會要》卷 5

授鄭珏任圜中書侍郎制 天成元年五月

欲運陰陽,賢者諒資於籌畫;將烹鼎飪,哲王取喻於鹽梅。是知心恬淡則燮理無差,意平正則調和靡慝。王者以二儀爲法,百度是貞,將施理國之規,必慎代天之任。其有鎮時望重,濟物才高,或早推房、杜之風,或暗合孫、吴之略,咸膺妙選,適副旁求。光禄大夫、太子賓客、上柱國、滎陽郡開國侯、食邑一千户鄭珏,禮樂成家,鈞臺接武,珪璧耀無瑕之彩,咸韶奏治代之音,雅度不群,貞規拔俗,爲縉紳之楷範,作文學之宗師。歷踐華資,常居重任,舒卷罔渝於古道,坦夷不易於冲襟,允謂正人,實符休運。正議大夫、守工部尚書、上柱國、樂安縣開國男、食邑三百户、賜紫金魚袋任圜,儒玄繼代,簪組傳芳,藴穰苴文武之才,抱季子縱横之略。早參戎幕,既備展於良謀;洎歷尹京,復廣敷於善政。掩李收防虞之術,繼蕭何饋運之勞,安北邊而顯賴殊功,代西蜀而固資婉畫。及康延孝忽從劍閣,欲襲錦川,統戎至及於三千,破賊將逾於萬數,奸凶盡戮,邛蜀再寧,静十道之妖氛,息三川之生聚。遠提鋭旅,來赴上京。適當纂紹之初,尤驗忠貞之節,而鬱於人望,協彼僉諧。宜膺並命之榮,允謂當仁之選,或升書殿,或掌國租,冀伸致主之嘉猷,别展富民之茂績。於戲!位尊百辟,職總萬機,公忠則庶政惟和,便辟則彝倫攸斁,慎宣九德,勉阜群生。珏可中書侍郎,兼刑部尚書、平章事、集賢殿大學士;圜可金紫光禄大夫、中書侍郎,兼工部尚書、平章事,判三司。

原載《册府元龜》卷 74

復郭崇韜朱友謙官爵財産制 天成元年五月

故西道行營都招討制置等使、守侍中、監修國史、兼樞密使郭崇韜宜許歸葬,其世業田宅並還與骨肉。故萬州司户朱友謙可復護國軍節度使、守太師、兼尚書令、河中尹、西平王,所有田宅財産並還與骨肉。

原載《舊五代史》卷 36

令閤門使宣放朝班敕 天成元年五月

本朝舊日趨朝官,置待漏院候子,城門開,便入立班。如遇不坐,前一日晚,便宣來日兩衙不坐。其日纔明,閤門立班,便宣不坐,百官各退歸司。近年已來,雖遇不坐正殿,或是延英對宰臣,或是内殿親決機務,所司不循舊制,往往及辰巳之時,尚未放班,既日色已高,致人心咸倦。今後若遇不坐日,未御内殿前,便令閤門使宣不坐,放朝退班。

原載《五代會要》卷 6

定蕃使朝儀詔 天成元年六月

四夷來王,歷代故事,前後各因强弱,撫制互有典儀。大蕃須示於威容,即於正衙引對;小蕃但推於恩澤,仍於便殿撫懷。憲府奏論,禮院詳酌,皆徵故實,咸有明文。正衙威容,未可全廢;内殿恩澤,且可常行。若遇大蕃入朝,即準舊儀,於正殿排比鋪陳立仗,百官排班,於正門引入對見。

原載《舊五代史》卷 36

御名二字不連稱不得迴避敕 天成元年六月

古者酌禮以制名,懼廢於物;取其難犯而易避,貴便於時。況"徵""在"二名,抑有前例。以太宗文皇帝自登寶位,不改舊稱,時即臣有世南,官有民部,靡聞曲避,止禁連呼。朕猥以眇躬,托於人上,止遵聖範,非敢自尊。應文書内所有二字,但不連稱,不得迴避。如是臣下之名,不欲與君親同字者,任自改更。

原載《舊五代史》卷36

停四孟月旦起居表敕　天成元年七月

三京諸道節度團練使、防禦使、刺史、文武將吏、州縣職員,皆進月旦起居表,其四孟月旦,並可止絶。

原載《五代會要》卷4

貶豆盧革韋説制　天成元年七月

革則縱田客以殺人,説則侵鄰家而奪井。選元亨之上第,改王參之本名。或主掌三司,委元隨之務局;或陶鎔百里,受長吏之桑田。咸屈塞於平人,互阿私於愛子,任官匪當,黷貨無厭,謀人之國若斯,致主之方安在!既迷理亂,又昧卷舒,而府司案牘爰來,諫署奏章疊至,備彰醜迹,深污明庭。是宜約以三章,投之四裔。其河南府文案及蕭希甫論疏,並宜宣示百僚。

原載《舊五代史》卷36

責授豆盧革韋説司户參軍制　天成元年七月

豆盧革、韋説等,身爲輔相,手握權衡,或端坐稱臣,或半笑奏事,於君無禮,舉世寧容?革則暫委利權,便私俸禄,文武百辟,皆從五月起支,父子二人,偏自正初給遣。説則自居重位,全紊大綱,叙蔭貪榮,亂兒孫於昭穆;賣官潤屋,换令録之身名。醜行疊彰,群情共怒,雖居牧守,未塞非尤。革可責授費州司户參軍,説可夷州司户參軍,皆員外置同正員,並所在馳驛發遣。

原載《舊五代史》卷67

定檢校官所納禮錢詔　天成元年七月

會府華資,皇朝寵秩,凡沾新命,各納禮錢。爰自近年,多隳舊制,遂致紀綱之地,遽成廢墜之司。况累條流,就從減省,方當提舉,宜振規繩。但緣其間,翊衛勛庸,藩宣將佐,自軍功而遷陟,示恩澤以獎酬,須議從權,不在其例。其餘自不帶平章事節度使及防禦、團練、刺史、使府副使、行軍已下,三司職掌監務官,州縣官,凡關此例,並可徵納。其檢校官自員外郎至僕射,衹初轉一任納錢,若不改呼,不在徵納。仍委尚書省部司專切檢舉,置曆逐月具數申中書門下。

原載《舊五代史》卷 36

再貶豆盧革韋説詔　天成元年七月

責授費州司户參軍豆盧革、夷州司户參軍韋説等,自居台輔,累换歲華,負先皇倚注之恩,失大國燮調之理。朕自登宸極,常委鈞衡,略無謙遜之辭,但縱貪饕之意。除官受賂,樹黨徇私,每虧敬於朕前,徒自尊於人上。道路之諠騰不已,諫臣之條疏頗多,罪狀顯彰,典刑斯舉,合從極法,以塞群情。尚緣臨御之初,含弘是務,特軫墜泉之慮,爰施解網之仁,曲示優恩,俯寬後命。革可陵州長流百姓,説可合州長流百姓,仍委逐處長知所在。同州長春宫判官、朝請大夫、檢校尚書、禮部郎中、賜紫金魚袋豆盧昇,將仕郎、守尚書屯田員外郎、崇文館學士、賜緋魚袋韋濤等,各因權勢,驟列班行,無才業以可稱,竊寵榮而斯久,比行貶謫,以塞尤違。朕以纂襲之初,含容是務,父既寬於後命,子宜示於特恩,並停見任。

原載《舊五代史》卷 36

依李琪朔望奏對敕　天成元年七月

五日起居之意,所貴數見群臣,俾陳時事。憲司所奏朔望入閤等事,既合往例,得以允俞。其五日一度起居之際,班行内有要奏事者,便出行奏對,仍付所司。

原載《册府元龜》卷 517

置彰國軍敕　天成元年七月

漢朝昇沛,魏祖封譙,當化家爲國之時,行奉先思孝之道。眷惟應郡，迹乃帝鄉，宜師古而建邦，亦推恩而及物，俾崇國本，以洽人情。其應州宜置彰國軍節度，仍以興唐軍爲寰州，隸彰國軍。

原載《册府元龜》卷172

定奏請判官條例詔　天成元年八月

藩鎮幕職，皆有舊規，奏薦官僚，須循前例。苟或隳紊，難止弊訛。承前使府奏請判官，率皆隨府除移，府罷亦罷。近年流例，有異前規，使府雖已除移，判官原安舊職。起今已後，若是朝廷除授者，即不許使府除移，如是使府奏請，即皆隨府移罷。舊例，藩侯帶平章事者，所奏請判官，殿中丞已上許奏緋，中丞已上許奏紫。今不帶平章事處亦同帶平章事例處分，如防禦、團練使奏請判官，自員外郎已下，不在奏緋之限。其所奏判官州縣官並須將歷任告身隨奏至京，如未曾有官，假稱試攝，亦奏狀内分明署出。如藩鎮留後及權知軍州事，並不在奏請判官之限。如刺史要奏州縣官，須申本道，請發表章，不得自奏。近日判官奏請從事，本無官緒，妄結虚銜，不計職位高卑，多是請兼朱紫，不唯紊亂，實啓倖求。宜令通下諸道州府，切準敕命處分。

原載《册府元龜》卷61

州縣引對敕　天成元年八月

中書先條奏州縣令、録，正衙謝後，合趨内殿謝辭者。如令、録是除授，宜令給事中引對；如是指授者，準舊例，委三銓尚書、侍郎各自引對，仍須前一日閤門進狀。

原載《五代會要》卷19

批答中書門下奏敕　天成元年八月

宜便行曉告，如原舊破損銅器及碎銅，即許鑄造器物；如生銅器物，每斤價定二百，熟銅器物，每斤四百。如違省價，買賣之人，依盗鑄錢律文科斷。

原載《五代會要》卷27

嚴誡攝官敕　天成元年八月

朕以方平區宇,念切蒸黎,頃當災歉之餘,未絶瘡痍之苦。緬惟邦本,實繫官常,苟未致於雍熙,則莫寧於宵旰。必在委於良吏,付以親人,儻縱因循,轉成勞擾。先朝以選門興訟,剥放極多,近年以來,銓注無幾,遂致諸道州縣,悉是攝官,既無考課之規,豈守廉勤之節?而況多因薦托,苟徇顔情,替罷不常,送迎爲弊,殘民害物,以日繫時,言念所深,焦勞何已。宜令三京及諸道州府,據見任攝官,如未有正官到間,且差攝月日録名申奏。如已後或爲公事及月限已滿,要行替换,即須具因由,並選差攝官自來歷任姓名聞奏,責免無故,頻有替换。如有内外臣僚輒行薦托,並不得應副。儻聞違越,當舉憲章。

原載《册府元龜》卷 632

諭三京諸州府敕　天成元年八月

昨帝室纏災,生民受弊,方兹纘紹,務切撫寧。尋降德音,復宣明敕,貴先求瘼,務在推恩。其或長吏因循,公方撓雜,何由致理?徒有怨咨,是宜再論賞刑,納言利病。事或違於條制,法必振於紀綱,宜令三京、諸州府並準此處分。

原載《册府元龜》卷 65

祈晴敕　天成元年八月

久雨不晴,慮傷農稼,可申命禱祭,仍曉諭天下州府疏理繫囚,無令冤滯!

原載《册府元龜》卷 145

授盧文進義成節度使制　天成元年九月

契丹盧龍軍節度使、檢校太尉盧文進,遼西飛將,薊北雄才,傾以被讒,因而避禍,雖附茹毛之俗,長懷向國之誠。將軍寧屈於虜庭?校尉終還於漢壘。洎予纂紹,果卜旋歸,繼飛雁足之書,累殄龍庭之虜。前冒白刃,中推赤心,擁塞垣之車帳八千,復唐土之民軍十萬,氣吞沙漠,義貫神明,爰降寵章,以旌壯節。可特進依前檢校太尉,同中書門下平章事，使持節滑州諸軍事，守滑州刺史，充義成軍節度，滑、濮管内觀察處置等使。仍封范陽郡開國侯，食邑一千三百户，兼賜推忠翊聖保義功臣。

原載《册府元龜》卷 166

賜鳳翔節度使李曮改名詔 天成元年九月

鳳翔節度使李曮，世聯宗屬，任重藩宣，慶善有稱，忠勤顯著。既在維城之例，宜新定體之文。是降寵光，以隆敦叙，俾焕成家之美，貴崇猶子之親。宜於本名上加"從"字。

原載《舊五代史》卷 37

祈雪敕 天成元年十月

自秋涉冬，稍愆雨雪，慮傷宿麥，宜令禱祠，分遣朝臣告祠群望，宜付所司。

原載《册府元龜》卷 145

契丹國主阿保機薨逝輟朝敕 天成元年十月

朕近纘皇圖，恭修帝道，務安夷夏，貴洽雍熙。契丹王世預歡盟，禮交聘問，遽聞凶訃，倍軫悲懷，可輟今月十九日朝參。

原載《舊五代史》卷 37

令諸道不得表請僧道師號敕 天成元年十月

上國兩街僧道，自前賜師號，不數人而已。至於賜紫，並係特恩。近日諸道州府，因應聖節，表薦僧道頗多，宜令中書門下，此後凡有諸處不係應聖節及横薦僧道，不得等閒申發章表，請行命服師號。

原載《五代會要》卷 12

約勒諸城放出錢敕 天成元年十一月

諸道州府約勒見錢，素有條制，若全禁斷，實匪通規。宜令遍指揮三司及諸道州府，其諸城門所出見錢，如五百已上，不得放出。如稍違犯,即準舊條指揮。其沿淮諸州縣鎮,亦準元降敕命處分。

原載《五代會要》卷 27

禁斷在京市肆牙人敕 天成元年十一月

在京市肆,凡是絲絹、斛斗、柴炭,一物已上,皆有牙人。百姓將到物貨賣,致時物騰貴,百姓困窮。今後宜令河南府一切禁斷。如是產業人口畜乘,須憑牙保,此外仍不得輒置。仍委兩軍巡使覺察,切加捉獲。如違,並當嚴斷。

原載《五代會要》卷 26

整飭朝參憲臺舊例詔 天成元年十一月

御史臺是大朝執憲之司,乃四海繩違之地,凡居中外,皆待整齊,藩侯尚展於公參,邸吏豈宜於抗禮? 遽觀論列,可驗侮輕,但以喪亂孔多,綱紀隳紊,霜威掃地,風憲銷聲。今則景運惟新,皇圖重正,稍加提舉,漸止澆訛。宜令御史臺,凡關舊例,並須舉行,如不稟承,當行朝典。

原載《舊五代史》卷 149

赦宥繫囚敕 天成元年十一月

應天下州使繫囚,除大辟罪已下,委所在長吏速推勘決斷,不得旁追證對經過宿食之地,除當死刑外,並仰釋放。兼不許徵理天成元年四月一日已前私債。所降德音節文,仰王京諸道分明宣布於要害道路榜壁,不得漏落。今則上聞違犯,其後來相次條理諸道事件,皆關念及生聚,布以優恩,多因州使倖門淹留敕命,或公然隱匿,全不施行,官吏但習舊風,百姓罔知親命。宜令遍加告諭。

原載《册府元龜》卷 92

答蕭希甫奏釋天成以前罪人敕 天成元年十一月

喪亂之際,不可以法行;致理之初,漸宜於刑措。蕭希甫官居諫省,職本匭函,慮黎民年有讎嫌,致法寺愈煩讞議,特塞紛争之路。請申昧爽之朝,言出忠誠,事關理本。載許論奏,合議施行。宜自天成元年四月二十八日已前,罪無輕重,一切不問。其間已經勘窮推鞠者,須見罪狀。其餘即依所奏。

原載《册府元龜》卷 475

禁造佛寺并私剃度敕 天成元年十一月

佛氏之教,其來久矣。既爲空寂之門,不無高潔之士。自淳風久散,至道莫隆,漸容游惰之徒,雜處緇黄之衆,罔尊禁戒,唯切經求。托形勢以擾人,蓄資財而潤己,將思縱志,肯樂聚居?多於閭巷之間,别構住持之所,妄陳福業,潜誘聾愚,或移動居人,或侵并物業。如斯之弊,其徒日繁。朕方静寰區,務康黎庶,貴臻有益,共洽無私。宜令遍行告諭,應今日已前修蓋得寺院,無令毁廢;自此已後,不得輒有建造。如要願在僧門,亦宜準佛法條例,官壇受戒,不得擅私剃度。

原載《册府元龜》卷 52

禁淹停埋葬敕 天成元年十二月

今後文武兩班及諸司官吏、諸道商旅,凡有喪亡,即準臺司所奏施行,其坊市民庶、軍士之家,凡死喪,及婢僕非理物故,依臺司奏,委府縣、軍巡同檢舉,仍不得縱其吏卒於物故之家妄有邀頡,或恐暑月,尸柩難停,若待申聞檢舉,縱無邀頡,亦須經時日。今後仰其家喚四鄰檢察,無他故遂便葬埋,具結罪文狀報官。或後别聞枉濫,妄有保證,官中訪知,勘詰不虚,本户鄰保量事科罪。如聞諸道州府坊市死喪,取分巡院檢舉,頗致淹停,人多流怨,亦仰約京城事例處分,所奏喪葬車輿格例,今後據品秩之外,如庶人喪葬,宜令御史臺差御史一員點檢其賃,行人如有違越,據所犯科罪,臺司不得書罰,徵擾行人,交非憲綱事體。

原載《册府元龜》卷 517

加鑾都首領官秩詔 天成元年十二月

朕中興寶祚,復正皇綱,萬國駢羅,俱在照臨之内;八紘遼僾,咸居覆載之間。矧彼雲南,素歸正朔,洎平僞蜀,思錫舊恩,於乃睠以雖深,欲霈覃而未暇。百蠻都首領李卑晚、六姓蠻都首領勿鄧摽莎等,天資智勇,世稟忠勤,梯航之道路纔通,琛賫之貢輸已至。率其種落,竭乃悃誠,備傾向化之心,深獎來庭之意。今則各頒國寵,别進王封。其嶲州刺史李及、大鬼主離吠等,或遥貢表函,或躬趨朝闕,亦宜特授官資,各遷階秩。勉敦信義,無墜册書,示爾金石之堅,保我山河之誓。欽承休命,永保厥終。

原載《舊五代史》卷 37

答盧文紀整飭辭謝朝班等例詔 天成元年十二月

盧文紀自領憲綱,頗思振舉,備觀條奏,皆叶通規。李琪以内殿起居,不廢辭謝,並恐留滯,乃是權宜。盧文紀以正衙序班,恐隳故事,請候次日,亦可允依。所請三銓免朝,事繫繁省,選人既少,公務非多,宜且依請奏銓鎖前五日免朝。將來人數漸多,須容點檢,即許開曹後免朝,永以爲例。

原載《五代會要》卷 6

禁鐵鑞錢敕 天成元年十二月

行使銅錢之内,訪聞夾帶鐵鑞,若不嚴設條流,轉恐私家鑄造。應中外所使銅錢内鐵鑞錢,即宜毁棄,不得輒更有行。如違,其所使錢,不計多少,並納入官,仍科深罪。

原載《五代會要》卷 27

久任刺史敕 天成元年十二月

尚書吏部侍郎裴皞所請刺史三考,方可替移,免有迎送之勞,若非歲月積深,無以彰明臧否。自此到任後,政績有聞,即當就加渥澤。如或爲理乖謬,不計月限,便議替除。

原載《五代會要》卷 19

早赴朝参詔　天成二年正月

君使臣以禮,臣事君以忠,禮不可一日不修,忠不可一夕不念,二者全則上下順,一途廢則出入差,須振綱維,以嚴規矩。凡在策名之列,皆知辨色之朝,儻不夙興,是虧匪懈。君上思政,猶自求衣未明;爲下服勤,固合假寐待旦。宜令御史臺遍示文武兩班,自此每日早赴朝參,職司既得整齊,公事的無壅滯。如或尚兹懈怠,具録奏聞。

原載《册府元龜》卷108

改名制　天成二年正月

王者祗敬宗祧,統臨寰宇,必順體元之典,特新制義之文。朕以眇躬,獲承丕構,襲三百年之休運,繼二十聖之耿光。馭朽納隍,夕惕之心罔怠;法天師古,日躋之道惟勤。今則載戢干戈,混同書軌,荷玄穹之眷祐,契兆庶之樂推。檢玉泥金,非敢期於薄德;耕田鑿井,誠有慕於前王。將陳享謁之儀,即備郊丘之禮,宜更稱謂,永耀簡編。今改名爲亶,凡在中外,宜體朕懷。

原載《舊五代史》卷38

改宏文館名敕　天成二年正月

三館重事,歷代通呼,只自先朝,偶更舊制,因近臣之避忌,易大國之規模。今屬維新,理宜仍舊,其崇文館宜却改爲弘文館。

原載《册府元龜》卷337

授馮道崔協中書侍郎制　天成二年正月

昔舜命皋夔,百揆時叙;湯命仲虺,萬國咸寧。道既合於君臣,事實光於今古。朕克相上帝,敷佑下民,惟順考於典墳,俾旁求於彦傑,升之廊廟,付以鈞衡,期共治於寰區,冀永康於黎庶。厥有明哲,咸謂碩儒,早隆佐命之功,久負濟時之器,必使膺兹大任,弼我丕基。既詢謀以僉同,固朕志而先定,爰行並命,是降寵靈。端明殿學士、朝議大夫、守尚書兵部侍郎、上柱國、賜紫金魚袋馮道,四瀆凝休,五行鍾秀,積善克承於家訓,揚名端守於素風。孔門曾、顔,寧同懿行;漢庭嚴、樂,詎比宏才！温恭爲君子之儒,慤厚有大臣之體。故自從龍契會,倚馬摛詞,首贊先朝,紹隆丕業。爲善不伐,有能不矜,守廉貧則罔恥緼袍,持慎審則靡言温樹。自予纂嗣,賴爾弼違,爰精選於禁林,乃特遷於秘殿,愈陳規誡,屢罄論思,都正直以莫倫,諒真純而罕匹。銀青光禄大夫、守太常卿、判吏部尚書銓事、上柱國崔協,星辰降彩,軒冕聯榮,禮樂稟於生知,《詩》《書》博於時習。輝華繼世,可鄙荀、陳;清貴傳家,固超王、謝。自登高第,踐歷周行,居省闈則職業備修,升憲府則朝綱克振。近者委司選部,命典秩宗,轄彼銓衡,則群才適序,調其律吕,則雅音克諧,既揚正始之風,可驗中和之德。並以功庸夙著,問望彌高,宜允副於具瞻,俾顯當於爰立。是命寵升黄閣,光弼紫宸,或居書殿之榮,俱列户封之貴,仍加峻級,以示新恩。道既叶於咨詢,心乃符於啓沃。於戲！知人則哲,予竊慕於前王;事君盡忠,爾已聞於當代。更宜夙夜慎保初終,使社稷以無憂,期子孫之有賴,往踐厥位,汝惟戒哉。道可正議大夫、中書侍郎、平章事,充集賢殿學士;協可中書侍郎、平章事。

原載《册府元龜》卷 74

禁新授官托故請假敕　天成二年正月

設官分職,有國宏圖;授才任能,前王重事。凡繫惟行之命,須遵不易之規。朕以猥紹丕基,務弘至理,臨萬國則每勤聽政,任庶官則切在得人,貴内外之叶和,俾華夷之帖泰。頃自本朝多難,雅道中微,皆尚浮華,罕持廉讓。其有除官蘭省,命秩柏臺,或以人事相疏,或以私讎見訝,稍乖敬奉,遽致棄捐。蓋司長之振威,處君恩於何地！緬思積弊,深所疚懷。方當大定之期,特示維新之制。今後應新授官員朝謝後,可準列隨處上事,司長不得輒以私事阻滯。其所授官仍不得因遭抑挫,托故請假,庶使孤弱遂昇遷之路,朝廷無滯壅之端。凡爾群官,體予深旨。

原載《册府元龜》卷 65

嚴斷服飾逾品詔　天成二年正月

亂離斯久,法制多隳,不有舉明,從何禁止。起今後三京及州使職員名目是押衙兵馬使騎馬得有暖坐;諸都軍將、衙官使下係名糧者,只得衣紫皂;庶人商旅,只著白衣,此後不得參雜。兼有富户,或投名於勢要,以求影庇;或希假於攝貴,以免丁徭。仰所在禁勘,以肅奸欺。

原載《舊五代史》卷 38

推恩節度使子弟敕　天成二年二月

朕以握圖御宇,應運承祧,副億兆之歡心,賴英雄之叶力,雖疇庸之命已遍及於勛賢,而延賞之恩宜更加於骨肉。應諸道節度使男及親嫡骨肉未沾恩命者,特許上聞。

原載《册府元龜》卷 131

褒答任圜敕　天成二年三月

任圜方秉國權,乃專邦計,公家之利,知無不爲。當景運之中,興舉皇朝之政事,不獨資其經費,亦冀便於貢輸。載閲敷陳,允叶事體,宜依所奏。

原載《册府元龜》卷 621

禁屠牛敕　天成二年三月

訪聞京城坊市軍營,有故犯條流,殺牛賣肉者,仰府縣軍巡嚴加糾察,如得所犯人,准條科斷。如有死牛,即令貨賣,每斤不得過五文。鄉村死牛,但報本村節級,然後準例納皮。曉示天下,以此處分。

原載《五代會要》卷 9

令諸道交聘不必奏聞敕　天成二年三月

諸道州府所有專差人持禮往來,皆具申奏。况列藩交聘,諸侯結歡,乃自古之通規,亦明朝之舊事。近日皆宜章奏,禀命朝廷,既旌敦好之風,兼表睦鄰之好,且道非越境,何勞上聞。宜令遍降敕命,指揮諸道州府,自今後應是諸道差人持禮來去,並令不要申奏。

原載《五代會要》卷 24

報鄭珏請追尊先代御札　天成二年春

朕猥承基構,實賴祖宗,將申報本之儀,常切奉先之志。爰崇祀典,思固遠圖,冀上答於劬勞,度永資於孝理。卿等咸堅輔弼,共副咨詢,徵兩漢之舊規,弘三皇之故事。乃飛章而定議,請薦號以尊名。兼廣園陵,仍增兵衛。載覽矢謨之意,備觀順美之誠。感嘆良深,嘉愧無已。宜依上表施行。

原載《册府元龜》卷 593

命孔循往荊南勞問兵士詔　天成二年四月

朕以荊門伐叛,方委勛臣,而聞統帥縈切戎機,勤劬王事,致乖攝理,深軫寤懷。輟卿樞近之繁,達我優隆之旨,固於旬朔已就宣和。苟或尚未全平,且要暫還本道,便於將息,亦可允俞,委卿精白。凡事詳酌,審於準節,庶協籌謀,料度攻收,撫綏軍旅,咸繄明略,更集殊庸。倚注之心,再三在念。

原載《册府元龜》卷 136

賜劉訓等詔　天成二年四月

朕昨以妙選師臣,往除凶孽,自長驅於鋭旅,將并擊於孤城。已發使臣,疊頒詔諭,料龍韜之此舉,顧蟻蛭以即平。今已漸向炎蒸,不可持久。切在訓齊貔虎,速進梯衝,必期此月之中,須殄干天之逆。貴令戰士免至疲勞,兼冀生民早諧蘇息。惟卿忠烈,體朕憂勤,儻能克副於指呼,便見立成其功效。固於酬獎,予無吝焉。

原載《册府元龜》卷 123

封王延鈞瑯琊王制　天成二年四月

朕聞襲弓裘之美,惟孝承家,秉旄鉞之權,惟忠報國。其有顯居世禄,傑出時材,疾風端勁草之心,積雪驗貞松之節。恐毁我室,非闐於墙,宜遵紹續之文,俾授統臨之寄。爰於剛日,特舉彝章。威武軍節度觀察留後起復雲麾將軍、檢校太傅使持節舒州諸軍事、守舒州刺史兼御史大夫、柱國、琅琊縣開國伯、食邑七百户王延鈞,拱北華星,圖南巨翼,垂金精於玄象,刷玉宇於雄風,而自皂蓋分憂,清源共理,五馬之聲光首出,八龍之價譽相高,既綰珪符,俄從金革,在原無惠,咸推晉后之賢,當壁有徵,大叶楚人之望,而又上欽天眷,旁沮物情,守祖考之貽謀,却藩宣之承制,心傾皎日,義惡浮雲,建溪之誓帶如河,閩嶺之礪山齊嶽,父風宛在,臣節彌堅,是命高建牙璋,洞開玉帳,錫以油幢瑞節,廣其渌水紅蓮。寵冠阿衡,貴同緹騎,尊以師而表敬,實其户而增封,併示貞榮,仍加懿號。於戲!象賢務德,克揚嗣子之名;進律推恩,當顯使臣之禮。勉膺殊渥,永保令圖。可依前授起復雲麾將軍、右金吾衛大將軍、外置同正員檢校太師、守中書令、福州大都督府長史、充武威軍節度、福建管内觀察處置、兼三司發運節度,封琅琊王。

原載《册府元龜》卷 129

加恩臣僚父母敕 天成二年五月

朕自恭承景運,祗荷丕圖,念寰海生靈,録勛賢骨肉,保家莫尚於孝,報國莫大於忠。忠孝兩全,古今所重。在朝文武臣寮并諸道節度、刺史等有父母者,宜遍加恩澤,使天下爲人父者知感,爲人子者知恩,競揚家國之風,顯著君臣之道。

原載《册府元龜》卷 81

答李鏻請朝官舉賢敕 天成二年六月

興國之方,養民爲本。衣不可一歲不製,食不可一日不充。其或桑柘少而望多充,耒耜閑而求食足,雖千堯萬舜,聖知神功,不能致也。然則樹疏禽少,山廣獸多,百川淺則海不深,萬姓貧而國不富。富庶之要,根源可知。故王者深居九重,奄有四海,不可家至而日見,只在德盛而教尊。千載一時,古猶今也。李鏻情專奉上,務在任人,藉官吏當才,爲國朝布化,實以知人,則哲惟帝。其難肯舉者可嘉,堪舉者可重,必須愛而知其惡,憎而知其善,内舉不避親,外舉不避讎。凡事無私,何憂不理? 李鏻所奏,宜即施行。其所舉人,仍於官告内顯,標所舉姓名,赴任之後,臨事可觀,或有不公當累,舉主兼三品已上,有舊諳行止堪充節度、觀察兩使判官者,亦各據才業上聞,即當委任。庶朝廷立制,長施勸善之恩;臣下推公,永絶蔽賢之路。

原載《册府元龜》卷 475

條流寺院僧尼敕 天成二年六月

應條流三京諸道州府縣鎮寺院僧尼事:

一、訪聞近日僧尼等,或因援請托,以便參尋,既往來以爲常,致奸訛之有倖。自此後如有官中齋會行香,顯有告援,及大段齋供,請命即行,依時赴會。除此外不計齋前齋後,僧尼不得輒有相過。如敢故違,仰逐處坊界所由及巡司節級,晝時擒捉,並准奸非例處斷。其所犯人衣物資財,便充捉事人優賞。如有人詰告不虚,准此酬賞。

一、此後如有修補寺宇功德,要開講求化,須至斷屠之月,即得於大寺院開啓,仍許每寺只開一坐,兼不得僧於尼寺内開講,尼亦不得將功德事請僧於諸寺開講。如敢故違,法師兼功德主僧徒三年,尼並逐出城。其坊界及諸營士女,不因三場齋月開講,亦不得過僧舍。如公然通同,許捉獲所犯人,並加極法。今後僧不因道場及齋會,不得公然於俗舍安下住止。如違,准上科斷。

一、訪聞僧尼寺院,多有故違條法,衷私度人。此後有志願出家,准舊例,經官陳狀,比試所念經文,則容剃削,仍不因官壇,不得私受戒法。如違,所犯僧及本師等各徒二年,配於重處色役;如是尼女及年老,放杖,只勒還俗。若有童子出家,亦須顯有分據。

一、訪聞近日有矯僞之徒,依憑佛教,誑誘人情,或傷割形骸,或負擔鉗索,或書經於都肆,或賣藥於街衢,悉是乖訛,須行斷絶。此後如有此色之人,並委所在街坊巡司糾察,准上決配。

一、此後應是僧尼,不計高低,於街衢逢見呵殿官寮,並須迴避。如有故意違犯者,便可收送法司。若在身有章服師號者,便委長吏舉奏,當行剥奪;如無章服者,仰所在擯逐出城。若有房院,便許别人請射。

一、州城之内,村落之中,或有多慕邪宗,妄稱聖教,或僧尼不辨,或男女混居,合黨連群,夜聚明散,托宣傳於法會,潛縱恣於淫風。若不祛除,實爲弊惡。此後委所在州府縣鎮及地界所由巡司節級,嚴加懲刺。有此色人,便仰收捉勘尋,關連徒黨,並决重杖處死。

右宜遍降敕三京諸道州府長吏,分明曉示逐處管界,各令遵守。

原載《五代會要》卷 12

任圜罷相制 天成二年六月

朕恭膺大寶,虔荷丕基,選衆與能,克保君臨之道;寶賢念舊,庶符帝賚之資。由是推以腹心,授之衡柄,冀扶持於寡昧,申啓沃於始終。其樂在宴安,勇於冲退,宜暫均於勞逸,思顯示於優隆。光禄大夫、門下侍郎、兼工部尚書平章事、監修國史、上柱國、樂安郡開國侯、食邑一千户任圜,天授宏材,波澄偉度,早負公侯之器,深懷將相之資。智擅圓方,謀惟通變。先皇帝中興景運,再造鴻圖,夙參佐命之功,迥著安時之業,克平邛蜀,大掃妖氛,鬱有殊庸,雅爲良弼。朕惟薄德,尋所注懷,爰自六卿,擢居四輔,秉國鈞之重任,掌邦計之劇權,内罄沃心,外彰陳力,方期委任,遽閱封章,曲徇汝懷,固違朕旨。既披陳而莫抑,在進退之有常,宜更鳳沼之尊,俾踐龍樓之秩。勉從頤養,勿替謀猷。可落平章事、太子少保。

原載《册府元龜》卷 333

高宏超减死敕 天成二年七月

忠孝之道,乃治國之大柄;典刑之要,在誅意之深文。差若毫釐,繫之理道。昔紀信替主赴難,何青史之永刊;今高弘超爲報父冤,即丹書之不尚。人倫至孝,法網宜矜,减死一等。

原載《册府元龜》卷 616

賜豆盧革、韋説自盡詔 天成二年七月

陵州、合州長流百姓豆盧革、韋説,頃在先朝,擢居重任,欺公害

物,黷貨賣官,静惟肇亂之端,更有難容之事。且夔、忠、萬三州,地連巴蜀,路扼荆蠻,接皇都弭難之初,徇逆帥僭求之勢,罔予視聽,率意割移。將千里之土疆,開通狡穴;動兩川之兵賦,禦捍經年。致朕莫遂偃戈,猶煩運策。近者西方鄴雖復要害,高季興尚固窠巢,增吾旰食之憂,職爾朋奸之計。而又自居貶所,繼出流言。苟刑戮之稽時,處忠良於何地?宜令逐處刺史監賜自盡。

原載《舊五代史》卷 67

復兩川節度使職名敕 天成二年七月

頃因用本朝親王遥領方鎮,其在鎮者遂云副大使知節度事。但年代已深,相沿未改。今天下侯伯,並正節旄,惟東西兩川,未落副大使字,宜令今後祇言節度使。

原載《五代會要》卷 24

幸汴州御札 天成二年八月

歷代帝王以時巡狩,一則遵行典禮,一則按察方區,矧彼夷門,控兹東夏。當先帝戡平之始,爲眇躬殿守之邦,俗尚貞純,兵懷忠勇。自元臣鎮靖,庶事康和,兆民咸樂於有年,闔境彌堅於望幸。事難違衆,議在省方。朕取十月七日親幸汴州,其沿路一行宿食頓遞,可下三司排當,務從簡儉,不得勞擾人户。至於扈從兵師,亦已嚴行誡約。兼告諭東北道諸侯不得迎駕朝覲。

原載《册府元龜》卷 114

答西京請決刑覆奏敕 天成二年八月

昨六月二十日所降敕文,祇爲應在洛京有犯極刑者覆奏,其諸道已降旨命,準舊例施行。今詳西京所奏,尚未明近敕,兼慮諸道有此疑惑,故令曉諭。

原載《舊五代史》卷 147

宥過敕　天成二年八月

刑故無小,義絶惠奸;罪疑惟輕,事全誅意。聖賢明訓,今古通規。非法無以振其威,非恩無以流其澤,故有功不奬,何以激盡忠?有罪不刑,何以戒爲惡?二者無失,庶務有成。朕統華夷,不求奢侈,臨食慮兵師之餒,授衣思黎庶之寒,仗中外勛賢,壯國家基址,熒惑應犯而自退,太陽暫蝕而復圓,百果無不熟之方,五穀無不豐之處。顧惟寡德,何稱嘉祥?况保義軍節度使石敬塘、晉州留後安崇阮、洺州刺史張進、耀州團練使孫岳、寧州刺史高允瓌等杜絶誅求,尋加奬諭。陶玘輒爲聚斂,自掇愆尤。功過既分,黜陟有異,在朝備見,列國皆知,不貪者轉更無私,有過者必應自省。四方侯伯,皆朕忠臣;萬國人民,皆朕愛子。慘舒是繫,賞罰齊行,務德者雅合古賢,效尤者自干朝典。除鄧州見取責情罪諸色官員及豪州李鄴外,其諸道州府如八月已前或有偶違條制、干於國章者,諸色人並不得更有托訴;若或此後有違,許人上告,當勘情罪,必舉刑書。

原載《册府元龜》卷 65

藩鎮幕僚不準兼職敕　天成二年九月

近聞藩鎮幕職内,或有帶録事參軍,兼鄰都管内諸州録事參軍,從前並兼防禦判官。設官分職,激濁揚清,若網在綱,各司其局。督郵從事,兼處尤難,没階則賓主之道虧,下榻則軍州之禮失。須從改革,式振紀綱。宜令今後諸州府録事參軍不得兼職,如或才堪佐幕,節度使須具聞奏,不得兼録事參軍。鄰都管内刺史州不合有防禦判官之職,今後改爲軍事判官。如刺史帶防禦、團練使額,即得奏署防禦、團練判官,仍不得兼録事參軍。如此,則珠履玳簪,全歸客禮,提綱振領,不紊公途。仍付所司。

原載《五代會要》卷 19

除放積欠詔　天成二年十月

諸道州府,自同光三年已前所欠秋夏税租,并主持務局敗闕課利,并沿河舟船折欠,天成元年殘欠夏税,並特與除放。

原載《舊五代史》卷38

賜任圜自盡詔 天成二年十月

太子少保致仕任圜,早推勛舊,曾委重難,既退免於劇權,俾優閑於外地。而乃不遵禮分,潛附守殷,緘題罔避於嫌疑,情旨頗彰於怨望。自收汴壘,備見綜由,若務含弘,是孤典憲,尚全大體,止罪一身。已令本州私第自盡,其骨肉親情僕使等並皆放罪。

原載《舊五代史》卷38

平朱守殷告諭天下詔 天成二年十月

朕以名藩龍潛舊地,思覃風教,爰議巡游。今月九日至滎陽,得朱守殷詐奏,稱本道都指揮使馬彦超等欲謀叛逆,輒使殺害。尋令宣徽使范延光徑往撫論,自後更無申奏。節度使宋敬殷及使臣十餘并遭陷没。至十日,探知虜掠近城,居人上城閉門,顯爲拒捍。朕親御六軍,徑臨孤壘,守殷逆黨,敵於鄭門。百姓望風下城效順,守殷一家遂自屠戮。尋獲首級,已復城池。且朱守殷久事本朝,繼膺重委。洎朕纘承宗社,前後累降,渥恩統處。尹宗蔫居節制,位兼將相,貴極人臣,此謂勠力一心,贊時爲國。殊不知潛懷梟性,暗畜狼心,全無事上之忠,遽恣欺天之意。遂加誣於都校,兼殺戮於近臣,驅脅生靈,拒張車駕,果貽衆怒,誅厥全宗。凶狂之釁自招,悖逆之辜莫逭。一方既静,萬國永安。凡所聞知,當極慶快。如有諸色人被朱守殷密行文字,妄有扇摇,蓋慮奸細,黠黷良善。朕皆明察,不汝疵瑕,當各安懷,勿爲挂慮。

原載《册府元龜》卷118

加恩汴州詔 天成二年十月

朕聞後來其蘇,動必從於人欲;天監厥德,静宜布於國恩。近者優恩,多因州使倖門淹留敕命,或公然隱匿,全不施行。官吏但言幸浚郊,暫離洛邑,蓋逢歲稔,共樂時康。不謂奸官,遽彰逆狀,爲厲之階既甚,覆宗之禍自貽,俾我生靈,遘兹紛擾,永言軫惻,無輟寐興。宜覃雨露之恩,式表雲雷之澤。應汴州城内百姓既經驚劫,須議優饒,宜放二年屋税兼公私債負。如是在城回圖錢物及公私質庫,除點檢見在外,實經兵士散失者,不計年月遠近,並宜蠲放。兼不得輒差配管内户。有因納税入州,便值更變,或散失車牛,其車牛許本主識認。勤王之節,雖自勛賢;入貢之勞,抑繇於使介。其有諸道進奉使或已入汴州,陷失土貢,宜與收破,無勞重有。貢輸專人經劫奪者宜與優給。不軌之徒,已加顯戮;無辜之士,當慰幽冤。馬彦超、宋景殷等宜與追贈。逆人有子及弟侄者,仰並釋放,一切不問。輦轂之下,奸逆遽興,既難戢於戈鋋,因莫分於玉石。昨王師攻下汴州之時,剪除凶逆之際,恐其士庶偶陷鋒鋩,言念傷殂,良多嗟憫。宜令石敬塘遍加存問,兼勘在城殺傷人口奏聞,量加給恤。衛主亡軀,摧凶效命。偶徇脅從之勢,終懷忠蓋之誠,首議向明,理宜行賞。昨車駕初到城下之時,有將士率先開門及下城朝見,宜令石敬塘奏聞,當與甄酬。禁暴戢兵,實由武德;安民和衆,乃契天心。車駕自離洛京,戒嚴兵士,不配一物,不役一夫,河流井水,此外無取,尚恐州縣以迎駕爲名,妄有配率,如或察知,必不容恕。布澤之命,必叶於群心;宥過之文,庶臻於至理。應天下諸州府見禁囚徒,除十惡五逆、殺人光火、劫盗、合造毒藥、官典犯贓、僞行印信、屠牛外,罪無輕重,並宜釋放。瑕疵可滌,既責其自新;稂莠未除,必從於去害。應諸道或有人先偶曾爲非及有背役衙官懼罪藏隱,宜令隨處長吏設法招携,各勒歸家,一切不問。諸色人不得輒有摇動,如或自守狂迷,尚且結集,當令嚴加捕捉,無致遁逃。貴静封隅,永安黎庶。策名筮士,誠切於進身;制禄命官,義從於責實。既懲黷貨,宜有代耕。應天下州縣官員逐月俸料如聞支給多不及時,縱或支遣,皆是爛弱斛斗。既闕供輸,難責廉慎。自此隨處官員所破料錢,宜逐縣人户於合送納税物内計折充支,一則免勞於人户輸納,一則便於官僚,仍下三司速與計度。掄選之道,雖在精研;調業之勞,頗聞艱苦。應選人内有過格年深,無門參選,縱有材器,難遂進趨。宜令三銓磨勘行止,即於今年冬集判成選人例量材注官;如或詐稱,不在此限。爲政之要,切在無私;聽訟之方,唯期不濫。天下諸州府官員如有善推疑獄及曾雪冤濫兼有異政者,當具姓名聞奏,别加甄奬。敬老之規,前王所重;養親之道,爲子居先。應有年八十已上及家長有廢疾者,宜免一丁差役,俾遂奉養。計國之心,忠貞爲本;承家之法,孝友爲先。應天下有孝子順孫、義夫節婦、兄弟繼世義居者,隨處長吏聞奏,當行旌表。嫌疑之釁,多起於蒼黄;似是之非,率難於明辨。應去年四月一日諸州府軍變内有詿誤身没者,並許子孫禮葬。頃以兩軍對壘,仍廢交鋒,亡殁甚多,暴露不少,宜令滑、濮、鄆、澶、衛等州各據地界内有暴露骸骨,並與埋瘞,仍差官致祭。其餘諸道州府有暴露者,亦委長吏指揮埋瘞。夫天灾流行,時雨愆亢,既關地分,宜减國租。今歲岐華登萊自夏稍旱,須加軫念,以示優恩,四州所管百姓宜令長吏切加安恤,其所旱損田苗宜令撿行詣實申奏,與蠲减税租,仍不得有差徭科配。於戲!罪己責躬,前王之大德;滌瑕蕩穢,往世之深仁。致逆孽之亂常,蓋眇冲之寡德,誠深惕厲,罔敢怠荒。既行逮下之恩,當守不移之信,更在朝廷卿士藩翰侯王,同交奉守之心,共致治平之道。宜布遐邇,當體朕懷。

原載《册府元龜》卷 92

二月後州縣不得受狀敕　天成二年十二月

率土黎甿,並輸王税,逐年上計,祇在春時。深虞所在之方,或有無知之者。不自增修産業,輒便攪擾鄉鄰,既撓公門,須嚴定制。宜自今後凡關論認桑土,二月後州縣不得受狀,十月後間方許論對,仍令逐處官吏,準前後條格,據理斷割。

原載《五代會要》卷 25

議追尊名號詔　天成二年

朕聞開國承家,得以制禮作樂,故三皇不相襲,五帝不相沿。隨代創規,於理無爽。矧或情關祖禰,事繫蒸嘗,將崇追遠之文,以示化民之道。馬縞秉持古學,歷覽群書。援兩漢之舊儀,雖明按據;考百王之立制,未盡變通。且議謚追尊,稱皇與帝,既有增减之字,合陳褒貶之辭。大約二名俱爲尊稱。若三皇之代,則不可加帝;五帝之代,亦不可言皇。爰自秦朝,便兼其號。爾後纂業承基之主,握乾應運之君,洎至我唐,不易斯義。至若玄元皇帝,事隔千祀,宗追一源,猶顯册於鴻名,豈須遵於漢典? 況朕居九五之位,爲億兆之尊,不可總二名於渺躬,惜一字於先代。苟隨執議,何表孝誠? 又如堯《咸》舜《韶》,夏松殷柏,隨時變禮,厥理斯存。縞則以徵事上言,深觀動静;朕則以奉先爲切,慮致因循。須定一塗,以安四廟。可特委宰臣與百官詳定,集兩班於中書,逐班各陳所見。

原載《册府元龜》卷 593

賜聞喜宴錢敕 天成二年十二月

新及第進士有聞喜宴,今後逐年賜錢四百貫。

原載《五代會要》卷 22

昭雪洛陽令羅貫敕 天成二年

河南縣,是神州赤縣。縣令乃明庭籍臣,未審罪名,便當極法,不削不貶,不案不彰,困枯木於廣衢,抱沉冤而至死,衆人具見,有耳皆聞。何澤對宰洛陽,委其實狀。今此伸屈,直貢表章,請雪吞聲,以旌幽壤。遂其冥冥下土,非玄恩以不知;蕩蕩無私,俾輿情而共感。宜加昭雪,兼賜贈官。其子彧,文行可稱,便許録。

原載《册府元龜》卷 875

申定迴避廟諱詔 天成三年正月

本朝列聖及新追四廟諱,近日章奏,偏傍文字皆闕點畫。凡當出諱,止避正呼,若迴避於偏傍,則虧缺於文字。宜從朴素,庶便公私。此後凡廟諱,但避正文,其偏傍文字,不必減少點畫。

原載《五代會要》卷 4

幸鄴都御札 天成三年正月

王者以六合爲家,萬機是務。動必從於人欲,道貴表於君臨。矧以大業名都,先皇舊地,干戈近息,井邑初完。去春特命親賢出分攸寄,一載之化條方闡,六州之生聚咸蘇。朕又竊念并汾有同豐沛,欲和鑾之親撫,慮致勞煩。移嗣子之總臨,冀諧委注。今則已令赴鎮,兼報行期。而鄴都士庶馳誠,表章繼至。思朕車御暫到,庶彼内外永康,疊興徯后之詞,何爽省方之便?朕今月七日巡幸鄴都,逾月之内,却駐梁苑,其沿路宿食頓遞,并仰三司,預專排比,不得輒擾人户,付中書門下準此。

原載《册府元龜》卷 114

贈臣僚父母敕 天成三年正月

凡居臣下,盡抱公忠,共爲朝廷,各榮家族具慶者,繼頒恩渥,俾耀晨昏;既亡者,宜漏泉扃,以光封樹。應中外群臣及諸道節度、防禦、團練、刺史等父母亡歿者,並與追贈加封。

原載《册府元龜》卷 81

罷般糧御札 天成三年正月

朕每念眇躬,嗣承丕構,厲憂勤於庶政,持兢業於厥心。罔敢怠荒,冀符裨益。去歲以五兵偃息,九穀豐登,指内外以省方,慰群情之望幸。迨於駐蹕,允協來蘇,廼眷鄴城,匪遥梁苑。復念興王之地,思從徯后之詞。將命和鑾,指期届路。卿等情深許國,道在弼予。旋貢表章,罄輸丹赤,備閲傾虔之懇,深詳啓沃之規。已諭淹延,裨從俞允。其六軍經費,諸道轉輸,國計所先,兵食斯衆,將致贍豐之備,難矜運挽之勞。既念疲羸粗,宜蠲減其百姓般糧。至洛京并却停罷。只今近東州府,般至汴州。

原載《册府元龜》卷 114

誤决小兒獄御札 天成三年正月

朕聞堯、舜有恤刑之典,貴務好生;禹、湯申罪己之言,庶明知過。今月七日,據巡檢軍使渾公兒口奏,稱有百姓二人以竹竿習戰鬭之事。昨朕初聞奏報,實所不容,率爾傳宣,令付石敬塘處置。今旦,安重誨敷奏,方知悉是幼童爲戲,載聆讜議,方覺失刑,循揣再三,愧惕非一。亦以渾公兒誑誣頗甚,石敬瑭詳覆稍乖,致人當枉法而殂,處朕於有過之地。今減常膳十日,以謝幽冤。其石敬塘是朕懿親,合施規諫,既兹錯誤,宜示省循,可罰一月俸。渾公兒决脊杖二十,仍削其在身職銜,配流登州,常知所在。其小兒骨肉,各賜絹五十匹,粟麥各百石,便令如法埋葬。兼此後在朝及諸道州府,凡有極刑,并須仔細裁遣,不得因循。

原載《册府元龜》卷 175

起劉訓守右龍武大將軍敕 天成三年二月

朕聞爲賢諱過,含垢匿瑕,而皆載在。《春秋》顯其懲勸,是以孟明不懈,遂霸西戎;曹沫有謀,克寧東魯。列國之臣尚爾,爾何異焉?責授擅州刺史劉訓,早負變通,咸推忠壯,自隰川而向化,繼領竹符;平汶上以立功,遂分茅社。去春以荆門叛逆,須議討除,將戮賊臣,俾司戎律。攻城稍滯,略地未前,屬炎熇以班師,責逗遛而削爵。自居遠郡,俄换流年,亟聞惕厲以自新,宜降恩華而求舊。使昇環列,取象鈎陳。可守右龍武大將軍。

原載《册府元龜》卷 149

停幸鄴都御札 天成三年二月

朕聞王者握圖御宇,應天順人,必從億兆之心,以副寰瀛之望。朕恭承大寶,漸致小康。當時和歲豐之辰,叶海晏河清之道。思從望幸,爰議省方。昨者以全魏名邦,興唐霸國,當去弊除奸之後,是安民撫衆之時。思暫議於巡游,庶躬親於勞慰。尋頒詔旨,已定行期。而聞衛士連營,方諧聚族,農功務穡,始在承春。雖無供億之勞,寧免差徭之患。而又勛賢拱北,藩翰勤王,儻萬乘之少留,煩諸侯之入覲。况復大臣抗表,多士輸忠,睹瀝懇以再三,閲封章而數四。諒爲裨益,深可嘆嘉。宜罷鳴鑾,且謀駐蹕。凡在中外,當體朕懷。先取今月十三日巡幸鄴都權停。

原載《册府元龜》卷 114

允劉英甫以講義代帖經敕　天成三年二月

劉英甫請以講義便代帖經，既能鼓篋而來，必有撞鐘之應，宜令禮部貢院考試。

原載《五代會要》卷23

鄭珏罷相制　天成三年三月

朕聞老氏談經，無如知止；素王窮易，當在庶幾，賢哲所以保身，進退於焉合道。其有位居元輔，功叙彝倫，節宣微爽於冲和，休致屢堅於章表，酌其陳力，莫若從人。俾迴席於三台，就懸車於百揆。特進、行門下侍郎、兼刑部尚書、同中書門下平章事、充太微宫使、弘文館大學士、上柱國、滎陽郡開國公、食邑一千五百户鄭珏，皇朝軒冕，清廟笙鏞，崇令望於縉紳，節雅音於律度，而自再持鈞軸，益顯公忠。尋更近市之居，兼杜掃門之迹，克己復禮，爲官擇人。爰屬巡幸浚郊，務名賢而好善；經營洛邑，煩上相以卜年。方賴嘉猷，忽嬰美疹。豆耳何妨於寂聽，灰心頓悟於浮榮，高慕赤松，勇辭黄閣。朕以方調殷鼎，尚眷晉罇，欲盡慇勤，具觀堅切。可久之規斯在，再三之請莫違，所以特許抽簪，免勞借箸，進崇階於開府，假優秩於不朝。仍益井田，俾厚風俗。於戲！祁奚請老，不無内舉之規；張禹言情，亦有私恩之事。唯卿奉身而退，其德不回，予實嘉焉，美兼善也。勉從頤養，永保初終。可開府儀同三司、尚書左僕射致仕。仍加食邑五百户。

原載《册府元龜》卷333

求言御札　天成三年三月

朕奄有四海，於今三年，敬事天明，敢忘日慎？上憑列聖，賴祖宗之垂休；下設庶官，思邦家之共治。聞過必服，見善則師。静惟省躬，動懷畏相。每從人欲，方布時和。不謂仲春已來，繁陰未散，雖如膏之澤，可待豐年，而飛霰其濛，恐傷粟麥。實關穡務，深軫納隍。卿等陳力有方，直言無避，共熙帝載，以沃朕心，更吐嘉謀，庶裨闕政。應文武百官奏對，恐有隱密之事不敢當庭敷揚，即許上章，極言時政善惡,貴合天道弛張。

原載《册府元龜》卷 103

褒夔州刺史西方鄴制 天成三年四月

夫忠而能力,蓋臣子之嘉猷;賞不逾時,乃君親之大義。其有一心奉國,萬里勤王,宣至化於遐陬,振威聲於異俗,宜升寵秩,式示優恩。竭忠建策興復功臣、東南面行營副招討使、寧江軍節度觀察等使、光禄大夫、檢校司徒、使持節都督夔州諸軍事、守夔州刺史西方鄴,壯節挺生,英材間出,居家克孝,事主能忠,總鋭旅以遄征,飛捷書而薦至。一日千里,復峽内之土疆;七縱七擒,蕩荆門之妖祲。近令偏將徑取敵城,運籌之智神輸,破竹之威電速。漸平兔穴,當覆梟巢,方堅倚仗之誠,宜降褒崇之命。俾兼爲保,益重殿邦,既虎踞於上流,仁鯨吞於下瀨。於戲!功名既立,節義彌高,鼎鐘方示於鎸銘,綸綍寧煩於訓誡?唯期帶礪,永協雲龍。可檢校太保、使持節都督夔州諸軍事、守夔州刺史、寧江軍節度觀察等使。

原載《册府元龜》卷 166

討王都制 天成三年四月

王者君臨八表,子育萬民。務匿瑕含垢之仁,引禁暴戢兵之德。每存寬恕,貴就和平。其有受國深恩,承家舊履,乖失臣節,包藏禍心,萌悖亂以欺天恣,貪殘而害物,苟無征討,曷示紀綱。義武軍節度、觀察等使、檢校太尉兼中書令、守定州刺史、太原郡王王都,猥以凡材,托於盛族,梟獍之凶早縱,豺狼之性不移,位極人臣,迹無忠孝。自朕纘承大業,懷輯群方,山河之寄愈堅,帶礪之盟益甚。凡於事體,每務優崇,骨肉淪落者并致歸還,嗣息薦論者遍加任使。一門受寵,九族同榮。近以家艱,疊頒國命。行吊遠緊於卿士,奪情尋復於公侯。繼下絲綸,薦及垣翰,在予之分,於爾何虧?而屬者所爲,頻彰逆狀,徵發不從於朝命,賦租罔係於省司。擅致軍都,遍抽編户,專修城壘,潛造甲兵。説誘佐命藩臣,留滯歸朝刺史,賴皆忠順,尋各奏聞。曾令近侍馳書,責使深思改過,載惟撫御,敢怠含弘。近乃長惡靡悛,亂常尤甚。遣奸人招軍前節級,出妖言惑管内生靈,兼挂牒文,已爲邊患。闔境之蒸黎愁沮,遠遣告陳;鄰藩之主帥封章,共期戡定。其王都宜削奪在身官爵,仍令馬步兵士於州側近權置行州,招誘在州軍人、百姓及安撫鄉川人户。於戲!不祥之器寧願舉於干戈;無罪之民豈忍墜於塗炭。將行吊伐,倍軫情懷。勉施極赦之功,勿致傷夷之弊。雖軍威須振,在王道無虧。凡百戎臣,當體朕意。宣布遐邇,咸使聞知。

原載《册府元龜》卷123

詞狀策條皆須務實敕　天成三年四月

設官分職,比委仗於公才;詢事考言,務恢弘於理道。朕自祇膺大寶,俯育群生,四門無塞其聰明,百辟咸專於諫諍。凡閲事務,各有職司;儻逾越於規繩,必申明於典憲。其有凶頑之輩,游惰之夫,藝不度於荒唐,心每懷於僥倖。或妄陳條策,覽尋而多是訛言;或但務訟論,按驗而却招情罪。不遵格令,輒冒乘輿。若無止絶之文,何戒因循之弊?今後凡有詞狀,并須各於所司部據理陳論;如未盡情,或有阿曲,即許經御史臺;臺司不理,則詣匭投狀。然若有進獻策條,則須審明利害,有益公私,然可投匭,朕當選擇施行,不得容易接駕。如敢故違,當行嚴典。

原載《册府元龜》卷65

答王建立陳急務敕　天成三年五月

皇王宣政,侯伯分憂。薄賦輕徭,方爲濟物,迎新送故,必恐擾人。徵賦以不虐黎庶爲先,御命以不辱朝廷爲貴。乃至藩方職列,無非勠力奉公,各有區分,不令逾越。朕自臨大寶,每尚淳風,動不疑人,静惟恭己,中外無間,上下相歡。建立既列台司,兼權邦計,所述否臧之事,皆窮利病之源,情切參裨,理當俞允。宜準往例,州縣官三十月爲限,刺史以二十五月爲限,仍以到任日爲數。其節度使以山河是托,與牧宰有殊。繫自朕懷,難拘常限,若頻有除替,何暇葺綏,宜仍舊,餘依所奏。

原載《册府元龜》卷314

據告赤授官敕　天成三年五月

先準同光二年十二月敕:"北京及河北諸道攝官内,有御署一任,簡牒分明,前銜先有正官告身者,便與據正官資叙,依資授一任官;其無正官告赤者,與黄衣初任官。與兩任已上簡牒分明,兼有正官告赤者,特與超資授一任官;其無正官告赤,亦只有兩任三任簡牒者,與據從黄衣第二任官。從各領取近罷攝任處州府文解任詐非特赴選者。"前件攝官等,當任使之際,共副憂勤,及開泰之期,豈宜升降?凡有先皇帝御署,兼朕署攝簡牒,每一任同一任同官,赴任日依資注擬。宜令諸道州府知委,餘准元敕處分。

原載《五代會要》卷 21

予朝臣及諸道節度妻室封號敕　天成三年五月

自家刑國,内平外成。夫子立言,備有《關雎》之樂;《春秋》垂訓,非無石窌之封。況夫尊於朝,妻貴於室,所宜從爵,各顯家肥。朝臣及諸道節度使妻室未有稱號者,宜各加恩。

原載《册府元龜》卷 131

文武官加勛依舊制敕　天成三年五月

近代已來,文武官階稍高,便授柱國,歲月未深,便轉上柱國;武資初官,便授上柱國。官爵非無次第,階勛備有等差。宜自此時重修舊制,今後加勛,先自武騎尉,經一十二轉方授上柱國。仍永爲常式。

原載《五代會要》卷 14

禁興造寺院敕　天成三年六月

應天下大寺及敕賜名額院宇,兼有功德堂殿樓閣,已成就者各勒住持,其餘小小占射或施捨及置買,目下屋宇雖多,未有佛像者,並須量事估價,一時任公私收買。其住持僧便委功德使及隨處長吏,均配於大寺安止。如院在僻静之處,舍宇無多,不堪人承買者,便仰毁折其材木,給付本僧,田地任人請射。仍限敕到後十日内,并須通勘騰併了絶。如敢遷延及有故違,其所犯僧徒二年,尼杖七十,並勒還俗。

若有形勢借庇,當移不移,誑惑官中,更求院額,既達聽聞,所知之人,不係官位高低,並行朝典。如要增修福利,則任於合留寺院内興功。

原載《五代會要》卷12

答蕭希甫請禁府州推委刑獄敕 天成三年六月

昔虞、舜以恤刑安萬國,賴十六相熙帝圖。漢高以約法定八方,致四百年,享天禄。故法無常則官有倖,刑不濫則民無冤。千古同風,百王齊致。況今朝廷致理,中外同心,近者無偏,遠者不間。慮於聽訟,或有惠奸。其頻具奏聞,所在不勤决斷,則諸道侯伯,未至盡心;兩使賓僚,亦非稱職。蕭希甫位兼三事,務贊萬機,更激藩方,共裨庶政。自此凡有争訟,委隨處官吏,據罪詳斷。如事有不可裁斷者,則結案聞奏。

原載《册府元龜》卷475

褒允盧詹所奏敕 天成三年七月

盧詹職居近侍,懇述大綱,案州縣之規程,重國家之恩命,既爲允當,須示聽從。

原載《册府元龜》卷632

貶成景弘綏州司户敕 天成三年七月

成景弘位列百城,秩膺八命,在旌旃而甚至,於委任以非輕,所宜均我詔條,副余優寄,而乃罔遵彝憲,輒恣貪求,差廪吏以非公,取貨財而潤己。纔行鞫勘,果伏罪尤,宜行竄逐之文,以示澄清之道。可貶綏州司户參軍。

原載《册府元龜》卷700

策對重時務敕 天成三年七月

應將來三傳、三《禮》、三史、《開元禮》、學究等考試,本業畢後,引試對策時,宜令主司須於時務中采取要當策題,精詳考校,不必拘於對屬,須有文華,但能周通,文字典切,即放及第。如不及此格,雖本業精通，亦須黜落。應九經、五經、明經帖書及格後，引試對義時，宜令主司於大經泛出問義五道，於簾下書於試紙，令隔簾逐段解説。但要不失疏注，義理通二、通三，然後便令念疏，如是熟卷，並須全通，仍無失錯，始得入策。亦須於時務中選策題精當，考校如粗於筆硯留意者，得則以四六對，仍須理有指歸，言關體要。如不曾於筆硯致功，則許直書其事，不得錯使文字，只在明於利害。其問義、念疏、對策，逐件須有去留。

原載《册府元龜》卷 641

貢舉人先委本道觀察使考試及不得假冒鄉貫敕 天成三年七月

宜令今後諸色舉人，委逐道觀察使慎擇有詞藝有通經官員，各據所業考試，及格者即與給解，仍具所試詩賦，經帖通粗數，一一申省。未及格者，不得徇私發解。兼承前諸道舉人，多於京兆府寄應，例以洪固鄉胄貴里爲户，一時不實，久遠難明。自此各於本道請解，具言本州縣某鄉某里爲户，如或寄應，須具本貫屬入狀，不得效洪固胄貴之例。文解到省後，據所稱貫屬州府户籍内，如是無名，本人并給解處官吏，必加罪責。京百司發解就試，準前指揮，兼下貢院，具本朝舊格，諸色舉人，每年各放幾人及第，到日續更詳酌處分。

原載《册府元龜》卷 641

嚴定童子科場敕 天成三年七月

近年諸道解送童子，皆越常規，或年齒漸高，或精神非俊，或道字頗多訛舛，或念書不合格文。主司若不去留，貢部積成乖弊。自此後應諸道州府，如公然濫發文解，略不考選藝能，其逐處本判官及試官，並加責罰。仍下貢院，將來諸道應解送到童子，委主司精專考校，須是年顔不高，念書合格，道字分明，兼無蹶失，即放及第。仍依天成三年例，主司未出院間，便引就試。與諸科舉人同日榜，不得前却。

原載《册府元龜》卷 641

任百姓私面醖酒詔　天成三年七月

應三京、鄴都、諸道州府鄉村人户,自今年七月後,於夏秋田苗上,每畝納麴錢五文足陌,一任百姓自造私麴,醖酒供家。其錢隨夏秋徵納。其京都及諸道州府縣鎮坊界内,應逐年買官麴酒户,便許自造面醖酒貨賣。仍取天成二年正月至年終,逐户計算都買麴錢數内,十分只納二分,以充榷酒錢。便從今年七月後,管數徵納榷酒户外,其餘諸色人亦許私造酒麴供家,即不得裹私賣酒。如有固違,便仰糾察,勒依中等酒户納榷。其坊村一任酤賣,不在納榷之限。其麴敕命到後,任便踏造。如賣麴酒户中,有去年曾賣麴,今年因事不便買麴,任開店者,則與出落。如睹新敕,有情願開店投榷者,則不計舊户新户,便令依見納錢中等户例出榷。以後酒户中有無力開店賣酒,亦許隨處陳狀。其舊納麴錢,并宜停廢。應諸處麴務,據見管麴,亦仰十分減八分價錢出賣,不得更請官本踏造。

原載《册府元龜》卷 504

諸州等慶賀表本道封進敕　天成三年七月

今後天下諸州刺史及係屬節鎮團練、防禦使,除應聖節、冬至、端午外,謝上及每月起居慶賀章表,並付本道封進。其餘公事準往例,節度、觀察使謄覆奏聞。

原載《五代會要》卷 4

申嚴覆勘獄囚敕節文　天成三年七月

今後指揮諸道州府,凡有推鞫囚獄,案成後逐處委觀察、防禦、團練、軍事判官,引所勘囚人面前録問,如有異同,即移司别勘。若見其本情,其前推勘官吏量罪科責。如無異同,即於案後别連一狀,云所録問囚人無疑,案同轉上本處觀察團練使、刺史。有案牘未經録問,不得便令詳斷。如防禦、團練、刺史州有合申節使公案,亦仰本處録問過,即得申送。

原載《五代會要》卷 10

國忌設僧道齋敕　天成三年八月

尚書兵部郎中蕭願奏："每遇宗廟不樂之辰，宰臣到寺，百官立班，是日降使賜香，準案禁樂、斷屠宰、止刑罰者。"帝忌、后忌之辰，舊制皆有齋會，蓋申追遠，以表奉先。多難已來，此事久廢。今後每遇大忌，宜設僧道齋一百人，列聖忌日齋僧道五十人。忌日既不視朝，固難舉樂，所奏止刑罰、斷屠宰，宜依。兼河南府向來送酒行香宰臣，自此止絶。天下州府至國忌日，並令不舉樂、止刑罰、斷屠宰，餘且依舊。

原載《五代會要》卷 4

誡勵長吏制　天成三年八月

朕自承天命，恭襲帝圖，務令黔黎永安，非止皇居獨樂。當艱虞之際，與良將共静邊塵；及開泰之時，於諸侯不恪官爵。既酬勛而示寵，賴撫俗以經心；托在無私，期於共理。有功者，切於慶賞；有過者，非所願聞。陶玘以偶違敕條，無奈何而從謫宦；廷隱以全虧公道，不獲已而就極刑。乃朝典之須行，實朕心之不樂，備軫泣辜之念，更嚴加禁之規。況在藩方，皆明理本，節度使等時號山河之主，縣令亦人呼父母之君，竝功爲時，皆勤布化，不獨榮於身世，兼乃慶及子孫。當虔夕愓之懷，同廣日新之政。各處有功之地，永爲無過之人。宜體朕懷，共資王道。

原載《册府元龜》卷 158

翰林學士承旨班在學士上敕　天成三年八月

掌綸之任，擢材以居，或自初命而升，或自顯秩而授。蓋重厥職，靡繫其官。雖事任皆同，而行綴或異。誠由往日未有定制，議官位則上下不常，論職次則後先未當，宜行顯命，以正近班。今後翰林學士入院，並以先後爲定，准承旨一員，出自朕意，不計官資，先後在學士之上，仍編入《翰林志》。

原載《五代會要》卷 13

嚴斷不孝敕　天成三年八月

萬物之中,人曹爲貴;百行之内,孝道居先。凡戴北辰,并遵皇化。備聞南土,多爽時風,皆傾事鬼之心,不守敬親之道。於父母如此無行,被日月何以立身?弊久積於鄉閭,化全繇於長吏。昔西門豹一縣令耳,尚能投巫,百姓保女子之愛,絶河伯之虞,斷自一時,傳於千古。况位居侯伯,化洽封巡,豈不能宣北闕之風,變南方之俗。宜令逐處觀察使、刺史丁寧曉告,自今以後,父母骨肉有疾者,并須日夕專切,不離左右看侍,使子奉其父母,婦侍其舅姑,弟不慢於諸兄,侄不怠於諸父。如或不移故態,老者卧病,少者不勤事奉,子女弟侄并加嚴斷。出嫁女父母有疾不令知者,當罪其夫及其舅姑。

原載《册府元龜》卷 59

賜孟昇自盡敕　天成三年閏八月

朕以允從人望,嗣守帝圖,政必究於化源,道每從於德本。貴全國法,以正人倫。孟昇身被儒冠,職居賓幕,比資籌畫,以贊盤維,而乃都昧操修,但貪榮禄,匿母喪而不舉,爲人子以何堪?瀆污時風,敗傷名教,五刑是重,十惡難寬,雖遣投荒,無如去世。孟昇賜自盡。觀察使、觀察判官、録事參軍失其糾察,各有殿罰。

原載《册府元龜》卷 154

廢户部蠲紙敕　天成三年閏八月

日月流行之處,王人億萬之家,既絶煩苛,無濫力役,唯忠孝二柄,可以旌表户門。若廣給蠲符,深爲弊事。昨日所爲地圖,方域逐閏重疊上供,州郡之中皆須厚斂,而猶尋降誡束,并勒廢停。今此倖端,豈合更啓?逐年蠲紙宜令削去。

原載《册府元龜》卷 160

用刑日不舉樂敕　天成三年閏八月

古之治民者,勸賞而畏刑,恤民而不倦,賞以春夏,刑以秋冬。是以將賞爲之加膳,此以知其勸賞也;將刑爲之不舉,此以知其畏刑也。

唯賞以春夏,刑以秋冬,見聖哲之用心,合天地而行事。今朕以切於禁暴,樂在勸能,其或秋後有功,不可待冰泮而行賞,春時有罪,不可俟霜降而加刑。漸向太平,方行古道,況賞不僭與,則立功者轉多;刑不濫施,則犯法者漸少。其在京或遇行極法日,宜不舉樂,朕減常膳;諸州使遇行極法日,亦禁聲樂。

原載《册府元龜》卷 42

誅温韜等詔 天成三年九月

德州流人温韜,生爲黔首,起自緑林,依憑中夏干戈,劫盗本朝陵寢。遼州流人段凝,豺狼類性,梟獍爲謀,無韋而幾害平人,得便而常懷逆節。嵐州司户陶玘,曾司藩翰,恣黷貨財,自處竄流,彌興怨望。憲州司户石知訥,比居賓佐,合務參揮,當守殷閑,據夷門,發文字,扇摇戎帥。原州司馬聶嶼,擢從班列,委出親賢,不守條章,强買店宅,其後細詢行止,頗駭聽聞。喪妻未及於半年,别成婚媾,棄母動逾於千里,不奉晨昏。而皆自抵刑章,各行竄逐,都無省過,但出怨詞。在朕意雖欲含弘,於物論固難容舍,尚全大體,只罪一身,並令本處賜死。

原載《册府元龜》卷 942

舉人試判不得祗書未詳敕 天成三年十月

每年訪聞及第舉人,牒送吏部關試,判題雖有,判語全無,祗見各書未詳,仍或正身不至,如斯乖謬,須議去除。此後應關送舉人,委南曹官吏準格考試,如是進士并經學及第人,曾親筆硯,其判語即須緝構文章,辨明治道。如是無文章,許直書其事,不得祗書未詳。如關試時正身不到,又無請假字,即牒貢院申奏停落。

原載《五代會要》卷 23

令州府長吏每年考課縣令敕 天成三年八月至十月

條流公事,數内一件。縣令化洽一同,位居百里,在專勤課,撫育疲羸,苟或因循,是孤委任。宜令隨處州府長吏,逐縣每年考課,如增添得户税最多者,具名申奏,與加章服酬獎。如稍酷虐,輒恣誅求,減落税額者,並具奏聞,當行朝典。其縣令仍勒州司批給解由歷子之時,具初到任所交得户口,至得替增減數額,分時批鑿。將來除官及參選,委中書門下併銓曹磨勘。宜令三京及諸道州府準此。

原載《五代會要》卷 19

禁滯獄敕　天成三年十二月

朕以握圖纘位,端已臨民,每於刑獄之間,倍軫憂勤之念,慮多淹滯,累降指揮,儻一物以銜冤,撫萬機而是愧。近聆數處申奏,囚人獄内身殂,事既不明,理難取證,將絶欺罔之弊,須頒條理之文。宜令今後凡有刑獄,切依前準敕命旋行斷遣,不宜淹停。如有賊徒推尋反證,斷遣未聞,在獄疾病者,委隨處官吏當面録問,令醫人看候,無致推司官吏别啓倖門。

原載《册府元龜》卷 151

令選人先納三代親族狀敕　天成三年十二月

選門官吏訛濫者多,自今後並令各録三代家狀,鄉里骨肉,在朝親情,先於曹印署,納吏部中書門下三庫各一本,候得判印狀,即許所司給付新簽告,兼本任官處及鄉里,亦具一本,納逐處州縣。

原載《册府元龜》卷 632

孔知鄴罰俸敕　天成三年十二月

大駕省巡,六師屯聚,覽有司所奏,慮軍食稍虧,須議轉般,然後供贍,事非獲已,理在權行。而濮州地里匪遥,户民不少,纔承旨命,廣奏逋逃,及降條流,却申齊足,頗驚聞聽,猶涉因循,蓋撫馭之無方,致黎氓之暫惑,既乖體國,何以濟時?尚緣裝發已齊,轉納將畢,聊從薄罰,以誡衆多,孔知鄴罰一月俸。

原載《册府元龜》卷 699

放免元年秋税敕　天成四年正月

會計之司，租賦爲本；州縣之職，徵科是常。儻不切整齊，必漸滋僥倖。今聆舉奏，果有逋懸。非朝廷之立法不嚴，蓋官吏之慢公頗甚。緣當獻歲，未欲加刑，宜顯示於新條，貴永除於積弊。其天成元年應欠秋税，特與據數放免。

原載《册府元龜》卷 492

禁稱試銜敕　天成四年正月

名官之榮，其求甚重，試攝之任，所得非輕，徐究根源，亦關治道。自亂離已來，天下州府，例是攝官，皆給試銜，或因勘窮，便關詐假，法書中雖則不可，選條内其奈不無。爰當大定之期，宜示惟新之道，已前或有稱試銜者，一切不問，此後並宜禁止。

原載《册府元龜》卷 632

賜五歲童子趙贊及第詔　天成四年正月

都尉之子，太尉之孫，能念儒書，備彰家訓，不勞就試，特與成名。宜賜别敕及第，附今年春榜。

原載《舊五代史》卷 40

收復定州露布　天成四年二月

蓋聞禍福兩途，響應雖從於天道；賞罰二柄，憲章必在於帝王。乃所以虞殛四凶之徒，周誅三監之類。爲時除害，令在必行。顯申旄鉞之威，以剿豺狼之黨。逆賊王都，濫承餘緒，叨據邊方。當朝廷念舊之時，冒藩翰賞延之帥。曾無績效，但抱奸邪。國家光有萬邦，寵綏諸夏，累頒殊渥，官兼右相之榮；疊示優恩，秩冠三公之貴。諒兹眷命，果至滿盈。其况去歲，駐蹕夷門，吊民梁苑，萬乘有省方之念，諸侯專述職之勤。而乃王都，背惠孤恩，藏奸積釁，不思入覲，惟自偷安。以至繼歷寒暄，逼留川陸。朝廷務從寬恕，累降詔書，候其悛心，冀全理體。殊不知凶頑益固，抗拒彌堅。信折簡以難招，非舞干而可格。而又朋連北狄，禦押王師，擾我疆埸，負我盟誓。須兹飾怒，所冀夷凶。乃謀帥於軍中,俾恭行於天罰。繇是貔貅雲集,虎豹風馳,咸搗梟巢,誓平蟻穴。北面招討、天平軍節度使王晏球等,推心許國,挺志忘家,皆矜摩壘之雄,各聘寢皮之勇。遂乃交飛矢石,齊舞梯衝,指其戲鼎之魚,必取膏碪之肉。以致徵兵調食,結壘連營。逾沙軼漠之戎,全軍皆戮;同惡齊奸之虜,匹馬不回。而又舉螳臂以求生,張猬毛而自固。計窮力盡,且無飛奏之門;萬詐千妖,寧免芟夷之禍。是以致其醜類,無所逃形。既諧飲至之期,爰契疇庸之典。今月三日,定州指揮使馬讓能已下三人,先約歸降。是時,果於賊城之上,自相殺戮。王晏球等領兵士直扣曲陽門,接勢而攻,一合收下其逆賊王都及禿餒,趁入子城,斬首生擒,不可勝計。至於徒黨骨肉,略無孑遺。今則獻俘行闕,懸首藁街。六師盡敵而凱旋;一境復安於生聚。王晏球等已下從上行賞,表不逾時。或跨鎮分封,官居極品;或雙旌大旆,寵寄十連。著銘鍾鏤鼎之榮,顯傳子示孫之業。於戲!違天逆道,鬼瞰神誅,顧斯蕩定之勛,實快華夷之意。可期康樂,以泰黎元。申號令於市朝,明征伐之有謂。布告天下,咸使聞知。

原載《册府元龜》卷435

進封王晏球等制 天成四年二月

朕嘗披國史,備閲軍功,裴度之破淮西,無遺廟算;石雄之攻山北,益展皇威。莫不仰遺烈於祖宗,委全才於將相。而自中山逆命,外域朋奸,奪戎旅以鷹揚,屠賊城而魚爛。夕聞告捷,明賞殊勛,竭忠建策,興復功臣。北面行營招討、歸德軍節度、宋亳單潁等州觀察處置、亳州太清宫等使、權知定州軍州事、特進檢校太傅、同中書門下平章事、使持節宋州諸軍事、宋州刺史、上柱國、琅琊郡開國侯、食邑一千户王晏球,長劍倚天,洪河帶地,居萬夫之長,擅三傑之名,黄石兵書,運子房之籌略;清淮公族,興仲爽之源流。自統雄師,往收逆壘,摧曲陽之堅陣,厭滱水以驚波。爰築室以反耕,攻圍雉堞;果折骸而易子,傾覆烏巢。招降之士庶數千,撲之凶狂非一,王都授首,禿餒生擒,火焚而惡蔓皆除,雷掃而妖氛併息,諒兹丕績,宜降優恩,迺眷汶陽,實惟巨鎮。據犬牙之内地,當馬頰之要津。是命疇以勛庸,福其黎庶，進公國之品秩，崇藩后之等威。俾濬鳳池，仍加蟬冕，帷幄共推於重席，井田兼别於真封。於戲！解甲休兵，實歸於上將，安民和衆，議伏於賢臣。永保令猷，無替朕命。可依前檢校太傅兼侍中、使持節鄆州諸軍事、守鄆州刺史、充天平軍節度齊埭等州觀察處置使，仍進封開國公，加食邑一千五百户，食實封一百户。行營副招討、横海軍節度觀察等使、守滄州刺史李從敏，可光禄大夫、檢校太保、使持節定州諸軍事、守定州刺史、充義武軍節度觀察北平軍等使，進封開國伯，加食邑一千二百户。北面行營兵馬都監、鄭州防禦使張虔釗，可光禄大夫、檢校司徒、使持節滄州諸軍事、守滄州刺史、充横海軍節度觀察等使，仍封清河縣開國子，食邑五百户。

原載《册府元龜》卷 128

進封趙德鈞制　天成四年二月

朕聞魏絳和戎，始克諧於金石；祭遵征虜，終併息於烟塵。此乃先務懷柔，後申禁暴，明國家之耀德，表藩翰之圖功。既立丕勛，宜加懋賞，興邦守正，翊贊功臣。盧龍軍節度管内觀察處置押奚契丹兩藩經略盧龍軍等大使、特進檢校太尉、同中書門下平章事、幽州大都督府長史、上柱國、天水縣開國侯、食邑一千户趙德鈞，崆峒稟氣，渤澥融精，傳相略於黄公，受兵符於玄女，而自羈縻戎馬，控制盧龍，洞曉蕃情，飽諳邊事，獲其五利，嘗姑息於鮮卑；運以六韜，果生擒於惕隱。可謂坐籌帷幄，能執干戈，終殄寇於中山，永摧凶於外域。犬羊南牧，賴掃蕩於尋時；貔虎北征，遂凱旋於此日。加以民軍胥悦，畏愛並行，薊門之人物如初，燕谷之粢盛畢備，得不疇其庶績，褒以徽章，就加進律之文，式叶陟明之典，是命寵頒，鳳綍榮列，貂冠正爵，位於三公，加井田於千户，貴申殊渥，仍賜真封。於戲！事君之節已彰，燕山紀頌；教子之方大著，踐土臨戎。有國有家，惟忠惟孝，享兹具美，永保令猷。可依前檢校太尉兼侍中、幽州大都督府長史、充盧龍軍節度觀察等使，進封開國公，加食邑五百户，食實封一百户。

原載《册府元龜》卷 128

歸洛都御札 天成四年二月

朕紹續鴻圖,撫寧諸夏,爰從洛邑,來幸浚郊。屬中山興勃逆之心,外寇恣朋連之勢。致煩征討,方見蕩除。皆宗社之威靈,盡忠良之裨贊。自此遐邇,永遂隆平。蓋以久别三川,常懷九廟。既克清於氛祲,宜便復於京師。取今月十三日歸洛都。

原載《册府元龜》卷 114

李琪上表誤用真定罰俸敕 天成四年二月

契丹即爲凶黨,真定不是逆城,蓋闕審詳,有兹差誤! 李琪罰一月俸。

原載《册府元龜》卷 154

曉諭夏州將吏百姓敕 天成四年二月

近據西北藩鎮聞奏,定難軍節度使李仁福薨變。朕以仁福自分戎閫,遠鎮塞垣,威惠俱行,忠孝兼著。當本朝藩越之後,及先皇興創之初,或大剿凶徒,或遥尊聖主,夙夜每勤於規救,始終罔怠於傾輸。爰今眇躬,益全大節,協和群虜,惠養蒸民,致朕端拱無爲,修文偃武,賴彼統臨有術,遠肅邇安。委仗方深,凋殞何早? 忽窺所奏,深愴予懷。不朽之功,既存於社稷;有餘之慶,宜及於子孫。但以彼蕃地處窮邊,每資經略。厥子年纔弱冠,未歷艱難,或虧駕御之方,定啓奸邪之便,此令嗣襲,貴示優恩,必若踐彼危機,不如置之安地。其李彝超已除延州節度觀察留後,前延州節度使安從進却除夏州節度留後,各降宣命,指揮使勤赴任。但夏、銀、綏、宥等州最居邊遠,久屬亂離,多染夷狄之風,少識朝廷之命,既乍當於移易,宜普示於渥恩。應夏、銀、綏、宥等州管内罪無輕重,常赦所不原者,并公私債負,殘欠税物,一切并放。兼自刺史以下、指揮使押衙以下,皆勒仍舊勾當及與各轉官資。宜令安從進到日倍加安撫,連具名銜,分折聞奏。朕自總萬機,唯弘一德,内安華夏,外撫夷狄,先既懷之以恩,後必示之以信。且如李從曮之守岐隴,疆土極寛;高允韜之鎮鄜延,甲兵亦衆。咸能識時知變,舉族來朝。從曮則見領大梁,允韜則尋除鉅鹿,次其昆仕,并建節麾,下至將僚,悉分符竹。又若王都之貪上谷,李賓之吝朔方,或則結構契丹,偷延旦夕;或則依憑党項,竊據山河。罔稟除移,唯謀依拒。比及朝廷差命良將,徵發鋭師,謀悉萬全,戰皆百勝,纔興討伐,已見覆亡。數萬騎之契丹,隻輪莫返;幾千族之党項,一鼓俄平。尋拔孤城,盡誅群黨,無遠無近,悉見悉聞。何必廣引古今,方明利害,只陳近事,聊諭將來。彼或要覆族之殃,則王都、李賓足爲鑒戒;彼或要全身之福,則允韜、從曮可作規繩。朕設兩途,爾宜自擇,無貽後悔,有玷前修。今以天命初行,人情未定,或慮將校之内,親要之間,幸彼幼冲,恣其熒惑,遂成騷動,致累人靈。今特差邠州節度使樂彦稠部領馬步兵士五萬人騎送安從進赴任,兼以别降宣命,嚴切指揮。安從進等委其訓戒師徒,參詳事理,從命者秋毫勿犯,違命者全族必誅,先令後行,有犯無捨。更慮孤恩之輩,樂禍之徒,居安則廣造異端,貴令擾亂;臨難則刼謀相害,自要功勛。宜令李彝超體認朕懷,宣諭彼衆,無聽邪説,有落奸機,宣布丁寧,咸令知悉。

原載《册府元龜》卷 166

放免鄴都等州諸色差配敕 天成四年三月

王都負國,命將除凶,攻伐之勞,朕所常憫,搬運之苦,朕實備知。近自收城,方期罷役,宜加矜恤,遍示優饒。其鄴都、幽、鎮、滄、邢、易、定等州管内百姓,除正税外,免諸色差配,庶令生聚,并獲舒蘇。

原載《册府元龜》卷 492

令諸道使相直省追還中書敕 天成四年四月

諸道節度使帶平章事、兼侍中、中書令,在京則中書差直省一員引接,及赴鎮,擬合追還。緣使相在京,百官請謁,須差直省引接,兼街衢出入,或恐朝列誤衝。及到本道,自有客司通引官引接。其從榮、從厚雖爲皇子,職本侯王;王建立、孔循曾掌樞衡,見居藩鎮。况諸道使相無直省者甚多,其列東青許州,先將去直省,並宜追還中書。

原載《五代會要》卷 13

夏苗人户供手狀敕　天成四年五月

百姓今年夏苗,委人户自通供手狀,具頃畝多少,五家爲保,委無隱漏攢連狀,本州具狀送省,州縣不得送差人檢括。如人户隱欺,許令陳告,其田倍令并徵。

原載《五代會要》卷25

御署官準同有出身人申送詔　天成四年五月

凡於禄仕,固有規程,發身必藉於器能,在任須彰於勞考,否臧斯異,黜陟並行。朕自統寰區,務均渥澤,淹滯者皆期振舉,勤恪者亦議旌酬。既開進取之門,遂有躁求之衆,或不守選限,捷路希恩;或纔罷官資,奔波取事,侵有數之員闕,屈無媒之選人。以此比方,宜各條理。自今後,應前資官有出身及兩除官,並可依常調赴選,兼有莊宗並朕御署,亦可準近敕赴選。其一任除官,未入選緒,若無定制,難以進身,宜約所守官資序高低,許今同有出身人合格年限求官。赴京日,仍須本道申送,則與除第二任官。兩除後,便準常調選人例。如此,則事有區分,人無奔競。如藉才器,非時昇擢,不在此限。

原載《册府元龜》卷632

廨宇不得摧毁敕　天成四年五月

大壯之規,標於《易》象;不莊之戒,著在《禮》經。况乎地列山河,貴爲侯伯;至於邑宰,皆肅公庭。須整臣之威儀,以重民之父母。頃當世亂,固無暇於修新;今既時安,誰不思於補故。况一日畢葺,三年有成。凡居禄位之流,聞此聖賢之語。今後諸州諸吏凡於廨宇,並須專切增修,不得信令摧毁。凡所置辦,亦令勒其年月,編於帳籍,受代之際,各明交領,亦不得托於廨署接便擾人。

原載《册府元龜》卷65

故平盧軍節度使霍彦威以三公禮葬敕　天成四年六月

故平盧軍節度使霍彦威,勛名顯著,宅兆已營,爰遵定謚之規,俾議送終之制，宜以三公禮葬。

原載《五代會要》卷 11

禁諸州使論請新恩敕 天成四年六月

自天成纘紹之初，曾降敕應隨駕并内外將校職員，許奏名銜，當議遷陟，俾行賞舊之恩，以報惟新之命。自後累據奏薦，人數及多，已經數載，尚有奏陳。既是論乞新恩，豈宜積年申奏？兼恐有後來補署，纔改職名，更望官員，罔爭爵命。若無止絶，慮啓倖門。此後諸州諸使不得更有論請新恩。如是顯立功勞，要行酬奬，即委本處長吏特具奏聞，酌其績效，當議施行。

原載《册府元龜》卷 160

刺史案牘須申廉使敕 天成四年六月

刺史既爲屬部，安可自專，案牘既成，須申廉使。餘依所奏。

原載《五代會要》卷 19

諸州賓從奏具姓名敕 天成四年六月

諸州侯伯所請賓從及主事元隨，並令奏其名姓，或參佐道虧，各令加罪。

原載《五代會要》卷 24

州府不得奏薦將校敕 天成四年七月

諸道州府不得奏薦將校職員，乞行恩命。如顯有功效，即列奏以聞。

原載《五代會要》卷 24

宣示夏魯奇進嘉禾敕 天成四年七月

三秀靈芝，標仙籍而罔資世務；九莖嘉穀，按地諜而實表豐年。既呈殊異之祥，雅叶治平之運，宜付史館編記。

原載《册府元龜》卷 25

有事南郊制　天成四年七月

朕自嗣守丕圖，勤修庶政，於兹四稔，罔怠萬機。上實賴於祖宗，下必資於卿士，卑躬克儉，景行前王，側席求賢，追踪往哲，日懼一日，雖休勿休。幸致風雨不愆，干戈載戢，九穗之禾應瑞，足表豐年，兩階之舞咸賓，無虧曠代。敢萌矜伐，漸喜隆平。然而圓丘之禮未陳，清廟之詩未著，夙宵增懼，寤寐興懷，何以助天之高，而報地之厚也？且天覆予爲子，民戴予爲君，苟帝道未臻，則人倫焉正？必須燔柴瘞玉，嚴六宗虞典之禋，非敢刻石泥金，竊萬歲嵩高之美，凡在遐邇，當體至懷，朕取來年二月十一日有事於南郊。

原載《册府元龜》卷 34

定將相署名敕　天成四年八月

朝廷每有將相恩命，準往例，諸道節度使帶平章事、兼侍中、中書令，并列銜於敕牒後，側書"使"字。今兩浙節度使錢鏐是元帥、尚父，與使相名殊，承前列銜，久未改正。湖南節度使馬殷先兼中書令之時，理宜齒於相位，今守太師、尚書令，是南省官資，不合列署敕尾。今後每署將相敕牒，宜落下錢鏐、馬殷官位，仍永爲常式。

原載《五代會要》卷 13

禁錢錫錢敕　天成四年九月

先條流：三京諸道州府，不得於市使錢内夾帶鐵錫錢。雖自約束，仍聞公然行使。自此，有人於錢陌中捉到一文至兩文，所使錢不計多少，納官。所犯人，準條流科罪。

原載《册府元龜》卷 501

諭諸司寺監敕　天成四年九月

諸司寺監，凡有文簿施行奏覆，司長須與逐司官員同簽署申發，不得司長獨有指揮。其主印官或請假差使，其印須依倫次主簿，不得逾越。

原載《五代會要》卷 17

更定注擬詔　天成四年十月

本朝一統之時，除嶺南、黔中去京地遠，三年一降選補使，號爲南選外，其餘諸道及京百司諸色選人，每年動及數千，分爲三選，尚爲繁重。近代選人，每年不過數百，何必以一司公事，作三處官方。況有格條，各依資考，兼又明行敕命，務絶阿私。宜新公共之規，俾慎官常之要。其諸道選人，宜令三銓官員，都在省署子細磨勘，無違礙後，即據格同商量注擬，連署申奏，仍不得踵前於私第注官。如此，則人吏易可整齊，公事亦無遲滯。

原載《舊五代史》卷 148

升濟陰縣奉園陵敕　天成四年十月

昭宣光烈孝皇帝曾居寶位，久抱幽冤，近始追崇，方安寢廟，宜升縣邑，以奉園陵。宜升曹州濟陰縣爲次赤，以本縣令兼陵令。

原載《册府元龜》卷 31

州縣告身不要進納敕　天成四年十一月

應諸道州府令、録等官告敕牒，元是中書進納入内，令閤門宣賜。其判官、主簿官告，舊是所司發遣受恩。今後赴本任，地理遠近，各有程限，比候進納，恐有停滯，況綾紙、褾軸價錢近已官破，今後所除州縣官告身敕牒，宜令中書門下指揮，不要進納，並委宰臣當面給付。

原載《五代會要》卷 14

非時衝替官宜勒赴任考滿敕　天成四年十一月

應諸道見任州縣官，自在任之時，若時違反本道非時衝替，宜却勒赴任，考滿即罷，其本判官，當行責罰。

原載《册府元龜》卷 632

令造上清宮牌額敕　天成四年十二月

崇聖祖修飾道院，既復其名，固難無額。宜令所可依舊造上清宮牌額。兼京城内金真觀改爲崇道宫,亦準上,給换牌額。

原載《五代會要》卷 12

誅西平令李商敕　天成四年十二月

李商招愆,俱在案款,大理定罪,備引格條。然亦事有所未圖,理有所未盡。古之立法,意在惜人,况自列聖相承,溥天無事,人皆知禁,刑遂從輕。喪亂已來,廉恥者少。朕一臨寰海,四换星灰,常宣無外之風,每革從前之弊。勤修一德,深念五刑,寬則不威,暴則無惠,唯期不濫,皆守無私。李商不務養民,專謀潤己,初聞告不公之事件,决彼狀頭;又爲奪有主之莊田,撻其本户。國家給州縣篆印,只爲行遣公文,而乃將印曆下鄉,從人户取物,據兹行事,何以當官?今王饒所告,李商並招實,罪宜奪歷任官,重杖一頓處死。元論人王饒四人並宜放。仍令所在長吏遍示衆多居高者,不得貪以陵卑;在下者,不得驕而訕上。體泣罪之意,聽祝網之言,各守公途,共資王道。

原載《册府元龜》卷 154

官告綾紙價錢并與官破敕　天成四年十二月

其自陳狀乞除官者所賜告身,並係特恩,雖舊例令本官自出價錢,慮不迨者稍難送納,兼知本司人吏以此爲名,接便更致,邀頡於官,估綾羅紙價外,廣索價數,力及者隨時應副,闕乏者須至淹延。今後應是官告,除準宣官破外,其過狀乞除官,并追封、追贈、叙封、進封官告,及舉人冬集綾羅紙褾軸錦袋等,宜令並與官破,仍勒各隨色樣尺寸如法裝修,疾速書寫,印署進納。

原載《册府元龜》卷 632

三銓公事封送禮部敕　天成四年十二月

三銓公事,宜準近敕指揮,仍祇使吏部尚書銓印,並宜付中書門下,封送禮部權收管訖奏。

原載《五代會要》卷 22

獎夏魯奇敕　天成四年

魯奇宣力兩朝，統戎三鎮，居富庶之地，無奢侈之心，上爲國家，下安生聚，每行公道，全塞倖門，儻非大洽人情，詎致遠聞余聽？有兹爲作，宜示褒稱，仍下諸州，令各知悉。

原載《册府元龜》卷 140

給安重誨假敕　天成四年

重誨位重禁庭，日親機務，與群官之有異，在常式以難拘，宜自初聞日共給七日。

原載《册府元龜》卷 906

更議帖經事例敕　天成五年正月

進士帖經，本朝舊制，蓋欲明先王之旨趣，閱多士之文章。近代已來，此道稍墜。今且上從元輔，下及庶僚，雖負藝者極多，能明經者甚少。恐此一節，或滯群才，既求備以斯難，庶觀光而甚廣。今年凡應進士舉，所試文策及格，帖經或不及通三，與放及第。來年秋賦，詞人所習一本經，許令對義目，多少次第，仍委所司條例聞奏。

原載《五代會要》卷 22

凡補監生須願修學敕　天成五年正月

宜准往例，自今後凡補監生，須令情願於監中修學，則得給牒收補，仍據所業次第，逐年考試申奏。如收補年深，未聞藝業，虛沾補牒，不赴試期，亦委監司具姓名申奏。

原載《五代會要》卷 16

罰京兆府官吏敕　天成五年正月

爲官未可避事，夾判不合申臺，既有舉明，須行責罰，府司官吏已下，等第書罰。

原載《册府元龜》卷 154

進士選數年滿於都堂試賦敕　天成五年二月

近年文士,輕視格條,就試時疏於帖經,登第後耻於赴選,宜絶躁求之路,别開奬勸之門。其進士科已及第者,計選數年滿日,許令就中書陳狀,於都堂前各試本業詩、賦、判文等,其中才藝灼然可取者,便與除官。如或事業未甚精者,自許準添選。

原載《五代會要》卷 22

南郊改元赦文　長興元年二月

王者法天爲子,長人爲君,必在於上奉天明,下從人欲。奉天莫先於孝敬,從欲莫先於矜寬,則必上下叶和,陰陽調序。朕顧惟寡德,猥紹丕圖,祇荷景靈,敢不寅畏? 屬以域中作梗,邊上多虞,繼除梟獍之妖,累殄豺狼之族,阻行大禮,於兹五年。負芒刺以靡寧,積冰湯而爲懼。今幸五兵偃戢,百穀豐登,謁清廟以寫心,陟泰壇而瀝懇。孝敬之道,誠益勵於夙宵;寬宥之懷,固難忘於頃刻。上承玄祐,冀永無疆之休;下念黔黎,宜覃莫大之慶。况天地交泰之始,雷雨作解之初,布澤益示於滂沱,發號重新於涣汗,滌瑕蕩穢,屈法申恩。宜改天成五年爲長興元年,可大赦天下。應諸道見禁囚徒,十惡五逆、光火劫舍、屠牛、官典犯贓、僞行印信,合造毒藥外,罪無輕重,已發覺未發覺,已結正未結正,咸赦除之。其天成四年十二月終已前諸道州府人户應有殘欠税物蠶鹽食鹽乾搉濕榷,既係積年之欠,俄逢作解之恩,並與免放。諸州府營田户部院應欠租課房店利潤逃移人户死損牛畜,或先遭剽劫及水澇處欠負斛斗無所徵填已收納到家産財物,其餘所欠並與蠲除。所在倉場積年損壞,使臣盤覆欠折尤多,其主持專知官等據通收到産業物色外,亦與放免。應諸道商税課利撲斷錢額去處,除納外年多蹙欠,枷禁徵收,既無抵當,並可放免。諸道采造材木欠數,定州材木錢及閿鄉船務遺火,所司累行催促,無可填納,亦與放免。先南北兩軍前倉場持主損爛欠折,及江河轉運抛失舟船並斛斗茭稈錢,諸鎮欠少過軍準被糧草等,據主持人見在家業勒收納外,餘放所欠。天成元年二月諸州般納到上供庫秤盤積欠物色并遭兵火燒劫,及耀州前後身死刺史界分欠省庫錢物劫勒州司官吏陪填者,並特放免。天成二年終諸色人於西川省庫内借過錢並省司先差人收買羊馬欠折死損無填還,及天成二年終已前諸道銅銀鐵冶銀錫水錫坑窟應欠課利兼木炭農具等場欠負,亦與放免。諸州府或經水旱灾沴,恐人户闕欠餱糧,方植春時,誠宜賑恤,宜令逐處取去年納到新好屬省斛斗,各加賑貸,候秋收日徵納完數。應天下府州合徵秋夏苗税。土地節氣,各有早晚,訪聞州縣官於省限前預先徵促,致百姓主持送納博買供輸,既不利其生民,今特議其改革,已令所司更展期限。輔相之榮,必資德望;公侯之貴,蓋選賢能。欲展徽猷,貴在彰顯。内外群臣職位帶平章事兼侍中、中書令,與改鄉名里號。欲通和氣,必在申冤;將設公方,實資獎善。州縣官僚能雪冤獄活人生命者,許非時選,仍加階超資注官與轉服色,已着緋者與轉兼官。其朝臣及藩侯郡守等亡父母,祖父母在并妻室未沾恩命者,并與追贈及叙封。應有諸色私債納利已經一倍者,只許徵本年外欠數,並放納利;已經兩倍者,本利並放。昭宗、太祖、莊宗時,或有犯罪籍没人若有子孫在者,並許識認上祖墳塋,主祭莊田已係官及有主承佃不在識認之限。河陽管内人户每畝上舊徵橋道錢五文,今後並放不徵。諸道州府人户每畝上元徵麴錢五文,今特放二文,只徵三文。敢以赦文前事告者,以其罪罪之。赦書有不該者,所司各具條例聞奏。夫施令覃恩,比期及物,苟有壅滯,曷浣焦勞?如聞近年赦書所在不廣宣布,爲人臣者豈若是乎?其在輔弼公卿藩侯郡守各轉忠力,副朕憂勤,共致治平,永躋仁壽。仍令御史臺嚴加訪察,無縱稽留。赦書日行五百里,告諭天下,咸使聞知。

原載《册府元龜》卷93

郊禋禮畢賜將士錢帛制　長興元年二月

朕恭荷丕圖,獲申大禮,蓋股肱之叶力,環衛之輸忠。將士等扈從乘輿,警巡晝夜,咸彰勞瘁,深所嘉稱,各示頒宣,以明酬獎。宜令三司依等第勘會,指實人數,指揮支給。其諸道州府如本處有絹帛,準價折支;無見在錢物,即就便支遣。兼差使臣各往逐處宣賜。仍下六軍諸衛,準此告諭。

原載《册府元龜》卷 81

三傳三禮科準明經例逐場去留敕 長興元年二月

傳科不精,《公》《穀》虛有其名;禮科未達,《周》《儀》如何登第?兼知前後,空聞定制,去留皆在終場,博通者混雜以進身,膚淺者僥求而望事。須頒明敕,俾叶公途。自此後貢院應試三傳、三《禮》,宜令準進士、九經、五經、明經例,逐場皆須去留,不得候終場方定。仍具所通否,粗一一旋於榜内告示。其學究,不在念書,可特試墨義三十道,亦準上指揮。如此,則人知激勸,事有區分,主司免致於繁忙,舉子不興於僭濫。仍付所司。

原載《册府元龜》卷 642

州府稈草依則例受納敕 長興元年三月

天下州府受納稈草,每束納一文足陌,每一百束納紐子四莖,充積草供,使棘針一莖,充捧場院。其草并柴蒿,一束只納一文。其細絹、絁布、綾羅,每匹納錢一十文足陌;絲、綿、紬、綫、麻、布等,每一十兩納耗半兩;麻鞋每量納錢一文足陌。見錢每貫納錢七文陌。省庫受納諸處上供錢物,元條流見錢每貫納二文足陌,絲、綿、紬、綫子每一百兩納耗一兩。其諸色匹段并無加耗。此後并須依上件則例受納。

原載《册府元龜》卷 488

答馮道等上尊號詔 長興元年三月

朕顧惟涼德,獲紹丕基,賴心膂之訏謨,繫股肱之寅亮,懼難負荷,常勵齋莊,唯誠荒寧,敢自滿假。卿等謨猷迭著,翼亮彌勤,遽以鴻名,將加眇質,雖驗忠貞之懇,誠非謙慎之懷。往年繼上封章,累增宣達,近者告虔宗廟,展禮郊丘,皆輔弼之盡心,亦纘承之常道。縱頻摧北虜,烽燧尤存;雖稍静南方,車書未混。至於年穀豐稔,皆由臺輔燮調,豈予冲人,當斯盛美。爾宜明予畏相,體朕師臣,勉務弼諧,無忘禆救,堯舜禹湯之大道,足可敷陳;聖明神武之虚名,無煩往復。諒兹深意,即斷來表。

原載《册府元龜》卷 17

貶左散騎常侍蕭希甫詔　長興元年三月

左散騎常侍、集賢殿學士判院事蕭希甫,身處班行,職非警察,輒引凶狂之輩,上陳誣歓之詞,逼近郊禋,扇摇軍衆。李筠既當誅戮,希甫寧免謫遷,可貶嵐州司户參軍,仍馳驛發遣。

原載《舊五代史》卷 71

文書告敕宜粘連逐縫使印敕　長興元年三月

凡是選人,皆有資考,每至赴調,必驗文書,或不具全,多稱失墜,將明本末,須示規程。其判成諸色選人,黄甲下後,將歷任文書告敕連粘,宜令南曹逐縫使印,都於後面粘紙,具前後歷任文書,都計多少紙數,具年月日判成授某官,懼其分假於人故也。

原載《册府元龜》卷 633

凡有除移人到交割敕　長興元年五月

今後凡有除移,準宣詔遣差外,其餘須候人到彼,點檢交割軍州公事了日,即可發離本處。仍令逐道觀察使散管内諸州準此。

原載《五代會要》卷 24

減拜郊行事官選數制　長興元年五月

獲遇拜郊,遠來行事,既施微效,宜被優恩。欠一選者,宜令待闕;欠兩選者,減一選;欠三選、四選者,減兩選;欠五選、六選者,減三選;欠七選、八選者,減四選;欠九選已上者,減五選。三司勒停官,顯有過愆,遂當停替,不逢大禮,終是棄人,仍令所司以罷官理選赴常調。如是今年合格者,許令待闕注擬,仍委吏部南曹依元檢勘事節,合減選數,給付牒知。

原載《册府元龜》卷 633

加恩官員敕　長興元年五月

本朝列聖受册徽號，多施沾澤，蕩滌瑕疵。今緣纔過南郊，不可便行大赦，其中有恩未及者，宜示優矜。其諸色官員中或有經罰殿停替者，宜並許以停任時官資理選數赴調。其諸徵科不了勒定州縣官等，除已赴南郊行事該恩外，慮有在外赴行事不及者，宜並準上許理選序。貴普沾於恩惠，免永滯其身名，俾得自新，皆期受任。

原載《册府元龜》卷 93

釐革告身文牒事例敕　長興元年五月

凡命職官，只憑告敕，條流雖切，謬濫不無，況來自群方，固非遍識，除因章露，始見罪尤。先皇帝臨御之初，郭崇韜制置甚切，雖加峻法，尚有訛風。誠由本朝多事已來，僞室偷安之際，皆隨往制，莫識嚴規。秩高者以蔭緒假人，廣求財貨；吏狡者以貪婪得志，不顧憲章，遂致傳授身名，分張告敕，勘初任則多稱失墜，論資考則只有公憑，前後相蒙，真僞莫辨。若不特行釐革，無由永絶根源，宜令自此應除授選授州縣官引驗磨勘，須召有官三人保，非謬妄，則奏擬。仍於告身内竪出保官姓名，據本官所通三代名銜，有出身無出身，歷任告敕文書并逐任考數。若是本朝及僞朝所受者，並只於將來新告身内一一收竪，其文書納留不再給付。如自中興已來歷任待受新命後，都粘連繳尾具道數，委吏部使印背縫，郎官於狀尾押署給付。或有失墜，即須於所失處州縣投狀，具三代名諱及出身歷任，請公憑赴京勘會甲庫，同即重與出給。如公然拆破印縫，不計與人不與人將來求事，並令焚毁，其人當行極典。自兹凡受新命，並依此例施行。其見任内外文武朝臣及諸司職守、諸道州府判官並軍州職員，有曾爲州縣官，及曾改名所受本朝及僞署官告敕牒、歷任文書，亦並須送納入官，只以中興已來文書叙理。其見任州縣官及諸色前資官、守選官等所歷任文書，亦仰速便送納，委所司點勘，無違礙，則準前收竪，給與公憑，任赴將來求事參選。其秦王茂貞墨制官員，並須得本道識認，具歷任申奏，所司檢勘不虛，亦給與公憑，將來隆資受官所貴。凡是身名免有混雜，仍限一周年内改正了絶。其興元已西，應曾受僞蜀官員，緣地里遥遠,許敕到後一周年爲限。仍各於本罷任處州府投狀,具三代名諱、出身、歷任,一一分析申奏,到日點勘,準前指揮。如出限外,縱有申送到文書,並不叙理,兼諸道亦不得以此身名奏薦。如違,罪在本判官,其本人别行嚴斷。庶得新恩迥異,舊弊永除,表爲君一統之基,塞入仕多端之倖。仍付所司。

原載《册府元龜》卷 633

張進等勒停見任敕 長興元年五月

自張進等,或位分符竹,或職倅郡城,殊乖警備之方,致此敓攘之苦,更容虚誑,不戢元隨,須舉憲章,以爲懲戒,宜勒停見任。

原載《册府元龜》卷 699

隨府罷職官除授敕 長興元年五月

去年相次有諸道前資掌書記已下賓從,到京求官,人數極多,或自述行止,或得替節度使論薦,兼有已於郊天行事者。即目朝班中無員闕安排,前件官等皆隨府罷職,相次到京。當奏辟之時,慎選盡由門館,及替閑之後,安排須告朝廷。若不特議區分,即恐久令淹滯。宜令於諸道掌書記已下,據有員闕處各除授一員,仍自此凡是朝官及諸州府判官,得替一周年後,得求官擢才,持敕不在此限。

原載《五代會要》卷 25

得替防禦等使立班敕 長興元年七月

諸道得替防禦、團練等使及刺史,到京朝見後,并宜於班行比擬。如未有員闕,可隨常參官逐日立班。

原載《五代會要》卷 6

封叙無得留滯敕 長興元年七月

今年二月二十一日郊天赦書節文:朝臣及藩鎮郡守亡父母、祖父母及父母在并妻室未沾恩命,並與追封贈及叙封者。今赦書頒下已及半年,所行遣贈叙封,所司尚未奏覆。深慮留滯,各速指揮,朝臣限兩月内齊具録奏,外處與限一年,仍並據品秩準格列指揮,朝臣不得逾越。

原載《册府元龜》卷 66

禁州縣於限前徵科敕　長興元年七月

訪聞諸道州縣官自衒虚名,不惜人户,皆於省限已前行帖催驅,須令人户貴買充納。且徵科租賦乃是常規,所務事集人安,不必急徵暴斂。况累降敕命,非不丁寧,只據規程,勿令逾僭。此後爲徵科事辦亦不酬勞,本州不得申奏。如違限稽慢,既准條流責罰。如灼然添得廨署,招得流民,無害於公私者,可具事由申奏,固得特行優奬。

原載《册府元龜》卷 160

令禮葬被害諸王敕　長興元年七月

先朝諸王,頃因同光末年宫門變起,諸王多奔北京,沿路爲部下所害,宜於北京留守尋訪之,所各依品秩禮葬。訖,奏聞。

原載《册府元龜》卷 39

宥李範趙知遠敕　長興元年七月

李範已該恩赦,特放罪收納文書。趙知遠以兄爲父,未之前聞,既遇郊禋,特從恩宥,出身、歷任文書付所司焚毁,放罪勒歸鄉貫,本道長吏與改昭穆奏聞。其餘南郊行事合减選人數,候將來選限滿日,宜並不取逐處文解,不更經南曹點檢,赴銓注擬。

原載《册府元龜》卷 633

權罷宏詞諸科敕　長興元年八月

宜付附所司,今後吏部所應宏詞拔萃,宜並權罷,其貢院據見應進士九經並五科童子外,諸色科名亦宜停罷。

原載《五代會要》卷 22

童子科出身不得遽授親人官敕　長興元年八月

其童子準往例委諸道表薦,不得解送。兼所司每年所放,不得過拾人。仍所念書並須是部帙正經，不得以諸雜零碎文書，虛成卷數。兼及第後十一選集，第一任未得授親人官。

原載《册府元龜》卷 642

授張延朗三司使敕 長興元年八月

會計之司，國朝重務，總其使額，以委近臣，貴便一時，寧循往例。張延朗可充三司使，班位在宣徽使之下。

原載《五代會要》卷 24

族誅李行德等敕 長興元年八月

捧聖都軍使李德行十將張儉等，摭求虛事，誣告重臣，奏陳而頗駭聽聞，詰驗而乃明讒謗。間予心腹，傾我棟梁，爲巨蠹。以異常罪，一身而未塞，宜誅家族，懲彼奸凶。仰全家處斬。

原載《册府元龜》卷 337

不準奏薦著紫官爲州縣敕 長興元年九月

諸道奏薦州縣官：前銜内有賜紫金魚袋者，若循常例，州縣官十六考，方得叙緋，若已佩金章，固難爲令録。此後，天下州府不得奏薦著紫官員爲州縣官。

原載《册府元龜》卷 633

討董璋敕 長興元年九月

王者興師討伐，若行其時雨；農夫去草誅鋤，務絶其本根。具載格言，式符戎略，而況天垂弧矢，盡殪狼星，國舉干戈，當平賊子。得不朝申號令，夕議削除？安邦守正翊贊功臣、劍南東川節度使、特進、檢校太尉、同中書門下平章事、梓州刺史董璋，受國深恩，殿邦重寄，但恣貪殘之性，莫分宵旰之憂。唯務包藏顯章，侮慢朝廷。每施含垢，具爲掩瑕，略無悛革之心，轉有狂迷之狀。伺便而侵漁仁境，何名而點發義軍？仍於關防，輒修堡砦，兼傳書檄招寇盜於晉州；尋縱賊徒欲窺覦於遂府。焚燒民舍，驅虜耕牛。覽奏報以實繁，數愆尤而莫盡,豈有武虔裕身爲刺史,輒敢縻留;大程官手執宣頭,略無遵禀,而又淫刑害物,酷法作威。鐵籠之炮炙未開,金贖之科罪并發。善人知懼,惡貫已盈。且擢髮以難窮,宜燃臍而不赦。今則已徵師旅,將掃妖氛,舉烈火以燎毛,飛嚴霜而脱葉。匪朝伊夕,覆狡擒奸。於戲!無禮於君,奮鷹鸇而驅鳥雀;有功必賞,誓帶礪而保山河。殄寇則理在必然,興兵則是非獲已。凡在遐邇,宜體朕懷。其董璋在身官爵并削奪。

原載《册府元龜》卷 123

升尚書右丞爲正四品詔　長興元年九月

臺轄之司,官資並設,左右貂素來相類,左右揆不至相懸,以此比方,豈宜分别。自此宜升尚書右丞官品,與左丞並爲正四品。

原載《舊五代史》卷 149

楊知萬準非時選人例處分敕　長興元年九月

楊知萬實曾行事,尋已注官,只爲父母轉年,恩命遂寢,外别無違礙。自後相次丁憂,久住京城,誠宜傷愍。宜令銓司點檢歷任文書,準非時選人例處分,或前資官中有與楊知萬事狀相類者,並準此指揮。

原載《册府元龜》卷 633

準田敏請藏冰頒冰敕　長興元年十月

藏冰之制,載在前經;獻廟之儀,廢於近代。既朝臣之特舉,按典禮以宜行。田敏所奏祭司寒獻羔事,宜依。其桃弧棘矢,事久不行,理難備創。其諸侯亦宜准往制藏冰。

原載《五代會要》卷 16

未得公憑者準取本任文解赴集敕　長興元年十月

先條流見任州縣官及前資守選官所有歷任文書,委所司點勘,無違礙,則準前收豎,給與公憑,任將來參選者。訪聞諸色選人,有今年合格者,因請公憑,久淹京闕,若候本道請解,即須來歲授官,多是甚貧,誠爲可憫,況已及選限。固取本任文解不及前件選人,今年合格已請得公憑者,宜令吏部南曹準今冬選人例檢勘施行。如是欠選者,候選數足日,準格取本任文解赴集。

原載《册府元龜》卷 633

賻贈段端丈尺敕 長興元年十月

太常禮院例,凡賻匹帛,言段不言端匹,每二丈爲段,四丈爲匹,五丈爲端。近日三司支遣,每段全支端匹。此後凡支賻贈匹帛,衹言合支多少段,庫司臨時併襞丈尺給付,不得剩有支破。

原載《五代會要》卷 8

叙封舛錯敕 長興元年十月

叙封之例,敕格甚明,況在所司,備經其事。既成差誤,蓋是因循,顯有糾彈,實爲允當。欺即難恕,錯即可矜。然欲示戒懲,須行責罰。本行令史馬仁珪決臀杖七十勒停。本部判郎中裴坦罰兩月俸。王權等六人妻進封叙封郡縣邑號官誥,宜令所司追納毁廢。

原載《册府元龜》卷 154

落劉瑩等進士敕 長興元年十一月

貢院擢科,考詳所業;南曹試判,激勸校官。劉瑩等既不攻文,合直書其事,豈得相傳藁草,侮瀆公場? 載考情由,實爲忝冒。及至定期覆試,果聞自擅私歸,且令所司落下,其所給春關,仍各追納。放罪許後放舉。自此南曹凡有人及第試判之時,更效此者,準例處分。

原載《五代會要》卷 22

賜太師尚書令馬殷謚法詔 長興二年正月

故天策上將軍、守太師、尚書令、楚國王馬殷,品位俱高,封崇已極,無官可贈,宜賜謚及神道碑文,仍以王禮葬。

原載《舊五代史》卷 42

録寫律令格式六典詔　長興二年正月

要道纔行,則千岐共貫;宏綱一舉,則萬目皆張。前王之法制罔殊,百代之科條悉在,無煩改作,各有定規。守度程者,心逸日休;率胸臆者,心勞日拙。天垂萬象,星辰之分野靡差;地載群倫,嶽瀆之方隅不易。儻各司其局,則皆盡其心。其律令、格式、六典,凡關庶政,互有區分,久不舉行,遂至隳紊。宜準舊制,令百司各於其間録出本局公事,巨細一一抄寫,不得漏落纖毫,集成卷軸,仍粉壁書在公廳。若未有廨署者,其文書委官司主掌,仍每有新授官到,令自寫録一本披尋。或因顧問之時,應對須知次第,無容曠闕,每在執行。使庶僚則守法奉公,宰臣則提綱振領。必當彝倫攸叙,所謂至道不繁,何必期年,然後報政。宜令御史臺遍加告諭催捉,限兩月内抄録,及粉壁書寫須畢。其間或有未可便行及曾釐革事件,委逐司旋申中書門下,當更參酌,奏覆施行。

原載《册府元龜》卷 66

定節度等使判官已下賓僚考限敕　長興二年正月

諸道行軍節度副使、兩使判官已下賓僚,及防禦副使、判官、推官、軍事判官等,若詢前代,固有通規,從知咸自於弓旌,録奏方頒於綸綍,初筵備稱,婉晝斯陳。朝廷近以旌賞勛勞,均分員闕,稍或便於任使,不免須議敕除,既當委以裨贊,所宜定其考限。前件職員等,宜令並以三十月爲限。如是隨府,不在此限。

原載《册府元龜》卷 633

給趙諲等十人公憑敕　長興二年正月

吏部南曹奏:"前齊州臨邑縣令趙諲等十人,納到歷任文書,合給公憑者。"其公憑仰所司以綾紙修寫,取本行尚書侍郎列署。已出給者,候將來赴選,依此重給。

原載《五代會要》卷 21

官限准長定格敕　長興二年二月

少尹上佐,以二十五月爲限。其府縣官,宜準《長定格》,以三十月爲限。

原載《册府元龜》卷633

復錢鏐爵位敕　長興二年二月

天下兵馬都元帥、尚父尚書令、吴越國王，久别王公，恒輸愛戴。朕方禮加元老，恩遇遠方，安重誨妄掇綴瑕疵，遽行阻絶，頃使錢元瓘拜闕上章，傾懷請罪，言皆激切，事且憑虚，肆其介蠆之心，誤我含容之德，情不可恕，罪不可逭，今已誅之，以雪其寃。故告。

原載《吴越備史》卷1，《五代史書彙編》

戒封贈停滯敕　長興二年二月

宜令所司，報在朝文、武官員及諸道、州府當制内，有未沾恩命者，令供申文。狀到者，旋即施行，不得停滯。

原載《册府元龜》卷475

罷夜試進士敕　長興二年二月

秋來赴舉，備有常程，夜後爲文，曾無舊制。王道以明規是設，公事須白晝顯行，冀盛觀光，猶敦勸善。每取翰林學士，往例皆試五題，共觀筆下摛詞，不俟燭前構思。其進士並令排門齊入就試，至門開時試畢，内有先了者，上曆晝時旋令先出。其入策亦須晝試，應諸科對策，並依此例，餘準前後敕格處分。

原載《册府元龜》卷642

禁鐵鍚錢又敕　長興二年三月

諸道州府，累降敕命，不得使鐵蠟錢。如有違敕行使者，所使錢不計多少，並没納入官。所犯人，具姓名以聞。近日依前，有無良之輩，所使錢内夾帶鐵蠟錢，須議再行止絶。宜令諸道州府，嚴切條理，密差人常於街坊察訪。如有衆私鑄瀉及將銅錢銷鑄别造物色，捉獲勘究不虚，并準前敕處分。

原載《册府元龜》卷501

禁枉濫敕　長興二年三月

朕猥以眇躬，薦承鴻業，念彼疲瘵，勞於寢興。或慮官不得人，因成紊亂；或慮刑非其罪，遂致怨嗟。王化所興，獄訟爲本，苟無訓勵，必有滯淹。近日諸道百姓或諸多違犯，或小可鬥争，官吏曲縱，吏人巧求瑕釁。初則滋張節目，作法拘囚；終則誅剥貨財，爲恩出拔。外憑公道，内徇私情，無理者轉務遷延，有理者却思退縮，積成訛弊，漸失紀綱。自今後切委逐處官吏、州牧、縣宰等深體予懷，各舉爾職，凡關推究，速與剸裁。如敢苟縱依違，遂成枉濫，或經臺訴屈，或投匭申冤，勘問不虚，其元推官典并當責罰。其逐處觀察使、刺史別議朝典，宜令諸道州府各依此處分，所管屬郡委本道嚴切指揮。

原載《册府元龜》卷151

朝臣奏對宣付史館敕　長興二年三月

朝臣起居，入閤奏對公事，覆奏後宣付史館，宜依。其時政記、起居注，候別敕處分。

原載《五代會要》卷18

授李愚中書侍郎制　長興二年三月

衡之平，不欺於物；水之止，洞鑒於形。厥有操心秤而無撓重輕，掛人鏡而自分妍醜，所以旁求多士，果得正人，符夢卜而惟吉之從，舉賢良而不仁者遠，命爲予弼，僉曰汝諧。朝議大夫、守太常卿、上柱國、隴西縣開國男、食邑三百户、賜紫金魚袋李愚，勁草凌風，孤松抱雪，向歷艱難之運，再逢開泰之期。先皇擢在禁林，輟隨征旆，鋒鋩翰墨，經劍閣而無競刊銘；糞土珠金，入刀州而未嘗闕夢。罔矜諭蜀，素藴致堯。洎朕纘紹丕圖，服勤内署，慎密而不言温樹，論思而守奉甘泉。及掌文闈，大開公道，樹杏壇而重興四教，歷蘭省而再陟二卿。當祀周郊，密承殷誥，泥金而將期獻頌，擊石而尋致來儀。既歷試諸艱，且爰立作相，是命亞鳳池之貴位，領虎殿之群儒，仍進崇階，兼加好爵。於戲！久虚右席，俾運前籌，期偃戢於干戈，致混同於書軌，以毗乃辟，正事惟醇，則霖雨鹽梅，於是乎在。可正議大夫、守中書侍郎、平章事、集賢殿大學士。

原載《册府元龜》卷 74

詳斷張延雍等敕　長興二年三月

張延雍中官，舊居省署，蔭子合補齋郎，爲優牒稽遲於本司，催促苛克，縱實已該肆赦之恩，引驗無聞，自掇兩詞之詰，致淹折獄。宜示罰金，宜罰一季俸。餘依法寺詳斷。

原載《册府元龜》卷 154

加恤病囚敕　長興二年四月

諸道州府各置病囚院，仍委隨處長吏專切經心。或有病囚，當即差人診候療理，候據所犯輕重決斷。如敢故違，致本囚負屈身死，本官吏並加嚴斷。兼每年自夏初至八月末已來，每五日一次，差人洗刷枷杻。

原載《五代會要》卷 10

居喪終制敕　長興二年四月

朝臣居喪終制，委御史臺具姓名申奏。諸道賓從除喪後，合宣行恩命。州縣官纔授新命，及到任一考前丁憂者，服闋日除官。

原載《五代會要》卷 8

省刑詔　長興二年四月

久愆時雨，深疚予心，雖遍虔祈，猶未溥足。宜廣推恩之道，更敷恤物之懷。貴獲感通，必彰靈應。宜令諸道州府各委長吏，親問刑獄，省察冤濫。應見禁囚徒，除犯死刑外，餘盡時疏放。除省司主持迴圖敗闕軍將及諸色人等，見别指揮三司商量，或有情可矜憫，或非欺罔積年，致有逋懸，各具分折，續行敕命。并公私債負放至秋熟填納，今年取者不在此限。

原載《册府元龜》卷 93

賜吴越國王錢鏐不名詔　長興二年四月

周崇吕望,有尚父之榮;漢重蕭何,有不名之禮。錢鏐冠公侯之位,疏吴越之封,宜示異恩,俾當縟禮。其錢鏐宜賜不名。

原載《五代會要》卷 11

準失墜春闕冬集人許舉及第銓注事實敕　長興二年四月

舉選人衆,例是艱辛,曾因兵火之餘,多無敕甲,不有特開之路,皆爲永棄之人。其失墜春闕冬集者,宜令所司取本人狀。當及第之時,何人知舉同年及第人數幾何,如實即更勘本貫得同舉否。授官者,亦先取狀。當授官之時,何人判銓,與何人同官,上任罷任,何人交代,仍勘歷任處州縣,如實,則别取有官三人保明施行。

原載《册府元龜》卷 633

吏部南曹曉諭選人敕　長興二年五月

宜依吏部南曹具此分明曉告,及遍下諸道州府,應是選人,各令知委。如守官滿日,未給得解由、歷子等文書隨處,不得便令辭謝,如逐州府輒有邀難,不便出給,罪在本判官並録事參軍。

原載《册府元龜》卷 633

放免諸州苗畝所徵面錢敕　長興二年五月

酒醴所重,麴糵是須,緣賣價太高,禁條頗峻,士庶因斯而抵犯,刑名由是以滋彰。爰行改革之文,庶息煩苛之政,各隨苗畝,量定税錢。訪聞數年已來,雖犯法者稀,而傷民則甚。蓋以亂離日久,貧下户多,纔過昇平,便勤稼穡,各務耕田鑿井,孰能枕麴藉糟,既隨例以均攤,遂抱虚而輸納,漸成雕弊,深可憫傷。况欲致豐財,必除時病,有利之事,方切施行,無名之求,尤宜廢罷,但得日新之理,何辭夕改之嫌。應在京諸道苗畝上所徵麴錢等,便從今年夏並放,其麴官中自造,委逐州減舊價一半,於在城撲斷貨賣。除在城居人不得私造外,鄉村人户或要供家,一任私造。

原載《舊五代史》卷 146

禁臣僚私行舉薦人敕　長興二年五月

國賴賢良，雖務搜揚之道；官由請托，實開僥倖之門。蓋任不當材，則民將受弊；稍乖掄擇，大紊紀綱。近聞百執事等，或親居内職，或貴列廷臣，或因宣達君恩，或因勾當公事，經由列鎮，干擾諸侯，指射職員，安排親昵，或潜申意旨，或顯發書題，苟徇私情，罔循公道，争能峻阻，須至强行，遂使受命者負勢以臨人，得替者銜冤而去職。既虧慎舉，漸益躁求。務要肅清，當行釐革。自今已後，應内外臣僚不計在朝出使，並不得輒發書題，及行所屬於諸處亂安排人，宜令三司兼諸道節度、防禦、團練、刺史等，或更有人不畏新敕、猶躡舊踪者，并仰密具姓名聞奏，發薦人貶所，在官求薦人配流邊遠州縣，常知所在。如逐處長吏自徇人情，顯違敕命，只仰被替本人詣闕上訴，勘問不虚，長吏罰兩月俸；罰薦人比前條更加一等；被替人不凖是何職掌，却令依舊勾當，仍從再勾當後三年内，除別顯有罪名外，不得妄有替移。其餘長興二年五月一日已前所犯，不在上訴之限。兼敕到後，但是州府並於管驛處粉壁具録敕命曉示，每令修護，永使聞知。况國家懸爵待人，惟賢是舉，稍聞俊乂，必令奬昇。其有端士正人，雄文大學，言可以經綸王道，行可以規矩人倫者，但當顯陳表章，明具論薦，名如得正，工不棄財，所務絶彼倖人，豈可滯諸賢者。

原載《册府元龜》卷 66

禁私賣文書敕　長興二年五月

訪聞諸色官員之中，多有此色之事，須行釐革，以塞弊源。應諸色常調選人，如有此色文書，便須焚毁。如是元補正身，曾受中興已來官誥，便許以近受文書叙理。及諸色蔭補子孫，如無虚假，不許庶嫡，並宜叙録；如實無子孫，別立人繼嗣，已出補身得者，只許續蔭一人。凡關資蔭，皆繫恩榮，將革弊訛，須行憲法。自本朝喪亂，多士因循，貪冒者叙補無常，彰敗者未聞嚴斷，遂成隳紊，莫識規程。且一人身名，具三代名諱，傳於同姓，利以私財，上則欺罔人君，下則貨鬻先祖，行之不已，罪莫大焉。柳膺顯致訟論，合當誅殛，偶逢恩敕，特減死刑,尚念承此弊來年深,同此罪者頗衆。特矜已往,各許自新;别設嚴條,免令後犯。今日已前,並依前項條理,其不合叙使文書,仍限一百日焚毁須絶。如此後更敢公然將合焚毁文書參選求事,有人糾告及所司點勘彰露,所犯之人,傳者受者,並當極法。其告事人,如有官序,别與超擢任使;如是百姓,與免户下差徭。兼自此應合得資蔭出身人,並須依格令及天成三年十一月二十日禮部起進條件施行;如敢故違,本司官員并本行人吏别加嚴斷,不計去任離司,罪無寬恕。事從發覺,理任澄清,不惟正邦國典刑,抑亦保縉紳家法,有犯無赦,斷在的行。

原載《册府元龜》卷 66

李雲獻時務策敕 長興二年五月

益國利民,方爲良策,越常生事,則亂彝章。李雲粗讀儒書,曾居假官,所進條件,既廣徵引仍繁,而於職略之間,荒唐頗甚。且鄉閭之内,苦樂不無則可沿古制而撿繩,度物宜而均濟,豈得請行峻法,大撓群情。詳暴斂之品題,無稍通之氣味。况五兵乍息,兆庶小康,忽有此陳,未測何意。便合勘窮疏率,申舉科條,尚緣言路,方開政刑,務恤特從寬宥,俾自省循。

原載《册府元龜》卷 41

誅張崇遠敕 長興二年五月

設禄任能,立法懲惡,茍有違犯,須舉憲刑。崇遠流外授官。監中守職,雖官不請於俸禄,而職見請於依糧。贓罪既彰,死刑難貸。宜决重杖一頓處死。

原載《册府元龜》卷 154

處分獻策人韓滔敕 長興二年五月

以納言路廣,進策人多,别出試題,蓋防假手。韓滔獨隳衆例,輒出己懷,敢以閑詞,有違明敕。而又情惟自衒,事匪合宜,朝堂干禄之時,尚猶倔强,州縣親人之處,可認作爲。便合舉違敕之科,加不恭之罪。緣當誕月,刑法務寬,宜殿一選。

原載《册府元龜》卷 41

朝臣假内仍給俸敕　長興二年閏五月

有禮於君,克勤於國,爲臣所重,自古皆然。其或合朝不朝,即虧匪懈;無病稱病,亦屬自欺。儻異下冰,須資勿藥,卧疾非人情所欲,歸寧光孝治之朝。曹琛所奏文武官員請歸寧,準式假及實卧病者,並許支給本官料錢,宜依。或有托病,不赴朝參,故涉曠怠者,慢於事君,何以食禄? 如聞糾奏,當責尤違。

原載《册府元龜》卷 475

州府稈草依則例受納又敕　長興二年閏五月

今後諸州府所納稈草,每二十束别納加耗一束,充場司耗,折其每束上舊納盤纏錢一文。仰官典同供繫署,一一分明,上曆至納遣了絶已來,公使不得輒將出外分張破使。

原載《册府元龜》卷 488

誅安重誨詔　長興二年閏五月

朕猥以眇躬,纘承丕構,欲華夷之共泰,於刑賞以無私。其有位極人臣,寵逾涯分,擅威權而積惡,詢物議以難容,苟緩刑章,是滋凶慝。安重誨始從幼稚獲備指揮,既倚注以漸深,亦旌酬而益甚。自朕紹興王業,委掌樞機,官列三公,望崇四輔,謂勤劬之可恃,每率暴以居懷。且孟知祥、董璋自守藩維,素堅臣節,輒從間諜,令負憂疑;擢任姻親,往分符竹,潛設猜防之計,擅興割據之言。兩川飲恨以俱深,一旦飛章而頓絶。又錢鏐位冠王公,常輸愛戴,朕方禮優元老,恩遇遠人,而重誨采掇瑕疵,遽行止絶。且去年郊天禮畢,率土乂康,重誨既綰國權,復希兵柄,輒出渡淮之語,貴邀統衆之名。事雖不行,謀實可懼。其後終興戈甲,遽討巴邛,將士疲勞,梯船阻絶。又遣專臨寨所,俾料軍儲,恣威虐以復多,致民兵之共怨。朕尚存大體,特示優恩,爰自禁庭,委之藩翰,方緊共理,旋乃貢章,豈謂别有動摇,潛懷怨望。長子崇緒親居内職，次子崇贊顯列朝行，遣彼元隨，偷歸本道。據兹悖逆，須究端由，勞千里以興師，致四方之駭聽。果明罪釁，難逭誅夷。其安重誨宜削奪自身官爵，仍并男崇贊、崇緒及重誨妻、向張等四人，宜並賜死。

原載《册府元龜》卷 154

禁京城人户侵越并許奏聞利便互買敕 長興二年六月

伊洛之都，皇王所宅，乃夷夏歸心之地，非農桑取利之田，當亂離而曾是荒凉，及開泰而競爲修葺，從來閒寂，多已駢闐，永安天邑之居，宜廣神州之制。宜令御史臺、兩街使、河南府專切依次第擘畫，曉示衆多，勿容侵越。或有利便，亦可臨時詳度奏聞。

原載《册府元龜》卷 14

禁不務農桑敕 長興二年六月

皇王之業，寰海爲家。民不擾而自安，事不紊而易治。皆修遠大，以固雍熙。朕自纂丕圖，每勤庶政，民有耕耘之樂，時無饑饉之災。然猶菲食如初，宵衣若舊。内則仗前後左右，外則委侯伯子男。共削煩苛，同除蠹弊，康澄所奏機巧之者、游惰之徒，所在不無，未能全斷，令仰諸道長吏詳此，曉示村巡。游惰者，勸以歸農；機巧者，戒其越様。此外或更有不利於民事，并可嚴行止絶。將使俗無奇伎，野絶閑游，爲下有勤力之資，在上無蕩心之事。廛肆人和之際，何禁謳謡；村閭農隙之時，無妨歡樂。即須辨認奸惡，不得分外搔擾人户。所切者常輕徭薄賦，不急斂暴徵，民不勸而自勤，財不營而自富，況諸侯勠力，列校盡忠，皆是腹心，總如魚水，將期混一，永致和平。

原載《册府元龜》卷 475

京城菜園許人收買敕 長興二年六月

京城坊市人户菜園，許人收買，切慮本主占佃年多，以鬻蔬爲業，固多貧窶，豈辦蓋造，恐資豪猾，轉傷貧民。若是有力人户，及形勢職掌曹司等，已有居地外，於别處及連宅買菜園，令人主把，或典賃於人，並準前敕價例出賣。如貧窮之人買得菜園，自賣菜供衣食者，即等第特添價值，仍賣者不得多吝田土，買者不得廣占田地，各量事力，須議修營。

原載《五代會要》卷 26

禁侵射入官店宅莊園敕　長興二年六月

無厭之求，既虧廉耻；不義而富，終取悔尤。應諸道係省店宅莊園，或抵犯刑章，納來家業，或主持敗闕，收致抵當，姓名纔係簿書，諸利未經收管。諸色人等不度勛庸高下，不量事分淺深，相尚貪饕，競謀請射，惟利是視，以得爲期。諸色人朝廷稍立微功，必加懋賞。大都大邑，尚以委人；廢宅荒田，豈留潤國？自可特恩頒賜，奚容越分希求？遂使畏懼者但處栖遲，僭逾者更滋積聚，失懲惡勸善之道，啓幸灾樂禍之門，頗污教風，須行止絶。

原載《册府元龜》卷 66

禁受理赦書前詞訟敕　長興二年六月

諸道州府推斷刑獄，或慮有司因循，仍以赦令前事，輒有申理，紊亂刑罰。宜令盡舉中興已來所降赦書德音釐革恩敕曉示。王者應天順人，發號施令，布綵綸於遠邇，示恩信於華夷。儻隱而不行，則主者有罪，須重提舉，無致因循。宜令御史臺兼三京及諸道州府應受詞狀及推勘詳斷之所，須具此令文榜壁，各令詳審，無致逾違。如或公然以赦書德音及恩敕前事，輒敢受而爲理者，應狀案經過之處，并當勘責，以故違敕命律格科罪。兼自此後，凡有詳斷刑獄，並須依坐律令格式條件及新敕釐革，次第施行。

原載《册府元龜》卷 66

令有力人户均攤貧户税額詔　長興二年六月

務穡勸分，前賢之令範；裒多益寡，往聖之格言。比者諸道賦税，一定數額。廣種不編於帳案，頻通恐擾於鄉村。如聞不逮之家，困於輸納，爰議有餘之户，共與均攤。貴表一時之恩，不作常年之例，宜委諸道觀察使,於屬縣每村,定有力户一人充村長,於村人議有力人户,出剩田苗,補下貧不迨頃畝。自肯者即具狀徵收,有詞者即排段檢括,便自今年起爲定額。

原載《册府元龜》卷 488

答周知微請復議典敕 長興二年七月

周知微官在郎曹,職參拜憲。慮有亂名之弊,舉無破律之規。法雖重於一成,恩亦存於八議。蓋前王之定制,固當代以常行,令睹敷揚,可嘉勤盡。

原載《册府元龜》卷 467

量增奏薦員數敕 長興二年七月

諸道奏薦州縣官,各定員數,今宜增益,以廣搜揚。使相先許一年薦三人,今許薦五人。不帶使相,先許薦二人,今許薦三人。直屬京防禦、團練使,先許薦一人,今許薦二人。念應舉之流,甚艱難於取事,當及第之後,尚迢遞於授官,小而得簿尉者全稀,老不爲令録者極衆。即不得薦新罷任及諸格之人,如未曾有官,即許奏初官;已有官者,當别比擬。

原載《册府元龜》卷 633

帶臺省職州縣官及得十六考者并依出選門例處分敕 長興二年七月

州縣官帶侍御史、殿中侍御史、内供奉、監察裏行及省銜者,皆非正秩,尚出銓曹,况曾三度昇朝,豈可一例守選,所宜振發,以勵操修。應州縣官内,有曾在朝行及佐幕,罷任後準前資朝官賓從例處分。其帶省銜已上並内供奉、裏行及諸已出選門者,或降授令録者,罷任日並依出選門例處分。不在更赴常調,便與除官兼州縣官。其間書得十六考者,準格叙加朝散階,準出選門例處分。如不書得十六考,雖已過朝散階,不在此例。

原載《册府元龜》卷 633

禁同表進策敕　長興二年七月

投匭上章,條流不阻;合表進策,理例無聞。而況七件之中,有長有短;兩人之内,孰否孰臧? 方當選以公才,未可混其言路。王鼎、陳廷毓宜各試以策問兩道,定其優劣。兼自此應諸色人進策,每五道别試策問兩道,十道已下試三道,十道已上約此。指揮比較元進策條詞理可否,當與等第處分。仍令匭院分明榜示,此後止絶,不得有同表進策。所貴人知區别,事無泛行,庶堅激勸之誠,免誤擬倫之道。

原載《册府元龜》卷66

令諸道搜訪隱逸敕　長興二年七月

朝臣相次敷陳,請搜沉滯。簪纓之内,甚有美賢;山澤之中,非無俊彦,若令終老,乃是遺才。鄭雲叟頃自亂離,久從隱逸,近頒特敕,除授拾遺,不來赴京,自緣抱病,非朝廷之不録,在遐邇以皆知。宜令諸道藩侯專切搜訪,如有隱逸之士藝行可稱者,當具奏聞,必宜量才任使。

原載《册府元龜》卷68

停李炤樂鈞官敕　長興二年七月

同官相毆,據法當徒,大理寺以所犯罪名,合該恩赦,雖備陳格律,而合議矜寬。但李炤、樂鈞等處令佐之資,縱屠沽之行,既罵且鬥,自晝經宵,加以抗拒使符,執留縣印,全乖事體,大紊紀綱。至於偶在赦前,合從赦限,豈可遣兹凶輩親我疲民? 免刑已是優弘,復職實非允當。其李炤、樂鈞並勒停見任,餘依所奏。

原載《册府元龜》卷154

王昭誨不停見任敕　長興二年七月

王昭誨方念繼絶,特授殊恩,久别丘園,許歸祭奠,雖違假限,宜示優弘,不停見任。

原載《册府元龜》卷906

明法科同《開元禮》科敕　長興二年七月

其明法科,今後宜與《開元禮》科同其選數,兼赴舉之時,委貢院別奏,請會諸法試官,依格例考試。

原載《五代會要》卷 23

武職銀青階準文資賜紫例不得奏爲州縣官敕　長興二年八月

諸道奏薦州縣官,前銜内有賜紫金魚袋。先於長興元年有敕,州縣官若循常轍,十六考方得叙緋。儻或已佩金章,固難却爲令録。必若藉其才器,則可别任職資。文資官結銜内已有金紫,尚不許薦爲州縣官,其武職銀青階,亦宜條理。諸道詳文資賜紫例,不得奏爲州縣官。

原載《册府元龜》卷 633

諸商税委逐處州府撲斷敕　長興二年八月

應三京諸道州府商税等,多不係屬州府,皆是省司差置場官。朕自受命開基,勵精布政,將推誠而感物。每屈己以從人,况於列侯,尤所注意。豈可山河重寄,並在藩方。關市徵租,獨歸省務。加以所置職掌,素處幽微。向闤闠以肆威,與王公而抗禮。蓋已往從權之事,豈將來經久之規!特議改更,貴除繁屑。自今已後,諸商税並委逐處州府撲斷,依省司常年定額勾當辨集。冀除生事之端,不爽豐財之理。

原載《册府元龜》卷 504

停轉對敕　長興二年八月

今後宰臣文武百官,每五日内殿起居仍舊,其輪次轉對宜停。若有所見,許非時上表。其朔望入閤待制候對,一依舊規。

原載《五代會要》卷 5

均平量度敕　長興二年八月

官中比設量度,民間合務均平;苟縱欺謾,誠爲蠹弊。宜令三司及諸道州府常如約勒,如違犯,量事科刑。

原載《册府元龜》卷 66

令大理寺斷獄取最後敕定罪敕　長興二年八月

大理寺每有詳斷刑獄案牘,准律須具引律令格式正文,又稱准格詳獄,一切取最後敕爲定,後敕合破前格。今後凡有刑獄,先令律令格式有無正文,然後詳檢後敕,須是名目條件同,即以後敕定罪。敕内無正條,即以格文定罪。格内又無正條,即比附定刑。先自後敕爲比,事實無疑,方得定罪。或慮律令難明,録奏取裁,仍當比事平情,取法直官不隱法文狀在案。本斷官衹據僭狀書法定罪,不得輒使文章,及有徵引,刑部詳覆官、法直官亦准此。兼自此御史臺、大理寺准推斷刑獄之際,刑法官及諸朝臣,不得以見所推斷人罪名合使條格,奏請改易。刑法中或有不便於事者,任其奏聞。餘依李延範所奏。

原載《五代會要》卷 16

令道路置碑曉諭路人敕　長興二年八月

朕聞教化之本,禮讓爲先,欲設規程,在循典故。蓋以中興之始,兆庶初安,將使知方,所宜漸誘。準儀制令,道路街巷,賤避貴,少避長,重避輕,去避來。有此四事,承前每於道途立碑刻字,令路人皆得聞見。宜令三京、諸道州府各遍下管内縣鎮,準舊例於道路明置碑,雕刻四件事文字,兼於要會坊門及諸橋柱刻碑,曉諭路人。委本縣所繇官司共切巡察,有敢犯者科違敕之罪。貴在所爲簡易,所化弘多。既禮教興行,則風俗淳厚,庶皆順序,益致和平。

原載《册府元龜》卷 59

許致仕太傅王建立太子少保朱漢賓還鄉敕　長興二年八月

凡爲食禄,無不盡忠,既以懸車,永期樂道。若妨養性,豈是優賢。况非繫滯之名,宜遂逍遥之便。宜依。應内外致仕官,自此凡要出入,不在拘束之限。

原載《册府元龜》卷 48

增大理寺御史臺俸錢敕　長興二年八月

刑法之司,朝廷重委。是以前王應運,必繇獄訟所歸。庶物無冤,然後陰陽式序。豈獨繫於彼相,實亦賴於有司。冀致和平,共期仁壽。宜示優崇之道,以明獎激之方。此後大理寺官員,宜同臺省官吏昇進。其法直比禮,直官任使,庶皆知勸,咸切奉公。如有能雪冤疑,則別議超擢。苟舞弄文法,必舉憲章,明懸黜陟之科,貴益公忠之懇。御史臺每月支錢三百貫,充曹司人力紙筆糧課。其大理寺,先支錢二十貫文與臺中。比類全少刑部一司,則未曾支給。宜於兩班罰錢及三京諸道贓罰錢内,每月支錢一百貫文賜兩司。其刑部官吏,人力不多,兼使紙筆較少,宜於所賜一百貫内,三分支與一分。

原載《册府元龜》卷 508

州縣考滿追還本司敕　長興二年八月

應諸司職掌人吏,前後選授州縣官,考滿日,委本處申奏,各追還司職,依舊執行公事。

原載《五代會要》卷 17

禁州縣交通富民敕　長興二年九月

凡曰士流,州縣盡應饒假;詐稱門族,長吏豈肯延容?應是户人,皆編部籍。如或爲其家富,邀坐公廳,顯從賓主之儀,頗辱朝廷之任,所在必無此事;其中或有如斯,須重衣冠,以敦風俗。州縣官或與富百姓同坐交通者,隨處糾察,使知事若不虛,當行嚴斷。其妄稱士族者,亦議科罪。

原載《册府元龜》卷 66

敦勸孝義敕　長興二年九月

王者以孝理萬邦,化敷兆庶,每勛賢而按部,專行賞以宣風,其在懲勸知方,統臨得術,比屋有可委之俗,六親無不和之人。劉虔膺曾州縣爲官,見鄉閭弊事,宜加條理,免亂彝章。宜令諸道長吏嚴行誡約,如有違者,準法加刑。

原載《册府元龜》卷 158

放鷹隼敕　長興二年九月

馳騁畋獵,聖人每抑其心;奇獸珍禽,明王不畜於國。朕猥將寡薄,虔奉宗祧,覽前代之興亡,思昔人之取捨,所以尋頒明詔,遍諭遐方,推好生惡殺之仁,罷雕鶚鷹鸇之貢。一則杜盤游之漸,一則遂飛走之情。近日諸色人不稟詔條,頻獻鷹隼,既不能守兹近敕,則何以示彼後人?頗謂逾違,須行止絶。其五方見在鷹隼之類,并宜就山林解放。此後諸色人等并不得輒將進獻,仰閤門使凡有此色貢奉表章,不得引進。

原載《册府元龜》卷 168

禁營田聽税户越境耕占敕　長興二年九月

凡致營田,比召浮客,若取編户,實紊常規。如有係税之人,宜令却還本縣。應諸州府營田務,只許耕無主荒田,及召浮客。此後若敢違越,官吏并投名税户,重加懲斷。

原載《册府元龜》卷 495

七十已上人不得概注散官敕　長興二年九月

耄年爲政,莅事或有昏蒙。老成之人,安知不可師範。宜令銓司,此後有全不任持者,即别以優散官資注擬。

原載《册府元龜》卷 633

答李祥請蠲除詔　長興二年十月

地道安静,以動爲異,前文備載,歷代不無。因有灾祥,深加儆戒。朕自登九五,每念生靈,樂聞忠正之言,惡見驕奢之事。歲時豐稔,中外和同。近聞河南數數地動,駭彼群聽,深軫予衷。李祥居諫諍之官,抱讜直之氣,懇裨正道,特上封章。恐朕忘創業艱難之時,有功成矜滿之意。不唯舉職,備見爲時。况朕守聽政之勤,如踐祚之始,常持翼翼,不忘兢兢。今更體李祥之言,以前代爲鑒,理不忘亂,安不忘危。臣下須進思盡忠,退思補過,日慎一日,有始有終。如此則何休祥之不臻,何咎徵之不泯?唯并州之地,乃豐沛之鄉。已命親賢,往分憂寄。必資慎静,專務葺綏。刑獄之間,不得令有冤滯,凡關利濟,并許奏聞。事有不便於民,皆須止絶。其北京山川之神,仍宜差官專往祭禱。朝廷静可以惠四海,侯伯静可以福一方,冀安比屋之人,以鎮興王之地。

原載《册府元龜》卷 101

施行恩蔭敕 長興二年十月

皇王御宇,切在推恩;臣下盡忠,皆思勵節。顯祖宗於奕世,耀妻子以榮家,位有高低,事無偏黨。方當景運,務洽群心,將弘莫大之規,宜定維新之制。自此在朝臣寮及蕃侯郡守,據理例合得追贈者,新受命後,便於所司投狀,旋與施行。封妻蔭子,準格合得者亦施行。兼自中興以來,外官曾任朝班,據在朝時品秩格例,合得封贈叙封未沾恩命者,並與施行。其叙封妻室、品蔭子孫等,仍令所司一一具格式申奏。其或應得而不與之者,罪在所司官吏。其餘進馬齋即遇有員闕,據資蔭合得先受官者,先與收補;後受官者,據日月依次第施行。如或徇私,公然越次,本人本司官吏當行責罰。仍令御史臺常加訪察,不得輒有違越。庶激爲臣爲子,盡孝盡忠,各守公方,共裨皇化。

原載《册府元龜》卷 61

定昇轉官年數敕 長興二年十一月

闕員有限,人數常多,須以高低定其等級。起今後,兩使判官罷任後,宜一年外,與比擬。書記、支使、防禦團練判官,二年外與比擬。兩使推巡、防禦團練推官、軍事判官等,三年後與比擬。仍每遇除授,量與改轉官資。或職次其有殊常勤績者,與議優昇。若有文學智術超邁群倫,或爲衆所稱,或良知迴舉察驗的實者,不拘年月之限。其才器卑低階緣得事者,宜量事於州縣中比擬。若州縣官中有文學雄奧、識略優深，亦量才於班行及諸道判官比擬任使。况諸選人之内，多是勤苦立身，每於調集之時，皆有等差。選限準兹，幕吏難使雷同，所貴皆免堙沉，遞承驅策。

原載《册府元龜》卷633

褒賞吕琦姚遐致等詔　長興二年十二月

國祚中興，皇綱再整，合頒公事，遍委群臣。先敕抄録《六典》《法書》，分爲二百四十卷，從朝至夕，自夏徂冬，御史臺官員等，或同切催驅，或遞專勘讀，校前王之舊制，布當代之明規，宜有獎酬，以勵勤恪。御史中丞劉贊近别除官，今加階爵，宜從别敕處分。吕琦、姚遐致，宜加朝散大夫。李凝吉，朝議大夫。馬義，朝散大夫，仍賜柱國勛。于遼、李濤，並朝散大夫。徐禹卿、張可復、王曉，並賜緋魚袋。

原載《册府元龜》卷613

禁村店要津置關頭敕　長興三年正月

比置關防津鋪，爲要禁察奸凶。如或縱捨賊徒，透漏商税，既虧職分，難逭刑章。若敢阻滯行人，僥求潤己，但有發覺，並以枉法贜論。宜令諸道常切指揮，無使違犯。

原載《册府元龜》卷66

答禮院奏衣服制度敕　長興三年正月

禮所奏内外臣僚所衣朱紫服飾，不越時宜。將健衣裝，各立軍號，一切仍舊。其經商百姓，不得著色樣綾羅及紫皂雜色衣服、金色帶等，宜依。

原載《册府元龜》卷61

疏理選曹并免落第人來年再納文解敕　長興三年正月

守選之輩，例是艱貧，合格之時，漸多衰老，更添雜犯，轉見憂嗟。方當開泰之期，宜軫單平之衆。自今後，合格選人歷任無違礙者，並仰吏部南曹判成。如文解差錯，不合式樣，罪在發解官吏。兼貢舉之人辛勤頗甚,每年隨計,終日食貧,須寬獎勸之門,俾釋羈栖之嘆。今年落第舉人,所司已納家狀者,次年便赴所司就試,並免再取文解。兼下納文解之時,不在拘以三旬,但十月内到者,並與收受。

原載《册府元龜》卷633

詔依石經文字刻九經印板敕 長興三年二月

教導之本,經籍爲宗。兵革以來,庠序多廢,縱能傳授,罕克精研。繇是豕亥有差,魯魚爲弊,苟一言致誤,則大義全乖,儻不討詳,漸當紕繆。宜令國學集博士儒徒,將西京石經本,各以所業本經句度,抄寫注出,子細勘讀,然後召雇能雕字匠人,各隨部帙刻印板,廣頒天下。如諸色人要寫經書,並須依所印敕本,不得更使雜本交錯。所貴經書廣布,儒教大行。

原載《册府元龜》卷50

定出選門除官年限敕 長興三年二月

前資朝官及諸道節度觀察判官,近敕罷任一周年後方許求官,其出選門官,雖準格例送名,未定除官年限,自此應出選門官,亦宜罷任後周年方許擬議。仍本官自於所司授狀磨勘,申送中書門下。

原載《册府元龜》卷633

答司天臺敕 長興三年二月

宜令司天臺密奏留中外,其餘凡奏歷象、雲物、水旱等事,及諸州府或奏灾祥,一一並申送史館。

原載《五代會要》卷18

改衛軍指揮敕 長興三年三月

衛軍神威、雄威及魏府廣捷以下指揮,宜改爲左右羽林,置四十指揮,每十指揮立爲一軍,每一軍置都指揮使一人,兼分爲左右廂。

原載《五代會要》卷12

論訴人不許淹滯敕 長興三年三月

近日累據御史臺奏,陳狀訴屈人,據狀内皆是訊鞫多時,却曉示陳狀人送道,依次第論對及州府道到本支證,本人又不到彼處,恐紊規繩,須行條理。宜令御史臺,今後諸色人論訟,稱已經州府斷遣後抑屈,更不在牒本道勘逐,便可據狀施行。若未經州府論訴,驀越陳狀,可具事由,勒本道進奏官,差人齎牒監送本處,就關連人勘斷訖奏聞。

原載《五代會要》卷 17

賜吴越王錢鏐謚詔 長興三年三月後

故天下兵馬都元帥、尚父、吴越國王錢鏐,累朝元老,當代勛賢,位已極於人臣,名素高於簡册,贈典既無其官爵,易名宜示其優崇,宜令所司定謚,以王禮葬,仍賜神道碑。

原載《舊五代史》卷 133

定節度等使在朝班位敕 長興三年四月

諸道節度、都護、防禦、團練等使及刺史到朝廷未有班位定規,起今後,不帶使相節度使班位,可取使相班爲例據,檢校官高者爲上;如檢校同,即以先授者爲上。其諸州防禦、團練使、刺史亦準此,仍前資居見任之下。

原載《册府元龜》卷 61

處分李咸雍敕 長興三年四月

李咸雍既是書生,合知禮範,凡關事理,祇可披論。尚書省前,豈是喧呼之所?主司在内,何興詬駡之言!雖妄指陳,實爲凶惡,苟無懲誡,難例輩流。宜令御史臺監送本貫,重處色役。

原載《册府元龜》卷 154

委馬縞等勘諸經敕 長興三年四月

近以遍注石經,雕刻印板,委國學每經差專知業博士儒徒五六人勘讀並注。今更於朝官内别差五人充詳勘官。太子賓客馬縞、太常丞陳觀、祠部員外郎兼太常博士段顒、太常博士路航、屯田員外郎田敏等，朕以正經事大，不同諸書，雖已委國學差官勘注，蓋緣文字極多，尚恐偶有差誤。馬縞已下，皆是碩儒，各專經業，更令詳勘，貴必精研。兼宜委國子監於諸色選人中召能書人，謹楷寫出族，付匠人雕刻。每五百紙與減一選，所減等第，優與選轉官資。

原載《册府元龜》卷608

許客户於坊市修營屋宇敕　長興三年四月

凡興舍宇，務廣人烟，既聞完葺之期，式叶綏安之道。况京城之内，已有條流；縣邑之中，可援事例。應諸縣有臨街店舍田地，宜準敕許人收買，依限修蓋。其佐官宅基，舊屬縣廨宇，并寺院伽藍地，如人户已蓋造屋舍居止，不在起移之限，便任永遠爲主。如更別占據空地作園圃，及種蒔苗稼，仍仰縣司與寺家决定，辦得修蓋，即許識認，交割限兩月内了絶。其地畝租税，隨地供輸。如未辦修營，不得妄陳識認。

原載《册府元龜》卷66

答史館奏事敕　長興三年五月

史館奏陳事件，皆叶規程，顯驗公勤，並宜依允。

原載《册府元龜》卷557

武成王廟四壁陳祭物敕　長興三年五月

武成王廟四壁英賢，自此每至釋奠，准《郊祀録》，各陳脯、醢諸物以祭。

原載《五代會要》卷3

飭定廊餐詔　長興三年五月

文武兩班，每遇入閣賜食，從前御史臺官及諸朝官，皆在敷政門外兩廊食，唯北省官於敷政門内別坐，既爲隔門，各不相見，致行坐不齊，難於肅整。今後每遇入閣賜食，北省官亦宜令於敷政門外東廊下設席,以北爲首,待班齊,一時就坐。

原載《五代會要》卷 6

每年二月初禁止弋獵敕 長興三年五月

春夏之交,長育是務,眷彼含靈之類,方資亭育之功。先有條流解放鷹隼,自此凡羅網彈射並諸弋獵之具,比至冬初,并(宜止)絶。如有違犯,仰隨處官吏便科違詔之罪。起今後每年至於二月初,便依此敕,曉示中外。蓋循舊制,重布新規,宣諭萬邦,永爲常式。

原載《册府元龜》卷 42

令諸道進州縣圖經敕 長興三年五月

宜令諸道州府據所管州縣,先各進圖經一本,並須點勘文字,無令差誤,所有裝寫工價,並以州縣雜罰錢充,不得配率人户。其間或有古今事迹、地里山川、土地所宜、風俗所尚,皆須備載,不得漏略,限至年終進納。其畫圖候紙到,圖經别敕處分。

原載《五代會要》卷 15

賜孟知祥詔 長興三年五月

省洋州及興元奏,探聞得董璋把截劍門關路,不通利州與西川往來,兼稱董璋自領徒黨,侵逼西川管界,西川已出兵士禦備。其利州人情不安,未知兩川的實音耗等事。朕聞天惟福善,神必禍淫,玄鑒昭然,冥符定矣。故積功累仁者,無所不濟;窮兵黷武者,未或不亡。是以齊國尊周,終全霸業;吴王伐越,自取喪亡。略驗古今,足分成敗!卿時推間傑,世仰全才,知治亂於未萌,測安危於未兆,首參締構,再復宗祧,英謀迴掩於耿吴,茂業遐超於申甫,論功爲最,錫壤居先,自居守於北門,往鎮臨於西蜀,安民有術,撫衆多恩,方静治於龜城,期永扶於鳳闕。董璋比膺朝寄,薦領戎旃,曾無犬馬之勞,但縱豺狼之性。頃歲潛懷逆節,密設奸機,志欲兼并,懇謀間諜。始奏卿之得失,知朕不容,後説朝廷之短長,圖卿相信。只憑詭詐,便欲侵吞,欲西犯於蜀川,遂東窺於閬郡,不煩覼縷,可驗包藏。亂常之罪惡既彰,伐叛之刑書難赦。朕乃眷求良帥,殄滅凶渠,此際尋委卿兼都川行營,供饋應接,使方倚仗於戚藩,俄阻艱於寇境,路岐雖隔,情好如初。中間令進奏官蘇願及進奉軍將杜紹本等,相次歸還,令傳詔旨,想其到彼,備達予懷。卿初敵多方,折衝有備,雖深嫉惡,猶示睦鄰,尚抑驍雄,觀其釁隙。而董璋果然顛蹶,盡露奸邪,初控扼於劍門,遽侵騷於錦里。爲臣若此,滅族非遥!卿可嚴誡師徒,妙絶籌畫,接兹良便,速殄元凶。朕亦尋遣軍前,徑臨境上,爲卿掎角,扼賊咽喉,伫掃蕩於氛霾,復流通於信使。當覃異渥,式奬殊功,卿宜慎固遠圖,秉持大節,保君臣之重義,成家世之美名。况卿骨肉至多,丘園在此,自來存問,并得安全。可表朕之倚卿,所冀卿之爲朕。伫觀英斷,定集大勛。豈惟只委於節旄,長居貴盛;兼俟别頒於綸綍,更廣封崇。妍醜自分,始終可鑒;其爲眷注,無忘寐興。今遣卿外甥李環齎詔慰諭,想當知悉。

原載《册府元龜》卷 178

賑貸宋亳等州御札　長興三年七月

朕以臨御萬邦,寵綏四海,務恤民以設教,期化俗以成風。昨自霖雨連綿,川瀆泛濫,傷數州之苗稼,蕩百姓之丘園。遘此徵灾,慚虧至德,致農者失力田之望,念編甿有艱食之虞,每自責躬,更思求理。欲使人獲其蘇息,恨不家至而撫安。憂勞所深,鑒寐斯切。宜布維新之澤,式全可大之功。今年州府遭水潦處,已下三司各指揮本州府,支借麥種及等第賑貸斛食。仰逐處長吏切加安存,不得輒有差使。如户口流移,其户下田園屋宅,仰村鄰節級長須主管,不得信令殘毁。候本户歸日,具元本桑棗根數及什物數目交付,不得致有欠少;本户未歸,即許鄰保請佃供輸。若入務時歸業,准例收秋後交付。貴示招携,永期康泰,速宜宣布,稱朕意焉。

原載《册府元龜》卷 106

逃户屋物不得毁伐敕　長興三年七月

應諸處凡有今年爲經水潦逃户,莊園、屋舍、桑棗一物已上,並可指揮州縣,散下鄉村,委逐村節級、鄰保人,分明文簿,各管見在,不得輒令毁拆房舍,斬伐樹木,及散失動使什物等。候本户歸業日,却依元數,責令交付訖,具無欠少罪結狀,申本州縣。如元數内稱有事欠少,許歸業户陳狀訴論,所犯節級并鄉鄰保人等,并科違敕之罪,仍敕備償。或至來年春入務後,有逃户未歸者,其桑土即許鄰保人請佃,供輸租税,種後本主歸來,亦准上指揮,至秋收後還之。

原載《五代會要》卷 25

册高麗國王夫人柳氏文 長興三年七月

爲人之妻,能從夫以貴者,是謂宜其家矣。封邑之制,彝典所垂,俾增伉儷之光,以稱國名之爵。大義軍使、特進、檢校太保、使持節、元菟州都督、上柱國、高麗國王妻河東柳氏,内言必正,同獎固多,贊虎幄之嘉謀,保魚軒之異數,輔臣忠節,諒屬柔明,爰降殊榮,載逾常等,勉思勤王之志,是謂報國之規。可封河東郡夫人。

原載《全唐文》卷 112

减進策選數敕 長興三年九月

朕大啓四門,無遺片善,繼有智能之士,來陳利害之言,是命擢量,貴行酬獎,須論條件,以定等差。應進策人等,若是選人,所進策内一件可行,與减兩選,兩件减四選,三件已上便依資與官。如無選可减及所欠選數則少,可行事件則多,據等級更優與處分。如是諸色舉人,貢院自考試本業格式,不在進策之限。如有智謀宏遠、文藝優長,或一言可以興邦,一事可以濟國,是爲奇傑,難預品量,待有獻投,旋令擬議。

原載《册府元龜》卷 633

賜長興萬壽禪院牒 長興三年九月

中書門下:牒鳳翔觀察使,興元節度使張虔釗奏薦青峰禪院,乞賜院額。牒奉敕,宜賜長興萬壽禪院爲額。牒至,準敕,故牒。長興三年九月三日牒。門下侍郎平章事李。右僕射兼門下侍郎平章事。

原載《金石萃編》卷 119

與孟知祥詔　長興三年九月

省所奏東川董璋,爰自爲鄰,從初不睦,常厚誣於表疏,每深間於朝廷,欲竊兵權,來併土宇。忽去年四月二十八日暴興兵士,至五月一日驟入漢州。尋差馬步都指揮使兼知武信軍節度留後李仁罕、右廂馬步都指揮使兼知寧江軍節度兵馬留後張知鄴、衙内都指揮使兼知昭武軍留後李肇等,各於界分警備。又令副使、權知武泰軍節度留後趙季良在府巡守,其左廂馬步都指揮使兼知保寧軍節度留後趙廷隱,先次部領兵士三萬人,出次新都。卿自統領衙隊二萬人騎繼進,至三日交戰,殺敗董璋,斬首萬餘級,執八千人,擒賊將校八千餘員、甲馬七百匹,收衣甲器械十萬事。其董璋與男光嗣四日巳時,走入東川。前陵州刺史王暉斬璋父子首級,來獻軍門,尋收下東川城。又奏今夏方議賞功,其文武將吏等衆意難違,已取六月十一日權兼東川指揮,公事具悉。朕以董璋位列山河,名兼將相,全昧輸忠事主,以禮睦鄰,輒恣凶狂,擬謀吞噬。贊卿則妄呈章奏,誑朕則欲竊兵權,奸計未成,賊機尋露,既無間於構惑,唯有志以攻侵。卿雖認包藏,久從含忍,但務戢兵而静治,只期應敵以禦衝,俟落彀中,即加剪撲,若居度外,且示協和。而董璋果出妖巢,暴興叛黨,忽犯成都之境,驟逾漢郡之疆,蟻聚蜂屯,鴟張豕突,謂錦川而可取,謂天網而可逃。及卿密運戎機,大張軍勢,劍戟山排,而亘野旌旗,雲布以蔽天,鵝鸛纔交,豺狼已殄。棄甲者追擒既盡,投羅者剿戮無遺。尋迫元凶,遁歸孤壘,不暇守陴而慟哭,便當傳首以迎降。惡蔓頓除,禍胎全拔,永肅潼江之波浪,盡收郪道之封疆。不有賢良,誰分憂寄?儻非英特,孰静方隅!紀功而焕耀旂常,載德而輝華簡册。捷音初至,慶快良深,嘉嘆之餘,旌酬是切。况聞衆懇已請兼權,實契朕懷,即加真命,其爲眷矚,無忘寐興。其立功將校權兼留務李仁罕、張知鄴、李肇、趙季良已下,咸著忠良,亦須正授。續行渥澤,相次獎酬,想宜知悉。

原載《册府元龜》卷 178

又與孟知祥詔 長興三年九月

朕猥以眇躬,纘承丕構,賴忠良之共理,冀寰宇之永康。矧念元勛,早聯懿戚,永保君臣之分,足論終始之心。卿出應貞期,生符間氣,洞曉圯橋之兵略,玄通渭水之戎韜。重整漢儀,首參大計,再隆周道,迥立殊功,實有令名,載於良史。是膺朝奬,繼領藩宣,外則覃聲教於百蠻,内則效忠勤於雙闕。交修職貢,備竭臣誠,方表率於諸侯,永維持於景運。不謂董璋,夙懷蠆毒,潛貯狼貪,擬吞并於仁封,詐傾輸於直節。密飛章奏,累述事機,或叙卿之短長,或報卿之動静,無非鬥激,每欲攻侵。朝廷貴要協和,久從隱忍,表文具在,事狀甚明,及知不納其讒邪,乃去反陳於離間。仍於鄰道,頓起釁端,只憑誑惑之詞,便縱窺覦之暴。既干紀律,須舉憲章,爰命帥臣,共平寇孽。此際遂委卿兼東川行營供饋應接使,如斯倚注,豈有猜嫌?渥澤方行,使車將發,旋屬道塗之阻塞,復當邊境之沸騰。由是去意莫通,來音亦絶,偶致關防之多事,久聞分野之延灾,蓋以朕至德未孚,純風未洽,每自責躬罪己,敢忘旰食宵衣。况卿動稟箴規,深懷鑒識,從初料其操守,豈敢徇彼狂迷。只應屬中巧言,偶生疑論,遂且徐觀其向背,終圖自别於妍媸。其間但務訓兵,止期應敵,遐想勤王之力,詎移許國之心!所以中間先令進奏官蘇願及進奉軍將杜紹本等,相次歸還,式明安慰。朕又知董璋果謀鼠竊,轉恣鴟張,輒侵岷益之崇封,俄越梓潼之末界,兹察詭計,究彼初心。附皮毛唇齒之歡,足明矯妄;竊郡邑金湯之利,可驗包藏。朕乃尋遣近臣,徑齎明詔,示其犄角,表此招懷,仍許優思,别傳密旨。果聞卿意,備體予懷,即决遠圖,亟回英斷。驅鋭旅而既殲寇黨,取危城而方剿渠魁。爰效至忠,克全大節,盡傾衷素,疊貢封章,併袪往日之疑襟,細述此時之戎事。大朝正朔,奉之不渝;列鎮規程,守之無易。仍厚支其館穀,濟隔過之王人,載認恭勤,益明尊奬,尚未舛誤,得以平持。今後協和,自然悠久,魚水之情宛在,山河之任永居。足保勛榮,轉期富貴。至於封賞,固不食言!凡在繫文,更宜宣力,嘉嘆之外,注矚斯深。

原載《册府元龜》卷 178

答孟知祥奏請發遣兵士家口來川詔　長興三年十月

供奉官陳延矩回,覽所奏遂、閬、黔、夔等州,自此差來所屯軍都將士等,當府已厚給衣糧,盡令優足。其指揮都頭,各隨職次悉以安排。雖因事以在川,固係籍而爲國,但念各有家口骨肉在本管軍營居此者,已有生涯在彼者,寧無離戀,伏乞敕見在營幕放前件將士家口入川等,事具悉切。自釁起梓綿,灾延巴蜀,由兹奸賊,累我藎臣,阻渥澤以不通,構猜嫌而莫解。果招神感,自就天誅!卿有勇有謀,克忠克孝,雖偶遭詿誤,而每切推崇,率師徒而繼殄鄰凶,貢表章而尋輸臣節,兼以諸方戍卒,皆厚給於衣糧;數道王人,亦優加於供待。周勤若是,嘉嘆良深!并奏人名,已係兵籍,朕既推誠而待物,卿方盡瘁以事君。卿安即是朕安,在彼何殊在此。所謂家眷東地,更乞發西行,既覽奏陳,固議俞允。尋命宣兹表意,采彼輿言,皆以久抱睽離,極思團聚。但以捨兹九族,就彼一身,雖絲蘿琴瑟之情,分飛甚苦;而松柏丘園之戀,抛棄尤難!又知已有生涯,恐虞却相棄擲。況聞兩川,曾經戰鬥,必有殺傷,既難輕議於往來,兼恐不實其存没,切恐去不相見,住無所依,轉令兩地之困空,盡致一家之沉没。聞兹哀訴,又可憫懷!其如口數頗多、地里極遠,如或正身,自來般取,即應此輩,不貯憂疑。卿可體彼人情,詳兹物理,妙加籌度,貴叶便宜。故兹詔示,想宜知悉。

原載《册府元龜》卷178

許孟知祥權行墨制詔　長興三年十月

據所奏以文武之將僚,希尺寸之官賞,請卿自稱王爵,權行制書。卿以未經先奏於宸聽,不欲便加於衆意,却緣熊羆之武旅,懷鐵石之壯心,或立功勞,須加爵賞,難以具排官氏,繁奏聖聰,敢希顯降明文,許行墨制。亦自朝廷之成命,委藩翰以奉宣,凡有施行,後當聞奏,免憂迢遞,庶從便宜等事具悉。卿等最親最舊,不溢不驕,爰自中興,夙參佐命,厭大權而不處,守高節以自全,成兹令名,標於信史。洎總兹千乘,鎮彼一隅,不將富貴爲心,惟以邦家是念,盡血誠而推戴,竭土産以貢輸。每念忠良,正深繫賴!忽被董璋之逼迫,遽令蜀郡以携離,卿雖外合元凶,而内全大節,文翰每深於恭敬,使臣盡厚於接延。

兼聞曾興議於東川，欲拜章於北闕，彼既他說，此難獨行，察卿此際之誠，契朕從初之料。今則詔書纔降，章表繼來，阻推勸之衆情，高辭王爵；執變通之獨見，遠貢臣誠。去假號而就真封，抑異端而全大計，非卿不能斷此意，非朕不能悉此心。載閲敷陳，備詳披瀝，自然可久可大，傳子傳孫，長爲一面之藩維，永作四方之表式。其文武將寮等，或武有折衝之術，文多經濟之材，咸能贊佐元戎，削平大憝，功勛顯著，酬奬必行。所請權行制書，貴從宜便，雖隨方設教，叶遠藩衆庶之情；而引古證今，異本朝全盛之事。切念道途久絶，人使纔通，在朕方務於綏懷，於卿固無於愛惜。緬思盡節，必認注心。自今已後，劍南諸道應節度使、刺史，并州縣官軍府文武將吏等，或陞降賢愚，或黜陟功過，一切委卿逐便選擇差署，施行訖奏，朝廷更不除人。豈惟叶彼權宜，抑亦表吾委任。故兹詔示，想宜知悉。

原載《册府元龜》卷 178

許孟知祥奏趙季良等五人乞正授節旄詔　長興三年十月

據所奏，節度副使、知武泰軍節度兵馬留後趙季良，馬步諸軍都指揮使、知武信軍節度兵馬留後李仁罕，左廂馬步都指揮使、知保寧軍節度兵馬留後趙廷隱，右廂馬步都指揮使、知寧江軍節度兵馬留後張知鄴，衙内馬步都指揮使、知昭武軍節度兵馬留後李肇等，臣各已簡署列藩，委之共理，伏乞特頒詔令，各降真恩，儻蒙委以節旄，則望付臣宣賜，仍希眷澤，各轉官階等事具悉。卿則鎮彼遠方，迫於近患，欲作婉成之計，須爲苟合之容，果中含弘，自貽誅戮。趙季良等體卿忠孝，感卿撫綏，或獻謀於帷幄之間，或效勇於鼓旗之下，賴兹奮發，致彼廓清。今則纔剪凶徒，尋輸忠節，雖知祥之通變，亦季良之贊成。况彼皆是重藩，並難虚位，言念數子，參佐一心，不惟功合奬酬，兼亦材堪任使。但能致理，何爽從權，所委留司，悉諧朕意。應希渥澤，并可允俞。但緣卿自建大功，未加殊寵，即俟相次，便與施行。其旌節官告等，更不差使頒宣，亦便委卿分付。所乞墨制，已從別詔處分。故兹詔示，想宜知悉。

原載《册府元龜》卷 178

加恩朝臣敕 長興三年十月

朕聞君臣一也,善否同之,比之於人,心安則體逸;方之於木,枝盛則華繁。朕自父天子民,宗文祖武,輔弼上憑於廊廟,獻替次賴於縉紳。四海無波,敢自矜於清晏;一人有慶,思共樂於雍熙。近又允副群情,增崇大號,雖中外元輔,已議序遷,而文武庶寮,未聞普及。而況咸著恪居之績,悉堅欣戴之誠,將顯示於獎酬,當廣頒於渥澤。應在朝文武臣寮並宜加恩。其有八月四日已後遷官者,不在此限。

原載《册府元龜》卷 81

宥龍鷟等家口敕 長興三年十一月

龍鷟毛璋、陶玘、曹廷隱、成景弘等,或子或弟,本無相及之刑,尋示寬恩,各免連坐,止令州府別係職官。而聞收管已來,縻係之後,頗極窮困,宜放營生,仰逐處開落姓名,乃給公憑,放逐穩便。

原載《册府元龜》卷 150

科决丁延徽等敕 長興三年十二月

國計之重,軍食爲先,比防主守之隱欺,遂致監臨之軨轄。丁延徽選從禁職,委以倉儲,蓋藉忠勤,特添俸給,所宜廉慎,以副指揮。而敢與專知官田繼勛、杜延德、副知趙德遵、楊仁祚等,相徇私情,擅出官物,脚夫論告,贓狀分明。及遣推窮,即稱貸借。按正律則罪加於凡盜,準後敕則名犯於極刑。況兩司檢詳,再經議讞,定法既當於不濫,懲奸斷在於必行。又據宰臣所問五條,康澄繼陳兩表,雖爲滯獄,且貴盡心,但丁延徽所出軍須已離當處,本無文紀,豈是公官,宜同入己而論,難逭滅身之罪,宜依兩司詳議斷遣處分。其丁延徽、田繼勛贓滿二十匹,並决重杖一頓處死。杜延德已下,各依本罪,决杖配流。賞元告人絹二十匹。

原載《册府元龜》卷 154

許百姓自鑄農器詔 長興三年十二月

富民之道,莫尚於務農;力田之資,必先於利器。器苟不利,民何以安？近聞諸道監治所賣農器，或大小異同，或形狀輕怯，纔當墾闢，旋致損傷。近百姓秋稼雖登，時物頗賤，既艱難於買置，遂抵犯於條章。苟利錐刀，擅興爐冶，稍聞彰露，須議誅夷。緩之則贍國不充，急之則殘民轉甚，加以巡檢節級搔擾鄉閭，但益煩苛，殊非通濟。欲使上不奪山澤之利，下皆遂畎畝之宜，務在從長，庶能經久。自今後，不計農器燒器動使諸物，並許百姓逐便自鑄。諸道監治，除依常年定數鑄辦供軍熟鐵并器物外，只管出生鐵，比已前價，各隨逐處見定高低，每斤一例減十文貨賣雜使；熟鐵亦任百姓自揀。巡檢節級勾當。賣鐵場官并鋪户等一切並廢。鄉村百姓只於係省秋夏田畝上，每畝納農器錢一文五分，足陌隨秋夏税二時送納去。

原載《册府元龜》卷 70

復鄉飲酒禮敕　長興三年

諸科舉人常年薦送，先令行鄉飲酒之禮。凡預舉人，列從鄉賦，遂奏《鹿鳴》之什，俾騰龍化之津。雅音既動於笙簧，厚禮復陳於筐筥，行兹盛事，克振儒風。宜令復行鄉飲酒之禮。太常草定儀注，頒下諸州，預前肄習，解送舉人之時，便行此禮，其儀速具聞奏。

原載《册府元龜》卷 642

答和凝奏五鳳樓前謝恩敕　長興四年二月

五鳳樓前，非舉子謝恩之所，令於朝堂謝訖，即赴國學。試日宜令御史臺差人，院司聽察。放榜日，至晚出院。此後永爲定制，餘並依奏。

原載《册府元龜》卷 642

不許停滯選人敕　長興四年二月

常調之中，無媒者衆；省員之外，有闕常多。方隆遠大之規，更顯激揚之理，兼先赴南郊行事，未授新命，及一考前丁憂州縣官等，起今後到闕者，宜付所司旋磨勘施行，不得輒有停滯。大朝恩命，庶事規程，該定制者，各委所司；頒特敕者，不拘常例，資維新之風教，示無黨之寰區。

原載《册府元龜》卷 633

放免岐延等州税錢敕　長興四年三月

叛黨未平,難輟轉輸之役;流民既復,必資安集之謀。朕應天順人,端居静治,若涉大水,如履薄冰,翼翼乾乾,懼不克荷。所賴文武宣力,天地降祥,雨順風調,政寬事簡。雖四夷一主,遠殊貞觀之朝,而斗粟十錢,近比開元之代。無何董璋構亂,蜀郡纏灾,萬方共樂於太平,一境獨嗟於多事,遂致數年動衆,千里勞民,奔馳秦鳳之郊,委頓岷峨之路。蓋彼樂禍,非我願爲。今則逆順分明,車書混一,陸梁之黨,已歸葅醢之刑;涣汗之恩,宜及瘡痍之俗。示以歸還之路,慰其懷戀之誠。應秦、岐、延、涇、寧、慶、邠、同、興、元、京兆等州府,所欠長興元年、二年夏、秋税賦、諸色錢物及營田户部莊宅務課利等物,并放。如聞州使廉察,自前每降敕書,稍關除放,頗淹行遣,轉急徵催。物已輸官,人方見榜,厚利實歸於州縣,鴻恩虚及於生靈。而況一户逃移,一村搔擾,殘欠之物,蓋藏於形勢腹中;披訴之詞,指注於逃亡脚下。朝廷比哀貧户,州縣轉啓倖門。欲峻條流,宜先曉諭。今後敕到,晝時曉諭所管。仍勒要路,粉壁曉示。如敕未到,時已徵到物色據數附帳,不得隱落。如有人陳告,以枉法贓論。敕到,并須半月内施行,除放訖,奏聞。

原載《册府元龜》卷 492

追册晉國夫人夏氏爲昭懿皇后制　長興四年三月

故晉國夫人夏氏,素推仁德,久睦宗親,嘗施内助之方,不見中興之盛。予當御極,子並爲王,有鵲巢之高,無翬衣之貴。貞魂永逝,懿範常存。考本朝之文,沿追册之制,將慰懷於九族,冀叶慶於四星。宜追册爲皇后,兼定懿號。

原載《舊五代史》卷 49

册命高麗國王詔　長興四年三月

王者,法天而育兆庶,體地而安八紘。允執大中,式彰無外,斗極正而衆星咸拱,溟渤廣而百谷皆宗。所以居戴履之倫,窮照臨之境。弘道修德,恭已虚懷。歸心者眷爲王人,嚮化者被以風教。由是舉封崇之命,稽旌賞之文,垂於古先,罔敢失墜。其有地稱平壤,師擅兼材,統五族之强宗,控三韓之奥壤。務權鎮静,志奉聲明。爰協彝章,是加寵數。咨爾權知高麗國王事建,身資雄勇,智達機鈐,冠邊城以挺生,負壯圖而間出,山河有授,基址克豐。踵朱蒙啓土之禎,爲彼君長;履箕子作蕃之迹,宣乃惠和。俗厚知書,故能導之以禮義。風驍尚武,故能肅之以威嚴。提封於是謐寧,生聚以之完輯。而復行及脣齒,分篤皮毛,忿黠虜之挺祆,恤鄰邦而救患。矧以披肝效順,秉節納忠,慕仁壽以康時,識文思之撫運。航深梯險,輸贐貢琛。繼陳述職之儀,茂著勤王之業。夫推至誠而享豐報,道之常也;奠真封而顯列國,禮之大也。勞有所至,朕無愛焉。今遣使太僕卿王瓊、使副太府少卿兼通事舍人楊昭業等,持節備禮,册命爾爲高麗國王。於戲!作善,天降之祥;守正,神祚之福。干戈慎於危事,文軌資於遠謀。永爲唐臣,世服王爵,往踐厥位,汝惟欽哉!

原載《高麗史》卷2

又詔 長興四年三月

卿珠樹分輝,金鈎協兆,領日邊之分野,冠海外之英雄。士心同感於撫循,民意咸歌於惠養。而又誠堅事大,志在恤鄰,秣馬利兵,挫甄萱之黨;分衣减食,濟忽汗之人。繼航海以拜章,每充庭而致貢。金石之誠明貫日,風雲之梗概凌空。名播一時,美流四裔,志規若此,賞典寧忘?特議疏封,仍升峻秩。翦桐圭而錫命,目極蓬山;眷桃野以傾思,心隨濟水。勉祗異禮,永保崇勛。今授卿特進、檢校太保、使持節、玄菟州都督、上柱國,充大義軍使,仍封高麗國王。今差使太僕卿王瓊、使副太府少卿楊昭業等往彼備禮册命。兼賜國信銀器匹段等,具如别録,至當領也。

原載《高麗史》卷2

又詔 長興四年三月

卿長淮茂族,漲海雄蕃,以文武之才控茲土宇,以忠孝之節來禀化風。貞規既篆於旗常,寵數是覃於簡册。如綸如綍,已成虎穴之榮;宜室宜家,足顯鵲巢之美。俾頒湯沐,以慶絲蘿,永光輔佐之功,式協優隆之命。諒卿誠素,知我渥恩。卿妻柳氏,今封河東郡夫人。

原載《高麗史》卷2

賜高麗三軍將吏詔 長興四年三月

朕以王建星雲禀秀,金石輸誠,信義著於睦鄰,忠孝彰於事大。領三韓之樂土,每奉周正;越萬里之洪波,常陳禹貢。勛名已顯,爵秩未崇,宜寵錫以桐圭,俾真封於桃野。今封授高麗國王,差使往彼,備禮册命,便令慰諭,想宜知悉。

原載《高麗史》卷2

御史等官免朝不得私行人事敕 長興四年四月

御史臺、刑部、大理寺官員,遇有公事推勘詳斷時宜,與免朝參,兼不得私行人事。若無公事,即依尋常赴朝。

原載《五代會要》卷6

三司斷案免朝敕 長興四年四月

刑部、大理寺、御史臺奏:"三司官每推斷案牘時,特與免朝,恐滯推覆。"法官推覆時,不得私行人事。公事畢日,朝參如常。

原載《五代會要》卷16

授趙鳳門下侍郎制 長興四年四月

朕聞燮理陰陽,霖雨之功是托;調和鼎鼐,鹽梅之味攸憑。蓋貞淳則克契二儀,正直則允諧庶品,必在懸衡之秉志,定鏡操心,苟無爽於毫釐,則潛符於造化,將付代天之柄,宜歸不世之才,今得良臣,庶臻治道。端明殿學士、中大夫、尚書兵部侍郎、上柱國、賜紫金魚袋趙鳳,丹山瑞彩,赤廛靈鋒,清明猶水鏡冰壺,質厚若渾金璞玉,動惟稽古,静可鎮時。夢傳五色之毫,文章焕爛;力就三冬之志,學藝縱横。頃在禁林,嘗傳職業,始中原之大定,屬萬國以來朝,制命聯綿,詔書疊委,共嘆立成之敏,略無停綴之時。洎朕承基,復資演誥,俄遷居於秘殿,嘗密贊於鴻圖,實賴謀猷,每嘉經濟。爰司貢部,俾選儒徒,果無遺逸之名,足見搜羅之道。昨朕將還洛邑,特委浚郊,一時權籍於殿邦,期月尋聞於報政,恩威並設,賞罰皆明,夷門無夜柝之喧,梁苑遂春臺之樂,克膺重寄,允謂周才。宜顯處於巖廊,貴大施於陶冶,黄扉峻秩,粉署崇資,兼煩筆削之功,更代簡編之職,勛階並進,爵邑惟新,足爲爰立之榮,在體勤求之意,唯思啓沃,端俟弼諧。於戲!應卜夢之祥,當股肱之任,關群生之休戚,繫萬宇之安危。社稷是平,寰瀛緊賴,勉勤夙夜,無怠初終,勿令伊、説、皋、夔咸擅美於前也。可正議大夫、門下侍郎、兼工部尚書、同平章事、監修國史、上柱國,仍封天水縣開國男,食邑三百户。

原載《册府元龜》卷 74

長流盧嵩蔚州敕 長興四年五月

盧嵩容易宰邑,造次怒人,不如法以行刑,遂尋時而致死。原情則本非故殺,據律則當處極刑。小不忍而難追,内自訟而何及?法不可墜,義亦須明,但究彼根由,以緣公事,罪雖甚重,理稍可疑。峻行則慮致民驕,輕恕則恐滋吏酷。永從遠竄,特貸餘生,聊以慰往者之魂,兼可戒爲官之屬。嵩宜配蔚州長流百姓,縱逢恩赦,不在於歸之限。其出身、歷任告敕付所司焚毁,餘依省寺詳斷。

原載《册府元龜》卷 154

叙理中興以來官告敕 長興四年五月

應見任前資守選官等,所有本朝及梁朝出身歷任告身,並仰送納委所在磨勘,换給公憑,只以中興已來官告及近授文書叙理。其諸色蔭補子孫,如非虚假,不計庶嫡,並宜銓録。如實無子孫,别立人繼嗣已補得身名者,只許序蔭一人。其不合叙使文書,限百日内焚毁,須絶此後。更敢持合焚毁文書參選求仕,其所犯之人並傳者,並當極法。應合得資蔭出身人,並須依格令施行。

原載《册府元龜》卷 633

馬步判官不得差攝敕　長興四年五月

諸道馬步判官,不得差攝官。如交闕人,須於前資正官判司簿尉中,選性行平允者補授。

原載《册府元龜》卷 633

定贓罪敕　長興四年六月

枉法贓十五匹絞,準格加至二十匹。乃自喪亂已來,廉耻者少,舉律行令,誡人遠財。國家常切好生,上下頗能知禁,犯既漸寡,法亦宜輕。起今後犯枉法贓者,宜準格文處分。贓名條内有以準加減及同字者并倍累贓,並宜準律令格式處分。凡有告事者,除鹽麴條流外,宜據輕重依理施行,不在格賞之限。

原載《五代會要》卷 9

初除官不得侵正員敕　長興四年六月

起今後諸司初除官、勒留職人吏等,並於省員州縣判司簿尉内除授。免侵使見親公事正員,及不支料錢。

原載《五代會要》卷 17

答馮道等表請徽號加廣道法天四字詔　長興四年六月

朕猥以眇躬,虔承丕構,統臨區宇,綿歷星霜,九有所賓,萬務思治,鑒往代興廢之本,稟前王嗣守之規,馭朽索以兢懷,攬宵衣而惕慮。顧惟寡昧,罔敢怠荒,而猶帝道未臻,皇猷罕著。至於五兵銷偃,九穀豐穰,内由調燮之功,外假勛賢之力,豈兹凉德,擅彼徽名。今則漸冀小康,將凝大化,諒繫台輔,俾契混同,何乃遽貢飾辭,爰加溢美。乍披來奏,深匪素懷。致君不在於斯文,尊主寧勞於懿號,未若罄舟揖濟川之業,竭股肱宣力之誠,使化被八荒,澤及四海。武功文德,感叶於休期;君賢臣忠,永標於良史。今兹來請,具驗乃心,徒切嘆嘉,必難依允。所上尊號宜不允。

原載《册府元龜》卷 17

封孟知祥爲蜀王册文 長興四年七月

朕祇膺天眷,虔荷帝圖,敷大信而仰法昊穹,秉至公而俯臨億兆。彰善殫惡,必分涇渭之流;崇德報功,敢忘山河之誓。其有榮聯戚里,任重侯藩,佐白水而中興,爲皇家而盡節。雖旁緣詿誤,而竟保忠貞。疏鑿未通,潮海之波瀾暫阻;風霾既定,拱辰之光耀如初。表章皆驗於推誠,琛賮遠修於述職。得不顯其丹赤,懋以旌酬,益敦魚水之歡,永契君臣之道。爰求吉日,乃降徽章。具官孟某,五緯佐天,三山鎮地,七年乃辨,真爲梁棟之材;十德俱全,信是琮璜之器。先皇帝經綸八極,濟活兆人。李通首述其緯書,鄧禹常參於霸業。同心同德,竟扶歸馬之朝;不伐不矜,罔恃躍龍之寵。洎朕纂承鳳紀,緊爾鎮守龜城。鐵石彌堅,菁茅不匱。山川險絶,每虔向日之心;玉帛駿奔,來助郊天之禮。有臣若此,當代何加?董璋久作厲階,終萌逆節,既辜恩於覆載,欲嫁禍於勛賢。疊以封章,疏其鄰道,虔劉我生聚,離間我忠良。爾外示叶同,潛懷憤激。罄衷言而誘諭,彼即不迴;俟良便以誅鋤,乃期自雪。以至敢驅叛黨,徑逼仁封。吹虺毒以傷人,奮豺牙而暴物。爾則妙施成算,徑出全師。鼙鼓纔鳴,旋聞落爪;窠巢自潰,已致噬臍。梓川之祆霧風驅,涪水之狂波鏡凈。解吾宵旰,賴爾韜鈐。固當銘在景鍾,豈止光於信史。况復備輸懇款,益驗傾虔。叙魯館之夤緣,述沛中之舊事。深心可見,亮節斯彰。不有疾風,焉知勁草;倘無異數,曷報崇庸。由是并築將壇,顯昇王爵。兼兩藩之奥壤,啓一字之真封。仍循益地之通規,别改旌功之懿號。賜之旌鉞,册以輅車。雖加等之寵光,爾皆不忝;在睦親之義分,予亦無慚。於戲!天鑒甚明,爲善者降之福祉;君恩不黨,立勛者厚以獎酬。唯敬慎以始終,可延長於富貴。勉承兑澤,永鎮坤維。可授依前檢校太尉兼中書令、行成都尹、劍南東西兩川節度使、管内營田觀察處置、統押近界諸蠻,兼西山八國、雲南安撫制置等使,仍封蜀王,加食邑一千五百户,實封二百户。改賜忠貞匡國保大功臣,散官勛如故。仍令所司擇日備禮册命,主者施行。

原載《錦里耆舊傳》卷 3,《五代史書彙編》

流清水縣令吕澄嵐州敕　長興四年七月

吕澄命爲宰字,委以民人,不守公廉,恣行聚斂,贓數甚廣,情狀難矜,當置重刑,仍從遠竄。宜决脊杖二十,配流嵐州。關連人吏,依法司所奏。

原載《册府元龜》卷 707

責土貢稽遲敕　長興四年七月

方州所尚,土貢爲先,苟有稽遲,誠爲怠易,須加懲罰,俾效恭勤。其録事參軍孔霸文宜罰一季俸;刺史尹暉緣元敕不該宜放本典以下,宜令本道觀察使量罪科責訖以聞。

原載《册府元龜》卷 154

册尊號赦文　長興四年八月

朕聞爲而不有曰天,使而不知曰道,下覆萬物,中含兩儀,難以常名加,難以常德報。是故賢君哲后,則而象之。雖有唐堯之聰明,不伐其善;雖有夏禹之勤苦,不矜其功。朕善愧唐堯,功慚夏禹,屬六十年亂離之後,承億兆人塗炭之餘,兒童悉習於戰爭,耆艾罕聞於聲教,强吞弱吐,禮壞樂隳,凉德眇躬,豈易爲治?所賴王公卿士,勠力一心,善無細而不行,惡無大而不去,革彼積弊,成斯小康。夫化自心生,平其心則化洽;令從身出,正其身則令行。朕御兹九州,迨今八載,常懷戒懼,罔敢怠荒。每務推心感人,謹身率下,刑必有罪,豈以喜怒而死生?賞必有功,豈以親讎而厚薄?却雕鏤之麗日,慮淫巧以蕩心,罷畋獵之游娱,恐逸豫之敗度,未能全臻於富庶,未能盡偃於干戈,誠宜業業以兢兢,詎可自尊而自大?中外文武,不謀同辭,謂朕弘清净之風,戴以廣道,樹生成之德,而推之以法天。堅讓固辭,至於數四,遏之不止,去而復來,雖義乃爾心,深可嘉也。而名過於實,良所惕焉。既大舉於徽章,宜溥覃於霈澤。可大赦天下。應八月四日昧爽已前,在京天下州府見禁囚徒,已結正未結正、已發覺未發覺,罪無輕重,常赦所不原者,咸赦除之。長流人并諸色徒流人,不計年月遠近,已到配所,並放還。或有亡命山澤及爲事關連逃避人等,並放歸鄉,一切不問;如過百日不歸首者,復罪如初。在京諸道將士各與等第優給。應貶降官未復資者,咸與復資。州縣官内有先爲事勒停止者,并許參選。殿犯者免其所殿。

長興三年正月一日已前諸道兩税殘欠物色,並宜減放。或有先曾經灾沴處逃户却歸業者,除見徵正税外,不得諸雜科徭,切委倍加安撫。應係省司場税倉庫今日已前諸色敗闕人等,據其所有錢物家業盡底收納,已上所欠並敗闕人並放。其間未曾經磨勘點檢者,宜令省司便與磨勘點檢,準前處分,將來永不得任使。如是雖稱敗闕,省司未見申報文狀,及見今勾當人已後敗闕於中錢穀或涉降赦文年分,並不得援此爲例。山林草澤之人,雖頻命搜羅,而尚慮沉滯,委所在長吏切加采訪,的有才氣義行者具以名聞,必議量才任使。在朝文武臣僚并諸色職員有直言極諫者,如上封章,盡當開納。諸凡無主丘墓自兵革已來經發掘者,宜令觀察使、刺史差人量事掩瘞。敢有赦前事相告者,以罪罪之。於戲!滌瑕蕩穢,宇宙繇是澄清,布德推恩,遐邇以之胥悦。所望藩垣群后,社稷諸臣,既尊予以莫大之名,當佐予以彌高之德,日慎一日,雖休勿休,驅彼疲民,置之壽域,光爾在位,顯我得人。

原載《册府元龜》卷 93

以灾旱蠲貸制 長興四年八月

朕自恭臨萬國,惠撫兆民,遵上古清净之規,削近代繁苛之政。兩税之外,别無徵斂之名。八年之間,繼有豐穰之瑞。睹流亡之漸復,謂富庶之可期。爰自今秋,偶愆時雨,郡縣累陳於灾沴,關梁亦奏於逃移。良由朕刑政或差,感通不至,責躬罪己,靡忘於懷。特議優矜,庶令安集,據河中、同、華、耀、陝、青、齊、淄、絳、萊等州,各申灾旱損田處,已令本道判官檢行,不取額定頃畝。如保内人户逃移,不得均攤抵納本户租税。其税子如闕本色,許納諸雜斛斗蔔黍,元每斗折粟八升,今許納本色稗子,特與免税。前件遭旱州府,據檢到見苗,仍恐輸官不迨,今祗徵一半税物,仍許於便近州府送納,其餘一半,放至來年。其逃移户田産,仰村鄰看守,不得殘毁,必在方岳群后。州縣庶官,各體憂勤,共相勉勵,明詳獄訟,恭守詔條。上答天灾,必思於戒懼;下除民瘼,必務於撫綏。當共恤於疲羸,勿自安於逸樂。

原載《册府元龜》卷 492

相馮贇敕　長興四年九月

馮贇有經邦之茂業,宜進位於公台,但緣平章事字犯其父名,不欲斥其家諱,可改同平章事爲同中書門下二品。

原載《五代會要》卷 13

秦王從榮班在宰相上敕　長興四年九月

天下兵馬大元帥秦王從榮,位隆將相,望重磐維,委任既崇,等威合異。班位宜在宰相之上。

原載《五代會要》卷 6

後唐閔帝

後唐皇帝(914—934),姓李,名從厚,小字菩薩奴,唐明宗第三子,封宋王。明宗死後,遂於長興四年(933)十二月在明宗柩前即帝位,是爲閔帝,改元應順。閔帝優柔寡斷,聽信樞密使朱弘昭、馮贇之言,下詔移鳳翔節度使潞王李從珂鎮守太原。李從珂不從,舉兵東向,官軍望風奔逃。閔帝在逃亡途中被殺,時年 21 歲,葬於徽陵域中。

籍没田宅禁請射敕　應順元年正月

諸州府籍没田宅,並屬户部。除賜功臣外,禁請射。

原載《五代會要》卷 15

準優經學出身選任詔 應順元年閏正月

參選之徒,艱辛不一,發身遲滯,到老卑低。宜優未達之倫,顯示惟新之澤。其經學出身,一任兩考,元敕入中下縣令,下州録事參軍,起今後,更許入中下縣令,中州、下州録事參軍。一任三考者,於人户多處州縣注擬。如於近敕條内資叙無相當者,即準格循資考入官。其兩任四考者,準三任五考例入官。餘準格條處分,不得起折。

原載《册府元龜》卷633

令三京諸道祭山川祠廟詔 應順元年閏正月

朕猥以冲人,獲膺大寶,賴神祇之贊助,顯天地之休禎,夷夏駿奔,式符於眷命,聲教綿遠,虔荷於炳靈。德薄承祧,憂深馭朽,克奉治平之道,諒由冥助之功,集是殊祥,敢不寅畏。賴陰陽之行運,致時雨以應期,稼穡順成,得歲功而叶望,咸臻上瑞,普泰兆民。宜令三京諸道州府界内名山大川祠廟有益於民者,以時精虔祭祀,稱朕意焉。

原載《册府元龜》卷34

定奪情限制敕 應順元年閏正月

凡在苴麻,並須終制,比緣金革,遂有奪情,孝以移忠,藉其陳力。其内諸司使副帶西班正官者,宜候過卒哭起復授官;不帶正官者及供奉官、殿直承旨等,宜過卒哭休日赴職;其有帶東班官者,祇以檢校官充職,服闋日加授前職。

原載《五代會要》卷9

禁滯獄詔 應順元年二月

刑柄爲制禮之先,獄訟乃有國之重。一成共守,四海同文,咸符欽恤之言,乃致太平之道。以近及遠,列職分司,申明皆有其舊規,決斷各由其所屬。惟理則罪疑可定,惟正則刑措可期。諒在舉行,方無壅滯。應三京諸道州府繫囚,據罪輕重,疾速斷遣。比來停滯須奏,取裁不便區分,故爲留滯。今後凡有刑獄,據理斷遣。如有敕推按,理合奏聞,不在此限。

原載《册府元龜》卷 151

立藩鎮神道碑詔　應順元年三月

今後藩侯帶同平章事已上薨謝者,并差官撰文宣賜;未帶相印及刺史以令式合立碑者,其文任自製撰,不在奏聞。

原載《册府元龜》卷 61

處分賣官買官人敕　應順元年三月

如有賣官、買官人等,並准長興四年三月二十七日斷魏欽緒犯買官罪,决重杖一頓處死敕處分。其詐假官及冒名接脚等,並准律文及天成元年九月十六日敕指揮。

原載《五代會要》卷 17

州縣斂民加等論敕　應順元年三月

刺史、縣令、丞尉得替,自今後如是見任官,將已分錢物資送得替人,即勿論。其或率斂吏民,以受所監臨財物論,加一等。如以威刑率斂,以枉法論,其去任受財人,減二等。

原載《五代會要》卷 19

後唐末帝

後唐皇帝(885—936),本姓王,明宗收爲養子後,改姓李,名從珂。早年隨李存勖、李嗣源征戰,頗有戰功。應順元年(934)推翻閔帝統治後,即位爲皇帝,改元清泰。河東節度使石敬瑭招兵買馬,意圖不軌,於是調其爲鄆州節度使,石敬瑭不從。清泰三年(936),末帝命張敬達率諸軍討伐太原,石敬瑭遂向契丹稱臣,拜契丹皇帝爲父,引契丹軍來救。後唐軍隊在内外夾攻下大敗,張敬達被殺,全軍投降。在太原軍隊逼近洛陽之時,末帝與皇后舉火自焚,葬於徽陵域内。

諭在京文武令　應順元年三月

余叨居家嫡,謬列盤維,成家於十尸九生,立國於千征萬戰。事父母,敦於至孝;爲臣子,敢於盡忠。將相期夾輔之勛,以廣文明之祚。一昨先皇晏駕,嗣聖承祧,敢不遵周召以勤王,相成康而在位?社稷既然有奉,人民於是知歸,但固宗祊,敢論季孟?豈意梓宫在阼,靈駕未歸,而朱弘昭、馮贇等,妄興猜忌之心,驟起窺圖之計,喪紀在近,除書遽行,津涯莫知,迫促尤甚。况又不宣麻制,便降使臣,立遣離藩,俾其懼禍,霆電之速,軍民可知。是以聊葺城池,以緩碪機,十鎮驅貔貅而遽至,六師擁組練以齊來,當此阽危,如何旅拒?不謂天道鑒其非罪,人情愍以無辜,憚以攻城,自來束手。數鎮憑陵之帥,立自滅亡;九重侍衛之師,翻爲心腹。以至抱義者感泣,懷憤者咄嗟,凡百有知,皆悲無罪。今則軍戎大集,園寢將成,群帥獻忠,迫令赴闕,載念遺弓在近,仙駕將歸,既息憂惶,又盈哀慘。今則須將禁旅,入赴山陵,面朝太后太妃,自訴爲臣爲子。今月二十七日已次陝州,其在京文武兩班内諸司使務,除朱弘昭、馮贇家族伏法外,凡百士庶,並無憂疑。况禁令嚴明,軍都整肅,必無暴犯,克保平寧。苟渝此言,何以行令?

原載《册府元龜》卷 66

即位赦制　清泰元年四月

王者司牧兆民,寵綏四海。爰屬統臨之始,宜布涣汗之恩,仰測天心,俯從人欲。所以春夏秋冬,四時先布於發生;草木禽魚,萬彙乃期於蘇息。伏念大行皇帝承天眷祐,立極艱難,繄予眇躬,常佐興運。櫛風沐雨,從湯征而多歷勤劬;匣劍櫜弓,贊周道而克成底定。爾後繼持玉節,獲受桐珪,事君必盡於忠誠,爲子益堅於孝道,諒穹蒼之可鑒,冀宗社之永寧。旋屬杞國人憂,荆山鼎就,痛攀髯之靡及,念同軌之將臻。爰自汧岐,徑朝伊洛,所冀宿參蜃輅,親奉山陵。纔覲宫闈,旋承告令,百辟堅陳於勸請,三讓莫諧,六師共切於推崇,群情益固。昔夏啓以謳歌有屬,能承大禹之基;漢文以將相叶心,克嗣高皇之業。顧惟小子,豈迨前王?自纘鴻圖,如登虎尾,惟當慎終若始,居安慮危,保七百載之延昌,致億兆人之開太,將布改元之令,爰敷在宥之文。宜改應順元年爲清太元年,可大赦天下。四月十六日昧爽已前,内外見繫囚徒,據罪已發覺未發覺、已結正未結正,罪無輕重,常赦所不原者,咸赦除之。應左降官及徒流人與量移,已量移者更與量移,已放歸者量與叙録。應内外文武臣僚、節鎮州府等使、刺史、文武職員、將校並與加恩。應自鳳翔扈駕員僚凡主兵主事者各賜功臣名。見在京隨駕并諸道馬步將士並與等第優給,並從别敕處分。自二月十四日西來文武參佐没於王事者各與追贈,仍叙録子孫。隨駕前資文武官寮並量才任使。鳳翔民李存、劉實罄出家財,以助軍賞,並與命官。起事之初,鳳翔三城民户多遭燒毁,並宜本道撿視,量給瓦木工價,各令修葺。自岐雍華陝已來,王師所經踐履去道叁里内夏税並與放免。應三京諸州府長興三年十二月已前欠夏秋殘税並與除放,其鳳翔即自長興四月十二日終已前並放。

原載《册府元龜》卷 93

優賜勸進人等詔 清泰元年四月

應勸進諸選人前京兆府武功令龐濤而下四百九十有四人,方在京都,遘兹際會,既同勸進,宜示獎酬。其前資州縣官及黄衣進選人,近日緣少闕員,難於减選,候合格日各超一資。注擬行事官亦於注擬時優與處分。長流人已歸本貫,即以赦書節文處分。攝試官、推巡、令録宜并許比三轉出身,判司、衙推、主簿比明經出身,各守選限,自今年始,合格日與初官。宗子未有出身者與出身,有出身者同選人例處分,給與憑據。

原載《册府元龜》卷 81

誅朱宏昭等詔 清泰元年四月

樞密使朱弘昭、馮贇,宣徽南院使孟漢瓊,西京留守王思同,前邠州節度使藥彦稠,共相朋煽,妄舉干戈,互興離間之謀,幾構傾亡之禍,宜行顯戮,以快群情,仍削奪官爵云。

原載《舊五代史》卷 46

加吴山王號詔　清泰元年五月

吴嶽成德公,昨遇享期,克申幽贊,宜加王號,以表神功,可進封靈應王,其祠享官屬仍舊同五嶽,擇日册命。

原載《册府元龜》卷 34

速斷淹滯詔　清泰元年五月

在京諸獄及天下州府見繫罪人,正當暑毒之時,未免拘囚之苦,誠知負罪,特軫予懷。恐法吏生情,滯於决斷,詔至所在,長吏親自慮問,據輕重疾速斷遣,無令淹滯。

原載《册府元龜》卷 151

停孔知鄴等官詔　清泰元年五月

改元重事,告廟常規,凡在班行,宜思策勵。孔知鄴等方當任使,皆合恪恭,豈可居常則各冒寵光,臨事則自圖便穩。苟無懲誡,何肅紀綱!孔知鄴、華光遠並停見任。其告廟官差右武衛將軍高允崇。

原載《册府元龜》卷 154

定酬奬能理冤獄詔　清泰元年六月

義存兩造,善推鞫者,故合奬酬;法貴一成,務欽守者,豈煩更改。劇可久所陳章奏,備驗忠勤,然於取舍之間,未盡咨詢之理。其軍巡使、都虞候能覆推刑獄,雪活人命,及推按不平,致人負屈者,起今後宜以長興四年五月二十三日敕條施行,合有奬酬,亦等第比附行遣。其故入人罪,律有本條,何煩别定。

原載《册府元龜》卷 613

免楚祚死詔　清泰元年七月

朕自中春釁生家國,長子重吉遽陷無辜,其供奉官楚祚乘幼主之猜嫌,徇賊臣之指使,纔聞差使,遽自請行,坐情過甚於仇讎,臨法不依於制度,恣加凌辱,隱奪資財,縱便致於族誅,亦未平於深耻。朕再惟大體,不欲極刑,抑沉痛於恩情,示好生於天道。且令遠斥,粗釋幽冤,宜配登州長流百姓,常知所在。其父西京副指揮使虔章放令自便,縱逢恩赦,不在齒録之限。

原載《册府元龜》卷150

賽祭得雨詔　清泰元年七月

昨以稍愆時雨,慮損嘉禾,朕親赴龍門,遍申祈禱,甘澤尋降,豐稔可期。宜令元差禱雨官各赴祠宇昭賽。

原載《册府元龜》卷26

申明長興二年敕録寫律令格式六典詔　清泰元年七月

長興二年閏五月敕,律令格式六典,凡關庶政,盡有區分,久不舉明,遂致隳紊。宜令京百司各於其間録出本司事,裁成卷軸,或粉壁寫在廨署,本司官常宜省覽,以備顧問。自敕下至今累年,如聞諸司或以無廨宇處,並未書寫施行,宜令御史臺差兩巡使分巡百司局以聞。如因事未辦處,與限五日,須抄録依元敕指揮。其諸道州縣亦有六典,内合行公事條件,抄録粉壁,官吏長宜觀省。其律令格式事繁,昨以撮成四卷,州縣差人抄録,以備檢尋。今後宜令御史臺,每至正初,具録前後敕文,告示諸司及諸州府,永爲常式。

原載《册府元龜》卷66

委三司重議税法詔　清泰元年七月

朕嘗領藩條,屢親政事,每於求理,務在恤民。况今子育萬方,君臨四海,日慎一日,思漸致於小康;雖休勿休,冀終成於大化。得不察生靈之疾苦,知稼穡之艱難,俾蠲積弊之原,庶廣惟新之澤。省三司使奏,自長興元年至四年十二月已前,諸道及户部營田逋租三十八萬八千六百七十二端匹、束、貫、斤、量,或頻經水旱,或并值轉輸,悉至困窮,躛成逋欠,加以連年灾沴,比户流亡,殘租空係於簿書,計數莫資於經費。蓋州縣不公之吏,鄉閭無識之夫,乘便欺官,多端隱税。三司使患其僥倖,遍欲推尋。朕憫彼蒸黎,慮成淹滯,示體物憂民之旨,徵滌瑕蕩垢之文。特議含容,且期均濟。應自長興四年已前,三京諸道及營田,委三司使各下諸州、府、縣,除已納外,并放。應有逃户,除曾經釐革外,所有後來逃移者,委所在觀察司使、刺史,速下本部,遍令招撫歸業。除放八月後至五年八月,并得歸業。所有房親、鄰近,佃射桑田,不得輒有占據,如自越國程,故不收認,其所徵租税,却從清泰元年四月後,委三司重行釐革,别議施行。舉賞罰之明,條立徵催之年限,不得更欠租税,致啓倖門。勉懷成務之勤,以副劇繁之選。有要行事件,三司畫一聞奏,仍報中書、門下,不得漏落。

原載《册府元龜》卷 492

準徽陵行事官減選詔 清泰元年七月

應徽陵行事官,各無遺闕,已議奬酬。比少闕員,難於減選,遂許合赴集日,各與超資。今又懇有披論,宜特與減一選。其今年合格者,便委南曹磨勘送銓注擬。來年合選者,勒赴冬集,所司磨勘無遺闕,旋旋送銓,免取文解。其去冬判成未得官者,宜先注擬。應前任正授賓從,亦宜減一年,無年可減,便與擬授。先有長興四年三月二十二日敕,普與減選,今爲員闕數少,並住施行。其攝官職並御署人等,並以元敕處分。

原載《册府元龜》卷 633

祈晴詔 清泰元年八月

苦雨連綿,已逾旬浹,差官祈禜,尚未晴明。宜令宰臣李愚、劉昫、盧文紀、姚顗各於諸寺觀虔告。

原載《册府元龜》卷 145

百官充使依例輪差敕 清泰元年八月

凡關差使,須示均平。今後文武百官充使者,宜令依例輪差,中書置簿,不得重疊。其内降宣諭,不拘此例。若當使自緣有事,或不欲行注簿,便當一使。長興三年正月後已曾奉使者,便著爲簿首,已後差使,次第注之。

原載《五代會要》卷 24

御署官準同一任正官期限赴選詔　清泰元年八月

應自鳳翔及沿路迎接隨從到京州縣等官，或昔經患難，罄竭忠勞；或遠奉乘輿，奔馳扈從，既各憑其御署，遂溥降於優恩，爰示等差，特行釐革。所有自振武、西京、河中、鳳翔已前御署員僚，或因無員闕，權且補差；或托彼薦論，偶經任使，不可悉謀援例，便望授官，將堙僥倖之源，須立區分之限。自八月三日後，應所稱御署官員，除内有處分特行恩澤外，其餘稱御署，並許逐攝同一任正官，依期限赴選，不得更令進狀及與施行。

原載《册府元龜》卷 633

祈晴詔　清泰元年九月

久雨不止，禮有所禳，禜都城門，三日不止，乃祈山川，告宗廟社稷。宜令太子賓客李延範等禜諸城門，太常卿李懌等告宗廟社稷。

原載《五代會要》卷 11

祈晴詔　清泰元年九月

李德舟顯陳藝術，特貢封章，以霖雨之爲灾，恐粢盛之不稔，請修祈醮，以示消禳。恭以天地星辰、宗廟社稷、雨師風伯，皆遵祀典，薦告不虧，名山大川，屢行祈禱。今據德舟所陳，據祠禱不該者，所司嚴潔祠祭，以表精虔。

原載《册府元龜》卷 145

清理庶獄詔　清泰元年九月

霖霪稍甚，愆伏爲灾，朕燭理不明，慮傷和氣。都下諸獄委御史臺差官慮問，西都差留守判官，藩鎮差觀察判官、刺史，州委軍事判官，諸縣委令録，據見縶罪人，一一親自録問。恐奸吏逗留，致其滯抑，晝時疏理。如是大獄，即具奏聞！

原載《册府元龜》卷 145

許朱弘昭等歸葬詔　清泰元年九月

朱弘昭、馮道、孟漢瓊、康義誠、王思同、欒彦稠等，朕志切行仁，情唯念舊，雖顛覆自貽其伊，戚而愍傷，猶軫於予懷。宜降特恩，許其歸葬。其親屬骨肉及元隨職員，並放逐便，所在不得恐動。

原載《册府元龜》卷 42

禁官吏通衢陳訴詔　清泰元年十月

官吏通衢陳訴，比來時亦有之。若抱屈難伸，或有理未雪，固難抗節，須至望塵。至於方潔之人，猶以爲耻。近則無知之輩，遽相倣例，寖以成風，頻至於列肆長街遮闌，宰臣陳訴及其處理多礙格式。或敕命已行，確祈追改，亦於赦條之外，妄有披論，不惟紊亂於綱紀，抑亦有同於輕侮。此後州縣官或有所陳，并於中書門下據事理陳訴，如實有屈塞，登時即與勘窮。如是僭越虧公，付銓量與殿選；如不關銓量陳訴者，即下法司推詰。所冀群官奉法，勉令進取以僥訛；萬國來王，復睹朝廷之整肅。

原載《册府元龜》卷 66

準姚顗六典分銓詔　清泰元年十月

姚顗所奏銓管，實合規程，不惟六典昭彰，抑亦三銓整肅。而長定格是聖朝重定，條件甚精，若令千載以無隳，必使萬方而有則，俾其復舊，深洽群情。如聞依循資格，行用年深，事條差舛，必須詳正，方免弊訛。其分銓事，宜依循資格，宜令吏部三銓尚書郎、南北曹給事中參詳，其間條件，如其舛誤，即釐革以聞。

原載《册府元龜》卷 633

量定廢秦王葬禮詔　清泰元年十月

故庶人從榮，獲罪先帝，貽禍厥身，已歷歲時，未營宅兆，雖軫在原之念，宜從有國之規，且令中書門下商量葬禮。

原載《五代會要》卷 2

禁約軍將詔　清泰元年十一月

夫命將所以行兵，聚兵所以遏亂，必在上下有理，進退無違，入則畏法以謹身，出則圖功而效命。畏法必無罪戾，圖功則有寵恩，以此言之，不可不慎。王彦塘方期任使，輒敢恃憑，既都將以上言，在軍法而難恕。况屬環衛，并在藩方，上至偏裨，下及行伍，皆是久經訓練，備曉條章，官爵甚高，衣糧極厚，必能共思整戢，自務保全。是宜特舉規程，遍加曉諭，責令遵守，務肅轅營。今後在京及諸道馬步將士，上至都尉，下及長行，並須各據職資，共存禮體，遞相鈐轄，遵禀指揮。如紊亂條章，下不從上，指使前却，使酒訛言，其長行犯者，委本都副兵馬使已下節級科罰；其副兵馬使節級犯者，委本都頭科罰。其都頭犯者，若無事不出時，録罪申奏；若出軍指使之時，便委隨處統將科罰。其或所犯人自負罪僭，不伏首領刑責，便即奏聞。如指揮使都頭已下，但務顔情，藏庇凶輩，自招負累，必不恕容。頒下内外諸軍知悉。

原載《册府元龜》卷66

免放被兵諸州兩税詔　清泰元年十一月

朕猥將寡昧，虔嗣宗祧，草木蟲魚，思弘於覆育；蠻夷戎狄，固切於綏懷。眷彼契丹孤我恩信，忽驅族類，擾亂邊陲，殺害生靈，窺窬保障，唯貨財是視，殘疾是行，逞虐肆凶，莫甚於此，人神之所共怒，天地之所不容。今則上將臨邊，衆軍大集，克日必成於蕩定，望風已報於奔逃。雖料彼戎夷，他日終期於葅醢；而顧予生聚，此時方抱於瘡痍。或骨肉分離，或丘園荒廢，凝旒載想，過在朕躬。將却復於阜繁，宜特行於恤隱。應振武、新州、河東、西北邊，經蕃戎蹂踐處百姓兩税差配，今日後并放三年。宜令逐處長史，分明曉諭。其人户陷蕃者，宜令設法招尋，各令歸復，稱朕意焉。

原載《册府元龜》卷492

祈雪詔　清泰元年十一月

朕君於人上，燭理不明，自冬初迄今，未降密雪，深虞愆伏，灾及黎民。宜令宰臣百寮分詣諸祠壇祈告。

原載《册府元龜》卷 145

停冬至朝會儀詔　清泰元年十一月

初成園陵，彌軫孝思，遽履節辰，尤增顧復。所奏各伏宜停。

原載《册府元龜》卷 31

修奉列聖陵寢詔　清泰元年十二月

列聖陵寢，多在關西，中興已來，未暇修奉。宜令京兆、河南、鳳翔等府，耀州、乾州奉陵諸縣，其陵園有所闕漏，本處量差人工修奉，仍人給日食。其祭告下太常、宗正寺參詳奏聞。

原載《册府元龜》卷 174

答李元龜請降優恩詔　清泰元年十二月

李元龜官處法司，次當候對，以稍愆於時雪，請特降於優恩。初則以貶謫官亡歿外州，乞容歸葬；次則以亡歿者兒孫絶嗣，請本處瘞埋。宜依所陳，頒告諸道。

原載《册府元龜》卷 145

褒答杜崇龜詔　清泰元年

杜崇龜術精玄象，職在禁廷，睹苦雨之霖霪，視星文之變異，形於章奏，足驗忠勤。修德省躬，朕誠有愧，見灾而懼，安敢忘懷，載閲所陳，深所嘉獎。

原載《册府元龜》卷 533

答盧文紀陳政事詔　清泰元年

盧文紀，早踐班行，迭更顯重，動惟稽古，言必爲時。當朕求治之初，首居輔弼之位，能竭事君之節，以申報國之勞。引經義而究其本根，合時事而先於條貫，請宣學士，兼召諫臣，言陰陽序理之端，人事調和之本。又嚴修祀典，精事神祇，宜令有司依奏，虔繫所云，進忠良而退不肖，除寇盗而恤惸嫠，雖責在朕躬，亦資於調燮。刑法舒慘，宜令大理寺、御史臺明慎詳讞，勿至冤誣；選賢退愚，宜令三銓選部，精覈慎選，所冀得人；新舊制敕，宜令御史臺與三司官員詳擇以聞。

原載《册府元龜》卷 314

答周元樞陳十事詔　清泰元年

請再示賞罰，提舉縣令，事百里象雷之地，一同製錦之人。期在養民，豈宜失職？諸州觀察使、刺史，嚴切提撕。請牢籠俊乂，搜訪賢良。况選部貢闈，每年慎擇，尚慮貞廉之士，愧趨躁競之門。諸道廉使，更宜搜訪。請斷無名率配，委三司使省奏舉行。請止急徵暴賦，况秋夏徵科自有常限，宜令官吏不得逾違。

原載《册府元龜》卷 476

施行程遜等所陳時務詔　清泰元年

程遜等所陳時務，並關王道，兼雜霸圖。益國利民，無所不至，成仁去害，悉在其間。救時病以良多，比忠言之更切，封駁詔敕，尤可施行，餘據事條下所司。

原載《册府元龜》卷 553

答盧文紀請追尊宣獻太后詔　清泰二年二月

朕猥將眇質，獲嗣丕圖，暑往寒來，知昊天之罔極，憂深思遠，唯觸地以無容。卿等學究源流，文苞體要，以致財成之美，復陳孝理之規，援引古今，鋪陳茂實，導朕以愛親之禮，勉朕以追遠之文，取則昭成，明徵章敬，仍加美謚，益見忠誠。至於權立閟宫，頗亦叶於時變。劬勞莫報，長懸陟屺之心；聖善斯崇，且慰循陔之念。謹依典禮，哀慕增深。

原載《册府元龜》卷 31

節度等使官告不得漏泄敕　清泰二年二月

節度、防禦、團練使、刺史、行軍副使等，事關急切，除授官告，若待畫下給賜，即恐留滯。敕樞密院，凡經由處，不得漏泄，其尋常除命，依中書所奏。

原載《五代會要》卷13

答雍王重美敕　清泰二年三月

重美學洞儒玄，官居尹正，因三教之議論，希千春之渥恩，特立條流，以防濫進。從之。

原載《册府元龜》卷61

令監祭使省視祭物詔　清泰二年三月

祠祭國家重事，功在精虔，若不提撕，漸成疏慢。今後監祭使，每祭親視，酒饌幣玉，不得令饌料失於蠲潔。如有所聞，罪在監祭使。其壇廟墻屋，勿令疏漏，本司常檢舉修葺以聞。

原載《册府元龜》卷34

禁盛夏滯獄詔　清泰二年四月

運當昭泰，時屬樂康，思欲導和氣於雍熙，布休光於幽隱。將期恤物，必軫深仁。今以甫及蕤賓，適茲炎毒，宜茂好生之德，俾敷在宥之文，足以寬肺石之冤辭，叶薰風之解愠，庶遵時令，獲奉天心。宜令御史臺、河南府、軍巡諸道州府自五月一日已前見繫罪人，常赦不原及已見情狀之外，悉令疾速斷遣，勿至淹停。

原載《册府元龜》卷151

禁進奉異物詔　清泰二年五月

朕聞奇伎淫巧，增費損功，古先哲王，常戒其事。朕憲章百代，臨御萬方，以其欲致延鴻，必絶驕奢之漸；將期富庶，須除蠹耗之原。每務實以去華，期化民而成俗。近者諸色進奉寶裝、龍鳳雕鏤、刺作組織之異，曾經釐革，尚敢逾違。宜在舉行，貴於遵守。今後此色物諸處不得進奉,所由司不得輒通。

原載《册府元龜》卷 160

以夏令赦宥御札　清泰二年五月

王者父天子民,深居高視,恭己以行道,褒賢以勸功。蓋以上承天休,下除民瘼,率輦下以勸天下者,一人而惠萬人,爲子爲臣不可不察。朕惟寡德,獲纘丕圖,奉先聖之神靈,荷皇天之眷祐,寅畏夕惕,罔敢遑寧,思與將相王公良牧賢宰共敷政教,同致雍熙。繇是詳酌政刑,搜求利病,以今觀古,夜思朝行。才濟於時,雖蒿萊而必采;言干於道,雖誹謗而必容。然而近歲已來,多事之後,邊陲尚擾,府庫未殷,扞防必假於兵師,供饋須資於民力。既未能便停征伐,固不可頓減賦税,念乃疲羸,勞於鑒寐。今歲爰自初夏,稍屬愆陽,朝昏正積於焦勞,祈請果垂於甘澤,所宜行慶,以答殊休。言念狴牢之人,屬此鬱蒸之候,苦毒之狀,所不能言,况當長養之時,特降哀矜之令。應王京諸道州府見禁囚徒,自五月十二日已前,除五逆十惡、光火劫舍、持杖殺人、官典犯贓、僞行印信、合造毒藥外,委逐處長吏據已發覺未發覺、已結正未結正,不在追呼支蔓,只正身招罪,便疾速斷遣,并見欠省司錢物外,諸罪無輕重,一切釋放。應天下藩侯郡守令録等爲我股肱,作民父母,必在精窮事理,杜塞倖門,副我憂勤,察民疾苦,刑獄不可以阿曲,法令不可以滋章,私不得害公,利不得傷義,長思砥礪,共致隆平。凡百庶官,宜體朕意。

原載《册府元龜》卷 93

令修撰實録制　清泰二年六月

恭惟先皇帝夷凶静亂,開國承家,社稷危而再安,乾坤否而復泰,弘宣一德,寵惠兆民。八年之間,家給人足。然而致理之績,雖已播於頌聲;紀事之書,尚未編於史氏。緬維纘奉之道,良增愧惕之懷。其實録宜令史館疾速修撰呈進。唯務周詳,勿令闕漏。

原載《册府元龜》卷 557

廟諱偏旁不宜全改詔　清泰二年五月

偏旁文字,音韻懸殊,止避正呼,不宜全改。楊檀賜名光遠,餘依舊。

原載《舊五代史》卷 47

舉奏判官敕　清泰二年七月

判官宜令本州刺史自選擇舉奏,初且除本職,未得與官,或與刺史連任相隨,顯有勞能,許本州刺史以聞,量事獎擢,仍不得枉有論薦。其三月後九人且與施行。

原載《五代會要》卷 25

以安崇贇爲孟州司馬詔　清泰二年九月

安崇贇父有力於皇家,著之青史,雖然得罪於先朝,此日特行於延賞,况頻逢赦宥,可繼蒸嘗,亦欲忠義之士知朕念勛之旨,擢爲上佐,爾惟勉旃,特授孟州司馬。

原載《册府元龜》卷 131

答太常禮院敕　清泰二年十二月

祀事在質明前,儀仗在日出後,事不相干,宜依常年受朝。

原載《五代會要》卷 5

飭中書舍人詔　清泰二年

近日官告敕牒書寫生疏,裝褫鹵莽,未欲便行罰責。今後書禮裝褫并宜如法。中書舍人辭告亦可以其人楊歷功效,或訓或獎,并宜允當。又須體認急切,如有宣取,晝時應副,無令稽緩。

原載《册府元龜》卷 158

答劉鼎請依故事薦人自代詔　清泰二年

設官分職,爲時主之敷恩;推賢讓能,乃朝臣之盛事。是以《詩》稱伐木,史載彈冠。俾拔茅連茹之時,見力行修身之道。劉鼎官居雉省,立近龍墀,因貢讜言,請行故事。欲使子皮舉善,終明子産之賢;鮑叔讓能,不掩夷吾之略。兼可以致同心叶力,表後己先人,克揚文子之風,免有展禽之嘆。舉實公當,便可施行。情涉阿私,理當比驗。

原載《册府元龜》卷 476

答盧損陳五事詔 清泰二年

聽政不坐禮儀,而合使先知。牧馬趨朝道路,而宜令有異。况民家占侵於御路,固合條流;牛車來往於天津,宜須禁止。盧損益深奉職,言切爲時,詳五件之封章,俾四方之觀政。除光政門外下馬一件,續有處分,餘并從之。

原載《册府元龜》卷 476

量準盧損不便時宜條件詔 清泰二年

令録之任,總六曹之糾轄,繫百里之慘舒。惠養吾民,可以親承顧問。内殿辭謝,可如舊制。藩侯、郡守薦人,或諳公事,或有裨益,不可全阻。許依天成敕帶使相、藩臣歲薦三人,餘二人直屬京州郡,防禦團練一人。諸色官告、舉人春關冬集綾紙,聞喜關晏所賜錢,并仍舊官給,餘并從之。

原載《册府元龜》卷 476

答盧文紀請對便殿詔 清泰二年

朕聞宫鳴商應,則律吕和;君唱臣隨,則邦家理,興化之本,百代同歸。朕顧惟眇冲,獲奉基構,慮生靈之未泰,憂政教之不明,旰食宵衣,未嘗暫暇,副我焦勞之意,屬於輔相之臣。卿等濟代英才,鎮時碩德,或締構於興王之日,或經綸於贊聖之時,鹽梅之任俱存,藥石之言並切,請復延英之制,以伸議政之規。而况列聖遺芳,皇朝盛事,載詳徵引,良切嘉嘆。恭惟五日起居,先皇垂範,俟百寮之俱退,召四輔以獨昇,接以温顔,詢其理道,計此時作事之意,亦昔日延英之流。朕叨獲嗣承,切思遵守,將成具美,不爽兼行。其五日起居,令仍舊尋常,公事亦可便舉奏聞。或事屬機宜,理當密秘,量事緊慢,不限隔日,及當日便可於閤門祗候,具榜子奏聞,請面敷揚。即當盡屏侍臣,端居便殿,伫聞高議,以慰虚懷。朕或要見卿時,亦令常侍宣召,但能務致理之實,何必拘延英之名?有事足可以討論,有言足可以陳述,宜以沃心爲務,勿以逆耳爲虞,勉罄謀猷,以裨寡昧。

原載《册府元龜》卷 314

答許遜請停越局言事詔 清泰二年

上書言事,諫署舊規。各有所司,豈宜越局。若思出於位,理或侵官。言匪盡忠,徒欲沽於謇直;詞多率意,實有望於指陳。許遜所上封章,請依近敕,各司其事,允叶舊章。

原載《册府元龜》卷 476

附監舉人分别解送詔 清泰三年五月

凡布化條,惟務均一,苟公平之無爽,即中外以適從。國子監每歲舉人,皆自四方來集,不詢解送,何辨是非?其附監舉人,並依去年八月一日敕,須取本處文解。如不及第者,次年便許監司解送;若初投名未嘗令本處取解者,初舉落第後,監司勿更收補。其淮南、江南、黔、蜀遠人,即不拘此例。監生,禮部補令式在焉。

原載《册府元龜》卷 642

答石敬瑭詔 清泰三年五月

父有社稷,傳之於子;君有禍難,倚之於親。卿於鄂王,故非疏遠。往歲衛州之事,天下皆知;今朝許王之言,人誰肯信!英賢立事,安肯如斯。

原載《舊五代史》卷 48

選京員爲兩使判官畿赤縣令詔 清泰三年五月

近以内外臣僚,出入迭處,稍均勞逸,免滯轉遷。應兩使判官,畿赤令長,取郎中、員外郎、補闕、拾遺、三丞、五博、少列官寮,選擇擢任,一則俾藩方侯伯,别耀賓階,次則致朝列人臣,備諳時政。今後或偶缺員,依此施行。

原載《五代會要》卷 13

抽借私馬敕　清泰三年十月

諸道州府縣鎮賓佐至録事參軍、都押衙、教練使已上,各留馬一匹乘騎。及鄉村士庶有馬者,無問形勢,馬不以牝牡,盡皆抄借。但勝衣甲,並仰印記,差人管押送納。其小弱病患者,印"退"字,本道收管。節度防禦團練等使、刺史,除自己馬外,不得因便影占。管軍都將,除出軍及隨駕外,見逐處屯駐者,都指揮使舊有馬許留五匹,小指揮使兩匹,都頭一匹,其餘凡五匹取兩匹,十匹取五匹,更多有者,並依此例抽取。在京文武百官、主軍將校、内諸司使已下隨駕職員,舊有馬者任令隨意進納,不得影占人私馬。各下諸道准此。

原載《五代會要》卷 12

褒答馬勝詔　清泰三年

馬勝所陳,理亦公當。嚴刑去盜,正切救時。付中書門下告諭中外,於極刑之中,不得因緣枉濫,務在懲惡止奸,審詳行遣。

原載《册府元龜》卷 533

後唐太祖曹皇后

晉王李克用夫人(? —925),後唐莊宗之母,太原(今山西太原西南)人。本爲李克用側室,莊宗即位後,尊曹氏爲皇太后。同光三年(925)薨,追謚爲貞簡皇太后。

遺令

皇帝以萬機至重,八表所尊,勿衣粗衰,勿居諒暗,三年之制,以日易月,過三日便親朝政。皇后諸妃及諸王公主,並制齊衰本服,以日易月,十三日除。中書門下翰林院學士在朝文武百官内諸司使,及諸道節度觀察防禦使、刺史、監軍,及前資官並僚佐官吏士庶僧道百姓,並準本朝故事,降服施行,勿使過制。皇帝釋服後,未御八音,勿廢群祀,勿斷屠宰,勿禁宴游,園陵喪制,皆從簡省。故申遺令,奉而行之。

《全唐文》卷 127

後唐明宗曹皇后

後唐明宗皇后(?—934)。天成三年(928),册爲淑妃。長興元年(930),册爲皇后。應順元年(934),册爲皇太后。同年薨。

以皇長子潞王監國令　應順元年四月

先皇帝誕膺天眷,光紹帝圖,明誠動於三靈,德澤被於四海,方期偃革,遽嘆遺弓。自少主之承祧,爲奸臣之擅命,離間骨肉,猜忌磐維,既輒易於藩垣,復驟興於兵甲,遂至輕離社稷,大撓軍民,萬世鴻基,將墜於地。皇長子潞王從珂,位居冢嗣,德茂冲年,乃武乃文,惟忠惟孝。前朝廓清多難,有戰伐之大功;纘紹丕圖,有夾輔之盛業。今以宗祧乏祀,園寢有期,須委親賢,俾居監撫,免萬機之壅滯,慰兆庶之推崇。可起今月四日知軍國事,權以書詔印施行。

原載《舊五代史》卷 46

以潞王從珂即皇帝位令　應順元年四月

先皇帝櫛風沐雨,平定華夷,嗣洪業於艱難,致蒼生於富庶。鄂王嗣位,奸臣弄權,作福作威,不誠不信,離間骨肉,猜忌磐維。鄂王輕捨宗祧,不克負荷,洪基大寶,危若綴旒,須立長君,以紹丕構。皇長子潞王從珂,日躋孝敬,天縱聰明,有神武之英姿,有寬仁之偉略。先朝經綸草昧,廓静寰區,辛勤有百戰之勞,忠貞贊一統之運。臣誠子道,冠古超今。而又克己化民,推心撫士,率土之謳歌有屬,上蒼之眷命攸臨。一日萬機,不可以暫曠;九州四海,不可以無歸。况因山有期,同軌斯至,永言嗣守,屬任元良,宜即皇帝位。

原載《舊五代史》卷 46

後唐永王李存霸

後唐莊宗二弟（？—926），李克用之子。同光三年（925）封永王。次年，京師大亂，莊宗遇害，存霸逃至晉陽，被軍卒所殺。

旌韓德兄弟表 同光二年三月

屯留縣坊市百姓韓德兄弟，累世同居，母死，割乳以祭，廬於墓側，累年種瓜，合歡同蒂。

原載《册府元龜》卷 140

後唐魏王李繼岌

後唐莊宗之子（？—925），封魏王。同光三年（925），以其爲都統，樞密使郭崇韜爲招討使，統率大軍討伐前蜀。一路勢如破竹，僅七十五日，便攻下成都，滅亡了前蜀。大軍班師，返至渭南，聞知莊宗已死，衆軍潰散，繼岌自縊而死。

喻蜀郡檄

捨過論功，王者示好生之道；轉禍爲福，聖人垂善變之文。矧彼蜀人，代承唐德，元宗朝以兵興河塞，久駐金鑾；僖宗朝以盗起中原，曾停玉輅。蜀之乃祖乃父，或士或人，而皆内稟忠貞，外資驍果，武負關張之氣，文傳揚馬之風，迎大駕以涉岷峨，合諸軍而定關輔。忠氣冠乎日月，勛業著乎山河，凡在幽遐，皆所傳達。不幸龜龍忽去，蛇豕尋生，遇此匪人，據斯重地。蜀主先父，出身陳許，擁衆巴庸，接王室之頻遷，保邊隅而自大。蓋屬昭宗皇帝方兹播越，正切撫綏，洗彼瑕疵，潤之雨露，綰紅旆碧幢之貴，兼鳳池鷄樹之榮。狂兕逢山，漸展横行之志；鳴梟出穴，曾無返哺之聲。拔本塞源，見利忘義。加以結連同惡，聚集群凶。當天步多艱，莫展扶持之節；及坤維暫絶，却爲僭僞之謀。烈士聞之撫膺，懦夫見之攘臂。洎兹餘裔，益奮殘妖，閹豎擅權,而勛賢結舌。不稼不穡,奢侈者何啻千門? 内淫外荒,塗炭者已餘萬室。而更納其短見,侮我大朝,輒横拒轍之臂,擬舉投羅之翼。我皇帝仰膺元讖,再造皇圖,四時順而玉燭明,萬彙安而金繩正。惟兹蜀土,敢隔朝風,連營虧恤養之恩,比屋困煩苛之政。每聞殘酷,深所憫傷,是命車徒,以申吊伐。步卒則矗如山列,騎車則迅若雷奔,振雄聲而聒動乾坤,騰鋭氣而動摇河嶽。彼若率兵赴死,我則無陣不摧;彼若據壘偷生,我則無城不拔。却慮高低士庶,遠近封巡,不早迴翔,終同覆滅,故今曉示,貴在保全。應三川管内有以藩鎮降者,即授之節度;有以州郡降者,即授之刺史;有以鎮縣降者,即付之主守;有能見機知變,誅斬僞命將帥,以其藩鎮城池降者,亦以其官授之。如列陣交鋒之際,有以萬人已上降者,授之節度;五千人已上,授之大郡;三千人已上,授之次郡;一千人已上,授之主將。有蜀城將校誅斬僞主首領降者,授以方鎮。如蜀主王衍首過自新,以三川歸國,即授方面。其同謀將校,當加列爵,有舊在本朝文武官,或負罪流落在蜀者,苟能率衆歸朝,一切不問。大軍所行之處,不得焚燒廬舍,剽掠馬牛,所有降人,倍加安撫。所罪者一人僭僞,所救者萬姓瘡痍。况蜀主宗枝,成都父老,較其罪狀,良可矜寬。只如僞梁,挾我皇威,竊吾大寶,爲四十年之巨寇,覆十九葉之丕基。昨國家平定中原,只誅元惡,列藩牧伯,咸不替移,闔境生靈,一無騷擾。雖蜀中遐僻,亦合傳聞。各宜審計變通,速謀歸向,據兹事件,得以旌酬。勿謂無言,竟貽後悔。故兹示諭,各宜知悉。

原載《全唐文》卷 127

後唐雍王李重美

後唐末帝次子(? —936),封雍王。清泰三年(936),隨末帝及母劉皇后自焚而死。

量立僧道科試奏 清泰二年三月

每年誕節,諸道州府奏薦僧尼道士紫衣師號漸多,今欲量立條式，僧講論、講經、表白各三科，文章應制十二科，持念一科，禪聲贊科，并於本伎能中條貫。道士經法科試義十道，講論科試經論，文章應制科試詩，表白科試聲喉，聲贊科試步虚三啓，焚修科試齋醮儀。

原載《册府元龜》卷61

王居仁

五代時人，未入仕。

神福山寺靈迹記并序

處士王居仁撰

前府助教王崇裕書

若夫聖上潛靈，運神機之叵測；洞含沙界，鎮幽廓而難□，□迹玄微，類塵雷之不雜。究窮源際，遐邇莫知。聊叙芳猷，約千餘載。爰自開元廿七年己卯之歲，聖朝當代，文武晏清天下，異人來趨帝德。春三月十五日，有白衣長者來届盂縣西南大賢村高山奴家内。其家福善，宿值良緣，静室香居，安留長者。三年造論，人所不知。常自卯齋，容儀轉好。意樂取静，别卜東南馬氏谷中，安禪土洞，遷心閉目，閑過五秋，信杖烟蘿，次移西北韓公莊上，又度三冬。大教將行，欲慕斯域。長者姓李，滄州人也。修普賢行劫滿，僧祇毗盧化身，位超十號。托隴西而爲姓，權示俗流，霞帔角冠，道容凝寂。身長七尺二寸，目貫堂堂，春秋九十有齡。顔如花笑。寬襴大袖，常不束腰。跣踝途塵，如蓮捧足。匪關名利，增意大乘。旨趣花嚴，切圓心要。行同前佛，體證一如。長者湛然，嘿而斯用。將道汲濟，來自海隅。雙鶴前飛，神光引路。山王負袟，猛獸歸降。不是真人，焉能伏虎。遍巡岩谷，追訪盛踪。届此靈園，虎不前邁。大士案足，神喜龍驚。拔樹涌泉，光騰五色。穿崖作洞，結草成廬。長者遷神，闡揚大論。才開寶偈，異瑞絶倫。天女奉香積之飡，仙童獻長生之果。不焰燈炬，口吐神光。筆擲霞飛，硯騰雲氣。龍天八部，咸首虔誠。諸佛聖賢，十方圍繞。辭如滴玉，辨似懸河。旋制旋書，契合真意。啓餘五閏，約集萬言。粉飾花嚴,重新海藏。不翻梵本,直注唐文。纂録要關,四十餘軸。邪源息浪,正法騰輝。五濁世中,佛日重現。造論斯畢,掩帙停文。天女還宮,仙童上界。長者忽因戲會,告别檀那。長幼咸驚,悉垂雙淚。却歸洞室,頓止禪床。斂息收神,奄然□□。當爾龍蛇遮户,二鹿悲鳴。雙鶴翱翔,衆禽嘶泣。山昏樹架,七日閉明。住下門徒,并皆成服。長者靈骨,葬在山北槲林之中,石丘是也。所造《十二緣生解迷》《顯智成悲十明論》,長者親書之本,鎮在山門。寫本利人流傳天下。即今所置院基,舊是逝多林蘭若。況此福秀神山,晉朝封號。始從混沌,盤古立名。聳峭孤巒,迥拔群嶽。平觀宇宙,坐眺寰中。闞東□半濼青烟,望西秦一條白練。南鄰開辟,與壽邑之連城;北視五峰,隔仇由之故國。千年古木,踥屈盤虬;萬歲孤松,倒□金鎖。林間虎伏,池沼龍潜。異獸靈禽,常於中止。似歌似笑,似語似吟。贊長者之無窮,感德人之盛化。鐵圍頂上,廟宇通幽;泣怨池傍,氣連霄漢。凌天壯柱,有堯郭之舊基;貫國名山,駐安邦之靈廟。院安中腹,勢抱巒隈;玉岫重重,青岑叠嶂。長者聖躅,大士遺踪。歷世相承,建兹精舍。頃因先帝濤太,真宗灰燼佛門,尊容殄滅。厥有殁故大師諱靈徹,俗姓張,遼郡人也。師穎悟真空,早懷悲愍。訪求知識,廣利人天。驟鉢雲林,頓錫岩藪。緬思佛地,方願修持。杖室才成,化缘將畢。今有上足門人法弘,鑒脱塵囂,髫年進道。褰裳問法,頓曉玄機。不下曹溪,傳燈化衆。師資接袂,紹繼山門。光拂梵宫,不陷師德。化緣兩縣,檀信歸依。往返如輪,竭成殿宇。塑尊容一鋪,妝臒金粉,以備丹毫。坐蔟層臺,霓橋寫月。後堂大聖,帽襴衫雪,杖點清凉。對波離似,言而不聞。遣佛陀取經於西國。東間置長者之影廟,儀質若生。二女掌獻於鮮花,雙童青衣而給侍。左傍立虎,按據論文;山納繢容,瞻禮無盡。當面北壁,造六臂觀音;中院檐前,畫十六羅漢。十王地藏,興悲誓救於三途;十二相儀,觀生老於懸壁。斜檐足溜,樓倚青霄。力士金剛,拳威護法。僧堂接棟,削長者之舊龕;厨庫連□,對東溪而似閣。西廊布運,排五鋪之星樓;一院全新,砌金階而滿地。臨門甃道,勒石爲人。似説法而似聽,似互揖而□禮。西北上方奇剎,鑿壁懸龕。倚萬丈之峻峰,立一尊之丈八。相如滿月,貌似金山。放一毫光,照三千潤。群生福沾沙界,泉流足下,雲起旋螺。睹此真容,不記年代。東南數百餘步,截嶺營丘,集先後之名骸,置靈園之雁塔。高竿百尺,懸雜□之盤虬,幹玉爲幢,書總持之章句。滿溪松柏,不因植而自生;繞澗叢林,逐春秋而滋長。修塑功德,價直萬緡;起建伽藍,計餘千貫。法弘大德,苦心化道,竭力崇成。耿蓋堅熬,練辛如鐵。不推寒暑,豈憚區勤。贍濟往來,兼申供養。卅餘載,累歷饑荒。確守山門,未曾暫廢。布衣縮食,道細貌粗。末法時中,一輪孤月。花嚴般若,日夕諷持。秘密修行,嘿傳心地。摩尼寶印,以繼衣珠。解脱道中,實將無漏。居仁曾游海内,久歷寰中。尋古事之哲儀,葺先朝理化。詞庸智訥,辨瑣才微。贊不盡言,聊成斯記。其詞曰:雄雄福山,與天相搏。仰視群峰,下臨千壑。碧水潺潺,層雲漠漠。□□巍巍,貞松落落。二鼠推移,桑田變改。刻石爲銘,垂芳萬代。

天祐四年歲次丁卯五月丁丑朔十四日庚寅建

[碑文](陰)

佛頂尊勝陀啰尼經

(經文略)

方山院主僧法弘。親弟僧道潤

供養主僧□堅僧洪寶師密

當院門人緣福緣忠道豐惠隱□□惠璋惠空惠徵王六惠滿惠明

伏以院主僧法弘,幼齒從師,髫年穎悟,才經戒臘,巡歷諸方,三五年間,却歸舊止。主持堅固,葺理數多睹示迹之無□,合神祇之感化,頻經罹亂,累遇饑荒,罄竭心神,減衣節食,知身是幻異日何□至願立碑,以貽後代,門徒欣慶□邑醵緡旬日之間,果見成就,行程事迹,已具前文。慮恐星霜變易,日月將遷,用彰不朽之名,永鎮龍山之側。

攝太原府壽陽縣令將仕郎前守□乖府武功縣主簿□□

攝太原府壽陽縣主簿將仕郎前守文水縣尉李承徽

攝太原府壽陽縣尉將仕郎前試太常寺奉禮部郎□、押司録事郎立、龐和、差科本司韓佑書王□□、趙能。

節度押衙充壽陽縣鎮遏使檢校左散騎常侍兼御史大夫戴□番、□虞侯田□、將判官武暉、押衙龐虔、左史劉敬、張謹。

節度押衙前壽陽縣鎮遏使檢校右散騎常侍兼御史大夫□玘。隨使同□將充盂縣商税務兼御史中丞任敬弘、陳亮、郭立。

隨使散兵馬使充府北都巡莊使檢校左散騎常侍兼御史大夫劉誠、衙前散兵馬使充□莊官張□、使莊官李□、李□、馮政。

右厢都指揮司郎君李彦銖

兩縣香積邑人等:都維那聶□、邑□□□推、副録事那□□邑人趙應、邑人郎君莊官王璋、邑人郎君莊官趙詢、邑人武汶、邑人蔡興、邑人鄭慶、邑人喬會、邑人張法、邑人武順、邑人宋弁、邑人趙益、邑人郭和、邑人郭宗、邑人苑邵、邑人萬俟遠、邑人□□、邑人賈臻、邑人蔡楚、邑人王德源、邑人李宗、邑人賈宗、邑人趙□、邑人趙受、邑人張福、邑人孫操、邑人盧清、邑人郝順、邑人徐福、邑人榮弁、邑人趙全、邑人王興、邑人韓璋、邑人劉敬、邑人張訓、邑人李憲、邑人任璋、邑人彭仙、邑人楊宗、李恭、傅春。

盂縣香積邑人等:邑人施柒佰人齋、散兵馬使侯武、邑人郎君莊官王武、邑人焦球、邑人温林、邑人高德、邑人馬恭、邑人張通、邑人王潤、邑人王賁、邑人傅綰、邑人馬萬、邑人侯憲芝、散兵馬使侯憲武。

節度押衙承天軍使東山四縣都知兵馬使金紫光禄大夫檢校工部尚書兼御史大夫正豐。

方山院應施到山門田地四至,兩縣下院物業等,謹具如後:山西地六頃,施主□威,東西谷,南北河。院西南平地一段都管,四至:東西并至谷,南至獨堆山,北至方山。從北施主曹萬興卅畝,次南施主王潤卅畝,又次南施主王興卅畝,又次南一段施主王建武卅畝。次西剃□嶺一段施主張秀、張晟一頃五十畝,并至谷。又次南一段施主王潤卅畝。又次南一段施主王建武六十畝,東西脚四至谷。又次南一段施主郭昇,兩頃五十畝。獨堆山東面谷下施主劉楚四十畝,四面并至谷。山西面地三段,施主張文弁約四十畝,東至山,西至水渠,南北并至谷廿畝。院西南脚下地一段,施主郭興,一頃七十畝,東至河,西至谷,南至郭興,北至山。院東南脚地一段,施主王涣、王潤共八十畝。東西南并至谷,北至小山。次西脚施主郭能六十畝,東西南并至谷,北至院地。院東平地一段,施主王江,南北東西共一頃,東至棱,西至谷。次東南至小山,北至大山。次東北一十畝,東至棱,南北并至谷,西至□。山東北禪師塔地一段施主韓君琮、君容等三人共卅畝,東至棱,南北并至谷,西至□□。山北地一段兩頃,施主□文素、文金一頃四十畝五丈,内喬順喬德亦六十畝,東西并至谷,南至山,北至故道,東北至喬德。壽陽縣城東李長官男徐□等施山寺下院一所,并菜園。弟□王德源爲亡父施方山下院一所,□□東□□西至胡□,南至街,北至萬侯遠。盂縣□南街下院一所,施主施□。院東北上神脚地一段六十畝,施主趙立,四至并林。東至古道,并南□河。

[碑文](側)

慕義鄉百姓左慶,爲孤老及無子孫,有願捨施當處莊業田地與神福山寺,起立神碑,助成功德。其莊應有物業屋墀麻地并皆捨施常住,崇成功德。今年盧清佃種,來年便請寺家收佃,永爲常住。如施後有人攙吝,一切左慶知當。其地段四至,别有狀分析,伏請和尚據狀收係者。天祐四年七月一日,左慶手狀。莊一所,東至雅合鋪,西至莊西谷,南至翟澄,次西南至谷,次東南至死絶户田悦、王明,北至盧清。次東北至石樓山,横嶺爲界。至内有武□地□六十畝,張家脚從上一段,次東荒卅畝一段,莊東河南一十畝,屋堰地兩處一畝,是逃户武通地割下,并不在數内。除此外一任收佃。莊西北有地六段,一段曹家脚,一頃五十畝,東西谷,南河,北山。一段次東谷卅畝,東武通,西谷,南谷,北坡。一段次東上封嶺東側卅畝,東谷,西武通,南谷,北林。一段谷南五十畝,東石樓山,西河,南谷,北谷。一段王琛嶺東側,并北谷下,共卅畝,東河,西武通,北谷。一段莊西平一十畝,東至盧清,西河,南道,北盧喜。取盧清屋後□蘺爲畔,濟道溝東姚立先施地兩頃,四至谷。右君慶所施前件莊,其叔左葉,死絶。君慶年老孤單,兩房并無子孫承後。有願施與寺處,永爲常住收佃。如後人攙吝,一切君慶知當。恐後無憑,請執此狀爲據。

原載《三晋石刻大全·晋中市壽陽縣卷》

姚乾光

後唐官員。撰此志時署名衛國軍節度判官、朝議郎、檢校尚書主客員外郎、柱國、兼侍御史、賜緋魚袋。

唐故衛國軍節度使充延丹綏等州觀察處置使開府儀同三司檢校太傅同中書門下平章事□□□隴西郡開國伯食邑二千户李公(彦璋)墓志銘并序

門吏節度判官朝議郎檢校尚書主客員外郎兼侍御史柱國賜緋魚袋姚□□□

於戲！道冠群雄，位躋貴士，體國休戚，作時安危，其惟李公乎！公諱彦璋，字東美，鳳翔節度使、岐王茂貞之孫，中書令、静難軍節度使繼徽之子。公以尊翁僖宗代立勘難之功，詔賜國姓，祔大宗正之屬籍，自是稱隴西李氏焉。公嶽降祺祥，星垂靈炳，爰自丱歲，達於壯年，識量恢弘，氣局豪邁，常謂親知曰：吾雖不達孔宣父之書，深愛黄公石之略，苟或功不鏤於彝鼎，名不振於寰區，孰能稱大丈夫哉？雖處偏裨，嘗負志氣，自以爲吕蒙屈身於行伍，韓信羈旅於風塵，會陟亨衢，豈爲喪道。

大順中，山南節度使楊守亮恃山河之固，倚兵賦之饒，狼顧一方，奴視四境，朝廷患焉，乃詔岐王討之。公於此際，始建殊勛。不久事平，朝廷録功，乃授檢校工部尚書、階州防禦使。至綏葺之日，以地連蕃虜，久罹傷殘，思致阜俗，無先廉静，乃勵清節，去煩苛，勉農桑，省刑獄。以畏以愛，且歡且康，雖黄霸之典潁川、隱之須臨交趾，無以加也。

拓跋思諫藉亡兄之餘業，有鄜夏之全土，擅興師旅，侵略鄰封。岐王親董全軍以制之，至於帳下貔武，連營驍鋭，一皆委焉。公由是戮力之事知無不爲，涉旬而凶黨遁亡，數郡而俶擾蕩定，乃奏加左僕射，移刺衍州。

旋以有事於奉天，又署公爲行營馬步都指揮使。法令齊肅，軍令整嚴,不施鞭貫之威,自得鼓鼙之壯。事克,又改授寧州刺史,左僕射如故。

凡三理大郡,咸著政聲,職貢聿修,課第居最。其間,屏奸邪,恤惸獨,遠珠玉,流惠慈者,非屈指能數哉。

復以涇原節度使張珂臣節虧失,殘虐薦臻,爲邊城之患。詔委鳳與邠舉兵伐之,又奏公充行營都先鋒指揮使。公精練兵甲,顯示誠信,且招且討,以令以恩,不日而克涇焉。

未期月,鄜、夏相持,戈革屢作。邠令曰:欺鄰弄敵,猶可逭矣;以卑凌長,夫何捨哉!吾欲仗全師攻不義如何?公曰:君臣父子之道,雖三尺童子不可去身。今鄜爲逆[仵]所凌,殆將窘迫,儻不爲應援,是謂惠奸。邠令遂親董師徒來赴鄰難,又以指揮之務付焉。我師晝臨,彼衆宵遁。得不謂明誠貫於白日,義烈形於赤心,豈可成不陣之功,解重圍之困哉。中令録公上奏,加檢校司空、守延州刺史、充本州防禦安塞軍等使。承苛政流庸之後,申寬仁厚澤之恩,輕賦租,息工作,闢榛鹵,布耕耘。即日而流亡漸復,期年而襁負盡至。由是士庶相謂曰:延安久厄塗炭,無望蘇舒。自公鎮臨,僅成富庶,雖文翁杜母之化,豈得同日而語之。又就加司徒,餘如故。

尋屬東平悖逆,舉兵内向,聖駕幸於岐陽。公日吁嗟:君親困辱如是,臣子戮力之時。乃斬馬誓衆,傳檄諸侯。千里之間,戈甲相望。於是岐王、邠令累具聞奏。帝念其忠孝,詔改安塞軍爲衛國軍,節度使仍就,加太保,兼以綏、丹二郡割隸焉。

時鄜州爲汴寇所竊,據彼城池。公以强弱有時,變通在我,遂權修歡好。然則外示恭順取信,内則訓練爲謀,將決萬全。俟其不意,於是戈鋋一舉,壁壘盡平。凡歷五大陣、十小敵,斬將擒生,納降坑衆,不可悉數。賊平後,以鄜居朔野之襟帶,鎬京之管籥,土疆豐厚,輿賦殷優,乃讓長兄太保鎮之。㧓謙之道,孝愛之美,固雜沓於家,諜國史矣。

洎國朝淪陷賊庭,皇都逆豎佔據,甸服之内,蝟聚蜂屯。巨寇將有窺覘邠鳳之志,乃於奉天城實兵仗,蓄糧儲,深池壕,堅城壘。岐王乃命一中令爲六道行軍司馬,署公爲六道都指揮使。奉天城自德宗巡幸後,雉堞壯觀,士卒驍鋭,雖賊洮與巢之盛,數年間終不能侵犯。公督勵將卒,申明賞罰,不及一旬,遂克堅壘。屠賊萬餘衆,斬將百餘級。奉天置守宰,振旅而還。

屬大君鍾平陽之酷,劇寇襲石頭之僭,海内無復朝廷之命矣。岐王遵先天子絹書,寄托恭行制命,乃承制加平章事。未幾,復加檢校太傅兼侍中,餘如故。方深緊倚,遽遘沉屙。以天復八年十一月廿五日薨於位,享年五十三。以明年二月十日卜吉於臨真縣豐義鄉盤龍里之北隅。

夫人潁川郡君陳氏、滎陽郡君鄭氏,咸備四德,悉稟三從。有女二人,年方幼稚。弟彦逢,彦昇、彦謙、彦迺、彦逵、彦琥、彦珪、彦穎、彦鉞等始未匡佐,盡著勛庸。次子延賞、延威、延實、延諗、延晟、延奉、延祚、延僅、延宬、延鐵、延昌、延錫、延順、延疇、延真、延偘、延安、延楚、延遵、延厚、延信、延會、延卿、延新等皆推忠孝,悉秉重難。公理命之時,招長子丹州防禦使、檢校司徒延瑀以爲嗣。公天鍾上才,神輔忠烈。事業韜略,精明政術。有孝敬法於家,有匡扶形於國。彌留之際,方寸無撓,自軍府大要,私門微事,無不覼縷於遺旨矣。旋蒙岐王、邠令特煩簡命,爰降制書,解數郡之焦熬,成一方之休泰。今司徒公早擅武經,素明政理,雅得象賢之譽,克符承紹之榮。扶毁瘠以遵理,言抑哀摧而奉先訓。以乾光久佐府幕,備熟英風。托以菲詞,直紀勛績,銘曰:

猗歟盛烈,克紹門閥。忠事君親,雄吞逆孽。
殲褒拒命,成岐大節。功業縱横,鼎彝昭晰。
三連剖竹,一陟師壇。龔黄接武,廉白差肩。
幾清鯨浪,幾滅狼烟。心期戮卓,志在誅玄。
義解鄜圍,機收塞壘。虜以宵遁,延惟信委。
變虐成仁,回亂爲理。俗態熙熙,淑聲鬱鬱。
業業雄圖,光光霸略。俄軫逝川,旋悲夜壑。
藩垣孰嗣,元子是托,永繼勛庸,足安冥寞。

原載《新出五代〈李彦璋墓志〉所見秦岐政權軍事史事——兼談與此志相關假子的本名問題》,收入杜文玉主編《唐史論叢》第25輯

盧汝弼

後唐官員(？—921),范陽(今河北涿州)人。唐昭宗時進士及第,歷任祠部郎中、知制誥。後投太原,爲晉王李存勖掌管書檄,權勢頗大,任河東節度副使、賜紫金魚袋。天祐十八年(921),卒於太原。

唐故河東節度觀察處置等使開府儀同三司守太師兼中書令晉王(克用)墓志銘并序

門吏、節度副使、朝議郎、前守尚書祠部郎中、知制誥、柱國、賜紫金魚袋盧汝弼奉命撰

高□下□,象屬金膏,洪潤之靈,寔有所謂不徒方流載玉,川媚孕珠,時有應世出圖,澄波啓運,則英雄誕焉,聖賢出焉,有彼鴻休粹兹平祉者也。又何必郊麟穴鳳,健龍靈龜而爲瑞哉?惟大晉王是應間異。

王諱克用,字翼聖,隴西成紀人也。以象河命氏,與磐石聯枝。自四代祖益度,薛延陀國君,無敵將軍。曾祖思葛,繼國襲爵,霸有陰山。祖執儀,皇任陰山府大都督、三軍沙陀都知兵馬使兼御史中丞。烈考國昌,皇任左龍武統軍、檢校司徒,致休禄終,追加太保。噫夫!大功大名,垂慶垂裔,必顯綿遠,以纂忠勛。故在憲宗時,有若都督,戮力王家。在懿宗時,有若統軍,龔行天討。在僖宗、昭宗時,有若晉王,奮志提戈,夷凶衛社,名標圭臬,爲天下先。三世蟬聯,九朝盛□。王承是徽懿,生特英邁,以匡合力,爲社稷臣。兩復乘輿,再殄妖孽。抑揚峻袟,踐履密計。初,自雲州刺史兼御史大夫,以統軍請老,表王代將部族。朝廷遂命檢校左散騎常侍,仍以代州建雁門軍,王兼雁門節度留後。未幾,王親率賦輿,西破黄巢賊於長安,以功正授雁門節度使、檢校兵部尚書。旋又就加檢校左僕射,尋復詔拜河東節度使、檢校司空。勤王奉寵,繼晉文三命之尊;剪葉策勛,全唐叔疏封之重。自司空加司徒、平章事,歷太保太傅。以解陳州之圍,再襲敗黄巢於宛句。迨兖州傳賊首於闕下,推功校最,以王爲先,遂加檢校太尉,仍

兼侍中，進封隴西郡王，真食五百户，兼賜鐵券，錫號功臣。後以破邠州王行瑜功，册守太師兼中書令，封晉王，總食一萬户，真食一千五百户。衮舄既臻，戎輅之車益重；笳簫爰設，玄珪之命攸崇。故齊履就封，只帶帝師之號；荀池浴日，止昇中令之榮。未有兼列真王，仍開全晉者也。初，王自作牧雲中，登壇并部，歷官相府，猶侍鯉庭。詩賦緇衣，夾輔同榮於五教；圖形麟閣，標奇對列於一時。道盛兩全，事光千古，加以禮樂恭己，忠孝飭躬。修職墳以教臣，府無虚行；謹庭闈而侍膳，行茂肥家。自銀印青綬，累秩進律，至儀同三司。及雲中太守亞丞相，累官錫命；至正三師真上宰，爲列國王。皆不以冒寵虚恩澤，□以忠力元勛稱王，君命而後受也。至於在統軍左右，時率師破賊，雖□武英雄，傑立於世，亦不擅己自任，必禀命而行。故天下凡言爲子爲臣之道者，皆折衷於王也。唯是睦鄰赴難，急於奉漏沃焦。故鄰壤有不叶者，莫不賫其彌縫，聽之關決。黄巢爲紀，改爲金統。襄邸竊號，改爲建貞。天下莫不軌從，唯王首以□破。迄今朱温僭篡，唯王之土不易於吾唐之風。乃知與唐之所以王者，蓋唐禮盡在於此矣。嗚呼！唯浮休之理，雖三皇五帝，亦不能逾於數者，蓋天之所限也，故達人□知命焉。况命世英雄其來，世有謂其去也，豈徒然哉！屬今之世，先昭皇帝爲賊之弑，一旦天下墜塗□□，鴻圖寶祚，未有嗣焉。而王每以壓境削敵。寢疾半稔，彌留之際，封域怗寧，萬彙群心，率然有付，傳於令嗣。信天命右歸，□雖彼帝王者，又焉得輕擬諸盛烈哉。以天祐五年戊辰正月二十日薨於路寢，享年五十三。

王之弟四人，官氏之次，悉列於豐碑。小君三人：長沛國夫人劉氏，無子。少魏國夫人陳氏，亦無子。次晉國夫人曹氏。皆以賢淑令嘉□，嚴慈育慶門。即令嗣王今公，實晉國太夫人之自出也。嗣王之兄今昭義相公名嗣昭，乃王之元子也。嗣王之次親第二十三人，具名列於後：存貴黠哥、存順索葛、存美貞師、存矩迭子、存範□□、存霸端端、存規歡郎、存璲喜郎、善意□□、大辞、重喜、小辞、住住、神奴、常住、骨骨、喬八、外端、小惠、延受、小住、寶寶、小寶。於戲！惟盛德者其嗣遠，其繩繩之勢，雖河帶淮清，未足語其綿綿也。王以己巳歲二月十八日歸窆於代州雁門縣里仁鄉常山里祔於先塋，禮也。夫刊石命紀，將表

其封,不以飾辭,固當直筆。汝弼游王之門,居客之右,恩雖特厚,文疵失華。奉命以書,敢爲銘曰:

日星之靈,河嶽之英。鍾兹壹德,降彼貳清。承家善慶,□□心貞。義方禀訓,氛祲□□。封官一品,樹屏三京。真王封國,叶力雉盟。未除國耻,□□□□,傳於令嗣,寰海□□。風飈陵樹,永仰英聲。

王道源書

原載《全唐文補遺》第七輯

弘農郡夫人

當爲晉王李存勖統治時人。

楊郡君夫人摩崖詩刻

唐天祐丙子歲六月十四日離府,至中旬巡祀到此,登陟硤石山,偶上先師擲筆臺,眺觀景象,爲詩上碣。弘農郡君夫人述。

此山藹藹通雲烟,峭壁嵯峨勢分綿。丹水流衍曲如帶,風皺羅紋聽管弦。鶯啼花開入禪意,擲筆臺前梵唄宣。遥想當年無遮會,紛紛散落雨花天。

原載《三晉石刻大全・晉城市澤州縣卷》卷上

劉　端

五代官員。曾任定州觀察巡官、朝請郎、檢校尚書禮部員外郎、兼侍御史、賜緋魚袋。

王處直重修北嶽廟碑

觀察巡官、朝請郎、檢校尚書禮部員外郎、兼侍御史、賜緋魚袋劉端奉命撰。

同三司檢校太師、兼中書令、使持節定州諸軍事、上柱國、北平王、食邑五千户、食實封五百户王處直。

歲在丙子十月癸未朔定州文學王知新書。

(上闕)明覆載以稱功。浩森百川,崚嶒五嶽。顯陰陽而自異,呈動静以爲徵。莫不隱靈祇,彰聖化。欲見而非見,示威而不威。福善禍淫,有今古無差之理;聰明正直,豈鴻纖偏照□□。□□妙難窮之迹,蘊幽立罕測之基。昭然憮然,謌矣大矣。驅至道而牢籠萬彙,啓範圍而埏埴群倫。敬之遠之,寒暑不僭於四序;恭也禮也,札瘥□適於千門。況■遠當夏氏之興。且特修王母之祠,未盡善也;迴致高禖之祭,胡可比焉。豈若恒嶽霞峰,安天疊廟。鎮撫堯分之所,輯寧禹别之方。□氣匀鋪,壯■。□勢巍巍,藏雲龍而均風雨;如生肅肅,將魚水而睦君臣。遠邇垂恩,公私布惠。解濟黔黎之苦,能蠲皇闕之憂。魑魅亡魂,奸迴縮朒。怖盤挐□,黄鉞逃粉碎■春秋祇若興五侯,懇薦於蘋蘩。黍稷非馨,唯於饗德;修腯咸有,但以依人。

伏又河朔名區,海西樂土。雖寡魚鹽之利,尤多耕織之資。密邇并燕,絶六狄七戎之□;交居趙魏,招■一境是諸峰之則,三軍爲百代之規。整頓朝綱,獨立功臣之貴;平除國難,孤標取亂之勛。況大唐二十餘帝乾坤,三百年間社稷。龍魚數見,□□頻生。聲振■萬方之禮樂無雙。堯舜芳猷,既參差於竊比;商周政柄,徒卼臲於揚名。宇宙昇平,烟塵帖泰。泛宸恩於草木,鍾睿澤於惸嫠。屬以失味□梅,輕漂舟楫。玉輅東西,豈爲春蒐之故;銀鈎南北,唯論秋煞之因。荏苒九州,依稀六國。運偶二三之變,時遭百六之艱。

伏以■歸於神授,英通盡出於天生。昴宿光芒,契叶賢王之瑞;金精照灼,潛符霸主之徵。執禮弘仁,廉刑薄斂。遍沐怡顏之睨,□遵難犯之威。■彰形影於冰壺。不意小瑕,留心大節。賽桓文之令望,超周邵之嘉音。謀始要終,理煩去惑。皎潔三秋之月,泓澄萬頃之波。而又世襲■五孝,從五帝而至如今。加以武庫規繩,儒門綱紀。著述五兵之策,研精萬卷之書。稼穡偏知,但見啓期之樂;刑罰獨斷,旋除庶女之風。惻隱肥家,忠貞沃國。勛■大度謨謀,深行理治。每設補天之術,恒修縮地之方。繇是訪沉淪,求疾瘼,崇佛理,重神明。廢置伽藍,總就增修之命;傾頹廨宇,俱當造化之功。

□嶽廟以天寶■。洎乎舜曆頻移，秦正屢改。將新舊而分巧拙，方彼此而曰古今。屬以山楶敧傾，丹楹朽腐，只取於素來基址，特興於此際規模。遂命押衙、充都監修造使、檢校工部■畚梮，藉罄竭於心匠，惟臻至於忠勤。百役子來，三時農隙。選榱甍於異木，佺柱石於幽巖。杞梓鸞桷，瑠璃鴛瓦。想楚宮之枉設，誇漢殿以虛詞。斤斧奇能，再偶■馬鬣千千，似稟銜枚之命；驌驦萬萬，疑聞聳轡之聲。福壽要津，神祇會府。閬苑亘瑶林之茂，銀扉衝朱檻而開。未既十旬，其庸一旅。勞而不怨，告厥成功。實爲陰■嶝，凌空展梯，□□莫達。清波忽泛，浮梁棟以旋來。黯黯坤元，踊一攢之勝概；明明星紀，聯百雉之清虛。佛土裝巖，猶虧鳳髓。蓬瀛景致，只欠鰲頭。豐省亡機，疾■，北討南征，蓋□□神之助；人安俗阜，深憑陰德之功。而又巨夏多艱，中原盡蠢。大厲久離於四表，太平永在於三州。■絶□圖，貽厥孫謀，弘宣祖業。社稷類金湯之固，山河齊日月之榮。

端負笈微人，食魚末客。少琢磨於焉學，深□□於斯文。謬歷烟霞，媿■□異披砂，□□拾芥，有濡毫而稽顙，無香桂以甘心。進思盡忠，煦育之■荒蕪冀□寵命。叙虛襟而寧極，修實録以何窮。但以闕如，誠非作者。雖乖雅頌，輒繼賡歌：

□□國泰，密□年豐。一人肅敬，八表欽崇。
諸神際會，闔境和同。公私唯孝，左右純忠。
威降巨祲，力制群戎。寶裝廟宇，山是屏風。其一
精專建造，巧竭立微。高攢□□，紫日光暉。
龍拏虎噴，師從兵圍。前壇後苑，左驂右騑。
尊卑森森，去就依依。俄興木鐸，待整璿璣。其二
匡時舟楫，間代公侯。洪橋架海，皓月當秋。
恢弘至道，以□□□。巍巍清廟，岌岌危樓。
家財已俸，制置增修。行藏實録，今古難儔。其三
名超八凱，鑒若三辰。忠貞輔國，禮樂親鄰。
始終霸道，左右賢臣。一方受煦，萬物逢春。
□□奉命，文不驚人。徵書盛事，永載貞珉。其四

原載《五代石刻校注》

張本愚

五代時人,鄉貢進士。

望夫神女祠記并序

鄉貢進士張本愚撰　書文人王行玘

夫玄黄列位,清濁殊形。兩曜明而六合分,王才設而萬象舉。龍祥演卦,八索於是垂休;帝聖握圖,百辟於焉定紀。暨乎八山逞秀,寶珠贐於方輿;七政璇光,運歲華於圓蓋。即有蛇身神后,牛首人皇。觀鳥迹以成文,假結繩而莅政。自爾承基造化,繼踵興邦,機巧漸生,規模傑出。是有班氏名垂,生負揮斤之善,長全贊國之能。將期地平天成,兼冀鑿山疏水,伯禹之功勤納款,巨靈之肩贔投戈。志動天矜,身勞神助,比以齊家志大,創業情堅。□軀極思於山河,闢土盡忠於終始。其功未就,中道無從,耻過作羞,投身異域,即□□三隴大王之行狀焉。夫人不知誰氏,以從夫成志,適足依門,寧忘舉案之恭,豈乏齊眉之敬。奈何分也相失,命也相違。蟯蜋振鼓以俄驚,鵯鶋先時而獲罪。因乃憤盈胸臆,禍積眉蕪,飲恨成徵,斷腸難續。凝眸□累,精誠感化於巖邊,積恨流年,伫立不移於谿口。初平叱石,争□殊途,劉向默知乳之寧,語加以石。今傳説非載典經,野老欽承,春秋祀享,禱之者獲福,傲之者罹殃。鄉邑建祠,日月難究。其祠也縱横,林麓鬱映,峰巒岧嶢對羊角,青嶺崒屼掩虎溪,碧洞藏龍隱霧,倚奥寺之幽奇,蔽日疏霞,控石樓之顛險。其或洞開風迅,必公主之逸游;山暗雨零,乃香杳之輕戲。汀涷窗外之水,飍颮林下之飈。天慘雁悲,山寒草細。澄潭絶□,亟象緯之光明;峭壁難量,掛門牛於霄漢。俾往來之嶷目,感祀祭之虔誠。遵仰則福集風雲,侮慢者乃禍生影響。輪蹄輕而超進,遠邇望而濟登。疑惑始生,徵兆必至。礿錡釜於庭軒,未來可驗;撤潰污於□酌,既往難追。時將舞動塤箎,歌飍覢戠。况我府主侍中,恩臨澤潞,霈膏雨以春濃;威伏奸邪,布嚴霜而秋勁。八方拱德,四海趍風。鎮方嶽而月上晴天,安境土而日當曉鏡。縣大夫天階文苑,□下長才,泗水珠明,荆嶺璞潤。印領坡黎之邑,恩沾疲俗之家,嘗以豐儉疚心,慘舒掛念。歷崎嶇而無憚,服甘苦以寧辭;施勉喻於鄉閭,恐生長之困遺。鎮主尚書,功勛上品,鐘鼎名材,職佐侯門,計深戎略。一居鎮撫,烟尘不憂於封畺;三攙星霜,歌咏但盈於歧路。判官,筌篁有韻,珪璧無暇;學海詞風,文房瑞宿。維那,神録□管。耆老少年,并嘗言慎。白珪器温,紅玉心同,秋水行□,春蘭不□。本愚言匪闕經,疾深昧視,堅令采掇。抑有請祈,所愧多率爾之詞,難逭浮虚之誚。辭不獲免,幸而直書。邑衆六七父老,陳力五六壯年,遂於天祐丁丑歲季夏甲申月,共思戮力,遠訪貞珉,募郢□以磨礱,樹廟堂之銘記。止慮年移事往,海渴山崩,刊勒斯言,以彰不朽。

其詞曰:

憶昔魯□,誕育何方。平生慷慨,爲誰紀綱。奇功未立,盛德難忘。山河誓重,今古名揚。噫嗟貞婦,登兹山路。凝睇望夫,愁雲泣雨。精誠一變,容華萬古。端立巖前,寂無人語。虔誠父老,敬兹神道。改移廟貌,勉揚年少。戮力殷勤,晝時建造。可嘆周旋,争無鑒照。

時天祐拾肆年歲次丁丑季夏戊寅朔拾柒日甲午 住下堰村河西隴内三疃

原載《三晉石刻大全·長治市黎城縣卷》

高 諷

五代官員。曾任朝請郎、檢校尚書工部員外郎、兼侍御史等官。

後唐再修文宣王廟院記

若夫厥初生人,人不能自治,必維天降聖而治之,太始太素之古,恍惚眇遠而莫之知。及歷唐虞,時更三代,當淳離朴散即禮樂刑政而治之。至周室中衰,王道否塞,由是天降元聖,宏濟時艱,發揮至教,體含造化,仰之彌高,與天地合其德;照洞無際,智周萬物,有形必鑒,無得而逾,與日月合其明;抱春生夏長之仁,定陽開陰閉之紀,正五氣,分三統,與四時合其序;索隱洞冥,知微知彰,變化無方,元覽無始,與鬼神合其吉凶,貴焉無位,志在垂訓,遇此周衰,載揚魯道,宏敷典禮,顯正國風。且歷代王者,唯蒸嘗之禮,隨而絶之,獨以素王區宇之内,聲教所至,莫不備俎豆腥熟,不絶享薦焉。配天地而長久,則知至德,孟子之言明矣。

是時也,復遇守府不篤,中原蕩析,鍾皇運之百六,值四海之尋戈,禮樂由是道汚,儒宫又滋枳棘焉。今遇太師令公太原公,應辰緯之純精,禀山川之秀氣,天骨特異,研道知幾,太史群書,無有不總,德教充塞,功被動植。故出兩歧合穎之秀,即德及稼穡也;馳素翼霜,毛之産,即德及飛走也;八風不奸,十雨順晷,即德合覆幬也;其將必忠,士必鋭,即德及軍旅也;耕者讓畔,路者行歌,即德及黎獻也。況仁被昆蟲,澤覃幽顯,不可備得而稱,蓋少明其大略也。值此四郊多壘,痛毒元元,天未悔禍,人崩厥角。今以提封不聳,邑里靡寧,非我公獨以詩書禮樂化人成俗,則何以見興儒導訓。變風變雅,當俶擾之運,行鄒魯之道,俾鄉黨之間,復洙泗之風焉。且以先師廟摧朽攸深。所餘者,惟列序舊基,修廊遺堵矣。公曰:"昔者夫子救亂世,拯頽綱,垂五典,顯七教,爲人靈之大訓,於今治國之道,昭昭乎爲化之本。豈可使夫子之寢廟,不能庇於燥濕,即何以行其道?"於是乃命步軍都虞候王超經管僝工。乃於天祐十三年七月十九日始修正殿,取規大壯,綺棟交聳,綉桷横飛,藻棁耽耽,璇題灼灼,焕乎華構,肅然清廟。所以火藻龍章,備若魯堂之貌;桓珪穀璧,襜如沂水之賢。棟宇輪奂,象設咸備,誾誾列侍,翼翼有容。次葺三禮堂,覽之見歷代禮備矣。次創齋院,以爲三獻修齋之所。次修學院,及特建進書堂,以俟近思切問之士。

時未周星,百工咸備。夫立儒之教惟聖,行儒之教惟賢,即魏之文侯,漢之文翁,豫章之學臺,南郡之絳帳,皆於治平之代師儒興教,豈比我公當茫茫九服輻裂豆分,屬兹多難,光揚丕訓,啓迪文教,而行夫子之道化人,修夫子之宫勸學者哉！校斯盛美,復冠前史;顧惟鴻懿,允昭永代。諷幸參幕吏,實愧謏聞,奉命紀石,以旌不朽。時天祐十五年戊寅四月癸卯朔。

朝請郎、檢校尚書工部員外郎、兼侍御史高諷撰

原載《民國定縣志》卷 18

盧 泳

五代時人,鄉貢進士。

有唐故成德軍東門親事兵馬使宅内鞍轡庫專知官銀青光禄大夫檢校太子賓客侍御史上柱國平昌郡孟弘敏夫人隴西李氏合祔墓志銘并序

鄉貢進士盧泳撰

夫輝山照水,爲間代之奇姿;却日衝星,迺明時之利器。則芳流竹帛,價溢縑緗,雅屬當仁,惟公謂矣。

公諱弘敏,字修遠,其先平昌人也。自周公華裔,魯國靈苗,枝葉相承,風神間出。弓箕不墜,英傑挺生。三皇五帝之時,公卿繼美;興亡戰伐之後,儒學傳家。或居侯伯之間,或在帝王之位。緜分史籍,益振殊名。令範芳猷,此莫備載。曾祖緒,平盧軍節度押衙兼御史大夫。祖位,隱居不仕。考文德,節度都迴圖錢穀都知官。皆以命世雄才,匡時重器。決勝含機之妙,早在彀中;扶危仗順之謀,素標術内。靡不雲間日下,青眼白眉。

府君即列考之長子也。丹青儁彦,冠蓋英聰。窮二雅之風騷,富三冬之學業。自綺紈之歲,及齠齔之年,宗禮樂以成師,清名不墜;禀階庭而受訓,令躅長存。聲名益譽於儕流,遠邇咸欽於問望,乃策名霸府,筮仕王庭。於天祐五年三月十日擢授東門百人將。雅膺刈楚之求,克赴招弓之命。公事君無讟,懷風雷應變之機;臨事不□,定石席無移之操。備彰績效,顯異儕倫。於天祐九年六月二日轉授□□虞侯。當武帳龍旌之右,居華資顯秩之間。苟非其人,不可妄付。公折旋俯仰,縱横盡叶於威儀;開口發聲,譚笑無非於經濟。於天祐十年八月十一日轉授東門散將。當魏道武虎變之隉封,漢世祖龍飛之分野。當兹上列,須命通才。公雅操孤風,横前絶後。尚淹豹變,久滯鵬摶。天祐十一年六月廿日,又授東門討擊副使、池潭都監官。若

非公以謀偕首出,動必身先,即曷赴僉諧,膺兹妙選。雖遷鶯鴻漸,未展其器能;而野鶴冲天,□間其變化。天祐十四年六月廿一日,遷授東門親事兵馬使、宅内鞍轡庫專知官。彌彰□主之功,益勵勤王之業。實爲當今獨步,曠古無雙。講武則馬上塵飛,平差往哲;論文乃席間霧卷,下視群英。仰之者如□鏡庖刀,望之者若靈蓍神蔡。時以群妖未滅,唐運道銷。雖銜列土之恩,久曠通天之命。我后以承本朝制命,旋加銀青光禄大夫、檢校太子賓客、侍御史、上柱國。既捧絲綸之命,彌光宗族之榮。驄馬銀章,益焕庭闈之貴;綉衣蘭省,永芳藩閫之資。其或持躬四方,折衝千里,幅裂瓜分之際,鯨吞虎噬之秋。公居秦返璧之謀,何稱往代;入宋登車之對,同繼高踪。恒抱義以戴仁,每揚清而激濁。本冀永延遐壽,齊彼仙年。嗟隙駟之難停,嘆藏舟而莫住。日中月半,虧盈之大數寧逃;雷動風行,閃爍之浮生可類。以其天祐十六年十二月十七日寢疾歿於鎮府永樂坊之私第,年卅。

夫人隴西李氏,故節度押衙平山鎮遏使之女也。閨庭頗叶於周詩,令淑光標於女史。方拘荼蓼,哀瘵不任,相次寢疾。於天祐十七年十月四日歿於永樂坊之私第。姊適故節度押衙前兵馬使楊璋,即東門討擊副使、宅内染坊都監官之子也。鏘金雅韻,凄清洞叶於宫商;凌雪貞姿,秉節罔辭於霜霰。姊早慕竹軒,幼栖寶地,達三乘之生滅,智刃恢弘;□□□之色空,心源浩渺。於深妙寺住持院宇,考課繼文。爲至教之津梁,迺佛門之規臬。妹適鎮府逐要賈煒,□□山縣令、防禦兵馬使之長子。珪璋令胤,杞梓名門,抱達人君子之風,體動静安危之理。冲襟磊落,清濁不擾於心源;節操堅貞,喜愠罔形於顔色。次妹適東鹿縣令、防禦兵馬使李思業,即親從左厢都押衙、都迴圖商税使、檢校尚書右僕射、侍御史、上柱國之長子也。驪頷明珠,藍田瑞玉。宣風百里,遐欽馴稚之謡;布政一同,雅有去蝗之化。有子二人,女二人。長曰守振,見充東門義兒。辯同棄菓,智邁刻舟。雖當佩韘之年,頗有成家之慶;次曰守譚,兼女二人,俱幼。并以銜哀茹恨,泣血絶漿。府君幼而不群,長而好學。世嗣爲裘之美,家傳積善之風。實爲鷹揚盛時,鶚立當代。迴顧而珠明玉潤,蕙馥蘭芳;援毫而雪落霜飛,鸞迴鵠返。其或携賓東閣,接客西園。花徑春深,陪躅者金聲才子;軒窗月滿,侍讌者鳳藻詞人。恒飛蓋以忘疲,顧倒屣而無倦。不意旋悲風燭,遽隔人寰。俄爲岱□之魂,已斷涉洹之夢。悲纏里巷,痛叢蘭之忽凋;涕結宗親,傷貞玉之斯折。今者龜筮告吉,窀穸云期。長子守振,取天祐十八年二月十五日遷府君夫人之柩,葬於石邑縣沍水鄉趙陵村,附先塋之禮也。庶使封樹凋落,陵谷推移,篆金石以流芳,振英規而不朽。泳才微學寡,調下格卑,考拙思以徒窮,紀殊名而不盡。乃爲銘曰:

琳瑯重器,瓌玉奇姿。士林懿範,明代箴規。凌顔轢謝,閲禮敦詩。優游顯級,頡頏華姿。昴宿鍾靈,河清孕粹。蘭菊彌芳,昆吴益淬。峭拔三峰,晶榮五緯。英傑冠時,風猷出世。車纓滿路,簪履盈門。名芳青史,貞比蘭蓀。鏘金戛玉,奕子傳孫。麟走晴田,鳳翔秋漠。價溢天球,名超日觀。命世英奇,標時儁彦。皓月鋪霜,澄江瀉練。輔佐君子,女史良規。行揚麟趾,道叶螽斯。椒花麗藻,柳絮清詞。克修婦道,動叶母儀。松椿減算,龜鶴銷齡。杯無延壽,枕失長生。宗親結恨,里巷喪情。雲愁遠嶽,烟慘孤旌。薤露難留,風燈莫住。玉碎珠沉,鸞歸鳳去。二竪灾時,兩楹夢處。刊彼貞珉,芳音永固。

原載《全唐文補編》卷 94

姚崇休

五代時人。歷任昭義軍節度副使、朝散大夫、檢校右散騎常侍、御史大夫、上柱國、賜紫金魚袋等職。

唐故代州刺史任公尊夫人高氏墓志銘并序

昭義軍節度副使、朝散大夫、檢校右散騎常侍、御史大夫、上柱國、賜紫金魚袋姚崇休撰。

高之得姓,始自齊太公食菜於高,因以爲氏。尊夫人門修□素,世襲簪纓。雍和爲族緒之宗,德行乃風規之表。及笄之歲,適於令門。婦道禀於生知,母儀贍於天副。卓然之子,昆季五人,莫不歡奉慈嚴,敬祇甘滑。長曰圖,皇歷典郡。次曰回,皇累字人。三曰圜,副起復於重藩。四曰團,遵抑奪於雄府。五曰囧,方晦居於禮製。唯二女早歸聘於德門,皆以才業馳聲,軌儀臻譽。擅濟國肥家之美,蘊輝今映古之能。内外諸孫,訓勖無怠。男即著功於習學,女唯勵志於賢明。積善彌隆,餘慶杲驗。尊夫人每精調攝,常保乂寧。寢興遽爽於朝昏,醫治空勞於藥餌。輔德之契,何縱誕而無徵;福善之言,豈流芳而寡信。時天祐十六己卯歲十一月十四日,薨於潞州子城之公第,享年六十有九。壬午年正月廿五日,合祔於汾州西河縣文信鄉上文里。崇休幸連戚屬,早熟聲輝。無愧荒虚,敢申記述。銘曰:

惟道素光,惟名夙彰。詩禮并茂,德行齊芳。喜□容動,怒不氣傷。恢廓之量,萬頃汪汪。令子才謨,超然間□。别有風範,□因訓誡。郡歌政美,邑稱民泰。贊佐之能,藩方是賴。矧兹懿問,何曠修齡。奄歸大□,當固泉扃。迥野摧嶽,長空墜星。紀於貞石,千古垂名。

原載《山右石刻叢編》卷 9

王　緘

五代官員(? —918)。其先在幽州節度使劉仁恭部下任職,奉命出使鳳翔返回時,被晉王李克用截留,任其爲推官、掌書記。李存勖繼任晉王後,其任節度判官、金紫光禄大夫、檢校尚書右僕射、賜紫金魚袋。天祐十五年(918),爆發梁晉胡柳之役,死於亂軍之中。

封白鷄山記

河東節度觀察處置等使、同三司、守太傅、中書令、嗣晉王、食邑五千户李□□

監軍使、特進、右監門衛將軍、賜紫金魚袋張■

節度判官、金紫光禄大夫、檢校尚書右僕射、賜紫金魚袋王緘撰

夫以玉燭揺光,碧落霄懸於合彩;金輿厚載,丹丘靈毓於祥音。斯蓋運契星躔,道符天意。流淳化於萬類,動植咸熙。抽勝策於九章,華夷景服。王澤流於上,龢風悦於下。故有連雲峭壁,藹如畫之

烟嵐;質異山梁,翥凝霜之毛羽。是知鳳鳴汧石,千年而山得佳名;鶴降遼東,萬古而地稱佳號。我嗣晉王,珠庭表異,玉節傳榮。廓氛祲於中原,躋生靈於壽域。沉研麟史,征南徒釋於三編。擒縱龍韜,忠武虚譚於八陣。劍横大樹,戟中小枝。睦鄰而將罷東征,當俗而民歌栖畝。矧乎三清分派,九合昇壇。刑白馬以會同盟,致丹鼠而忘巨猾。昔歲金橋之戰,勢掩昆陽;近年沍水之征,威符淝上。豈謂重燃興燎,惡蔓猶滋,豨跳將害於周禾,烏合連群於伏莽。於是躬提千乘,途邁六辰,行方結於魚麗,路復經於龍墅。睨蒼翠之側,於翳薈之中。睹靈雉而低翔,當神騏之逸足。可謂復舒皓色,玉潔争光。有同於天上飛來,無異於日前化出。粉形踊竦,熒熒而珠點雙眸。霜距秦翹,閃閃而雪翻兩翅。

嗣王祝之曰,既瑞世瑞時,可勿驚勿畏。乃虚之以雕籠,擁之以襟袂。忘十步一啄之心,有帝扇后褕之意。若栖於瓊花枝上,皎潔争分。或飲於水精壺邊,精熒莫認。天命此墅也,税蠲青畝,山封白鶏。前古之越常入貢,效祉殷朝,而今以晉王薦祥,永光唐史。緘學慚重席,世奉初筵。背文終愧於色絲,辭鄙應還於夢錦。止唯紀事,以刊綿長。佐命忠勛,序列銜秩。時天祐十載龍集癸酉鴻雁來賓之月十五日記。

原載《山右石刻叢編》卷 9

李襲吉

唐末官員(? —906),洛陽(今河南洛陽)人。唐僖宗時進士及第,在河中節度使李都部下任榷鹽判官,後投奔晉王李克用,任榆次令、掌書記、節度副使。李襲吉博學多才,晉王書檄多出其手。天祐三年(906)病死,同光三年(925),追贈禮部尚書。

爲周晉王貽梁祖書

一别清德,十有餘年。失意杯盤,争鋒劍戟。山高水闊,難追二國之歡。雁逝魚沉,久絶八行之賜。

比者，僕與公實聯宗姓，原忝恩知，投分深情，將期栖托。論交馬上，薦美朝端。傾嚮仁賢，未省疏闕。豈謂運由奇特，謗起奸邪。毒手尊拳，交相於暮夜。金戈鐵馬，蹂踐於明時。狂藥致其失歡，陳事止於堪笑。今則皆登貴位，盡及中年。蘧公亦要知非，君子何勞用壯。今公貴先列辟，名過古人。合縱連衡，本務家邦之計。拓地守境，要存子孫之基。文王貴奔走之交，仲尼譚損益之友。僕顧慚虛薄，舊忝眷私，一言許心，萬死不悔，壯懷忠力，猶勝他人，盟於三光，願赴湯火。公又何必終年立敵，懇意相窺，徇一時之襟靈，取四郊之倦弊，今日得其小衆，明日下其危墻，弊師無遺鏃之憂，鄰壤抱剥床之痛。又慮悠悠之黨，妄瀆聽聞，見僕韜勇枕威，戢兵守境，不量本末，誤致窺覦。

且僕自壯歲已前，業經陷敵，以殺戮爲東作，號兼并爲永謀。及其首陟師壇，躬被公衮，天子命我爲群后，明公許我以下交，所以斂迹愛人，蓄兵務德，收燕薊則還其故將，入蒲坂而不負前言。况五載休兵，三邊校士，鐵騎犀甲，雲屯谷量。馬邑兒童，皆爲鋭將；鷲峰宫闕，咸乃京坻。問年猶少於仁明，語地幸依於險阻，有何覘睹，便誤英聰。

况僕臨戎握兵，粗有操斷，屈伸進退，久貯心期。勝則撫三晉之民，敗則徵五部之衆，長驅席卷，反首提戈。但慮隳突中原，爲公後患，四海群謗，盡歸仁明，終不能見僕一夫，得僕一馬。鋭師儻失，則難整齊，請防後艱，願存前好。矧復陰山部落，是僕懿親；回紇師徒，累從外舍。文靖求始畢之衆，元海徵五部之師，寬言虛詞，猶或得志。今僕散積財而募勇輩，輦寶貨以誘義戎，徵其密親，啗以美利，控弦跨馬，寧有數乎？但緣荷位天朝，惻心疲瘵，峨峨亭障，未忍起戎。亦望公深識鄙懷，洞迴英鑒，論交釋憾，慮禍革心，不聽浮譚，以傷霸業。夫《易》惟忌滿，道貴持盈，儻恃勇以喪師，如擎盤而失水，爲蛇刻鶴，幸賜徊翔。

僕少負褊心，天與真氣，間謀詭論，誓不爲之。唯將藥石之譚，願托金蘭之分。儻愚衷未豁，彼抱猶迷，假令罄三朝之威，窮九流之辯，遺迴肝膈，如俟河清。今者執簡吐誠，願垂保鑒。

僕自眷私睽阻，翰墨往來，或有鄙詞，稍侵英聽，亦承嘉論，每賜駡言。叙歡既罷於尋戈,焚謗幸蠲其載筆,窮因尚口,樂貴和心,願袪沉閼之嫌,以復塤箎之好。今者卜於曩分,不欲因人,專遣使乎,直詣鈴閤。古者兵交兩地,使在其間,致命受辭,幸存前志。昔賢貴於投分,義士難於屈讎。若非仰戀恩私,安可輕露肝膈。凄凄丹愫,炳炳血情,臨紙嚮風,千萬難述。

原載《舊五代史》卷 60

答李克用咨問

伏以變法不若養人,改作何如舊貫。韓建蓄財無數,首事朱温;王珂變法如麻,一朝降賊。中山城非不峻,蔡上兵非不多,前事甚明,可以爲戒。且霸國無貧主,强將無弱兵。伏願大王崇德愛人,去奢省役,設險固境,訓兵務農,定亂者選武臣,制理者選文吏,錢穀有司,刑法有律。誅賞由我,則下無威福之弊;近密多正,則人無讒謗之憂。順天時而絶欺詐,敬鬼神而禁淫祀,則不求富而自富,不求安而自安。外破元凶,内康疲俗。名高五霸,道冠八元。至於率閭閻,定間架,增麴蘗,檢田疇,開國建邦,恐未爲切。

原載《全唐文》卷 842

王 鎔

唐末五代鎮州節度使(874—921),回鶻人。王景崇之子,景崇卒,王鎔年僅十歲,被三軍推爲鎮州留後,唐廷遂授其爲節度使,後封中書令、趙王。唐亡,歸後梁,又與晉王克用通款,首鼠兩端。柏鄉之戰,後梁戰敗,王鎔遂投靠晉王李存勖。天祐十八年(921),鎮州軍亂,王鎔被殺。

薦幽州權兵馬留後李全忠表

臣準幽州狀報,當道以李全忠權知節度兵馬留後事。伏以天步初迴,神京乍復,凡諸藩鎮,咸務謐寧。况幽州地控北番,界臨東海,土俗素稱其雄勇,人情須自於綏懷。留後李全忠,夙習武經,頗彰公器，軍郡既聞其愛戴，轅營必議於叶和，苟將付以元戎，誠謂雅符衆望。臣累令偵探，靡不端詳，事繫安危，理難緘默。伏惟皇帝陛下，早迴天鑒，速注陽光，便委兵權，俯徇人欲。則豈獨遐陬士卒，便獲其慰安；實亦鄰壤生靈，免虞其騷動。關於久遠，合具奏陳。

原載《册府元龜》卷 828

復魏博節度使樂彦禎書

近承新使，伏睹羽書，側聆計國之規，實激懦夫之志。竊自運貽百六，禍遍寰區，群盜薦興，生靈無庇。朝章國典，誰爲稟命之人？黷武窮兵，孰是勤王之旅？咸以乘虚窺伺，覷釁憑凌，以掠奪爲功，以殺傷爲務，皇威所不能制，天道所未能誅。或徑越大河，或竊居方鎮，縱狼貪而未已，畜虺性以難馴，内雖以效順爲名，外皆以亂常無懼，遂至跨州連郡，十室九空。良繇諸侯各固一方，不思同力，自致喪牛之悔，久虧刑馬之盟。近則布露腹心，冀完虞、虢。今明公諭之以長策，示之以壯圖，結五鎮以齊盟，俾一家而不異。竊惟高義，實邁前修。顧魯、衛以同歡，誠敦夙契；在江黄而列會，願接下風。况當道處河朔之中，最爲唇齒；據親咎之分，寧異金蘭！固當顒俟捧盤，無渝匪石。然以事關久遠，議非一方，必决定否臧，審其同異。待鄰藩符會，則决副相踪。

原載《册府元龜》卷 416

鄭　珏

唐五代大臣（？—930），滎陽（今河南滎陽）人。唐昭宗時進士及第，任監察御史。後梁時歷任左補闕、中書舍人、翰林學士奉旨，梁末帝時拜相。後唐建立後，先是貶爲萊州司户參軍，後升爲太子賓客、同平章事。明宗時因病致仕，卒。

請追尊先代奏

恭以皇帝陛下特降睿慈，俯詢輿議。尊歷朝之正典，允多士之虔祈。廣溥天孝治之風，慰萬國仁親之道。臣聞自古英主入紹洪基，莫不慎固遠圖,凝思往事,敬宗尊祖,追養存誠,廣殊號於園陵,展異儀於壐紱,春秋殷薦,霜露永懷。又聞兩漢以諸侯王入繼帝統,則必易名上謚。廣孝稱皇,載於諸王故事,孝德皇、孝仁皇、孝元皇是也。伏冀聖慈,猥從人願,許取皇而薦號,兼上謚以尊名,改置園陵,仍增兵衛。

原載《全唐文》卷 847

郭崇韜

後唐大臣(? —926),代州雁門(今山西代縣)人。李存勖爲晉王時任中門副使,因正使孟知祥避禍求退,薦其代任中門使。自此獨掌機要,艱難征伐,無不參與。李存勖稱帝,以功加檢校太保、守兵部尚書、充樞密使。同光三年(925),任招討使,從魏王李繼岌伐蜀,很快滅亡前蜀。因其功大,劉皇后遣使矯詔殺之,導致諸軍潰散。

上陳情表

臣聞底力辭封者,貞臣之至節;慢官速戾者,有國之常刑。其或任重材輕,智小謀大,縱君恩念舊,□貽覆餗之譏;儻官業無章,何顯陟明之道。臣本韝■小校,樗朽凡姿,在公雖歷於年深,臨事莫聞於日益。頃者皇帝陛下雄圖方運,陽德初潛,爰將整於規繩,乃俾司於機務。此際臣亦内循短淺,累具退陳。而陛下天眷不迴,國權堅付,在一時而難違重命,許五年而别選通人。邇來雖昧經綸,强施勤拙,至於戡夷巨孽,纘紹鴻基,雪三百年社稷深冤,立十九葉宗祊大事,皆謀從聖慮,斷在宸衷。兼列較之同心,非微臣之獨計。况今名昇臺輔,任處樞衡,珥貂冕於朝端,統龍旌於閫外,恩榮有進,功德無稱,終憂即鹿之嫌,寧抑懸貆之刺。今則陛下功全報本,禮極配天,衣冠盡列於朝廷,名器自推於碩德。况臣才謨素寡,齒髮漸衰,以有限之精神,當無窮之事務,必須下傾肝血,上告天聰,冀勞逸之稍均,庶初終之可保。伏望陛下念臣不逮,察臣繇衷,其樞密使比列親班,實爲要執,即復本朝規制,宜選内官掌臨。一則使權職有分,一則免心力俱耗。輒滋傾瀝,非敢暗欺。干犯冕旒,伏增隕越。

原載《全唐文》卷 844

第二表

臣以機務實繁,智力俱困,輒有聞天之請,願辭密地之權。豈謂聖旨俄宣,皇情未允。捧對而水湯滿腹,揣修而芒刺盈軀。臣以委質無材,受恩逾等,强展神扶之力,每懷曠敗之憂。自陛下委寄重難,纏綿歲序,臨事而退思補過,竭力而知無不爲。陛下沿河料敵之時,對寨交鋒之日,臣若顧將丹素,堅有讓陳,不唯招避事之機,抑亦顯不忠之罪。況今元凶已殄,丕構彌隆,圓丘陳報本之儀,寰海被無私之化。英髦星萃,俊邁雲臻。緬惟不逌之才,豈掩旁求之命。矧乃一身多疾,三處持權,捫心益懼於滿盈,持懷每虞於忝據。伏望陛下特迴睿照,迺悉煩襟。終乞輟此要樞,歸於内列。一則表大國有進賢之道,二則免微臣有竊位之名。干冒宸嚴,無任迫切。

原載《全唐文》卷 844

第三表

臣伏念朝廷起軍之際,陛下決於宸斷,撫臣背曰:"此去必蕩寇讎,可期清泰。事了之後,與卿一鎮。"臣仰奉成算,固絶他疑。果賴神謀,尋平僞孽。今乾坤交泰,弓矢載櫜。徽章以正於母儀,嘉禮獲申於元子。須傾血懇,仰瀆宸嚴。但以密近之權,合歸重望;鈞衡之柄,宜屬通材。至於所領節旌,雖是陛下所許,伏緣鎮州在北,狂虜未除,慮有奔衝,須爲控扼,亦希付於上將。所貴殿彼一隅,伏望陛下道極照臨,仁深覆載,念臣久司繁重,憫臣方在衰羸,退放居閒,俾從導養。臣無任祈天瀝懇之至。

原載《全唐文》卷 844

條陳三銓事例奏

臣伏見今年三銓選人并行事官等,内有冒名入仕,假蔭發身。或卜祝之徒,工商之類,既淄澠之一亂,諒玉石之寧分。蓋以僞朝已來,蠹政斯久,猾吏承寬而得計,非才行貨以自媒,上下相蒙,薰蕕同器。遂使寒素者多遭排斥,廉介者翻至湮沉。不唯顯紊於官箴,抑亦頗傷於治本。近以注擬之後,送省之間,引驗而已有異同,僭濫而果招論訟。將敷至化,須塞倖門。臣欲請别降條流,特行釐革,許其潛相覺察,互有告陳。若真僞之能分,即賞刑之必舉。應見注授官員等,内有自無出身入仕,買覓鬼名告敕,及將骨肉文書,指改名姓;或歷任不足,妄稱失墜,押彼公憑;或假人蔭緒,托形勢論屬安排,參選所司,隨例注官者;如有人陳論,勘鞫不虚者,元論事人特議超獎。如未合格人或無名駁放者,便承僞濫人所授官資,其所犯人下所司簡格處分。如同保人知保内有冒名濫進之謀,亦許陳首。若遞相蓋藏,被别人論告,並當駁放。其銓司闕頭人吏,如被形勢迫脅,主張逾濫選人,及自已不公,亦許陳首,並與放罪。若被人論告,當行朝典。兼恐見任官及諸道選人身死,多有不肖子孫將出身歷任告敕貨賣與人,自今後仰所在身死之處,並須申報本州,令録事參軍於告敕上分明書身死月日,却分付子孫。兼每年南曹及三銓停滯,多及周歲,致選人廣作京債,經費倍多,致其到官必不廉慎。此後至春來,並須公事了絶,若更逗留,當加責罰。所有懼罪逃移者,仰所司具録名姓申奏,請終身勿齒。兼牒本貫州縣,各令知悉。或有條流未盡處,仰所司簡長定格,别具條奏。

原載《全唐文》卷 844

請獎獻書人奏

伏以館司四庫藏書,舊日數目至多,自廣明年後,流散他方。宜示獎酬,俾申搜訪。伏乞委中書門下,再行敕命,遍下逐道。或有人家藏,能以經史百家之書進獻,數及四百卷已上者,請委館司點勘,無脱漏於卷軸,無重疊於篇題,比外寫札精詳,裝飾周備,當據部帙聞奏,請量等級除官。仍仰長吏明懸榜示,即鄉校庠塾之業,漸闡皇風。金石絲竹之音,無虞墜典。

原載《全唐文》卷 844

對割鄆州和梁疏

陛下不櫛沐、不解甲十五餘年,欲雪國家讎耻。今已正尊號,始得鄆州尺寸之地,不能守而棄之,臣恐將士解體,將來食盡衆散,雖畫河爲境,誰爲陛下守之? 臣嘗細詢康延孝以河南之事,度已料彼,日夜思之,成敗之機,决在今歲。梁今悉以精兵授段凝,决河自固,恃此不復爲備。凝非將材,不足畏。降者皆言,大梁無兵。陛下若留兵守魏,固保楊劉,自以精兵與鄆州合勢,長驅入汴,僞主授首,則諸將自降矣。不然,今秋不登,軍糧將盡,大功何由可成? 諺曰:"當道築室,三年不成。"帝王應運,必有天命。在陛下勿疑耳。

原載《全唐文》卷 844

征蜀薦才疏

陛下委臣以戎事,仗將士之忠孝,憑陛下之威靈,鼓行而西,庶幾集事。如蜀川平定,陛下擇帥撫臨,以臣料之:信厚善謀,事君有禮,則北京副留守孟知祥有焉,願陛下使之爲帥;如臣出征之際,宰輔闕人,則鄴都副留守張憲有披荊草昧之勞,爲人謹重而多識;其次則吏部尚書李琪、御史中丞崔居儉,皆中朝士族,富有文學。陛下擇才相之,臣亦無敢謬舉,餘則臣所不知。

原載《唐文拾遺》卷 46

康延孝

後唐大將(? —926),塞北部族人。後梁軍官,同光元年(923)投奔莊宗,被任爲捧日軍使兼南面招討指揮使。力勸莊宗出輕騎襲擊汴梁,獲得成功。因此功賜姓李,名紹琛,升任保義軍節度使。同光三年(925)討伐前蜀,其爲先鋒使,頗有軍功。四年,大軍班師,其功高不賞,舉兵反叛,失敗被殺。

對莊宗疏

梁朝地不爲狹,兵不爲少,然迹其行事,終必敗亡。何則? 主既暗懦,趙、張兄弟擅權,内結宫掖,外納貨賂,官之高下唯視賂之多少,不擇才德,不校勛勞。段凝智勇俱無,一旦居王彦章、霍彦威之右,自將兵以來,專率斂行伍,以奉權貴。每出一軍,不能專任將帥,常以近臣監之,進止可否動爲所制。近又聞欲數道出兵,令董璋引陝虢、澤潞之兵自石會關趣太原,霍彦威以汝、洛之兵自相衛、邢洺寇鎮定,王彦章、張漢傑以禁軍攻鄆州,段凝、杜晏球以大軍當陛下,決以十月大舉。臣竊觀梁兵聚則不少,分則不多。願陛下養勇蓄力以待其分兵,帥精騎五千自鄆州直抵大梁,擒其僞主。旬月之間,天下定矣。

原載《資治通鑒》卷 272

豆盧革

後唐大臣(？—927)。後唐建立時,因其爲名家之子,故拜爲宰相。任相期間,無所作爲,唯視樞密使郭崇韜馬首是瞻。莊宗死後,豆盧革被貶爲費州司户參軍同正。天成二年(927),詔命自盡。

田園帖

外郎云:大德欲要一居處,畿甸間舊無田園。鄜州雖有三兩處小莊子,緣百姓租佃多年,累有令公大王書,請却給還人户。蓋不欲侵奪疲民,兼慮無知之輩,妄有影庇包役。以此未便副來旨,其他計外郎當亦細話,垂悉謹狀。方茶一斤、團茶一斤,專令寄往。

原載《寶真齋法書贊》卷 8

諸加尊號表

陛下登寶祚以來,累貢章表,蓋緣中外臣僚,請上尊號,未奉詔允,實慊群情。臣等聞帝王受命,必有鴻名,天人合符,須膺大號,是彰聖德,以耀寶圖。今已殲厥渠魁,蕩平九寓,御明堂而垂化,禮百神以告功,尚執謙冲,未加徽稱,覬陛下開不違之旨,在臣等有難奪之勤。伏惟皇帝陛下親舉義師,躬除國耻,起墜地之宗廟,祚升天之神靈,再造乾坤,中興歷數,功逾夏代,道邁漢年。况乎八表諸侯,歸陛下如百川之赴東海；中原多士，仰陛下如衆星之拱北辰。保國安邦，功成名遂，儻固撝謙之□，是違億兆之心。且義士忠臣，猶賞之以茅土，而英風丕業，乃滯之於典章。臣與萬國公侯，普天黎庶，禺望聖旨，下允衆情。

原載《唐文拾遺》卷 46

請出内府財帛勞軍奏

臣竊知内庫所積有餘，租庸贍軍不足，今内外諸軍，室家不能相保，儻非即時安恤，臣懼人心離散。

原載《唐文拾遺》卷 46

朱守殷

後唐大將（？—927），小字會兒。年幼時曾陪莊宗讀書，故深受莊宗寵信。莊宗即位後，任長直軍使。軍陣謀略，厮殺拼搏，非其所長，唯知討皇帝歡心。同光末，兼領蕃漢馬步軍，禁軍叛亂，其按兵不前，致使莊宗死亡。明宗即位，任其爲同平章事、河南尹、判六軍諸衛事。天成二年（927），明宗駕幸汴州，朱守殷舉兵叛亂，失敗被殺。

上玉璽表

臣修雒陽月波隄，至立德坊南古岸得玉璽一面上進。伏以皇上陛下明德動天，聖靈御宇，遂使千年之瑞出於九地之間，輝焕簡編，光華帝道。臣竊觀異瑞，益表太平。

原載《全唐文》卷 839

任　圜

後唐大臣（？—927），京兆三原（今陝西三原）人。唐末任澤潞觀察支使，莊宗因其功授工部尚書兼真定尹、北京副留守、知留守事。同光三年（925），任工部尚書。明宗即位，拜同平章事。因與樞密使安重誨不睦,天成二年(927),以太子少保致仕,安重誨誣其參與朱守殷叛亂,逼令自盡。

請慶賀例貢馬價更以所在土産奏

伏見蕃牧臣僚,每正至慶賀,例皆進馬。臣以捧日之心,貴申其忠孝;追風之步,必擇於馴良。備乘奉於帝車,資騏駿於天廐。伏見本朝舊事,雖以進馬爲名,例多貢奉馬價。蓋道途之役,護養稍難,因此群方久爲定制。自今後伏請只許四夷番國進駝馬,其諸道藩府州鎮,請依天復三年已前許貢綾絹金銀,隨土産折進馬之值。所貴稍便貢輸,不虧誠敬。兼請約舊制,選孳生馬,分置監牧。俾飲齕而自遂,即騋牝之逾蘩者。

原載《全唐文》卷 844

崔 協

後唐大臣(?—929),祖籍清河(今河北清河縣西)。唐末進士及第,歷任度支巡官、渭南尉、直史館。入梁任左司郎中、萬年令、給事中、兵部侍郎。入唐後任御史中丞、禮部尚書、太常卿,因樞密使孔循保薦,拜平章事。天成四年(929),中風暴卒。

崔氏范陽盧夫人墓志之銘并序

朝議大夫、守禮部尚書、上柱國、賜紫金魚袋崔協撰

夫人北祖大房范陽盧夫人。大唐庚子歲,未及笄,歸迎伉儷,乃清河小房氏。夫人承嫡,出適我家爲冢婦,淑雅和明於百氏。鼎甲之族,休婉肥家,超敻懿範,天賦無比。夫人曾祖諱服,皇任太原府晉陽縣令,累贈司空。祖諱詞,皇任登州刺史,累贈太保。父諱沆,皇任擢進士第。聲逾泗磬,迭歷清華。終左庶子,金紫。夫人先妣鄭夫人,先考諱助,兖州節度使次嫡女。夫人嫡仲季三人,元適清河小房崔氏謙,女弟一人在家疾終。夫人秪協親姨妹也。有三子,皆襁褓不育。夫人傾歲以協丁外艱,哀疚奉禮過性,侵盡婦道,遂構疾亟甚,醫藥不

功。未逾月，偕與協先妣太君同權事河中府臨晉縣北上王村。屬中原多事未定，道路杳隔。及後唐未振，起已前邈，是四十餘年，遷舉歸先原不得。今遇本姓，歲月良便，天下已平。遷奉先妣太君神櫬，歸先原河南府偃師縣亳邑鄉祁村里，因奉尊之行，禮也。又遂其斯舉，此終大幸也。時後唐同光三年歲次乙酉十一月戊子朔十三日壬寅。協與夫人結琴瑟之道，互致敬相從之分。釋氏云：乃多生相善，布施歡喜。今世契夫婦之遇，然修短不圓，只得七八年間，舉案齊眉，絲蘿增茂。天不我福，俾余一生孤飛。今則榮護先妣太君來歸福地，始卒之履，浮生極楨遇矣。協今躬親修建祥勢，塋域平坦。他年之幸，幸必穴同。哭叫不應，淚徒逗盡。玄堂清廣，靈崗秀安。敘事不多，以書其實。銘曰：

夫人來歸，姻不失親。處世之寶，輝山潤濱。不遂偕老，吞恨難倫。先原如盡，吉歲良辰。福利之域，周爲四鄰。他時祔此，共慶萬春。

原載《洛陽新獲墓志》

請令國子監學生束脩光學等錢充公使奏

當監舊例，初補監生有束脩錢兩貫文，及第後光學錢一貫文。切緣當監諸色舉人，及第後近再多不於監司出給光學文抄，及不納光學文錢，只守選限年滿，便赴南曹參選。南曹近年選人，並不收置監司光學文抄爲憑。請自後欲准例應諸色舉人及第後，並却於監司出給光學文抄并納光學錢等。各有所業次第，以備當逐年修葺公使。奉敕宜准往例指揮。兼自今後，凡補監生，須令情願住在監中修學，則得給牒收補。仍據所業次第，逐季考試申奏。其勘到見管監生一百七十八人，仍勒准此指揮。如收補年深，未聞藝業，虛沾補牒，不赴試期，亦委監司簡點其姓名年月，一一分析申奏。

原載《全唐文》卷 839

蕭 頃

後唐大臣(862—930),京兆萬年(今陝西西安)人。唐末進士及第,歷任度支巡官、太常博士、右補闕。入梁任御史中丞、禮部侍郎、知貢舉,拜同平章事。莊宗滅梁,貶登州司户,遷太子賓客、禮部尚書、太常卿。長興元年(930)卒。

議覆中書請祧懿祖奏

歷代故事,沿革不同。蓋就所宜,期於合禮。事雖稽古,理亦從長。七廟之致享斯存,萬世之承基靡絶。禮分遠近,事究否臧。懿祖既遠於昭宗,創業又非於己力。儔諸列聖,可議祧遷。皇帝陛下道繼百王,德符三代,撥禍亂於艱難之際,救蒼生於交喪之秋,方啓洪圖,是崇宗祏,爲四方之准的,稱萬國之照臨。中書所定祧遷,於議爲允,請下所司施行。

原載《全唐文》卷 844

覆准馬縞議奏

伏見方册所載,聖概斯存,將達蘋藻之誠,宜新築棁之制。伏惟陛下以孝敬日躋之德,上合穹旻,秉恭儉罔怠之規,再康寰宇,爰臻至化,難抑時思。馬縞儒學優深,禮法明練,所奏果符於睿旨,載詳固叶於典經。臣等集議,其追尊位號及建廟都邑,則乞發自宸衷,特降制命。

原載《全唐文》卷 844

李德休

後唐官員(858—931),趙郡贊皇(今河北贊皇)人。唐末進士及第,任渭南尉、右補闕、侍御史等職。莊宗即位,任爲御史中丞、轉兵部、吏部侍郎,權知左丞,以禮部尚書致仕。長興二年(931)卒。

請詳定本朝法書奏

當司刑部大理寺，本朝法書，自朱温僭逆，删改事條，或重貨財，輕人生命；或自徇枉過，濫加刑罰。今見在三司收貯刑書，并是僞廷删改者。兼僞廷先下諸道，追取本朝法書焚毁，或經兵火所遺，皆無舊本節目，只定州敕庫有本朝法書具在。請敕定州節度使速寫副本進納，庶刑法並合本朝式令。

原載《全唐文》卷 843

唐故銀青光禄大夫門下侍郎兼工部尚書同中書門下平章事監修國史判國子監事上柱國清河縣開國伯食邑七百户贈尚書右僕射追封開國公謚恭靖崔公(協)墓志銘并序

正議大夫、禮部尚書致仕、上柱國、贊皇縣開國男、食邑三百户、賜紫金魚袋趙郡李德休撰

粤若天體，剛而垂象，或因象以儲賢。帝守位以聚人，亦資人而成績。是則祥開應昴，蓋臣起豐沛之鄉；功贊慕膻，才子得高辛之族。以今況古，良有屬焉。公諱協，字司化，清河人也。炎帝乃姜姓之祖，子牙實崔氏之先。泰嶽肇其繁昌，積石疏其綿遠。營丘之後，世濟公侯；皇唐已來，彌爲鼎甲。故太常卿贈太師諱邠，曾祖也。吏部尚書，贈司空諱瓘，王父也。楚州團練使贈司徒諱彦融，列考也。調正聲以諧神人，敷藻鑒以主衡鏡。典方州以揚教化，襲吉德以啓鎡基。乃祖乃宗，令問令望。世有明哲，顯於鈞臺。昔考父循墻，爰生達者。于公議讞，果兆高門，可謂信而有征矣。公即楚州之嗣子。先鄭國太夫人，故兖海節度使鄭公助之女也。德洽箴頌，道備言容。澣濯罔墜於素風，芣苡允鐘於良胤。公稟曠時之秀氣，膺累葉之純熙，既契黄中，乃光名教。在佩觿之歲，誠有禮容；殆加冠之年，居然國器。知老氏之關鍵，得夫子之日月。言必楷模，性亦深阻。當時君子曰，此天下奇才也。由是廊廟之望，扶摇之程，自兹而發軔矣。乾寧初，昭宗皇帝以文柄授隴西李公擇，而公以進士登甲科。周室漸稱其多士，舜族爰得其賢才，以奥甚碩儒，明超計相，釋褐校書郎、度支巡官。志慕鸞凰，言可褒貶，結綬渭南尉、直史館。白筆可以繩愆糾謬，皂囊必以獻

可替否，遷監察御史、左補闕。螭階記事，允屬端人，雉省握蘭，咸贊文稱，擢起居舍人、户部員外。洞究公方，周知圖籍，登吏部員外、户部郎中，賜緋魚袋。將以轄會府，歷左司郎中。俾其肅神州，任萬年縣令。封駁之規，簡求所重，除朝散大夫、給事中，賜紫。侍從之貴，佥矚爲難，拜左散騎常侍。八議緩死，仁愛之事也；七德貞師，廓清之端也，昇刑部、兵部侍郎。出入名曹，騰凌峻望，資其題品，遂録銓衡，領吏部侍郎。遇先君之怨，報不豐之言，直在其中，己之無愠，黜太子詹事。才必過職，吏不敢欺，復領兵、吏部侍郎。國朝中興，憲法再舉，拜御史中丞。伯夷之賢，典兹三禮，後夔之德，諧彼八音，陟禮部尚書、太常卿。藉其餘刃，兼判上銓。今皇帝下武承基，允文敷德。櫛沐之道，既濟艱難。小大之神，咸已砥屬。而猶想非熊而獲，英佐思上。帝以賴良弼，式示旁求，乃膺爰立。天成二年正月十二日，制授中書侍郎、平章事，仍加男爵、户封焉，旋兼判國子祭酒。三年三月十七日，又進門下侍郎、平章事兼工部尚書，監修國史。建皇極，凝庶績。君子勤禮，小人盡力。萬物荷其埏埴，九歌咏其功德。固太常備於紀述，非曲筆所能刊勒者也。四年二月，天子自汴還雒。二十七日，公扈蹕至須水驛，忽構厲階，遂沉臺耀，享年六十有六。聖上痛阿衡之雲亡，嘆邦國之殄瘁，輟萬機而廢朝，掩重瞳而墮淚。至止之日，命國子司業鄭鵬致祭私第。文武百辟，列吊靈筵。宣賻粟麥布帛，數皆盈百。詔贈右僕射，考行定謚曰恭靖，追封開國公。俾散騎常侍張文寶，叙其茂實，碑於阡壟。以明年太歲庚寅正月丙寅朔二十九日甲午，歸葬於河南府偃師縣亳邑鄉祁村里，禮也。嗚呼。依日月之輝，執造化之柄，盛德穆若，餘烈爛然，生榮没哀，既貴且壽，天之報施善人也，不亦宜乎。公和而不同，文而有禮。風神魁岸，可以懾單于；談論縱横，諒能悲鬼谷。嘗自方於管樂，果致身於伊皋。至於履歷著芳猷，光輔捍大患，此梗概而言之，不能遍舉也。公婚北祖大房范陽夫人盧氏，鼎甲名門，綽有淑德。秾華早落，禮法空存。父沆，踐登上第，履歷清資，德望彌高。皇任左庶子、金紫。母滎陽夫人鄭氏。有子三人，長曰壽光，娶第二房范陽盧氏。父程，皇任兵部侍郎、平章事，贈禮部尚書。母清河國夫人，亦門内從妹也。次曰馬馬，幼曰體工,有孫曰檐夫。皆挺秀含華,象賢稟氣。居喪之禮,有加於人。遠日將赴於先原,貞石願言於實録,以德休於相國,道惟神契,義即同年,策杖而興,泣血以請。但齒當衰晚,心殆藝文。睹令胤之深誠,非復克讓。叙故人之溢美,無乃未周。載爲之銘曰:

大樸既散,列宿麗之。大象既執,通賢輔之。二八已後,五百爲期。才難如此,國尚可知。清河崔公,泰嶽之胤。質秉星精,家傳相印。氣勁霜雪,道懷忠信。嵇樹千尋,丘墻數仞。宗伯試可,時君遂良。昇臺歷省,爲龍爲光。嘗謂負鼎,何如釣璜。爰陟重位,乃輝巨唐。歸全先人,卜吉舊里。佳城之中,豐碑對起。荒草愁雲,流年逝水。深谷徒變,徽烈無已。

從表侄鄉貢進士李光緯書

原載《洛陽新獲七朝墓志》

王正言

後唐官員,鄆州(今山東東平縣西北)人。早年學佛爲僧,後爲青州推官、節度判官。莊宗同光初,任户部尚書、興唐尹、租庸使。明宗即位後,求任平盧軍行軍司馬,卒於任所。

請停北京宗廟議

伏以宫室之制,宗廟爲先。陛下卜雒居尊,開基御宇,龍樓鳳輦,式當表正之初,玉葉金枝,悉在股肱之列。事當師古,神必依人。北京先置之宗廟,不宜並設。竊以每年朝享,固有常儀,時日既同,神何所據?常聞近例,禮有從權,如神主已修,迎之藏於夾室;若廟宇已崇,虚之乃爲常制。昔齊桓公之廟二主,禮無明文,古者師行,亦無遷於廟主。昔天后之崇鞏雒,悉謂非宜;漢皇之戀豐滕,事無所法。而況本廟故事,禮院具明。且雒邑舊都,嵩丘正位,當定鼎測圭之地,乃居衝處要之方。今則皇命承天,握圖纂祀,九州是務,四海爲家,豈宜遠宫闕之居,建祖宗之廟。事虧可久,理屈從長,北京宗廟請停。

原載《全唐文》卷 844

劉　岳

後唐官員(877—932),洛陽(今河南洛陽)人。唐末進士及第,歷任鄭縣主簿、直史館、左拾遺、侍御史。入梁任翰林學士、户部侍郎。莊宗即位,貶均州司馬,遷太子詹事。明宗時,歷兵部吏部侍郎、秘書監、太常卿等官。

除官當頒告身奏

凡在立朝,悉是爲臣之責。每蒙進秩,咸加報上之忠。奉敕命以遷升,固當感抃。降綸言而褒餙,或未捧觀。將使知罷陟之繇,認訓誥之旨,必在各頒官告,令睹制詞。處班列以增光,傳子孫而永耀。伏請自今,凡有除轉,登朝官已上,在京召至閤門宣賜,在外則付本州使賜之。

原載《全唐文》卷 839

請革虚銜任官疏

伏以有國命官,立朝釐務,必資詳練,以集事功。竊見諸色詞科,多昇通籍。向者先爲列藩從事,參佐可稱。次經三館職名,編修是著。方居華秩,始在彤逵。近或雖有兩任前銜,未歷一司公事。莫申勞績,虚謂滯淹。未若委以親人,俾之及物。粗聞善最,無議陟遷。免自嘆於漂流,復有名於選任。伏乞特加搜采,廣察單平,白身者授以佐僚,歷官處之縣令。歲月俟當於制限,班資擢在於朝行。理契毓材,事惟責實。

原載《全唐文》卷 839

删定鄭餘慶書儀奏　長興三年正月

先奉敕删定鄭餘慶《書儀》者。臣與太子賓客馬縞,太常博士段顒、田敏、路航、李居浣,太常丞陳觀等,同共詳定,其書送納中書門下。奉敕:“宜差左散騎常侍任贊、右散騎常侍楊凝式、兵部尚書梁文矩、工部尚書崔居儉、太子賓客裴高、尚書左丞王權、尚書吏部侍郎姚顗等七人,與劉岳再於鄭餘慶《書儀》内子細檢詳。除文臣起復及士庶冥婚准敕不行外,應篇目一一立出元舊條件,據有合定者,逐件别書出。”今詳定式樣,其不可改易者,亦須具言請仍舊施行。

原載《五代會要》卷 16

蕭希甫

後唐官員(? —930),宋州(今河南商丘南)人。少舉進士,任開封府書記。後梁期間,或任節度推官,或爲參軍,鬱鬱不得志。後唐莊宗時任駕部郎中,明宗時任諫議大夫、左散騎常侍。因奏事不實,被貶爲嵐州司户參軍,死於貶所。

請求言選吏以消灾沴表

臣聞天地助順,神理福謙。既物性之則宜,何虚心之致誤。伏惟陛下自統臨四海,勤恤萬方,每崇恭儉之風,嘗布仁慈之德,即合陰陽無爽,灾沴不生,百穀豐盈,五兵偃息。今乃川瀆决溢,水旱愆違,必恐是調燮未乖,祭祀未潔。軫吾君宵旰之慮,負陛下覆育之恩。臣實痛心,誰迴愧色。伏乞特頒明詔,下訪有司,詢其消遣之方,采彼妖祥之本。應是前王古帝,往哲先賢,或有遺祠,但存舊址。在祀典者,咸加嚴敕;禀靈通者,盡略修崇。悉遵虔肅之誠,無惰精祈之懇。然後别宣長吏,側聽庶民,稍關疾苦之由,須罄撫循之策。冀其昭感,仰贊昇平。

原載《全唐文》卷 848

請條流縣令刺史得專斷獄奏

四方刑獄,動皆上聞。不獨有紊於公朝,兼且淹延其獄訟。伏乞條流縣令,凡死罪已下得專之。刺史部内,有一吏一民犯罪得專之。觀察使部内,有犯罪五人已下得專之。如此則朝廷事簡,見萬乘之尊矣。

原載《全唐文》卷 848

請釋天成以前罪人奏

臣叨蒙擢任，官忝諫司，所職重難，兼知匭院。但有關於至理，即欲合於無私。冀竭丹誠，仰裨元造。臣伏見自同光元年十月九日先朝收下汴州後，至今年四月一日已前，兵革盛興，亂離斯極，典章幾壞，刑政莫施。每於紛擾之間，甚有殺傷之苦。非惟州縣長吏，或濫誅夷，直至鄉里居民，互爲殘戮。挾私怨者，公行白刃，將快忿心。怙强力者，豈聞丹書，惟欣得志。掠妻女以轉賣，劫財貨以平分。如此之流，應遍天下。伏惟皇帝陛下薦恢帝載，光啓鴻圖。伏思自陛下臨御以來，皇綱漸正。有功者盡賞，有罪者咸誅。閫外將清，朝中無事。今則匭函已再修整，欲具進呈，必恐擡出，外邊施行已後，遠近披訴，受狀至多。但慮京國諸司，囚禁便憂填委。則至上虧皇化，有玷國風。其次更慮勛貴親賢，或關對訟，便煩讞議。或礙刑書，若今事有否臧，即便政移曲直。以臣愚見，欲自元年四月二十八日昧爽已前，罪無輕重，應大辟已下罪，一切釋而不問。庶得刑清俗泰，國富民康。咸欽不宰之功，永奉維新之化。

原載《全唐文》卷 848

請禁州府推委刑獄奏

府州官吏，不務守官，咸思避事。每睹微小刑獄，皆是聞天。不惟有紊朝綱，實恐淹延刑獄。

原載《全唐文》卷 848

請置明律科奏

臣聞禁暴亂者，莫先於刑律。勸禮義者，無切於詩書。刑律明則人不敢爲非，禮義行則時自然無事。今詩書之教，則業必有官；刑律之科，則世皆莫曉。近者大理正宋昇，請置律學生徒，雖獲上聞，未蒙申舉。伏乞特頒詔旨，下付國庠。令再設此科，許其歲貢。仍委諸州各薦送一兩人，就京習學。候至業成，便放出身，兼許以卑官，却還本處。則率土之内，盡會刑書，免禍觸於金科，冀咸遵於皇化。

原載《全唐文》卷 848

唐故豐財贍國功臣光禄大夫檢校太傅守衛尉卿充租庸使兼御史大夫上柱國會稽縣開國伯食邑七百户孔謙夫人劉氏夫人王氏合祔玄堂銘并序

朝請大夫、守左諫議大夫、知匭院事、賜紫金魚袋、上柱國蕭希甫撰

欒布哭彭越,漢皇不以爲非;李勣哀單生,太宗不以爲罪。義之所在,理亦無嫌。昔者天寶末,禄山自燕薊犯順,四海沸騰,首尾六十七年,逆者帝,大者王,小者侯,跨裂土疆,各各自有。以是地產翹俊,不復得出境而仕矣。直至天祐初,洎僞梁世亦然也,以故公隸轅門而進焉。天祐十二年,魏帥楊師厚卒,梁人以賀德綸守之,兵動事變,德綸不能制。梁使劉鄩督軍急進,已不及矣。魏人曹廷隱如河東,請援於莊宗。旬日,勒步騎數萬自太原至。德綸既失守,都指揮使□行晦率全城軍民詣館瀝,懇求爲主。莊宗時爲晉王,將固興復之業,且以天授人與也,遂許之,則皆公始預謀而致於此。自是之後,劉鄩屯洹水,提六七萬衆,晨夜直抵河東,至榆次迴,歷宗城,夾漳水與周太師德威并道而進。劉鄩入貝州,息兵數日,至莘縣跨河而營,與周太師三十里隔大堤相拒,連日求戰。當是時,兩軍至十餘萬。梁人得一城,北軍擊之;莊宗降一縣,則南師寇之。膏血塗地,鋒刃迎野。兵食馬草,盡出公之心計耳。旋大戰於莘縣冠氏間。北師勝,南寇敗走。莊宗以大捷後不虞其復爲患也,遂歸太原覲先太后。梁人伺我之無備,遣王瓚率衆北渡,夾揚村河築壘以窺魏城。莊宗聞,遽自河東還。先是公言於帝,使孫岳造船爲浮橋,至是將備矣。公又潛遣其兄佶,密布荆笆五百扇般送朝城。及莊宗次楊留,盛寒,河冰流搓,一夕凍合,乃鋪荆笆進軍,遂獲楊留北鎮。後進屯景店,其北築城曰德勝。公盡取魏之縣邑、户口、田畝、桑柘、人丁、牛車之籍帳。役使以力,徵斂以平。强者不敢附勢,弱者得以兼濟。吁! 兹時也,連歲大兵蹂躪,魏之四十三邑,其無民而額存者將十城,負瘡痛而偷蠶懇者纔三十餘縣。莊宗潛龍時,兼幽鎮與晉魏,且四節度只取於鄴民,餘無所資,唯器械而已。公恒以五六騎往來於德勝,皆夜行晨入。郭侍中崇韜計事於莊宗前,至其治人,必悉選良吏爲令尉,使法嚴以整,守財勤

以廉。止一食,無三四味,不取於公家,皆其二兄或出入利息,或服勤耕稼以資之。癸未歲正月,莊宗入鄴都,將從人望,乃以是年四月建大號,復皇祚,天子旌旗、仗衛法物、中外羽儀,至此皆備。則公先使前臨河尉韋可封監護製修之,已三年於兹矣。中興初,閏四月收鄆州,俄而梁將王彦章襲取我景店寨。莊宗自澶州入德勝,其糧料芻蒿悉輦以内,向所全者,糧十五萬,草十萬,其餘悉焚之,皆先公之儲積也。我師與梁兵對岸,東下楊留馬家口,臨黄相拒,日日戰不絶,則□前之費,又倍甚矣。十月四日下中都,九日收汴城。公自鄴赴行在,十一月從入洛,明年五月以本官歸班,遇讒也。八月進封爵,遷爲租庸使。莊宗享國日淺,遽定中區,以有大功於生民,遂怠於庶政。於是小人乘間媚亂熒惑,宰相備位偷貴,諫官鉗口冒禄,俾我莊宗無節使之意,大侵民力,四海怨叛,以至於失天下。天成元年,有道主馭寰宇,初無罪公之旨,至是以人情歸咎於公。爲殘虐之所,則不能違也。四月十四日終於都市,臨刑無懼色,解衣不變容。嗚呼!臣事君能致君於堯禹之上,乃其道也,如不至則以身殉之,亦其事也。流於千古,復何愧哉!二年正月廿七日,公兄佶使其子惟貞、侄惟熙等,自洛城東護喪歸鄴都永濟縣百杜鄉西林里侍先祖玄堂側。曾祖諱誼,祖諱端,俱高尚閑居不仕。皇考諱昉,前任德州平原縣令,贈渝州刺史。母孫氏夫人,贈樂安縣太君。

公諱謙,字執柔。始娶劉氏夫人,次娶王氏夫人,早卒。後娶滎陽鄭氏,即今縣君也。二子幼卒,子惟貞,嗣公歷職天雄軍節度押衙、右教練使、魏博觀察孔目官、都鹽麴使、支度使、都排仗使、租庸副使、租庸使;歷官相州長史、右武衛大將軍、衛尉卿;檢校官兵部尚書、右僕射、司空、司徒、太保、太傅;歷階朝議郎、銀青光禄大夫、金紫光禄大夫、光禄大夫、特進,重授柱國、上柱國;爵封會稽縣男,進封伯,食邑三百户至七百户。嗟乎哉!富貴儻來,修短定分,其固榮悴、禍福、進退,能懸料預□者幾人耶!公可謂得死所矣,抑又何悲?左諫議大夫、賜紫金魚袋蕭希甫嘗於莊宗經綸時爲霸府從事,盡見公之竭誠耳。余以爲終始一致,畢力匡佐,若獲以事治世,庶幾其大有功,因敢直書幽壤而激事上矣。銘曰:

事親以孝,事□以順。剛直貞幹,沉密温潤。昔在下位,守以周慎。至於大官,靡不忠盡。自古陵谷,豈無灰燼。生而節全,歿以身殉。丹旐翩翩,歸於鄴京。黄髪故老,白頭□□。始時赴闕,欣欣送行。今日還鄉,哀哀哭迎。磋磋中饋,有淚無聲。何不凋落,孰不歡□。官號三師,位爲九卿。無悔無咎,有勛有名。謂之得死,不足傷情。賀者吊者,勿喧勿驚。□□□里,□先人塋。

中書省玉册院鎸字官宋□□鎸

天成二年二月十五日葬

原載《全唐文補遺》第五輯

□延昇

後唐官員。撰此志時署爲登仕郎、前守河南府新安縣令。

唐故金紫光禄大夫檢校司空知河陽軍州事兼御史大夫上柱國清河郡張府君(繼美)□□□□□□□

門吏登仕郎、前守河南府新安縣□□□□延昇撰

公姓張氏,諱繼美,字光緒,世爲清河郡人。其先本自軒轅第五子揮,始造弦,實張□□□□□□□□爲氏焉。厥後雜沓冑緒,焕爀英賢,代不絶人,史皆有傳。秦丞相儀,漢留後良,魏將軍□□□□□□,公即其後也。曾祖諱璉,累贈太保。王父諱誠,累贈尚書。今本枝蕃□□□□□□□□之榮,於斯爲盛。列考諱敬儒,皇任汝州防禦使、右羽林軍統軍、博州刺史。□□□□□□□□氣,神授英謀,應數而生,推忠以立。安民著譽,政早檀於方州;保大垂名,功已紀於□策。□□□策,於國有稱。先妣盧氏,范陽郡君,追封河南郡太夫人。詩咏采蘋,主祀能修於法度;□□□則,保家克正於閫門。不有母賢,焉生子貴。公即博州太尉長子也。銅鈎貽慶,石印傳芳。爰自佩觿,便爲令器。慎静植性,敦厚寡詞。和而不同,謙以自牧。鬱爲人瑞,夐襲門風。十三,一子授秘書省校書郎,纔逾幼學之年,已居校文之列。迨其所履,甚有可觀。尋轉司農寺丞,仍加命服,進秩增階,紆朱拖

綬。少年之稱，爲時所榮。後累歲以伯父太尉齊王，位極勛高，事殷權重。選之心腹，領以爪□。□□□□□□□□□軍。三令五申，雅□□□之道；六韜七略，深知制撫之能。既而轉檢校左散騎常侍，尋遷檢校刑部尚書，相次轉檢校右僕射。德行益新，勤勞久著。綽有寬裕，聞於大君。詔下，除右金吾衛將軍。侍從崇資，警巡密職。洎居近衛，咸謂當仁。秩未缺，又授右衛大將軍，兼左藏庫使。在朝言朝，每輸忠於盡瘁；在庫言庫，罔失職於奉公。復以太尉齊王總天下兵兼十二衛，領河南尹已四十年，時論輔佐之才，無出於公也。准宣授河南府衙内都指揮使，周旋奉事，夙夜在公。虔禀宸嚴，克勤王事。於時，朝廷以太尉齊王兩朝舊德，三紀元勛。俾壯洛邑之威權，再兼孟門之節制。求之共理，期在得人。制敕除檢校司空，知河陽軍州事。兼峻階資，聖主優恩，德門盛觀。諒彼同王之貴，更逾隔座之榮。聲政既彰，功名甚爀。適值太尉齊王抗表，因退移鎮許田。纔降旌旄，尋啓手足。公以哀殞之後，情理不居。輕禄位於明時，重谷神而不死。怡然自樂，於兹四年。惜乎！才智挺生，春秋富有。不見歸山之馬，遽隨過隙之駒。以天成五年正月二日疾薨於洛京河南府墻西南之第，享年四十有一。噫，所不待者年，所不者壽。人皆有死，奚速如之。即以長興二年正月二十六日祔葬於河南府河南縣平樂鄉徐樓里官庄村先代之塋，禮也。令弟繼達，檢校司空，今守右驍衛大將軍，食邑五百户。爰從入仕，亟振芳猷。秉節操而松茂三冬，包器量而陂澄萬頃。官非地進，位是材舛。洎踐班行，蔚有問望。而自哀纏同氣，禍構陟崗。追慟悲摧，以晝繼夜。宗族稱孝，鄉黨稱悌，其斯之謂與。由以襄事未終，孤侄軫念，興言及此，形於戚容。妹一人，適今左龍武軍將軍魯國儲德雍，封清河縣君。女功兼備，婦德夙聞。自同五等之封，益耀六姻之貴。公先婚長樂馮氏，即故許帥中令習之孫女也。再娶濮陽吴氏，即故工部尚書藹之女也。并賢和垂範，柔順德名，先於良人，俱辭聖代。有子四人，長曰季康，便蔭授國子廣文博士。立性甚謹，出言有章，及纏何怙之哀，頗動因心之孝。杖苴而起，倚廬以悲。次曰趙五，次曰小哥，次曰四哥，或髮纔齠，或齒未齔。號慕之性，曉夕罔極。息女四人，長者未笄，少者始步。差肩而立，頓首號

號。聞者痛心,不能已矣。延昇也,門庭下客,筆硯無功。强引鄙詞,直書懿績。銘曰:

高門啓祚,異代降祥。銅鈎垂慶,金印傳芳。爰從伯父,齊魏封王。逮及列考,博汝分疆。本枝盛大,弈葉寵光。其誰所繼,我公最良。分憂洛下,共理河陽。有功於世,胡壽不長。松阡寂寂,泉路茫茫。俾刻貞石,永記玄堂。

孤子牙牙書并篆蓋,鐫字人韓延遇

原載《秦晉豫新出墓志搜佚三編》

李　同

後唐官員,曾任左拾遺。

請逐旬斷囚奏

天下繫囚,請委長吏逐旬親自引問,質其罪狀真虛,然後論之以法,庶無枉濫。

原載《全唐文》卷839

平刑法疏

三尺之法,天下共之。法一動摇,民無所措。是知愛育黎庶,信及豚魚。既禮樂之中興,在刑罰之必中。陛下初當治亂,合肅化條,請處分天下州使繫囚,逐旬咨長史親自引慮,使知罪真虛,然後論之以法,則獄無冤滯,政治和平。

原載《全唐文》卷839

李光憲

後唐官員(?—934)。明宗時,歷任太子賓客、禮部尚書。應順元年(934)卒。

請復常參官上任舉人自代例疏

將垂帝範,在守於舊章。欲叙彝倫,合循於典故。實大朝之理本,蓋有國之常規。臣嘗覽列聖實録,伏見建中元年正月五日敕旨:應内外常參官,後三日舉一人自代者,編諸簡册,冀拔賢良。是資教化之方,以盛簪裾之列。爰於近歲,稍易舊規。臣請明下敕文,許行建中故事。所冀振纓在位,咸懷舉善之心;棫樸興歌,漸致得賢之美。

原載《全唐文》卷 848

請置郊壇齋屋奏

臣聞國之重事,惟祀與戎。四時薦享之儀,合以敬恭備禮。每祭,三公具列,御史監臨。行事群官,皆宿壇廟。或屋宇不庇風雨,或止泊投寄村園。無户牖以防虞,無薦席以藉地。苟傷栖旅,難責精虔。禮或不周,福將安望。乞今量事添置,庶保肅恭。

原載《全唐文》卷 848

李 愚

後唐大臣(866—935),渤海無棣(今河北鹽山舊慶雲東)人。唐末登進士科,又登博學宏詞科,授河南府參軍。梁末帝時,任左拾遺、崇政院直學士、司勛員外郎。後唐時,歷任中書舍人、知貢舉、兵部侍郎、太常卿、集賢殿大學士、吏部尚書、同平章事。唐末帝時,加弘文館大學士。李愚爲官剛正,不治第宅,有學識,曾參與《創業功臣傳》30 卷。清泰二年(935)卒。

唐末帝即位册書

維應順元年歲次甲午四月庚午朔六日乙亥,文武百僚特進守司空兼門下侍郎同中書門下平章事充太微宫使宏文館大學士上柱國始平郡公食邑二千五百户臣馮道等九千五百九十三人上言:帝皇興運,天地同符。河出圖而洛出書,雲從龍而風從虎。莫不恢張八表,覆育兆民。立大定之基,保無疆之祚。人謡再洽,天命顯歸,須登宸極之尊，以奉祖宗之祀。伏惟皇帝陛下天資神智，神助機權，奉莊宗於多難之時，從先帝於四征之際。凡當决勝，無不成功。洎正皇綱，每嚴師律。爲國家之志大，守臣子之道全。自泣遺弓，常悲易月。欲期同軌，親赴因山。而自鄂王承祧，奸臣擅命，致神祇之乏饗，激朝野以歸心。使屈者伸，令否者泰。人情大順，天象至明。聚東井以呈祥，拱北辰而應運。由是文武百辟，岳牧群賢，至於比屋之倫，盡祝當陽之位。今則承太后慈旨，守先朝遠圖，撫四海九州，享千齡萬祀。臣等不勝大願，謹上寶册，稟太后令，奉皇帝踐祚。臣等誠慶誠忭。謹言。

原載《全唐文》卷 848

請以降誕日爲千春節奏

臣覽國史，開元十七年，宰臣張説、源乾曜奏：改朔體元，固聖主之能事，良辰嘉會，亦俗化之大端。蓋周人有合宴之儀，漢代有賜酺之律。所以歌咏皇德，啓迪人情。至若泛菊高堂，遂號重陽之節。流杯曲水，永爲上巳之游。在昔偶行，於今不改。豈足比君臨四海，運應千年。畫璿圖而敬授民時，秉玉燭而節宣和氣。身爲律度，德合乾坤。仰爲樞電之祥，最是寰區之樂。願從人欲，特創節名。封函尋示於允俞，自此永編於令式。舊章斯在，列聖嘗行。將有擬倫，預慚膚淺。伏惟皇帝陛下動遵典法，克叶祖宗。方今玉鏡高懸，璿樞廣運。告成功於朝社，正大禮於宮闈。是以舞干率服於三苗，班瑞雍熙於萬國。臣等以獻歲元正之月，是猗蘭降聖之辰。梅花映雪於上林，椒酒迎春於秘殿。江邊野老，願鑾輅之時巡。陌上游童，醉堯樽而獻祝。請於是月，特舉節名，副與人共樂之言，致率土交歡之義。臣等謹按元宗皇帝以八月五日載誕，張説等請以其日爲千秋節。臣等不揆庸暗，輒體憲章，請以來年正月降聖日爲千春節。

原載《全唐文》卷 848

勸韓建討賊書

僕關東一布衣耳，幸讀書爲文。每見父子君臣之際，有傷教害義，恨不得肆之市朝。明公居近關重鎮，君父幽辱月餘，坐視凶逆，而忘勤王之舉,僕所未諭也。僕竊計中朝輔弼,雖有志而無權;外鎮諸侯,雖有權而無志。惟明公忠義,社稷是依。往年車輅播遷,號泣奉迎。累歲供饋,再復廟朝。義感人心,至今歌咏。此時事勢,尤異前日。明公地處要衝,位兼將相,自宫闈變故,已涉旬時,若不號令率先,以圖反正,遲疑未決,一朝山東侯伯唱義連衡,鼓行而西,明公求欲自安,其可得乎?此必然之勢也。不如馳檄四方,諭以逆順。軍聲一振,則元凶破膽。旬浹之間,二豎之首,傳於天下。計無便於此者。

原載《全唐文》卷 848

趙　鳳

後唐大臣(885—935),幽州(今北京西南)人。少爲僧,後任鄆州節度判官。唐莊宗聞其名,任爲中書舍人、禮部員外郎。明宗即位時,任端明殿學士,曾知貢舉。天成四年(929)拜中書侍郎、平章事,不久因事忤明宗意,罷爲邢州節度使。召回朝任太子太保,清泰二年(935)病卒。

諫皇后拜張全義爲養父疏

臣叨被睿慈,獲親密勿,在可言之地,居掌誥之司。其或事異常規,禮關草創。程式先謀於國輔,封章善貢於天聰。庶顯公忠,免貽錯失。今月九日,宫傳命令,修張全義書題,將行父事之儀,有玷君臨之道。既行文翰,難決否臧。奉行則罔叶國經,違命則恐虧臣節。遂修記事,取則宰臣。貴動合於楷模,期永垂爲規範。以兹奉職,庶顯致君。臣聞覆萬物者天,載萬物者地。非聖主無以體乾道,非賢后無以法坤儀。百代攸同,二儀無改。伏惟陛下恢張九五,統御元黄。外設明庭,内崇陰教。言動而華夷知仰,弛張而幽顯欽承。張全義雖位極於王公,而名不離於臣校,承陛下曲旨,受皇后重儀,致紊彝章,不防輿論。臣又聞纂洪基者真主,行直道者忠臣,不可務一時之緘藏,失久長之體制。得不恭陳手疏,罄露血誠。庶裨益於神聰,免隳弛於王度。伏乞皇帝陛下俯容狂瞽,動畏簡書。時開睿敏之懷,允守文明之訓。使聖后式全其内則,元臣可保於令圖。永揚日月之光,載理乾坤之體。臣職叨侍從,名忝論思,儻避事以不言,是偷安而冒寵。

原載《全唐文》卷 849

請纂集典禮奏

當館職備編修,理無曠失,將美惡而具載,庶古今以同風,垂訓將來,傳範不朽,實有國之重事,乃設教之本根。伏自寇盜寖興,皇唐中否,四朝之聖君令命,寂寞無聞;數世之忠臣楷模,湮淪罔紀。至於后妃貴主,帝子皇孫,禮樂廢興,制度沿革,不偶文明之運,難崇祖述之規。既遇昇平,須謀纂集。

原載《全唐文》卷 849

請撰兩朝實録奏

自宣宗朝已來,時歷四朝,未有實録。年代深遠,簡牘散亡,更歷歲時,轉失根本。自中興已來,累於諸道購纂四朝日曆、報狀、百司關報,亦恐已曾撰到實録,值亂亡失。乞下兩浙、湖南巡屬,購募四朝野史及除目、報狀、關報等,庶成撰集之功。

原載《全唐文》卷 849

論四帝實録奏

當館奉敕修懿祖、獻祖、太祖、莊宗四帝實録,自今六月初一日起手,旋具進呈次。伏以凡關纂述,務合品題。承乾御宇之君,行事方云實録。追尊册號之帝,約文只可紀年。所修前件史書,今欲自莊宗一朝名爲《實録》,其太祖已上並目爲紀年。

原載《全唐文》卷 849

上兩朝實録奏

先奉敕旨,纂修太祖武皇帝、莊宗光聖神閔孝皇帝兩朝實録呈進者,臣學虧富贍,功愧裁成,職司獲奉於簡書,祖述濫承於綸旨。國家神符運祚,代出忠賢。始祖自太宗朝,初鎮墨離,爰崇官族,帶礪之紛華不絶，鼎彝之盛美可尋。懿祖昭烈皇帝立功元和，翊戴章武，東平淮蔡，西闢河湟。獻祖文皇帝既紹家聲，愈遵堂構，破昆夷而還貴主，誅潞孽而定徐方。仗鉞分憂，振雄名於閫服；維城作固，濬靈派於天潢。太祖武皇帝投袂勤王，誓心報主，拯三朝之患難，邁五霸之英威，經綸既叶於上玄，眷祐乃延於下武。莊宗神閔皇帝謀猷特立，睿哲遐宣，訓卒練兵，櫛風沐雨。纘崇鳳曆，恢三百載之世功；平蕩梟巢，刷四十年之讎耻。一登大寶，四换周星。其間天地慘舒，君臣善惡，旋自宫闈變動，簡牘散亡，遂遍訪於見聞，庶備詳於本末。修撰、朝議郎、左補闕張昭遠博於記覽，早預編排，自今年六月一日與同職官員等共議纂修，獲成紀録。臣叨司筆削，比乏史才，如甘英妄測於河源，裨竈强論於天道，殺青斯竟，代斲增慚。又以三祖追尊，有殊受命，約之舊史，必在正名。謹叙懿祖書一卷、獻祖書二卷、太祖書一十七卷，並題目《紀年録》。先帝自龍飛晉陽，君臨天下，以日繫月，一十九年，謹修成實録三十卷。誠多紕繆，仰瀆休明。顧鉛素以驚心，塵冕旒而洽皆。

原載《册府元龜》卷557

姚　顗

後唐大臣(866—940)，京兆萬年(今陝西西安)人。唐末進士及第。入梁歷任校書郎、禮部員外郎、中書舍人等職。莊宗滅梁，先被貶爲復州司馬，後又升任左散騎常侍、尚書左丞。唐末帝即位，拜相。後晉建立，任刑部、户部尚書。天福五年(940)卒。

進實録表

奉詔，臣等同修先皇帝實録進呈。自承天旨，尋戒百官。同申太史之舊章，遍訪茂陵之遺牒。莫不囊螢汗簡，寢筆懷鉛。粗成典册之大綱，詎副宸旒之重委。臣聞刻木結繩之代，泥金檢玉之朝，傳茂實於無窮，播英聲於不朽。良以弦歌誦美，竹帛書勛。然則序皇猷而有質有文，論帝道而或疏或密。疏則見譏於良史，密則利澤於洪源。故禹穴藏書,作法永垂於千古;橋山刻木,化民何止於百年。恭惟明宗聖德和武欽孝皇帝務實去華,本仁祖義。鄙漢家之霸道,薄用刑名;遵老氏之玄言,克敦慈儉。爰自仗義旂於參野,總戎鉞於渠門。三紀訓兵,奉列聖而重安鼎祚;八年御宇,育黎元而別創蘿圖。臣歷覽前經,詳觀哲后,無如先聖。居宗室而扶持景運,作維城而屏翰皇家。鷹揚豹變之奇,蠖屈龍伸之智。年纔總角,位已建牙。輔獻祖、太祖之經綸,解僖宗、昭宗之禍難。東平巢蔡,北静蕃渾。披榛棘而立朝廷,斬豺狼而興社稷。及莊宗失馭,寰海横流,方哀義帝之喪,堅守唐侯之位,而謳歌遽迫,曆數爰歸。於是革秦皇、漢武之澆風,修貞觀、開元之仁政。以臣幽淺,何以發揮,自捧絲綸,如挾冰炭。但緣職分,難避擬掄。臣即與判館事、修撰官、中書舍人張昭遠、中書舍人李詳、左拾遺吴承範等依約典謨,考詳記注,按編年之舊體,各次第以分功。起龍潛受命,四十年成《鳳册新書》三十卷。雖研精覃思,備振於綱條;而事重才輕,仍憂於漏略。加以裝褫鹵莽,繕寫生疏,旋命直館右拾遺楊昭儉虔切指踪,專司校勘。尚虞舛誤,未盡周旋。將冒犯於進呈,實倍增於憂負。

原載《册府元龜》卷557

請修齋宿屋宇奏

明王御宇,哲后垂衣,必崇郊薦之儀,以表君臨之道。伏自陛下興隆寶祚,展禮群神,每祈福以爲人,必差官而行事。先七日受誓戒於南省,后三日各致齋於本司。必在精誠,以感靈貺。臣伏見南郊壝壇之側及諸祠壇並無宿齋之所。請下所司量事修建屋宇。俾嚴祇事,允屬聖朝。

原載《全唐文》卷850

請六典分銓奏

近宰臣盧文紀上章,請條理選部。臣聞"事不師古,匪説攸聞",又曰:"仍舊貫,何必改作。"此先王之格言也。臣案六典,吏部三銓,尚書侍郎分典吏部。其格擇人有三實四才,孟冬三旬集人有地里之差。若循彼綱條,依其格限,人無濫進,官得實才。只自天成四年十月詔罷侍郎分銓,只以尚書併領。正官又闕,多是他曹權差。才力或有短少,遂致發遣凝滯,團集遲留。移省既失常規,選人隔年披訴。臣請却依六典分銓,朝廷列職分司,比期釐務,置之閒地,何表分憂。望各委典銓,於事爲宜。

原載《全唐文》卷 850

請禁州郡供億疏

伏以運當昭泰,時屬豐成,金鑾已議於省方,彩仗將離於上國。沿路供億,固有舊規。況聞詔旨丁寧,不許分外科率。所在藩侯郡守,竭力推忠,奉迎須備於貢輸,徵歛或及於黎庶。伏望更加示諭,免至煩勞,使四海九州,遐邇共聞於聖德;千乘萬騎,經過不擾於疲民。俾諧望幸之心,以顯來蘇之義。

原載《全唐文》卷 850

僧虚受

唐五代僧人。咸通中,充左街鑒義。廣明中,住大善寺。後唐同光初,住京敬愛寺,賜紫。《宋高僧傳》有傳,記其卒於同光三年(925),恐誤。

大唐嵩山少林寺故寺主法華(行)鈞大德塔銘

京左街敬愛寺講維摩經沙門賜紫虚受撰。

夫真如不變,假澄湛以彰名;俗諦有遷,因去來而立號。考真俗而雖異,詢性相而何殊。是知生滅之途,古今恒式,若夫性本神資,道維天與者,即嵩山少林寺故鈞大德之謂也。

大德法諱行鈞,俗姓閻氏,鄭州陽武人也。始自髫齔,便鄙諠譁。年十有四,捐俗慕法,依止嵩山會善寺西塔院法華禪師,爲和尚執持瓶舄,旦暮焚修,誦《法華經》,勵堅固志。三度寒暑,一部終畢。其師深器之,遂與落髮。迨年滿,受具於本寺琉璃壇,自後遵講肆,習毗尼,屢易炎凉矣。然志在諷誦蓮經六千部,遂卜居石城山。檀越信士,欽承道德,崇重行藏。於廣明庚子歲請住少林士(寺)。乃曰:“末法住持,無先象設。”由是召募有緣,葺修大殿,首尾三載,締構悉成,而遇釋門澄汰,遂從毁廢。後值再開佛法,重勵身心,復立殿堂,兼塑佛事。矧以一自住寺,罔輟諷經,供養衆僧,星霜四紀。興慈拯物,臨壇度人,戒德馨香,道風遐夐,士庶寫葵藿之敬,僧尼傾歸仰之心。能事既周,化緣又畢。於同光三年七月廿日示滅,春秋七十八,僧臘五十九。本僧門人等,依西國法荼毗之,薪盡火滅,收其灰骨,起塔於寺之東北隅,禮也。落髮弟子弘省,不遠百里,命余叙其懿行。辭避不已,乃作銘云:

真如不變兮世諦推遷,迷滯流轉兮達悟幽元。釋宗碩德兮幼慕金仙,住持嵩嶽兮載誕圃田。兩修佛殿兮不移乎他,長諷蓮經兮如一其志。供僧臨壇兮聲譽遠被,化終示滅兮今昔同致。崇寶塔兮寺之隅,播芳塵兮期罔墜。

落髮弟子伯數人等,寺主弘泰,勾當修塔弘省,典座弘緒、弘幽、弘起、弘昉、弘皋、弘超、弘遇、弘惠、弘悟、弘深、奉明、弘崿、弘宣、弘釗、弘遷、弘讓、弘志、弘雅、弘鑒、弘受。法孫欽緣書,虚同建塔。

同光四年歲次丙戌三月壬辰朔十六日壬申建。博士侯建鎸字。造塔博士郝温。

原載《金石續編》卷 12

薛　融

後唐官員(881—941),汾州平遥(今山西平遥)人。莊宗時歷任州從事、節度判官。明宗時任右補闕,直弘文館。後晉高祖時,歷任吏部郎中、兼侍御史知雜事、左諫議大夫、尚書右丞等。天福六年(941)卒。

請停營作疏

臣近睹河南留守高行周狀奏修大内事,伏以大厦既成,燕雀尚猶相賀,皇居是葺,臣子豈不同歡?然則時方屬於多虞,事宜停於不急。臣聞帝堯,古之聖君也,其所居宮室,則茅茨不翦,土階三尺;漢文帝,古之聖主也,欲造露臺,以費百金之值,尋罷其役。莫不道光圖籍,德冠古今,爲千載之美談,作百王之懿範。况漢文承三代之基業,御一統之寰區,百姓富饒,四方寧謐,金帛盈於帑藏,粟麥溢於囷倉,尚惜其財,不從其欲。今洛陽宮殿,雖有先遭焚毁,其所存者,猶且彌滿於帝堯之茅茨,而又重有修營。其所貴者,豈不倍多於漢文之臺榭?伏自陛下一臨華夏,再歷寒暄,聖猷雖契於上玄,皇化未覃於遐徼。復又鄴城殘寇,歷歲逋誅,黎民猶困於轉輸,將士頗勞於攻討。庫藏虚竭,文費殷繁。此則是陛下宵衣旰食之時,非陛下營造宮室之日。且百姓是陛下之赤子也,陛下是百姓之慈父也。子既有疾,父寧不憂?今則天下黎民莫非疲弊,天下州縣靡不凋殘,加以率斂頻仍,徭役重疊,尤宜撫恤,俾遂蘇舒。勿謂愚而可輕,勿謂賤而可棄。古人有言:民猶水也,君猶舟也。水所以載舟,亦所以覆舟。可不畏乎?兼自去年正月已來,陰陽繼虧,星曜失度。此則上天垂象,使陛下修德節儉之戒也,固合修德以應之。向使百姓安寧,則陛下雖當櫛風沐雨,未以爲苦也;若或兆民愁苦,則陛下雖處瑶臺瓊室,豈得爲安乎?伏願陛下襲帝堯之舊風,繼漢文之餘烈,且停工役,免費資財,使寰海之普寧,或修營之未晚,則天下幸甚,百姓幸甚。

原載《册府元龜》卷 547

盧 質

後唐大臣(867—942),河南(今河南洛陽)人。唐末曾任芮城令、秘書郎、河東節度掌書記等職。莊宗即位後,歷任銀青光禄大夫、檢校右僕射、御史大夫、户部尚書、知制誥、翰林學士承旨。明宗時,歷任檢校司空、同州節度使、兵部尚書等官。此後,任河南尹、右僕射。後晉建立,任太子太保。天福七年(942)卒。

■同三司守太師兼中書令鎮州都督府長史王公(鎔)■

■大夫、檢校禮部尚書、兼御史大夫、賜紫金魚袋盧質撰

■校尚書□部郎中、兼御史中丞、賜紫金魚袋任□書并□□

二□□居無何,賊起黄巢,兵經■涉險,九州版蕩,唯兹全趙,□□安邦。一百五十年間,中外■有□有恒,不潜不濫,相承四世,光輔十朝,■有□及其叔世□□□□□□於□□邦得同其□雖爲常數良■山發源,始於□□,至於□代,乃有太原、瑯琊,分彼二流■之□也□忠力於邦家,□捍蔽於■等州觀察處置等使、金紫光禄大夫、檢校太傅、同中書門■封二百户,贈太師,謚曰忠,在■山□□□□□□鬱爲盛□□、銀青光禄大夫、檢校尚書左■命□,累贈司空、司徒、太尉、太傅,在■三□□□□封人臣之■皆踵前修,考終令□,□曰忠穆■中□四年,□授鎮州兵馬留後,來年起復真拜,繼世焉,以■太原郡開國子,食邑五百户。在疚畢喪,非公事■相□信睦交修。中和五年,加開府■檢校太保、封常山郡王。文德元年,又昇太傅■封□百户。□順元年,就加檢校太師。未幾,授澤潞邢■五年□□□書令,進封北平王,增爵共六千户,實封■賜敦□□定久大功臣。來年,又册拜太師,增爵一萬■遠圖。無何,事胥防萌衆迷,逐末納羈,新於■由兹一□亂構,凶徒毒流一氏,屠害全族,殘■夫人隴西李氏,父李全義,皇任檢校工部尚書■不越旬日被害■守侍中,次曰昭□□□□□□□□□部落都知兵馬使、檢校皆■推官李■懷德六經,大□何止於救患鄰,五下■前□□□□□□□符習■天祐十八年八月大□□□□□公舍■伐□□□而終,賊男處瑾,□父自立,處球□煞其兄。十九年平■以□□□□幽冤,蓋明義舉,今以青烏□吉,丹旐有歸,■十二月廿□日■趙國夫人合葬於真定縣新市鄉廉頗里壽陽崗,祔於■。

■府,螫手之蛇,反噬之虎,梟獍興妖,恩義□□,全族盡亡,■師一興,飛走無處。逆首就擒,屬封尋撫。釁血□□,申冤告□,■。

原載《五代墓志彙考》

祧遷獻祖議

臣等以親盡從祧,垂於舊典。疑事無質,素有明文。頃莊宗皇帝

再造寰區,復隆宗廟,追三宗於先遠,復四室於本朝。式遇祧遷,旋成沿革。及莊宗升祔,以祖從祧,蓋非嗣立之君,所以先遷其室。光武滅新之後,始有追尊之儀。只此在於南陽,元不歸於太廟。引事且疏於故實,此時須稟於新規。將來升祔先廟,次合祧遷獻祖。既叶隨時之義,又符變禮之文。

原載《全唐文》卷851

僕射上事儀注務簡奏

臣忝除官,合赴省上事,若准舊例,左、右僕射上事儀注,所費極多。欲從權務簡,祗取尚書丞、郎上事例,止集南省屬僚及兩省官送上。亦不敢輒援往例,有廢官中自量力排比,兼不敢自臣隳廢舊規。他時任行舊制。

原載《五代會要》卷14

趙　瑩

唐晉時大臣,華陰(今陝西華陰)人。在後唐時任陝州從事,保義軍掌書記,長期在石敬瑭幕府爲官。後晉建立,其升任很快,歷任翰林學士承旨、户部侍郎、同中書門下平章事、中書令。契丹滅晉,趙瑩追隨晉出帝赴塞北。後周時與契丹交好,故其卒後,允許其子護喪回到故里。

請令吕琦尹拙修唐史奏

所修唐史首尾二十一朝,綿歷三百餘載。其於筆削,斯實難辦。必藉群才,司分事任。張昭等五人奉敕同撰,内起居郎賈緯丁憂去官。竊以刑部侍郎吕琦、侍御史尹拙,皆富典墳,嘗親簡牘。勸善懲惡,雅符班馬之規;廣記備言,必稱董南之職。上祈聖鑒,俾共編修。

原載《全唐文》卷854

論修唐史奏

伏以唐室君臨,歷年長遠,至若王言帝載,國史朝經,治平之時,充溢臺閣。自李朝喪亂,迨五十年,四海沸騰,兩都淪覆。竹簡漆書之部帙,多已散亡。石渠金馬之文章,遂成殘缺。今之書府,百無二三。臣等虔奉綸言,俾令撰述。褒貶或從於新意,纂修須按於舊書。既闕簡編,先憂漏落。臣今據史館所闕唐書、實録,請下敕購求。昔咸通中,宰臣韋保衡與蔣伸、皇甫焕撰武宗、宣宗兩朝實録。又光化初,宰臣裴贄撰懿宗、僖宗兩朝實録。皆遇國朝多事,或值皇輿播越,雖聞撰述,未見流傳。其韋衡、裴贄,合有子孫見居職任,或門生故吏曾托纂修,或秘藏於士族之家,或韜隱於鉅儒之室。聖代方編於舊史,耆年有事於故朝,聞此撰論,諒多快愜,况行恩奬,以重購求。請下三京諸道及中外臣僚,凡有將此數朝實録詣闕進納,請量其文武才能,不拘資地,與除一官。如卷帙不足,據數進納,亦請不次奬讎,以勸來者。自會昌至天復,垂六十年。其初,李德裕平上黨,著武宗伐叛之書。其後,康承訓定徐方,有武寧本末之傳。如此色類,記述頗多。復有世積典墳,家傳史筆,或收纂當時除目,藏在私居,或采摭近代制書,以爲文集。未逢昌運,無以發明;今屬搜揚,誠爲際會。既伸志業,伫見旌讎。請下中外臣僚及明儒宿學,有於此六十年内撰述得傳記及中書銀臺事、史館日曆、制詔册書等,不限年月多少,並許詣闕進納。如年月稍多,記録詳備,請特行簡拔,不限資序。臣與張昭等共議,所撰唐史,祇叙本紀、列傳、十志。本紀以綱帝業,列傳以述功臣,十志以書刑政。本紀以綱帝業者,本紀之法,始於《春秋》,以事繫日,以日繫月,以月繫時,以時繫年,刑政無遺,綱條必舉。須憑長曆以編甲子,請下司天臺,自唐高祖武德元年戊寅至天祐元年,爲甲子轉年長曆一道,以憑編述諸帝本紀。列傳以述功臣者,古者衣冠之家,書於國籍,中正清議,以定品流,故有家傳、族譜、族圖。江左百家,軒裳繼軌;山東四姓,簪組盈朝。隋、唐已來,勛書王府,故士族子弟多自紀世功,備載簡編,以光祖考。今宸恩涣洽,屬意撰論,卿士大夫,咸多世族,聞茲汗簡,孰不慰心!請下文武兩班及藩侯郡牧,各叙累代官、婚、名諱、行業、功勛狀一本,如有家譜、家牒,亦仰送官,以憑纂叙列傳。十志以書刑政者，五禮之書，代有沿革，至開元刊定，方始備儀。自寶應以來，典章漸缺。其祇見郊廟，册拜公王，攝事相禮之文，車輅服章之數，勢移權倖，禮或僭差。故軍容釋奠於儒宫，舉朝議誚；巷伯扈鑾而法服，博士抗論。年代既深，禮文斯忒。請下太常禮院，自天寶已後至明宗朝已來，五禮儀注、朝廷行事，或異舊章，並據增損節文，一一備録，以憑撰述《禮志》。四懸之樂，不異前文；八佾之容，或殊往代。隋、唐已來，樂兼夷夏，乃有文舞、武舞之制，坐部、立部之名。天寶之初，雲韶大備。寶應之後，音律漸衰，郊廟殿庭，舊章斯缺。自咸秦蕩覆，鐘石淪亡。龍紀返正之年，有司特鑄懸樂，旋宫之義，空有其文。請下太常寺，其四懸、二舞增損始自何朝，及諸廟樂章舞名、開元十部用廢本末，一一按録，以憑撰述《樂志》。刑名之制，代有重輕，隋、唐以來，疏爲律令。然累朝繼有制敕相次，增益舊條，以此格律之文未能畫一。後敕不編於實録，諸制多在於法書。請下大理寺，自著律令已來，後敕入格條者，及會昌已來所經疑獄，一一關報，以憑撰述《刑法志》。律曆、五行、天文、灾異，中書實録，前代具書。自唐季亂離，簡編淪落。太史所奏，並不載於册書；謫見之文，時或存於星曆。請下司天臺，自會昌已來天文變異、五行休咎、曆法改更，據朝代年月一一條録，以憑撰述天文、律曆、五行等志。唐初定官品令，三公、三師爲第一品，尚書令、僕(射)爲第二品，兩省、御史臺、寺監長宫、六尚書爲第三品。自定令已後，官品錯舛，比諸令文，前後同異。又有兼、攝、檢校之例，資授、册拜之文，軍容或盛於朝儀，使務漸侵於省局。以此官無定令，位以賞功，臺府之權，隨時輕重。求諸官志，前代無聞。請下御史臺，自定令已後文武兩班品秩或升或降，及府名使額、寺署廢置、官名更改，一一具析，以憑撰述《職官志》。畫野離疆，實均九貢。帶河礪嶽，爰命諸侯。唐初守邊，則有都督、總管之號。開元命將，即有節度、按察之名。故刺史多帶於使銜，郡閣更兼於軍額。其後四安之地，因亂多没於戎夷；九牧之中，乘寵遂邀於旄鉞。故山河易制，名類實繁。請下兵部職方，自開元已來山河地理、使名軍額、州縣廢置，一一條列，以憑撰述《郡國志》。漢述《藝文》，隋編《經籍》，蓋以總括典墳之部，牢籠流略之書。唐初以迄開元,圖書大備。歷朝纂述,卷軸彌繁。若不統而論之,何彰文雅之盛!請下秘書省,自唐初已來古今典籍、經史子集元撰人姓氏,四部大數報館,以憑撰述《經籍志》。臣名叨輔弼,學愧裁成。獲奉制書,俾專信史。伏以有唐纘曆,累葉承平。文德武功,已紛綸於圖牒;記言載筆,尚闕漏於簡書。皇帝陛下永念淪胥,深思揖讓。周武謁成湯之廟,不忘故朝;漢皇封王赧之孫,蓋悲亡國。今則已覃優渥,爰勤纂修,凡在臣僚,孰不知感。所懼史才短淺,識局荒唐,實慮庸虛,有孤宸委。所陳條例,如可施行,請下所司,庶幾集事。

原載《册府元龜》卷 557

李 琪

後唐大臣(871—930),河西敦煌(今甘肅敦煌)人。博學多才,少舉進士,累遷殿中侍御史。入梁後歷任翰林學士,詔敕多出其手。梁末帝時,拜同中書門下平章事。莊宗滅梁,本欲拜相,因反對者多,改授太常卿,遷吏部尚書、右僕射。在朝廷典制方面多有建樹,有《金門集》10 卷,已佚。

梁啓聖匡運同德功臣淮南鎮海鎮東等軍節度使淮南浙江東西等道觀察處置營田招討安撫兼鹽鐵制置發運等使開府儀同三司尚父守尚書令揚杭越等州大都督府長史上柱國吴越王錢公生祠堂碑

維有梁之撫運也,皇靈闡乎區外,大禮昇於土中。元亨利貞,飛龍據在天之位。聰明神武,流烏當受命之符。山川出雲,河洛開奧。夔魖魍魎,慑夏鼎以奸銷;檮杌窮奇,格舜干而心服。於是南逾駱越,北暨辰韓,東極滄涓,西臨黑水,莫不來庭捧贄,厥角獻琛。譯有外邦,貢無虛月。谷風嘯虎,膠庠奏樂職之詩;山礮射牛,封禪草禮官之議。皇帝尚或謙冲至德,兢畏萬幾。日昃忘勞,宵分輟寐。弗矜弗伐,恒以百姓爲心。雖休勿休,能使三時不害。務敦其實,所寳惟農。以麟鳳龜龍爲下科,用黍稷稻粱爲上瑞。君倡臣和,草偃風行。克勤之心,率勵於邦國。固本之德,浹洽於吏民。天下翕然,頌聲斯起。

越五年夏四月,上坐便殿,顧謂翰林學士守尚書右司郎中知制誥臣李琪曰:"朕有寶臣,國之巨棟。加地進律,雖圖伯舅之功。嚴像立祠,尚慊緇黄之願。去歲杭、越等州軍府將吏、士民耆艾列狀,以吴越王錢鏐,惠及於物,恩結於人,願立生祠,式光異政。今我俞允,顯其勛勞。汝爲好辭,以永嘉聞。"微臣俯伏奉詔,兢兢莫圖,懼玷厥庸,弗任其職。臣伏聞高辛氏得天之道,實舉龐鴻。伊耆氏象日之明,亦詢朱虎。况乎戎衣定國,革路興邦,非哲后無以建丕圖,非偉人無以康大業。灌壇風雨,佐聖室之宏規。莘鼎鹽梅,集商王之景命。吴芮起鄱陽之衆,竇融興隴右之師。並翊天飛,咸開帝緒。其有連衡接武,並駕齊驅,昭昭然爲國元勛,合符英佐者,即今啓聖匡運同德功臣淮南鎮海鎮東等軍節度使淮南浙江東西等道觀察處置營田招討安撫兼鹽鐵制置發運等使開府儀同三司尚父守尚書令揚杭越等州大都督府長史上柱國食邑二萬户食實封一千七百户吴越王即其人也。

公名鏐,字具美,其先本彭城人也。緬維英緒,實肇遐源,或標舉精神,擅表儀於晉魏;或元通夢想,冠雄勇於齊梁。餘烈具存,洪源遂廣。大王父諱沛,累贈尚書左僕射。王父諱宙,累贈太師。烈考諱寬,累贈中書令。並稟粹地靈,騰英岳秀,百禄是荷,爲積慶之家;五世其昌,啓莫京之裔。誕兹人傑,貽厥孫謀。公即中書令之嫡長子也。幼而通理,有岐嶷之姿。長而不群,抱清明之德。雷泉英概,金宿精光。洪鐘非戛擊之音,大玉非磨礲之器。鷹瞵八表,虎視三江。魏帝目爲人雄,晉后謂之王佐。屹風稜於氣表,華嶽五千。豁宇量於胸中,雲夢八九。厥初以永嘉東渡,世德繼昌,分京公暨日之枝,襲憬祖涵雲之派。緬惟浙右,邑號臨安,西連天目之岑,東接秦巒之勢。雙川噴雪,徑石鏡之清光。萬岫參寥,孕官山之王氣。公克膺靈秀,載誕雋賢,始囊螢於桑蓋之陰,終奮劍於漚麻之地。時屬唐朝季末,歷數將移,戎馬生郊,蜚鴻滿野。公遂相時而動,憫物興嗟,爲國平凶,與民定亂。散家財而養士,訓父子以爲軍。楚卒八千,徒矜組練。梅鋗十萬,浪號熊羆。指揮而立致風雲,叱咤而坐移山嶽。復值江南搔擾,溪洞興妖。鄰凶則極目朱眉,巨憝則滿郊白幟。小則倪知新、朱實之輩,據險隘以蜂屯;大則黄巢、尚讓之徒,掠藩方而虎噬。公乃旋分驍鋭,密運機鈐。抉鼠穴以梟夷,突豺牙而破軫。自此軍威益振,號令愈明。輔本郡之政經,統八都之紀律。然而辛勤百戰,平定四凶,方澄兩浙之波瀾,盡掃十州之氛祲。積田穰苴之威望,峻郄元帥之雄名。故能大建勛庸,榮超崇極,頃歲浙東觀察使劉宏者,萑苻害馬,齊兖逋畋。脱身群盗之中,潛竊察廉之位。妄以金刀自讖,潛蓄奸謀。忽萌吞并之心,繼犯青疆之地。先焚漁浦,次劫九鄉。或聚犬衆於七州,或恃狐鳴之數萬。公躬臨矢石,手運戈矛,一呼而瓦振長平,屢戰而尸填濰水。連擒昆弟,悉斬魁渠,或跋寨以全坑,或單衣而夜逸。中和五年,公統領兵士,遠過重山,築壘進軍,攻圍日蹙。逆首望風逃遁,尋於巡管收擒。公乃手劍旗亭,以謝戎庶。其次光啓三年春,鎮海軍節度使周寶以釁生親戚,旄節播遷,公憤其黜逐帥臣,志期翦戮。於是大陳卒乘,徑赴朱方,迎請藩侯,敬事如舊。而薛朗巢危食盡,遂就活擒,牲於靈柩之前,以雪幽明之憤。此際蔡寇孫儒鯨吞黟歙,蝟礫洵川;楊行密窘甚析骸,乞師救命。公乃三路餽食,兩面助兵,克清霧市之妖,逐解晉陽之急。乾寧三年,威勝軍節度使董昌是公匡戴,坐擁節旄,不遵良佐之箴規,遽惑妖人之詭譎,而又淫刑虐殺,人神不容。興羿浞之逆謀,僭羅平之僞號。公往回百諫,竟拒忠言,遂奉前朝詔書,委其討伐。鄰凶行密,見利忘義,怙亂朋奸,廣裔豺狼,攻圍城壘。公仗順討逆,奮一當十,戮梟獍於近郊,破鯨鯢於檇李。挫行密而奔仁義,走陶雅而竄田頵。然後徑赴稽山,親平禹穴。出軍民於湯炭,灑士庶以膏霖。騰萬口之歡聲,溢千門之喜氣。前朝乃就加公掌武之秩,錫地之榮。分四騎之碧油,佩兩藩之金印。周旋二紀,翦落四凶。始得安吴越之封疆,泰牛女之耕織。若夫天下有急,王孫遂立於壇場;日中而趨,司馬亟頒於符節。其間水深則蛟産,林大則蠹生。提封漸廣於支巡,牧守難齊於忠蓋。其有如霅川李師悦、雙溪王壇、新定陳詢、瀔水陳章、温江張惠、縉雲盧佶、蘋渚高澧及外都叛將徐綰、許再思之輩,或軍行末校,或草澤逋民,發迹戎韝,素無顯效。蒿艾豈棟梁之器,犬彘懷噬主之心。悉被淮甸回邪,潛爲誘煽。負本藩之提挈,辜解縛之深恩。竊弄干戈,自貽覆餗。公山苞朽壤,海納昏波,許雍齒以自新,待樊崇以不死。俟其惡盈貫滿,不得已而用兵。纔舉偏師,處處摧拉,皆是公臨機獨斷,决勝萬全,威飈震慑於江濤,勛格抗崇於山阜。固已書於甲令,列在世家。處台鉉而彌光,受彤旅而不愧矣。公宣慈禀性,明粹在躬,五精妙察於次躔,六蔀旁該於歷數。帝師劉向,懸知白水之符;國士殷馗,預識黄星之瑞。是以高梧傾鳳,大厦占烏,拱牲幣以宗堯,率謳歌而戴舜。先是上在藩邸,公潜輸大義,密奉上交。溯九萬里之靈飈,挺三十年之神契。豈比河西已定,尚興游帝之談;陔下將平,始拒狂巫之説。不然,則何得印方似斗,言出如綸。適拜前恩,仍加後寵。皇帝踐祚之元年夏五月,定封賞之數,報締構之勛,命右金吾衛大將軍安崇隱馳傳進封公爲吴越王。秋八月,以克震天威,屢陳戎捷,授公兼淮南節度使。二年,皇帝肅郊禋之禮,灑雨露之恩。奠玉燔柴,所以昭事上帝。疏爵熹土,於是宏奬諸侯。以公爲守中書令,復命刑部尚書姚洎持節行吴越王册禮。春三月,以公奉菁茅之貢,遠述職方,陳玉帛之儀,恒先宰旅,進公爲守太保。秋八月,以公解長洲之圍,復震澤之郡,用匡九合,宜總五兵,拜公爲守太尉兼中書令。五年,以公儀表藩垣,經緯文武,當吕望四征之重,居伊尹百揆之先,召公爲守尚書令。朝廷復以公累朝碩量,開國宏勛,有同心同德之功,著十亂八元之業,威略主列藩盟猷,忠貞爲社稷金湯。昔周文王得渭水之賢,猶尊極品。我國家倚扶天之柱,宜峻殊恩。遂册拜公爲尚父,仍加井邑實封,以崇異禮。昔杜元凱之平吴會,止鎮一州。昆陽侯之定淮夷,不階三事。未有光昭大典,卓犖鴻恩。輶軒相襲於道途,簡册交馳於冕弁。三十二人之畫像,旌顯非多,五十四縣之疏封,迴旋尚小。羅旃設戟,誓嶽盟河。廊廟之鄰哉臣哉,勛名之大矣神矣。公以富强之俗,訓驍勇之兵。戈艦三千,旌門百萬。水犀鮫革,甲光照互父之山。秋雁魚麗,陣勢駭蚩尤之國。加以竹頭木屑之用,鹽田滬瀆之饒,有益軍須,莫先戎費。愛人若已,决事如神。嚴明有拔薤之功,聽察得分緤之理。除殘去弊,守正申威。畫冠不犯於四封,列貨羞談於二價。遂使江湖之上,棹有歌聲;斗牛之間,獄無冤氣。矧又敬崇穹昊,虔奉緇黄。百靈輸戩穀之祥,萬庾洽京坻之稔。用天分地,務穡勸農。保慈儉以律身,變舄鹵而收利。穰穰多稌,人爲萬石之家。膴膴良田,户有千金之堰。風謡逸豫,禮讓興行。君子謂之樂郊,神人稱其福地。豈可使燕山車騎,空銘幕府之勛;齊國相君,不頌祠堂之美。微臣仰膺睿旨,俯扣庸音。敢書無愧之詞,用紀不磷之績。庶使披文相質,與日月而俱懸。積德累功,共江山而更遠。是旌民愛,式表君恩。謹爲銘曰:

彼穹初圖,補石而正。下土未乾,决河而定。我后創業,惟公佐命。内贊皇極,外綏戎柄。雄雄偉人,元象降神。山海其度,麟鳳其身。地開茅土,天授經綸。疊封異姓,屢委洪鈞。多藝不矜,好謀而懼。養士分甘,尊賢吐哺。歷數該博,襟靈穎悟。識辨彤雲,先知聖祚。昔之未遇,始用英才。凌松渡淅,拂電縈雷。宏昌瓦解,儒密冰摧。狼精夜隕,虎幄晨開。今也元勛,擁旄三鎮。劍騎山積,戈船海振。册以車輅,賜之膰脤。烈烈威風,專征仗順。惟公之明,間世而生。片言折獄,半面知名。吏絶巧詆,人無匿情。政刑一概,如水之平。善誘黎甿,服勤耕稼。携稚就豐,佩牛歸化。再熟粱稻,八蠶桑柘。足食足兵,述方而霸。軍民感惠,易世於兹。哀矜耆艾,撫養惸嫠。如母之愛,如父之慈。告於天子,願啓生祠。厥祠既崇,邃宇加飾。彰民之心,表公之德。上帝錫祉,諸侯取則。取之伊何,勿擾勿亟。絲綸有命,琬炎徽文。爰馳上列,式奬鴻勛。浚義才子,安陽令君。永標今古,名播萬春。

原載《全唐文》卷 847

奉迎車駕還京奏

伏以陛下暫違清廟,纔過周星。初平作孽之守殷,次戮不臣之庭琬。今者敗契丹之凶黨,破真定之逆城。大振皇威,咸繇睿算。臣等久違宸極,俱戀聖恩。恨不隨獸舞於汴郊,拜龍顔於梁苑。豈可只於清洛,坐俟迴鑾。願於次舍之間,得展會同之禮。庶傾就望,咸竭歡呼。臣等今乞於偃師東排班迎駕稱賀後,先赴雒陽東祇候。

原載《全唐文》卷 847

請行開成格奏

奉八月二十八日敕,以大理寺所奏見管四部法書内有《開元格》一十卷、《開成格》一十一卷。故大理卿楊遘所奏行《僞梁格》并目録一十一卷與《開成格》微有差舛,未審祇依楊遘先奏施行,爲復别頒。聖旨令臣等重加商較,刊定奏聞者,今未若廢僞梁之新格,行本朝之舊章。遵而守之,違者抵罪。奉九月二十八日敕,宜依李琪所奏,廢《僞梁格》,施行本朝格式者,伏詳敕命,未該律式。伏以開元朝與開成隔越七帝,年代既深,法制多異。且律有重輕,格無二等。若將兩朝格文允行,復慮重疊差舛。况法者,天下之大信,非一人之法,天下人之法也,故謂一成不變之制。又准格文,後敕合破前格。若將開元與開成格之行,實難檢舉。又有《大和格》五十一卷,《刑法要録》五十卷,《格式律令事類》四十卷,《大中刑法格後敕》六十卷,共一百六十一卷,久不檢舉,伏請定其與奪。奉敕宜令御史臺、刑部、大理寺同詳定一件格施行者,今衆集商量,《開元格》多是條流公事,《開成格》關於刑獄,今且請使《開成格》。

原載《全唐文》卷 847

陳經國事疏

臣聞王者富有兆民,深居九重。所重患者,百姓凋耗而不知,四海困窮而莫救。下情不得上達,群臣不敢指言。今陛下以水潦之灾,軍食乏闕,焦勞罪己,迫切疚懷。避正殿以責躬,訪多士而求理。則何思而不獲,何議而不臧。止在改而行之,足以擇其善者。臣聞古人有言曰:“穀者,人之司命也;地者,穀之所生也;人者,君之所理也。有其穀則國力備,定其地則人食足,察其人則徭役均。知此三者,爲國之急務也。”軒黄已前,不可詳記。自堯湮洪水,禹作司空,於時辨九等之田,收什一之税。其時户口一千三百餘萬,定墾地約九百二十萬頃,最爲太平之盛。及商革夏命,重立田制,每私田十畝,種公田一畝,水旱同之,亦什一之義也。洎乎周室立井田之法,大約百里之國,提封萬井,出車百乘,戎馬四百匹,畿内兵車萬乘,馬四萬匹,以田法論之,亦什一之制也。故當成康之世,比堯舜之朝,户口蓋增二十餘萬，非他術也，蓋三代以前，皆量入以爲出，計農以立軍。雖逢水旱之灾，而有凶荒之備。降及秦漢，重税工商，急關市之征，倍舟車之算。人户既以減耗，古制猶以兼行。按此時户口，尚有千二百餘萬，墾田亦八百萬頃。至乎三國並興，兩晉之後，則農夫少於軍衆，戰馬多於耕牛。供軍須奪於農糧，秣馬必侵於牛草。於是天下户口，只有二百四十餘萬。洎隋文之代，兩漢比隆。及煬帝之年，又三分去一。我唐太宗文皇帝以四夷初定，百姓未豐，延訪群臣，各陳所見。惟魏徵獨勸文皇力行王道，由是輕徭薄賦，不奪農時。進賢良，悦忠直。天下粟價，斗直兩錢。自貞觀至於開元，將及一千九百萬户，五千三百萬口，墾田一千四百萬頃。比之堯舜，又極增加。是知救人瘼者，以重斂爲病源；料兵食者，以惠農爲軍政。仲尼云："百姓足，君孰與不足！"臣之此言，是魏徵所以勸文皇也。伏惟深留宸鑒。如以六軍方闕，不可輕徭，兩税之餘，猶須重斂，則但不以折納爲事，一切以本色輸官。又不以紐配爲名，止以正耗加納。猶應感悦，未至流亡。况今東作是時，羸牛將駕。數州之地，千里運糧。有此差徭，必妨春種。今秋若無糧草，何以贍軍。臣伏思漢文帝時，欲人務農，乃募人入粟，得拜爵及贖罪。景帝亦如之。後漢安帝時，水旱不足，三公奏請富人入粟，得關内侯及公卿以下散官。本朝乾元中，亦曾如此。今陛下縱不欲入粟授官，願明降制旨下諸道，合差百姓轉倉之處，有能出力運官物到京師，五百石以上，白身授一初任州縣官。有官者依資遷授，欠選者便與放選。千石以上至萬石，不拘文武，明示賞酬。免令方春，農人流散。斯亦救民轉倉贍軍之一術也。

原載《全唐文》卷 847

請更定朔望入閤奏對疏

每月文明殿入閤，及百官五日一赴中興殿等事，伏准故事。每月百官入閤，所司排儀仗，金吾勘契。入後有待制次對官，各舉論本司公事。左右起居，分記言動，以付史館，編修帝録。此本朝經久之制也。昨陛下初膺大寶，思致治平，遂降綸言，特申聖旨：百官除常朝外，依宰臣每五日一度入内起居。所貴得預敷陳，俾凝庶績。此蓋陛下切於百司各言於時政,特令五日一面於天顔。雖眷眷以丁寧,限朝儀之拘束,序班而入,拜手而迴。縱有公事要言,亦且卷行須出,百司何由舉職,兩史無以記言。外則因此廢待制次對之官,内則無以分延英衆人之别。以臣愚見,竊有所陳,欲乞陛下每月一日十五日,兩度出御文明殿,排入閣之儀。諸司依前轉對,奏論今司公事。其百官就食,謂之廊餐。則中外既有區分,禁庭亦更嚴察。如陛下切於群臣所有敷陳,即乞因宰臣五日一度延英之際,班行内有要奏事者,臨門狀到,便許引入。此又於旅進旅退,事理不同。言路既開,别彰聖德。如或以山陵日近,朔望不坐,即取次日,亦合舊規。候過陵園,還如法制。臣叨司邦憲,獲典朝儀。儻遇事而不言,即奉公而何取。乞宣付中書門下,商量曾獲經久者。

原載《全唐文》卷 847

不應改國號議

殿下宗室勛賢,立大功於三世。一朝雨泣赴難,安定宗社。撫事因心,不失舊物。若别新統制,則先朝便是路人。煢煢梓宫,何所歸往。不惟殿下感舊君之義,群臣何安。請以本朝言之,則睿宗、文宗、武宗皆以兄弟出繼。即位柩前,如儲后之儀可也。

原載《全唐文》卷 847

請准馬縞奏即令撰謚册議

伏以别制四廟,徵漢室以定儀。崇上尊名,詳謚法以取證。伏睹歷代以來,宗廟成制。繼襲無異,沿革或殊。伏惟陛下應運開祥,體乾覆物。纘紹之德,咸頌聖於鴻圖。孝思之心,乃垂光於帝範。馬縞所奏,禮有桉據。乞下制令馬縞虔依典册,以述尊名。

原載《全唐文》卷 847

長蘆崇福禪寺僧堂上梁文

祖令西來,尺葦盡包於沙界。聖圖南渡,巨楹兩創於覺筵。自迦葉正法眼之單傳,有壁觀婆羅門之故址。翩翩隻履,去少林未有千年。翼翼精廬，徙滁口纔逾二紀。圮於兵燹，莽爲礫區。旃檀化聚棘之林，鯨象失栖禪之地。旋更七稔，未辦三椽。潛庵老師五葉派下中興，百尺竿頭進步。得皮得髓，面壁正是前身。利物利人，當機勇施毒手。非有遼天之作略，豈能掃地以更新。再續天聖之遺規，喜遇登師之同里。衆緣自合，紛艫筏之川流。群役並興，環斧斤之雷動。要使宗風之峻立，首圖雲衲之安居。練吉日以鳩工，峙閎模而復古。於兹大作爐鞴，皆令直造根源。展鉢鋪單，不離日用。鍛佛煉祖，總在堂中。摩尼峰前，突見飛翬之在目。菩提橋畔，會逢立雪之齊腰。既新高廣明曠之基，當知净智妙圓之體。不立文字，痛著鈴槌。連床上跳出栗棘蓬，柱杖下敲得麒麟子。味永安之記，常思紐草之高風。造雪峰之門，必契流香之妙趣。聊陳六咏，助舉雙梁。東，衮衮長江一葦通。再續千燈融佛日，依然五葉振宗風。南，十方禪雋總包含。認得老胡真鼻祖，各尋慧可結同參。西，飛檐危棟接雲霓。重成鷲席撾禪鼓，永洗狼烟罷戰鼙。北，回龍山繞烟林碧。雙手翦除荆棘場，空拳擎出瞿曇宅。上，參天喬木元無恙。非臺鏡照大千機，無繞塔高三百丈。下，葱嶺路頭連緑野。室裏俱承刮膜方，板頭誰覓安心者。伏願上梁之後，叢林萬指之安栖，蘭若千年之不壞。人人自心見性，個個與佛齊肩。蘆葉飛花，認的的祖師之旨。淮流成帶，祝綿綿宗祏之休。

原載《全唐文》卷 847

請轉運官物授官奏

臣伏思漢文帝時，欲人務農，及募人入粟，得拜爵及贖罪，景帝亦如之。後漢安帝時，水旱不足，三公奏請富人入粟，得封關内侯及公卿已下散官。本朝乾元中亦曾如此。今陛下縱不欲入粟授官，願降明敕下諸道，合差百姓轉般之物，有能出力運官物到軍者，五百石已上，白身授一初任州縣官，有官者依資次遷授，次遷者便與放選；千石已上至萬石者，不拘文武，顯爲賞酬，免令方春農人流散。此亦轉倉贍軍之一術也。

原載《唐文拾遺》卷 46

李股夢

後唐官員。歷任刑部員外郎、司門郎中等職。

乞高宏超减死奏

伏以挾刃殺人,桉律處死。投獄自首,降罪垂文。高宏超既遂復讎,固不逃法。戴天罔愧,視死如歸。歷代以來,事多貸命。長慶二年,有康買得父憲,爲力人張洍乘醉拉憲,氣息將絶。買得年十四,以木鍤擊洍,後三日致死。敕旨:"康買得尚在童年,能知子道,雖殺人當死,而爲父可哀。若從沉命之科,恐失度情之義。宜減死處分。"又元和六年,富平人梁悦殺父之讎,投縣請罪。敕旨:"復讎殺人,固有彝典。以其申冤請罪,自詣宫門,發於天性,本無求生。寧失不經,特從减死。"方今明時,有此孝子,其高宏超若使須歸極法,實慮未契鴻慈。

原載《全唐文》卷 839

李　蕘

後唐官員,并州盂(今山西盂縣)人。後唐同光初,任魏王李繼岌推官、掌書記。明宗朝,授河南少尹。因秦王從榮謀叛事,流配石州。

奏乞恭陵園林地畝狀

恭陵所,其山園之内被民户起舍屋居止,臺觀皆被侵耕。柏城松徑,樵采殆盡。乞下本縣與寺司,重定完本園林地畝。

原載《全唐文》卷 839

吕夢奇

後唐官員。歷任幽州節度判官、諫議大夫、御史中丞、户部侍郎、賜紫金魚袋。

李存進碑

□□□□武節度麟勝朔等州觀察處置營田押蕃落等使單于安北都護行營蕃漢馬步□□□□□□軍■并序

前幽州節度判官、朝散大夫、檢校尚書吏部□□、兼御史中丞、柱國、賜紫金魚袋呂夢奇撰

■節度□□□太原府衹曹參軍試太子校書梁邕書并篆額

原夫古先哲王，必有良輔。時清則論至道以經邦，和陰陽而均造化，柱石王室，使不顛不危。世亂則運沉機而料敵，廓烟塵而掃蕪穢，藩屏皇家，俾可遠可大。故有書汗簡，勒金石，皆紀其功德，及於社稷生靈者。

公諱存進，字光嗣。本姓孫氏，樂安人也。武子之後，歷世守職邊上(士)，因以家焉。曾祖巖，振武節度都押衙銀青光禄大夫檢校右散騎常侍兼御史大夫。祖金紫光禄大夫守勝州刺史檢校刑部尚書兼御史大夫上柱國。父佺，振武節度都押衙左教練使銀青光禄大夫檢校左散騎常侍兼御史大夫上柱國。公業紹箕裘，力便弓馬，入蛟橋而振譽，探虎穴以知名。氣直如弦，心堅比鐵。獻祖文皇帝，龍潛朔野，豹隱雲中，常以塵虜爲心，平戎是務。以公早精劍術，素熟兵機，肘腋之間，爪牙爲任。時或手持雙戟，腰屬兩鞬，營開而紫塞風清，戰罷而金浪耀日。太祖武皇帝嗣承丕構，致力中原，屬以天步多艱，王室如燬，枕戈求敵，奮劍遄征，平大寇而復九重，戮叛臣而清三輔。以公生知武略，早立戰功，委以韜鈐，頗著勞績。尋補節度押衙左厢衙隊威雄第一院副兵馬使，奏授銀青光禄大夫檢校太子賓客兼監察御史上柱國。大順元年，遷殿中侍御史。景福二年五月，太祖武皇帝以公性稟淳和，言無矯飾，勇能排難，忠不病國，錫以姓名，同之骨肉，榮連戚屬，光生將門。永依磐石之安，終賴維城之固。尋補充右厢義兒第一院軍使，除授銀青光禄大夫檢校國子祭酒兼御史大夫。乾寧二年十月，除授檢校左散騎常侍。光化二年二月，授右厢行營馬步都虞候。三年正月，兼授雁門以北都知兵馬使永安軍使兼守禦都指揮使。五

月,權知汾州軍州事兼守禦都指揮使。四年四月,轉充右厢衙隊都知兵馬使。公以累立戰勛,繼承天澤,勤王在念,報主爲心。夙夜在公,風雨如晦。至天復元年四月,除授金紫光禄大元檢校刑部尚書兼御史大夫上柱國。二年三月,除授檢校兵部尚書。十月,加授檢校尚書左僕射。三年八月,轉左厢衙隊都知兵馬使兼左厢行營馬步都虞候。天復(祐)三年正月,奉命權知石州軍州事。時以慈、隰州未歸,西南爲患,委之守郡,志在安邊。公乃和以養兵,仁而撫俗,輕其徭役,勸以耕農。惸嫠者由是遂生,逋竄者以之復業。遠來近悦,老安少懷。五穀有年,一方無事。百姓以爲召父復出,杜母再生。洎今昭文睿武光孝皇帝初承顧命之年,以公舊臣元老,委以腹心。送往事居,慎終如始。尋以家讎未雪,國患已深,四方每協於經營,中土尚稽於平定。知公謀堪出將,相有封侯,必當多難之秋,能立盡忠之節。五年正月,制授檢校司空使持節石州諸軍事,守石州刺史。七年十月,轉充右厢步軍都指揮使。八年十二月,轉授權行營蕃漢馬步都虞候。尋以僞梁大舉凶鋒,僭據深冀,正定告倒懸之急,并汾興仗順之師。主上以公久戰多謀,雄名制敵,俾之扈從,同救險危,十萬凶徒,一陣席卷。九年正月,奉命再知汾州軍州事。四月,制加光禄大夫檢校司徒。十二月,授西南面行營招討都指揮使。十一年三月,收下慈州,秋毫不犯,百姓復業,三農以時,尋制授慈州刺史,民歌其化,如離石焉。十二月,奉命權知沁州軍州事。五月,正授諸道行營蕃漢馬步使。時以魏人久厭僞庭,咸思真主,烽烟相屬,星使交馳,迎我鑾輿,以救塗炭。洎主上駐蹕在鄴,以編部未肅,都人未安,親征常令預備,將委權略,罕得其人。以公夙著廉勤,素有威望,九月補天雄軍都部署巡檢使,行營蕃漢馬步使仍舊。公禀命益恭,守法益謹,嚴以理下,儉以約身,犯者必誅,惡者自息。强豪貴勢,聞之凛然。僞將劉鄩在莘縣日,與主上對壘經年。時公在都城,每協嚴備。有日私謂人曰:“此賊固險不戰,必有多謀。俾於南門多排弓弩以待之。”其夜果有劉鄩賊黨忽攻都城之南門,弓弩齊發,死傷者甚衆。遂令單騎潜報主上於東寨,於是(王)師盡出。及旦,兩軍相遇於中途。五(萬凶徒),剿戮將盡,(惟)劉鄩遁而獲免。夫破大(陣,主上)之神功也。守都城,公之(長算也。十四年正月),轉左厢步軍都指揮使。二月,奉命權蕃漢馬步副總□□。聖上初收楊留鎮,以爲將取中原,先通古度(渡),防邊固圉,非公不可,尋留公在鎮守禦。公以岸闊舟遲,城孤兵少,强敵在近,奔衝是虞,乃浚彼壕隍,增其樓櫓。功力未罷,果有大寇攻城。内備既堅,群盜尋退。十五年冬,隨駕至胡柳陂,大破汴寇迴。十六年三月,制授單于安北都護御史大夫,充振武節度麟勝朔等州觀察處置營田押蕃漢等使。時駕幸德勝寨上,以大寇未平,黄河是阻,貔貅往復,舟檝爲勞,一出義師,數日方濟。公乃埋大木於兩岸,貫輕舟於中河,建作浮橋,以過鋭旅;力排巨浪,斷截横流。扼彼咽喉,壯我襟帶。遂使六軍萬馬朝出暮還,動若疾雷,履如平地。十七年二月,主上賞公之功,就加特進檢校太保,仍賜御衣鞍馬金銀器物綾羅錦彩等。三月,授天雄軍馬步都指揮使,行營蕃漢馬步使仍舊。十九年正月,主上以契丹犯境,鑾駕親征。以公計出萬全,謀深九拒,留公河外,以禦奸凶。果僞將段某(凝)領兵攻打德勝寨,公乃夜警晨嚴,出鬭内備。三軍戮力,萬人一心。洎主上凱還,寇孽夜遁。二月,以公之功加特進檢校太傅隴西郡開國男,食邑三百户。當年鎮州有不令之臣張文禮,弑其主而據其位,潛通梁苑,默構契丹,背我聖恩,恣彼凶德。主上以北門猶梗,中國未寧,憤爲患於腹心,志先平其巢穴。王師繼發,廟算頻施。殺戮雖多,攻取未下。以公聞風料敵,嗅土知兵,尋付睿謀,俾就攻討。四月,授北面行營都招討使。公奉辭伐罪,固敵是求,乃仗鉞而行,鑿門而出。戈矛雪(瑩),甲騎雲飛。發振地之威聲,勁逾漳水。布連天之殺氣,直渡滹川。增其嚴營,對彼孤壘。料於旬日,必下危城。無何,伏鷄搏貍,乳犬噬虎。我師未列,彼陣先成。公乃獨領親軍,迎鋒力戰。王師捷,惟公乘勝深入,爲流矢所中,身終於陣,享年六十八。於戲!功已垂成,命不相待。陳安既往,遠傳國士之名。卞壼不迴,永盡忠臣之節。扶傾柱折,濟險舟沉。天子聞之輟朝,百姓聞之罷市。夫生受國恩,殁於王事,大丈夫之終也。同光二年冬十月,贈太尉,以十一月八日葬於太原縣大夏鄉鄭村東原,禮也。

夫人彭城劉氏,聞師立德,約禮成規。夫人渤海金氏,素禀全儀,生知懿範，柔順同符乎坤德，賢和共垂於家風。有子七人，長曰漢韶，河東節度押衙都牢城使兼右廂五院指揮使金紫光禄大夫檢校兵部尚書兼御史大夫上柱國。久讀兵書，頗精師律。謙恭接下，廉謹立身。戰勝而口不言功，任重而心益爲懼。仁孝既聞於鄉里，忠勤復表於旂常。藴兹全才，以固都邑。次曰漢威，河東節度押衙安國軍馬步軍副指揮使都牢城使銀青光禄大夫檢校工部尚書兼御史大夫上柱國。玉堂演術，金櫃傳符。亟揚破敵之功，深得將兵之妙。次曰漢殷，前振武節度押衙沿河五鎮都知兵馬使銀青光禄大夫檢校左散騎常侍兼御史大夫。素藴直誠，早抱雄節。飾身以文武之道，交人以忠信之心。次曰漢郇，河東節度隨衙兵馬使銀青光禄大夫檢校左散騎常侍兼御史大夫。孝敬因心，忠直成性。交游不雜，言行相符。次曰漢筠，前振武節度單于安北都護府司馬。器度縱横，識略孤遠。耽書求道，處約持謙。樂勝廊廟，先人後己。次曰禄兒，語多穎悟，似有神通。適當懷橘之年，自立成人之智。次曰歡兒，神彩疏通。骨氣清秀，對日之年未逮，摩天之勢已高。可謂荀氏八龍，賈生三虎，并生於德門者也。

夢奇舊忝故總管令公幕下十五年，常在征行，與公同處營寨。熟公之知眷，見公之事。諸子弟不以虚薄，請染柔毫。敢竭荒蕪，實叙銘勒。庶比夫燕然立碣，峴首豐碑。復旌上將之勛，再墮行人之淚。其銘曰：

五嶽降靈，四瀆騰精。雄才英傑，爲師爲生。舟以濟險，柱以扶傾。乎撥禍亂，力致昇平。其一

婉晝頻施，嘉謀屢協。德懋九歌，寵深三接。續派天潢，連芳玉葉。出則奉辭，入必獻德。其二

量深謀遠，才高氣孤。强皇義勇，倜儻雄圖。臂上繁弱，腰間轆轤。聲馳絶塞，勢慴群胡。其三

經以斯文，緯以我武。柔亦不茹，剛亦不吐。名高若廬，力大如虎。鐵石一心，魚水三主。其四

離石作牧，西南之戍。威以風行，惠以雲布。直者必舉，枉者必措。俗稱二天，人歌五袴。其五

化行四郡,恩被百姓。吏守公平,獄無冤横。冰壺之瑩,水鏡之净。善人爲邦,室家相慶。其六

得位爲大,守之爲難。經巡務重,制斷事繁。威而不猛,嚴而不殘。奸邪氣懾,豪右心寒。其七

楊留初下,渡口是防。百樓備險,九拒謀長。城高如金,壕浚如湯。摧敵制寇,拓土開疆。其八

天子恩深,將軍戰苦。仗節擁麾,分茅列土。作鎮單于,以扼窮虜。晝錦而行,不獨前古。其九

九曲連天,隔彼寇黨。白浪崩騰,洪流滉瀁。造舟爲梁,誰云河廣。謀而後行,利有攸往。其十

(趙有不庭,干國之紀。作孽一方,構禍千里。烟城未滅,嬰敵之矢。)力戰酬恩,殁而後已。其十一

桓桓上將,弼我元后。馮坐大樹,周居細柳。忠不負名,勇不期壽。天長地久,勛庸不朽。其十二

原載《山右石刻叢編》卷 10

趙　都

後唐官員,鄴中(今河北臨漳西南鄴鎮)人。赴鄉薦時,鄭珏知貢舉。趙都納賂於珏,遂登第。同光中,任左拾遺。

上唐莊宗疏

無以有威以自大,無以足兵以自安。無以奇技悦情,無以淫聲惑志。非社稷之功,乞不加於厚賞。非股肱之力,乞不近於凝旒。審内帑之豐虚,削無名之經費。左右處卑者,乞見之有節。伶倫濫吹者,乞減於盈廷。至於畋游馳騁之娱,蹴踘飛馳之樂,伏乞大寶大位,戒以奔車。

原載《全唐文》卷 847

和少微

後唐官員。撰此志時署義武軍節度掌書記、朝請郎、檢校尚書禮部員外郎、柱國、賜緋魚袋。

大唐故興國推忠保定功臣義武軍節度易定祁等州觀察處置北平軍等使開府儀同三司檢校太師兼中書令北平王食邑五千户食實封三百户太原王公(處直)墓志銘并序

節度掌書記、朝請郎、檢校尚書禮部員外郎、柱國、賜緋魚袋和少微述

噫!壇早登於南鄭,授鉞專征;火不照於甘泉,防秋有策。蒼生父母,元首股肱,豈素王之一字能褒,洪範之九疇可紀。且捪天聳勢,躡緱嶺以從周;與海通波,卜淮源而自晉。出桐柏以流慶,吸銀篁而上昇。固蔕興隆,玆爲始祖。

公諱處直,字允明,并州晉陽人。曾祖諱仁俊,贈司徒。不沽時名,咸仰國器。祖諱全義,贈太保。瑞吐三芝,香摇八桂,望重而陳榻難下,胤長而于門預高。列考諱寮,神清而華表翹風,鑒徹而菱花照瞻。蛟龍得水,非復池中;鳴鶴興言,宜歸日下。不有英特,胡可感賢!公即太保之元子也。公稟申嶽而生,應蕭星以出,才兼將相,貌焕丹青。致之以家肥國肥,贍之以天爵人爵。頃以家居帝輦,譽滿國朝。天子方切旁求,正迴乃眷。旋屬公之元昆忠肅公榮膺寵寄,出臨是邦。忠肅公以□臺屹於前,涿水横於後,統中山之重,居大國之間,假以鴒原,制玆勍敵。乃具表聞天,奏公易州刺史。民穿五袴,政洽六條,聲績遐彰,綵綸復出,授祁州牧。易民有語,奪邵父以何之;祁庶興謡,恨廉公之來暮。四人懷戀,兩郡攸同。公初綰馬步都知兵馬使日,以中原逐鹿,聖主蒙塵,强臣擅舉於干戈,諸夏咸憂於吞噬,思而護境,莫若訓兵。由是三令五申,無敢犯者;十羊九牧,悉皆去之。軍旅纔精,燕趙起釁,夾攻覆背,二十萬餘。公與忠肅公當半揚威,登先示勇,前後不過萬卒,南北大破二師。乾寧歲,忠肅公厭世,復贊猶

子太尉六載。公以元昆奄謝，竭力彌深。無何，光化年庚申歲，兔苑胤兵，朱温犯境。公奉猶子之命，統師前戰。自旦及午，未决勝負。公即冒紅埃，衝白刃，戰酣而天昏日瞑，苦鬪而劍缺弓殘。以鄰封困城下之盟，十道縱連横之勢。公身被數鏃，量力而退。猶子太尉慮有九攻之患，誰先二子之鳴。事出蒼黄，路馳阡陌，以至守陴動泣，累卵同危，共憂磐石之基，即落他人之手。及公戰罷來歸，即比屋連營，且悲復喜。民知有主，城保無虞。朱温懼我公燒齊牛之秘策，縛吕虎之威聲，歃血而盟，論交以去。乃軍府官吏列狀詣闕，乞降新恩。昭皇以公救無哭秦，圍能解宋，四年五月授節，就加檢校尚書僕射、太原縣開國男。衣唯浣濯，食匪珍羞。救時垂傅説之霖，憂國灑袁安之涕。天復三年秋，加檢校司空。寵下烟霄，秩高水土。未幾，又加司徒、中書門下平章事。宛居侯伯之尊，復在陶鈞之地。天祐元年，加太保，進封太原郡王。屢降皇華，疊褒清望。至四年，加太尉兼侍中。持國璽之榮，隔雲屏之貴。六年，加開府儀同三司、檢校太師、兼中書令，進封北平王，食邑五千户，食實封三百户。勛名益振，位望彌隆。公不獨手注春秋，緣情體物之盛，實乃普弘三教，深入九流。能終捨於孟明，復先尊於郭隗。是得蓮紅映幕，運刀筆者阮瑀、陳琳；柳翠遮營，屬櫜鞬者廉頗、李牧。每以鳴蛬促夜，戴勝催春，即念機杼之勞，感耕耘之苦。時或農愆東作，旱暵西郊，乃冒炎天，去高蓋，虔肅敬，禱靈祠。奠酒未乾，油雲四合，而急迴馬首，即已頓龍髯。長吏屢陳飛走之祥，疊聞稼穡之異。公曰："儻有蜚爲灾，田盡分歧而何益；但荒鷄卷舌，禽無似雪以寧妨。"時盈郊列肆，輿人相聚而歌曰："我有户兮夜不扃，我有子兮不爲丁。田疇結實春雨足，烽燧□光秋塞寧。若非琬琰留德政，萬古之人何以聽。"於是螭首龜趺，鰲擎一朵；龍章藻麗，鳳吐千詞。至十八年冬，首謂□次子太傅曰："吾雖操剸未退，但情神已闌。况當耳順之年，正好心閑之日。若俟眸昏齒落，方期避位懸車，慮廢立之間，安危是患。即五湖之上，范蠡豈遂於遨游；三傑之中，留侯不聞於獨步。成其堂搆，襲以門風，勉而敬之，斯言不再。"太傅感其嚴誨，涕泗交流，雖欲勞謙，誠難拒命，其年遂立。秦南山四皓，慶不及於子孫；漢東門二疏，榮止聞於身世。唯公之清譽，千古一賢矣！公乃歸私第而習南華，爇奇香而醮北極。行吟蔣徑，春草生而緑□池塘；坐酌融罇，餘花落而香飄户牖。於戲！膏肓起嘆，修短難移，堈弓影落於杯中，喘陌聲喧於床下。以廿年正月十八日薨，享年六十一。慘動風雲，悲纏遠邇。

公娶博陵郡夫人崔氏、豳國夫人費氏、楚國夫人卜氏，並先公而終。復娶隴西齊國夫人，疾以奉藥，薨乃事喪。有子八人：長曰郁，新州團練使、特進、檢校太保。次曰都，宣力啓運功臣，起復雲麾將軍、檢校太尉兼侍中、上柱國、太原郡開國侯，食邑一千户，即楚國夫人之子也。次曰鄑，光禄大夫、檢校司徒、守左驍衛大將軍。次曰郇，光禄大夫、檢校司徒，早亡。次曰邠，金紫光禄大夫、檢校刑部尚書。次曰郏，銀青光禄大夫、檢校左散騎常侍，早亡；次曰郴，檢校右散騎常侍，早亡。次曰郹，檢校太子賓客、左千牛衛將軍。有女五人：長女早亡。次適幽州中軍使周紹弼，早亡。次適北京留守李存紀。次披剃。次在室。明年二月五日，葬於曲陽縣敦信鄉仰盤山之内，楚國夫人、博陵郡夫人、豳國夫人並祔於穴。公素尚高潔，遐慕幽奇。觀夫碧甃千巖，春籠萬木，白鳥穿烟之影，流泉落澗之聲，實遂生平之所好。今府主侍中，蛇斷兩頭之時，已彰陰德；楊穿百步之外，别著文詞。雅爲社稷之臣，式稱山河之主，相門有相，代不乏賢者歟？故能選彼龍崗，成兹鶴吊，畢大制而遺言□備，固夜宫而靈魄自安。尚慮三峽舡中，或懸峭壁；千年石上，難認佳城。銘曰：

入掌鴻鈞，出臨巨屏。帷幄運□，鹽梅在鼎。其一。

緱嶺從周，淮源自晉。水闊山高，果隆後胤。其二。

生符大昴，譽滿皇州。高褰衛幕，塵清雁□。其三。

解印懸車，東門二疏。嘯長夜静，詩成雨餘。其四。

修短難移，膏肓不起。山落□陽，川傾逝水。嗟乎嗟乎，浮生已矣。其五。

葬往兮青岑，俄悲兮古今。猿鳥兮風起，松蘿兮霧深。晨露□兮憂君淚，夜月懸兮報國心。營畔依依愁細柳，窗間寂寂掩鳴琴。千裏行人共興感，樹樹甘棠鋪舊陰。

原載《全唐文補遺》第七輯

楊紫皞

後唐官員。撰此志時署朝議郎、守中書舍人、柱國、賜紫金魚袋。

唐故羅林軍□銀青光禄大夫行尚書兵部侍郎知制誥上柱國范陽縣開國□食邑三百户盧公(文度)權厝記并序

朝議郎、守中書舍人、柱國、賜紫金魚袋楊紫皞撰

公諱文度,字子澄,范陽涿人也。考乎氏族,則神農炎帝之祚胤也。暨十三代□□,□派繁衍,具諸簡籍,今莫得備述。然其祖禰間,遁時者則有神仙,濟世者則有□□。□知是族積功累行所鍾者也。又分南北二祖,其實一宗焉。公乃北祖第四房也。曾祖諱綸,皇任河中朔方副元帥參謀、檢校户部郎中,累贈□□□。烈祖諱簡能,皇任駕部員外郎,累贈司徒。顯考諱知猷,皇任檢校司空、□□□□□,累贈太師。

公即太師第二子也。幼則奇骨異表,壯乃博識强記,平生□□□□□者,覽之如風習,出言成章,落筆如流,一時俊彦,莫之與京。一舉擢進士上第,□□□宏詞殊科。當時品流,無不開路者。釋褐秘校,次任小著作,旋戴豸冠,遷昇酒□。俄遷左樞小諫。□醝推以赴己,知勃溢之勢,不可得而渥也。未幾北飛,仍服銀艾,轉左史。充職期月,遣小績知制誥,加以金組。俄爲右司正郎。司言之稱,喧於中外。紫微真秩,兩加成命。尋乃首冠玉堂。猗歟!猗歟!天臨筆硯之澤,於斯一序盛歲。徙民部、戎曹二侍郎,依前視草。時以貢籍之重,論者僉其才可,乃拜春官。振滯汲才,頗叶於公議。然有唐三百年,無盧氏主文闈者,公始闢之矣。俄轉右轄。一入禁苑,十有五年,揚歷三署,華顯十資,所謂稽古之人也。洎右轄歸南官,兼判二銓,加馭貴之階,開三等而食邑。復爲五兵侍郎,佐丞相預史筆,仍總選部東銓事。同光初,王師收復中原,六合混一。是時内制缺官,復詔入掌誥。密勿之地,平闕霄漢。無何,杯影疑蛇,床聞鬬蟻,竟爲二豎之所困。同光二年正月十六日,薨於福善里私第,享壽五十有二。公之

先代松楸,寄長安萬年縣小趙村。噫!是歲不利,乃權卜河南府河南縣梓澤鄉,厝於宣武里。

嗚呼!以公之軒冕内外,德行文學,無出其右也。公之龍章鳳姿,清言雅道,無得而逾焉。夫如是,乃文儒之間氣也。何天與其才,不與其壽,惜乎哉!外族清河崔氏,累追封晉國太夫人。

公兩娶清河崔氏,其繼室者封本邑縣君,皆姻不失其親也。無子,悲哉!痛哉!公令弟文紀,守尚書兵部侍郎。友於孝敬,雖古有姜被田荆之珍,不可同日而言。今則龜筮式從,牛眠薦吉,克以同光二年二月十一日,銜痛護公之靈,窆於□□之里,禮也。嗚呼哀哉!急難之情,血泣請紀。公之履行,皞夙敦事,素捧是命,不敢固辭。乃銜悲雪涕,以抉蕪類,粗備刊勒,乃爲銘曰:

盧龍大族,穹崇天禄。望高百氏,慶垂多福。粤有時傑,萃於王庭。器分下玉,德勤陳星。飛入禁署,手批天誥。十寵官資,半生出處。名潔地高,傑出貴胄。□□不□,冥□寧□。故里未歸,貞魄何處。爰新宅兆,權卜松扉。公之子弟,篤傷肝肺。敬恭襄事,呼天灑地。郟鄏帝鄉,山高地良。神兮栖此,胡爲□□。

原載《五代石刻校注》

李　瑶

後唐同光時人,鄉貢進士。

唐故金紫光禄大夫檢校司空左驍衛大將軍兼御史大夫上柱國太原郡王公(璠)墓志銘并序

鄉貢進士李瑶撰

君諱璠,字大珪,汴州雍丘人也,秦安平君翦之後。曾祖諱崇遠,皇任工部尚書,皇妣李氏。祖諱現,皇任鄧州别駕,皇妣張氏。父諱寧,皇任襄州義清縣令,皇妣盧氏。公即夫人生也。公碧緑傳家,簪纓繼踵。值中原喪亂,四海沸騰,黄巾竊犯於京城,白馬專平於氛浸。英雄奮起,仕族吞聲,父子相認於七星,夫妻唯藏於半鏡。公見機而作,順命承時,遽脱儒冠,俄親武略。始興(與)河南尹清河公一時相遇,共話丕圖,尋破梟巢,依歸鳳詔。元勛疊膺於旌節,公即累袖於藩宣。况洛汭傷殘,久罹兵革,坊肆悉成於瓦礫,宫闈盡變於荆榛。公密副鈞情,廣開心匠,運工力役,完葺如初。尋昇水土之資,復陟飄摇之列。公深懷貞退,高卧雲泉,慕陶潛謝袟之風,得潘岳閑歌之理,既諧遐壽,實謂吉人。以同光二年五月十七日,遘疾終於洛陽彰善坊私第,享年八十一。以其年十一月二十六日擇地於河南縣平樂鄉朱陽里北邙之原,禮也。婚楊氏,生一子,名延鍇。幼而聰敏,長有器能,自校書郎除偃師縣主簿,深懷厚雅,頗襲前修。公丹穴靈姿,紫淵異禀。藴曼倩三冬之學,傳武侯七縱之謀,早展長材,久居劇要。凡於臨莅,衆悉推能。嗟呼!歲不我與,日月逝矣。白首俄急,黄壤何歸,既從筮於蓍龜,遂卜鄰於蒿里。山移海竭,難追英敏之踪;谷變陵遷,須勒貞珉之説。乃爲銘曰:

既分混沌,始立乾坤。萬物變化,皆歸此門。其一。
紅顔孰改,華髮孰勻。如川東注,往而不春。其二。
□色鬱鬱,松韻蕭蕭。狐爲鄰里,月作朋僚。其三。
瑞雲入洞,寒玉□□。清名重德,永閉玄關。其四。
既刊翠琰,標題不朽。將鎮夜臺,天長地久。其五。

原載《全唐文補遺》第五輯

張　樞

後唐同光時官員。撰此志時署將仕郎、前守閬州晉安縣主簿。

唐故金紫光禄大夫檢校尚書右僕射守柳州刺史兼御史大夫上柱國丹陽郡左公(環)墓志銘并序

將仕郎、前守閬州晉安縣主簿張樞撰

侄男持念大德繼真書

夫天地晦明,乃自之啓閉;陰陽昇降,由息之往來。是知三盗同歸,萬彙俱禀,日月顯虧盈之數,人倫有盛衰之期。霜葉露花□爲常矣,隙駒風燭諒可傷哉?故仲尼興川上之悲,聲伯有夢中之泣。雖不封不樹,理實契於淳元;而以松以川,事乃符於往典矣。

公諱環,字表仁,丹陽其郡也。左氏其來遠矣,昔仲尼修《春秋》而丘明傳焉,其姓斯著,爲代所貴,焕乎前□,經千載不泯,即其□□。曾澄,守金州刺史。祖玫仲,豐州刺史。父師,唐守亳州團練副使。歷代清顯,皆列□土茅,咸有令名,爲時所重,積善餘慶,貽焕子孫,派遠源長,根深葉茂,傳陳氏之家法,高于公之德門。繼有英賢,紹其宗嗣者也。

公龍章鳳姿,虎頭燕頷,冰玉潔操,水鏡澄心,幼則敦《詩》《書》,閱禮樂,未嘗戲弄,卓爾不群,及長則文武兼通,忠孝雙備。黄憲之陂澄萬頃,靡有擾時;嵇康之松劍千尋,曾無雙色。洎乎筮仕,立績王庭,通變識時,養舒合度,當梁東平王定難之際,仗鉞臨鎮之初,公即同陟艱危,共立勛業,雖居軍旅,罔異賓朋,每於宴寢,獨事嘉獎。上常謂從事曰:"爲吾心腹,作我爪牙,惟左公矣。"是年即疆境雖清,撫遏斯重,須求英俊,以奏轄司。尋奏遷左馬步都虞候。命之才下,人已皆從,威聲霜飛,令行風偃,内外清肅,奸回屏除,咸謂得人,□爽公舉,上恩酬厥績,□稱其功,即乃奏論,□降恩命,尋授金紫光禄大夫、檢校尚書右僕射、守柳州刺史。丹宵頒命,皂蓋揚風,雄名振而獸已去山,隼旆張而珠光歸浦。雅符令望,頗叶群心,正切著才,來允赴郡,風雲共濟,情契與深。至乾寧四年十二月三日寢疾薨於汴州安葉私第,享年四十五。嗚呼!功成名遂身退,天之道也。公乃早婚於鉅鹿郡魏氏,夫人即鄆州别駕長女也。當公分符之年,錫邑號曰鉅鹿,縣君從夫之貴盡在於斯矣。縣君令淑素著,賢行早聞,爰自笄年,以配君子,常備如賓之敬,寧虧舉案之儀。嚴潔□盛,祇奉禋祀,以至閨門肅睦,鸞鳳和鳴,四德俱彰,九族咸奉,光於内外,悉稟箴規。縣君自懷柔順,未嘗聞喜愠形於顔色。心同珪璧,投烈焰以彌寒;操兼松筠,凌嚴霜而益茂。奉事喪祭,曾無倦焉。

公有三人,有女三人:長曰昭遠,銀青光禄大夫、檢校右散騎常侍,端莊植性,禮樂持身,因銜命遐藩,殁於王事。次曰昭迪,苦志螢光,將期鵬化,因從傳癖,□至疾纏,殁於學院。其次曰庭訓,事於今河南齊王令公,累遷劇職,繼王重難,令掌喪事,即其子也。女一人,適於右龍驤軍使張彦威,次女適於右千牛衛將軍趙寶能,其子婿偕終王事,不盡天年,其次女適於絳州護軍裴敬思,各有兒女二人,俱在襁褓。縣君以慈愛爲志,撫念疚心,孀女外孫,并育於家,咸至長立。縣君常謂庭訓曰:"惟人與我,始曰順孫,恤幼字孤,繼我長世。"於是哀戚無輟,疾疹斯纏,有加無瘳,殁於洛陽永泰里甲子畢於壬午歲,享年五十六,即以甲申歲十一月二十六日自汴州遷於洛陽,祔於河南縣金谷鄉尹村,禮也。庭訓早從義方,素秉純孝,每於奉甘旨,候顔色,雖往哲志孝,無以加也。洎丁凶釁,不與生焉。以日繼時,長灑高柴之血;從荒至毁,幾裂曾參之頭。大事斯營,命余爲志。樞伏以歲寒分異,交契情深,雖漸荒蕪,不獲辭讓,敢從其命,乃作銘云:

維嶽之靈,維人之英。如金之利,如松之貞。如玉之潤,如水之清。勛從亂著,才爲時生。功成名遂,身逐波傾。令範垂風,其惟鉅鹿。柔順肥家,賢淑殷福。□□芳蘭,塋同寒玉。雲掩月沉,天青水渌。子孫詵詵,惟門之盛。棠棣韡韡,惟家之慶。□□鴒原,兄愛弟敬。手足是傷,急難徒咏。抑有三女,素□賢行。秋水月圓,春桃露净。俱從德門,行端影正。繼世令子,惟餘哲人。秉心至孝,竭力致身。瓶罄壘耻,毁形傷神。松楸既植,塋域斯陳。泉扃永閉,瘗於貞珉。

韓重鎸字

原載《五代墓志彙考》

李　嚴

後唐官員(?—931),幽州(今北京西南)人。曾在劉守光部下任刺史。同光中,任客省使,出使前蜀,並獻平蜀之策。天成二年(931),被西川節度使孟知祥所殺。

笏記

伏自朱温肆逆,運屬昭宗。三年痛别於西秦,一旦逼遷於東洛。

誅殘南北,焚爇宫闈。雖列藩悉是其唐臣,無一處不從其僞命。由是大唐中興皇帝念高祖太宗之業,倏爾隳弛;憤朱温、崔允之徒,同謀簒弑。遂乃神機迴發,心鼎獨燃。掘滄溟而誓戮鯨鯢,芟林莽而决除虎兕。十年對壘,萬陣交鋒。慮久困於生靈,而選挑其死士。纔過汾水,縛王鐵槍於馬前。旋及夷門,斬朱友貞於樓下。劍霜未匣,槍雪猶輝。段凝統八萬雄師,倒戈伏死。趙嚴知一人應運,引頸待誅。遂使賊將寒心,謀夫拱手。取乾坤只勞於八日,救塗炭遂定於四方。備振皇威,咸遵帝力。今則秦庭貢表,兩浙稱臣。淮南陳附拜之儀,回紇備朝天之禮。纔安宇宙,便息干戈。未盡梟夷,方議除翦。豈謂大蜀皇帝柔遠懷邇,居安慮危。嘉我帝祚中興,群妖悉滅。特遣蘇張之士,來追唐蜀之歡。吾皇迴感於蜀皇,復禮遠酬於厚禮。臣則叨承元造,獲奉皇華。載馳得面於天顔,戰汗不任於局地。臣無任感恩荷聖踊躍屏營之至。

原載《全唐文》卷 847

龐　緯

後唐官員。撰此文時署前攝耀州館驛巡官、將仕郎、試秘書省正字。

唐故西都右厢馬步使銀青光禄大夫檢校司空守左武衛將軍同正兼御史大夫柱國隴西李公(仁釗)墓志銘

前攝耀州館驛巡官、將仕郎、試秘書省正字龐緯撰

曾祖諱慕勛,唐守平州刺史,累遷檢校左散騎常侍。祖諱全忠,唐幽州節度使、檢校太尉。父諱匡[威],唐幽州節度使、檢校太師、兼中書令、范陽王。代著殊膺,門傳盛烈,積功累行,流於後昆。公諱仁釗,字顯之,乃令公之弟二子也。鸞鶴羽儀,松篁節操。文苞五色,武盡六韜。逍遥禮樂之源,偃仰詩書之府。温恭道著,孝悌生知,汪汪萬頃之弘襟,岌岌三峰之秀玉。人推國器,衆伏時才,謂孔融懷挺拔之規,謂馬援藴恢弘之道。尋屬未寧國步,奄遘家艱,高柴毁慕之情,曾子銜哀之禮。待終天性,無意求生,實孝子居喪之事備矣。洎終禮

制，義在箕裘，負大志以進身，秉壯心而干禄。光化四年，汴帥以公英儀越衆，勇敢出人，遂補署廳子弟六都頭，奏授銀青光禄大夫、檢校刑部尚書、兼御史大夫、柱國。將領多暇，韜略有聞。彎弧而秋月初圓，杖劍而寒霜斂色。凡居大[敵]，皆顯殊尤。僞梁開平元年，轉授内直弟三都頭、檢校兵部尚書，累遷當軍十指揮都虞候。總轄一軍，肅清衆士，少長有禮，貞信是資，雅符鴻漸之程，莫測鷹揚之勢。僞梁乾化元年，授雍州諸軍步軍教練使、檢校尚書右僕射。訓齊師旅，屏絶驕豪。蔑聞逗撓之名，常播公勤之譽。僞梁貞明二年，轉授右厢馬步使、檢校司空。繼處繁難，彌光績效，貞廉莅事，畏慎馳芳。强者懼而弱者安，遠者來而近者悦。鄽閈不撓，父老咸康。我朝同光元年，即聖主龍飛之日也，廓清宇宙，再造乾坤。天下郡縣之名，悉從舊制，遂首建西都焉。奉命改授西都[右]厢馬步使。六街風靡，雙闕鏡清。當明朝求士之秋，乃君子立功之日。既盡善也，又盡善矣。是知士元英邁，殊非百里之才；陶侃風神，定是三公之器。奈何未申才業，遽屬沉痾，郭王驗之四難，秦緩惡之二豎。以三年八月二日終，春秋四十有七。精靈已矣，義行昭然，睹之者無不驚嗟，聞之者鹹皆痛惜，蓋修短之定分，寧今昔之可忘。蘭薰則摧，玉貞則折。風燈易斷，發感慟於交朋；逝水難追，益辛酸於幼長。人生到此，天道寧論。京兆夫人宋氏，志尚閑和，性惟賢淑，稟四德之具美，致六姻之所嘉。禮不爽於蘋蘩，道靡虧於箕箒，遽悲夢幻，早掩泉臺。永傷奉倩之神，久動安仁之咏。今以其年八月三十日[合]葬於京兆府萬年縣黄臺鄉張戈村，禮也。四野荒凉，扇悲風於永夜；九原冷落，傷暮草於高秋。嗣子彦貞，攀慕無由，哀號罔極。特將重事命以小才，慚無賦雪之文，仰贊如蘭之德。冀刊貞石，爰紀清風。地久天長，永旌懿行。其銘曰：

嶽降英靈，爲世而生。膺我嘉運，顯我休明。内剛外柔，武緯文經。謙謙禮讓，落落神情。其一　幼居喪制，終始無異，屏絶郊園，罔思禄仕。親戚敦勉，交友評議。道在箕裘，志堅慶嗣。其二　遂[持]壯節，出贊明時。會當侯伯，命以英奇。彎弧見志，仗劍無疑。誓清國步，永致家肥。其三　繼總繁難，累親師旅。信義可嘉，肝腸必露。白日難誣，赤心自負。不爽殊功，無忝所舉。其四　職遷西雍，績效彌芳。道隆畏慎,德懾豪强。令問令望,如珪如璜。但覩鵬舉,莫測鷹揚。其五　幸會中興,遭逢聖日。好爵嘉名,神姿瑞質。摶擊是期,烟霄在即。忽縈寒暑,遽染痼疾。其六　人之殁矣,天道何如。精魂已去。懿行猶居。幼長痛悼,聞見欷歔。心凄日泫,蕙嘆芝枯。其七　月冷罇前,苔封池畔。遺烈鏘洋,芳塵蕭散。琢石□□,研詞歌贊。陵谷雖遷,徽猷永焕。其八

原載《西安碑林博物館新藏墓志續編》

王希朋

後唐官員。撰此文時署攝高平縣令、將侍郎、前太子校書。

大唐舍利山禪師塔銘記并序

弟子攝高平縣令、將侍郎、前太子校書王希朋撰

禪師俗姓劉,法號大愚,本潞城縣人也。自丱歲歸空,依年授戒。始講律於東洛,復化道於西周,惠解無倫,敏聰罕類。五言八韻,人間之哲匠詞疏;返鵲回鸞,海内之名公筆淺。加以輕清重濁,上惑去疑,達五音之玄門,明四聲之妙趣。凡關智藝,世莫能加,著述書篇,流傳不少。固得皇都道侣,欽凑如麻;赤縣衣冠,敬瞻若市。後因父母傾殁,葬事將終,身披麻紙之衣,志隱溪岩之畔。遂於峽石山洞中,發願轉《大藏經》,□□諸經陀羅尼五十餘部,各十萬八千遍。又刺血寫諸經,共三十卷。并造陀羅尼幢,以報劬勞之德也。其後則不拘小節,了悟《大乘》。道契佛□,德符禪性。洞曉色空之義,圓明行識之門。爲法海之梯航,作人天之眼目。而又因上黨重圍之後,於高平游歷之間,厭處城隍,思居林麓。衆仰道德,咸切邀迎。時有僧及俗士王希朋與縣鎮官寮住下□□共請於舍利山院。果蒙俞允,栖泊禪盧,□□二年,俄構堂宇。問道檥客,霧集雲臻;參學緇徒,磨肩接踵。其那名揚華夏,聲振王侯。須見皈依,遽聞迎命。於天祐十八年四月八日,蒙府主令公李郡君夫人楊氏,專差星使,請至府庭,留在普通院中。貴得一城瞻敬,莫不冬夏來往。禪伯滿堂,無非悟道之人,悉是慕檀

之士。師乃堅持絶粒,供養專勤。奈何去同光元年九月廿三日,化緣□終。視□遷滅,坐□浮世,體不壞傷,精一之行,轉明凡百也。□□□春秋七十四,僧臘五十五。莫不上感侯伯,下及官寮,闔城之道俗悲攀,擁路之僧尼泣送。旋歸山院,益動門人。小師覺玉等,痛師之□,無階可報,念師資之道,有失依投,睹尊親於法堂。二年,儼若起靈塔於翠巘。不日將成,安厝有期,聊申序述。嗚呼!以禪師性行孤特,意識玄明,平生利濟之心,囊日慈悲之便,徵諸往事,萬一難陳。含毫强名,輒爲記矣。

門人靈鑒。院主覺玉、覺明、覺海、覺照、覺塵、覺儒。

同光三年歲次乙酉九月辛卯朔六日丙申建造

匠人 明真　楊密

原載《三晉石刻大全·晉城市高平市卷》

崔　匡

後唐官員。撰此志時署將仕郎、守監察御史。

大唐故贈尚書左僕射長沙吴府君夫人譙郡曹氏墓志銘并序

門吏將仕郎守監察御史崔匡撰

夫人之先,譙郡人也。自周分封,春秋時振鐸之後,派遠流長,胤緒不絶。曾祖諱珪。祖諱,皆歷州縣官,至有政績。父不仕,妣安定梁氏。積善餘慶,克生令淑,夫人即第三女也。乾寧初,歸於故僕射長沙吴公。遠祖芮,秦爲鄱陽縣長,至漢封長沙王。五世嗣封,史載其事。祖諱據,父諱毗,皇任江南西道觀察推官、將仕郎、試大理事,累贈户部郎中。積學爲文,一時知名。雖不躋貴仕,而慶鍾於後。妣河東裴氏,累追封河東郡太君。故僕射卓立於代,夙賓時才,歷踐華省,繼登崇顯。自工部尚書乘軺浙水,始泛滄溟,不幸舟楫有風濤之厄,不達錢塘。尋贈尚書左僕射。夫人纔過笄年,迥禀淑質,聰晤殊常,公遂娶焉。所謂鳳皇於飛,和鳴鏘鏘,叶懿氏之占也。婦功婦容,合於古訓。家道益盛,母儀不忒。而不降永年,不待禄養。沉痼積日,良藥靡效。以同光二年四月十六日終於洛都洛陽縣永泰坊之私第,享年四十有二。有子三人:長女適彭城劉襲吉,前邠節推、朝散大夫、檢校户部員外郎;次女婢婢,俟終喪制,求令器以從焉。男馮七,官名昭嗣,年將志學,令勤肄業。見補右千牛備身,爲筮仕之階。光業爰在髫年,即蒙訓育。及至長立,尚難便以歸宗。蓋諸外甥幼年,未任家事。豈唯骨肉戚兼,幼叨衣食之恩。俟馮七有成立,期勝負荷之道。上興堂構,漸振宗門。免違顧後之言,可都似續之望。竊惟血懇,敢離卑心。嗚呼!日月難停,龜筮叶吉。啓厝將舉,佳城已開。哀痛銜酸,詞不述。以同光三年歲次乙酉正月甲午朔二十日乙卯,葬於河南縣平樂鄉朱陽村塋莊,銘曰:

邈彼邙山,下見洛川。奄歸幽壤,遽起新阡。諸孤號殞,季第哀纏。目斷松檟,淚落墜埏。歲月咸吉,宅兆不遷。偉歟僕射,厥俊興賢。

將仕郎、試秘書省校書郎弟光業書

原載《五代墓志彙考》

唐　鴻

後唐官員。撰此志時署將仕郎、前尚書屯田郎中、充河南府推官、賜紫金魚袋。

唐故河陽留後檢校太保清河張公(繼業)墓志銘并序

將仕郎、前尚書屯田郎中、充河南府推官、賜紫金魚袋唐鴻撰

政有六條,資乎養理;武有七德,本於惠和。一則保生聚而贊優勤,一則閲詩書而敦禮樂。驗其閫域,畢關於爲子爲臣;究彼端倪,悉歸於以忠以孝。然而龔黄著美,未通於簡練訓齊;孫吴立名,詎聞於撫綏煦育。兼濟兩全之道,見於太保公之懿也。

公諱繼業,字光緒,清河人,今川守太尉令公齊王之嫡長子也。其苗裔出軒轅之胤,張羅之後。感張星而生,因以爲氏。羅即黄帝第八子也。得姓之盛,世爲令族。自兩漢以降,七葉傳芳,名相賢侯,忠

臣義士。逮晉魏之後，宗派益繁，疊有聞人，焕於良史，故略而不載。公之大王父諱璉，累贈太保。曾祖母朱氏，累封趙國太夫人。王父諱誠，養太素之名，秉天和之粹，劍鋒閉匣，玉璞藏山。積靈源者，欲其至廣至深；崇德嶽者，俟其至高至峻。此其志也，豈徒然哉！入聖朝，累贈尚書令。祖母任氏，累封秦國太夫人。先妣姜氏，以柔順之德，播雍睦之風。肥家九叶於六親，訓子不忘於三徙，累封天水郡夫人。年號天祐，歲當甲子，昭宗皇帝遷市朝文物，宅於東周。時公始妙齡，抑有休問。既彰官業，仍振軍聲，累遷環衛將軍、六宅使，相繼兼左右僕射。尋轉統軍、英武天威軍使。俄拜司□右衛上將軍、大内皇墻使。堯水忽降，禹功未宣，天厄漢圖，運僭新室。公以爲無砥礪則匪石之心莫展；避羅網則長纓之志不伸。默藴沉機，何妨立事。授鄭州防禦使、齊王令。公與物如春，化人以德，聲高洛汭，理洽殷民。惟彼圃田，鄰於京邑，衆思良牧，以泰有生。稟訓自於鯉庭，行惠彰於熊軾。除苛去暴，息役恤孤。千里同歡，一德咸有。論者曰："子産之政，無以加也。"爰自檢校司徒，領鄆、宋兩鎮留務。力行儉約，所畏知者清；嚴設堤防，不陷人以法。戎庶談頌，遐邇乂安。旋自藩雄，言歸定省。鄙千秋之畫地，慶荀爽之聚星。俄丁郡夫人内艱，泣血嬰疾，居憂得禮，執喪有聞，士君子所稱言孝道備矣。奪情授六軍副使，出爲淄、沂二州牧，彼土崇儒師古，祖義本仁。兵興已來，爲日斯久，春誦夏弦者廢惰，横經重席者寂寥。公每於參斷之餘，軍農之暇，將魯堂金石，以歡其俗；奏齊國蕭韶，以娱其人。俎豆復興，禮讓相勸。識者曰："文翁之化，孰以過焉？"首尾三載，改亳州團練使，俗富士饒，地雄財厚。其織紝也，盡星石璧梭之巧，郡侯則瀚衣濯冠；其豪傑也，皆豹胎燕髀之珍，郡侯則簞食瓢飲。身如玉潔，心比冰清。蝗出境而獸渡河，麥秀歧而穀同穎。由是擢拜河陽留後。初，齊王令公已三鎮懷、孟矣，州人飽公之譽，熟公之名，咸曰："我王之令子也，我境之福星也。"加以詳鄭、亳之政績，聽淄、沂之咏歌，仕者憂不得踵其門，農者慮不得耕其野，工者踊躍於百廛之市，商者鼓舞於四達之衢，帷袂而迎襁。屬以望雲矗胡蘇之岸，雷喧杜預之橋。撫疲俗則害馬先除，静戎旅則佷羊必戮。愛如冬日，凛若秋霜。威惠兼行，德刑并舉。今上奄有神器,纂嗣丕圖,朝萬國疾若建瓴,集諸侯則勢同偃草。東漸西被,北走南馳,聲教所及,車書一混,將歸皇邑,仗我元勛。時琛賮未殷,帑藏猶闕。大則宫廟郊禋之費,羽旄干戚之容;小則玉輅威儀,乘輿服玩,不煩帝力,罄出家財。虔肅紫宸,迎奉清蹕,法物之盛,前古所無。絡繹繽紛,昭灼炳焕,羅細仗於廣陌,轉重瞳而遍觀。外自皋畿,内及禁掖,土木盡輝於綈錦,鸞凰竟下於雲霄。使吾皇知天子之尊,時王之力也。上嘉是懿績,首議明恩,尋拜守太尉、中書令,復兼河陽節制,仍自大魏改封全齊。異姓之褒,當代稱美。不易惠留之務,俾分共理之權。地則三墻,境纔兩舍,鷄犬之聲相接,山河之勢不遥。欲使榮家,勵其報國,豈待祁奚之舉,雅知羊祜之清,識魚水之諧和,見君臣之際會。無何,遘疾於理所。三陽莫辨,誰人興起蹶之神;六合至寬,何處問迴生之草。時屬大駕巡省,駐蹕孟津,上藥名醫,道路相望。人之薄祐,適逢傾謝之期;天乎不仁,奪我慈惠之長。自孟舁疾入洛,翊日薨於私第,享年五十三。上以齊王鍾念既切,傷慟必深,賻贈周隆,詔敕開論。以爲孔門哲士,不免請椁之悲;晉室勛臣,亦有還臺之痛。示以愛身之道,俾消掐掌之冤。即以同光三年二月二十一日歸葬於河南縣徐婁村先郡夫人塋之南隅,禮也。

娶解氏,封雁門郡夫人。族契潘陽,禮傅鍾郝,閨閫整肅,蘋藻精豐,訓撫諸孤,盡臻古道。噫!公爲政之優,立德之茂,而不登顯位,不賦永齡,宜降善祥,流於弈世。夫人生六男:長子曰季澄,今任右威衛大將軍。第二子曰季榮,太子舍人。第三曰季昇,國子大學博士。并銀印朱紱,皆先公而逝。第四子曰季荀,著作佐郎。第五子曰季鸞,度支巡官、大理評事。第六子曰季宣,千牛備身。皆玉苗争秀,珠顆鬥圓,杜蘭輝而各有馨香,杞梓盛而終歸梁棟。仲弟繼祚,今任左武衛大將軍,禀生民之秀,有國士之風,羽儀擅丹穴之奇,名字叶四方之咏。樹分荆悴,萼謝花孤。人琴之念何追,手足之哀莫贖。齊王令公以鴻久參賓友,謬列門欄,念托迹以既堅,在屬詞之無愧。於戲!前代有陵谷高深之嘆,於是乎勒銘;先聖有東西南北之言,不可以不志。敬嚴命,輒述蕪詞。仰丹旐以酸辛,伏翠珉而嗚咽。銘曰:

開國之始，流源裔長。感星之瑞，與聖同彰。軒昊已降，簡編抑揚。高光之後，簪紱芬芳。粵有人傑，興於巨唐。挺生令子，同贊明王。名惟魏丙，化作龔黃。於洛之汭，於河之陽。政明令肅，俗泰民康。天何不仁，人何不臧。奪我小令，搢紳共傷。□念絶席，衆警壞梁。草無朝露，風有白楊。不朽之譽，千齡益光。

外生（甥）女婿左藏庫副使、朝散大夫、守太府少卿、柱國、賜紫金魚袋王鬱篆蓋

河南府隨使押衙、兼表奏孔目官、銀青光禄大夫、檢校國子祭酒、兼御史大夫、上柱國趙榮奉命書

原載《洛陽新獲墓志》

崔 憓

後唐官員。明宗時任秘書少監、右諫議大夫。

請正街坊疏

臣伏見雒都，頃當制葺之初，荒凉至甚，纔通行徑，遍是荆榛。此際集人開耕，便許爲主，或農或圃，逾三十年。近歲居人漸多，里巷頗隘，須增屋室，宜正街坊。都邑之制度既成，華夏之觀瞻益壯。因循未改，污濁增深。竊惟舊制，宫苑之側，不許停穢惡之物。今以菜園相接宗廟祠宇，公府民家穢氣薰蒸，甚非蠲潔，請議條制，俾令四方則之。

原載《全唐文》卷 839

請禁諸道進鞍轡御衣奏

凡在御前，皆爲法物。供奉所自，出自内司。豈假外臣，而有營造。若無禁止，漸謂通規。一則乖國朝淳厚之風，一則冒典憲防閑之制。

原載《全唐文》卷 839

王 禹

後唐官員。撰此志時署將仕郎、檢校尚書屯田員外郎、守河南府司録參軍、賜緋魚袋。

唐銀青光禄大夫檢校尚書右僕射兼御史大夫上柱國清河張公故夫人武功蘇氏墓志銘并序

將仕郎、檢校尚書屯田員外郎、守河南府司録參軍、賜緋魚袋王禹撰

蘇之源流，其來敻遠。周時有蘇公爲司寇者，策勛盟府。武王錫温、懷十二邑，實爲蘇田。厥後派析枝分，華宗貴胄。代濟其美，史不絶書。漢徙山東大族於京兆，是爲武功人焉。

曾祖諱證，皇任嵐州長史，贈太僕卿，曾祖妣安定郡君梁氏。祖弘靖，皇任天雄軍節度使，贈兵部尚書，祖妣蘭陵郡君麴氏。烈考濬卿，皇任河南府密縣令，先妣夫人天水趙氏。夫人即密邑君之長女也。儀範有聞，柔明禀粹。蘭芳玉潔，早慶於金閨；率禮蹈和，動循於彤史。纔逾笄年，遂適僕射清河公。公器量深沉，機權奥妙。冲澹雅於君子，操修迴契於古人。武□當年，擅顔高之弓矢；道隆晚歲，咏潘岳之閑居。公即故懷州刺史太保公之家子也。太保公，齊王令公親仲弟也。始平郡君馮夫人，僕射公之先妣也。閨門貴盛，輝映一時。當齊王節制洛師之始，太保公分總兵戎，控臨河上。時密邑大夫爲孟州糾，以是得議姻好。及納采叶吉，結褵稱□。睦族流芳，肥家著譽。養舅姑以孝敬，接娣姒以雍和。令淑之規，中外所美。繇是僕射公推敬之道，每如賓焉。矧復懿德馨香，徽猷婉娩，恭順既臻於婦道，仁慈式見於母儀。方保遐齡，遽終大數。遘美疹而經歲，餌良藥而不瘳。暗類隙塵，潛隨閲水。俄以同光三年夏五月二十三日，殁於洛陽章善里之私第，享年五十。即以其年秋九月十三日，葬於河南縣梓澤鄉宋村，從先塋之原，禮也。

有子三人：長曰鐵哥，次曰劉奴，季曰嬌兒。并禀訓義方，修身家

檢。丁是茶蓼,悉處苫廬。哀慕無時,煢煢在疚。僕射公情深伉儷,義切絲蘿。悲冥寞之不迴,悼聲光之永謝。將安窀穸,載樹松楸。慮谷變陵遷,庶刊石紀事。特迴重旨,猥及非才。禹以忝迹門欄,備詳規範。請編素行,諒無愧辭。搦管悲凉,謹爲銘曰:

武王錫邑,司寇開基。起家襲慶,間世標奇。是生淑人,爰配令德。中外推賢,閨門表則。養舅姑兮叶婦儀,育雅孺兮形母慈。結沉痼兮不達醫,逐逝波兮無復追。阡陌新兮白晝昏,窀穸設兮玄夜分。安壽堂兮閉貞魂,留懿行兮慶後昆。

原載《全唐文補遺·千唐志齋新藏專輯》

薛光序

後唐官員。撰此志時署鳳翔節度推官、朝議大夫、前守尚書禮部郎中、柱國、賜紫金魚袋。

大唐秦王(李茂貞)謚曰忠敬墓志銘并序

鳳翔節度推官、朝議大夫、前守尚書禮部郎中、柱國、賜紫金魚袋薛光序撰

竊以盛纂宗周,榮膺命氏,邈惟往古,考彼前書。蓋彰保國之誠明,迴振匡君之義烈,編於帝屬,列彼儲闈。紀玉諜以騰芳,齒金枝而表慶。位崇良輔,名冠諸侯。歃白馬以爲盟,降丹書而示信。分茅建社,錫壤開疆。進階袟而踐鳳池,圖儀形而標麟閣。功齊五霸,道契八元。實謂傑出明時,挺生聖代,爲一人之心膂,作群后之規繩。王貫隴西郡大鄭王房,名茂貞,字正臣。曾祖皇任深州刺史,兼御史中丞。曾祖母天水郡趙氏。祖鐔,皇任左武衛大將軍、檢校尚書右僕射,贈右金吾大將軍。祖母清河縣太君張氏。父端,皇任神策軍先鋒使、金紫光禄大夫、檢校刑部尚書,贈太尉。母燕國太夫人盧氏。親兄茂莊,皇任山南節度觀察處置等使、檢校太尉兼侍中、贈太師。親侄繼筠,皇任邕府節度觀察處置等使、檢校太保、同中書門下平章事,贈太尉。親侄廓,皇任原州刺史、充本州防禦使、檢校太保。元和中,

以鎮陽肆逆,主帥不臣,王遠祖獨以博野一軍率先向化。帝嘉效順,遂隸於秦,爰降嶽靈,生於貴族。叶殷箕而稟異,符漢昴以呈祥,名勒景鍾,勛標盟府。治國而早探金版,提師而夙究玉鈐,揮戈而白日再中,拔劍而飛泉涌出。遂得傳書圯上,擅假山西斬叛師而復汧、岐,平狂蠻而清邛、蜀。而後益彰全節,遐振雄名,逐大憝於關中,尋安宫闕;迎聖君於劍外,再整廟朝。累殲奸臣,繼平不軌,遂致嚴祠堂於隴坻,樹碑篆於岐陽。播美千年,傳芳億祀。兵符相印,稟義方者,何啻十人;皂蓋彤幨,稟庭訓者,動逾百數。金家七葉,未昇殊榮;楊氏五公,難方盛事。不改二十年之正朔,永固一千里之封疆。無愧史官,可光帝載。然後遵睿謀於全晉,誓復宗祧;除僭位於大梁,重明日月。留侯借筯,果裨創業之君;謝傳圍棋,允贊中興之主。俄新景祚,終睹休期。遂乃上叶皇明,疊頒帝澤,爰加謚號,焕彼侯門,慶及子孫,迭居將相。登壇杖鉞,不離舊履之山河;繼踵聯榮,亟自聖朝之光寵。不料棟摧廣厦,星殞長空,俄聞罷市之悲,咸起逝川之嘆。王享年六十有九,同光二年甲申歲四月十一日薨於鳳翔府私第。三年乙酉歲十二月二十五日遷葬於寶鷄縣陳倉里,歸祔於先考大塋。王秦國夫人彭城郡劉氏。長男,見任鳳翔、隴州節度觀察處置等使兼鳳翔尹,檢校太尉、兼中書令。次男,見任彰義軍節度觀察營田等使,檢校太傅。次男,見任原州刺史,充本州防禦使,檢校太保。次男,次男,次男。長女出適柳氏,次女出盧氏,又次女出適盧氏,又次女出適裴氏,又次女出適郭氏,又次女出適路氏。嗚呼!幸契雲龍之運,將榮魚水之歡,奈何夢奠兩楹,灾生二竪。胡香罕驗,靈草無徵,俄掩重泉,遽歸大夜。從龜長而擇地,法馬鬣以成墳,丹旐臨風,素帷戒路。惜哉柱礎,永葬郊原。光序謬以荒蕪,獲承指命,頌元臣之翊戴,誠愧彩毫;述列土之徽猷,詞慚黄絹。銘曰:

懿彼英雄,生於昭代。動叶機權,凛然氣概。高步區中,馳聲海外。社稷元臣,藩維盛觀。翦除大盜,翊贊明君。躬親矢石,義激風雲。西征蠻蜑,東掃妖氛。搢紳所仰,朝野必聞。報國明誠,承家至孝。整肅軍師,撫綏將校。恩極投醪,謀深減竈。揮戈却日,拔劍飛泉。承天柱礎,分國土田。兄弟垣翰,子孫旄旆。翠華返正,黄屋言旋。鴻私追謚,册命自天。山河表誓,玉宇旌賢。六親黯爾,九族潸然。嗚呼良輔,永閉松阡。

原載《五代李茂貞夫婦墓》

許維岳

後唐同光時人。

科舉額數請依長慶咸通事例狀

伏見新定格文,三禮三傳,每科只放兩人。方今三傳一科五十餘人,三禮三十餘人,三史學究一十人。若每年止放兩人及一人,逐年又添初舉。縱謀修進,皆恐滯留。臣伏見長慶咸通年放舉人元無定式,又同光元年春榜亦是十三人,請依此例,以勸進修。

原載《全唐文》卷 844

房　濬

後唐天成時鄉貢進士。

唐故金紫光禄大夫檢校司空前左金吾衛將軍兼御史大夫太原郡康公府君(贊羑)墓志銘并序

曾祖□,檢校工部尚書。祖琮,檢校司徒。父懷英,檢校太尉兼中書令。夫圓蓋澄清,兆乎陰晦;方輿曠遠,數有廢興。曜靈豈墜於輪環,望舒未銷乎圓缺,何可比於草木人倫之類乎? 悲夫!

康公諱贊羑,字翊聖,天滋秀異,生於貴胄,室滿榮光,人驚異器。齠齔之歲,所玩尤殊;識辨之年,習業迥異。寶之可類於掌珠,命之必爲於國礎。及於丱歲,以父蔭齋郎出身,授弘文館校書。妙年端謹,聲振簪纓,孔融之辯自然,甘氏之材迥秀,擢恩授秘校兼錫銀璋。而且性蘊孤高,心思俊傑。念孔門之禮異,終愧前修;嘆戎列之家風,實多故事。乃脱頳綬,除銀青光禄大夫、檢校右散騎常侍、左監門衛大將軍同正兼御史大夫,仍委永平軍補充極職兼衙内馬步軍都指揮使。時年弱冠有一,娶平盧軍節度留後范陽郡盧太保庭彦弟(第)三女。亦甲弟(第)名家,簪裾盛族,光榮貫世,休慶誰同。而尚未逾年,睿澤忽降,又除檢校工部尚書。清明自重,操行可佳,爲人瑞貫於一時,作世珍邁於前古。遂就加金紫,仍轉秋卿。雖縻職於雄藩,豈淹驥足;在聲光而已振,難息越騰。遂除授尚書左揆、守商州刺史兼御史大夫。肅一境之風烟,堯天自碧;静四郊之疆土,舜日空懸。人歌何暮之謡,俗播來蘇之化。方當政理,旋降大禍,持孝節之匪虧,報劬勞之未泯。靈芝夕見,異鳥辰窺,志道不假於走飛,奇事自聞於天子。未逾星紀,便貶渥恩,起復檢校司空,除淮西刺史。二天舒慘,心迎送之匪同;一帶波濤,遞歡謡之不盡。又以梁朝多事,國步時艱,藉其勇幹之才,遂備翊垣之列。却復金紫,仍授執金。續又充内職,轉近禁庭。纔度周星,便縈微恙。遂謀休退,入雒求醫。冀就痊平,專欲徵拜。不爲秦工不驗,扁鵲無徵。綿歷歲時,轉至沉篤。及於太歲在丙戌六月二十三日薨於雒陽,享年三十有三,葬於北邙,禮也。時公妻胤子二人:長女蔡哥,八歲,次男汴哥,四歲。悲夫！皓月空沉,零花艷息。痛纏手足,哀勤鄉閭。引丹旐之冥冥,去歸有路;展繐帷之杲杲,精魄難留。由是濬悲斯方盛,哀乎殞落。慚非碩鼠之才,强諧吮筆;敢并屠龍之志,輒構斯文。乃爲銘曰:

偉哉奇士,卓然不群。爲國之祥,爲時之珍。惠留赤子,功贊明君。何遽凋謝,推踵前勛。

鄉貢進士房濬撰

天成元年七月十四日,左街内大德令儼書并篆

賈顒鎸

原載《五代石刻校注》

王彦鎔

後唐官員。歷任司農卿、太僕卿。

請令晉絳慈三州供郊廟羊犢奏

國家四時祠祀郊廟群神，當時供應羊犢，皆是前一月於度支請錢，付行市人買。雖得供事，終匪度程。伏惟舊例祀羊犢，晉、絳、慈三州每年供進純白羯羊一百一十口，赤黄特犢子四十頭。内一十五頭繭栗，二十五頭角握。乞下三州，每年依例供進本處，以省錢收市。

原載《全唐文》卷 849

孔 邈

後唐官員（？—929）。孔子第四十一代孫，唐末進士及第。歷任校書郎、萬年尉、集賢校理。後唐時任吏部郎中、左諫議大夫。天成四年（929）卒。

請許注擬天成元年已前有出身人奏

近見選人，或以志在循陔，難違色養。或以家同懸罄，不辨裂裳。致違調選之期，遂遇廢沉之例。臣愚伏請自天成元年已前，有出身分明者，悉許注擬。況三蜀之内，員闕極多。俾出自於朝恩，免使希於假攝。

原載《全唐文》卷 843

請録死事子孫疏

臣聞賞延於世，實皇王體國之規。立身揚名，爲人子承家之道。苟推誠於忠孝，必懷慶於子孫。存歿共瞻，君親是望。伏自陛下中興大業，念舊録勛，賞賜無時，渥恩咸遍。尚慮有奮身爲國，迹殞魂孤，姓名不達於乾坤，骨肉飢寒於道路，不因詔書博訪，所在不與申聞。伏乞特下外藩，如有身歿王事，忠節顯彰，軍伍備聞，恩澤未及者，必令具録聞奏。如有子孫，便委所司齒録，使父母有可依之地，妻孥免無告之心。如祇有孤遺，亦便令救恤。即已往者知皇恩不棄，將來者罄臣節何疑。楚師忘寒，空憑念問；周文葬骨，唯示深仁。冀於有道之朝，不漏無垠之澤。

原載《全唐文》卷 843

王 騫

後唐官員。天成中,任朝議郎、尚書刑部郎中、柱國、賜緋魚袋。

唐故朝散大夫守尚書工部侍郎柱國賜紫金魚袋樂安孫公(拙)墓銘并序

表侄朝議郎、守尚書刑部郎中、柱國、賜緋魚袋王騫撰

噫! 行客歸人,乃昔賢之達理;榱崩棟折,實前代之懷材。豈宜休馬之辰,復有殲良之嘆。九原何作,多士增欷。追是芳猷,屬在明德。

公諱拙,字幾玄,武水樂安人也。世濟文行,織於簡編,餘烈遺風,輝圖耀諜。曾祖會,盧常等五州牧,累贈吏部尚書、宣州觀察使。祖公乂,盧饒等五州牧,工部尚書致仕,累贈太尉。考瑝,前御史中丞,累贈司空。妣隴西縣君李氏,追封國太夫人,故司徒太子太師致仕、贈太尉福之長女。公即司空之第二子,李夫人之嫡胤也。生知孝友,代襲公忠。非禮不言,抱義而處。舉進士,擢第甲科,解褐户部巡官、秘校、京兆參軍、直弘文館,由相國孔魯公緯之奏職也。相國裴公贄任御史中丞,慎選屬僚,必求端士,以公藹有真聲,且肖前烈,奏授監察御史。時屬天倫在疢,人事都忘,竟不赴職,時論不可,復拜察視。俄遷右補闕。公以艱運方鍾,直道難措,因乞授河南府長水令,仍增命服。秩滿,復奏授殿中侍御史。尚以天步多艱,官守無設,因逾年不赴任。僉謂公峻潔自持,閨門有守,不膺斯任,孰曰當仁。復拜殿中侍御史。臺中四任,悉謂兩遣,難進之規,且復誰擬。俄拜禮部員外,户部員外。再乞任登封令,就加檢校禮部郎中。琴韻蕭然,曲肱如樂,民知畏愛,吏不忍欺,聲聞京師。復加檢校考功郎中,不改其任。俄入拜司勛員外郎,雖秩在清華,然志思及物。又出宰汴州浚義令。咸謂惠物亟伸,掌綸未陟,曷明繼世,豈試諸難。爰授職方員外郎,知制誥。歲滿,正拜中書舍人、金紫,出使浙越。復命之日,改左諫議大夫,俄遷左散騎常侍。公性多舒坦,不顧清華,因乞留司洛

京,已便攄適。時論以久稽殊寵,合陟貳卿。擬命將行,又堅乞授西都留守副使,因加檢校禮部尚書。莊宗之纂復中興,奔覲朝闕。未幾,拜工部侍郎。將伸蘊蓄,共贊昇平,天乎不仁,命抑其道。以天成元年歲在丙戌五月十二日薨於洛城税舍,享年六十有九,以明年二月十五日穴之於河南縣平樂鄉張楊里,從先大夫於九原,禮也。

娶夫人扶風竇氏,封本郡縣君,諱回,故左散騎常侍愛女也。内持四德,外洽六姻,非止令儀,實謂賢德。嗣子晝,心全孝道,志在保家,仰奉訓慈,專營大事。以騫且同外族,夙奉明知,宜授刊銘,俾敷實録。但拘淺學,難避屬詞,追感無涯,謹爲銘曰:

古人有言,道存不朽。禄既無貪,義豈忘守。四讓綉衣,三臨墨綬。實沃皇情,以蘇黔首。時論允歸,承家典誥。白獸爲樽,金貂爲帽。皆公峻履,時俾要道。史有可編,言誰詎造。伊洛分司,雍京副倅。孰謂好求,實由易退。莊宗纂紹,奔覲居先。子牟懷戀,揚僕祈遷。爰抛渭灞,竊殷伊瀍。輿論充斥,華資是銓。爰貳冬卿,將思行己。始罄沃心,已拘暮齒。卧未浹旬,疾侵腠理。玉折何追,蘭枯驟委。兵革已來,搢紳多故。言從九原,悉皆無路。公之考祥,視禮有素。付子傳孫,無虧霜露。

孤子鄉貢進士晝書。

原載《五代墓志彙考》

楊弘礪

後唐官員。清泰中,任將仕郎、河南府士曹參軍。

故隴西李處士墓志銘并序

將仕郎、守河南府士曹參軍弘農楊弘礪撰并書

蓋聞元氣未分,大道已兆。爰資剖判,式序陰陽。是於覆載之間,無出神仙之事;繇是瀨濱降瑞,蒙谷分祥。或乘鯉以鼓洪濤,或御風而冲碧落,則有煉形易色,餌術采芝,欻然而便届層城,瞥爾而俄觀真境。載籍備述,此不殫論。又有脱略公卿,曠蕩賢智,巢許自安於

箕潁,夷齊但樂於首陽。無彼逸人,豈曰清世!即有處士李公,或云諱玄竟,不知何許人也,每稱言多曰弟子。其物表也,月融顥素;其談論也,河注波瀾,唯公得之,世咏其美。葷茹靡諴,冠簪何施。交結之中,尤尚儒墨。介然穆若,誰與之儔。自廣明庚子前,嘗在關内,有時則長游闤闠,有時或静處丘樊。野鶴孤雲,去而無迹;洪鐘浮石,扣非常音。挹湛湛則自知深淺,度蒼蒼則足分遠近。當僖宗幸巴蜀之始,公方暨岷峨,因奉詔書,遂拜旒冕。帝乃與之爲友。後又昭宗方福兆民,正安京鎬,亦累降征命。公屨杖天闕,敬而謝之曰:"名穢我身,位累我躬,笑楚笥之神龜,美漆園之野雁。"是以飛章晦迹,深入白雲。拈藜一枝,不離輜重;屑瓊滿器,以爲糗糧,必欲睹安期於蓬壺,訪浮丘於緱嶺。洎居瀍洛又三十年,每恨四照匿華,五才輪馭,雖貯偷桃之志,尤虧種杏之期。未了玄切,愧躋木羽。然曉長生之術,且迷久視之山。恒嘆厥躬,尚隨單影,以至纏灾構疾。伏枕經旬,遠駕頓於促途,長算屈於短景。金莖花在,不見仙容;玉漏箭空,徒悲朽壤,於清泰二年乙未歲十月十一日去世矣。悲夫,故人也。一竿青竹,死而節高;萬頃黄陂,盡且不濁。然壽年之實數,人莫得知,但相識深分者,往往見説貞元時經目之事。以此循度,享齡百餘歲矣。五福皆獲,片善罔遺。長身無妻孥,屈指非瓜葛,唯主爨女僕,名曰善娘。朝列工寮,知心不少。今府帥以公昔流聲響,遽撲冲飆,賓席之間又偶仁者,送終斯備,卜宅有宜,即以其月二十三日葬於河南縣龍門鄉南王里,禮也。吁!生平道侶,遠近居人,或陳賵賻之儀,或動凄涼之色。嗚呼哀哉!陸機成賦,嘆深落落之姿;潘岳臨文,倍愴累累之壟。貞魂不昧,終天何言;水石如存,封樹寧泯。斯文既陋,其理可傷。刊勒尤精,問望彌遠。一置玄堂之下,一立孤墳之右。不慚荒薄,乃作銘云:

紅輪初昇兮露彩晞,紅輪才中兮俄西虧,人生存殁兮只如是,蒿里佳城兮增傷悲。

原載《五代李玄竟墓志考釋》,《唐史論叢》第 34 輯

張 礪

後唐官員，磁州滏陽（今河北磁縣）人。後唐同光時中進士，歷任左拾遺，直史館。明宗天成中，任翰林學士、比部郎中、知制誥。契丹滅後晉，任張礪右僕射、平章事、集賢殿大學士。契丹北歸，將其擄去，死於塞外。

唐故特進尚書左僕射上柱國趙郡開國公食邑二千户食實封貳百户贈司徒李公（愚）墓志銘并序

翰林學士、將仕郎、守尚書比部郎中、知制誥、賜紫金魚袋張礪撰

蓋聞高朋定位，三台騰拱極之光；博厚流彩，五嶽聳擎天之勢。必有賢傑，以乂邦家。運陰陽舒慘之權，合禮樂質文之變。惟精惟一，著能事於岩廊；有始有終，懷懋功於纂素。鐘是全美，不其偉歟。公諱愚，字子晦，趙郡人也，周柱史伯陽之後。珠流璧合，璽曳蟬聯。西京則唯廣與陵，俱爲良將；東漢則前通後固，悉是名臣。晉少傅楷有子三人，居於趙之平棘封斯壘，時人謂之三巷李氏。戴仁抱義，累相重侯。代不乏賢，世濟其美。公即西巷之十六代孫也。曾祖諱如林，皇太學博士，累贈尚書右丞。祖諱遵甫，皇應進士舉，累贈兵部尚書。烈考諱瞻，皇協律郎，累贈太子少傅。皇妣清河張氏，累封鄭國太夫人。公月角山庭，泉清玉潔。幼彰奇骨，衆謂神童。屑瓦制碑，橦鐘講義。賦詩三百首，著文五十篇。逮乎加冠，已稱鴻筆。貞方守節，介特不群。瀚海鯤鵬，六月一息；渥洼騏驥，萬里前程。於時靖恭楊贊禹拾遺，糜職營丘，海岱之間，聲華藉甚。公向其德，不遠謁之。既及賓次，投文一編。初見篇題，已多驚異。洎披詞旨，愈甚嗟稱。雖季長之接鄭玄，伯喈之迎王粲，無以過也。他日謂公曰："如子之德行文學，若求試於春官，必登上第。然一舉則不顯子之譽，二上則屈子之才，兩造廣場，必成殊事。自此仕官，必極於臺輔之任矣。"公乃携家入秦，欲觀光於上國。次三峰，屬奸臣劉季述廢昭宗皇帝於別宫，挾德王以簒位。公即日投長書，諷華帥韓公。逮及交譚，不覺膝

之前席,因憤激泣下,遂謀興復。及昭宗之反正也,命中使齎詔獎韓公之忠勛,韓公具以本末言於天人。尋欲上表慰薦,兼贈遺甚優。公並堅讓不受,此所謂一言定國也。雖仲連辭趙主之賞,何以加焉。遂負笈東下,寓止於鄭之陽武縣。室唯環堵,家絶斗儲。飲水自歡,栖衡毓德。邑中豪富,欲以濡濟者多矣。公確乎抗志,恬然燕居,未□濫受人之惠焉。粵二年,遷都洛邑。公始隨鄉薦,投試春官,再赴廣場,爰登上第。明年,首登宏詞科,榜下,授河南府參軍。秩滿,屏居伊闕之别墅,嘯吟烟月,賞玩琴罇,有終焉之志。無何,爲僞梁後主所知,除秘書省著作佐郎,不獲已而拜命。于時,相國趙公光逢監修國史,精選館職,甚難其人,遂奏請公直史館。逾兩月,授左拾遺,因上封事三十條,並開政要,頗益時風。尋轉尚書膳部員外郎,賜緋魚袋,充崇政院學士。未幾,復頒金紫,又加司勛員外郎,依前充學士。發言皆直,所謀必忠。遂爲權臣李振所排,出爲陳許觀察判官、檢校都官郎中、兼侍御史。逾歲,移授唐鄧觀察判官。自兵革以來,勛臣守土藩方,雖有律令斷决,悉不舉行。公既列賓筵,仍司獄訟。輕重皆循於法,大小必盡其心。兩府刑清,四人悦服。當莊宗與僞梁對壘之際,已向公之聲猷。佐佑大臣相謂曰:“一朝平僞室,收中原,共訪李公,顯將委任。”及克復梁園之日,適當詢訪之間,公進納本府符印,詣行在所。纔見公之姓名,立召見,仍令近臣安慰。則公之德望,爲時所重也。如此洎車駕歸洛,尋授尚書主客郎中。未逾時,宣詔以本官充翰林學士。歲序一周,復以本官知制誥,依前充職。每遇禁直之夕,侍中、樞密使汾陽郭公崇韜召公讌語,以吴蜀竊命,文軌未同,矧彼巴邛,尤崇昏亂。公曰:“國家興復,唐祚威振華夷。若出闕下之偏師,糾關西之義旅,入劍閣,取錦城,如縱棹爾。”汾陽公深然其言,即以上奏,遂决徂徵。以皇子魏王充都都統,復命汾陽公充都招討使。上以兵者不祥之器,不得已而用之,雖藉武威,亦資文德,乃命公帶翰林學士點檢一行招諭文檄。及王師之問罪也,闕下止出萬人,會合關西諸鎮之兵,賞罰嚴明,號令齊一,兵不血刃,人安其居,文告所加,靡然向化。纔入劍閣,僞蜀主飛箋乞降,及戒成都,則君臣銜璧舆櫬,請命於軍前。上將解縛焚櫬,接之以禮。是日,以中軍入成都,其僞蜀兵尚十餘萬，軍器山積，秋毫不犯，一夫不戮，實賴公之婉畫也，皆如公之宿謀焉。在蜀正拜中書舍人。及師還，屬明宗嗣位，宣充翰林學士承旨，又命權知貢舉。衆推直道，咸謂得人。加尚書禮部侍郎，依前學士承旨。又遷兵部侍郎，依前學士承旨。尋封平棘縣開國男，食邑三百户。以公久掌絲綸，俾均勞逸，除太常卿。視事之後，以並無靡着，奏請添修。半歲之中，廳事及廊宇，莫不宏敞。長興二年春，拜中書侍郎、同中書門下平章事、集賢殿大學士、上柱國，進封開國子，加食邑二百户。外諧人望，中簡帝心。允符輔相之宜，雅稱鈞衡之任。公以周孔之教，皇王前規，傳寫既多，紕繆必甚。遂奏取石經本，命通儒并注校勘，盡除訛舛，靡不精詳。仍命工人雕諸印板，非唯廣其儒道，實亦邁彼前修，兼於刑名，倍更詳審。不捨有罪，不濫無辜。仍命百司各寫六典，人存政舉，道不虚行。轉門下侍郎平章事、監修國史，進封開國伯，加食邑二百户。又加金紫光禄大夫，依前門下侍郎，兼吏部尚書平章事、監修國史，進封開國侯，加食邑三百户。又加尚書右僕射，兼門下侍郎平章事、監修國史，進封開國公，加食邑三百户，食實封壹百户。敦勉史官，修成《莊宗朝功臣列傳》三十卷，上進。尋加特進，依前尚書右僕射，兼門下侍郎平章事，充太微宫使、弘文館大學士，通前食邑二千户，食實封貳百户。清泰元年冬，以公久秉化壤，議加優禮，遂遷尚書左僕射。公連年抱疾，再表退休。繼降詔書，不允所請。僶俛從事，力强趍朝，竟至彌留，俄悲殄瘁，即以清泰二年九月十四日薨於洛城惠和里第，享年七十。上聞而痛惜久之，廢朝兩日，賵賻有加，詔贈司徒。即以是年十一月十七日葬於河南府伊闕縣何晏鄉王魯定里别墅之南原，禮也。著文三十卷，内詩及制誥因兵革多致散失。有賢胤嗣，必能編聯。夫人張氏，累封衛國夫人。言容以德，箴管有儀。周旋動合於禮文，輔佐顯符於詩説。齊眉之道，偕老不渝。有子四人，長曰鈞，自幼游學於外，已二紀不知所從。次曰鎔，安國軍節度推官，試秘書省校書郎，乃故相國天水趙公鳳之奏辟也。次曰鐸，秘書省正字。次曰鑾，應進士舉。皆神清骨秀，秉哲象賢。蘭蕠將玉樹相輝，龍翰與鳳雛交映。趍庭問禮，早知爲子之方；篋枕懸衾，曲盡事親之敬。洎鐘大故，幾至傷生。一女適河東裴峻。公儀形玉立,氣度泉渟。天縱文章,生知俎豆。心無適莫,智備圓方。明允篤誠,鄭子産之行己;骨鯁忠亮,汲長孺之爲人。加以練達憲章,詳明禮法。澄不清而撓不濁,磨不磷而涅不淄。激水化鱗,搏風厲翼。名高日下,譽播寰中。齊珠含千里之輝,趙璧擅十城之價。難進易退,藏器待時。聲華不炫而自高,爵禄不求而自至。公之居諫署也,獻可替否,激濁揚清。飛章屢仗於青蒲,及溜頻斟於白獸。公之參禁職也,唯理所在,應變無方。嘉謀動沃於君心,良藥每痊於時病。公之爲賓佐也,高譚理道,獨振頽綱。兩藩皆致於刑清,萬井咸推其政舉。公之在南宫也,握蘭擅美,起草推工。不疑償金,人稱長者。魏淑幞被,衆號純儒。公之居内署也,思若涌泉,文如摛錦。敷揚帝道,合三代之典志;潤飾王言,成一家之訓誥。而又静陳廟勝,遐復坤維。運籌而千里潛符,傳檄而百城自服。公之掌文柄也,平衡有則,定鏡無私。盡收崑岫之琳琅,靡漏會稽之竹箭。公之司大樂也,考擊玉磬,調暢朱弦。六律和而丹鳳來,八風順而百獸舞。公之爲相輔也,規天矩地,道幽洞微。振拔滯淹,徵搜遺逸。歷代之舊章畢舉,一時之闕政咸修。練達禮儀,詳明律令。稷嗣君之創綿蕝,永作規程;張廷尉之議玉環,衆推平允。校勘經籍,恢廓儒風。發言皆繫於彌綸,立事唯圖於遠大,加以清通簡要,謨明弼諧。謝安石之奇才,終居廊廟;和長輿之峻節,雅稱棟梁。貴而能貧,卑以自牧。喜愠不形於顔色,清白可遺於子孫。當代名臣,有國賢相。嗚呼!天明地察,福善禍淫。何積德以如斯,而考祥而未備。自居重任,常抱沉痾。優恩俾解於臺司,異禮旋鼎於揆路。深知止足,懇上封章。明詔未俞,高情莫遂。藏舟易失,方尋莊叟之言;過隙難追,奄促留侯之壽。俄徵夢奠,永嘆閲川。天子廢朝,禮官表行。其生也,公臺極致。其殁也,賻贈殊常。生榮殁哀,於是乎在礪。道悲鵩鵩,學謝麟牛。通家曾異於孔融,入室謬同於顔子。遽分幽顯,永隔音徽。敬抒菲才,仰書懿範。隨武子之家事,寧有愧詞;郭林宗之人倫,諒無慚德,銘曰:

中丘降粹,大昴垂芒。應期間代,生賢誕良。落落瓌姿,汪汪雅度。履孝資忠,經文緯武。關西擅價,日下馳聲。蘭熏雪白,玉潔泉清。擢第春闈,歷官諫署。百步穿楊,一言悟主。入參禁職,出踐賓階。道直衆忌,政舉民懷。錦帳含香,金門視草。秩應星辰,詞成典誥。高譚廟略,遐取坤維。獨見先定,奇謀在兹。禮樂迭居,風猷藉甚。渭水熊非,傅岩象審。如鏡鑒物,如舟濟川。有典有則,無黨無偏。功就臺司,榮參揆路。未及遐年,俄纏大數。禮優表行,恩極輟朝。雲日黯黯,草樹蕭蕭。馬臘□封,牛眠吉地。永閟幽堂,千齡萬祀。

原載《後唐宰相〈李愚墓志〉考釋》

李光緯

後唐官員。天成二年(927),任右拾遺。

請録功臣後裔奏

自本朝應運以來,陛下登極之後,有赤心事主,戮力勤王,或代著軍功,身已淪没者,乞追崇官爵,延賞子孫,庶張開國之榮,永保承之家慶。兼内外重臣已下班行間,請許追封,以光孝道。雖九原之幽暗,亦賀明時;庶百辟之忠良,同扶聖代。

原載《全唐文》卷 839

封　翹

後唐官員。後梁時任刑部員外郎、翰林學士。後唐滅梁,貶爲唐州司馬,明宗時升任中書舍人、禮部侍郎。

請行封建疏

臣聞立愛惟親,教民以睦,實大朝之重事,乃有國之通規。是知維城爲國本之資,磐石作安宗之計。所以興隆鴻業,保定皇家。伏惟陛下天祚丕基,日新聖德,使九功之咸叙,致百度以維貞。墜典皆修,遺文必舉,獨於封建,未睹宣行。既尚抑於龍樓,宜且遵於麟趾。乞命親賢,以資夾輔。

原載《全唐文》卷 847

請答謝神祠疏

星辰合度,風雨應時。將修賽謝,請以御前香一合,聖上親爇一炷,餘者即令分於所謝答廟中焚之。貴表精至,庶賢聖感通。

原載《全唐文》卷 847

敬天愛民疏

天地之經,陰陽之數,莫不上規帝道,旁體物情。儻國人偶有其咨嗟,則時令必爲之差忒。如陛下英明御宇,勤儉臨朝,推泣辜罪己之心,行解網納隍之道,無偏無黨,憲章不濫於雷霆;克寬克仁,霈澤嘗均於雨露。致君已及於堯舜,勃興尋并於禹湯,則合灾星退於三移,瑞日呈於五色。焉有自冬徹臘,啓歲經春,陰雲多蔽於長空,滯雨頻沾於連日。豈是未臻聖政,不降靈休。既難喻於元穹,須更增於隆德。伏乞稍留聖念,明下所司,俾郊壇祠祭之儀,簠簋馨香之料,尤加清潔,倍致敬恭。罪非劫殺,旋令疏放。亡歿卿士,希加賻贈。農桑藉力之時,務蠲大役。禽鳥營巢之際,禁斷網羅。恭祈十雨五風,以卜千秋萬歲。詔付所司,詳酌施行。

原載《全唐文》卷 847

請入閤次對奏

竊見五日轉對,於事太繁。所見或有短長,不當空煩聖覽。請此後祗於入閤者,依刑法待制官例次對。

原載《全唐文》卷 847

王　鬱

後唐官員。歷任大理少卿、新州刺史。

請定覆奏决囚奏　天成二年六月

準貞觀五年八月二十一日敕:"極刑雖令即决,仍三覆奏。在京五覆奏,决前三奏,决日兩奏。惟犯惡逆者一覆奏。著於格令。"又準建中三年十一月十四日敕:"應决大辟罪在京者,宜令行决之司三覆奏,决前兩奏,决日一奏。"又謹按《斷獄律》:"諸死罪囚不得覆奏報下而决者,流二千里。即奏報應决者,聽三日乃行刑,若限未滿而行刑者,徒一年。"伏以人命至重,死不再生,近年以來,全不覆奏,或蒙赦宥,已被誅夷。伏乞敕下所司,應在京有犯極刑者,令决前、决日各一覆奏,聽進止。有凶逆犯軍令者,亦許臨時一覆奏。應諸州府,乞别降敕指揮。

原載《册府元龜》卷613

請令諸司各詳令式奏　天成四年十二月

伏自廣明辛丑之後,天祐甲子已來,官壞政荒,因循未補。此蓋諸司滅喪人吏,曹局亡失簿書。至令官僚中有不知所掌之事者。伏準文明元年四月十四日敕:律令格式,爲政之本,内外官員,退食之暇,各宜披覽。仍以當司令式,書於廳事之壁,俯仰觀瞻,使免遺忘。虔尋兹制,實繫化源。請下内外文武百司,如本司闕令式者,許就三館抄《六典》内本司所掌名目,各粉壁書寫。

原載《册府元龜》卷475

楊　潛

後唐官員。任將仕郎、太子校書。

後唐故銀青光禄大夫檢校工部尚書守鄭州都糧料使兼御史大夫任府君(元貞)墓志銘并序

將仕郎、前太子校書楊潛

府君諱元貞,字表則,故金紫光禄大夫、檢校刑部尚書、知鄭州榷税迴圖茶鹽都院事、守别駕兼御史大夫、上柱國濤之長子也。婚繁氏,令淑有聞。生二子:長神保,婚張氏;次子賢奴。太夫人潁川荀氏,叔長弟侄,榮保於家。太大人慶集北堂,侍膳甘脆,孝風和順,與先考在世訓令無差,昆季協從,聲價揚外。府君幼擅文筆,聰惠過人。

弘計經度,靡不通濟。洎及弱冠,遽鍾家艱,繼踵在公。自前唐天復二年入仕,相次主張係省鹹鹺。泉貨贍國,經費利潤。以至梁朝,綿歷星紀,鬱有名稱,美伏輩流,職列上軍,官任榮王府長史。爰值後唐主同光初祀收復河南,顯崇帝業。遇太守夏公典收當郡,以府君清白立譽,奏授鄭州都糧料使、檢校工部尚書。執理奉公,事無不當。同光三載,軍國禍難,郡城驚搔。灾變及身,横遭傷害。親戚泣血,知朋茹嘆,至於巷陌,悉懷悲嗟。嗚呼!積善求徵,善何不應;崇福延壽,壽何促焉。而乃生滅云常,著斯法教,古今代謝,非此一朝。北堂方慶於晨昏,南陌俄新於纍冢。依然曩事,邈爾高踪,衆謂追思,深可痛惜。府君生於鄭州中牟縣迎賓里,享四十有五,以同光四年三月廿七日啓手足於豐定曲私第。季弟前絳州司馬、知省司迴圖務鈞,次列宦□,相繼主持。孝愛居家,懷橘有譽,信義於外,斷金立名。襄事卜宅,窀穸禮備。以天成二年歲次丁亥十一月戊申朔廿五日祔葬於先塋之側。潛叨承□眷,略而述叙,恐陵更改,紀於翠石。其銘曰:

卓哉高士,鬱爾聲華。義揚於外,孝保於家。謂昇顯貴,名實可誇。何促於壽,遽逐西霞。身葬新壟,譽振天涯。

原載《全唐文補編》卷 97

張文寶

後唐官員。歷任中書舍人、刑部侍郎、左散騎常侍、知貢舉、吏部侍郎。長興初,出使吴越,泛海船壞,漂流至淮南,吴人待之甚厚,返回至青州時,病卒。

請旋蹕疏

巡狩省方,唐虞之舊典。吊民伐罪,湯武之前功。陛下親統貔貅,盡除梟獍,刷蕩瑕穢,殄息氛埃。天威已震於華夷,濡澤又沾於幽顯。動植蘇泰,遐邇歡康。所宜旋軫神都,凝旒紫禁。居中土而表正,來萬國以均輸。允叶億兆之心,共樂雍熙之化。

原載《全唐文》卷 843

盧咸雍

後唐官員。明宗天成二年(927),任起居郎。

請禁盜賊疏

賊寇宵行,逼脅村舍,俾供食宿。及當敗露,指引行程,追禁經時,慮妨農作。望頒明敕,俾得疏治。

《全唐文》卷 839

錢　傅

後唐官員。明宗天成二年(927),官太常丞。

請禁止侵踐壇壝奏

當司專典祠祀,伏以國城西面群祀,各有壇墠,近年多被民户侵耕,畜牧騰踐,莫知處所。行事之時,旋封土芟草,有乖誠敬。今正芳春,易行止絶者。

《全唐文》卷 839

杜紹光

後唐官員。明宗天成二年(927),官少府少監。

請置丞簿等官奏

當司掌朝服儀仗祭器服,兵戈以來,散失向盡,苟非得人,難爲掌轄。臣准往例,除監一員少監二員外,比有丞主簿五署令,共一十六員。近自僞梁廢省,只委曹吏主張,遂至因循,或多隱漏。乞下中書,於先廢官員内,量置丞簿署令,分主當局公事。

《全唐文》卷 839

王　鍘

後唐官員。明宗天成三年(928),官左拾遺。

請禁軍門招集無賴疏

伏睹州縣百姓,早因危歲,小寇連綿,舊染成非,習性難改,逃刑網外,作患民間。起晝藏夜出之名,懷念惡惰農之志。惟觀得失,但聽灾危。不慮嚴章,當孤美化。法緩則潛藏軍旅,法急則流散藩方。條令難加,網羅莫及。是非同等,曲直相參。伏乞顯示軍門,無招此輩,永去未萌之咎,當平不力之民。

《全唐文》卷839

于　嶠

後唐官員。歷任左拾遺、翰林學士、秘書少監。明宗天成四年(929)被宰相趙鳳誣告,流配振武。後晉建立,召回京師,歷任虞部郎中、知制誥、中書舍人等官。

請令河朔從常調疏

有國有家,既定君臨之位;無偏無黨,方明王者之心。苟少虧於同軌同文,則微損於盡美盡善。竊知河朔令録,須俟本道薦揚,朝廷就加其命。况今萬國諸侯,猶請行而貢職。豈使一方令長,獨端坐以邀官。未敦革故之風,深缺維新之化。睹兹闕政,敢貢直言。乞宣付中書,委於銓管。此後并從常調。

原載《全唐文》卷839

請蠲减租税疏

協和萬邦,明主所以安社稷;平章百姓,哲后所以懷黎民。將延七百載之洪基,須安億兆衆之黔首。臣幸遇聖明之代,敢傾愚直之誠。伏以朝廷先有指揮,今年不更通括苗畝。宣從特旨,頒作溥恩。且屬夏秋已來,霜雨頻降。在山川高土,則必有豐年。想藪澤下田,非無水沴。脱或已作潢污行潦,猶徵青苗地頭。不惟損邦國風化,兼恐傷天地和氣。儻或皇帝陛下念兹狂直,哀彼灾祥,特於淹浸之田,别示優隆之澤。重委鄉村父老通括,不令州縣節級下鄉。如或檢驗不虚,即日蠲减租税。或有司以軍糧未濟,兵食是虞,即請却於山川之田,豐熟之地。或於麻畦稈草鹽地頭,據其本分價錢,折納諸色斛斗。所謂公私俱濟,苦樂皆均。捨其短以從其長,將有餘而補不足。臣每因急務,方敢上言。前後所奏十件,有司未行一件。伏乞陛下念臣苦思,察臣盡心,或可施行。不令停滯。

原載《全唐文》卷 839

錫賚老病官奏

兩班有老病,减絶其俸,慮玷聖明。請各授致仕官,仍加錫賚,以符尚齒之化。

原載《唐文拾遺》卷 46

毛文慶

後唐官員。撰此志時署東川觀察判官、朝散大夫、檢校尚書刑部郎中、兼侍御史、柱國、賜紫金魚袋。

大唐故金紫光禄大夫檢校兵部尚書使持節維州諸軍事守維州刺史兼御史大夫上柱國舊蜀明忠秉義彰勇功臣右神麾軍使開府儀同三司檢校太尉前守綿州刺史上柱國臨穎郡開國公食邑一千五百户許公(仁傑)墓志銘并序

門吏前東川觀察判官、朝散大夫、檢校尚書刑部郎中、兼侍御史、柱國、賜紫金魚袋毛文慶撰

君子有生符間氣,出顯奇才。武洞兵機,文通儒術。資忠佐國,履孝承家。貴襲鼎鍾,慶傳詩禮。榮華相繼,終始罔逾。生既有聞,

死當不朽。於斯善也,不其偉歟!

公諱仁傑,字貫儀,京兆長安人也。高陽茂族,臨潁華宗。讓堯之芳躅惟新,仕晉之猷不既。則有長鬚顯譽,多力馳名。或孝感迴通,或陰陽洞曉。窮典墳之奧義,撫昆弟之深仁。子將聞月旦之評,玄度得天然之寶。固源流自遠,系譜相尋。寧俟繁書,并光信史。兼是十美,編於本枝。略而言之,固足稱矣。

曾祖諱元甫,祖諱虔楚,考諱宗播。維嵩協瑞,隱昴騰英。鸞頷標奇,虬鬚表異。風后五圖之要,本自生知;武侯八陣之微,素推天授。控赤羽而曾銜石虎,挺青萍而嘗截水犀。潛資七德之文,盛佐三分之業。榮匡霸主,顯立殊勛。傳家以仁孝爲先,許國以公忠是務。隆於後裔,憬彼前修。信重山河,名光竹帛。蜀扶天佐命忠烈功臣、前武德軍節度、梓綿龍劍普等州觀察處置等使、開府儀同三司、檢校太師、兼中書令、梓州刺史、臨潁王,食邑九千户、食實封三百户,贈太師,謚忠廣公。有子六人,公即第三也。

公嵇軀落落,張貌堂堂。谷雲之筆扎兼能,郄縠之詩書具美。國華時彦,公子王孫。纔登弱冠之年,便起雄飛之志。其諸茂實,此不繁書,并在外志標紀。

公以唐中和四年十月十七日,生於京兆府長安縣。即以天成二年太歲丁亥十二月戊寅朔十六日癸巳,薨於維州郡舍,亨年四十有四。

人情痛惜,物論悲傷。知者輟舂,聞之罷市。護喪到府,奠祭盈門。平素交游,内外親族,吊賻皆至,哀榮以光。公識量深沉,神機博達。大事能斷,長謀夙成。承蔭襲於當年,分寵榮於聖日。加以依仁游藝,好士禮賢。庾亮樓中不辜風月,孟嘗門下長設車魚。非熊而早慶玉璜,癖馬而曾華金埒。累提郡印,頻綰兵符,弈世功名,畢生富貴。恨春秋之正盛,痛金石之不堅。永嘆逝川,堪驚摧嶽。

公之母晉國太夫人李氏,以星沉家寶,天喪國禎。誰吟陟屺之詩,翻誦及泉之賦。以至金昆玉季,孺角童齡。共感浮生,咸增罔極。今則卜擇告吉,封樹叶宜,緬彼佳城,奄之幽室。即以三年歲次戊子正月戊申朔二十五日壬申,葬於成都府華陽縣普安鄉白土里東山,禮也。

命婦瑯琊郡夫人王氏,義深齊體,情極厥躬。顧偕老以無期,誓未亡而有節。男伯通、伯遇,女唐五等,每聞庭訓,具禀門風。庶光必復之徽,冀荷不孤之美。愚也幸依門館,得撰志文。多謝踪横,詎殫祖述。恭副揮毫之請,貴伸執紼之誠。既屬辭焉,乃爲銘曰:

伊公子兮冠時英,履忠孝兮盡平生。經文緯武兮馳嘉名,承家立國兮藹餘聲。鍾鳴鼎食兮慶傳榮,善始令終兮誰與京。表歸真於此室,庶勒石以爲銘。

原載《五代石刻校注》

楊希儉

後唐宦官。爲唐末著名大宦官楊復恭族孫,撰此志時署華清宫使、太中大夫、行内常侍、上柱國、賜紫金魚袋。

唐故内樞密使推誠保運致理功臣驃騎大將軍守右驍衛上將軍知内侍省事上柱國清河縣開國伯食邑七百户張公(居翰)墓志銘并序

前華清宫使、太中大夫、行内常侍、上柱國、賜紫金魚袋楊希儉撰

前静江軍監軍使、正議大夫、行左監門衛上將軍、上柱國崔若拙書并篆

夫佐明君,平大難,樹大勛,生有令名,殁流懿範。閲行狀之殊迹,訪衆多之美談,疇庸既叙於旂常,盛德合鎸於貞志,則張公其人也。

公諱居翰,字德卿。軒轅流裔,清河派分,代有英聲,世多間傑。曾大父處厚,威遠軍判官、承奉郎、内府令、賜緋魚袋。秉操不迴,莅職清簡。謹巡備於畿甸,分甘苦於連營。大父弘積,御苑判官、朝散郎、内府丞。高情檜聳,雅志霜明。長卿文詞,於斯流譽;釋之敷奏,在我不忘。父從玫,直金鑾承旨、朝請大夫、内給事、賜紫金魚袋。出

宣帝命,入奉天顔。軺車哥(歌)美於皇華,金章輝奂於丹禁。朝僉子貴之命,澤及幽壤之榮。贈内侍。太夫人弘農縣君楊氏,蘋蘋著美,蘭茝貽芳。佐賢每執於温柔,訓子必聞於忠孝。遂致肥家之慶,咸資聖善之風。公内蘊融明,外韜清鑒,静遵素履,動播香名。今則不録鴻漸之由,顯標灼然之迹。僖皇幸蜀歲,授容南護軍判官。時邊徼不寧,中原方擾,蠻越恃遠,酋帥豪强。護軍命撫巡管徼,公一一示諭,遂致駱越帖然,五嶺梯貢。職罷朝覲,當昭皇乾寧中,綸誥交馳,通奏闈委,授學士院判官。檢己慎默,惴惴小心。操履執恭,上寮屬意。樞密院承旨六員,必擇慎密兢莊、不嚚不撓、不漏禁中語、不徇私結外交,皆以識見端明、文筆敏當者方膺兹選。以公授第六廳承旨。恪勤於職,夙夜在公。俄錫金章,資之清俸。周五捻,幽薊兟尶,僉難其人。輟於繁重之中,加供奉官内侍,俾之監臨。公談諧温茂,和氣青春。節帥劉公甚相景重,每酌事體,訪以軍機。公曰:"大王雄名已振,武略適宜,朝廷倚若長城,今也幸同王事。在鄙夫,每欲操蠡酌海,豈可以愚料賢。"以此撝謙,故相款洽。考限將滿,汹汹軍情。皆曰:"來者難量,豈捨我慈惠之師,即瘁苗望膏澤不可得也。"於是戎帥抗表,連營扣閽。朝僉即俞,將校欣感。時强臣跋扈,政自關東。執政隨風,曾無匪席。陰魄將同於幾望,履霜遂至於堅冰。齒路馬以無嫌,戮近臣而專勢。僞命及幽州,燕王劉公指日謂公曰:"請無他慮,已有權譎。"公曰:"不然,鄙夫叨受聖私,謬忝監撫,慚無殊異,以竭臣誠。今朝廷有綴旒之危,臣下務偷生之便,主辱臣死,别無他圖。若大王拯君親之急,糾勤王之師,即雖死之日,猶生之年。願大王以社稷爲謀,無以鄙夫掛意。"燕帥曰:"臨難不忘死,我何人哉!"遂安置公及監軍判官吴延藻等於大安山,譎以他圖,以應僞命。周歲,軍情再請監撫。於是燕王外誉控扼,請公知軍府事,兼築羊馬城。公勸將卒,不月而畢事。南技勍敵,北禦烏桓。因請再與晉主歡盟,重有交聘。潞州先爲南軍所得,病我腹心,遂請公統師三萬,會晉王收下壺關。二鎮同盟,誓清國耻。尋又汴軍再舉,重攻潞城,疊壘屯雲,喧聲震地。時潞帥李令公不幸適丁荼苦,公晝夜警備,勞瘁數旬,因請墨縗從事。外圍日急,彼軍相謂曰:"餓虎在檻,將冀烹屠。"公與潞帥多方技捂,百計抵禦。下防地道,傍備雲梯。衆無五千,糧唯半菽。士雖憔悴,不替壯心。皆戎帥推誠,公之盡力。僅之周歲,方遂解圍。嗣晉王方在苫廬,勉從金革,統雄武之將,救累卵之危。表裏合攻,夾寨奔北。僵尸擒馘,皆勍敵之驍勇也。遂壯我軍聲,熸彼逆勢。晉王决南征之謀,乃承制授澤潞監軍使,委軍府之政。八年制置,三面堤防,重治戈矛,再儲軍實,以備資助也。王曰:"國耻家冤,不忘朝旦。澤潞,咽喉之地,須以力争。天贊良圖,一舉而勝,須賴舊德,同濟艱難。"公曰:"大王世立殊勛,代平禍亂,祓宗社之耻,啓中興之期。救九土之阽危,拯生民之塗炭。孰不仰望大王如父母也。既收魏博,復壯幽燕。將俟過河,須有制置蕃漢人情。"曰:"若不正名,恐失人望。昔漢光武將平赤眉、銅馬,四七之將,堅勸進之誠,遂從高邑之事。故事明白,可遵舊典。"於是蕃漢總管諸將,勸進於魏都,遂登皇極。中興唐祚,改號同光。景命重新,規繩從舊。遂命公綰司密勿,佐我皇猷。進位特進。上將建靈旗,親臨僞境。於是命公曰:"僞將段凝統師十萬,將逼鄴城。朕須乘虚過河,與魏王繼岌堅壁警備,無失機宜。故以此相委。"上遂渡楊劉口,與今上直掩中都,破敵衆十萬,活擒驍將王彦章。鑾駕遂入汴城。駐蹕月餘,駕幸東洛。下賞勛佐命之制,詔公赴職,授推誠保運致理功臣、驃騎大將軍、右驍衛上將軍,封邑七百户。三年,公以密務繁重,陳力不任,乞歸田畝。再詔不允。四年孟夏,上奄棄萬邦,今上登極,改號天成。公朝見請罪,上慰勉久之。言念曩昔,備嘆辛勤。嗟憔悴之容,許退休之便。尋離東洛,再返舊京。重奠松楸,復傷喬木。公嘆曰:"自離故國,三紀於兹。辛苦艱難,濱於九死。豈謂今日復得生還。"方期放志雲山,栖心道釋。無何,三年春,河魚所攻,山芎無效,沉綿及夏,有加無瘳。遂命次子延貴曰:"我四體不支,將期旦夕。我自銜命河北,尋即社稷陵夷。幸偶聖期,清雪國耻。一塵一滴,無益高深。虚荷寵榮,若負芒刺。先聖知其畏慎,今上洞察愚衷,獲保首領,得殁於地。須寫將盡之懇,以感聖澤之隆。汝務主轄司,不謂不繁劇。府主太保,冰雪居懷,嚴明條令。人無苛政,歲有豐穰。汝宜恭守憲章,勿以慢公失職。"延貴嗚咽承命。疾亟涉旬,四月廿七日薨於長安私第,享年七十一。府主清河公驛奏。上覽表,軫悼增嘆,賻贈加等。以其年八月十日葬於長安縣龍門鄉巒村,祔於先域,禮也。公以謙冲是守,慎默爲基。金鍊不灰,玉焚寧熱。是故履玆多難,泰然坦懷。易曰:“山在地下,謙也,故六位無咎。若山附於地,剥也,剥之不已,灾及其身。”公守斯道,永保終吉。

夫人敬氏。平陽令族,有嬀傳芳。遠祖侍中,平難於中宗之世。先考司武,立功於代朔之陲。夫人苑桂儔芳,沼蘋取法,克配賢德,正治家風。以公之勛業封平陽郡夫人。有子四人:長曰紹隱,紫綬金章,皆因勞而受寵;彤庭丹闕,以直道而進身。次子曰延貴,隨侍河北,展效燕中。慕鄧禹之攀龍,笑之側之策馬。摧鋒挫敵,賈堇父之雄;書策賞功,息馮異之樹。酇侯子弟,多從漢皇;凌統孤兒,亦哀吴主。雖先皇之慎選,亦公之推誠。尋爵從征之勞,兼委腹心之任。授刑部尚書、亳州團練副使。間歲殊尤,詔知軍州事。今上以元老告退,招延貴侍養,輟於委任,以慰孝心。仍詔西都留守、清河公付以要務,冀便公私。乃聖人之以孝垂訓。次子紹崇,禮樂飾身,然諾執性,連榮棣萼,皆從鑾輿。或將飛騎以陷堅,或帥勇夫以跳壘。獎叙酬勞,授檢校騎省,常侍直殿。幼曰延吉,温凊餘暇,學禮學詩,器質端和,宛有令聞。尚書昆季以希儉叨先公眷奬,常奉周旋,欲以勛銘見請潤色,且鋪舒景範,丹彩殊庸,則必屬在詞人。咨之奥識,豈伊常調,造次欽承。游刃不在於族庖,運斤合歸於匠伯。儻不分肯綮,重有圬墁,徒自貽譏,適堪取笑。陳誠疊讓,終是確乎。濡毫擘箋,辭不獲已。銘曰:

乾坤未泰,雲雷尚屯。天降哲后,嶽資賢臣。謨謀廟略,佐佑明君。攙槍掃蕩,妖孽披分。國耻既雪,王道攸倫。中興景祚,下武繼文。逢時聖哲,際會風雲。功成告退,悃欵宜陳。先皇晏駕,今聖御宸。嗟我元老,彌歷艱辛。詔從遂性,辭返渭濱。留侯解組,鄂公紗巾。方探道素,將渡靈津。疾興晉夢,醫怛越人。短長定數,付之天均。胡嗟朝菌,孰羨靈椿。既辭旦宅,常游天真。窀穸兆契,佳城卜鄰。沉碑或阜,峴碣或淪。書勛銘志,永庶不泯。

天成三年歲次戊子八月癸酉朔十日壬午志

安敬實鎸字

原載《西安碑林博物館新藏墓志彙編》

釋匡習

後唐僧人，撰此志時署右街内殿文章應制、歸真大師、賜紫金魚袋。

故清河郡君張氏墓銘并序

右街内殿文章應制、歸真大師、賜紫匡習撰并書

比聞西天大聖，光銷雙樹之間；此土宣尼，夢掩兩楹之内。廢興二路，皆屬有相之門；衰盛兩途，俱入無常之境。光陰不駐，寒暑移遷。辰聞歌吹於東鄰，夕德哀悲於西舍。庭花正笑，值風雨而凋零。不期灾生於綉户朱門，禍發於畫□香閣。清河郡君張氏夫人，豪族令望，早彰松竹之貞；骨秀神清，動合宫商之韻。三從迥美，四德昭然。書云君子好求，時稱詩人之咏。鸞鳳和鳴之美，雙桐二劍之歡。夫君竭忠建策興復功臣、金紫光禄大夫、檢校司徒、守右龍武統軍兼御史大夫、上柱國，瑯琊王公名言，轅門上士，明代高賢。懷匡君濟國之謨，負佐主安邦之術。累承渥澤，頻沐天波。未分列土之榮，已有擎天之勢。比冀年齊鶴算，壽等龜齡。何期日落紅樓，珠沉赤水。於唐天成三年七月二十一日，忽爾嬰疾，至二十四日，終於洛陽天門街龍武軍内，年六十有一。哀哉！桐鳳半枯，龍□隻在。子泣高柴之淚，夫懷空室之悲。其年歲次戊子十一月壬申朔十三日甲申，呈禮也。男有四人：長男名延福，早亡。次男名延美，次男名延壽，次男名延瓌，并乃長立，榮國榮家。文武兩全，忠孝雙美。女三人：長女適前守虢州湖城縣令會稽郡謝仁規。次女適前宋虢州别駕清河郡張承遇。次女未適。并以承慈訓，動合女經。婦道昭然，内外□美。長孫男名大黑，次孫男名小厮兒，并乃神清骨秀，動合珪璋。最鍾□□之□，俄失貞慈之念。匡習久忝司徒煦念，有異常倫。既奉言及，敢不遵依。力赴□□，輒爲銘曰：

清貞清德，如松如筠。似珪絶點，比玉無塵。衆美衆善，能順能柔。六親盡仰，九族寡儔。清河淑女，瑯琊□□。母榮郡號，夫作重臣。□雲易散，紅日難□。□霽風擺，瑞草□零。□霽鶴算，不盡龜齡。黄泉一□，永謝無生。公堂今静，虛几空迴。寂寂寶鏡，重重塵埃。

原載《全唐文補遺》第一輯

王　權

五代大臣（864—941），太原（今山西太原西南）人。唐末進士及第，歷任校書郎、集賢校理、左拾遺、右補闕等。後梁時期，歷任侍御史、翰林學士、户部郎中、御史中丞等。後唐初，貶隨州司馬，累遷户部尚書。後晉時任兵部尚書，詔命出使契丹，因不願稱臣於契丹，不久授太子少傅致仕。天福六年（941）卒。

唐故中書舍人清河崔公（詹）墓志銘并序

中散大夫、守尚書兵部侍郎、柱國、賜紫金魚袋王權撰

公諱詹，字順之，其先清河東武城人也。曾祖稱，皇任尚書户部員外郎。祖植，皇任商州防禦判官、殿中侍御史、内供奉，贈尚書户部員外郎。父承弼，皇任河南府士曹參軍，贈尚書户部郎中。皇妣滎陽鄭氏，封滎陽郡太夫人。公鼎甲大族，時無與比。天資穎晤，生知孝謹。志學强記，時論所推。天祐四年，故相國于公主文，精求名實。公登其選，首冠群英，釋褐授秘校，轉河清尉，直上館副，時相之知也。始通籍爲監察，亦由執憲之奏署。守官律己，静而有立。遷右補闕，復爲殿中，歷起居舍人。俄以本官充翰林學士，兼錫銀章。敏速之外，出入慎密，彌得長厚之譽。公以禁林華重，貞素匪便，尋求解職，拜禮部員外郎。乃南宫清資，叶文行之美。俄轉户部郎中、知制誥。掌綸二年，咸嘆淹抑。此年夏，乃正紫微之秩，仍加金紫。未幾而夙疢遽作，以其年六月二十八日奄然於綏福里之私第，享年六十五。

娶范陽盧氏北祖第二房，亦甲族之婚也。有子二人，長曰叔則，

未履宦序。次曰延業，先公之一年終。公之疾，亦由痛念之致也。女一人，適范陽盧冕。公昆季四人，長兄荷，官終禮博。次曰藝，見任司業。次曰謂，狀頭及第，結綬而卒。皆雍睦仁孝，内外推敬。公以其年十一月七日歸祔於洛陽縣陶村里之先塋，禮也。嗚呼！夫立身行己，乃士流之常也；力學干禄，乃富貴之基也。公之立身，不失其常矣；公之力學，不失其基矣。雖游華顯，深藴器業，而未及於富貴者，得非命歟？權之室，公之甥也。公之仲兄狀元，權之同年也。在親緣之間，乃敢紀述，靡慚詞拙，乃爲銘曰：

天鍾秀氣，代生哲人。家推孝悌，道著貞純。謹默獨立，文行兼臻。統冠科級，超逾等倫。爰履宦途，俄昇朝籍。出掌綸闈，入參禁直。繼踐殊榮，咸推舉職。三署揚名，群情仰德。古之所恨，人琴俱亡。今之所嘆，修短靡常。逝川莫返，大夜何長。刻之貞珉，永播餘芳。

親侄儒林郎、前守鄭州中牟縣主簿延美書

原載《中國國家博物館館藏文物研究叢書·墓志卷》

請下諸州依式貢獻奏

每年正仗，天下貢物，陳於殿庭，屬户部司引進。竊以近年以來，未甚齊整。本二百餘州貢物，今止六十餘州。伏以任土勤王，本朝故事，冀申尊獎，所謂駿奔。伏乞遍下諸州，請依貢式陳進。正仗之日，所貴整齊。

原載《全唐文》卷 851

請禁貢獻奢侈奏

臣聞戒奢從儉，惟經國之遠圖；務實去華，乃前王之令範。伏惟皇帝陛下開基創業，應天順人，顯宗樸素之風，克協聖明之訓。臣伏見諸侯奉貢，九土勤王，羅紈則纖麗奇工，器皿則雕鏤異狀。文之錦綉，雜以珠璣，雖外表珍華，而事近淫巧。臣伏請特降敕旨，頒下列藩，自今奉貢，其鮮麗匹段等，酌其物料所值，折進生白重絹，可將一匹之鮮麗，變數匹之縑繒。又進奉銀器及鞍轡等，并不在雕鎸金玉。

其餘衣甲器械,并不在飾以銀裝,布以金彩。如有鈎玦瑕處,可將銅鐵代之,足以换彼鮮明,益其堅利。雖所減者輕同積羽,而所集者重可如山。匪惟性淳厚國風,抑亦豐資天府。

原載《全唐文》卷 851

諸道詳勘職方地圖奏

伏見諸道州府,每遇閏年,准例送尚書省職方地圖者。頃因多事之後,諸道州府舊本雖存,其間郡邑或遷,館遞曾改,添增鎮戍,創造城池,竊恐尚以舊規,録爲正本,未專詳勘,必有差殊。伏請頒下諸州,其所送職方地圖,各令按目下郡縣鎮戍城池,水陸道路或經新舊移易者,并須載之於圖。其有山嶺溪湖、步騎舟檝各得便於登涉者,亦須備載。

原載《五代會要》卷 15

孔　莊

後唐官員。明宗時任刑部員外郎。

請擇郡守疏

臣聞漢宣帝云:"與朕共治天下者,其唯良二千石乎?"今國家每擇郡牧,唯賞軍功。慮於治民,未盡其旨。爲人求瘼,責在參佐,則庶幾近理。願留天眷,俾慎揀焉。

原載《全唐文》卷 848

郭正封

後唐官員。明宗時任朝議郎、河南縣令、考功員外郎。

請曉諭諸軍放還所掠生口奏

中興平定之初,自數十年離亂,編民或爲兵士所掠,没爲奴婢者,既無特敕釐革，無復從良，遂令骨肉流離，有傷王化。

原載《全唐文》卷 839

楊　途

後唐官員。明宗時任左補闕。

請修整都城奏

明公舉事，須合前規。竊見京城之内，尚有南州北州，縱市井不可改移，城池即宜廢毁。復見都城舊墻，多已摧塌，不可使浩穰神京，旁通緑野，徘徊壁壘，俯近皇居。無復因循，常宜修葺。

原載《全唐文》卷 839

禁開發古墓奏

但是古墓荒墳，不計有主無主，請下諸道州府嚴誡鄉閭，不得開發。

原載《唐文拾遺》卷 46

張昭遠

五代官員。歷後唐、後晉、後周等朝。後唐時歷任左補闕、都官員外郎、知制誥、中書舍人、史館修撰等官。後晉時歷任御史中丞、户部侍郎、吏部侍郎。修撰《舊唐書》時出力甚大。

加估折納奏

切見今秋物價絶賤，百姓隨地畝紐配錢物，名目多般，皆賤糶供輸，極傷農業。既未能減放，則請加估折納斛斗，稍便於民。又國朝已來，備凶年之法，州府置常平倉，饑歲以振貧民，請於天下最豐熟處折納斛斗，以倉貯之，依常平示出納，則國家常有粟而民不匱也。

原載《唐文拾遺》卷 46

周　渥

後唐明宗時人。前賓貢進士。

大唐故東頭供奉官銀青光禄大夫檢校左散騎常侍左千牛衛將軍兼御史大夫上柱國韓公(漢臣)墓志銘

前賓貢進士周渥撰

公諱,字漢臣,昌黎郡人也,大唐故興國推忠功臣、檢校太保、守左金吾衛大將軍致仕韓公之第二子也。其爲人也,出則忠君,入則孝父,潔正修己,清貞作心。誠文武之全才,實偉奇之碩器,幼則彰識環之智,長則著衣彩之名。是以别沐國恩,結親皇室。每戴雲天之澤,近爲侍從之臣。豈謂禍福無門,死生有命。未變毛於鬢髮,忽纏疾於膏肓。未驗秦醫,終爲顔夭。洎天成四年十月十五日,事故也,年三十六。初任左千牛衛將軍,次任東頭供奉官、檢校左散騎常侍。初婚故西都留守王相之長女,乾化五年九月三日亡也。次婚右金吾衛大將軍兼街使之長女也。生二女:長者七歲,次者五歲。噫乎,哀哉!陰發陽榭,春往秋來。一夭一壽,父子俱摧。玉藏碧岫,珠落泉臺。世上之祟宗雖在,人間之靈魄不迴。鴒原泣躍心皆痛,雁序悲呼眼未開。因而爲銘曰:

神資偉質,天與奇才。其宗既懿,其德不迴。玉壺瑩彩,水鏡無埃。大將之孫,名家之子。鶴雛九皋,龍駒千里。詩書是敦,文武俱美。筆下鳳飛,匣中藴靈。曳裾内署,結媾皇庭。行生枝葉,言作丹青。忠直爲主,精誠許國。良乎其有禮信,焕乎其有法則。芳迹銘岷,萬古何極。

原載《全唐文補遺》第一輯

大唐故興國推忠功臣光禄大夫檢校太保守左金吾衛大將軍致仕兼御史大夫上柱國昌黎縣開國伯食邑七百户韓公(恭)墓志銘

前賓貢進士周渥撰

夫於天者兩耀三星,在地者四溟五嶽。致其瑞則爲英傑,降其神則作哲賢。時清而佐主以文,世濁而匡邦以武。莫不應五百年之景運,扶一千載之休期。彰萬民咸賴之猷,諧八表具瞻之慶。竊謀偉器,何代無人。而今昌黎郡韓公,上禀昴精,下爲人瑞,度如金玉,節若冰霜。才誇猿臂之才,相著龍章之相。器宇臧珠韜之訣,心臺秘金匱之書。威姿而長劍倚天,雄氣而蒼鷹截海。若言崇德,則華山有天上之峰;又語光儀,則玉樹非世間之物。揮霜刃而電旋天際,彎月弧而雁泣雲頭。臨鎮握符,則傳五袴三農之頌;統戎當陣,則多六奇七略之謀。頃者天祐之初,天復之末,國步多艱,皇綱欲傾,大澤横蛇,中原失鹿。眉赤者,豺狼共戰;巾黄者,龍虎相争。烏兔光昏,乾坤色慘。此時也,公奇籌出衆,勇氣超群。潛資白水之神謀,先識金陵之王氣。攻城掠地,左縱右擒。亟登上將之壇,威建梁王之國。北定邢、洺之境,西平邠、慶之區。至若我皇鴻業中興,寰瀛一統,旋龍旂於汴水,定金鼎於洛都。稱公以佐國丹誠,慶公以事君忠孝。拔新平之守鎮,授内署之執金。此際,公染此疾嬰,致其榮寵類張留侯之歸里,同范丞相之泛湖。皇帝乃垂君父之恩,迴賜莊田之老。

公是昌黎郡京兆人也,諱恭,字智謙,故前漢齊王之苗裔也。來從魏晉,比至隨唐。能著崇宗,永傳令望。或爲將爲相,或作侯作王。曾祖諱彦昇,皇任太保。曾祖母鄭國太夫人柳氏。祖諱璉,皇任司徒。祖母陳國太夫人鄭氏。父諱漸餘,皇任司空。母陳國太夫人謝氏。公初任梧州刺史、檢校尚書右僕射,次任鄭州刺史、檢校尚書左僕射,次任金州刺史、檢校前官,次任單州刺史、檢校司空,次任邢州刺史,次任洺州刺史,次任宿州刺史、檢校司徒,次任絳州刺史,次再任宿州刺史,次任邠州節度使、檢校太保,次再任邠州節度使、加興國推忠功臣,次任守右金吾衛大將軍兼街使,次任守左金吾衛大將軍致仕。娶隴西縣君李氏,乾化四年六月十八日事故。次娶清河郡夫人張氏。長女早亡,未出適。長男仲宣,充邠州衙内都指揮使、銀青光禄大夫、檢校刑部尚書。婚徐氏,生一女。仲宣貞明五年十一月亡。弟(第)二子仲舉,初授左千牛衛將軍,次授東頭供奉官、檢校左散騎常侍。初婚故西都留守王相之長女也,乾化五年九月三日亡。再娶右金吾衛大將軍蔡公之長女,生二女。仲舉天成四年十月十五日亡也。弟(第)三子仲昭,前邠州衙内親隨指揮使、銀青光禄大夫、檢校左散騎常侍、行邠州長史。弟(第)四子仲英,前邠州司馬,天成元年六月廿四日亡也。弟(第)二女適左神捷都指揮王司空之長子,前守遂州司馬。弟(第)三女結皇姻。弟(第)四子任歸德軍行軍司馬、檢校司空。公洎乎天成四年十月十七日薨於寢室,年六十七也。嗚呼哀哉!皇家軫慟,俟室切傷。大樹摧兮碎色,長星落兮無光。彩鸞飛兮彩鳳去,天麟隱兮天驥藏。松桂忽殘於素雪,菊蘭已敗於寒霜。柏爲阡兮蒿爲里,泉有臺兮山有崗。可惜哉!公德弘清儉,性處温良。質質而威儀可酌,彬彬而動静有常。不以目迴羅綺,不以耳聽絲簧。其名可頌,其德可揚。贊曰:

三才肇建,萬物相萌。君由天降,臣自嶽生。禀陰陽氣,炳星宿精。如龍之起,如鳳之鳴。卓爾韓公,寔有英德。武鄙孫吴,文嗤旦奭。一輪月明,百丈松直。妙算匡時,忠誠輸國。其勛兮大,其智兮深。瓊枝紫桂,瑞玉祥金。寬仁成性,禮樂潤心。魏徵之鏡,傅説之霖。才善扶持,名表啓沃。東定楚齊,西平秦蜀。恤物安民,移風易俗。位尊去驕,榮滿知足。蕭曹難比,管晏不同。五尺長劍,六鈞大弓。百夫之特,萬衆之雄。刻鎸岷石,千載留功。

原載《全唐文補遺・千唐志齋新藏專輯》

王　豹

後唐時人。前鄉貢進士。

大唐故東南面招討副使寧江軍節度觀察處置兼雲□榷鹽制置等使光禄大夫檢校太保樂安縣開國伯食邑七百户西方公(鄴)墓志銘并序

公諱鄴,字德勤,青州樂安郡人也。案西方氏之裔,其來遠矣。本黄帝之子孫,蓋設官於諸國。古人重質,因所居而氏焉,即南宫、北宫、東門、西門之儔也。世傳勛德,門尚雄豪。匡虞舜而贊唐堯,自成周而及炎漢。逮夫魏晉,以至隋唐。英奇繼代以相生,冠冕連襟而不絶。咸以文經武緯,開國承家。勛庸或載於貞珉,善美或標於信史。曾祖希顒,海州東海縣令,夫人李氏。祖常茂,薊州玉田縣尉,夫人張氏。父行通,挺生時傑,克守家風。屬以巨寇興妖,中原版蕩,謂儒雅安能濟國,非武藝不足進身。遂擲筆以束書,乃成功而立事。終於定州都指揮使。公即都軍之第三子也,生而有異,幼而不群。桓温之骨狀非凡,相如之氣概彌大。鬚眉磊浪,將并轡於伏波;宇量弘深,更差肩於叔度。年七歲,始就鄉學,窮小經。十八入大學,覽春秋大義,及攻文辭,曰:"書足記姓名而已!"又學擊劍,曰:"劍不學一人敵,學萬人敵耳。"時莊宗皇帝方舉義旗,力扶王室。雖河朔已寧於生聚,而梁園尚阻於化風。莫不淬礪干戈,招延豪俊。時公以良家子應募,莊宗皇帝一睹峻嶒之貌,遽驚奇異之材,遂委雄師,日親龍馭。夾洪河而對壘,欲近十年;臨巨孽以相馳,俄經百戰。公素探經史,宿藴縱横,每於料敵之謀,常中必成之術。其或兩軍相望,三鼓未鳴,公乃奮忠節以示威,擁輕袍而掉戰。弓開月滿,箭發星飛。騎躍追風,劍輪秋水。對敵望塵而駭目,連營效命以争先。奇功既絶於當時,聖澤迥逾於常品,恩旨稠沓,錫賚殷繁。爰自冠貂,以至提劍,皆是衆推猛烈,人服公忠。及平蕩妖巢,以功補奉義指揮使、檢校尚書右僕射。撫士而千夫咸悦,莅官而七德恒修。今聖上九五飛騰,百六開泰,嘉之義勇,錫以竹符。時三蜀初降,五州未下,乃詔公爲夔州刺史。公以一旅之衆,涉萬里之程,方展密謀,遂降堅壁,尋加綏撫,顯示恩威。三巴之風化大行,九有之聲華益振。詔以公爲夔州節度使、檢校太保,就建旌節焉。公益勵壯志,思報國家。兵不黷而民不殘,令自行而法自正。吏絶奸猾,盗去萑蒲。和氣昇而癘氣消,冤聲寢而頌聲作。俄而歸峽送款,忠萬投誠,施州輿櫬以來庭,蠻徼梯山而入貢。聖上情寬宵旰,義重君臣,優詔連綿,輝華輦轂,實大朝之右臂,乃千里之長城。公以受國恩深,爲治心切,腠理爰滯,膏肓忽臨,霜葉將飛,風樹難止。以天成四年夏四月二十二日丑時薨於夔州公寢,春秋三十有八。屬纊遺命,自國及家。老幼懷悲,道路增感。聖上思慕忠烈,若喪股肱,特輟常朝,俾彰厚禮。以其年十月十八日靈紖自夔州達於京師,將卜葬於河南府河南縣平洛鄉朱陽里,禮也。太夫人劉氏,爰稟殊秀,誕生哲人。令子云殂,心焉如疚。長夫人天水郡伊氏,次夫人隴西郡李氏,并藴純和之德,咸彰令淑之名。梧桐半枯,琴瑟不御。長子王哥,次子吴留,次子榮哥,次子四哥,長女小姐,次女妹妹,并處童雉,將屬象賢。天垂不幸之文,奄此凶喪之苦。長兄元太,次兄元簡,次兄元景,弟繼恩,早彰令問,克備孝友,乍罹手足之悲,俱甚急難之痛。嗚呼!天降荼毒,與賢愚而共等;邦失英彦,乃今古以相磋。况公禀氣冲融,操心正直,於家克孝,在國能忠。守信於人,接士以禮。宜其壽考,以安生靈。何期忽遘短期,遽終天禄。悲悼不已,乃作銘云:

軒轅令胤,間世相生。匡堯德具,佐舜功成。祖宗繼踵,軒冕相承。爰有餘馨,是生賢德。立志高强,進身挺特。所謂伊人,邦之楷式。捐軀事主,克著軍功。躬當矢石,大播威風。於家能孝,在國能忠。三峽仗節,五郡臨民。教化遠布,蠻陬率賓。上天遘禍,殲我良人。寂寂孤魂,杳杳山水。自秋徂冬,方達帝里。宅兆云卜,喪事合禮。東嶽程遥,北邙霜雕。瀍澗咽咽,松風蕭蕭。孤冢欲閉,魂兮是招。長辭聖代,永閟重泉。奇功有托,貞珉以鎸。魂兮一去,千年萬年。

當月二十四日巳時續贈太傅

前鄉貢進士王豹撰

前國子監明經王汭書

修鎮國橋都料閻斌鎸

原載《全唐文補編》卷97

鄭 甝

後唐官員。天成三年(928),官膳部郎中。

請禁諸吏僭侈奏　天成中

諸司諸使職掌人吏,乘暖坐,帶銀魚席帽,輕衣肥馬,參雜庭臣。尊卑無别,污染時風。請下禁止。

原載《全唐文》卷839

張少卿

後唐官員。長興元年(930),任綏州軍事判官、大理評事。

故永定破丑夫人(李仁寶妻)墓志文

綏州軍事判官、大理評事張少卿撰

三才啓序,二聖垂明。既分天地之形,爰烈乾坤之像。是有徽音弘遠,淑德播揚,慧婉早著於宫闈,賢明素彰於里館,即今永定破丑氏也。夫人以元魏靈苗,孝文盛族,天麟表瑞,沼鳳騰芳。金枝繼踵於三臺,玉葉姻聯於八座。而况三從順道,四德奉親。崇歸禮以宅方,備母儀而敷訓。可以千鍾慶壽,百禄宜家。冀隆畫戟之榮,光顯朱門之貴。夫分虎竹,子掛龍韜,美譽之名,超今邁昔。夫人方以閨庭納慶,香閣承榮。何遘疾之無徵,奄從風燭。魂隨逝水,魄逐川波。慟結子孫,悲纏兒女。於是選擇異地,修飾靈宫。蕃漢數千,銜哀追送。風雲於是失色,山嶽爲之昏曚。固刊石以留名,則雕銘而不朽。其詞曰:

偉哉懿範,禀質英靈。才高謝雪,聰辯蔡絃。六親風靡,四德蘭馨。方隆家國,顯耀兒孫。何縈疾瘵,醫藥無徵。大限俄至,將没幽冥。堂留舊影,室泛殘燈。一歸長夜,永閉泉門。

男:彝瑨、彝震、彝嗣、彝雍、彝玉、彝慜、彝璘

長興元年歲次庚寅拾月辛卯朔拾玖日己酉

原載《党項西夏碑石整理研究》

劉　羽

後唐官員。撰此志時署攝金州防禦巡官、將仕郎、試大理評事。

唐故特進檢校太保前守左金吾衛上將軍兼御史大夫上柱國滎陽郡開國侯食邑一千户毛公(璋)□□□

前攝金州防禦巡官、將仕郎、試大理評事劉羽撰

聞天道幽玄,夫星辰之與日月;地理博厚,唯山川之與江河。本煥耀以難窮,處載擎而不測。

府君諱璋,字玉華,其先祖即魏侍中毛玠之祚胤也。文武相紹,枝葉相傳,洎自隆乎,迄於唐矣。皇曾祖諱讓,即侍中十五代孫也,仕唐爲左神策軍使、金紫光禄大夫、上柱國。皇祖諱言,任潁州汝陰縣令、朝散大夫、賜緋魚袋。府君以龍頭表相,燕頷封侯。卓犖英雄,峥嶸柱石。乃文乃武,爲邦家經濟之才;立義立仁,禀意氣相交之道。公爰自雄藩立節,横海從軍,執信輸忠,捨逆從順。擁旗誓衆,持檄歸明。莊宗皇帝奬以忠貞,許其英傑,旋敷睿澤,遽議甄昇,乃垂湛露之恩,遂奬勛崇之德。府君初任貝州刺史、金紫光禄大夫、使持節,是以冰壺比潔,松桂呈姿,以三軍爲赤子撫綏,以庶民爲父母慈愛。乃遷博州防禦使。尋鍾家禍,起復除遼州刺史,兼轉太保。當以奪情典郡,康福疲民,尤明去獸之能,益著還珠之美,遽遷爲鎮國軍節度使。乃分茅列土,擁節臨戎,分一人宵旰之憂,救兆庶瘡痍之苦。是以風行草偃,雲屯雨施,盡掩前規,深爲後則。又以皇帝委之韜略,出領甲兵,輟自三峰,收其全蜀。然後使蕭張之計,運韓白之謀,下三川而猛若風驅,收數郡而疾如席卷,可謂美矣哉、盛矣哉。是以皇帝酬其武幹,奬以勛勞,乃降天恩,尋加制命。又遷静難軍節度使兼加使相,食邑七百户。爰從戰伐,遂陟殊權,持斧鉞之威,秉鈞衡之令。嚴肅内外,峻若於秋霜;撫恤軍民,煦同於春日。又遷安義軍節度使,加食邑一千户。澄清列鎮,威惠三軍。宣千乘之雄權,總七兵之要律。忠扶社稷,高議雲臺,旋承紫詔之書,遠赴皇王之命。又遷右金吾衛上將軍。榮班寵任,首冠朝行,分威於玉殿之前,步武於金門之裹。功歸第一,美譽無雙,百辟欽風,諸侯避位。又遷左金吾衛上將軍。其年遽縈疾瘵,遂至沉痾,杯中之蛇影不除,床下之蟻聲尤甚。是以轉彌困篤,遂至寢終。既興頹嶽之悲,寧息壞梁之嘆。於天成四年己丑歲七月五日薨於洛陽私第,享年四十八。

國夫人姓李氏,其先祖漢將軍李廣之後胤也。夫人謹奉蘋蘩,順其婦道。温恭繼世,令淑傳家。敦詩不愧於共姜,執禮肯慚於孟氏。當以主領孤幼,不墜家風。德掩前賢,貞推後哲。府君有子九人:孟曰廷美,西頭供奉官、銀青光禄大夫、檢校工部尚書兼御史大夫。仲曰廷翰,西頭供奉官、檢校左散騎常侍兼御史大夫。叔曰廷誨,季曰廷魯。皆敦詩禮,克茂弓裘。并寵陟於班行,普甄昇於爵禄。府君以長興元年庚寅歲十一月七日葬於徽安門外十里之原杜澤村。左臨瀍水,右控榆林,前對周畿,後闞王屋。佳城鬱鬱,碧樹蒼蒼,謹鎸石以紀勛,乃勒文於泉户。銘曰:

挺生府君,卓立不群。囊括宇宙,氣概風雲。松筠秉操,霜雪彌分。令問夙著,邦家必聞。千里驥蹄,九霄鵬羽。天子推貞,諸侯允許。仗鉞臨戎,携戈奉主。竭立殊勛,然分茅土。鏤鼎銘鍾,超今邁古。數臨嶽牧,三統戎旃。去思來暮,頌美歌喧。冰壺迴潔,水鏡孤懸。文房士播,武庫人傳。十年半面,一日九遷。世許功勛,朝稱令哲。比永扶天,何其棟折。山河色閉,乾坤慘結。隴樹佳城,孤風朗月。谷變陵遷,雄名不滅。

將仕郎、試秘書省校書郎王勛己書

鎸字董知榮

原載《五代墓志彙考》

牛涅

唐、晉時官員。歷任押衙、觀察孔目官、銀青光禄大夫、檢校户部尚書、兼御史大夫、上柱國。

定難軍節度押衙銀青光禄大夫檢校國子祭酒兼御史大夫南陽白公(全周)墓志銘并序

牛涅撰

公諱全周,字普美,即唐禮部侍郎居易之後,因官,流散子孫異鄉焉。曾祖,妣,祖,妣,父文亮,皇不仕,妣京地宋氏。公世聯高望,累代門榮。父自河東樓蕃監盛族,萍泛聿來秦土。初游銀郡,及於白婆村,娶宋氏焉。有子三人,長曰全德,不仕;次曰公;幼曰全立,在軍守職,先公早亡。後來於德静鎮永居,繼多子孫,廣置莊産。公累於定難軍、朔方王門館仕節使數政,備歷辛勤,兼主迴圖重務,助其府庫,贍以軍人。蒙朔方王獎酬,公幹累授職,□自封正兵馬使,至於節度押衙。已通歲紀,不幸福消禍積吉凶來,求藥命醫,殊無療差。於天成四年戊子歲二月五日卒於鎮之私第,享年六十有一。嗟呼!際光何久,風燭難留,俄頃之間,掩及冥寞,痛兮鄉里,號泣親疏。娶沈氏、秦氏,二妻有子六人,長曰友遇,在軍乘馬;次曰友琅,不仕,主持迴易,亦贍軍用;幼曰友進、友超、僧胡、僧福,皆孝悌傳,名見於庠館。女七人,長曰適郭氏,次曰適賀氏,次曰適趙氏,次曰任氏,次曰適劉氏,次曰適賈氏,次曰適高氏;幼曰小姑,盡懷四德,□蘊三從。以其年四月十三日葬於鎮西迷渾河西□義鄉太□□□原下,附先塋之禮也。命傳不朽之字,已光後世之孫。其銘曰:

家道興榮,連綿後嗣。永著芳名,久歷衙庭。累□顯級,□家有實。妙選高□,夜臺斯上。□然冥寞,永安高聖。□□□□,千秋萬歲,音容莫追。

原載《党項西夏碑石整理研究》

大晉故定難軍攝節度判官兼掌書記朝議郎檢校尚書水部員外郎兼侍御史柱國賜緋魚袋滎陽毛公(汶)墓志銘并序

押衙、兼觀察孔目官、銀青光禄大夫、檢校户部尚書、兼御史大夫、上柱國牛渥撰

公諱汶,字延泳。家居鞏洛,族本王京。派盛苗豐,昇朝顯貴。而况桂枝皓簡,皆聯於雁序鵷行;彩峰金章,盡佐於元戎相國。久參夏府,兩世光暉。曾祖瑩,皇任朝散大夫、檢校秘書少監、兼御史大夫、上柱國,賜緋魚袋。妣高氏。祖貞遠,皇任儒林郎、守京兆府萬年縣令、柱國、緋魚袋。妣崔氏。父崇厚,皇任定難軍節度觀察判官、兼掌書記、朝請大夫、檢校左散騎常侍、兼御史大夫、上柱國,賜紫金魚袋。妣巨氏。公即先常侍之愛子也。家傳儒雅,代繼簪裾。承貴胤之芳榮,顯莘軒之令望。冰霜潔己,松韻操身。早登虎幄之門,聲揚外閫;不滯鵬摶之勢,美播丹霄。公始自乾化元年,故虢國王睹兹直氣,委贊巡屬,職倅雕陰,官及評事。累易寒暄之節,備觀明敏之才。

暫歇郡城,來親府墀。至貞明三年,先王署攝當府節度推官。方拘賓幕,深達理道,斷决昭然。職分之餘,硯席兼著。迥超流輩,不墜家風。於長興二年,又遷花幕,改轉階銜。辟命迎筵,請知筏管。朱衣銀印,皆自於侯伯敷揚;粉署華資,盡沐於天波帝誥。官崇上佐,貴列夏臺。繇是筆亞陳琳,言歇子貢。英通巧智,嘲吟之士子何偕;章檄詞能,吏理之賓寮罕比。以斯賢彦,孰可齊焉。清泰三年,即今府主初紹洪勛,榮聯河嶽。又伸迎揖,請判軍戎。雖訓練之機繁,兼掌檄之無曠。匡持太府,數十載之筆陣文鋒;翊輔王門,幾千般之干天頌闕。因傳聲價,遂顯高名。不幸偶此違和,追縈小疾,奇方莫驗,良藥何痊。俄奄謝以歸泉,人寰是棄;忽終天之墜世,隙影難留。慭以哲人,嗟兮薄壽。於天福七年七月十四日卒於府之私第,其享也五十有二矣。我元戎聞斯殂殁,悲悼流啼,輟軍務繁機,衣素服令式。

娶清河張氏,先公早亡。嗣子二人:長曰文贍,次曰文璨,方及束髮,俱在庠門。泣血號天,絶漿扣地。哀摧骨肉,恨聚會以無由;痛迫親姻,感追思之戀德。以其年九月九日備葬於朔方縣崇信鄉綏德里峻陵原之禮也。時乃風高葉墜,霜勁蘭雕。窮秋生慘淡之光,苦霧結颼飂之色。渥素熟公葉,久視强能。命以微才,紀斯盛事。其銘曰:

家傳令望,世紹簪纓。皆爲傑俊,盡播芳名。生居洛汭,族茂蓮臺。華資貴胤,咸嘆奇哉。始佐魚符,重參虎帳。落落宏詞,澄澄偉量。匡持大府,翊輔旌旃。文同賈馬,行比曾顔。粉署爲郎,朱衣焕爛。薦自鈞恩,榮承天眷。偶縈衰運,巨至違和。針醫寡驗,忽措沉疴。大夜忙吞,神靈滉飀。哲士淪亡,人兮慘愴。可嘆浮生,流如舉瞬。石火難停,風燈易泯。冥冥烟霞,哀哀薤露。訣别容光,何因再遇。緬以年深,陵傾阜改。勒石標文,千春萬載。

押衙楊從溥書

都料娥景稠鎸

原載《党項西夏碑石整理研究》

大晉故定難軍節度副使光禄大夫檢校太保兼御史大夫上柱國開國男食邑三百户彭城劉公(敬瑭)墓志銘并序

觀察孔目官、檢校户部尚書、兼御史大夫、上柱國牛渥撰

公諱敬瑭,字瑩夫,其先即唐代宗皇帝之賓臣晏相六世之雲孫也。盛而富國,貴乃傳家。流勛績以昭彰,散派源乎未泯。迄今與祖,百有餘年,本既咸秦,苗兮統萬耳。曾祖禛,皇任銀青光禄大夫、檢校太子賓客、兼監察御史。妣弘農楊氏。祖士清,皇任定難軍散都頭、充魏平鎮遏使。妣滎陽鄭氏。父宗周,皇任定難軍節度押衙、知進奏、銀青光禄大夫、檢校右散騎常侍、兼御史大夫、上柱國。妣西河藥氏。公即常侍之冢嫡也。公奇姿嶽峻,偉量江沆,綽有令名,鬱爲人瑞。幼則嘉其象智,長乃志抱雄心。入仕轅門,立身戎府。莫不征游南北,禮騁東西。立事立勛,惟公惟政,迴光祖德,益耀子孫。公始自唐乾符四年小親臺砌,便主烟毫。歷數任之旌麾,授子弟,遷虞候。至廣明年及中和歲,故兩鎮令公王斯本貫,榮耀鄉閭。兼先太尉繼紹山河,董臨節制,皆睹公神情慷慨,器度泓澄。於大順初景福末,已聞英俊,肘腋指呼。累從油幢,百戰巢寇。既清氛祲,帝復宫闈,遷挾馬都,權補軍中右職。天祐二年,改補門槍節院軍使。相次沐天波,自監察御史位至貂蟬。梁開平二年,署四州馬步都虞候。雖總繁司,急難辦濟,臨財不苟,莅事克清。故虢國王睹以忠言,備諳直氣。諫無從而忤旨,事不規而觸鱗。開平四年,補充左都押衙官,即及於右揆。乾化元年,重修城壘,固護軍州。板築左厢,數旬功就。旋即奏聞天闕,恩命加公金紫階銜,秩亦遷於水土。次年,充管内馬步軍都知兵馬使。三年,授檢校司徒、守銀州長史。貞明五年,階昇光禄,仍增大彭縣開國男,食邑三百户。龍德元年,除右監門衛大將軍。至後唐同光三年,以宥州地屬衝要,民整凋殘,若匪得人,孰爲綏撫。故虢王輟其綰衆,權請知州。期年六月内,恩渥遐敷,正臨郡印。自六年之爲理,而久著於嘉音。既交代於魚符,復陪筵於樽俎。以長興四年,朝廷玷謗,軍府重圍。先太傅牒請權兵把截四面,師徒抽退,士庶獲安。廣運良籌,具難述耳。清泰二年,即今元戎秉政,求舊徵賢。請攝貳車,同參王事。次陳章奏,恩渥彌隆,允正倅戎,薦加保傅。大晉明皇

嗣聖,普示新恩。府主太師,例以奏聞,又頒恩寵。實可謂官崇禄峻,譽遠延齡。忽遘違和,俄辭昭代。以天福八年三月五日終於府之私第,其亨也八十有三矣。

夫人曹氏,公之令室也。婉順淑質,婦道賢明。夫人李氏,先公早亡。嗣子四人:長曰彦能,歷職至散兵馬使。文武雙備,孝敬兩全。季曰彦顒,見守節度押衙,充器仗軍使。智揚盛府,德紹勛門。懷通變以侍旌幢,整羽儀恒親斧鉞。次曰彦温、彦柔,皆謙恭著美,禮義承家。昆季二難,剛柔一志。女三人:長曰適孟氏,次曰適張氏,小曰適白氏。芳年窈妙,不幸先終。咸灑涕以絶漿(漿),恨追思之莫及。以其年七月十四日,備葬於城東濁水嶺高崗之禮也。渥素熟公之德行,兼睹直道匡扶。不鄙柔毫,紀斯盛事。其銘曰:

雄雄氣概,熠熠英姿。忘家去難,與國分麾。世親旌戟,代繼門風。匡扶十乘,位列三公。幼逐公侯,長承官宦。南北東西,隨軍屢戰。翊輔洪鈞,聲華已聞。無傾祖德,不墜家勛。智乃功圓,性惟俊邁。履薄臨深,滿盈是戒。愛自魚符,倅臨虎帳。落落胸襟,澄澄偉量。久贊元戎,名傳帝闕。位重年尊,無隳忠節。俄構微疾,遽違昭代。靈既通明,神兮不昧。賢姬泣恨,令子摧傷。終於孝道,永保延芳。逝以哲人,夫兮慘異。勒石標勛,光乎後嗣。

押衙楊從溥書

石匠娥景稠鎸

原載《党項西夏碑石整理研究》

房 遂

後唐官員。撰此志署將仕郎、前秘書省校書郎。

唐故西京留守押衙前右厢馬步使金紫光禄大夫檢校尚書右僕射右武衛將軍兼□史大夫上柱國嚴府君(二銖)墓志并序

將仕郎、前秘書省校書郎房遂撰

鯤鵬出水,志在萬里;松檜聳嶽,蔭彼巨峰。其誰有之?即馮翊郡嚴公之謂也。父諱濤,皇任興元府節度副使。公諱二銖,字信玉。其先馮翊人也。禀志孤高,素懷□略,挫伏波之鋭氣,摧去病之雄鋒。勛著盛時,官崇清列,中外瞻禱,衆所欽風。長男弘進,次男弘朗,并材唯謹敏,侍膳晨夕。將期永保貞規,俟光休烈,豈謂彼蒼薄祐,風樹銜哀。以天成四年十一月二十九日終於私第,春秋七十有二。公素禀義方,夙彰及物。豈意嵇康令德,杳歸冥寞之風;馬援襟□,□□□□之苦。幸趨門宇,獲奉華招,忍淚銜哀,□述前:

鵬翔巨海,碧浪洋洋。爰從覆載,遂育賢良。間生英哲,光予後唐。志唯松操,業務恢張。忠貞許國,孝道彌彰。具瞻軌範,名播家邦。群倫之分,志最清强。懷仁藴德,孰可比方?何期風樹,殞我宏綱(綱)。二子□□,一女斷□。家聲慘默,慟彼穹蒼。冀安幽□,永保玄堂。滄□□改,浩劫奚量。尊靈永别,萬世難忘。

長安縣布政鄉是也

長興元年庚寅歲十一月庚申朔十三日壬申記之

原載《大唐西市博物館藏墓志》

李崇遇

後唐官員。長興元年(930),任尚舍奉卿。

請四品以下官准賻贈奏

竊見文武百官一品已上薨謝者,皆有賻贈。自四品已下,無例施行。請特定事例,以表無偏。

原載《全唐文》卷848

王　延

五代大臣(880—952),鄭州長豐(今河北任丘東北長豐鎮)人。後梁相李琪薦爲即墨令,後歷任諸鎮從事。後唐馮道爲相,召拜左補闕,累遷禮部尚書,以太子少保致仕。周太祖廣順二年(952)卒。

請方鎮不判縣務奏

一縣之内所管鄉村而有割屬鎮務者,轉爲煩擾,益困生民。請直屬縣司,鎮唯司賊盜。

原載《全唐文》卷 842

王　澄

後唐官員。長興二年(931),任大理少卿。

梓材賦以理材爲器、如政之術爲韻

猗嗟掄材者梓,必將有以。掄者動不妄施,材者用之爲美。塗其丹雘之色,契乃斵雕之理。成乎器用,孰不勤止。則知能者軌物,其利博哉。達於道必獲乎象,酌於事實在乎材。材罔不奇,戒乎不知。應時可重,匪飾胡爲。須度長而絜大,諒方矩而圓規。役是司者,勉矣厥宜。亦猶德必輔人,材不假器。人失德而奚取,器非材而奚利。材濫則過於梓人,德乖則失乎爾位。其有取非輪桷,性實散樗。以不材而見棄,思入用其焉如。豈比山有之亦修短惟準,工度也而削理有餘。既罕節而抱直,成大厦之厥居者哉。夫如是,則工以理材爲難,國以教人爲聖。聖體材而存道,材象道而成政。宏之在人,慎乃出令。藏器俟時,人罔越思。達乎至極,欽哉有司。惟試可矣,以材校之。守而弗失,其德秩秩。以人觀材,以材觀實,非獨陳伊周之宏義,將以翊我唐之政術。儻小材之不遺,願雕煥於兹日。

原載《全唐文》卷 848

請禁不務農桑奏

陛下御極以來,大稔於此,時無水旱,歲有豐登。所以民去農桑,士思游情,或機巧以趨利,或宴樂以棄時。且一夫不耕,或受其飢;一婦不織,或受其寒者,而況鄉閭之内,城郭之中,競削錐刀,罔知本末。或鼓舞於村落,或謳歌於市廛,實繁有徒,觸類而長。若非禁止,漸恐滋彰。

原載《全唐文》卷 848

周知微

後唐官員。長興二年(931),任刑部郎中。

請復議典奏

開元刑法格,有後格破前格之載,無後敕破前律之文。今雖以律定罪,以格禁違,復有八議之條,廢來斯久。請准舊制,令居八議之條。有犯死罪者,令所司准法先奏請行議典。

原載《全唐文》卷 848

請除落正罪外科决輕贓奏

臣每詳覆案文,静究贓罪條件,或有因緣勘鞫,滋漫告陳,雖廣訟論,漸異根本。其間有物關獻遺,事同情異,或果實紙筆之徒,或絲履茶藥之類,逐色目計錢不及三二百,聚都數不過四五千。爲案牘之微贓,傷朝廷之大體。引律二罪俱發,以重者論,不累輕以加重。請非正論事條外,定贓之時,並許除落。

原載《全唐文》卷 848

請令州郡抄法書奏

請藩方州郡,皆令抄寫法書,每遇詳刑,須憑條格。既無失入,自絶銜冤。

原載《全唐文》卷 848

請明商賈開驗奏

近年關防商賈不憑司門公驗。關禁之設,國有舊章,請諸司舉行之。

原載《全唐文》卷 848

請禁官曹被刑疏

竊以唐有天下,垂三百年。聖帝明君,覽宏綱而御極;忠臣賢佐,法古道以贊時。兩漢已還,歷代罕比。雖國有中否之數,人無厭德之言。果致陛下紹開中興,纘承大業,將欲永光帝載,而猶動守典刑。伏見州縣官僚,被人論訟,始行追取,未辨是非,稱呼不去其官曹,枷鎖已拘於道路。所以上無耻格,下絶恭敬,有玷盛明,實駭觀聽。此後凡有官緒可稱,所訟罪名未正,伏請祇令監守,皆在法司。俟曲直稍分,即荷校無憚。所貴坐法者知國章有節,司刑者表守律無逾。

原載《全唐文》卷 848

請禁告訐疏

竊睹近敕,慮有官吏割剥下人,許百姓陳告。民之愚下,罔認宸衷,或捃摭纖微,或受人驅駕,事多憑虚,適足爲亂。有過者固合當辜,誣罔者請議刑憲。庶或知止,免瀆風化。

原載《全唐文》卷 848

靈　俊

五代敦煌僧人。俗姓張,唐末出家於靈圖寺。金山國時爲沙州釋門都法律、知福田都判官。曹議金時爲都僧政,賜紫。卒於後晉時,終年 79 歲。

唐河西釋門故僧政京城内外臨壇供奉大德兼闡揚三教大法師賜紫沙門范和尚(海印)寫真贊并序

釋門僧政京城内外臨壇供奉大德兼闡揚三教大法師賜紫沙門某乙靈俊撰

和尚俗姓范氏,香號海印,則濟北郡寺門首净禪公之貴派矣,裕像膺胎,時爲龍沙人也。竊以齠年出俗,懇慕真風,訪道尋師,三冬具進。故得威稜侃侃,皎性(性皎)潔於冰壺;儀貌藏昂,質相俠於龍猛。齡當二八,處衆不侔諸凡;弱冠之初,雅量播於釋俗。戒圓朗月,鵝珠未比於才公;德侹法蘭,遺教溥沾於有識。每慮坯軀虚假,翹情禮於五臺。聖主遐宣,對詔寵遷一品。復攀崑峰靈集,願頂普賢神踪。跋陟關山,侚(詢)求如來聖會。前王觀師别後,偏獎福田之榮。務掌緇流,實匪創於廣部。衆談師之奇美,譙公聽納人心。就加紫綬之班,賚錫僧政之列。一從任位,貞簾(廉)不捨於晨昏。每奉嚴條,守節懷忠而取則。時遇西戎路間沙漠,雁信難通;舉郡詮昇,乃命仁師透徑。是以程吞闐域,王宫獨步而頻邀;累贈珍金,寶玩船車而難返。忽值妖宼起孽,鵲公來而無痊;數設神方,天仙降而未免。俄變生顏稍退,皆嗟落口之悲;桂樹萎凋,共嘆傾月之切。専人倐届,空迴往昔之裳。賫體沉沙,無期得瞻古迹。示乃六親號叫,牧童睹而齊辛;九族哀嗚,舉世耆徒悼咽。緇流顧戀,恨師搶逝他鄉。聽衆白衣,不忍法梁早墜。僾俙玉貌,古(故)召良工,預寫生前之儀,綿帳丹青繪影。俊以乖虧智性,難違固邀。孤陋之聞,聊爲贊頌:

師之儀貌,似月初圓。師之異德,漢水同源。探之無底,度之無邊。清如冰璧,貞比松堅。俗望濟北,釋内精妍。奉公守節,每進忠言。金王稱愜,擢將福田。一躋顯務,化衆無偏。曹公之代,措薦良賢。念師特達,賚紫高遷。承恩聘使,杜隘時穿。東游五嶽,奏對朝天。西通雪嶺,異域芳傳。于闐田主,重供珍璉。王條有限,迴路羈纏。四蛇不順,二鼠侵牽。風燈不久,逝映難延。生顏已謝,會凑黄泉。遺留信服,空賫庭前。一枝無望,泣淚潺湲。六親哽噎,躃踊懷怨。固命匠伯,邈影他年。余以寡識,駐筆難旋。

長興二年辛卯歲正月十三日題記

原載敦煌文書 P. 3718

敕授河西應管内外都僧統京城内外臨壇供奉大德兼闡揚三教毗尼藏主賜紫沙門和尚(海晏)墓志銘并序

釋門僧政闡揚三教大法師賜紫沙門靈俊撰

和尚俗姓陰氏,香號海晏,則安西都護之貴派矣。皇父凉州都防禦使、上柱國諱季豐。和尚禀性清廉,名高物外,逍遥獨步,意慕其(真)空。弱冠之初,道侹生融之迹,業資惠海,德重華山。證三教而窮通，修四禪而凝寂，戒同卞璧。鵝珠未比於奇公，操性霜明，諺傳研精於內外，故得千千釋衆，乞難禪庭；萬萬白衣，雲臻就業。是時化緣已備，寂滅幽閏（閑），四衆悼薤露之悲，八部傷鶴林之切。春秋七十有二，捨世早終，葬於本郡莫高里大河南原之□，禮也。孫節度押衙、充壯武將軍、銀青光禄大夫、檢校國子祭酒、兼御史中丞、上柱國陰子昇，則府主托西大王曹公弟（第）十三（二）之婿也。孫乃青襟迥徹，百步穿楊，言精不倦於西河，善誘秘傳於北海。和尚不期修矩（短），頓虧訓示之儀；躃踊苫庭，攀號迨及，慮恐千秋變易，列旌表於龍崗，松柏枌榆，卜四神而顯廟。刊誡（列識）數字，將聯萬載之名。樂石敷金，用贊長季之記。余奉旨命，不敢固辭，枉簡匪（斐）然，聊申矩頌：

良木秀兮風以隤，甘泉竭兮復難洄。將謂挺生膺五百，弘宣正教誓爲材。忽遇法梁傾大厦，何圖捨世殞終催。道俗念悲起廣塔，門人孫侄助墳哀。

於時清泰元年敦牂律當應鍾冥雕十五葉書記

原載敦煌文書 P. 3720

唐故河西歸義軍左馬步都虞候銀青光禄大夫檢校左散騎常侍上柱國梁府君（幸德）邈真贊并序

釋門僧政兼闡揚三教大法師賜紫沙門靈俊撰

府君諱幸德，字仁寵，先苗則安定人也。公乃英髦雄傑，必膺物而生姿；異骨奇模，挺半千而誕世。韶齡別儁，業該七步之章。弱冠之臨，勇侹田韓之策。恭親輔主，芳聲早播於人倫；奉式輸勞，遐邇靡辭於懇切。故得譙王稱美，委薦親從之由。每念功勤，寵附（付）軍糧之務。一從任位，實畏庭鵲之鳴。賦税無乖，乃避四知之義。餘之暇，儼守公條。攀崑峰，怖萬里之危；望西關，怯千重之險。君親舉念，直欲選擢才能。當乃順色從依，奉教捐私進發。故得皇王暢悦，每詔内燕而傳杯；宜依復還，捧授奇琛而至府。遂使三軍贊美，衆談酬勣之庸。答效甄昇，乃加都虞候之列。一自制轄，内外唱太平之聲。民無告勞，囹圄息奸斜（邪）之響。於是賢臣降世，應節以順君情，奉貢東朝，不辭路間之苦。乃遇睿慈合允，累對頻宣，封賜衣冠而難量，恩詔西陲而准奏。面還左散騎常侍，兼使臣七十餘人。意（衣）著珠珍，不可籌度。一行匡泰，逍遥往還。迴程届此鬼方，忽值奸邪之略。西瞻本府，不期透達烽烟。進使百有餘師，俱時如魚處鏊。遂戀蘇武而授敵，不顧陵公之生降，守節亡軀，攀號殆及。是以内外吏士，叫卞璧而沉湘；九族六姻，悼寒泉而永阻。諸男昆季，躃踊郊坰，孚（悴）女哀鳴，孤惟庭際。平生容貌，儆電奔馳。殁後真儀，丹青絢彩，俊以不才之器，實慚提奬之名。頻邀固詞，粗申輕塵之頌。贊曰：

間生奇傑，五百應賢。幼而别衆，六教高懸。文精義海，武及啼猿。五制侍生，轉任超遷。雖加寵秩，不負非言。累經掌務，實避片錢。自從入選，八陣衝先。前貢東闕，所奏俱圓。西城奉主，金盞親傳。譙公悠仿，每慕訊憐。後進京洛，累朝聖天。恩宣常侍，内使陲邊。路隘張掖，獫狁侵纏。翔鸞值網，難免昇乾。倏加湊疾，掩世俄然。聞之傷切，睹者潺湲。親羅哽咽，預寫生前。余以寡識，聊表他年。

於時清泰二年乙未歲四月九日題記

原載敦煌文書 P. 3718

唐故河西釋門正僧政臨壇供奉大德兼闡揚三教毗尼藏主賜紫沙門和尚（靈信）邈真贊并序

門人靈俊上

和尚俗姓馬氏，香號靈信，則扶風之苗裔矣。祐生膺質，乃爲燉煌人也。竊聞英髦俊傑，必誕化而有期，罕（早）識慈仁，定長皆而濟物。況和尚齠年慕道，情佉有爲之風；弱冠之初，秘戀一如之境。業資惠海，德爽智山。證三教而窮通，修四禪而爰朗。戒珠皎皎，恒暉滿月之光；行潔冰壺，每儼持而無失。談經析理，善閑苦空之音；剖釋義門，雅合生融之則。幽閨取静，衣鉢外而無餘；捐離公私，常棄世榮之務。三千衆内，廣扇馨蘭；百萬凡間，纖毫不怨。故得清廉奉節，高名透達於帝京；恩錫紫彰，府主崇遷於寵袟。一從任位，不違聖教之文；就臘辭班，推陟首座之側。時乃年逾耳順，歲當從心之秋；性海無爲，俄掩九泉之徑。遂使門人荼毒，雲雁叫而齊悲；俗眷攀號，泣淚沾於鄰切。禪庭寥寂,交虧鍾梵之聲;蓮花案前,唯留杖錫之影。四衆顧戀哀鳴,繪睹生顔;二部同臻呼嗟,盼瞻故貌。俊乃久蒙師訓,無懷答教誨之恩,狂簡美(斐)然,聊題贊頌:

間生仁傑,懿德自天。早明夢幻,喜預真詮。投緇割愛,頓憩攀緣。鵝珠密護,浮囊鍫全。真乘洞徹,三教兼宣。威儀出衆,化洽無邊。琢磨存念,理事精研。寒松比藻(操),金石齊堅。殷勤誘獷,方便幽玄。心游物外,每離蓋纏。榮超供奉,謙恭義全。普安四部,平等親怨。四蛇不順,二鼠侵煎。膏肓凑染,會散難蠲。花萎寶樹,葉變祇園。門人動(慟)哭,泣淚潸湲。法徒傷悼,禍訃良賢。圖形綺帳,俟薦他年。余以昧劣,業寡繁言。

天成二年丁亥歲十月廿五日題記

原載敦煌文書 P.3718

後唐河西燉煌府釋門法律臨壇供奉大德兼通三學法師毗尼藏主沙門劉和尚(慶力)生前邈真贊并序

釋門法律知福田都判官臨壇供奉大德兼三教法律沙門靈俊撰

和尚俗姓劉氏,香名慶力,即豫章之貴系矣。誕生膺質,乃爲燉煌人也。和尚早歲出家,童顔學業,心堅金石,意慕真宗。纔年弱冠之初,妙達苦空之響。戒圓盛月,長嚴而密護鵝珠。利性爽然,該博而研窮内外。故得威稜肅物,四八之相多旋。操行藏昂,百藝之端稍備。三千青眼,僉掌續命之資。九九明懷,每表均於衆意。久年報恩任位,常歡耆幼之徒。數祀結勘六司,不染纖毫少賄。馨蘭美馥,恒播布於人倫。釋道儒流,遐邇無不悦忩。時乃年逾知命,要門粗圓,四大不順於躬懷,枕疾俄經於歲月。病顔轉熾,去世非遥。衣鉢外匱畜積之期,殞歿後慮累辛門衆。值因凋瘵,預寫生前之儀。故召良工,乃就丹青之績。俊以忝爲時儻,難免固邀,怏申鄙詞,聊題陋句。其詞曰:

師之儀貌,肅穆懔然。師之心境,已絶攀緣。弘農甲族,五百膺賢。髫年割愛,一徑精專。棄捐榮位,頓樂金田。博通八轉,七禮妙宣。罕(早)窮内外,辯若河玄。森森龍象,侃侃威全。異相多備,種好俱圓。普豐化俗,儒道參前。四衆欽悊,二部恭姸。齡當六九,遇染痾纏。諸蛇不順,針藥難痊。命垂朝夕,免後顔喧。乃召匠伯,盼像題篇。逝遷之巳(祀),聊佐周旋。余以寡識,助薦同年。

於時天成三年戊子歲三月八日題記

原載敦煌文書 P.3718

唐河西節度右馬步都押衙銀青光禄大夫檢校國子祭國兼御史大夫上柱國閻公(子悦)生前寫真贊并序

釋門法律知福田都判官[靈俊]撰

公字子悦,則太原府之貴派矣。漢元鼎中,先系奉詔安邊,遂爲燉煌人也。竊聆英髦雄傑,必膺物而生姿;異骨奇模,挺半千而誕世。齠年別儁,業包吐鳳之才。二八之臨,頓獲忠貞之節。安親訓俗,逍遥不捨於晨昏;匡國輸勞,遐邇未辭於懇切。五制侍使,長捐纖隙之愆;獨對皇朝,雅合元戎之惻。弱冠之際,主鄉務而無差;成立之年,權軍機而有則。仿設雲龍之勢,拒破樓蘭;決勝伊吾之前,凶徒膽裂。東西奉使,無思路間憂,南北輸忠,擅播亞夫之勇。君親愜美,每念膺賢之勛;錫治鴻波,願酬勣重之哲。仍加管内都營田使,兼擢右班之領。一從任位,清廉不侔於異常。懇守嚴條,溥洽甘湯而有仗。遂使三農秀實,萬户有鼓腹之歡;嘉露無乖,一人獲康宓之慶。是時府主曹公,德同堯帝,功臣變現有期;業蹈舜君,自降雲仙輔及。前賢逝已,公庭虧都衙之榮;舉郡詮昇,孰莫迨芳蘭之將。即委一州顒務,實懼鵲喧之名。三端早就於躬懷,六教常垂於衆類。恒施要法,不慍鎔鑄之顔;賦税和平,當迹調風易俗。人倫談善,内外無告怨之聲。君臣贊羡於一時,恪清預彰於古昔。齡當八九,風疾纔牽,四蛇不順於斯晨,二鼠暗吞於寶體。每慮壞軀不久,變滅須臾。常思泡幻無停,如同水月。一朝雲散,了知否泰有時。運齗將臨,俄恐祭禮有乏。遇(偶)因凋瘵,以(預)寫生前。遺影家庭,丹青髣髴。俊以不材之器,謬當金石之言。頻邀固辭,終不獲免。其詞曰:

間生奇傑,穎拔恢然。閥閱貴派,宗枝太原。松筠秉節,鐵石心堅。文超北海,武極啼猿。横鋪八陣,細柳同駢。韜鉗(鈐)莅職,忠孝職綿。臨機有准,稱美貂蟬。幼掌鄉閭,不染非錢。都權兵將,納效累年。五制侍主,轉任高遷。金王之世,奉命朝天。親躋玉砌,對詔周圓。曹公之代,揀異多緣。委均流澤,溉遍千田。殊功已就,馨名盛傳。都衙之列,當便對宣。一從受位,無儻無偏。三端曉迪,六藝俱懸。久歲執寵,不冒王愆。從心之載,風疾侵纏。知身虛假,幻體難延。聚散有限,怖怯虧旋。乃召匠伯,預寫生前。丹青繪像,留影同先。俊以孤陋,聊題鄙言。

於時天成四年歲次己丑大族(簇)之月冥生十二葉題記

原載敦煌文書 P. 3718

唐河西節度押衙知應管内外都牢城使銀青光禄大夫檢校國子祭酒兼御史大夫上柱國清河郡張公(良真)生前寫真贊并序

釋門法律知福田司都判官靈俊撰

公字良真,則前凉天錫弟(第)二十八代之雲孫矣。公乃早歲清廉,神童立效,齠年殊傑,異勛納於王庭,恒懷節義之心,罕慕忠貞之操。業同筆海,擅彰七步之端;德備田韓,實蹈灌嬰之迹。故主司空稱愜,薦委首鄉,大由久歲均平,廣扇香風御衆,故得民談美順,訓俗嘉嚴恪之威。金山王時,光榮充紫亭鎮主,一從莅任,獨静邊方,人皆贊舜日之歡,野老嘆堯年之慶。三餘無暇,奉國輸勞。是時西戎起萬里之危,域土隘千重之險,君王愠色,直欲自伐貔徒。賢臣匡諫而從依,乃選謨師而討掠。關山迢遰,皆迷古境長途;暗磧鳴砂,俱感智阡卉陌。公則權機决勝,獲收樓蘭三城,宕(蕩)嘶雄番(蕃),穎脱囊錐。此日仍充[應]管内外都牢城使。自居崇列,纔經五五之秋,晝警夜巡,堅衛郭郛雉堞,累率少卒,多傷淳維之孫。敵毳幕於雪嶺之内,牽星旗於伊吾之北。元戎節下,不辜毫隙之非;異郡遐方,數受欽哲之捧。齡當八九,曉悟幻化之軀。懇慕真宗,妙達一如之理。每念聚散有限,變滅將臨,四蛇不順於胸懷,二鼠暗吞於己體。時乖刻像之侣,家虧孑孓之用。俄倏壽終,復恐世儀有乏,偶因凋瘵,預寫生前之容。故命良工,爰繢丹青之貌。俊以忝爲宗派,元睽槐市之音。枉(狂)簡美(斐)然,聊表瑣陋之頌。其詞曰:

間氣仁哲,膺宿生焉。幼而别衆,長而精妍。忠能奉國,孝行早全。故府爲友,同話同筵。寵錫鄉領,處侣無喧。雖居榮位,每棄妖言。文懷夢錦,武賾啼猿。偏優鎮將,二八餘年。調風易俗,堅守陲邊。雄戎起霧,杜路西天。金王踁切,選將百千。甲兵之内,公獨衝先。不逾晦朔,破收攻圓。虜降蕃相,金玉來川。委牢城務,酬勛安眠。從心之歲,翹情善緣。投師就業,頓捐蓋纏。了身不久,俄恐逝遷。庭唯一子,息乏良賢。時因少疾,風燭難連。乃召匠伯,繪影生前。遺留祀禮,粗佐虧愆。余以寡識,聊表周旋。

於時天成肆年歲當赤奮若律中夾鍾蓂生壹葉題

原載敦煌文書 P. 3718

唐故歸義軍節度押衙銀青光禄大夫檢校國子祭酒兼侍御史上柱國西平郡王曹公(盈達)寫真贊并序

釋門法律知福田都判官某乙靈俊撰

公諱盈達,字盈達,則故燉煌郡首張公弟(第)十六之子婿矣。竊聞籛鏗壽老,不聞有志而延齡;顔子早終,不爲不賢而促壽。公乃英門傑族,膺臺宿而誕形。百藝明懷,自齠年而出衆。剛柔備體,忠孝不捨於晨昏;素性清高,恭勤每存於鄰儻(黨)。故得鄉傳别俊,大王聞之納心。累度遐瞻,觀顔愜其上識。當聘金枝之女,玉葉相承。雖乃寵厚榮深,不失謙恭之操。處於平懷貴侣,常抱伯桃之謀。誨順家庭,不愠尊卑之色。石渠案下,頓曉七步之才;鵝觀場中,累納亞夫之勇。狼嶠山下,軍前輸效而應時;金河之郊,執矟決勝於此日。況乃天命有分,變滅難更,四大不順於胸懷,枕疾俄經於歲月。病加肓内,餌驗難蠲,甘泉先竭於人倫,良材早摧於林秀。遂使四鄰罷務,店肆停弦,宗枝傷悼而聲悲,雲雁哀鳴而響切。庭荆頓折,四鳥相離。三虎一殤,痛將何極。生前儀貌,逝已奔馳。死後真容,丹青髣髴。俊以不才之器,敢當金石之言,紕繆無誡,乃爲頌曰:

間氣仁賢,忠孝自天。門承貴族,閥閲暉聯。名高玉塞,禮樂雙全。威棱神異,弱冠芳傳。三端備禮,六藝幽玄。故王嘆美,詔就階前。遷充子分,每賜金錢。一登榮寵,恪愕精專。金枝貴胤,玉葉相連。才通夢錦,筆海同圓。武經滿腹,韓白無偏。累彰豹略,百度心堅。幼而别衆,爽利鷹鸇。何兮逝速,居世難延。忽遘寢疾,針藥難痊。晡西萱草,妖赴窀纏。一枝無望,哽噎萬千。鶺鴒失羽,堂燕何邊。俊以寡識,駐筆乖言。

原載敦煌文書 P. 3718

智　藏

後唐明宗長興中敦煌僧人。

後唐長興二年六月智藏致周僧正等狀

季夏炎熱,伏惟周僧正和尚、李僧正和尚、法律、老宿、徒衆等尊體起居萬福。即日智藏蒙恩,不審近日尊體何似,伏惟順時,倍加保重,下情望也。自離面别,承和尚重福,且得平善,不用憂念。昨者使人到來,領得一封,具知和尚、法律、老宿、徒衆,且以安泰,智藏菲常喜悦。合有重信,獻上不得。謹奉狀起居,咨射以聞。伏惟照察,謹狀。

大唐[長]興貳年六月日智藏狀。和尚香案謹空。

原載敦煌文書 P. 4005

曹允昇

後唐官員。長興三年(932),任太常丞。

請禁府郡以僕使代書判奏

使府郡牧,例以隨身僕使爲中門代判通呈等,名目極多,皆恃勢誅求,不勝其弊,伏請特行止絶。如藩侯郡守不能書札,請委本判官代押。其職務監臨,請差本處衙院官吏,庶得漸除逾濫。兼使州奏薦判官,多非才行,或以賄賂求進。今後奏薦,請令本人隨表至京,令所司比驗。

原載《全唐文》卷 848

請置常平倉奏

國以民爲本,民以食爲天,時或水旱爲灾,蟲蝗害稼,既無九年之蓄,寧救萬姓之飢?天灾流行,古今代有,而前縱逢灾歉,免至流亡,蓋分財恤民,素有儲備。請依古法置常平倉,請於天下京都州府租賦斛斗上,每斗别納一升,别倉貯積,若凶灾之處,出貸貧民,豐年即納本數,庶幾生聚,永洽惟懷。

原載《唐文拾遺》卷47

釋思敬

後唐長興中爲河南府净鞏縣僧人、寺主。

(佛頂)尊勝經幢記

維大唐國洛京河南府鞏縣净土寺,今於當寺建竪《尊勝經》石幢。伏願皇風永扇,玉葉連芳,内外群臣,惟忠惟孝。次願鎮縣官僚惟清惟政,先亡父母、師僧和尚及兄楊簡、侄楊皤■當處土地、護伽藍神、前後亡歿師僧,伏自所年兵革,非理煞傷,睹兹勝因,早證菩提之道。長興三年壬辰歲八月己酉(庚戌)朔廿二日辛丑(辛未)建立。鞏縣净土寺主僧思敬、小師惠超。

原載《五代石刻校注》

李 璨

後唐長興中鄉貢進士。

大唐潁州開元寺新鍾銘并序

鄉貢進士李璨撰

夫鍾爲聚器,金曰從革。懸於樂府,可以諧八音;弛之禪門,可以福群動。凡立龍象,例發鯨撞。汝陰郡開元寺,昔以兵革肆凌,本朝中否,梵宇器具,恒有闕焉。未經劫火之灾,早曠應霜之韻。忽有頭陀可詢,翻蓬以至,振錫而來。言曰:“具願鑄鍾,必斯境也。”遂次弟(第)行乞於里巷。郡守上言,降敕俞允。迨於期載,勿庸厥功。是僧衆未孚,其器範弗具。郡主太保清河公,稟維嵩氣概,授穀城兵書。劍彩雄稜,夜射星辰之色;陂澄大量,秋吞渤澥之波。以德禦奸,以刑静宄。民如子養,道若砥平。莅政之餘,益敬方外。欲盛飾佛廟,壯觀軍城。仍利修崇,决在鼓鑄。因自爲化首,乃募得居士丁仲欽者,金分義路,玉瑩情田。出愛浪於坦途,指迷津於覺道。能令曲俗,皆務聖因。遂稽其謀,特撰其事,設法誘勸闔郡黎元。賦入有差,逾時畢集。愚者怯於謨始,賢者勇於樂成。聚銅僅百七十鈞,賤主過千萬數衆。遠届睢水,召諸倕工。有匠人羅彦瓌博研其精,先利其器。歲在無黓,律中黄鍾,□盈□之辰,揮爐□之□。士民雲萃,□梵沸騰。良金合土以告功,洪鏞垂簴而待扣。不窕不㮣,載鏗載鏘。海魚奮形,蟠蛟震吼。昔夏王爲山林不若,率九牧以成鼎;今潁侯樹因果有利,賦一境以建鍾。聲聞於外則而民知啓禁,福覃於遠則其罪停苦酸。所貴乎皇極之道克隆,生聚之安大賴。偉哉懿範,無得而銘:

立功立事,惟英惟賢。華鍾既闕,法器匪全。爲我蒸民,寔彼良牧。爰募哲人,克崇景福。召乎鳧氏,格於佛宫。天地爲爐,萬物爲銅。鯨鯢歕浪,□□□聲。樓新窌窱,金奏噌吰。昏明有序,塗炭停酸。鏗鏘獲利,銘鏤永觀。

長興三祀歲次壬辰十一月己卯朔十日戊子鑄

教化頭陀僧可詢、計度都維那丁仲欽、維那吴景、鑄鍾都料羅彦瓌

習維摩經僧元璿書

鎸字人史知温、李延韜

原載《八瓊室金石補正》卷 79

張師古

後唐官員。長興中,官前静勝軍節度推官、將仕郎、試大理評事、兼監察御史。

唐故昭義節度使相國毛公(璋)夫人隴西郡夫人李氏墓志銘并序

前静勝軍節度推官、將仕郎、試大理評事、兼監察御史張師古撰

將仕郎、守太常寺奉禮郎葉嶢書

伏以擊鍾鼎食之榮,列嶽分茅之貴,必有令室潛扶正人,然俊能保其家肥,荷其國寵。錫魚軒以著德,封石窌以旌賢。慶被雲來,崇兹閥閱者,則有故昭義節度使、相國毛公夫人隴西郡夫人李氏。其人也,源長派遠,族顯行高,在周揚柱史之名,至趙赫將軍之望。迨乎漢魏,將相不絶,世載其英,史皆稱美。曾祖寂,皇任撫州刺史,贈司徒。曾祖妣,弘農郡楊氏。祖陟,皇任左監門衛大將軍。祖妣清河縣君張氏。烈考文靖,顯妣郭氏。皆善著當時,風傳後代,或文學獨步,或武略出人,或撫俗以褰幃,或濯纓於環衛,勛庸不泯,聲光具存。

夫人幼而柔順,長而孝慈,比及笄年,鬱有淑問。遂適相國毛公,時謂鳳凰於飛,和鳴翽翽,相敬可儔於前哲,雍容作範於後人。事上以恭,執貞潔勤勞之道;處下以禮,守惠慈嚴正之規。故能享夫之榮,成家之美。伏況相國,天生雄傑,神授機謀,佐莊宗以龍飛,扶聖朝而虎踞。功深草昧,道著權輿,故得四佩魚符,三臨雄鎮,民歌杜母,帝號直臣。所謂功格皇天,聲傳區宇,官崇將相,位冠侯封,總彼洪勛,具載青史,蓋夫人内助之力也。遂感鳳書褒德,彩詔覃恩,錫以官榮,加之郡號,乃封隴西郡夫人,以光懿行也。奈何天不憖遺,忽遘沉疴,有加無瘳,情識奄奄,名醫上藥,竟無所徵。俄以長興三年七月十七日薨於洛京擇善坊之正寢,享年五十一。即以長興四年八月十日歸葬於河南縣平樂鄉杜澤原,祔於公之玄室,禮也。

有子十人:長曰庭藴,檢校工部尚書、爲華州衙内都指揮使,頗精學問,幼有令名,不幸遘疾,先歸逝水。次曰庭美,檢校工部尚書,爲前西頭供奉官。次曰庭翰,檢校左散騎常侍,亦爲前西頭供奉官。次曰庭誨,次曰庭魯,皆天鍾正氣,特禀異儀,事親不憚於勤勞,守職益聞於忠謹。昭宣令譽,焕耀德門,實可繼於弓裘,佇更昇於寵渥。已下五人并幼。有女一人法燈,專慕佛門,不樂富貴,遂七歲就寺,一心出家。有孫二人:十二歌、婆姐,并生禀瑰奇,幼而歧嶷,可謂華族令嗣,洪宗貴胄歟!次子以夫人忽遘凶迍,奄棄孝養,痛深荼蓼,感極劬

勞。願紀風規,特刊琬琰,泣編素行,見托菲才。師古謬忝獎知,固慚文學,仰聆懿實,勉緝荒虚。謹爲銘曰:

周道將微,柱史匡佐。趙國方盛,將軍名播。魏文命相,實惟忠良。漢武命將,實惟鷹揚。代有賢俊,著在簡書。忠孝叢集,積善有餘。遂生淑女,焕耀德門。媲比君子,慶及兒孫。夫秉旄鉞,身封爵邑。冠絶古今,中外無及。外助謀猷,内正閨閫。婦道母儀,風規之本。次子孝敬,過乎古人。集斯懿績,勒於貞珉。

玉册院鎸字官韓重。

原載《五代墓志彙考》

盧　價

五代大臣。後唐時進士及第,任觀察支使、將仕郎、校書郎。後晉時歷任侍御史、户部員外郎、知制誥、中書舍人、工部侍郎。後漢時任兵部侍郎。後周時任西京副留守、太子賓客。

唐故中大夫守尚書吏部侍郎充弘文館學士判館事柱國賜紫金魚袋張公(文寶)權厝記并序

從表侄孫、前滄景等州觀察支使、將仕郎、試秘書省校書郎盧價撰

公諱文寶,字敬玄,清河人也。考乎氏族,乃黄帝軒轅之祚胤也。分郡望十六焉,暨於今十八代。枝派繁衍,布諸簡編,莫可具載矣。然其祖禰宗族間,有遁時神仙焉,有濟世間傑焉,有墜鵠忠孝焉,有埋輪正直焉。文學則有構賦兩京,聰明則有辯亡三篋,默識則有斗間見神劍,清貞則有郡罷乘折轅。其清河望者,即漢太子太傅留侯良之後。於族緒中乃禮樂昭彰,軒轅綿遠爲最也。公曾祖諱澈,皇任同州防禦使、檢校左庶子,贈司空。烈祖諱斯干,皇任京兆少尹,贈給事中。顯考諱顗,皇任中書舍人、權知貢舉,累贈刑部尚書,公即尚書長子也。皇妣天水趙氏,累贈天水郡太君,外王父諱蒙,皇朝御史中丞。夫人即中丞之第二女也。公弓冶傳榮,芝蘭禀秀,素藴賢人之操,早

爲君子之儒。究典墳則學乃生知,論文章則才推天賦。白虹挺氣,涅之而不緇;上善澄心,撓之而不濁。忠甲足以事主,行葉足以蔭身。將家肥而贊國肥,修天爵以取人爵。公纔逾冠年,再鍾家難。逮服闋,多伸於五侯之知,是捨以一枝之桂。初從事入官,以試大理評事,充河中節度巡官。玉帳不移,金臺又陟,序轉授河中節度推官兼殿中侍御史,紆朱授,佩銀魚,蓋爲席上之珍,兼蘊幕中之畫,是遷簪履,疊降絲綸。至同光元年,莊宗皇帝赤伏符興,渡江龍化,爰從蓮幕,首奉蒲輪,擢拜尚書屯田員外郎、知制誥。蓋建官惟賢,知人則哲,潤色之功既著,稽古之力獲伸矣。俄正本曹郎,依前三字兼腰金拖紫,揮翰演綸之稱,由中及外,昭然是乃。尋拜紫微,爰冠西閣,踐貳卿,除小司寇,旋就加佐丞相預史,筆後珥貂,冠司文柄。俄陟戎曹、吏部侍郎,皆貼弘文判館學士。所謂光揚貴仕,遍踐華資,馳聲歷試之間,養望具瞻之地。長興三年冬,朝廷以將命難才,乘軺兩浙,爰經巨浸,乃遇洪濤。榜人别以舟航,駟騎遂臨吴越。雖國命宣傳而不失,而僕人没溺者甚多。既竭忠誠,復濟靈海。公因懼載沉之勢,又傷不吊之冤,遂致疾生,俄成夢坐。以長興四年九月十四日啓手足於青州開元佛舍,享年五十七。嗚呼!公之戴仁抱義,積行累功,既陟班行,莫非華顯。洎八遷,優游南北省,無一任不居文字官,蓋鴻筆麗藻之所致焉,乃斯文歷任之爲重耳。噫!必□位尊四輔,壽享百齡。何期方返修途,遽歸厚夜,親疏共嘆,朝野皆悲。

公娶滎陽鄭氏,外舅諱光廷,皇任吏部郎中。有一子,小字金臺,齋郎出身。一女曰三超。夫人物故後,有姬人魏氏,號懿和,及侍巾櫛人。别子共三人:曰小楊、曰十兒、幼曰未名。一女曰綸娘子。公之先代松楸在咸秦,今以□郎君幼年,有仲氏遠地,鄭夫人權窆在蒲中,合祔未果。今以其年十一月三十日權厝於河南縣平樂鄉朱陽里,禮也。嗚呼哀哉!今奉郎君之命,請價論撰其文,且惟昔歲之大恩,願竭今辰之拙思。既遵重命,安敢固辭?雖抉荒蕪,深慚漏略,銜哀拉涕,粗備銘云:

清河泉源,留侯祚胤。代有名揚,門推行進。卓爾賢良,生於我唐。凌霜節行,隱霧文章。婉晝賓幕,優游鳳閣。八任司文,貳卿序爵。方期登庸,因復朝宗。俄悲夢奠,咸痛輟舂。遠日既良,連崗可久。永安貞魂,更鍾有後。

原載《邙洛碑志三百種》

李　鸞

後唐官員。長興中,任攝河南府長水縣主簿、將仕郎、試秘書省校書郎。

唐故朝議郎檢校尚書屯田員外郎前河南府長水縣令賜緋魚袋瑯琊王君(禹)墓志銘并序

前攝河南府長水縣主簿、將仕郎、試秘書省校書郎李鸞撰并書

爰自立一成宗,貫三爲祖,表天下之攸注,迺聖中之所分,裔推王風,始定爲氏。府君諱禹,字端己。曾諱秘,祖諱倚,父諱庾。佐一同三語之任,膺秩宗獨座之資,時代雖遥,聲光克播,演諸前慶,流於後昆。府君神彩雲融,形儀嶽立,守器乃百川赴海,懷仁如萬物迎春。筆妙换鵝,詞清吐鳳,綽有令譽,鬱爲嘉賢。於大唐天祐二年起家以處士徵,除授許州扶溝縣主簿。逾歲,以養親解任。次權理緱氏,徵督有方,首畢無倦。故齊王於天祐八年尹正洛京,以表上聞,降即真命,兼錫銀章。奄丁母憂,不俟考秩。府君母清河張氏,奚□月輪之美,但留風謝之悲。除缺授檢校尚書屯田員外郎、守澠池縣令。化洽三善,路慚拾遺,惠溢鄉閭,請留星歲。次權攝本府司録參軍,既標千里之姿,誠爲一府之望。旋加朝議郎,仍錫真命。次守長水縣令,民懷綏撫,感若神明,繼歷官資,皆成考績。何期當皇朝之至鑒,遽阻憂賢;云天道之孔明,胡虧福善。至長興四年三月二十九日,遘疾奄終於洛邑之第,享年五十有二。噫夫!川波自注,難爲逝者之悲;梁木方施,須有壞乎之嘆。

府君夫人清河張氏,即故齊王親弟諱全恩之女也,故齊王之親猶女也。雍柔立世,令淑成家,先於府君之終也。府君有兄四人,三人早謝於世,一人諱麓,居江州長史,先年殁矣。子一人勞謙,雖未居官,亦有聚螢之志。有姊三人,長適張氏,次適潘氏,並謝於世。次早

謝。有子十人,三人早喪,嗣子居貞,次子居吉,次子小蟲次子四哥。長女一人,適前河南府文參高溥,去歲今年,俱謝於世。次女二人。嗣子居貞守謙義方,持願文囿,攝少府監主簿,有美稱焉。自鍾荼毒,苟息朝昏,柴毁居喪,龜從叶吉。即以癸巳歲長興四年十一月十八日祔葬於河南縣平樂鄉杜翟里,禮也。嗚呼!泉宫永閉,無期白日之輝;松隧長開,已畢青烏之兆。鸞文非精達,忝孰徽猷,塵府君之佐榮,奉遺嗣之交請。恐遷陵谷,俾就刊鎸,爲其銘曰:

皇區碩德,遐布休聲。承宗傑出,紹範爰成。仁敷政道,風散芳名。月虧日昳,玉折山傾。遺嗣號絶,通於昊天。龍分草野,鶴吊松阡。長扃美德,永固重泉。芳弭萬祀,紀勒貞堅。

原載《全唐文補編》卷 97

盧 華

後唐官員。長興四年(933),任刑部員外郎。

請旌賞外官能理冤獄奏

臣竊以欽恤者,聖人之大德;畏慎者,臣下之小心。倘不怠於交修,庶自叶於理道。伏遇陛下静符元化,動修至仁。八紘無幽枉之人,四海有昇平之望。但以人非誘勸,事罕專精,將欲仰副憂勤,實願再明條制。伏見本朝故事:"凡内外官司,有能辨雪冤獄,活得人命者,特書殊考,非時命官。"多難已來,此道漸廢。既隳賞典,難得公心。伏乞明降敕文,顯示中外,自此不繫正攝官吏,能辨雪冤獄,全活人命,斷割纔訖,旋具奏聞。考較不虚,時與超轉。如或滯留不具申奏,及虚妄冀希恩澤,其所任司長本判官並請重加殿罰。

原載《全唐文》卷 848

韋咸貞

後唐官員。長興四年(933),任將仕郎、前守弘文館校書郎。

大唐故光禄大夫檢校司徒前守右驍衛上將軍兼御史大夫上柱國錫緋魚袋顧公(德昇)墓志銘并序

將仕郎、前守弘文館校書郎韋咸貞撰

公諱德昇,字□□,吴興人也。□自分宗開族,恒出奇才,積德累功,備載前□。資威□於東晉,姓氏□□;□□□於我唐,不絶令望。曾祖斌,祖咏,皇贈左贊善大夫。考諱□,皇贈右監門衛上將軍。

公即先府君之長子也。生知聰敏,長復温和,當射策之前,嘗□□□。及弱冠之□,□□武經,□□敵之謀,□□□之勇。而且幼逢多事,常嘆早孤,家既乏於近親,身遂寄於外族。於本朝天復年間,公之舅故許州長樂王中令節制□金州,以公縱横智勇,倜儻器能,欲□□□□之忠,遂委以爪牙之旅,撫之猶子,不謂曰甥。尋則奏授銀青光禄大夫、檢校左散騎常侍兼御史大夫。復又出居鎮壘,八掌戎權。獎酬亟换於六卿,遷陟旋逾於百揆,後曾董衆,載有殊功。又奏授金紫光禄大夫、檢校司空。天祐丙寅歲,權知房州軍州事。尋授檢校司徒、守房州刺史。庚午歲,故長樂王中令分攝許田,登壇瀷水,復求贊佐,共致肅清,又署公爲衙内馬步都指揮使,仍薦□□州刺史。□是逾年,乃退戎務。俄承命澤,入踐朝班,自右威衛將軍。明年,又加光禄大夫,封吴興縣開國男,食邑三百户。疏爵分封,遷階馭貴,振聲猷於羽衛,彰勛績於雲臺。又遷授左領軍衛大將軍。未數年間,改授右衛大將軍。至同光年中,守左領軍衛上將軍。薦副□恩,顯居上列,□□□以敬重,違遐邇以傾□。及天成皇帝叶兆庶□□喜,四方悦服,爰覃霈澤,以慰遠藩。訪將命以乘軺,且難才於專對,□則宰詢於輿議。又以敷陳,果降允俞,仍加寵祑,即授公右驍衛上將軍,充統軍,賜静江軍節度使,官告□信使。向周歲曆,方復京師。君上倚注忽傑,朝列傾附方至。後以偶違腠理,告退班行。因自後以求醫遂安,無以得赴。一辭請謁,五變□凉。今冬來則舊疾忽加,衆藥無驗。夢不還於長夜,壽靡固於遐齡,即於長興四年冬十一月十日薨於京會即里第,享壽六十有五。

公幼登禄仕,久踐官資,總戎有果斷之籌,事上盡公忠之節,治郡克揚於惠化,居朝抑振於清名。方屬明時,更期大任,不意忽驚逝水,起嘆摧梁。搢紳聞之,靡不興愴惜之恨也。公歷職内外,逾三十年,官在三公,禄居二品。封妻至於列郡,蔭子至於登朝。佐國榮家,俱盡善美矣。

夫人彭城郡君劉氏,蕙蘭芬德,鸞鳳膺祥,自配賢良,能和親族。式顯肥家之道,共聞治家之規。宜焉石窌分封,信是彤管貽美。方歡偕老,遽嘆未亡。有男一人曰彦脯,朝散大夫,行通事舍人。幼習詩書,長唯端謹。早承基蔭,累授官榮。尋遷袟於清班,已命服於朱紱。先婚琅邪葛氏,生孫男一人曰渥,蔭補太廟齋郎。孫女一人,名翁憐。葛氏早亡,再婚隴西李氏,舍人□氏□□。□晨昏而勤養,不匱孝心;洎荼蓼以纏哀,克恭襄事。罄竭家力,謍奉遠期,爰契龜從,是遷龍旐。即以應順元年正月二十日葬於河南府洛陽縣清風鄉高村,禮也。嗚呼!天不惠鑒,國喪忠賢,聞薤歌者畢至悲凉,喻風樹者寧忘嘆息。今舍人以咸真獲承厚奬,幸熟英猷,俾竭荒蕪,以紀勛烈。固不足盡書善美,將庶幾粗記歲時,但愧直詞,有污貞石。銘曰:

禀天正氣,唯人至靈。降生咸德,爲國之禎。道弘仁義,理盡公清。嘉彼達士,綽有令名。藴武兼文,匡邦列職。董衆平奸,撫戎叶德。是剖郡符,爰酬勛績。好爵薦加,休聲無斁。亟游禁衛,久踐崇班。載承明命,出論遐藩。倏周星歲,方返軺軒。遽纏疾疹,便卜高閑。忽夢二童,俄悲轉燭。龜筮叶從,松阡已築。積善無徵,後昆臻福。永其歲年,無移陵谷。

外甥前耀州司馬張知遠書

原載《五代石刻校注》

張行久

後唐官員。清泰中,任平盧軍節度同經略副使。

後唐張行久佛院記石幢

維大唐青州益都縣,清泰元年歲次甲午伍月庚子朔十五日□□□,平盧軍節度同經略副使張行久□爲■滂□□□□□□□□生張先曾有願舍緣□物等,修創佛院壹所、佛堂三間,伍□拾副前面門□座,堂内裝塑釋迦牟尼佛壹尊,并阿難迦葉及觀音世志菩薩,及護法神王供養子等,共計玖□□,所申意者,伏願國泰人安,四方無事,五穀豐登,次願闔家清吉,長幼無灾,此世來生常登佛會,先亡父母早得生天,然願鄉鄰姻眷并保安康,三藏諸佛爲護,一切有情,同沾福利,故記。

女張氏十一娘,次女張氏三十娘,外甥貴,次女□□、女婿前淄州長史兼侍御史劉恕書

原載《益都金石記》卷 2

李慎儀

唐、晉官員。後唐時任校書郎、刑部員外郎。晉天福中,歷任翰林學士、都官郎中、知制誥、中書舍人、右散騎常侍、尚書左丞。

梁故隴西郡君姑臧李氏夫人(珩)墓志銘并序

四房弟將仕郎、守秘書省校書郎、充集賢殿校理慎儀撰

春秋叔孫穆子對范宣子以世禄非不朽之義,蓋有謂之辭也。夫以立德立功立言爲不朽,則世禄之設抑其次焉。何則? 積善餘慶,所以綿長也。承先祖,供祭祀,所以風咏也。具兹道者,其有屬歟?

夫人諱珩,字垂則,隴西成紀人也。門胄之來,甲於當代;史氏攸述,推爲冠族。曾祖幼公,皇唐杭州刺史。祖元裔,京兆府奉天縣令。父蕡,弘文館校書郎,累贈秘書少監,娶唐故光州刺史范陽盧公鐸之女,生夫人。夫人識稟柔婉,言行昭宣,逮乎工容,動遵典法。初笄二歲,室於今工部尚書、西都留守副使清河崔公諱柅。清河公藏器蹈仁,金華挺秀,詩言禮立,自得先規,行古居今,寶光上地。夫人事舅姑勤於夙夜,睦娣姒尚於謙冲。婦禮孔修,家道允正。清河公唐景福二年癸丑掌綸誥之重,以因爵之貴,封隴西縣君。梁乾化三年癸酉拜户部侍郎,進封郡君。衣纓之盛,琴瑟之諧,咸期考祥,用叶偕老而得壽。何□半桐已凋。以貞明四年戊寅冬十有二月十有四日遘疾終於

東京利仁坊之官舍,春秋五十有五。有子三人,幼而不育。一女適范陽盧麟,故中書舍人、賜紫金魚袋。頃歲,先夫人而逝。别子二人,長曰崇素,後夫人二歲卒於東京。次曰崇吉。女一人,適故懷州判官趙郡李穎之子。噫!以夫人之德,配清河公之貞,宜有以享矣。其德也,肅雍均養之稱焉;其貞也,恭默聿修之節焉。和鳴徒叶於載占,能敬俄悲於舉食。率是道也,何期不融。先以未偶通年,權厝於開封府浚儀縣黄溝鄉之趙村。至龍德二年壬午十有一月二十日,清河公以貳職居守,遂命崇吉奉夫人之喪,祔於河南府壽安縣甘泉鄉連理村先塋,禮也。祖述芬芳,其在通博,承命實録,固謝當仁。雖言無愧容,而詞不宣美,謹爲銘曰:

燮彼懿範,昭哉德音。典禮是則,人倫所欽。好合敬待,映古榮今。式爾侯族,光乎士林。萊婦鴻妻,見稱前史。率行可偕,配位非擬。將窮石窌,旋歸蒿里。盛美遺芳,豈能刊紀。

原載《全唐文補編》卷98

大唐故金紫光禄大夫檢校司徒行亳州團練使充太清宫副使上柱國兼御史大夫贈太尉隴西李公(重吉)墓志銘并序

中大夫、行尚書考功員外郎、柱國臣李慎儀奉敕撰

翰林待詔、朝散大夫、行太府寺丞臣權令詢奉敕書

若夫孝者德之本,死者人之終,顯敦行於純深,緊禀心於慷慨,邈英風而不朽,凜生氣以如存,臣子之道適全,貞諒之誠允塞,見危有立,知憤激於當年,樂善無徵,竟凄凉於千載者,則推之於故亳州太尉公矣。

公諱重吉,字保榮,今皇帝之長子也,母皇后劉氏。公少韞令問,夙欽奇表,含五行而挺秀,聞兩社以開祥。象載舟中,笑蒼舒之飾智;蟻封穴外,稽沛獻之成占。講陣勢於常山,鈞兵鈐於渭水,奉過庭而嗜學,審中律以通音。虎頭共仰於封侯,猿臂咸稱於飛將,威而不猛,樂且有儀,禀自天資,昭符國器。明宗皇帝方羈汗馬,始兆潛龍,式壯軍行,高陳勇爵。初署公爲成德軍節度押衙,充衙内右廂排衙軍使。天成元年,明宗皇帝登極,授銀青光禄大夫、檢校工部尚書兼御史大

夫、上柱國。二年春，加檢校兵部尚書，充匡衛步軍都指揮使。其冬，扈從乘輿討朱守殷，公首至汴上，環城傳堞，帶斷布以先登；擐甲執兵，抉懸門而直進。明宗面加褒錫，以賞殊庸。三年夏末，詔公統領本軍兵士，攻討定州，至其城下，殺戮契丹，告捷中朝，特降敕書制詔及頒賚銀器、繒帛等，仍宣賜青氈帳、紅錦戰袍。旋命捧聖軍使曹晟沿路獎諭，賜鐵甲一副，御馬半駟，駱駝二頭及羊酒、湯藥等。歸闕賞其功，除檢校尚書右僕射。明宗皇帝展祀圓丘，詔公爲整衣冠使，燔柴盛典，陪乘深榮，親惟尚於可尸，愛有隆於貽厥。禮畢，加檢校左僕射，充殿前控鶴都指揮使，寵增百揆，職總六閑，捧白日以傾心，侍清塵而接武，譽光麟趾，望逼犬牙。明宗皇帝俯厭萬機，將臨大漸，權門擅柄，藩邸弄兵，禁營之組練争陳，武庫之戈矛莫守。公躬嚴鋭衆，親禦凶威，催鋒克萃於天衢，飛矢兔驚於君屋。恩賜御衣一對，玉帶一條，旌致力也。其後幼主據位，讒賊挺灾，曾輕引進之恩，且惑矯詔之説，夾輔寧施於材幹，譏嫌相務於間離，玄拱極於本枝，奉頒條於出牧，遂以公爲亳州團練使、檢校司徒，充太清宫副使。於是敷惠和之政，篤廉讓之風。變慘爲舒，待布行春之令；感今懷昔，不逢祀夏之期。洎奸慝構言，中外疑貳，以今皇帝望尊冢嫡，道冠親賢，懼合應於廢昏，遂肆行於惡直。及歸昌啓瑞，昧爽戒期，纔興投袂之師，已潰如林之旅。於是執事者乃奪公珪符，拘於宋郡。左右勸以奔避淮泗，無蹈禍機，公以今皇帝曾非本心，獨沮群議，及辱居縲紲，壯志不回。於是對衆而謂曰："若以主上嘗懷大計，素蓄先機，天地神祇，必所知鑒。"乃指茶甌而誓之云："擲甌於地不如碎者，則主上之德可明，猜忌之情可見枉也。"乃舉而投之，略無傷缺，聚立觀者莫不嘆息，斯則昭昭之感有動於穹旻，款款之誠罔違於顛沛也。及京師播越，群黨憑凌，王子思歸，空緘永訣。將軍下世，誰恤沉冤，尋罹非罪，年二十八。

公夫人劉氏，故均州刺史知遠之女也，封彭城縣君，備容德之規，諧好合之美，事舅姑以婉聽，潔蘋蘩以敬恭。危禍之中，并命凶孽。聖上痛深天性，念切國禎，緬馳道以震心，慟維城而揮涕，追懷增欷，遐邇銜酸。建旃分憂，終鬱子牟之戀；翦桐無戲，未階唐叔之封。其年夏四月，上舉哀輟視朝三日，備禮册贈公爲太尉。於是下明詔，命有司議奉蒭靈,始還藁葬,仍遣控鶴指揮使李重謙往亳州監護改卜。以公無子,因宣重謙爲喪主焉。清泰元年十二月十九日,以公及夫人劉氏合葬於河南府洛陽縣清風鄉高村里,禮也。惟公炳靈積慶,資事孝忠,生雖限於有涯,義足彰於不泯。驥鳴東道,方躋逐日之程;鵬運南溟,忽墜垂天之勢。嗚呼!禮成同穴,恨咽重泉,列雙表之巖巖,掩佳城之鬱鬱,悲纏會葬,感極望思。爰詔下臣,陳兹勁節,叙事多處於漏略,幸絶愧辭,直書聊紀於徽音。敢刊貞石,謹爲銘曰:

氣禀中和,孝惟尚德。植操自持,當仁是則。圖功有立,臨危不忒。名動古今,道光家國。誰其兼者,公實宜之。多才多藝,聞禮聞詩。推誠侃侃,敬事孜孜。嘗登男爵,早奉靈旗。伐叛臨戎,教忠主器。屯否斯構,艱難盡瘁。懸旆心摇,凌霄翼墜。劍折倚天,戈投散地。志無後悔,冤深左遷。途窮靡惑,匭擲彌堅。甘期玉碎,羞將瓦全。雖死之日,猶生之年。念側宸嚴,痛均凡百。贈典載加,寵靈於赫。義貫金石,勛藏竹帛。思顯英猷,允敷玄澤。喪移譙郡,塋啓蘅臯。哀凝笳鼓,奠溢牲牢。原隰雲慘,松檟風號。貞魂永斷,信史攸褒。

原載《新出唐墓志百種》

唐故渤海縣太君高氏墓志銘并序

中大夫、行尚書都官郎中、知制誥諸國李慎儀撰

夫人姓高氏,渤海人也。曾祖諱璆,皇任飛龍副使。祖諱枚,皇任賀州刺史。父諱仁裕,仕於左神策軍,爲打毬行首。少以恭恪稱,洎職左廣。時承平且久,上之游宴,侍從之列,莫不慎擇。至於闢廣場、羈駿足,奉清塵於馳驟之際,對天顔於咫尺之間,莫不許其趫幹敏速,動由禮意。僖宗朝廣明中,使於淮南,徵上供徵賦。戎帥高駢以公之材足以爲牧,奏授楚州刺史。政術有聞,以疾即世。太君妣清河崔氏。父諱憆,皇任河東節度判官。太君適清河張滌,累官州縣,退居外地。後至雍京,時相見知,擢委職秩,歷官至蘇州別駕。昭宗自岐陽迴,將議東遷,乞假先往華州,至滻水爲群盜所傷,因至殞逝。時兵寇相接,道路甚艱,諸子奔赴其所,遂權厝於藍田縣。後還長安,歸

葬先塋。及乘輿幸洛邑,諸孤無所寄托。長子恭胤,頃年十二,除授朝議郎、蜀州司倉參軍、柱國。諸弟皆幼。太君勵之以孝悌,勉之以勤修。恭胤習小學,師楷隸之法,旋入翰林院,累膺恩渥,歷職三紀,始自藍綬,至於金章,凡一十三命。晨夕之下,就養無違,資序已崇,榮禄偕及,乞迴天澤,以慰慈親。於是特恩封渤海縣太君。恭胤清泰元年遷大司農,列於通籍,光寵既孚,誠爲輝映。屬太君遘疾,恭胤親視煎調,衣不解帶,禱祠齋醮,知無不爲,孝子事親,於斯見矣。太君以清泰二年七月十九日終於洛京彰善坊之私第,享年六十有九,恩錫賻贈布帛粟麥。太君親妹適故司空閻湘,有子曰光遠,職居翰林,官鴻臚少卿。恭胤弟曰恭美,經任密州輔唐、金州西城二縣主簿。次弟曰廷礪,守職彭門。女一人,適左領軍衛上將軍王陟,封清河郡君。恭胤有子五人,女四人。恭美之子二人,廷礪之子三人。太君勞謙以稟性,純慈以撫下,居家以柔婉見推,事夫以莊敬有裕。愛育諸小,姻私式瞻,婦道母儀,足以爲則。恭胤等銜恤在疚,曁光遠稟,尊夫人遂及之旨,稱家有無,以奉襄事。以清泰三年歲次丙申九月丁亥朔四日庚寅葬於河南府河南縣平樂鄉朱楊村,禮也。慎儀與楚州使君之崔夫人聯中外之戚,事舊稠疊,自幼而知太君之懿德,審恭胤之至性,緬懷陵谷,揮涕而書,幸無愧辭,俾及悠久。其銘曰:

表海華胄,銘座諸甥。世載其德,莫之與京。從夫婉敬,誨子嚴明。秩昇封縣,禄養農卿。義辭寄鮓,遺切嘗羹。藏舟既遠,逝水俄驚。煢煢孝友,相顧哀鳴。

孫子郭僧奉命書

原載《全唐文補編》卷 98

李盈休

後唐官員。歷任祠部員外郎、司勛郎中。

禁叙勛越次奏

奉詔:各令於律令格式内,抄出本司合行公事。本司職典勛官,近日凡初叙勛,便至柱國。臣見本朝承平時,至於位至宰輔藩臣,其勛亦從初叙。蓋示人歛歷功用之重也。勛格自武騎尉七品至上柱國正二品,凡十二轉。今後群官得叙勛首,並請自武騎尉依次叙進,無容隔越。

原載《全唐文》卷 849

申文炳

五代官員(910—959),河南洛陽人。後唐長興中進士及第,歷任校書郎、節度推官、觀察支使、縣令,右補闕。後晉時,任虞部員外郎、知制誥、金部郎中。後周廣順中,爲翰林學士、中書舍人、知貢舉。顯德六年(959)卒。

大唐故東北面都榷鹽制置使銀青光禄大夫檢校司空兼御史大夫上柱國清河張公(珽)墓志銘并序

忠正軍節度推官、將仕郎、試秘書省校書郎申文炳撰

文炳竊覽前史,見魏文帝有言曰:"夫人生有七尺之形,死爲一棺之土。縱使富且貴,固不足多尚,唯立德揚名可以不朽。"誠哉是言,所謂達理悟道者也。公諱珽,字美宗,河北鄴人也。其先實軒轅之胤緒,黄帝之子,生而有文在其手。左曰弓,右曰長,因封河内,遂世爲清河張氏。洎秦及漢,降晉與唐,代生偉人,名光汗簡,徵諸謚美,詎可輕談。曾祖諱瓌,皇許州别駕。祖諱環,皇邢州長史。列考諱勸,皇不仕,韜光林谷,遁世漁樵。平子四愁,靡形諷咏。啓期三樂,自足優游。先妣廣平程氏,截髪馳名,斷機示訓。公紀方思於薦橘,林宗俄感於置蒭。胡不享於年齡,而早棄於孝養。公弱不好弄,事皆生知,負倜儻之遠謀,挺英豪之逸操。富經術爲己任,設氣義爲身基。恒思高會風雲,豈肯久事筆硯。時南北對壘,朱李尋戈。公乃翻臂辭親,棄繻自誓。遂間道適長沙,委質於楚王扶風公麾下。王一見壯其應對,知其必爲用也,遂拔自偏裨,委之領袖。公家之利,知無不爲。因奏授檢校兵部尚書,加階銀青光禄大夫。及明宗皇帝副寓縣之樂,

推揖翠華於寶位。王以公言泉若涌,理窟自深,遂令貢玉帛,伸會禹之儀;慶魚水,達戴堯之志。時中書令安公執萬機政事,爲四海具瞻,榮一人則尺蠖坐可變蛟龍,辱一人則滄海立能致枯涸,雖權勢若是,而黜陟無私,嘉公有濟活之才,折衝之辯,遂留奏爲東頭供奉官,轉授尚書左僕射。既居捧日之班,竊慶從龍之便,步武禁闥,周旋歲時。一日,執政中令謂公曰:"子雖邇攀鱗,未足展驥,勉於操蘊,勿嘆滯淹。"俄而除延州節度副使,加授檢校司空。公出倅藩條,首冠僚佐,奉婉畫而映罇俎,裨善政而增袴襦。不幸主帥彭城公以暴疾捐館。公既權軍事,慮啓戎心,且緣境接豺狼,地當邊徼,金湯匪固,士卒甚驕,遂施權譎之謀,且振賞刑之令,無煩魯梓,罔惜賓金,自是中外安堵。馬不逾旬,慰諭使馳馹至,上錫詔嘉勞之。及替歸雙闕,才面重瞳,又授東北面都榷鹽制置使。公以局司浩穰,筦榷繁殷,何常不夙夜奉公,潔廉在位。語制轄則境越一千里,言利羨歲出百萬緡。賴公心計甚强,脂韋不染。連成兩課,皆集上都。今皇帝繼體,御乾之二載也。獲罷所任,有逸額錢絹鹽十餘萬貫匹碩。上於朝見曰:"顧問鹽鐵張丞相有何課最?"丞相以羨剩敷奏,上甚嘉納之。不意淫生六氣,效寡十全。將刮骨以誠非,縱易心而無及。孰謂藥非瞑眩,竟緣疾在膏肓。月墜中河,莫揖祖洲之草;舟藏夜壑,俄飛岱嶽之魂。徒興埋玉之嗟,竟叶夢薔之兆。以清泰三年正月一日啓手足於洛京安衆坊私第,享年五十三。嗚呼!風折楩柟,秋在而不留蒼翠;霜摧蘭蕙,春窮而無復芬芳。想節概而若存,痛儀形而奄謝。時論以公既集煮海之利,必隆列嶽之恩,而數召灾并時不我與。是知薛宣必相,誰曰偶然。李廣不侯,亦足賦兮。公先娶西河宋氏,懿淑外彰,賢和中積。繫六親之所重,諒四德之兼修。化石非難,萬里恒嗟於契闊;下機未及,九原遽奄於容華。生子二人,女二人。先公一紀而卒,即以其年四月二日合葬於河南縣金谷鄉石樓村,禮也。長子沼,檢校工部尚書、湖南節度押衙。精彼韜鈐,使於弓馬。方蓄從戎之勇,旋貽過隙之悲。娶武昌程氏,先公四年,鱗次而亡。次子浚,前守河南府參軍。先人後己,内智外愚。耽玩詩書,佩服仁義。俊掩一飛之鳥,名偕千里之駒。自公有疾也,寢食殆忘,櫛沐將廢。凡關粥藥,必自煎調,不見齒,不解帶,逾兩月而如是美哉,誠亦人子孝道之勤盡矣。娶始平馮氏,即故魏府節度副使蒙之女也。頗閑規範,能事舅姑。不爽和鳴,允符嘉耦。長女適魏郡申氏,早以疾亡。次女適平昌谷氏。公再婚彭城劉氏。玉映騰芳,鳳鳴叶兆。無掇蜂之讚訴,有刼鲊之嫌疑。兔絲方托於女蘿,鸞影旋孤於舞鏡。生子一人,年纔及悼。女一人,適武功蘇氏。文炳入洛之年,坦床見問,一聯姻好,八變星霜。抆淚濡毫,莫紀冰清之德。題棺乏思,慚無紙貴之辭。銘曰:

祥雲靄空,奇寶出地。作時之休,爲國之器。禮樂生知,弓冶不墜。智略神授,公之特異。薄財厚義,敦信累仁。交結金石,操執松筠。材貌落落,文質彬彬。柳楊懿範,公難與倫。受王侯知,爲朋友敬。爵禄自致,利名不竟。水土賜袟,浹洽承命。伊何及斯,公懋其行。降年不永,爲疾所縈。俄罹鬼瞰,奚與命争。龍□得地,馬鬣是營。黯愁雲兮不散,期白日兮流名。

將仕郎、前守棣州渤海縣主簿張璿書

原載《秦晉豫新出墓志搜佚續編》

王文秀

後唐官員。撰此志時署前房州軍事判官、將仕郎、試大理評事、兼監察御史。

大唐故光禄大夫檢校司徒前房州刺史兼御史大夫上柱國廣平郡宋公(廷浩)墓志并序

門吏、前房州軍事判官、將仕郎、試大理評事、兼監察御史王文秀撰

夫玄穹錫度,運列宿以膺臣;恢燾形儀,俾分符而佐后。厥攸盛觀,實乃焕焉;刊頌貞珉,斯可備矣。君孕姓綿遠,圖諜其標;矧胤緒以傳芳,故寧盡於本末。曾祖。祖真,皇任封州刺史、檢校司空。父瑶,皇任天德軍節度使、檢校太師兼中書令,贈魯國公。君諱廷浩,字漢源,即河東人也。家繼勛庸,門傳閥閱;祥符五百,運應半千。則乃

秉松桂貞姿,抱金石雅韻。言干典籍,顔示温恭。容貌何啻於潘安,風流豈殊於張緒。加以虎頭異相,猿臂奇能。善張飛馬上之能,得李廣箭頭之術。莊宗帝以君心勇鋭,以君行忠貞,特任親臣,委權禁旅,補奉聖指揮使。每傾輸壯節,恒撫遏雄師,共討梁妖,同興唐祚。奬之勤瘁,酬以竹符,除石州刺史、檢校司空。君威而不猛,政而不寬,露冕臨民,褰帷問俗,能除奸吏,善易訛風。瑞麥分歧,嘉禾合穗,千里著息肩之咏,一方聞鼓腹之歌。年限既深,除移遽至。仕庶相顧曰:"太守有牧民之政,若不留舉,何更舒蘇。"方議攀轅,已聞上路。耆艾積戀,疲羸慕賢,截耳鐙於馬前,回旌旗於郭外。既達天聽,須徇民心。乃降星車,重頒綸誥。贊殊功於史册,紀美政於貞珉,再任石州刺史。時遇莊宗晏駕,明帝禦極,爰念舊勛,特加新寵,除授良州刺史。次任沁州,加檢校司徒。次任原州,次任房州。君剛亦不吐,柔亦不茹,四十年修身,五六朝事主。效赤節即朝霞失色,罄清誠即秋水潛輝。或富而不驕,或貴而不溢。每習古人之行,益敦君子之規。每懷仁義趨時,常以謙和向物。昨房陵解印,梁苑朝天。值鄰寇以倡狂,方剪除於獫狁。聖上深思委用,付以檢巡。君比期竭節輸忠,報君親之煦育;平奸殄逆,表臣子之勤劬。豈期天不佑仁,世何容惡,俄乖防詐,遽致失機。於丁酉歲建未月二十七日薨於汜水,享年四十有一。嗚呼!明珠忽碎,玉樹何摧。朝野痛心,親族隕涕。聖上嘆其盡赤軫以全公,出中使以頒宣,錫金帛而吊問。仍加追贈,顯耀親族。故乃盛業彌芳,功名不墜。

君娶夫人隴西郡君李氏,莊宗之公主也。椒宫異彩,月殿芳姿,顯揚四德之規,益禀三從之訓。有子四人,長曰喜喜,次曰最醜,次曰彭彭,次日胡胡等,皆學同鮑謝,孝并曾顔,名未振於朝端,行可超於時輩。有女五人,長曰智嚴,素親禪理,早慕善緣,因披釋氏之衣,遽誤僧門之戒。次曰石十,次曰喜娘子,次曰小喜子,次曰住住等,雖聞幼稚,克備工容。有侄貳人,長曰延朗,前涇州别駕;次曰延韜,前良州司馬。

君即以其年十月二十三日安神於河南府河南縣伊汭鄉中梁里新創之塋。在禮也,匪奢匪儉;於時也,乃盛乃光。嗚呼!正在壯歲,又屬明朝，方追五馬之榮，比换雙旌之寵。雖繼嗣之道，保家爲元；在事主之中，致身是本。□□見君，向公盡忠之節也。文秀早將幽明，謬贊仁賢。方陳報補之誠，俄失依栖之道。今□□□□命，難議免辭；才雖愧於荒虚，事且備於刊勒。銘曰：

偉哉奇人，匡邦正臣。忠貞罕□，勛貴難倫。名行孤高，英雄獨美。潔白如霜，廉清似水。朝野推賢，藩垣仰德。内作股肱，外爲規則。方委魚符，將遷龍□。忽注逝波，俄沉謝月。轜車儼儼兮風斂塵，玉鐸珊珊兮阡陌新。天長地久兮已復已，君安兆宅兮福後人。

原載《五代墓志彙考》

康 澄

五代官員。後唐時任大理少卿，後周時任右散騎常侍。

詳斷楊漢賓奏

楊漢賓早列偏裨，曾分茅土。事若先於恕己，理不在於尤人，豈可忘姻婭之舊情，憑官資之威力，遽因毆擊，顯致訟論。自歸有過之門，須舉無偏之道。合該議減，亦舉律文。其漢賓前任黔南節度使，是三品使關入議，准律減一等，杖九十。准名例律："官少不盡其罪，餘罪收贖；罪少不盡其官，留官收贖。"其楊漢賓所犯罪，杖九十，准律贖銅九斤，准格每斤納錢一百二十文。

原載《全唐文》卷847

陳政事疏

臣聞安危得失，治亂興亡，誠不繫於天時，固匪由於地利。童謡非禍福之本，妖祥豈隆替之源！故雊雉昇鼎，桑穀生朝，不能止殷宗之盛；神馬長嘶，玉龜告兆，不能延晉祚之長。是知國家有不足懼者五，深可畏者六。陰陽不調不足懼，三辰失行不足懼，小人訛言不足懼，山摧川涸不足懼，蟊賊傷稼不足懼，此不足懼者五也。賢人藏匿深可畏，四民遷業深可畏，上下相徇深可畏，羞耻道消深可畏，毁譽亂真深可畏,直言蔑聞深可畏,此深可畏者六也。伏惟陛下尊臨南國,奄有八紘。蕩三季之澆風,振百王之舊典。設四科而羅俊彥,提五柄以御英雄。所以不軌不物之徒,咸思革面;無禮無義之輩,相率悛心。然而不足懼者,願陛下存而無論;深可畏者,願陛下修而靡忒。加以崇三綱五常之教,敷六府三事之歌,則鴻基與五嶽爭高,盛德共磐石永固。

原載《全唐文》卷 847

魏 逅

後唐官員。天成元年(926),任大理少卿。

申請慎勘囚徒奏

此後伏請指揮天下州縣,應所禁囚徒,不許州縣廂縣大小刑獄。委觀察使刺史慎選清强判官一員,於本廳每月二十六日兩衙引問,明置獄狀,細述事端。大則盡理推尋,小則立限决遣。其外縣鎮禁人,三日外具事節申本州府,仍勘問指揮。

原載《全唐文》卷 839

趙明吉

後唐官員。天成二年(927),官左補闕。

請修天下宫觀奏

竊見天下宫觀,久失崇修。蓋自朱温簒逆以來,例多毁廢。請下諸道,應本朝舊置宫觀近經毁拆者,皆勒增修,以奉祖宗,以宏孝治,光陛下中興之業,顯國家大道之源,復我真宗,寘兹永世。其兩京宫觀有公田,乞免科率,俾充齋糧,以給正名道士,庶懇志於焚修,期上元之福祐。

原載《全唐文》卷 839

郭存實

後唐官員。天祐十八年(921),任太原軍招信都厢虞候(晉王李存勖部下)。

郭存實造陀羅尼經幢

佛頂尊勝陁羅尼經

弟子太原軍招信都厢虞候郭存實,以天祐拾柒年庚辰歲暮春之季,無□□巡游到寺,復睹名山,瞻眺境奇。發願於羅漢樓前建立佛頂尊勝陁羅尼經石幢壹隻,□□□□□□□□□□□□石。存實所造,紹德意著,伏願烽烟早息,鐵騎罷征,四民樂業,五穀豐登。於□□□□□□□福,兩地骨肉安康,自身職禄日遷,保歡榮於□下。次願法男有□□沾□樂□□。時天祐十八年歲在辛巳四月丁巳朔十一日丁卯,太原郡大同軍□□□縣郭存實建。

沙門玄依,上座僧神。

原載《山右石刻叢編》卷9

楊　洽

鎮州節度使王鎔幕僚。

鐵火筯賦以堅剛挺質用捨因時爲韻

物亦有用,人莫能捐。惟兹鐵筯,既直且堅。挺剛姿以執熱,揮勁質以淩烟。安國罷悲於灰死,莊生坐得於火傳。交莖璀璨,并影聯翩。動而必隨,殊叔出而季處。持則偕至,豈彼後而我先。有協不孤之德,無愧同心之賢。至如玄冬方沍,寒夜未央;獸炭初熱,朱火未光,必資之以夾輔,終俟我而擊揚。焚如焰發,赫爾威張。解嚴凝於寒室,播温暖於高堂。奪功錦纊,挫氣雪霜。夫如是,則筯之爲用也至矣,於何不臧。鋭其末而去其利,端其本而秉其剛。信執箠之莫儔,何支策之足重。專權有杀,故我獨任而無成。雙美可嘉,故我兩莖而爲用。抱素冰潔,含光雪新。同舟檝之共濟,并輔車之相因。差池其道,勁挺其質。止則疊雙,用無廢一。雖炎赫之難持,終歲寒之可必。嗟象筋之宜捨,始階亂而傾社。鄙囊錐之孤挺,卒矜名於露穎。伊瑣瑣之自恃,獨錚錚而在兹。佐紅爐而罔忒,煩素手而何辭。因依獲所,用捨隨時。儻提握之不棄,甘銷鑠以爲期。

原載《文苑英華》卷 110

薛昭文

後唐官員。同光二年(924),任諫議大夫。

陳十事疏

臣聞夏德方衰,未顯中興之運;漢儀重睹,果成反正之功。稽其上代帝王,前朝基業,未有不中罹屯否,間有凶灾。是資明聖之謀,更廓靈長之祚。伏惟昭文睿武至德光孝皇帝陛下,繼漢大寶,纉禹鴻名。興牧野之師,功如破竹,拔朝歌之壘,疾若建瓴。俄平國家之讎,大刷人祇之憤,皇威遠振,睿德遐敷。自陛下應天順人,奄有諸夏,九州欣戴,萬國樂推。既混一於車書,方大定於區宇。藩服靡不入貢,戎夷靡不來庭。鋭旅雄師,無敵於當代;謀臣勇將,有備於中原。然則尚有凶悖之徒,竊據於屏翰;愚迷之輩,憑恃於江山,雖聞向化歸朝,猶敢改元僭號。在陛下武功天縱,百越不得不臣;在陛下文德日新,三苗不慮不格。夫人,乃邦之本,兵者,國之器。要在安其人而固其本,訓其兵而利其器。國富兵强,家給人足。臣有管窺十條,謹録奏聞,伏乞俯回聖覽。其一曰:陛下復聖唐之運祚,雪先帝之讎仇,戎狄尚解懷柔,藩服豈敢拒命?而今數處僭僞之地,尚未悛心。料此凶狂,必自覆滅。臣請陛下明宣睿算,大振天威。秣馬耀兵,亦不指名去處,且爲討逆伐叛之計。則狡妄之輩,饕餮之徒,聞我大國萬旅雲屯,六軍雷動,如此昏迷之黨,不俟赫斯之怒,經略之謀,彼必斂衽而朝,望風而潰,自願納款歸國矣。斯必有征無戰之道也。其二曰:臣伏見隨駕兵士,久經戰伐,咸著勤勞,皆忠勇以難儔,尚貧乏而未濟。雖陛下告成郊丘之後,大行賞給之恩,然而或未優豐,尚多覬望,非不知國力尚闕,天府未充。臣又聞自古皇王建基業,撫軍戎,未有不損玉帛,輕財寶,以餌於戰陣之士。是故先代撥亂之君,以此皆留意也。今以諸道上供錢物,進納不時,遂致朝廷薄於犒散,稍爲經度,以濟急須。近者藩臣貢奉慶賀財帛,及南郊或有經費羡餘物色等,伏請且據帑藏,更加頒賚先隨駕兵師,宴犒代潞州將健也。其三曰:臣竊見河南兵士,不少亦是先在僞廷,備經訓練,頗聞精鋭,皆堪征伐。自陛下平定汴州以來,尋曾選揀。或聞諸道分劈之時,未堪精細。或有勇悍者放歸田里,或有懦弱者留在軍都。當差發征行,則逃避諸處,以此散失,其數寔繁。請宣示租庸司先管兵帳所司,子細磨勘向來所係數額多少,兼取近年諸道所申逃背名帳較量,比舊額少剩,即知元數減耗。臣聞夫軍伍者,以豐財爲務,以重賞爲先。其河南道先管兵士,伏慮三數處僭號不臣之地,以厚利誘之,歲月滋深,耗蠹必甚。請陛下詔敕,令在京及諸道常加點齪安撫,兼勤給其衣糧,務令得所。仍乞嚴敕邊界要害津鎮,寅夜鈐轄,無令透漏。兼先有放歸農畝者,亦請指揮州縣鎮浦點檢姓名,常知所在,或緩急追呼;稍有前却者,請罪本處軍吏節級等。庶耕耨不隳,征伐有備。儻陛下納臣所奏,則不臣之人,知國家訓戎講武,繕甲治兵。彼之凶徒,必懷慴懼,則旦夕相率,有臣事本朝之計。脱使賞給不充,撫養不至,非唯士卒生劫掠之心,抑以部伍有遁逃之者,必慮夫多投逆臣之境,更資悖慢之性也。其四曰:臣竊見諸道百姓,皆陛下赤子,爰自比年以僞廷徭役頻仍,租賦繁重,饋挽不已,疲敝益深。既不聊生,率多逋竄。雖有德音軫恤,未聞時降招攜。亦請宣取租庸司,應河南先在僞廷户口文帳,磨勘從前多少數目,兼勘諸道所申近年見管及流亡户口,即知人物增減。此則慮僭僞之處,多方招誘,伏乞特降優詔,委所在觀察使、刺史官吏已下,設法撫綏。事件無損於官,有益於人者,仰二縣條貫申奏,仍請下中書量其利便,並許施行。本分税租,稍令假借,諸雜科徭,特與減等,以表撫俗安民,興邦固本之道也。其五曰:本朝至德年平禄山之後,復京洛之初,兵革之餘,生聚凋瘵,屢降恩詔,撫恤生靈。仍遣使臣,訪問閭里。今陛下嗣守鴻業,光啓雄圖,故事前規,可得敬而行之。伏請每年准舊事出郎官御史忠良廉潔明幹堪充使者,令散往諸道采訪賢良,撫問疾苦,務安兆庶,以拯疲民也。其六曰:竊以僞廷僭號,俄逾一紀,連年徵剥,繁日科徭,士不聊生,人不堪命,生聚塗炭,户口流亡。河南之民,皆企踵側身,日望陛下復我唐之鴻基,慰兆民之疾痛。今陛下吊民伐罪,新有中原,所宜簡省斧斤,未欲增修宫室。昔漢文帝將起露臺,計百金之費,且曰"百金,中人十家之産,吾有先人宫室,何事臺爲?"遂罷。天下聞之,萬古稱漢文之儉德也。臣竊以陛下以慈愛爲心,以孝理爲念,聖德日新,又何讓於漢文矣。伏惟陛下慕唐堯土階之事,善夏禹卑宫之規,停土木之工,止營構之役,斯則區夏欣悦,億兆歌謡,自然平揖唐堯漢文之至化也。其七曰:臣聞漢祖初入咸陽,令蕭何收秦之圖籍;及高祖神堯皇帝平定關中,亦先收隋室群書。仍聞歲降使天下搜訪,其後盈溢於石渠、東觀,充滿於秘閣、蘭臺,以是兩漢之時詩書之盛,與三代同風也。自貞觀開元之後,文物焕然,何止同風,可謂超冠於三代也。今陛下嗣周景祚,紹禹靈圖,睿藻日新,盛文天授,崇文允武,咸五登三,將恢偃戢之規,在廣訪搜之道。伏請降使采訪天下圖書,以示武王偃革,虞舜舞干,致太平之永遠也。其八曰:臣聞惟王建國,辨方正位。况河洛之名都,帝王之二宅,爲萬國輻凑之地,乃四方表則之邦。若不廣闢康莊,何以壯觀輦轂?自喪亂以來,兵火之後,九衢荒廢,但長荆榛,廣陌蕭條,唯滋蔓草。今陛下富有四海,作宅神都,當六龍游豫之時,是萬方朝聘之日。洛陽大道,所宜法於前規,鼎邑長衢,豈可隳於舊制?其都城六街,請下河南府及左右金吾,仰仍舊一依古制,分擘廣狹步數,不得縱任居人侵占,俾朝會之地免有湫隘之弊也。其九曰:臣伏見諸司行事官,或歷任分明,而選限尚遠。或出身欠少,入仕無門。聞陛下應千年之運,建一統之功,謂聖日炤臨,幽顯不陋,皆辭親裹足,迢遞而來,冀郊禋之時,希求恩澤。今所司磨勘駁放,十分去其九分,訪問駐京日,多客舍窮悴,其見在未出京者。伏乞降宣旨,稍賜慰安,或有粗堪任使者,即乞委銓司量才注擬;不堪拔擢者,亦聊錫資財,以濟歸路,所以閔職勞而示君德也。其十曰:諸戒牧馬務履踐京畿百姓苗稼,請於隙地置牧場。伏惟陛下察臣愚衷,納臣短見,俾令遐邇知大君撥亂之功,是使黔黎荷聖主無私之德也。

原載《册府元龜》卷547

張繼業

後唐官員。曾任河陽留後、檢校太保。

劾張繼孫非親弟疏

弟繼孫本姓郝,有母尚在。父全義養爲假子,令管衙内兵士。自皇帝到京,繼孫私藏兵甲,招置部曲,欲圖不軌。兼私家淫縱,無别無義。臣若不自陳,恐累家族。

原載《全唐文》卷843

張 竇

後唐官員。莊宗時任知制誥。

加錢鏐爵敕

皇帝若曰:王者惠濟黎元,輯寧方夏,重名器,任股肱。忠而能力則禮崇,賞不失勞則人勸。所以啓周公之土宇,裂漢祖之膏腴者,録彼茂勛,寘諸異數,登進賢哲,焜耀事功也。惟爾天下兵馬都元帥、尚父、尚書令、吴越國王,潮海靈源,承天峻嶽,以英風彰德望,以勇氣贊忠貞。往因義舉之徒,盛推韜略;遂著襲封之績,高步藩維。挺魚鯤鳥鳳之姿,擁岸虎水龍之衆。居方面任將五十年。宣導休聲,攘除凶醜。擁堅奮鋭,鄙許東固圉之謀;阜俗頒條,廣冀北安居之頌。環塹浙江之要,雲屯星紀之墟。説禮敦詩,位崇元帥。前旄後節,名重中原。守畫一之規,奉在三之節。信立靡移於風雨,義行曷倦於津塗。效珍而不顧險難,薦幣則常歸宰府。振英謀而端右弼,鍾懿號而異列藩。可謂貢職不乏,梯航時至。翼戴天子,加之以恭也。載念尊獎,爰示徽章。今遣正議大夫、守尚書令吏部侍郎、上柱國、贊皇縣開國男、食邑三百户、賜紫金魚袋李德林,副使朝議郎、守起居郎、充史館修撰、賜緋魚袋聶璵持節備禮,胙土苴茅,册爾爲吴越國王。於戲!地奄數圻,賦過千乘。墨守闔閭之境,軌圉勾踐之封。子弟量才序進,多分於棨戟;土疆漸海方輪,豈限於魚鹽。貴盛富强,雖古之封建諸侯,禮優夾輔,不加於此。慎厥始,圖厥終。無以位期驕,無以欲敗度。欽承賜履,翼予一人。汝嘉。

原載《吴越備史》卷1,《五代史書彙編》

郭廷誨

後唐官員。樞密使郭崇韜之子。崇韜被誅,廷誨隨父死於蜀。

對祭闕頒誥判

所司有禮事,不頒誥所由斷,徒訴不伏。

對:於糾禮官,無辱祀典,欽若天地,肅恭神人,如何有司失其頒誥。將季氏之暗,失由也之質明。致使槱燎不供,難爲象祭;爟火無設,便乖漢典。宗伯或差於三望,太常乍闕於六宗。職此之由,而襲其守。而天秩有禮,罔不克集。寘以徒坐,復何疑焉。

原載《文苑英華》卷519

對復以冕服判

甲復以冕服,御史糾其違失。

對:生也有涯,死而必復。苟或不率,克有常憲。故國備典訓,禮陳等威。虞人以具階崇,壯士以奉職。若禱其五祀,則事始東榮。或問以三號,而復行左轂。自適變通之要,夫何過差之有。惟甲向者,以冕而復。同鄶人之失德,刺起素冠;齊魯俗之虧喪,僭彰元毳。既非五等之列,須異九儀之品。何乃不類,袛自塵兮。非不猷是經,而峻簡斯糾。違失之禮,其難捨諸。

原載《文苑英華》卷520

韓彦惲

後唐官員。歷任左散騎常侍、户部侍郎、秘書監、户部尚書。

祫禘議 長興元年九月

伏以三年祫而五年禘，邃古通規；祖有德而宗有功，前王令範。始封爲百代之主，親盡從群廟之祧。由是昭穆罔差，尊卑式叙。標諸前典，是謂格言。我國家土德中興，瑶圖再造，既展郊禋之禮，爰崇禘祫之儀。典册畢陳，孝思無極。恭以本朝尊受命之祖，景皇帝爲始封之君，百代不遷，累朝頻議。自貞觀至於天祐，無所改移，聖祖神孫，左昭右穆。洎經兵革，久廢蒸嘗，蕪没宫庭，陸沉園寢。迨夫中興國祚，重立宗祊，議出一時，制行七廟，遂致太祖景皇帝在祧廟之數，不列祖宗。伏惟聖明神武文德恭孝皇帝陛下紹復鴻圖，不失舊物，欲尊太祖之位，將行東向之儀，爰命群臣，畢同集議。伏詳本朝列聖之舊典，明皇定禮之新規。開元十年，特立九廟，子孫遵守，歷代無虧。今既行七廟之規，又已祧太祖之室。昔德宗朝，將行禘祫之禮，顔真卿立議，請奉獻祖神主居東向之位，景皇帝暫居昭穆之列。考之於貞元，則以爲誤引之説；行之於今日，雅得其變禮之宜。今欲請每遇禘祫之歲，暫奉景皇帝居東向之尊，自元皇帝已下，叙列昭穆。群寮聚議，貴在酌中。臣等謬列周行，咸非博識，約其故事，庶叶典章。

原載《册府元龜》卷593

崔 衍

後唐官員。歷任給事中、御史中丞、兵部侍郎。

乞省請左魚歸郡契合奏

當省給納諸州銅魚，勘問本行令史狀稱：内庫每州有銅魚八隻：

一隻大,七隻小;兩隻右,五隻左。其右銅魚一隻,長留在内,留一隻在本州庫,逐季申報平安。左魚五隻,皆鎸次第字號。每新除刺史到郡後,即差人到當省請領左魚,當司覆奏。内庫次第出給左魚一隻,當省責領分付到州,集官吏取州庫右魚。契合,却差人送左魚納省。如别除刺史,州司又請,次第左右,周而復始。臣以州司差人請魚,往來須有煩費,請此後所除刺史在京受命,或經過都城者,可令自牒當省,請左魚齎歸本郡。契合,然後差人納省。所冀稍免煩勞。

原載《全唐文》卷 847

李 疇

後唐官員。長興元年(930),官宗正丞。

請禁陵封内開掘奏

京畿内列聖園陵,自兵亂後,來人户多於陵封内開掘燒磚窑竈,掘斷岡阜,驚動神靈。此後請嚴切禁止,奉陵州縣,凡有封内窑竈,並宜修塞。

原載《全唐文》卷 848

趙 和

後唐官員。明宗時,任西川雲南使。

對縣令不修橋判

長安萬年縣坐去歲霖雨不修城内橋,被推按訴云,各有司存不伏科罪。

對:中京帝宅,上洛星橋,宫城俯臨,九重密邇。康莊或斷,一切停留。架海黿鼉,誰看往迹。填河烏鵲,不見新營。冠蓋相喧,遏紅塵而不度;車徒競擁,駐白日而移陰。修構既在科須,差遣誠歸正典。

事合屬於將作,不可責以親人。訴者有詞,請停推勑。

原載《文苑英華》卷 545

對私雇船渡人判

洛水中橋破,絶往來渡。縣令楊忠以爲時屬嚴寒,未可修造,遂私雇船舫於津所渡人。百姓杜威等,連狀舉忠將爲幹濟,廉使以忠懦弱,不舉職事以邀名,欲科不伏。

對:上洛飛湍,中橋施構。參差危柱,若星影之全開;斷絶浮梁,似虹光之半起。望九衢之車馬,未見川流;瞻兩岸之風烟,更疑波委。楊忠宣風帝輦,作宰神州。以修造之辰,當沍寒之節,私估船舫,公然來往。論惠雖是恤人,語事更非濟物。且雨畢理道,水涸成梁,莫不率由舊章,抑亦編諸甲令。故違憲法,自寘刑科。廉使以懦弱繩愆,正符厥理。杜威以幹濟連狀,未識其宜。

原載《文苑英華》卷 545

吕朋龜

後唐官員。天成中,任太常博士、祠部員外郎。

少帝謚號議

謹按《禮》經:"臣不誄君,稱天以謚之。"是以本朝故事,命太尉率百僚奉謚册,告天於圜丘,迴讀於靈座前,並在七月之内,謚册入陵。若追尊定謚,命太尉讀謚册於太廟,藏册於本廟。伏以景宗皇帝頃負沈冤,歲月深遠,園陵已修,不祔於廟,則景宗皇帝親在七廟之外。今聖朝申冤,追尊定謚重新帝號,須撰禮儀。又《禮》云:"君不逾年,不入宗廟。"且漢之殤冲質,君臣已成;晉之惠懷愍,俱負艱難。皆不列廟食,止祀於園寢。臣等切詳故實,欲請立景宗皇帝廟於園所,命使奉册書寶綬,上謚於廟,便奉太牢祀之。其四時委守令奉薦,請下尚書省,集三省官,詳議施行。

原載《全唐文》卷 848

劉虔膺

後唐官員。長興二年(931),官遼州和順縣令。

上時務奏

里俗有父母在而析財别居,又宗族之間或有不義凌其孤弱者,請行止絶。

原載《全唐文》卷 848

蔡同文

後唐官員。長興三年(932),官國子博士。

請增七十二賢酒脯奏

伏見每年春秋二仲月上丁,釋奠於文宣王,以兖國公顔子配坐,以閔子騫等爲十哲排祭奠。其七十二賢圖形於四壁,面前皆無酒脯。自今後,乞准本朝舊規,文宣王四壁諸英賢畫像面前,請各設一豆一爵祠饗。

原載《全唐文》卷 848

武成王廟四壁設酒醢奏

伏見武成王廟中,每上戊釋奠,漢留侯張良配坐,武安君吴起等爲十哲。當排祭之時,止于武成王、張良十哲面前,其范蠡等六十四人圖形於四壁,面前竝無酒醢。自今後,乞准本朝舊制例,武成王廟四壁諸英賢畫像面前,請各設一豆一爵祀享。

原載《五代會要》卷 3

崔　琮

後唐官員。長興中,官濮州録事參軍。

鳳翔李業河東李拭並加招討使制

邊境未寧,固資於選帥。輪轅適用,必在乎與能。無煩易地之勞,各副長城之委。鳳翔節度使、檢校刑部尚書李業,生自將門,久知虜態,悦詩書而不倦,索韜鈐而甚精。河東節度使、檢校禮部尚書李拭,早膺儒冠,克擅文場,幼挺瑚璉之姿,尤通冉季之政。並累更重任,必播能名。或居劇塞而練卒討羌,或領北門而克己訓士。皆勤勞備著,功效居多。朕以右輔之新拓土疆,是資綏緝;大鹵之連控戎落,尤藉隄防,或更户封之崇,或仍舊貫之美,各膺新命,無替前勞。

原載《全唐文》卷 848

請置病囚院疏

諸道獄囚,恐不依法拷掠,或不勝苦致斃,翻以病聞,請置病囚院,兼加醫藥。

原載《舊五代史》卷 147

路 航

五代官員。後唐長興中,任太常博士。後晉時任尚書郎、參知鄭州事。

詳斷張延雍等奏

准格:詐爲制敕,僞行符印,罪當絞。其令史吴知己,准格重杖一頓處死。本司官祠部郎中王承弁,初不精詳,致彼罔冒,准詐僞律,合杖九十。如已去官,則減等。今王承弁已别除官,據格放罪。門下令史陳延祐,雖不與吴知己同情,有涉屬托,准律杖一百放堂。後官何康初言屬托不至瑕疵,准律杖罪。吕道昭、李玩、吕圖事雖關連,别無深罪,准格並合釋放。諫議大夫張延雍,補蔭自有格文,催促失於事體。言苛克之語,雖是見人;據引驗之詞,蓋亦虚指。伏候敕處分。

原載《全唐文》卷 848

申嚴祀典議

比來小祠已上,公卿皆著祭服行事。近日惟郊廟太微宫具祭服,五郊迎氣日月諸祠,並衹常服行事。兼本司執事人等,皆著隨事衣裝。狼籍鞋履,便隨公卿升降於壇壝。按祠部令:中祠已上,應齋郎等升壇行事者,并給潔服,事畢收納。今後中祠已上,公卿請具祭服,執事升壇人并著具緋衣幘子。今臣檢禮閣新儀,太微宫使卯時行事,近年依諸郊廟例,五更初便行事。今後請依舊以卯時。

原載《全唐文》卷 848

李元龜

五代官員。清泰中,任刑部郎中。後晉時任左諫議大夫。

請令貶降官歸葬疏

開成格:凡貶降官本處,春秋以存亡報省。如没於貶所,有骨肉,許歸葬;如無骨肉,本處便與埋葬。

原載《册府元龜》卷 476

徒流放還依律處分奏

准《開成格》:應斷天下徒流人到所流處,本管晝時申御史臺,候年月滿日申奏,方得放還本貫。近年凡徒流人,所管雖奏,不申御史臺,報大理寺,所以不知放還年月。望依格律處分。

原載《五代會要》卷 9

劉　贊

後唐官員(875—935),魏州(今河北大名東北)人。唐末進士及第,後梁歷任諸鎮巡官。後唐莊宗時,任金部員外郎、鹽鐵使判官;明宗時,任知制誥、中書舍人、御史中丞、刑部侍郎。清泰二年(935)卒。

請申法令疏

臣聞信者使民不惑，義者使民知禁。非信無以彰明德，非義無以顯聖猷。此乃三代英風，百王令則。伏惟陛下恭臨寶位，虔紹鴻圖，握金鏡而照萬方，運璇璣而調四序。遐敷至德，廣納忠言，凡列周行，許陳封事。雖皆聽覽，而尚寡依行，縱所依行，亦未遵守。自此或有益國利人之術，除奸去弊之謀，可以擇其所長，便爲永制。仍乞特頒詔令，峻立條章。豈唯示信義於域中，抑亦振威風於海内。既遵法度，必致治平久。

原載《册府元龜》卷 553

乞詔所司重定朝儀奏

往例，應諸道節度使及兩班大僚，凡對明庭，例合通唤。近日全廢此儀。伏乞特詔所司重定向來格品，若合通唤，準舊施行。中書帖四方館，令具事例，分析申上。據狀稱，舊例節度使新除中謝，及罷任赴闕朝見，合得通唤。文班三品以上官、武班二品以上官，新除中謝及使回朝見，亦合得通唤。

原載《五代會要》卷 6

夏侯坦

後唐官員。清泰三年(936)，任司門郎中。

申明關防奏

去年六月，詔京百司舉本司公事，當司官屬關令丞及京城諸色人出入過所事，久不施行。其關牙官守捉權知者，伏以關防以備奸詐，令式素有規程，既奉綸言，合申職分。關防所過，請准令式。

原載《全唐文》卷 849

張守吉

後唐官員。清泰三年(936)，任吏部員外郎。

請量減重囚封事

伏睹兩道興兵，所宜備慮。臣恐京師天下州府所禁囚徒，獄户不完，凶徒多狡。或逾垣破械，結黨連群。或聚緑林，或奔逆壘。以此爲患，事狀非輕。臣望所禁重囚，除惡逆放火殺人外，可恕者量減本罪一等斷遣。兼州縣近山澤人烟闊遠處，量令州縣置鋪警巡，以防聚集。

原載《全唐文》卷849

馬　勝

後唐官員。清泰中，官深州司功參軍。

上封事疏

夫道貴適時，謀須應務，不可專遵前古，不可苟徇今時，必在合宜，方能致理。臣見賊盗律，凡盗竊資財多少及放火燒場，據所燒物數爲錢數裁斷。比來法司常行此律令，若情敦去殺，道在恤刑，欲令惡鳥移聲，小人革弊，致風行草偃，須以猛濟寬。臣竊見鄉村人有殺牛、賭錢、嗜酒、不事家産者，初則恣其凶頑，後則利於財物，若以嚴刑止絶，因兹蟻結蜂屯，便成群盗耳。臣以爲但是竊盗，不計財物多少，及放火劫舍，并望且行極法，俟餘風稍殄，澆俗既移，然後用輕刑，未爲晚也。臣又見諸州置捕賊巡務，比來以備警巡，近者却被爲非人詐爲巡司，劫盗閭里，既難辯認，爲惡滋深，乞一切去除此務。凡盗賊出於百姓，其原出於屠牛、賭博、飲酒、不務營生，請下諸州府巡屬，普令沙汰此色之人，嚴刑條法，則無盗矣，何必别置巡司。臣又見州縣鄉村有力户，於衙府投名服事，如有差役，秖配貧下户。臣請州縣節級立定人數，其餘令歸田里，即不困貧民。

原載《册府元龜》卷533

蕭　淵

後唐清泰時人。

褚氏遺書序

黄巢造變,從亂群盗發人冢墓,掘取金寶。遇大穴焉,方丈餘,中環石十有八片,形制如椁。其蓋穴石題曰:"有齊褚澄所歸。"啓蓋,棺骨已蛇蟻所穴。環石内向,文字曉然。盗疑兵書,移置穴外視之,棄去。先人偶見讀徹,囑鄉鄰慎護。明年,具舟載歸,欲送官以廣其傳。遭時兵革不息,先人亦不幸。遺命"異物終當化去,神書理難久藏。其以褚石爲吾椁之石,實隱則骸骨全。褚石或興,吾名亦顯。淵募能者,調墨治刻百本散之。"餘遵遺戒。先人諱廣,字叔常。

原載《全唐文》卷 849

史在德

後唐官員。末帝時,任太常丞。

朝廷任人濫進疏

朝廷任人,率多濫進。稱武士者,不閑計策,雖披堅執鋭,戰則棄甲,窮則背軍。稱文士者,鮮有藝能,多無士行,問策謀則杜口,作文字則倩人。所謂虚設具員,枉耗國力。逢陛下維新之運,是文明革弊之秋。臣請應内外所管軍人,凡勝衣甲者,請宣下本部大將,一一考試武藝短長,權謀深淺。居下位有將才者,便拔爲大將。居上位無將略者,移之下軍。其東班臣僚,請内出策題,下中書令宰臣面試。如下位有大才者,便拔居大位。處大位無大才者,即移之下僚。

原載《全唐文》卷 849

張延朗

後唐大臣,汴州開封(今河南開封)人。後梁時任鄆州糧料使,後長期追隨唐明宗,爲元從孔目官。長興元年(930),始置三司使,以張延朗爲之。末帝即位,授中書侍郎、平章事、判三司。後晉建立時,被殺。

請節國用表

臣濫承雨露，擢處鈞衡，兼叨選部之銜，仍掌計司之重。況中省文章之地，洪爐陶鑄之門，臣自揣量，何以當處。是以繼陳章表，疊貢情誠，乞請睿恩，免貽朝論。豈謂御批累降，聖旨不移，決以此官，委臣非器。所以强收涕泗，勉遏怔忪，重思事上之門，細料盡忠之路。竊以位高則危至，寵極則謗生，君臣莫保於初終，分義難防於毁譽。臣若保兹重任，忘彼至公，徇情而以免是非，偷安而以固富貴，則内欺心腑，外負聖朝，何以報君父之大恩，望子孫之延慶。臣若但行王道，唯守國章，任人必取當才，決事須依正理，確違形勢，堅塞倖門，則可以振舉弘綱，彌縫大化，助陛下含容之澤，彰國家至理之風。然而讒邪者必起憾詞，憎嫉者寧無謗議？或慮至尊未悉，群謗難明，不更拔本尋源，便俟甘瑕受玷。臣心可忍，臣耻可銷。只恐山林草澤之人，稱量聖制；冠履軒裳之士，輕慢朝廷。

臣又以國計一司，掌其經費，利權二務，職在捃收。將欲養四海之貧民，無過薄賦；贍六軍之勁士，又藉豐儲。利害相隨，取與難酌，若使罄山采木，竭澤求魚，則地官之教化不行，國本之傷殘益甚，取怨黔首，是黷皇風。況諸道所徵賦租，雖多數額，時逢水旱，或遇蟲霜，其間則有减無添，所在又申逃係欠。乃至軍儲官俸，常汲汲于供須；夏税秋租，每懸懸於繼續。況今内外倉庫，多是罄空；遠近生民，或聞饑歉。伏見朝廷尚添軍額，更益師徒，非時之博糴難爲，異日之區分轉大。竊慮年支有闕，國計可憂。望陛下節例外之破除，放諸項以儉省，不添冗食，且止新兵，務急去繁，以寬經費，减奢從儉，漸俟豐盈，則屈者知恩，叛者從化，弭兵有日，富俗可期。

臣又聞治民尚清，爲政務易，易則煩苛并去，清則偏黨無施。若擇其良牧，委在正人，則境内蒸黎，必獲蘇息，官中倉庫，亦絶侵欺。伏望誡見在之處官，無乖撫俗；擇將來之莅事，更審求賢。儻一一得人，則農無所苦；人人致理，則國復何憂。但奉公善政者，不惜重酬，昧理無功者，勿頒厚俸，益彰有道，兼絶徇情。伏望陛下念臣布露之前言，閔臣驚憂於後患，察臣愚直，杜彼讒邪。臣即但副天心，不防人口,庶幾萬一,仰答聖明。

原載《舊五代史》卷69

州縣徵科賞罰奏

州縣官徵科賞罰,列縣令、録事参軍正官,一年依限徵科了絶,加階。二年依限,與試銜。三年總及限,與服色。如攝令録,一年内了絶,仍攝。二年三年内總及限與真命;主簿一年、二年如縣令條,三年總了,别任使。本判官一年加階,二年改試銜,三年轉官。本曹官省限内了絶,與試銜轉官。諸節級三年内總了絶者,與賞錢三十千。其責罰,依天成四年五月五日敇。

原載《冊府元龜》卷633

趙德鈞

後唐大臣(?—937),幽州(今北京西南)人。唐末爲劉守光部下軍校,守光敗,投奔莊宗,歷郡守、節度使。其子趙延壽尚明宗女興平公主,故其父子在明宗朝備受寵信,鎮守幽州十餘年,累官檢校太師、兼中書令,封北平王。石敬瑭據太原反,向契丹求救,趙氏父子奉命出擊,却向契丹獻誠,求立爲帝,契丹主不許。後唐滅亡後,趙氏父子被鎖歸契丹。天福二年(937)卒。

奏契丹阿保機薨逝狀

先差將軍陳繼威使契丹部内,今使還得狀稱:今年七月二十日,至渤海界扶餘府,契丹族帳在府城東南隅。繼威既至,求見不通。竊問漢兒,言契丹主阿保機已得疾。其月二十七日,阿保機身死。八月三日,隨阿保機靈柩發離扶餘城。十三日至烏州,契丹主妻始受却當府所持書信。二十七日至龍州,契丹主妻令繼威歸本道。仍遣撩括梅老押馬三匹充答信同來。繼威見契丹部族商量,來年正月葬阿保機於木葉山下,兼差近位阿思没姑餟持信,與先入番天使供奉官姚坤同來,赴闕告哀。兼聞契丹部内取此月十九日一齊舉哀。朝廷及當府前後所差人使,繼威來時見處分,候到西樓日,即並放歸。

原載《全唐文》卷 849

氾通子

後唐天成中敦煌人。

氾通子題記

夫長(彰)願力者,必至人天之道;崇妙行者,皆超解脱之功。願行雙修,因果俱備,金輪寶位,盛在斯焉。厥有弟子氾通子,出生善世,長發勝心;十善不闕而護持,八齋長崇於四季。乃因府主修建龍泉寺□次,大捨不能,謹於徘徊西側割捨衣食,敬繪觀世音菩薩一軀並侍從,莊飾功畢。先奉爲龍天八部護佐郡人;使主尚書,永押邊府;次爲亡過姟妣,識坐蓮臺;己躬合家,無諸灾障。功德告罷,略記歲年,永充供養。

天成三年戊子歲九月十七日題記。

原載敦煌文書 P. 3490 背

鄭韜光

五代官員(861—940),洛京河清(今河南濟源西)人。唐末,歷任秘書郎、集賢校理、太常博士、户部郎中、太常少卿、諫議大夫、給事中。後梁時貶寧州司馬。後唐累官尚書左、右丞。後晉任户部尚書。天福五年(940)卒。

請斷罪詳檢格律奏

臣聞《春秋傳》曰:"將賞爲之加膳,將刑爲之徹樂。"此明君之愛人也。伏乞下大理、刑部兩司,凡經定罪之時,結正之際,遍覽格律,檢驗盡舉,敕文討尋,俾獲罪者甘心,受罰者無怨。人知法有畫一之義,律無再易之門。

原載《冊府元龜》卷 475

請禁州使影占人户奏

諸縣力及人户,多爲州使影占。或臺省投名,惟貧民客户,在縣應役。例有不均之嘆,且多僥倖之流,請議禁止。

原載《全唐文》卷 850

劉安文

後唐官員。同光中,任權土客軍都虞候、檢校刑部尚書、兼御史大夫。

後唐劉安文造象

敬鐫造阿彌陁佛壹身,右奉爲亡室扶風郡惠氏,以同光景戌載六月景戌朔十六日辛丑,設齋表贊訖。權土客軍都虞候、檢校刑部尚書兼御史大夫劉安文記。

原載《金石苑》卷 2,清道光刻本

李　超

後唐官員。長興中,官著作郎。

請修秘書監奏

秘書監空有省名,而無廨署。藏書之府,無屋一間,無書一卷,非人文化成之道。請依六典創修之。

原載《全唐文》卷 865

盧文進

後唐大將,范陽(今北京西南)人。早年爲劉守光騎將,後投唐莊宗,頗受重用。梁晉争衡時,又投奔契丹,任幽州兵馬留後,對發展契丹經濟、文化貢獻頗大。天成二年(927),率衆十五萬投奔中原,明宗大喜,授其滑州節度使。後晉建立後,盧文進遂南下投奔南唐,任宣州節度使。後卒於金陵。

自契丹還上唐明宗表

頃以新州團練使李存矩提衡郡邑,掌握恩威,虐黎庶則毒甚於豺狼,聚賦斂則貪盈於溝壑。人不堪命,士各離心。臣即抛父母之邦,入朔漠之地。幾年雁塞,徒向日以傾心;一望家山,每銷魂而斷目。李少卿之河畔,空有怨辭;石季倫之樂中,莫陳歸引。近聞皇帝陛下皇天眷命,清明在躬,握紀乘乾,鼎新革故。始知大幸,有路朝宗,便貯歸心,祇伺良會。臣十月十日决計殺在城契丹,取十一日離州,押七八千車乘,領十五萬生靈,十四日已達幽州。

原載《全唐文》卷 870

桂 琛

後唐僧人(867—928),常山(今河北元氏西)人。幼投本郡萬歲寺,依無相大師出家。後住漳州龍溪羅漢院。天成三年(928)卒。

明道頌

至道淵曠,勿以言宣。言宣非指,孰云有是。觸處皆渠,豈喻真虚。真虚設辨,如鏡中現。有無雖彰,在處無傷。無傷無在,何拘何閡?不假功成,將何法爾?法爾不爾,俱爲脣齒。若以斯陳,埋没宗旨。宗非意陳,無以見聞。見聞不脱,如水中月。於此不明,翻爲剩法。一法有形,翳汝眼睛。眼睛不明,世界峥嶸。我宗奇特,當陽顯赫。佛及衆生,皆承恩力。不在低頭,思量難得。拶破面門,□覆乾坤。快須薦取,脱却根塵。其如不曉,謾説而今。

原載《全唐文》卷 921

道 清

後唐天成中僧人。

磁州武安縣定晉山重修古定晉禪院千佛邑碑

原夫佛理，志大意微，有德而風靡三皇，無位而匡乎八表。化迹隱顯，利用投機。□□□□□□□□□□□□□□□□□□□□□□□□□□□□□□□□□□□□□□宣戒善日用日新。道證無生，不的不莫，有相不憚於理，執空恐滯於魔。昔在十人志居中□□敬□□□□□□□□□□□□□□□□□□□□□□□□□□□□□□□□□□□也。生知罪福□□猛列出家，志氣異於常徒，頓捨親孤，然山峪暑風寒雪，已辯春秋，葉落花生，方知冬夏。緣□□□□□□□□□□□□□□□□□□□□□□□□□□□□□東魏黄初三年，高歡帝所造也。又《雜集異記》云：魏時有大乘僧，不知生族，諸天降食，以供其齋。忽夜夢二竪，憑□□□□□□□□□□□□□□□□□□□□□□□□□□俗服於山石邊，有大椆樹，本堅枝密。其僧將法衣往樹欲挂，其樹忽爾開而隻之，儼然掩合，神力彌縫。乃婚媾長於二子，後一十二年，却至樹邊，樹開而□□□□□□□□□□□□□□□□□□有虎鬥菴前，師乃以手約杖驅，而皆弭伏。後之人因其樹號“椆禪師之寺”焉，又改爲“定晉禪院”。禪室山巖，唯高唯邃，龍池虎穴，左之右之，上至天宫，下窮於地獄，乃爲師之□□道清以考此凡志求□□踪揆度古基，特興蓋造。從大唐同光元年歲次癸未七月起功，至天成元年歲次丙戌九月院成，法堂僧堂，厨庫□屋并在巖巒之下。禪棚石室佛經□像安於峭壁之中。木秀山巍，顭□□□□禽□獸，簡畔成群，洞□祥風，泉源細水。花芳艷翠，香逐雲濃，散雨龍寒，飛霜石冷。幽閑異境，大聖所居，古迹金田，遂重修葺。昔日禪定石室一所，□塞無踪，忽然自開，收得道具數件，乃是椆禪□僧所用之物也。有單梯一條，鄰高百□倚於巖下，莫知年載。有坐禪棚一所，出於峻壁之中，下去地一十五丈。於同光三年九月十□特然修换，材木皆新。棚上有阿𢸓陀佛一尊、聖僧一坐、倚子一隻、蓋一頂。

道清睹此聖事，乃全枯意馬，苦楚心猿，又罄勤忠，焚香發願，别化千人之邑，同修一劫之緣，蓋造高樓，安排佛像。玆願已集，碑紀微功。所住山中，素無青石，求之莫有。於天成二年歲次丁亥七月二日，有二龍鬥於寺前，峪内雷訇電曜，水溢溝穿，現出青石一條，長一丈七尺，琢之如珉，磨之瑩然，龜頭贔屭，皆獲足矣。建玆福事，際會明朝，立□之功，上歸皇化，君聖臣賢之代，民康鼓腹之年。牧藪歌而樂乎哉！風雨時而禮何有？三郡潛龍之地，九州一統之時。帝孟堯風，皇宗舜海。金枝黄鉞，掌鉅鏕之山河；帝子親王，秉邢臺之旌節。□□樂業豐稔田疇，民義於君，君賢於德，罰惡勸善，刑法無差，舉直退私，人滋壽富。皇天后土，翼助山河，湮毁困窮，皆沾霈澤。浩浩九圍之道，民無德而稱；滔滔六合，禹無間然矣！

滏陽西面，古迹重興；雲嶺巖前，金園再建。巍峨突矹，插霄漢以廷廷；聳峻崚嶒，掩蓮宫之鬱鬱。椆禪解鬥之虎，窠穴仍多；賢良造化之基，器用不少。凡施功力，暗叶神聰，永彼元規，如蒙聖助。無私善事，衆慕如歸，利物深緣，易爲成就。千門萬户，自捨家財，伐木窮山，人心不憚。有邑首都維那三人，次維那十人，悟身若幻，生務生□其構良因，耳相勉導。逐處鄉邑，次立維那，舉其萬法之門，結會千人之數。各有名氏，鏤之碑餘，基我邦家，垂諸善則。鄉□槁命，動静咸宜，化召信心，從風集事。繼千佛之大行，踵百福之遐功。克荷僧徒，捐情聖業，筠篁志氣，山岳心田，重義輕金，守公奉法，歲寒如一，運順始終，建碑勒名，以彰成事。邑主沙門□□□心化利，上報皇恩，録彼聖踪，請敘文也。沙門宗仁，僧門無藝，儒教荒疏，自度鉛刀，難鎸寶玉，豈將瓦礫，連布瓊瑶。頻垂雅命，堅令撰修，兑之既難，實録前志後之□□□□所冀，殊禎絶瑞，萬代長存；巨福良因，千年不泯。更顯前事，章句頌焉。

日月遞照，乾覆坤維。四時列序，萬象咸宜。去彼取此，昭德塞違。天地之心，聖人則□。一。□□□□，東魏仁君。一匡天下，八表咸賓。椆禪是敬，悟法情忻。金田創造，寶輦勤勤。二。化緣有盡，聖道多門。或隱或顯，有法有存。留真設像，資福濟□。□□□□，福利徯□。三。一僧堅操，二利俱陳。深山守道，古寺求真。心猿息慮，苦節於身。巖巒作伴，虎豹爲鄰。四。三業障重，六賊爲親。勸修十善，遠劫良□。□□□□，□出沉輪。巨善邑會，日用日新。五。

大唐天成四年歲次己丑九月九日建。

竭忠建榮興復功臣、安國軍節度使、邢洺磁等州觀察處置使、金紫光禄大夫、檢校司徒、使持節邢州諸軍事、守邢州刺史兼御史大夫、上柱■。

安國軍節度行軍司馬、金紫光禄大夫、檢校尚書左僕射兼御史大夫、上柱國李從信。

安國軍節度副使、銀青光禄大夫、檢校工部尚書■。

金紫光禄大夫、檢校工部尚書、守磁州刺史兼御□□、上柱國安□。

安國軍節度押衙、充三州諸軍馬步使、銀■。

□紫光禄大夫、檢校司徒、前守河東左右廂步軍指揮使、二州都招討使、澶州防禦使、楊劉鎮馬步軍都指揮使、瓦橋開指揮使瀛■。

安國軍節度判官、朝議郎、檢校尚書金部員外郎、賜紫金魚袋李瓊。

邢、洺、磁等州觀察判官、朝議郎、檢校■。

節度掌書記、將仕郎、試大理評事、兼(監)察御史張琲。

節度押衙知客、銀青光禄大夫、檢校工部尚書兼御史大夫、柱國杜□。

□州軍事判官、將仕郎、試大理評事徐處凝。

登仕郎、守磁州録事參軍劉廟諱丘。

朝散大夫、□磁州武定縣令、試■。

□□□□□□當武安鎮務馬賓。

節度押衙、前守武安鎮使、銀青光禄大夫、檢校工部尚書、兼御史■。

□□□□□□左忠順指揮使、銀青光禄大夫、檢校工部尚書、兼御史大夫、柱國馮□。

□義軍節度押■。

□□□□□□□□轉受捉生指揮使、銀青光禄大夫、檢校太子賓客、殿中侍御、柱國■。

□□□□□□□□使、銀青光禄大夫、檢校左散騎常侍、兼殿中侍御、上柱國■。

□□□□□□□□□兵馬使、銀青大夫、檢校太子賓客、監察、柱國張□。

□□□□□□□□□、銀青光禄大夫、檢校工部尚書、兼御史大夫■。

原載《金石萃編》卷119

張冲虚

後唐西京昭應縣華清宫道士。

上枯檜再生表

謹按《瀨鄉記》,此樹枯來,莫知年代。自高祖神堯皇帝武德二年,太上老君見於晉州羊角山,語樵人吉善行云:"爲報唐天子,吾是爾遠祖。亳州曲仁里是吾降生之地,有枯檜重榮,唐祚永興。"高祖遂於羊角山置興唐觀,其地改爲神仙縣,封羊角山爲龍角。既至亳州,果有枯檜樹復生,枝蓊鬱,後因安禄山僭號之時萎悴。及禄山殄滅,元宗翠華歸,奏枝葉復榮。今年十月中,又於其上再生一枝,約長二尺。聳身直上,迥出凌虚,葉密枝繁,獨異衆木。

原載《全唐文》卷928

張　鵬

五代官員(?—948),鎮州鼓城(今河北晉城)人。少爲僧,後還俗,在唐末帝時爲供奉官。後晉時,多次隨軍抗擊契丹。後漢初,任鎮州節度副使。乾祐元年(948),被鄴都留守高行周處死。

常朝就敷政門外賜食奏

文武常參官入閤日，廊下設食，每宣放仗，拜後就食，相承以爲謝食拜。臣以每日常朝宣不坐後拜退，豈謝食之謂乎？如臣所見，自今宣放仗，拜後且就次候，將設食，别降使於敷政門外宣賜酒食，群臣謝恩後食。

原載《册府元龜》卷108

李　懌

五代官員，京兆（今陝西西安）人。唐末進士及第，任校書郎、集賢校理、清河尉。入梁爲監察御史、都官郎中、翰林學士。後唐時歷任衛尉少卿、中書舍人、翰林學士、尚書右丞。後晉時任工部尚書、太常卿、刑部尚書等官。開運末卒。

封彭城郡王錢鏐爲越王制

制曰：惟天作元后，所以保兹黎元；惟王親諸侯，所以建我藩屏。蓋一人不能獨任，故列辟布於四海。自昔權輿，匪今作俑。檢校太師、守尚書侍中兼中書令、上柱國、彭城郡王錢鏐，浙江孕靈，天目鍾秀，武足以安民定亂，文足以佐理經邦。屬天步之維艱，投筆而起；憤皇靈之不振，枕戈不忘。人方效忠，天未厭亂。漢宏托金刀之讖，董昌借越鳥之妖。爾獨憂僭僞之争强，共行天討；雪朝廷之深憤，自造地維，屢挫淮氛，式遏廣寇。俾爾浙郡邑，永保金湯之固；屬部人民，永享衽席之樂。爾四國有西歸之望，予一人無東顧之憂也。昔平王東遷，庸依晉鄭；典午南渡，允賴并凉。卿之封地，朕在不蔽，援番君之故事，環勾踐之舊疆。建爾真王，允兹東夏。於戲！節制兩藩，車徒萬乘。有予奪生死之權，驕心易滿。有人民社稷之奉，侈心易生。不存忠義之心，曷保功名之盛。書曰："惟命不于常。"又曰："常厥德保厥位"。欽哉欽哉，勿替朕命。可進封越王，增食邑一千户，實封一百户。餘如故。

原載《全唐文》卷854

聶延祚

後唐官員(？—943)。後唐時歷任少府監、殿中監、衛尉卿。後晉時任太子賓客。天福八年(943)卒。

釐革牌印奏

牌印舊體,不與朱記相參。伏自近年,亦歸當監鑄造,既須篆字,何異印文?伏乞下中書釐革。

原載《唐文拾遺》卷46

釋惠□

後唐時僧人。

延慶化城寺裴相公(休)詩

平生志在野雲深,建立精藍大用心。須達買園充聖地,祇陁施樹不收金。鳴鐘尚息刀輪苦,下擊三塗地獄音。爲報往來游玩者,園林常住勿相侵。

唐長興四年癸巳主僧惠□立石。

原載《乾隆汲縣志》卷20

范延策

後唐官員。任安州節度副使。

上三事奏

一請不禁過淮猪羊,而禁絲綿匹帛,以實中國;一請于山林要害,置軍鎮以絶寇盜;一述藩侯之弊,請敕從事明諫諍之,不從,令諸軍校列班廷諍。

原載《册府元龜》卷440

孔知邵

後唐官員。長興元年(930),任太常丞。

除替諸道副使等官奏

諸道行軍司馬、副使、兩使判官已下及團練、軍事判官,並請依考限欲滿一月前,本處聞奏,朝廷選替補授。

原載《册府元龜》卷633

海 晏

後唐時任敦煌内外都僧統。

後唐同光肆年(九二六)三月金光明寺徒衆慶寂等請僧法真充寺主狀并都僧統海晏判辭

金光明寺徒衆慶寂神威等狀。

僧法真請充寺主。

右前件僧,本性弘厚,唯直唯忠,時常遜順上下,善能和睦衆人,自己生於卑劣,終日敬重尊人。每亦修身護行,不曾隨從惡人。雖然少會文字,禮法不下於庶人。寺中簡選材補,執庫切藉斯人。善解裁邪,就政亦有巧女之能,緝治寺務之間,須功幹慇勤。伏望都僧統和尚垂慈高照,允納此人,不違衆情,乞願神筆分判者。伏請處分。牒件狀如前謹牒。

同光肆年三月日徒衆慶寂神威等牒。金光明大寺,洪基不少,要藉公幹能仁,僧徒仰之寬泰,人户則有愛恤之能。羅漢不免僧役,何向尚是凡僧。寺徒來請,衆意難違,便宜了事者。

十三日 海晏。

原載敦煌文書 S. 6417

後唐天成四年(九二九)三月六日應管内外都僧統置方等戒壇榜

應管内外都僧統榜。

普光寺方等道場司。右奉處分,令置方等戒壇。

竊聞龍沙境域,憑佛法以爲基;玉塞遐關,仗王條而爲本。況且香壇净法,自古歷代難逢。若不值國泰民安,戒場無期製作。今遇令公鴻化,八方無爟火之危;每闡福門,四部有康寧之慶。斯乃青春告謝,朱夏纔迎,奉格置於道場,今乃正當時矣。

准依律式,不可改移。聖教按然,憑文施設。

一釋迦誕世,設教無邊。爲度尼人,真風陷半。戒條五百,一一分明。若不從依,釋儀頓絶。如來上妙之服,不過青黑墨蘭,剃削持盂,極甚端嚴表正。雖乃國豐家富,僧俗格令有殊。戒條切制囂華,律中不佩錦綉。今緣香壇逼邇,獲晨同躋道場,俱不許串綺彩之裳,錦綉覆蓋身體。錦腰錦襟,當便棄於胸前。雜□綉口納鞋,即目捐於足下。銀匙銀箸,輒不得將入衆行面上,夜後添妝,莫推本來紅白。或若有此之輩,正是釋中大魔。消息卧具之資,又罷持氊錦被。更有高宗自在,不許引禮亂儀。古云:君子入於學中,須共庶民同例。邊方法事,取此難成即時。若不制之,自後教儀似滅。輒有不遵律禁,固犯如來大由,便仰道場司申來。錦衣收入庫内,銀匙銀箸,打碎莫惜功夫。或有恃勢之徒,陳官别取嚴令。各仰覽悉,莫云不知。尤咎及身,後悔無益。一投緇習業,必須懇苦爲先,禮敬無乖,感得戒神早就。家家憐男愛女,咨官剃削歸真,必藉審練因由,助佐國家福事。香壇具戒,取次難逢。衣鉢之途,不是容易。身入道場之内,便須密護鵝珠。或若邪視輕非,必定有其重責。戒儀微細,律式難更。忽迨耻辱依身,律無捨法。一浮危采寶,必羡舟航,欲度人天,先憑戒律。

令公洪慈,方等只爲薦國資君,舉郡殷誠,并總爲男爲女。但依聖條行下,是乃不失舊規。若也違背教文,此令交容不得。甘湯美藥,各任於時供承,非食醇醪,切斷不令入寺。前門後户,關鎖須牢。外界院墻,團迴蘭塞。或有非人逃驀,交下無此之儀,便須推度知由,具狀申於衙内,檢校大德不令暗順他情。必須晝夜丁寧,僽及無人替代。一求真進戒,緣會方臨。本行齋延,豈勞分外。釋迦成道,衣鉢隨求無餘,應病藥中,不假貪榮廣廢。應管受戒式叉沙彌尼等,逐日齋時准依總數幾人,共造一日小食者,依團便祇。一朝盡暮,煮藥香湯,以備净戒沐浴。齋時,新戒食料,人各饅餅兩事,䭔餅一翻,餬餅一枚,餑餾一个。盍檢校大德未可以新戒齊眉,禮法之間,固令加色,准依新戒食外,更添餡餅一枚。饊飯蒸餅乳餾菜蔬薺酪,巡行均行。羹飥粥流,隨宜進飽。切緣一壇戒品衆平雅斷低昂,伏緣貧富有殊,輪次互生高下,或有父孃住世,兄弟推梨,額外更覓名聞,食上重增色數,如此之事,切令不行。若有固違之流,道場司便須申糺。如或同欲嗜味,曲允他情,斯事透露之時,司人須招重罰,新戒逐出壇内,父孃申官别科,恰值面色失光,互看致甚不便。

右件律令,依律戒儀,曉衆知知,各令遵守者,故榜。

天成肆年三月六日榜。

應管内外僧統龍晉

應管内外都僧統海晏

原載敦煌文書 S. 2575

後唐天成三年(九二八)七月十二日都統海晏於諸寺配幡傘等帖

(前缺)

有常例,七月十五日應有巡寺,必須併借幢傘,莊嚴道場。金光明寺故小娘子新見要傘拾副,龍興叁副,官綉傘叁副,普傘壹副,幡伍拾口,經巾壹條,額壹條,安國大銀幡貳拾口,經巾壹條,額兩片,開元寺大銀幡陸(六)拾口,靈修綉幡捌口,乾、净土各額壹條。

(中有空白)

大雲寺有傘叁副,開壹副,國壹副,乘額一條,幡叁拾口,靈修銀幡貳拾口,經巾壹條,額一條,傘壹副,大綉像二。

(中有天復五年靈圖寺徒衆上座義深等狀)

靈圖寺有傘兩副,普兩副,奉唐寺幡貳拾口,安國寺幡貳拾口,額壹條,經巾壹條,普青裙額一條,靈修、蓮、安國官幡各七口。

三界寺要傘,靈修傘壹副,大乘壹副,乘額壹條,經巾壹條,蓮、净土、各幡貳柒口,開大像貳,大額壹條,國經巾壹副。

右上件所配幡傘、便須准此支付,不得妄有交互者。

天成三年七月十二日帖。

應管内外都僧統海晏。

原載敦煌文書 S. 2575

後唐長興二年(九三一)正月普光寺尼徒衆圓證等狀并海晏判辭

普光寺尼徒衆圓證等狀。

請妙慈充法律□□充都維。

請智員寺主■典座慈相□直歲。右前件尼,并是釋中精雅,緇内豪宗。四依不棄於晨昏,八敬常然於歲月。寺徒上下,順禮不失於釋風;百姓表均,訓俗無虧於舊則。除此晚輩,更無能仁。若不甄昇,鴻基難固。伏望都僧統和尚智鏡高懸,允從衆意者。伏請處分。牒件狀如前,謹牒。

長興二年正月日普光徒衆尼圓證等牒。普光弘基極大,衆内詮練綱維,并是釋中眉首,事須治務任持,且雖敬上,愛下人户,則有憐敏之能。尼人役次,苦樂宜均。不許推延者。

廿九日 海晏。

原載敦煌文書 S. 6417

馬　夔

後唐明宗天成間鄉貢進士。

奉爲國令公修王子山院之記

鄉貢進士馬夔撰

昔太古未分,混成元氣。及太極初泮,□立規風,於是清氣上騰,高羅圓蓋,濁氣下降,厚布方輿,或散作江河,聚爲丘嶽。玆山突兀,自彼於今。詢以嘉名,咸固有故,雖未見於史册,而備聽於鄉人。洎乎湯君諸王,内唯箕子避紂殘虐,來此潛居,遂以王子爲名,置院久矣。星連趙郡,地屬恒陽;壓大茂之巽宫,鎮少容之乾位。蟠桃下覷,蟾桂平攀，迴佔幽奇，獨標勝概，散漫而藤羅（蘿）翁欝，縱横而怪石巉岩。則有偃仰如屏，佢垂若蓋，或蹲踞而類虎，或盤屈以成龍。奇狀生揎，異形恐悚，嵠頭枯枘，疑排密迹。金剛洞口，巔峰似涌，多寶佛塔，紆迴巘崿，錯雜峥嶸。聳碧嶂以千般，豁青溪而千里。名花軟草，石崇錦步障開；高木芳林，王愷珊瑚樹啓。穿雲嶮嶝，何殊三道。寶階噴玉，亂泉豈讓。八功德水，靈禽異鳥，重聞出和雅，音谷響山鷹。又聽傳諸妙法，實謂主持者，樂道巡禮者，忘憂四時之物象，皆别十洞之烟花。罕匹院主僧敬暉者，太原人也。臺山受業，雲水娱情，訪道參禪，通微悟理，以不有中有有；精進居心，謂不無中無無。是非到耳，静如皎月，湛如澄泉，護惜戒珠。甚皮囊之過海，執持祖印賽油鉢，以趨朝固得攝伏，檀那化緣徒弟，位欲超於四果，教密會於三乘。爰自天復年中，飛錫游此崗，覽基址愴。滿榛蕪復，念山勢崔嵬，不必在鷲峰鷄足；水聲嗚咽，何須向鶴渚鳧洲。秖此修行，深爲利益，遂解瓶鉢，便結茅茨。旋葺頽垣，漸修遺堵，蓋堂四座，粧佛三尊。右建僧房，左安厨庫。架槽引水，瀉瀑布屋中；甃岸成橋，蹙虹霓於院内。鋸解岩之半，腹跳起石龕，瓔珞崖之下，頭對栽琪樹，興於心匠，豈異神工。妙盡魯斤，巧窮郢斧，致山節藻梲備矣；得丹楹刻桷焕乎。可謂鳳髓，堅牢魯膠，壯麗較量，物外依稀。兜率陀天，比類人間，髣髴迦維，衛國創新，奈菀化出蓮宫，皆藍宰苦行，匡持葺修。到此伏遇故府主北平王，道德彌高，化滌蓋盛，烟塵珍滅，雨露匀施聲華。伏天下諸侯惠愛，真生靈父母。去天祐十三載，曾持瑞節，來訪名山，旌旆行時，遍野之雲霞散，滂橐韃排處，盈川之錦綉芬芳，金輪王再降人寰，玉皇帝重離洞府。道游聖迹，敷覽靈踪盡愜，台顔别添喜色，遂施免税，地四至刊於碑陰。俸料米五十斛，以助齋莊，貴申虔禱，兼留石記表。入山門，詞含白雪，清風字門，飛鸞舞鳳，揄揚梵宇，顯耀緇流，頓使薝蔔林中，覺花競叢，菴蘿園内，妙果皆成。千生願爲主爲王，萬劫冀同緣同會。再遇今府主令公，瑶壇緒美，金鉞傳榮。天授沉機，神符秘略。雁塞之烽埃，不起儼若長城；鳳栖之宗社，保安凝然大柱。加以三軍整肅，咸遵細柳之風；百姓蘇舒，覺咏甘棠之化。伫看凌烟寓貌寫，儀貌以難偕垂露；書勛書功勛之不盡，寰瀛瞻矚莫可教。尤廊廟欽降,無因儔匹。玆蘭若也,福感玆禪伯也。福招幸居,有道之邦,永奉無爲之教,吹玉螺而敲金磬。上獻台嚴,吟寶偈以諷真經,下資群品,其合院徒衆及在鎮官員,内外緣人,往來善友,凡諸方號,并掛碑陰,所冀同詣,化誠齋登,覺道最以藝疏,黄絹學昧絳紗。方抱耻於中郎,恰苞羞於太守。不謂相亢,所忉解免,終難,不得已,始授箋毫,和悚愧,徑書其事。

時唐天成元年太歲丙戌八月十五日記。

院使王進思書并鎸字。

原載《八瓊室金石補正續編》卷 40

李延範

後唐官員。長興中,任大理少卿、殿中監、太子賓客。

條具切要逐件奏

當寺今有要切事節,謹具逐件如後:

一件,寺司每奉敕旨斷案,准格須委法直司據罪人所犯,檢定法條,本斷官將所犯罪名,并所檢法律及法書本卷,對驗不差,然後逐件於法狀上署名,下法定斷。伏見寺司案内,每將法直官所檢條件法狀,備録在詳斷案。伏准格文,法直官祇合録出科條,備勘押入案,至於引條判斷,合在曹官,仍不許於斷狀内載法直官姓名者。自今已後,其法狀,臣欲落下留充寺司案底,不録在奏狀中,冀免元敕法狀三重在案。其本斷官仍於斷狀後具言,臣所斷前件文案,皆是將法直司所驗條法,一一周細詳認,悉是罪人所犯科條;或言將某色律條,比附詳斷,逐件參檢,并無漏落法律,及無欠少案内事節。

一件,格文内太和四年十二月三日,刑部員外張諷奏,大理寺官結斷刑獄,准舊例,自卿至司直訴事,皆許各申所見陳論。伏以所見者是消息律文,附會經義,以讞正其法,非爲率胸臆之見,逞章句之説,以定罪名。近者法司斷獄,例皆緝綴詞句,漏略律文。且一罪抵法,結斷之詞,或生或死,遂使刑名不定,人徇其私。臣請今後各令尋究律文,具載其實,以定刑辟。如能引據經義,辨析情理,并任所見詳斷。若非禮律所載,不得妄爲判章,出外所犯之罪。

一件,詳刑定罪,實在法律一科,須是犯人本條,或取比附詳斷。自今後大理寺詳斷文案,只得以本犯一條法律斷罪,不得更將稍似格律,於本條前後安排。如是罪人合以官品减等,官告贖罪之類條件,即許於法狀内次第區分。

原載《五代會要》卷 16

逃户歸業二年内放免兩税奏

請指揮諸道州府,每逃户歸業後,委州司各與公憑,二年内放免兩税差科。如有違,許州論訐勘責。若州縣官招得五百户已上,乞等第獎酬。

《五代會要》卷 25

竇 專

後唐官員。後唐歷任校書郎、史館修撰、翰林學士、左諫議大夫。

請罷租庸使歸三司奏

臣伏見天下諸色錢穀,比屬户部、度支、金部、倉部,各有郎中、員外支計分劈。自後以租賦殷繁,添置司之額。自唐天寶中,安史作亂,民户流亡,徵賦不時,經費多闕。惟江淮、嶺表,郡縣完全,總三司貨財,發一使徵賦,在處勘覆,目曰租庸。纔收京城,尋廢職務。廣明中,黄巢充斥,僖宗省方,依前以江淮徵賦又置租庸使催征,及至車輅還京,旋亦停廢。僞梁不知故事,將四鎮節制征輸,置宫使名目管係,既廢宫後,改置租庸,雜以掊斂相兼,加之出放生利。况户口什一之税,是太平之日規繩,租庸總三司合勘,因喪亂之時制置,在京無此名目,乃是出使權宜。若要委一官之能,何妨總三司合判。伏請敕郡縣重集户口,計定租税,令鹽鐵却歸三司,收其徵賦。務使仍舊會計到京,且便上供,何須直進。既户口不失,則增賦倍多,致海内有久遠之安，示天下爲一家之治。

原載《五代會要》卷 24

申著瑀

後唐官員。天成中，任少府少監。

未明事理不得行責奏

伏乞指揮諸道州府，此後或顯犯憲章者，候文案畢，任依格法斷懲。如未明事理，不得行責情杖。

原載《五代會要》卷 10

楊知萬

後唐官員。唐末明經及第，任冠氏縣尉。後唐時任太子通事舍人。

自陳請驗文書狀

光化三年明經及第，其後選授官兩任，莊宗郊天年，於將作監内行事，禮畢擬授太子通事舍人，旋直錯竪父母年幾駁落。其年丁父憂，至天成二年又丁母憂，去年九月方服闋。今春欲赴郊天行事，又緣貧困，無財可辦。今乞引驗已前文書，量賜陶鑄者。

原載《册府元龜》卷 633

郝　瓊

後唐官員。歷任考功員外郎、相州刺史、宣徽南院使、權判樞密院、左金吾上將軍。

司吏逐月支賜糧錢奏

去年五月，詔中外官員自宰臣、節度使已下，并逐年書考課。計官員千餘,當司人吏四人,二人赴官,又公用不足。乞依三銓例,當司歸司官逐月交賜紙筆糧錢。

原載《册府元龜》卷 636

曹 琛

後唐官員,歷任右拾遺、起居郎、司封郎中。

文武給假許支料錢奏

文武兩班,或請假歸寧,或卧疾未頓,才注班簿,便住料錢。伏乞特降敕命者,敕:

今後文武官,請准歸寧假給及病疾者,并許支給本官料錢。

原載《唐文拾遺》卷 46

景 姹

後唐同光中,爲宫中内人。

請改葬唐諸王奏

唐昭宗諸王及皇子弟宗屬千餘人,當朱梁弒逆之時,同時遇害,爲三坑瘞于内西古龍興寺北,請合爲一冢改葬。

原載《五代會要》卷 2

郭 峭

後唐長興時鄉貢進士。

僧智訥建□猛院記

鄉貢進士郭峭撰

觀夫大像無形,若無形,何以測其奥?至道無言,若無言,争可窮其理？則有馬鳴垂訓，牛口傳芳。修東國之桑門，起西方之奈菀（苑）。觀時處俗，變貌改形，忽其大也。立向須彌，忽其小也。藏於芥子，涅而不死，槃而不生。平滄浪爲萬頃之田，消患難作無疆之福。威儀有異，夢中之金色明明，化現無難；足下之蓮花種種，韜光大世。暗度群靈，掛衣於寶樹之間，留履向金砂之上。以天爲大，惟我獨尊。無量之由，争可具載。有故廣濟大師，本貫湖州霅水人也，自中和初年荷笈而來，提錫而住，因尋基址，方務葺崇。心欲化於鄉村，人已持於畚鍤。始添精舍，大闡法門，誘無緣爲有緣，變惡事爲美事。欲使一方之内，普歡生天；萬類之中，咸登覺路。莫不代釋迦之手足，作浮世之津梁。自後有府□□□□□□□□□□□□□主王公，盥手焚香，齋心待禮，專來沂上，迎歸魯中，寔巉國祥，遂聞□□□□□□□□□□天聽□□□□□□□□□□□□□，皇恩益重，□□□□紫服尋加。乃又建一寺，名曰延壽，其功甚廣，計日而終。嶮閣層樓，出㕒巇而壓地；成碑立碣，雋贔屓以擎天。於戲！佛像俄周，人寰奄棄。重繒疊彩，徒裝坐化之身；萬户千門，但寫生前之相。□□□□□□□□□□□□□復有院主僧智訥，本是范陽人也。始因訪道，便乃栖心□，先師建□之基，發住院添崇之志。從微至著，竭力勞神。行携五綴之皿。唯彰儉德□□□□坐説三乘之法，是解迷途。自雪嶺以開禪指，□□而化□□□□□□□□□俗，動無傷物，行但憂□□□□□□□□□□□人。看七軸之蓮經，何嘗釋手；捨萬般之塵事，未憶開情。積德累功，以日□月，□□□也。多有□□，連仲尼□□之鄉，近童子咏歌之地，背山臨水，處要居中。而又早欲求真，不忘素懇。爰徒建立，漸致功夫。在日往□□□□□□本□□天□而地覆，難改初基。演化□□□群情，劬勞獨力。乃見周圓之果，以憑方便之門。遂得□□□□□□□立，元其謀始，今已樂成。故類響逐聲來，影隨摽出。言纔啓口，事早從心。乃修紺殿金軀，次建北堂彌勒。泗州大聖，早以功圓；千佛觀音，近方成就。再□□殿，别有願誠。起羅漢一十六尊，課真言一百萬遍，皆爲助大師之因緣，廣□□□□□，福壽延長。始抱私心，今已畢手。睹禪開之，闃净寂梵，蕘以清臺。樹變鶴飛，臺多蜂集。花堂炳焕，高連慧日之光；寶殿巍峨，遠拂慈雲之□。□□盛事，

可謂良緣,得不鏤以金文,勒其石版,庶幾後代,不滅其因,乃爲銘曰:

始自修持,今方圓備。結以良田,酬其夙志。七寶蓮彩,千佛依次。還疑神化,不若人致。樓臺斯立,尊像齊裝。泥金縷玉,透色通光。競投金地,争燒寶香。□□就列,雁塔成行。寂爾空門,當兹大路。積日而創,隨人所慕。遐邇皆來,愚迷盡許。百神相佑,諸佛共護。欹山壓野,接汶通沂。院宇斯盛,人倫所歸。螭頭若活,鴛瓦如飛。明明壯麗,烌烌靈威。衆力相扶,群材共構。標功紀績,唯銘與鏤。陵遷谷變,天長地久。乃立斯文,彰乎不朽。

大唐長興肆年歲次癸巳十一月癸酉朔十九日辛卯,院主僧智訥建、小師歸正、比丘師吟書,皇甫珪鐫,同製人王環

□□□真言曰:曩謨云云不録

文林郎、守沂州□□縣令孫知默,將仕郎、守□□□水縣主簿杜匡□,□元隨押衙、充沂水鎮使程超,上三司押司録事李延超,下三司押司録事孫晏,録事司夏侯欽,下三司勾趙朗,押衙充沂水鎮使、知鹽麴税務事郭仁澤

原載《八瓊室金石補正續編》卷40

杜光彥

五代時人,事迹不詳。

請旌樂壽令表

自唐之末,兵亂相尋,郡縣殘破,守令失職,耕桑不勸,民卒流亡。或以武夫攝治,尤多苛慝,兩漢循風,於兹盡息。獨臣管内樂壽縣令史珪,本自儒門,起從爲邑,政不酷刻,以撫字爲心;緩其徵徭,以貪墨爲耻。躬巡田野,時課芸穫,招徠遷徙,用殷户版。三年之内,稍余蓋藏;一日之内,無留訟牘。庶幾變荒邑爲樂土,見美效於今時。雖未能比化中牟,繼踪建康,然而俗有醇酒之徭,人去《碩鼠》之刺,相彼爲治,誠有足嘉。是宜加秩顯旌,用爲在官之勸。

原載《唐文拾遺》卷51

楊 宏

五代時人。撰此碑時署將仕郎、前守大安府大安縣尉。

重修三郎君廟(殘)碑

將仕郎前守大安府大安縣尉楊宏□

泰山巖巖,鎮兹東土。宗長列嶽,峻極於天,天降明神,而■。天齊王即其主也,郎君即王之子也,别有廟宇畫丹■之音,變化無窮,陰陽不測,年代浸遠,靈異彌彰。周環■□梲之文,塑像圖形,乞靈儌福,未有不如響之應聲者。■難遂罄俸錢,建立碑碣,怪異事迹,無不具載。頃歲以藋■石文字錯亂,磨滅不可復知。近有工人追琢翠珉,訪尋■申使府,請詞以紀其事。留後僕射瑯琊王公,樂善好文,稽古博雅,久安禄位。■寵光初臨,是邦方思協理,讒聞其事,忻然慰懷,上欲副■聖君,敬神明之心,下乃資生民祈恩福之意,遂令虚薄■群嶽之長,東岱之雄,天系建號,■。

原載《山左金石志》卷14